Valoración de empresas

Valoración de empresas

Pablo Fernández
Profesor del IESE
Doctor en Finanzas, Universidad de Harvard

GESTIÓN 2000

© Ediciones Gestión 2000 S.A.; Barcelona, 1999
Primera edición: Enero 1999
Depósito legal: B-51.846-1998
ISBN: 84-8088-309-X
Fotocomposición: gama, sl.
Impreso por Talleres Gráficos Vigor, S.A. (Barcelona)
Impreso en España - *Printed in Spain*

Índice

Agradecimientos

Este libro está patrocinado por el CIIF, Centro Internacional de Investigación Financiera del IESE. Debo agradecer a su presidente (D. Rafael Termes) y a su gerente (Natalia Centenera) sus interesantes sugerencias y la ayuda prestada para completar este trabajo, extendiendo el agradecimiento por su valiosa colaboración a las empresas patrono del CIIF: Aena, A. T. Kearney, Caja Madrid, Datastream, Fundación Ramón Areces, Grupo Endesa, Telefónica y Unión Fenosa.

Debo hacer una especial mención a los asistentes de investigación que me han ayudado durante los tres últimos años a completar este libro: José Ramón Contreras, Laura Reinoso, Agustín Romeral y, sobre todo, María José Lasarte, que realizaron un magnífico trabajo revisando cuidadosamente los sucesivos borradores.

Quiero elogiar también el minucioso trabajo de las secretarias que han colaborado conmigo estos últimos años en la redacción del libro: Begoña Ferrer, María del Mar Ortega, Isabela Kindelán y Laura Parga.

Mis colegas del departamento de dirección financiera del IESE realizaron valiosas aportaciones que contribuyeron a mejorar este trabajo.

Por último, lo más importante: agradecer a Lucía y a mis padres, a quienes dedico este libro, su apoyo incondicional, valioso y constante.

Introducción

Este libro contiene material de los cursos que imparto a los alumnos de segundo año del Master y a directivos de empresas en el IESE. También incluye material que he presentado en cursos y congresos especializados de valoración realizados en España, Argentina, Austria, Colombia, Estados Unidos, Francia, Italia, Suiza, Perú y Uruguay. Los capítulos se han reformado varias veces como consecuencia de las sugerencias de los alumnos que he tenido desde 1988, de mi trabajo docente y de mi trabajo como consultor especializado en valoración. Quiero agradecer a todos mis alumnos sus comentarios sobre manuscritos previos y sus preguntas. El libro contiene además resultados de investigaciones realizadas en el Centro Internacional de Investigación Financiera del IESE.

«Valoración de empresas» pretende proporcionar al lector los conocimientos necesarios para comprender y utilizar los distintos métodos de valoración. También dota al lector de las herramientas necesarias para analizar y valorar cualquier empresa por compleja que sea. Para ayudar al lector en la asimilación de los conceptos, el libro contiene 200 figuras, 150 tablas y más de 100 ejemplos.

Este manual se divide en siete partes.

La primera parte es una descripción de los métodos de valoración más utilizados, analizando especialmente el PER, la relación entre el valor de mercado y el valor contable, los dividendos y la influencia de los tipos de interés en la valoración.

La segunda parte trata sobre los métodos de valoración más utilizados: las valoraciones por descuento de flujos. Comienza diferenciando entre beneficio y flujo de fondos, para tratar de comprender bien los conceptos básicos de la valoración por descuento de flujos. Además de los ejemplos que se muestran en los capítulos, el capítulo 10 contiene dos valoraciones distintas de una empresa que realizaron dos empresas especializadas.

La tercera parte describe las herramientas más frecuentemente utilizadas para medir la creación de valor de las empresas y muestra sus limitaciones y su relación con la valoración de empresas. El capítulo 12 contiene la valoración de las distintas estrategias de los compradores potenciales de RJR Nabisco.

La cuarta parte aborda la tasa de descuento que se debe utilizar para descontar los flujos. Muestra los problemas que plantea la medición de las betas de las empresas y la dificultad de obtener la prima de riesgo del mercado bursátil a través de los datos históricos.

La quinta parte contiene un tratamiento riguroso de los métodos de valoración basados en el descuento de flujos. Esta parte permite profundizar en los métodos de valoración, comprender mejor los conceptos utilizados, y muestra que todos los métodos basados en descuento de flujos deben proporcionar el mismo valor. El análisis se realiza paulatinamente: primero se abordan perpetuidades, después empresas con crecimiento constante y finalmente, cualquier empresa. Esta parte concluye con un capítulo sobre la estructura óptima de capital.

La sexta parte aborda la valoración de bonos. El libro incluye esta parte por dos motivos. El primero, porque la valoración de empresas siempre conlleva la valoración de la deuda de la empresa. El segundo, porque la valoración de empresas por descuento de flujos es una adaptación de la valoración de bonos. Es importante dominar la valoración de bonos para comprender adecuadamente la valoración de empresas.

La séptima parte contiene una revisión de la literatura financiera más importante sobre valoración de empresas. El capítulo 25 es una revisión de los principales trabajos sobre valoración de empresas por descuento de flujos. El capítulo 26 muestra y delimita la utilidad de la teoría de opciones para valorar empresas y las opciones reales que contienen. También aclara las diferencias en la valoración de opciones financieras y opciones reales.

La bibliografía clasifica los mejores libros y artículos de la literatura financiera referidos a valoración de empresas.

Primera parte

Valoración de empresas. Aspectos generales

Capítulo 1

Métodos de valoración de empresas

El valor de las acciones de una empresa –suponiendo su continuidad– proviene de la capacidad de la misma para generar dinero (flujos) para los propietarios de las acciones. Por consiguiente, el método más apropiado para valorar una empresa es descontar los flujos de fondos futuros esperados.

El valor de un bien es lo que una persona paga o está dispuesta a pagar por él. El valor de las acciones de una empresa es lo que los inversores están dispuestos a pagar por ellas. Lógicamente, lo que un inversor está dispuesto a pagar por las acciones de una empresa depende de lo que espera obtener de ellas en el futuro.

La valoración de la empresa y de sus acciones es un proceso fundamental en todas las operaciones de adquisición o fusión, en planificación estratégica, en análisis de inversiones, salidas a bolsa y, en muchos casos, se utiliza también como referencia para evaluar y remunerar a los directivos. Por otro lado, la valoración permite medir el impacto de las diferentes políticas de la empresa en la creación, transferencia y destrucción de valor.

La comprensión de los mecanismos de valoración de empresas es un requisito indispensable para toda persona involucrada en el campo de las finanzas de la empresa. Esto se debe no sólo a la importancia de la valoración en la negociación de adquisiciones y fusiones, sino también a que el proceso de valoración de la empresa y de sus unidades de negocio ayuda a identificar las fuentes de creación y de destrucción de valor económico en la empresa.

PRINCIPALES MÉTODOS DE VALORACIÓN

Balance	Cuenta de resultados	Mixtos (Goodwill)	Descuento de flujos	Creación de valores	Opciones
Valor contable	PER	Clásico	Free cash flow	EVA	Black y Scholes
Valor contable ajustado	Dividendos	Unión de expertos	Cash flow acciones	Beneficio económico	Opción de invertir
Valor de liquidación	Ventas	contables	Dividendos	Cash value added	Ampliar el proyecto
Valor sustancial	Otros múltiplos	europeos	Capital cash flow	CFROI	Aplazar la inversión
		Renta abreviada	APV		Usos alternativos
		Otros			

En este capítulo se describen brevemente los cuatro primeros grupos de métodos de valoración de empresas más utilizados. Se han agrupado en cuatro apartados: métodos basados en el balance de la empresa (apartado 1.2); métodos basados en la cuenta de resultados (apartado 1.3); métodos mixtos, basados en el fondo de comercio o goodwill (apartado 1.4); y métodos basados en el descuento de flujos de fondos (apartado 1.5). Los métodos basados en las medidas de creación de valor se tratan en profundidad en el capítulo 11 y la valoración de empresas a partir de la teoría de opciones se presenta en el capítulo 26.

El apartado 1.7 muestra con un ejemplo real la valoración de una empresa como suma del valor de distintos negocios, lo que se suele llamar *break-up value*. El apartado 1.8 muestra los métodos más utilizados por los analistas según el sector al que pertenece la empresa. El apartado 1.9 presenta las diferentes opiniones de distintos analistas (expertos en valoración) sobre la cotización de Endesa.

Los métodos cada vez más utilizados (y conceptualmente «correctos») son los basados en el descuento de flujos de fondos, que consideran a la empresa como un ente generador de flujos de fondos y por ello valorable como un activo financiero. Comentamos brevemente otros métodos porque –aunque son conceptualmente «incorrectos»– se siguen utilizando con frecuencia. El resto del libro se centra fundamentalmente en la valoración por descuento de flujos. También hay capítulos dedicados al PER (capítulos 2 y 3), valor de mercado y valor contable (capítulo 4), pero siempre abordamos esos métodos desde la referencia del descuento de flujos.

1.1. Valor y precio

En general, una empresa tiene distinto valor para distintos compradores y también puede tener distinto valor para comprador y vendedor.

El valor no debe confundirse con el precio, que es la cantidad a la que el vendedor y comprador acuerdan realizar una operación de compra-venta de una empresa. Esta diferencia en el valor de una empresa concreta se puede explicar mediante múltiples razones. Por ejemplo, una gran empresa extranjera muy avanzada tecnológicamente desea comprar otra empresa nacional, ya conocida, para entrar en nuestro mercado aprovechando el renombre de la marca local. En este caso, el comprador extranjero tan sólo valorará la marca pero no valorará las instalaciones, maquinaria, etc., ya que él mismo dispone de unos activos más avanzados. Por otro lado, el vendedor sí que valorará muy bien sus recursos materiales ya que están en situación de continuar produciendo. De acuerdo con el punto de vista del primero, se trata de determinar en cierta medida el valor máximo que debería estar dispuesto a pagar por lo que le aportará la empresa a adquirir; desde el punto de vista del vendedor se trata de saber cuál será el valor mínimo al que debería aceptar la operación. Estas dos cifras son las que se confrontan en una negociación en la cual finalmente se acuerda un precio que está generalmente en algún punto intermedio entre ambas.[1]

---

1. Existe también la postura intermedia que considera los puntos de vista de comprador y vendedor

1.2. Métodos basados en el balance (valor patrimonial)

Estos métodos tratan de determinar el valor de la empresa a través de la estimación del valor de su patrimonio. Se trata de métodos tradicionalmente utilizados que consideran que el valor de una empresa radica fundamentalmente en su balance. Proporcionan el valor desde una perspectiva estática que no tiene en cuenta la posible evolución futura de la empresa, el valor temporal del dinero, ni otros factores que también le afectan como pueden ser: la situación del sector, problemas de recursos humanos, de organización, contratos, etc., que no se ven reflejados en los estados contables.

Entre estos métodos podemos mencionar los siguientes: valor contable, valor contable ajustado, valor de liquidación y valor sustancial.

1.2.1. Valor contable *o Valor en libro de las acciones*

El valor contable, valor en libros o patrimonio neto de una empresa es el valor de los recursos propios que aparecen en el balance (capital y reservas). Esta cantidad es también la diferencia entre el activo total y el pasivo exigible, es decir, el excedente del total de bienes y derechos de la empresa sobre el total de sus deudas con terceros.

Supongamos una empresa cuyo balance es el que aparece en la tabla 1.1. El valor contable o valor en libros de las acciones (capital más reservas) es 80 millones de pesetas. También se puede calcular como la diferencia entre el activo total (160) y el pasivo exigible (40 + 10 + 30), es decir, 80 millones.

Tabla 1.1. Empresa Abascal S.A. Balance oficial. (millones de pesetas)

ACTIVO		PASIVO	
Tesorería	5	Proveedores	40
Deudores	10	Deuda bancaria	10
Inventarios	45	Deuda a largo	30
Activos fijos	100	Capital y reservas	80
Total activo	160	Total pasivo	160

Este valor presenta el defecto de su propio criterio de definición: los criterios contables están sujetos a cierta subjetividad y difieren de criterios «de mercado», de modo que prácticamente nunca el valor contable coincide con el valor «de mercado». El capítulo 4 trata sobre la relación entre el valor de mercado y el valor contable.

---

y que se representa por la figura del árbitro neutral. El arbitraje es muchas veces necesario en litigios, por ejemplo en casos de división de patrimonios por sucesiones hereditarias o liquidación de regímenes económicos matrimoniales.

1.2.2. Valor contable ajustado

Este método trata de salvar el inconveniente que supone la aplicación de criterios exclusivamente contables en la valoración.

Cuando los valores de los activos y pasivos se ajustan a su valor de mercado, se obtiene el patrimonio neto ajustado. Continuando con el ejemplo de la tabla 1.1, analizamos algunas partidas del balance en forma individual para ajustarlas a su valor de mercado aproximado. Por ejemplo, si consideramos que los deudores incluyen 2 millones de pesetas de deuda incobrable, esta partida debería figurar por un valor de 8 millones de pesetas. Si consideramos que los inventarios, después de descontar partidas obsoletas sin valor y de revalorizar las restantes a su valor de mercado, representan un valor de 52 millones de pesetas. Y, por último, si consideramos que los activos fijos (terrenos, edificios y maquinaria), según un experto, tienen un valor de 150 millones de pesetas, y suponemos que el valor contable de las deudas a proveedores, bancos y a largo plazo es igual a su valor de mercado, el balance ajustado sería el que aparece en la tabla 1.2:

Tabla 1.2. Empresa Abascal S.A. Balance ajustado. (millones de pesetas)

ACTIVO		PASIVO	
Tesorería	5	Proveedores	40
Deudores	8	Deuda bancaria	10
Inventarios	52	Deuda a largo	30
Activos fijos	150	Capital y reservas	135
Total activo	215	Total pasivo	215

El valor contable ajustado es 135 millones: activo total (215) menos pasivo exigible (80). En este caso, el valor contable ajustado supera en 55 millones al valor contable.

1.2.3. Valor de liquidación

Es el valor de una empresa en el caso de que se proceda a su liquidación, es decir, que se vendan sus activos y se cancelen sus deudas. Este valor se calcula deduciendo del patrimonio neto ajustado los gastos de liquidación del negocio (indemnizaciones a empleados, gastos fiscales y otros gastos propios de la liquidación).

A partir del ejemplo de la tabla 1.2, si los gastos de indemnización a empleados y todos los demás gastos asociados a la liquidación de la empresa Abascal S.A. fuesen 60 millones, el valor de liquidación de las acciones sería 75 millones (135-60).

Lógicamente, la utilidad de este método está restringida a una situación muy particular, como es la compra de la empresa con el fin de liquidarla posteriormente.

Pero siempre representa el valor mínimo de la empresa, ya que normalmente el valor de una empresa suponiendo su continuidad es superior a su valor de liquidación.

1.2.4. Valor substancial

El valor substancial representa la inversión que debería efectuarse para constituir una empresa en idénticas condiciones a la que se está valorando.

También puede definirse como el valor de reposición de los activos, bajo el supuesto de continuidad de la empresa, por oposición al valor de liquidación. Normalmente no se incluyen en el valor substancial aquellos bienes que no sirven para la explotación (terrenos no utilizados, participaciones en otras empresas, etc.).

Se suelen distinguir tres clases de valor substancial:
– Valor substancial bruto: es el valor del activo a precio de mercado (en el ejemplo de la tabla 1.2: 215).
– Valor substancial neto o activo neto corregido: es el valor substancial bruto menos el pasivo exigible. También se conoce como patrimonio neto ajustado, que hemos visto en el apartado anterior (en el ejemplo de la tabla 1.2: 135).
– Valor substancial bruto reducido: es el valor substancial bruto reducido sólo por el valor de la deuda sin coste (en el ejemplo de la tabla 1.2: 175 = 215 – 40). Los 40 millones que se restan corresponden a los proveedores.

1.2.5. Valor contable y valor de mercado

En general, el valor contable de las acciones tiene poco que ver con el valor de mercado. Este hecho puede observarse en la tabla 1.3, que muestra en la columna [1] el cociente cotización/valor contable de varias empresas españolas y de algunas bolsas internacionales en mayo de 1988 y en diciembre de 1996.

La figura 1.1 muestra la evolución del cociente cotización/valor contable de la bolsa española y de la bolsa estadounidense. Puede verse que el valor contable,[2] en media, está muy por debajo del precio de las acciones.

En el capítulo 4 se aborda con mayor detalle la relación entre el valor de mercado (cotización) y el valor contable.

1.3. Métodos basados en la cuenta de resultados

A diferencia de los métodos anteriores, estos métodos se basan en la cuenta de resultados de la empresa. Tratan de determinar el valor de la empresa a través de la magnitud de los beneficios, de los dividendos, de las ventas o de otro indicador. Así,

---

2. En ocasiones, para referirse al valor contable (VC) se utiliza el término inglés *book value* (BV). En este libro se utilizará fundamentalmente la expresión castellana.

Tabla 1.3. Valor de mercado/valor contable, PER y dividendo/cotización de varias empresas españolas y de bolsas de distintas naciones.

	MAYO DE 1988 *			ENERO DE 1998 *		
	P/VC	PER	Div/P (%)	P/VC	PER	Div/P (%)
	[1]	[2]	[3]	[1]	[2]	[3]
Banesto	2,8	n.a.	2,2	4,3	34,0	0,0
FCC	4	38	1,3	3,1	26,4	0,7
Gas Natural	1,7	18,8	2,1	3,8	24,4	0,9
BBV				4,9	29,9	1,6
Tabacalera	6	31,8	1,1	4,5	36,0	1,6
Acerinox	2	15,9	2,3	2,0	12,4	1,8
Telefónica	0,7	12,1	6,2	2,6	26,2	1,9
B. Santander	3,7	24,4	1,6	4,0	23,7	2,2
Endesa	1,5	11,4	6	2,2	19,1	2,4
Dragados	1,6	15,5	3,2	2,0	23,5	2,4
B. Popular	2,2	7,9	3,2	4,2	19,7	2,5
Cantábrico	0,4	15,4	8,6	1,5	16,3	3,2
Fenosa	0,4	10,5	7,7	1,1	22,1	3,4
Autopistas Mare N.	1	25,9	7	1,1	30,8	3,7
MEDIAS NACIONALES						
España	1,3	17,6	3,4	2,7	23,4	2,1
Francia	1,6	10,3	3,6	2,5	25,1	2,3
Alemania	1,6	12,4	4,3	3,4	28,6	1,9
Italia	1,4	11,9	3,3	2,6	27,4	1,5
Japón	4,6	57,7	0,5	1,9	44,0	0,9
Inglaterra	1,8	11,8	4,7	3,6	17,7	2,6
EE.UU.	1,7	13,1	3,9	4,2	23,2	1,6

[1] P/VC es la cotización de la acción (P) dividida por su valor contable (VC). [2] PER es la cotización de la acción dividida por el beneficio por acción. [3] Div/P es el dividendo por acción dividido por la cotización.

* El Índice General de la Bolsa de Madrid fue 281 en mayo de 1988 y 696 en enero de 1998.

Fuente: Morgan Stanley Capital International Perspective

Figura 1.1. Evolución de la relación precio/valor contable en la bolsa española y en la bolsa estadounidense. *Fuente: Morgan Stanley*

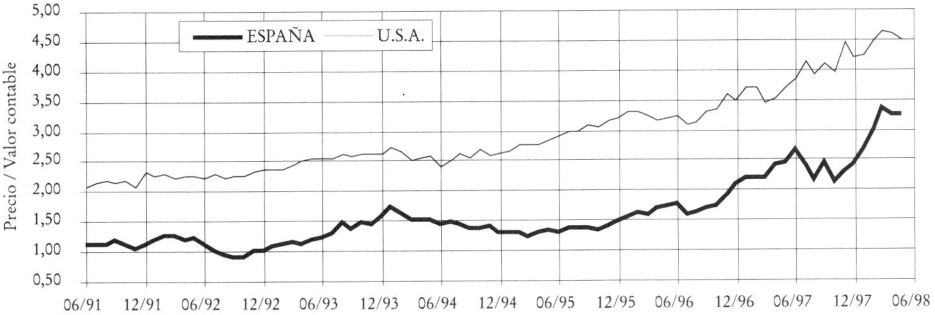

por ejemplo, es frecuente hacer valoraciones rápidas de empresas cementeras multiplicando su capacidad productiva anual (o sus ventas) en toneladas por un coeficiente (múltiplo). También es frecuente valorar estacionamientos de automóviles multiplicando el número de plazas por un coeficiente (múltiplo). También es frecuente valorar empresas de seguros multiplicando el volumen anual de primas por un coeficiente (múltiplo). En esta categoría se incluyen los métodos basados en el PER: según este método el precio de la acción es un múltiplo del beneficio.

La cuenta de resultados de la empresa Abascal S.A. aparece en la tabla 1.4:

Tabla 1.4. Empresa Abascal S.A.
Cuenta de resultados. (millones de pesetas)

Ventas	300
Coste de ventas	136
Gastos generales	120
Intereses	4
Beneficio antes de impuestos	40
Impuestos (35%)	14
Beneficio neto	26

1.3.1. Valor de los beneficios. PER[3]

Según este método, el valor de las acciones se obtiene multiplicando el beneficio neto anual por un coeficiente denominado PER (iniciales de *price earnings ratio*), es decir:

---

3. El PER (*price earnings ratio*) de una acción indica el múltiplo del beneficio por acción que se paga en la bolsa. Así, si el beneficio por acción del último año ha sido de 300 pesetas y la acción cotiza a 2.600

Valor de las acciones = PER × beneficio

La tabla 1.3 muestra el PER de varias empresas españolas y el PER medio de bolsas de distintas naciones en mayo de 1988 y en enero de 1998. El PER de Banesto en 1988 no se puede calcular porque estaba en pérdidas. En enero de 1998, los PER de las empresas españolas variaban entre el 12,4 de Acerinox y el 36 de Tabacalera. La figura 1.2 muestra la evolución del PER de la bolsa española y de la bolsa estadounidense.

Figura 1.2. Evolución del PER en la bolsa española y en la bolsa estadounidense.
Fuente: Morgan Stanley

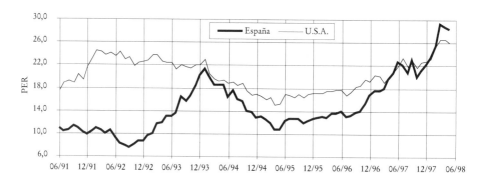

En ocasiones se utiliza también el **PER relativo** que no es más que el PER de la empresa dividido por el PER del país.

En el capítulo 2 se estudia el PER en detalle: muestra la relación existente entre el PER (el ratio más utilizado en valoración, especialmente para las empresas que cotizan en bolsa), la rentabilidad exigida por los accionistas y el crecimiento medio estimado para el cash flow generado por la empresa. Esta sencilla relación permite en muchas ocasiones realizar juicios rápidos sobre la sobrevaloración o infravaloración de empresas. El capítulo 3 presenta la descomposición del PER en varios factores.

---

pesetas, su PER será de 8,66 (2.600/300). Otras veces el PER toma como referencia el beneficio por acción previsto para el año próximo, o la media del beneficio por acción de los últimos años. El PER es la referencia dominante en los mercados bursátiles. Nótese que el PER es un parámetro que relaciona una magnitud de mercado como es la cotización, con otra puramente contable como es el beneficio.

1.3.2. Valor de los dividendos

Los dividendos son la porción de los beneficios que se entregan efectivamente al accionista y constituyen, en la mayoría de los casos, el único flujo periódico que reciben las acciones.[4]

Según este método, el valor de una acción es el valor actual neto de los dividendos que esperamos obtener de ella.[5] Para el caso de perpetuidad, esto es, una empresa de la que se esperan dividendos constantes todos los años, este valor puede expresarse así:

$$\text{Valor de la acción} = DPA / Ke$$

[anotación manuscrita: Crecimiento Perpetuo]

siendo: DPA = dividendo por acción repartido por la empresa en el último año
Ke = rentabilidad exigida a las acciones

[anotación manuscrita: Rentabilidad por dividendo de la acción = Dividendo / Valor de la acción]

Si, por el contrario, se espera que el dividendo crezca indefinidamente a un ritmo anual constante g, la fórmula anterior se convierte en la siguiente:[6]

$$\text{Valor de la acción} = DPA_1 / (Ke - g)$$

[anotación manuscrita: Crecimiento Variable; g = crecimiento cte de DPA]

siendo DPA_1 los dividendos por acción del próximo año.

La evidencia empírica[7] muestra que las empresas que pagan más dividendos (como porcentaje de sus beneficios) no obtienen como consecuencia de ello un crecimiento en la cotización de sus acciones. Esto se debe (como veremos en el capítulo 5) a que cuando una empresa reparte más dividendos, normalmente reduce su crecimiento porque distribuye el dinero a sus accionistas en lugar de utilizarlo en nuevas inversiones.

La tabla 1.3 muestra la relación dividendo/cotización de varias empresas españolas y de varias bolsas mundiales en mayo de 1988 y en enero de 1998. La relación dividendo/cotización es la rentabilidad por dividendos de la acción. Como se puede apreciar, en enero de 1998, la rentabilidad por dividendos de las empresas españolas oscilaba entre cero (caso de Banesto, que no repartía dividendos) y 3,7% para el caso

---

4. Otros flujos para las acciones son la recompra de acciones y los derechos de suscripción. Sin embargo, cuando se producen ampliaciones de capital que dan origen a derechos de suscripción, las acciones bajan de precio en una cantidad próxima al valor del derecho.

5. En el capítulo 5 se desarrolla de forma extensa, para diversos casos, el método de valoración de acciones a través del descuento de dividendos. En función de las hipótesis que se realicen sobre el crecimiento de los dividendos, se obtienen distintas fórmulas.

6. Esta fórmula es el modelo de Gordon y Shapiro que se analizará en detalle en el capítulo 5.

7. Hay una enorme y variada literatura sobre el impacto de las políticas de dividendos en el valor de las acciones. Algunas lecturas recomendables pueden encontrarse en: Sorensen, E.H., y D.A. Williamson, 1985, «Some evidence on the value of the dividend discount model». *Financial Analysts Journal* 41:60-69 y en: Miller, M.H. 1986, «Behavioral Rationality in Finance: The Case of Dividends», *Journal of Business* nº 59: pp. 451-468 (octubre).

**Figura 1.3. Evolución del dividendo/precio en la bolsa española
y en la bolsa americana.**
Fuente: Morgan Stanley

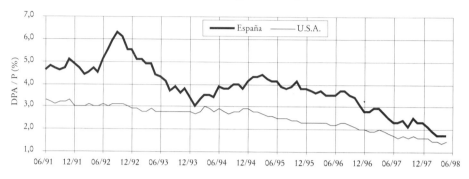

de Autopistas Mare Nostrum. Japón era el país con menor rentabilidad por dividendos (0,9%) y España tenía una rentabilidad por dividendos del 2,1%.

La figura 1.3 contiene la evolución de la relación dividendo/cotización[8] de las bolsas españolas y estadounidenses.

1.3.3. Múltiplo de las ventas

Este método de valoración, empleado en algunos sectores con cierta frecuencia, consiste en calcular el valor de una empresa multiplicando sus ventas por un número. Por ejemplo, una oficina de farmacia se valora con frecuencia multiplicando sus ventas anuales (en pesetas) por 2 o por otro número, según la coyuntura del mercado. También es frecuente el valorar una planta embotelladora de refrescos multiplicando sus ventas anuales en litros por 500 o por otro número, según la coyuntura del mercado.

Para analizar la consistencia de este método, Smith Barney llevó a cabo un análisis de la relación entre el ratio precio/ventas y la rentabilidad de la acción. Lo realizó con empresas grandes (capitalización superior a 150 millones de dólares) de 22 países. Dividió las empresas en cinco grupos: el grupo 1, formado por las empresas con menor ratio precio/ventas, y el grupo 5, formado por las empresas con mayor ratio precio/ventas. La rentabilidad media de cada grupo de empresas se adjunta en la siguiente tabla:

---

8. Esta relación se denomina frecuentemente en inglés *dividend yield.*

Tabla 1.5. Relación entre rentabilidad y el ratio precio/ventas.
Fuente: Smith Barney

	grupo 1	grupo 2	grupo 3	grupo 4	grupo 5
Diciembre 84-diciembre 89	38,2%	36,3%	33,8%	23,8%	12,3%
Diciembre 89-septiembre 97	10,3%	12,4%	14,3%	12,2%	9,5%

Puede apreciarse que, en el periodo diciembre 84-diciembre 89, las acciones de las empresas con menor ratio precio/ventas en diciembre de 1984 fueron en media más rentables que las de aquellas que tenían un ratio mayor. Pero esto no fue cierto en el periodo diciembre 89-septiembre 97: no hubo ninguna relación entre el ratio precio/ventas de diciembre de 1989 y la rentabilidad posterior de las acciones en los años siguientes.

El ratio precio/ventas se puede descomponer en otros dos:

$$\text{Precio/ventas} = (\text{precio/beneficio}) \times (\text{beneficio/ventas})$$

El primer ratio (precio/beneficio) es el PER y el segundo (beneficio/ventas) se conoce normalmente como rentabilidad sobre ventas.

1.3.4. Otros múltiplos

Además del PER y el ratio precio/ventas, algunos de los múltiplos que se utilizan con frecuencia son:
– Valor de la empresa / beneficio antes de intereses e impuestos (BAIT)
– Valor de la empresa / beneficio antes de amortización, intereses e impuestos (BAAIT)
– Valor de la empresa / cash flow operativo
– Valor de las acciones / valor contable
Es evidente que para valorar una empresa utilizando los múltiplos, es preciso utilizar múltiplos de empresas comparables.[9]
A continuación se aplica el método de los múltiplos para valorar **Superdiplo**, una empresa de distribución del sector de la alimentación que comenzó a cotizar en la bolsa española en abril de 1998. Superdiplo opera en Canarias, en el sur de España y desde marzo de 1998 en Madrid. De 1995 a 1998 se convirtió en el séptimo distribuidor de alimentación por tamaño España, el segundo en supermercados (tras Mercadona) y el líder en Islas Canarias. Superdiplo es predominantemente un distribuidor de alimentación, ya que sus ventas de no-alimentación representaron en 1997 tan sólo un 6% del total. En febrero de 1998, la cadena contaba con 166 establecimientos bajo cinco conceptos distintos: hipermercados, supermercados, locales de des-

---

9. Para una profundización en el método de los múltiplos ver Badenes, Santos y Fernández (1998).

cuento, «cash & carry» y tiendas para turistas. Cada concepto operaba con una marca distinta.

Superdiplo era una empresa con gran crecimiento. Las ventas de 1997 fueron 91.887 millones de pesetas y las esperadas para 1998 eran de 149.800 millones. Análogamente, el beneficio de 1997 fue 3.359 millones y el esperado para 1998 era 5.706 millones. Además, disfrutaba de una baja tasa impositiva gracias al régimen fiscal de las Islas Canarias.

Cuatro empresas que operaban en la Península Ibérica (Modelo Continente, Jerónimo Martins, Pryca y Continente) fueron consideradas como las más comparables. Los datos que se utilizaron fueron los disponibles el 20 de abril de 1998.

La siguiente tabla muestra la valoración de las acciones de Superdiplo utilizando múltiplos. Es interesante destacar la gran variación en la valoración de las acciones según el múltiplo y la empresa que se tome como referencia.

	Múltiplos de cada empresa				Valoración de las acciones (millones de pesetas) de Superdiplo utilizando ratios de:				
	Modelo	Jeró-nimo	Pryca	Conti-nente	Modelo	Jeró-nimo	Pryca	Conti-nente	Media
P/Ventas 97	1,90	2,70	1,00	0,70	174.585	248.095	91.887	64.321	144.722
P/Ventas 98E	1,60	1,90	1,00	0,60	239.680	284.620	149.800	89.880	190.995
P/BAAIT 97	24,80	28,20	12,00	13,90	142.129	161.614	68.772	79.661	113.044
P/BAAIT 98E	20,10	21,50	11,40	12,90	162.750	174.086	92.306	104.451	133.398
P/BAIT 97	29,80	42,00	20,50	27,90	134.696	189.840	92.660	126.108	135.826
P/BAIT 98E	24,90	30,80	19,30	27,90	153.733	190.159	119.158	172.255	158.826
PER 97	44,90	54,50	27,80	36,70	150.819	183.066	93.380	123.275	137.635
PER 98E	37,60	38,40	27,70	35,50	214.546	219.110	158.056	202.563	198.569
P/CF 97	33,90	36,90	14,40	17,70	155.056	168.777	65.864	80.958	117.664
P/CF 98E	26,90	27,00	14,20	15,80	205.280	206.043	108.363	120.573	160.065
P/Valor contable 98E	7,00	7,83	3,55	3,98	242.788	271.576	123.128	138.042	193.884
		Media			179.642	208.817	105.761	118.372	153.148

El precio de salida a bolsa del 30 de abril de 1998 fue 3.135 pesetas/acción, que equivale a un valor total de las acciones de 159.885 millones de pesetas. Este valor es muy cercano a la media de todas las valoraciones.

1.4. Métodos basados en el fondo de comercio o goodwill[10]

El fondo de comercio es, en general, el valor que tiene la empresa por encima de su valor contable o por encima del valor contable ajustado. El fondo de comercio

---

10. El autor se siente en el deber de manifestar al lector que no le gustan nada estos métodos, pero como se han utilizado mucho en el pasado, y todavía se utilizan en alguna ocasión, se incluye una breve descripción de algunos de ellos. En el resto del libro no volveremos a mencionarlos, salvo en el capítulo

pretende representar el valor de los elementos inmateriales de la empresa, que muchas veces no aparece reflejado en el balance pero en cambio aporta una ventaja respecto a otras empresas del sector (calidad de la cartera de clientes, liderazgo sectorial, marcas, alianzas estratégicas, etc.) y es por tanto un valor a añadir al activo neto si se quiere efectuar una valoración correcta. El problema surge al tratar de calcular su valor, ya que no existe una unanimidad metodológica para su cálculo. Algunas formas de valoración del fondo de comercio dan lugar a los diversos procedimientos de valoración que se describen en este apartado.

Estos métodos parten de un punto de vista mixto: por un lado realizan una valoración estática de los activos de la empresa y, por otro, añaden cierta dinamicidad a dicha valoración, porque tratan de cuantificar el valor que generará la empresa en el futuro. A grandes rasgos se trata de métodos cuyo objetivo es la determinación del valor de la empresa a través de la estimación del valor conjunto de su patrimonio más una plusvalía resultante del valor de sus beneficios futuros: comienzan con la valoración de los activos de la empresa y luego le suman una cantidad relacionada con los beneficios futuros.

1.4.1. Método de valoración «clásico»

Este método parte de la base de que el valor de una empresa es igual al valor de su activo neto (valor substancial neto) más el valor del fondo de comercio. A su vez, el fondo de comercio se valora como n veces el beneficio neto de la empresa, o como un determinado porcentaje de la facturación. Según este método, la fórmula que expresa el valor de una empresa es:

$$V = A + (n \times B) \text{, o bien } V = A + (z \times F)$$

siendo: A = valor del activo neto.   n = coeficiente comprendido entre 1,5 y 3.
B = beneficio neto.   z = porcentaje de la cifra de ventas.
F = facturación.

La primera fórmula se utiliza principalmente para empresas industriales, mientras que la segunda se utiliza frecuentemente para el comercio minorista.

La aplicación del primer método para la empresa Abascal S.A., suponiendo que el fondo de comercio se estime en tres veces el beneficio anual, daría un valor para las acciones de 213 millones de pesetas (135 + 3 × 26).

Una variante de este método consiste en utilizar el cash flow en lugar del beneficio neto.

10, que contiene una valoración que una empresa consultora realizó con estos métodos. El lector puede pasar directamente al apartado 1.5, pero si sigue leyendo este apartado, no busque mucha «ciencia» detrás de los métodos que siguen porque son muy arbitrarios.

1.4.2. Método simplificado de la «renta abreviada del goodwill» o método de la UEC[11] simplificado

El valor de una empresa, según este método, se expresa mediante la siguiente fórmula:

$$V = A + a_n (B - iA)$$

siendo:

A = activo neto corregido o valor substancial neto.

a_n = valor actual, a un tipo t, de n anualidades unitarias, con n entre 5 y 8 años.

B = beneficio neto del último año o el previsto para el año próximo.

i = tipo de interés de colocación alternativa, que puede ser el de las obligaciones, el rendimiento de las acciones, o el rendimiento de las inversiones inmobiliarias (después de impuestos).

$a_n (B - iA)$ = fondo de comercio o goodwill.

Esta fórmula podría explicarse así: el valor de una empresa es el valor de su patrimonio neto ajustado más el valor del fondo de comercio, que se obtiene capitalizando, por aplicación de un coeficiente a_n, un «superbeneficio» igual a la diferencia entre el beneficio neto y la inversión del activo neto «A» en el mercado de capitales al tipo de interés «i» correspondiente a la tasa sin riesgo.

En el caso de la empresa Abascal S.A., B = 26; A = 135. Supongamos que para el cálculo de a_n se consideran 5 años y un 15 %, con lo que a_n = 3,352. Supongamos también que i = 10%. Con estas hipótesis, el valor de las acciones sería:

$$135 + 3,352 (26 - 0,1 \times 135) = 135 + 41,9 = 176,9 \text{ millones de pesetas}$$

1.4.3. Método de la Unión de Expertos Contables Europeos (UEC)[12]

El valor de una empresa según este método se obtiene a partir de la siguiente ecuación:

$$V = A + a_n (B - iV) \text{ despejando: } V = [A + (a_n \times B)] / (1 + ia_n)$$

Para la UEC el valor global de una empresa es igual al valor substancial (o activo neto revaluado) más el fondo de comercio. Éste se calcula capitalizando a interés compuesto (con el factor a_n) un superbeneficio que es el beneficio menos el flujo obtenido invirtiendo a una tasa sin riesgo i un capital igual al valor de la empresa V.

La diferencia entre este método y el método simplificado visto anteriormente radica en el valor del fondo de comercio, que en este caso se calcula a partir del valor V

---

11. UEC: Son las siglas de «Unión de Expertos Contables Europeos».

12. El informe de la UEC se encuentra publicado en español en el libro *Evaluación de empresas y partes de empresa*, Ediciones Deusto, 1962.

que estamos buscando, mientras que en el método simplificado lo calculábamos a partir del activo neto A.

En el caso de la empresa Abascal S.A., B = 26; A = 135, a_n = 3,352, i = 10%. Con estos supuestos, el valor de las acciones sería:

$$(135 + 3,352 \times 26) / (1 + 0,1 \times 3,352) = 222,1 / 1,3352 = 166,8 \text{ millones de pesetas}$$

1.4.4. Método indirecto o método «de los prácticos»

La fórmula para hallar el valor de una empresa según este método es la siguiente:

$$V = (A + B / i) / 2 \text{, que también puede expresarse como } V = A + (B - iA) / 2i$$

La tasa i que se utiliza suele ser el tipo de interés de los títulos de renta fija del Estado a largo plazo. Como puede apreciarse en la primera expresión, este método pondera igual el valor del activo neto (valor substancial) y el valor de la rentabilidad.

Este método tiene muchas variantes que resultan de ponderar de manera distinta el valor substancial y el valor de capitalización de los beneficios.

En el caso de la empresa Abascal S.A., B = 26; A = 135, i = 10%. Con estos supuestos, el valor de las acciones sería 197,5 millones de pesetas.

1.4.5. Método anglosajón o método directo

La fórmula de este método es la siguiente:

$$V = A + (B - iA) / t_m$$

En este caso el valor del goodwill se obtiene actualizando para una duración infinita el valor del superbeneficio obtenido por la empresa. Este superbeneficio es la diferencia entre el beneficio neto y lo que se obtendría de la colocación, al tipo de interés i, de capitales iguales al valor de activo de la empresa. La tasa t_m es la tasa de interés de los títulos de renta fija multiplicada por un coeficiente comprendido entre 1,25 y 1,5 para tener en cuenta el riesgo.

A este método se le denomina también método de la capitalización del superbeneficio para una duración infinita.

En el caso de la empresa Abascal S.A., B = 26; A = 135, i = 10%. Supongamos que t_m = 15%. Con estos supuestos, el valor de las acciones sería 218,3 millones de pesetas.

1.4.6. Método de compra de resultados anuales

Para este método se utiliza la siguiente fórmula de valoración:

$$V = A + m \, (B - iA)$$

Aquí el valor del goodwill es igual a un cierto número de años de superbeneficio. El comprador está dispuesto a pagar al vendedor el valor del activo neto más m años de superbeneficios. El número de años (m) que se suele utilizar es entre 3 y 5, y el tipo de interés (i) es el tipo de interés usual en el país.

En el caso de la empresa Abascal S.A., B = 26; A = 135, i = 10%. Con estos supuestos, y si m es 5 años, el valor de las acciones sería 197,5 millones de pesetas.

1.4.7. Método de la tasa con riesgo y de la tasa sin riesgo

Este método formula el valor de una empresa a través de la siguiente expresión:

$$V = A + (B - iV) \, / \, t \text{ despejando } V = (A + B \, / \, t) \, / \, (1 + i \, / \, t)$$

La tasa i es la tasa de una colocación alternativa sin riesgo; la tasa t es la tasa con riesgo que sirve para actualizar el superbeneficio, y es igual a la tasa i aumentada con un coeficiente de riesgo. Según este método, el valor de una empresa es igual al activo neto aumentado con la actualización del superbeneficio. Como puede apreciarse, la fórmula es una derivación del método de la UEC cuando el número de años tiende a infinito.

En el caso de la empresa Abascal S.A., B = 26; A = 135, i = 10%. Con estos supuestos, si t = 15%, el valor de las acciones sería 185 millones de pesetas.

1.5. Métodos basados en el descuento de flujos de fondos

Tratan de determinar el valor de la empresa a través de la estimación de los flujos de dinero –cash flows– que generará en el futuro, para luego descontarlos a una tasa de descuento apropiada según el riesgo de dichos flujos.

Los métodos mixtos descritos han sido muy utilizados en el pasado. Sin embargo, cada vez se emplean menos y se puede decir que en la actualidad, en general, se recurre a la utilización del método del descuento de los flujos de fondos porque constituye el único método de valoración conceptualmente correcto. En estos métodos se considera a la empresa como un ente generador de flujos de fondos, y para obtener el valor de la empresa se calcula el valor actual de dichos flujos utilizando una tasa de descuento apropiada.

La segunda parte del libro aborda con mayor detalle los métodos de valoración por descuento de flujos. El capítulo 7 trata sobre la diferencia entre los diversos cash flows y beneficio. El capítulo 8 ayuda a aclarar, mediante un ejemplo sencillo, la relación entre el flujo para los accionistas y el flujo del negocio (o free cash flow), así como la influencia del endeudamiento en el riesgo de la empresa.

Los métodos de descuento de flujos se basan en el pronóstico detallado y cuidadoso, para cada periodo, de cada una de las partidas financieras que se vinculan con la generación de los cash flows correspondientes a las operaciones de la empresa, como por ejemplo el cobro de ventas, los pagos de mano de obra, de materias primas, administrativos, de ventas, etc., y la devolución de créditos, entre otros. Por consiguiente, el enfoque conceptual es similar al del presupuesto de tesorería.

En la valoración basada en el descuento de flujos, se determina una tasa de descuento adecuada para cada tipo de flujo de fondos. La determinación de la tasa de descuento es uno de los puntos más importantes. Se realiza teniendo en cuenta el riesgo, las volatilidades pasadas y, en la práctica, muchas veces el tipo de descuento mínimo lo marcan los interesados, (compradores o vendedores no dispuestos a invertir o a vender por menos de un determinado porcentaje, etc.).

1.5.1. Método general para el descuento de flujos

Los distintos métodos basados en el descuento de flujos de fondos parten de la expresión:

$$V = \frac{CF_1}{1+k} + \frac{CF_2}{(1+k)^2} + \frac{CF_3}{(1+k)^3} + \ ... \ + \frac{CF_n + V_n}{(1+k)^n}$$

siendo: CF_i = flujo de fondos generado por la empresa en el periodo i.

V_n = valor residual de la empresa en el año n.

k = tasa de descuento apropiada para el riesgo de los flujos de fondos.

Aunque a simple vista pueda parecer que la fórmula anterior está considerando una duración temporal de los flujos, esto no es necesariamente así, ya que el valor residual de la empresa en el año n (V_n) se puede calcular descontando los flujos futuros a partir de ese periodo.

Un procedimiento simplificado para considerar una duración indefinida de los flujos futuros a partir del año n es suponer una tasa de crecimiento constante (g) de los flujos a partir de ese periodo, y obtener el valor residual en el año n aplicando la fórmula simplificada de descuento de flujos indefinidos con crecimiento constante:

$$V_n = \frac{CF_{n+1}}{k-g} = \frac{CF_n}{k-g}(1+g)$$

Valor residual
g = tasa de crecimto
cte de los flujos

A pesar de que los flujos pueden tener una duración indefinida, puede ser admisible despreciar su valor a partir de un determinado periodo, dado que su valor actual es menor cuanto más lejano es el horizonte temporal. Por otro lado, la ventaja competitiva de muchos negocios tiende a desaparecer al cabo de unos años.

Antes de desarrollar los diferentes métodos de valoración basados en el descuento de flujos de fondos, es necesario definir los diferentes tipos de flujos de fondos que pueden considerarse para la valoración.

1.5.2. Determinación del cash flow adecuado para descontar y balance financiero de la empresa

Para entender cuáles son los cash flows básicos que se pueden considerar en una valoración, en el cuadro siguiente se representa un esquema de las distintas corrientes de fondos que genera una empresa y las tasas de descuento apropiadas para cada flujo.

FLUJO DE FONDOS	TASA DE DESCUENTO APROPIADA
FCF. Flujo de fondos libre (free cash flow)	**WACC.** Coste ponderado de los recursos (deuda y acciones)
CFac. Flujo de fondos disponible para los accionistas	**Ke.** Rentabilidad exigida a las acciones
CFd. Flujo de fondos disponible para la deuda	**Kd.** Rentabilidad exigida a la deuda

Existen tres flujos de fondos básicos: el flujo de fondos libre, el flujo de fondos disponible para los accionistas y el flujo de fondos para los proveedores de deuda.

El más sencillo de comprender es el flujo de fondos para los proveedores de deuda, que es la suma de los intereses que corresponde pagar por la deuda más las devoluciones de principal. Con el objeto de determinar el valor de mercado actual de la deuda existente, este flujo debe descontarse a la tasa de rentabilidad exigida a la deuda (coste de la deuda). En la mayoría de los casos el valor de mercado de la deuda será equivalente a su valor contable. Para la deuda muchas veces se toma su valor contable (o valor en libros) como una aproximación suficientemente buena y rápida al valor de mercado.[13]

Para valorar una empresa en su totalidad (deuda más acciones) o para calcular el valor de las acciones, se pueden utilizar los siguientes flujos de fondos:

– Flujo de fondos libre, (o free cash flow).
– Flujo de fondos disponible para los accionistas.
– Dividendos.

---

13. Veremos en capítulos posteriores que esto es válido sólo si la rentabilidad exigida a la deuda es igual al coste de la misma.

El flujo de fondos libre (FCF) permite obtener directamente el valor total de la empresa[14] (deuda y acciones: D + E). El flujo de fondos disponible para los accionistas (CFac) y los dividendos permiten obtener el valor de las acciones, que unido al valor de la deuda, permitirá también establecer el valor total de la empresa. Las tasas de descuento que deben utilizarse para el FCF y el CFac se detallan y explican en los apartados siguientes.

La figura 1.4 pretende aclarar simplificadamente la diferencia entre el balance contable (completo) de la empresa y el balance financiero. Cuando nos referimos al activo de la empresa (financiero), no estamos hablando del activo en su totalidad, sino del activo total menos la financiación espontánea (en general, proveedores, acreedores...). Dicho de otra forma, el activo de la empresa (financiero) se compone de los activos fijos netos más las necesidades operativas de fondos[15] El pasivo (financiero) de la empresa se compone de los recursos propios (las acciones) y la deuda (en general, deuda financiera a corto y largo plazo).[16] En el resto del libro, al referirnos a valor de la empresa, nos referiremos a valor de la deuda más valor de los recursos propios (acciones).

1.5.2.1. El free cash flow

El free cash flow (FCF), también llamado flujo de fondos libre, es el flujo de fondos operativo, esto es el flujo de fondos generado por las operaciones, sin tener en cuenta el endeudamiento (deuda financiera), después de impuestos. Es el dinero que quedaría disponible en la empresa después de haber cubierto las necesidades de reinversión en activos fijos y en necesidades operativas de fondos, suponiendo que no existe deuda y que, por lo tanto, no hay cargas financieras.

Para calcular los flujos de fondos libres futuros se debe hacer una previsión del dinero que recibiremos y que deberemos pagar en cada uno de los periodos, es decir, que se trata básicamente del enfoque usado para realizar un presupuesto de tesorería. Sin embargo, para valoración de empresas esta tarea exige prever flujos de fondos a mayor distancia en el tiempo que la que habitualmente se realiza en cualquier presupuesto de tesorería.

La contabilidad no puede proveernos directamente dichos datos porque por una parte utiliza el enfoque de lo devengado y, por otra, porque asigna sus ingresos, costes y gastos basándose en mecanismos que no dejan de ser arbitrarios. Estas dos ca-

---

14. Se suele denominar «valor de la empresa» a la suma del valor de las acciones más el valor de la deuda financiera.

15. Una excelente exposición de las necesidades operativas de fondos (NOF), escrita por Josep Faus, aparece en su libro *Finanzas operativas*, editado por la Biblioteca IESE de Gestión de Empresas, 1996. Las necesidades operativas de fondos (NOF) se denominan frecuentemente en inglés *working capital requirements*.

16. Dentro de los recursos propios o capital pueden existir, entre otras, acciones ordinarias, preferentes y preferentes convertibles, y dentro de los distintos tipos de deuda puede haber, entre otros, deuda senior, deuda subordinada, deuda convertible, a tipo de interés fijo o variable, con cupones periódicos o cupón cero, a corto o a largo plazo, etc.

Figura 1.4. Balance contable y balance financiero de una empresa.

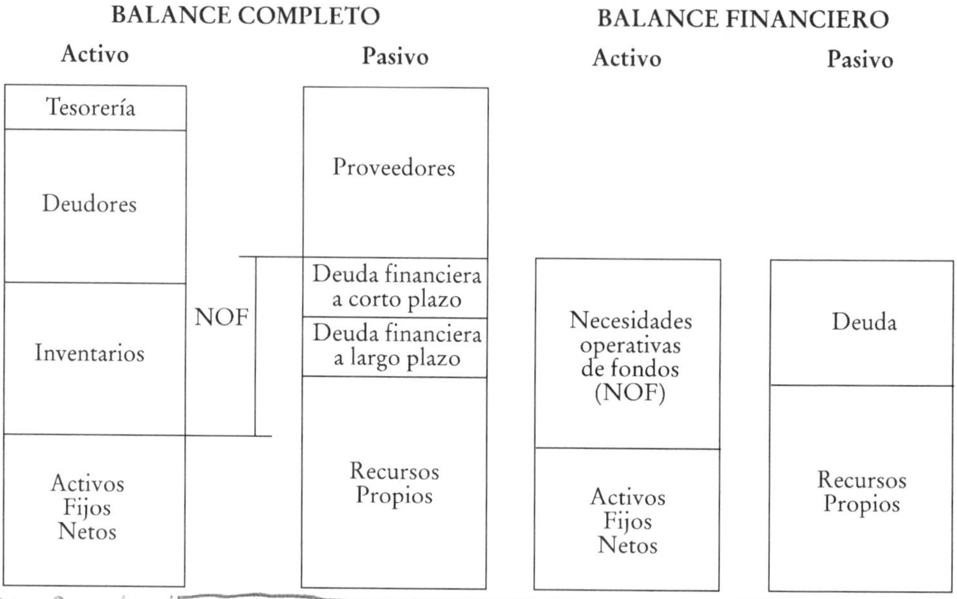

NOF = Tesorería + Deudores + Inventarios – Proveedores

racterísticas de la contabilidad distorsionan la percepción del enfoque relevante a la hora de calcular flujos de fondos, que debe ser el enfoque de «caja», es decir, dinero efectivamente recibido o entregado (cobros y pagos). Sin embargo, ajustando la contabilidad según esta última perspectiva se puede aproximar la cifra de flujo de fondos que nos interese calcular.

A continuación trataremos de identificar los componentes básicos de un flujo libre de fondos en el ejemplo hipotético de la empresa XYZ, SA. La utilización de la información proveniente de los estados contables que se exhibe en la tabla 1.6, deberá ser ajustada para obtener los flujos de fondos de cada periodo o sea las sumas de dinero que efectivamente se cobran y se pagan en cada uno de ellos.

En la tabla 1.6 se puede ver la cuenta de resultados de la empresa XYZ, SA. A partir de estos datos determinaremos el flujo de fondos libre de la empresa, que sabemos por definición, no debe incluir ningún pago a los proveedores de fondos. Por tanto, los dividendos y los intereses pagados no deben ser considerados en el cash flow libre.

La tabla 1.7 muestra la obtención del free cash flow a partir del beneficio antes de intereses e impuestos (BAIT). Se debe calcular el importe de impuestos a pagar sobre el BAIT directamente: así obtenemos el beneficio neto sin tener en cuenta los intereses, al cual debemos añadirle las amortizaciones del periodo porque no representan un pago sino que constituyen sólamente un apunte contable. Además debemos considerar los importes de dinero que habrá que destinar a nuevas inver-

Tabla 1.6. Cuenta de resultados XYZ, SA.

	1995	1996	1997
Ventas	1.000	1.100	1.210
– Coste de mercancías vendidas	– 650	– 715	– 786,5
– Gastos generales	– 189	– 207,9	– 228,7
– Amortización	– 20	– 20	–20
Beneficio antes de intereses e impuestos (BAIT)	141	157,1	174,8
– Pagos de intereses	– 10	– 10	– 10
Beneficio antes de impuestos (BAT)	131	147,1	164,8
– Impuestos	– 45,85	– 51,49	– 57,68
Beneficio neto (BDT)	85,15	95,62	107,1
– Dividendos	– 34,06	– 38,25	– 42,85
Beneficios retenidos	51,09	57,37	64,28

siones en activos fijos y a nuevas necesidades operativas de fondos (NOF), ya que dichas sumas deben ser restadas para calcular el free cash flow.

La obtención del free cash flow supone prescindir de la financiación de las operaciones, para centrarnos en el rendimiento económico de los activos de la empresa después de impuestos, visto desde una perspectiva de empresa en marcha, teniendo en cuenta en cada periodo las inversiones necesarias para la continuidad del negocio.

Para calcular el valor de la empresa mediante este método, se realiza el descuento (la actualización) de los free cash flows utilizando el coste promedio ponderado de deuda y acciones o coste promedio ponderado de los recursos (WACC).[17] Esta tasa se calcula ponderando el coste de la deuda (Kd) y el coste de las acciones (Ke), en función de la estructura financiera de la empresa:

$$WACC = \frac{E Ke + D Kd(1 - T)}{E + D}$$

siendo: D = valor de mercado de la deuda.

E = valor de mercado de las acciones.

Kd = coste de la deuda antes de impuestos = rentabilidad exigida a la deuda.

T = tasa impositiva.

Ke = rentabilidad exigida a las acciones, que refleja el riesgo de las mismas.

---

17. El coste promedio ponderado de los recursos se denomina en inglés *weighted average cost of capital* (WACC).

Tabla 1.7. Flujo de fondos libre de XYZ, SA.

	1995	1996	1997
Beneficio antes de intereses e impuestos (BAIT)	141	157,1	174,8
– Impuestos sobre el BAIT	– 49,4	– 55	– 61,2
Beneficio neto de la empresa sin deuda	91,65	102,1	113,6
+ Amortización	20	20	20
– Incremento en activos fijos *(nuevas inversiones)*	– 61	– 67,1	– 73,8
– Incremento NOF *(nuevas necesidades operativas de fondos working capital)*	– 11	– 12,1	– 13,3
Free cash flow	**39,65**	**42,92**	**46,51**

Ésta es la tasa relevante para este caso, ya que como estamos valorando la empresa en su conjunto (deuda más acciones) se debe considerar la rentabilidad exigida a la deuda y a las acciones en la proporción que financian la empresa.

Finalmente, es importante destacar que en el caso de que la empresa no tuviera deuda en su estructura de capital, el flujo de fondos libre sería idéntico al flujo de fondos disponible para los accionistas, que es otra de las variantes de los cash flows que se utilizan para valoraciones y que será analizada a continuación.

$$D = 0 \Rightarrow FCF = CFaC$$

1.5.2.2. El cash flow disponible para los accionistas (CFAC)

El flujo de fondos disponible para los accionistas (CFac) se calcula restando al flujo de fondos libre, los pagos de principal e intereses (después de impuestos) que se realizan en cada periodo a los poseedores de la deuda, y sumando las aportaciones de nueva deuda. Es en definitiva el flujo de fondos que queda disponible en la empresa después de haber cubierto las necesidades de reinversión en activos fijos y en NOF y de haber abonado las cargas financieras y devuelto el principal de la deuda que corresponda (en el caso de que exista deuda). Se puede representar lo anterior de la siguiente forma:

CFac = FCF – [intereses pagados × (1– T)] – pagos principal + nueva deuda

En el capítulo 7 veremos que al realizar proyecciones, los dividendos esperados deben coincidir con los flujos de fondos disponibles para los accionistas.

Este cash flow supone la existencia de una determinada estructura de financiación por periodo, por la cual se abonan todas las cargas que corresponden a las deudas existentes, se pagan los vencimientos de principal que correspondan y se reciben los fondos provenientes de nueva deuda, quedando finalmente un remanente que es el total de dinero que queda disponible para los accionistas y que se destinará, según la política de distribución de la empresa, a dividendos, a recompra de acciones o a reinversión en los negocios de la empresa.

Al actualizar el flujo de fondos disponible para los accionistas estamos valorando las acciones de la empresa (E), por lo cual la tasa de descuento apropiada será la rentabilidad exigida por los accionistas (Ke). Para hallar el valor de la empresa en su conjunto (D + E), es preciso sumar al valor de las acciones (E), el valor de la deuda existente (D).

1.5.2.3. Capital cash flow

Se conoce como CCF (capital cash flow) al cash flow disponible para los poseedores de deuda más el cash flow para las acciones. El cash flow para los poseedores de deuda se compone de la suma de los intereses más la devolución del principal; por tanto:

CFd = DKd − ∆D

$$CCF = CFac + CFd = CFac + I - \Delta D \qquad\qquad I = DKd$$

Es importante no confundir el capital cash flow con el free cash flow.

Al actualizar el CCF estamos valorando la empresa en su totalidad (E+D), por lo que la tasa de descuento apropiada es el coste ponderado de los recursos pero, en este caso, antes de impuestos.

$$WACC_{BT} = \frac{EKe + DKd}{E + D}$$

Coste ponderado de los recursos ANTES DE IMPUESTO

1.5.3. Cálculo del valor de la empresa a través del free cash flow

Para calcular el valor de la empresa mediante este método, se actualizan los free cash flows de los distintos periodos utilizando como tasa de descuento el coste promedio ponderado de los recursos, WACC.

$$E + D = \sum_{i=1}^{n} \frac{FCF_i}{(1 + WACC)^i}$$

donde $\quad WACC = \dfrac{EKe + DKd(1 - T)}{E + D}$

siendo: D = valor de mercado de la deuda.
  E = valor de mercado de las acciones.
  Kd = coste de la deuda antes de impuestos.
  T = tasa impositiva.
  Ke = rentabilidad exigida a las acciones, que refleja el riesgo de las mismas.

1.5.4. Cálculo del valor de la empresa como el valor sin apalancamiento más el valor de los ahorros fiscales debidos a la deuda

En este método[18] el cálculo del valor de la empresa se realiza sumando dos valores: por una parte el valor de la empresa suponiendo que la empresa no tiene deuda y, por otra, el valor de los ahorros fiscales que se obtienen por el hecho de que la empresa se esté financiando con deuda.

El valor de la empresa sin deuda se obtiene mediante el descuento del cash flow libre, utilizando la tasa de rentabilidad exigida por los accionistas para la empresa bajo el supuesto de considerarla como si no tuviera deuda. Esta tasa (Ku) es conocida como *tasa unlevered* (no apalancada) y es menor que la rentabilidad que exigirían los accionistas en el caso de que la empresa tuviera deuda en su estructura de capital, ya que en ese caso los accionistas soportarían el riesgo financiero que supone la existencia de la deuda y requerirían una prima de riesgo adicional superior. Para los casos en que no existe deuda, la rentabilidad exigida a las acciones (Ku) es equivalente al coste promedio ponderado de los recursos (WACC), ya que la única fuente de financiamiento que se está utilizando es capital.

El valor actual de los ahorros fiscales tiene su origen en el hecho de financiar la empresa con deuda, y se produce específicamente por el menor pago de impuestos que realiza la empresa debido a los intereses correspondientes a la deuda en cada periodo. Para hallar el valor actual de los ahorros fiscales (del ahorro de impuestos debido a los intereses), habrá que calcular primero los ahorros por este concepto para cada uno de los años, multiplicando los intereses de la deuda por la tasa impositiva. Una vez tengamos estos flujos habrá que descontarlos a la tasa que se considere apropiada. Aunque la tasa de descuento a utilizar en este caso es un tema algo conflictivo, muchos autores proponen utilizar el coste de mercado de la deuda, que no tiene por qué coincidir con el tipo de interés al que la empresa haya contratado su deuda.

Por consiguiente, el APV se condensa en la siguiente fórmula:

$$D + E = VA(FCF; Ku) + \text{valor del escudo fiscal de la deuda}$$

1.5.5. Cálculo del valor de las acciones de la empresa a través del descuento del cash flow disponible para los accionistas

El valor de mercado de las acciones de la empresa se obtiene descontando el cash flow disponible para los accionistas a la tasa de rentabilidad exigida por los accionistas a la empresa (Ke). El valor del capital así calculado y sumado al valor de mercado de la deuda permiten determinar el valor de la empresa en su conjunto.

La rentabilidad exigida por los accionistas puede estimarse a través de alguno de los siguientes métodos:

---

18. Este método se denomina APV (*adjusted present value*). Para un estudio más detallado, el lector puede consultar los capítulos 17, 18 y 19.

1. A partir del modelo de valoración de crecimiento constante de Gordon y Shapiro:

$$Ke = \frac{Div_1}{P_0} + g$$

siendo: Div_1 = dividendos a percibir en el periodo siguiente = $Div_0(1 + g)$.

P_0 = precio actual de la acción.

g = tasa de crecimiento constante y sostenible de los dividendos.

Por ejemplo, si una acción cotiza a 200 pesetas y se supone que pagará un dividendo de 10 pesetas y que tendrá un crecimiento anual de un 11%:

$$Ke = (10 / 200) + 0,11 = 0,16 = 16\%$$

2. A partir del modelo de equilibrio de activos financieros (en inglés *capital asset pricing model*, CAPM) que define así la rentabilidad exigida por los accionistas:

$$Ke = R_F + \beta (R_M - R_F)$$

siendo: R_F = tasa de rentabilidad para inversiones sin riesgo (de bonos del estado).

β = beta de la acción.[19]

R_M = tasa de rentabilidad del mercado.

$R_M - R_F$ = prima de riesgo del mercado.

Y así, partiendo de un determinado valor de la beta de las acciones, de la tasa sin riesgo y de la prima de riesgo del mercado, se puede calcular la rentabilidad exigida a las acciones.[20] El capítulo 14 es una exposición del *capital asset pricing model* y muestra la relación entre beta y volatilidad. El capítulo 15 presenta datos sobre betas y volatilidades de distintas empresas españolas. El capítulo 16 trata sobre la prima de riesgo del mercado.

---

19. La beta de una acción mide el riesgo sistemático o riesgo de mercado. Indica la sensibilidad de la rentabilidad de una acción de la empresa a los movimientos del mercado. Si la empresa tiene deuda, al riesgo sistemático propio del negocio de la empresa hay que añadir el riesgo incremental derivado del apalancamiento, obteniéndose de esta forma la beta apalancada.

20. Amplias explicaciones sobre los conceptos tratados aquí pueden encontrarse en los libros clásicos de finanzas: Brealey y Myers. *Principles of Corporate Finance.* (Cuarta Edición, McGraw-Hill, New York, 1992.)

Copeland y Weston. *Financial Theory and Corporate Policy.* (Tercera Edición, Addison-Wesley, Reading, Massachusetts, 1988.)

1.5.6. Cálculo del valor de la empresa a través del descuento del capital cash flow

Según este modelo, el valor de la empresa (valor de mercado de sus recursos propios más el valor de mercado de su deuda) es igual al valor actual de los capital cash flows (CCF) descontados al coste ponderado de los recursos *antes de impuestos* ($WACC_{BT}$).

Entran en juego los mismos parámetros que en el apartado anterior, y tan sólo cambian el cálculo del flujos (antes de impuestos) y el nuevo coste ponderado de capital, en donde:

$$WACC_{BT} = \frac{EKe + DKd}{E + D} \qquad CCF = (CFac + CFd) \qquad y \quad CFd = DKd - \Delta D$$

1.5.7. Etapas básicas de una valoración por descuento de flujos

Las etapas fundamentales para realizar una buena valoración por descuento de flujos son:

1. Análisis histórico de la empresa y del sector	
A. Análisis financiero	**B. Análisis estratégico y competitivo**
Evolución de las cuentas de resultados y balances Evolución de los flujos generados por la empresa Evolución de las inversiones de la empresa Evolución de la financiación de la empresa Análisis de la salud financiera Ponderación del riesgo del negocio	Evolución del sector Evolución de la posición competitiva de la empresa Identificación de la cadena de valor Posición competitiva de los principales competidores Identificación de los inductores de valor *(value drivers)*

2. Proyecciones de los flujos futuros	
A. Previsiones financieras	**B. Previsión estratégica y competitiva**
Cuentas de resultados y balances Flujos generados por la empresa Inversiones Financiación Valor terminal Previsión de varios escenarios	Previsión de la evolución del sector Previsión de la posición competitiva de la empresa Posición competitiva de los principales competidores
	C. Consistencia de las previsiones de flujos
	Consistencia financiera entre las previsiones Comparación de las previsiones con las cifras históricas Consistencia de los flujos con el análisis estratégico

3. Determinación del coste (rentabilidad exigida) de los recursos
Para cada unidad de negocio y para la empresa en su conjunto: Coste de la deuda Rentabilidad exigida a las acciones Coste ponderado de los recursos

4. Actualización de los flujos
Actualizar flujos previstos a su tasa correspondiente Valor actual del valor terminal Valor de las acciones

5. Interpretación de resultados
Comparación del valor obtenido con el valor contable Benchmarking del valor obtenido: comparación con empresas similares Análisis de sensibilidad del valor a cambios en los parámetros fundamentales Identificación de la creación de valor prevista Sostenibilidad de la creación de valor (horizonte temporal) Justificación estratégica de la creación de valor prevista

Por otro lado los aspectos críticos de una valoración de empresas son:

ASPECTOS CRÍTICOS DE UNA VALORACIÓN
Dinámica. La valoración es un proceso. El proceso para la estimación de los flujos esperados y la calibración del riesgo de las distintas actividades y de las distintas unidades de negocio es fundamental.
Implicación de la empresa. Los directivos de la empresa han de estar implicados en el análisis de la empresa, del sector y en las proyecciones de flujos.
Multifuncional. La valoración no es una competencia exclusiva de la dirección financiera. Para una buena valoración esesencial que directivos de distintos departamentos intervengan en las estimaciones de los flujos futuros y del riesgo de los mismos.
Estratégica. La técnica de actualización de flujos es similar en todas las valoraciones, pero la estimación de los flujos y la calibración del riesgo ha de tener en cuenta la estrategia de cada unidad de negocio.
Remuneración. En la medida en que la valoración incorpora objetivos (ventas, crecimiento, cuota de mercado, rentabilidad, inversiones...) de los que dependerá la remuneración futura de los directivos, la valoración gana en calidad.
Opciones reales. Si la empresa dispone de opciones reales, éstas se han de valorar convenientemente. Las opciones reales requieren un tratamiento del riesgo totalmente distinto a las actualizaciones de flujos.
Análisis histórico. Aunque el valor depende de las expectativas futuras, un concienzudo análisis histórico de la evolución financiera, estratégica y competitiva de las distintas unidades de negocio ayuda a evaluar la consistencia de las previsiones.
Técnicamente correcta. La correción técnica se refiere fundamentalmente a: a) cálculo de los flujos; b) tratamiento adecuado del riesgo que se traduce en las tasas de descuento; c) coherencia de los flujos utilizados con las tasas aplicadas; d) tratamiento del valor residual; e) tratamiento de la inflación.

1.6. ¿Qué método emplear?

La tabla 1.8 muestra el valor de las acciones de la empresa Abascal, S.A. según distintos métodos basados en el valor patrimonial, en el beneficio y en el fondo de comercio. El problema fundamental de algunos de estos métodos es que unos se basan únicamente en el balance, otros se basan en la cuenta de resultados, pero no tienen en cuenta nada más que los datos históricos. Podemos imaginar dos empresas con idénticos balances y cuentas de resultados, pero con distintas perspectivas: una con un gran potencial de ventas, beneficios y margen, y la otra en una situación estabilizada y con gran competencia. Todos estaríamos de acuerdo en dar mayor valor a la primera empresa que a la segunda, a pesar de que sus balances y cuentas de resultados históricos sean iguales.

El método más apropiado para valorar una empresa es descontar los flujos de fondos futuros esperados, ya que el valor de las acciones de una empresa –suponiendo su continuidad– proviene de la capacidad de la misma para generar dinero (flujos) para los propietarios de las acciones.

Tabla 1.8. Empresa Abascal, S.A.
Valor de las acciones según distintos métodos. (millones de pesetas)

Valor contable	80
Valor contable ajustado	135
Valor de liquidación	75
PER	173
Método de valoración clásico	213
Método de la UEC simplificado	177
Método de la UEC	167
Método indirecto	197
Método directo o anglosajón	218
Método de la compra de resultados anuales	197
Método de la tasa con riesgo y sin riesgo	185

1.7. La empresa como suma de los valores de distintas divisiones. *Break-up value*

En muchas ocasiones, el valor de una empresa se calcula como la suma de los valores de sus distintas divisiones o distintas unidades de negocio.[21]

La mejor explicación para entender este método es un ejemplo. La tabla 1.9 muestra la valoración de una empresa estadounidense realizada a comienzos de 1980. La empresa en cuestión tenía 3 divisiones diferenciadas: productos para el hogar, construcción naval y accesorios para el automóvil.

---

21. Para una mayor profundización en este tipo de valoración, recomendamos el capítulo 11 del libro *Valuation: measuring and managing the value of companies*, de Copeland y otros, editado por Wiley en 1996.

Un grupo financiero lanzó una OPA sobre la mencionada empresa a 38 dólares por acción y un conocido *investment bank* recibió el encargo de valorar la empresa. Esta valoración, que se incluye en la tabla 1.9, serviría como base para ponderar la oferta.

La tabla 1.9 muestra que el *investment bank* valoró las acciones de la empresa entre 430 y 479 millones de dólares (o, lo que es lo mismo, entre 35 y 39 dólares por acción). Pero veamos cómo llegó a tal valor. En primer lugar, proyectó el beneficio neto de cada división y a continuación asignó un PER (máximo y mínimo) para cada una. Mediante una sencilla multiplicación (beneficio × PER), calculó el valor de cada división. El valor de la empresa no es más que la suma de los valores de las tres divisiones.

Tabla 1.9. Valoración de una empresa como suma del valor de sus divisiones. Valoración individual de cada negocio utilizando el criterio del PER

(millones de dólares)	Productos para el hogar		Construcción naval		Accesorios del automóvil		TOTAL EMPRESA	
Beneficio de explotación esperado del próximo año*	56,1		29,0		11,9		97,0	
Gastos de la central y otros gastos	1,1		1,3		0,7		3,1	
Beneficio antes de impuestos	55,0		27,7		11,2		93,9	
Impuestos (48%)	26,4		13,3		5,4		45,1	
Beneficio neto	28,6		14,4		5,8		48,8	
	mínimo	máximo	mínimo	máximo	mínimo	máximo	mínimo	máximo
PER de cada negocio (mínimo y máximo)	9	10	5	6	10	11	387,4	436,2
Valor (millones de $)	257,4	286,0	72,0	86,4	58,0	63,8	387,4	436,2
Más: exceso de caja neto estimado a fin de año**							77,5	77,5
Menos: pensiones por jubilación sin dotación a fin de año							34,5	34,5
Valor de las acciones (millones de $)							430,4	479,2
Valor por acción (basado en 12.201.000 de acciones)							35,3	39,3

* Beneficios de explotación del año en curso: productos para el hogar 58, construcción naval 19, accesorios del automóvil 10.

** Exceso de caja: 103,1 millones en caja, menos 10 millones para operaciones y menos 15,6 millones de deuda financiera.

Al valor así calculado (entre 387 y 436 millones) podemos llamarlo valor de los beneficios que genera la empresa. A continuación hay que añadir a esta cifra el exceso de caja que tenía esta empresa y que el *investment bank* estimó en 77,5 millones. La empresa tenía su plan de previsiones sin dotar completamente (faltaban 34,5 millones de dólares) por lo que había que restar esta cantidad al valor de la empresa.

Tras hacer estas operaciones se llega a que el valor de cada acción está comprendido entre 35 y 39 dólares, números muy cercanos a la oferta realizada de 38 dólares por acción.

1.8. Métodos de valoración según las características de la empresa

Las sociedades tenedoras de bienes, como los holdings, se valoran fundamentalmente por su valor liquidativo, el cual se corrige por los posibles impuestos a pagar y por la calidad de la gestión.

Las sociedades conocidas con el nombre de *utilities*, son empresas que ofrecen servicios públicos tales como la electricidad, gas, etc. En este tipo de sociedades, el crecimiento suele ser bastante estable. En países desarrollados, las tarifas que cobran por sus servicios suelen estar indiciadas al IPC o al IPC menos un factor, o se calculan en función de un marco legal. Por tanto, es más sencillo poder extrapolar su cuenta de explotación, para luego descontar los cash flows. En estos casos se debe prestar especial atención a los cambios regulatorios, que pueden introducir incertidumbres.

En los bancos se presta atención al resultado operativo (margen financiero más comisiones menos gastos de explotación), ajustándolo fundamentalmente por la morosidad. También se analiza su cartera industrial. Se suelen utilizar valoraciones tales como el PER, o el método del valor neto patrimonial (recursos propios ajustados por excesos / defectos de provisiones y por plusvalías o minusvalías de activos tales como la cartera industrial).

Empresas industriales y comerciales. En estos casos, las valoraciones más utilizadas –aparte de la actualización de flujos de fondos– son las basadas en ratios financieros (PER, precio / ventas, precio / cash flow).

1.9. Las opiniones de los especialistas en valoración: los analistas

La tabla 1.10 contiene las previsiones de varios analistas sobre el futuro de Endesa. Todas las previsiones fueron realizadas en el segundo trimestre de 1995. El precio de la acción de Endesa a finales de 1996 fue 9.240 pesetas.

El precio de la acción de Endesa a finales de 1997 fue 2.705 pesetas. Para comparar este precio con las previsiones de los expertos, es preciso tener en cuenta que Endesa realizó un split 4 × 1 el 24 de julio de 1997 (la empresa tenía 260 millones de acciones en el segundo trimestre de 1995 y 1.040 millones de acciones a finales de 1997). Por tanto, la cotización de 2.705 pesetas de diciembre de 1997 equivale a 10.820 pesetas (una acción se convirtió en 4 acciones) para comparación con los precios previstos por los analistas: es evidente que ninguno de ellos previó un aumento tan importante en el precio de la acción.

Tabla 1.10. Previsiones de analistas sobre Endesa. (2º semestre de 1995)

SOCIEDAD	FECHA	PREVISIÓN PARA 1996				PREVISIÓN PARA 1997			
		BPA	DPA	PER	Precio	BPA	DPA	PER	Precio
ABN MIRO	30/10/95	655	210	9,1	5.961	746	210	8,0	5.968
ARGENTARIA	27/10/95	629,1	191	10,0	6.291				
BBV	26/10/95	667	196	9,0	6.003	739	216	8,1	5.986
BARCLAYS	27/10/95	619	188	9,6	5.942				
EUROSAFEI	11/11/95	645	195	10,2	6.579				
FLEMINGS	25/10/95	649	201	9,2	5.971	716	222	8,2	5.871
GOLDMAN SACHS	21/11/95	650	169	8,3	5.395				
IBERSECURITIES	10/10/95	636	200	9,4	5.978	685	216	8,8	6.028
INDOSUEZ CAPITAL	30/10/95	641		9,3	5.961				
INVERBAN	2/11/95	642	203	9,5	6.099	717	233		
JAMES CAPEL	8/9/95	625	190	11,6	7.250	696	206	10,5	7.308
JP MORGAN	16/10/95	645		9,3	5.999				
KLEINWORT BENSON	1/10/95	644	200	9,3	5.989	746	224	8,0	5.968
LEHMAN BROTHERS	18/10/95	662	199	9,2	6.090	732	224	8,3	6.076
MERRILL LYNCH	8/11/95	654	202	11,6	7.586	741	250		
MG VALORES	27/10/95	648	200	9,2	5.962				
MORGAN STANLEY	1/12/95	665,9	202	9,9	6.592	765	230	8,7	6.656
SANTANDER INVEST.	26/7/95	648	198	9,8	6.350				
SOCIÉTÉ GÉNÉRALE	1/7/95	652	180	9,31	6.070	744	196	8,16	6.071
SBC WARBBURG	1/11/95	648		8,3	5.378	751		7,2	5.407
Máximo		684	234	11,6	7.586	765	273	10,5	7.308
Mínimo		619	169	8,3	5.378	685	196	7,2	5.407

Resumen

El método más apropiado para valorar una empresa es el basado en el descuento de los flujos de fondos futuros esperados, ya que el valor de las acciones de una empresa –suponiendo su continuidad– proviene de la capacidad de la misma para generar dinero (flujos) para los propietarios de las acciones.

Otros métodos, cuya descripción se incluye en el capítulo, han sido muy utilizados en el pasado, pero fallan porque calculan el valor desde una perspectiva estática, sin tener en cuenta la evolución futura de la empresa (como los métodos basados en el balance) o bien porque hacen depender la valoración de la subjetividad del analista. En ciertos casos pueden utilizarse como aproximación, si se requiere una valoración rápida o si los cash flows son muy inciertos y complicados de calcular.

Para lograr una correcta valoración es necesario el cálculo concienzudo de los flujos de fondos (o cash flows futuros), así como de la tasa de descuento apropiada para cada tipo de flujo, según el riesgo de los mismos.

Conceptos clave

Valor
Precio
Cash flow (CF)
Free cash flow (FCF)
Cash flow disponible para las acciones (CFac)
Capital cash flow (CCF)
Valor contable
Valor de mercado
PER
Dividendos
Rentabilidad por dividendos
Fondo de comercio o *goodwill*
Rentabilidad exigida a las acciones en la empresa no apalancada (Ku)
Rentabilidad exigida a las acciones (Ke)
Necesidades operativas de fondos (NOF)
Prima de riesgo

Capítulo 2

El PER. Relación entre el PER, la rentabilidad de la empresa, el coste del capital y el crecimiento

El PER es la magnitud más utilizada en bolsa. El PER es el resultado de dividir el precio de todas las acciones entre el beneficio de la empresa.

$$\text{PER} = \text{Precio de todas las acciones} / \text{Beneficio de la empresa}$$

El PER también se puede calcular dividiendo el precio de cada acción entre el beneficio por acción.

$$\text{PER} = \text{Precio de la acción} / \text{Beneficio por acción}$$

Ejemplo 1. El 26 de noviembre de 1997, Endesa tenía 1.040.022.396 acciones en circulación. El precio de cada acción fue 2.735 pesetas. El precio de todas las acciones (se llama capitalización bursátil) fue, por consiguiente, 2.844.461 millones de pesetas. El beneficio del año 1996 fue 165.088 millones de pesetas y el beneficio por acción 158,74 pesetas. Por tanto, el PER de Endesa del 26 de noviembre de 1997 fue 17,23 (2.735 / 158,74 = 2.844.461 / 165.088). El beneficio por acción previsto para el año 1997 era 158 pesetas. Por tanto el PER de Endesa del 26 de noviembre de 1997 basado en el beneficio esperado para 1997 fue 17,31 (2.735 / 158).

Ejemplo 2. El 26 de noviembre de 1997, Telefónica tenía 939.470.820 acciones en circulación. El precio de cada acción fue 4.275 pesetas (la capitalización bursátil fue, por consiguiente, 4.016.238 millones de pesetas). El beneficio por acción del año 1996 fue 170 pesetas. Por tanto, el PER de Telefónica del 26 de noviembre de 1997 fue 25,14 (4.275 / 170). El beneficio por acción estimado para el año 1997 era 199 pesetas y, por tanto, el PER de Telefónica del 26 de noviembre de 1997 basado en el beneficio esperado para 1997 fue 21,48 (4.275 / 199).

Como referencia, cabe apuntar que el PER medio (basado en los beneficios del año 1996) de las 35 empresas que componen el IBEX 35 fue 22,4 y el PER medio basado en los beneficios esperados del año 1997 fue 19,4.

El anexo 2.1 muestra el precio por acción, capitalización bursátil, beneficio por acción y PER de las empresas que componían el IBEX 35 el 26 de noviembre de 1997.

2.1. Evolución del PER en la bolsa española y en las bolsas internacionales

La figura 2.1 muestra la evolución del PER de tres de las mayores empresas españolas. Se puede observar que el PER llegó a un máximo en febrero de 1994 y después descendió hasta octubre de 1995, donde tomó de nuevo una trayectoria ascendente. Como veremos en la figura 2.3 estas variaciones se debieron fundamentalmente a variaciones en los tipos de interés: con tipos de interés a la baja, el PER asciende y con tipos de interés al alza, el PER desciende.

Figura 2.1. Evolución del PER de Telefónica, Endesa y Repsol.
Fuente: *Morgan Stanley*

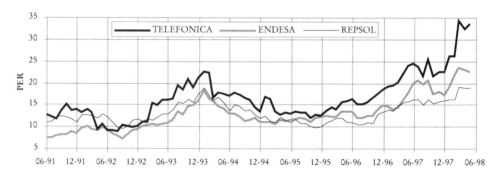

La figura 2.2 muestra la evolución del PER de tres bancos españoles. Es importante ver que en el caso de los bancos, no se produjo el descenso del PER en el periodo febrero de 1994 – abril de 1995.

La figura 2.3 muestra la evolución del PER medio de la bolsa en España y del tipo de interés de la deuda pública a 3 años. Permite comprobar que en épocas de descenso de los tipos de interés el PER aumenta y viceversa.

La figura 2.4 muestra la evolución del PER medio de la bolsa española, norteamericana e inglesa. Obsérvese que el PER de la bolsa española igualó el de las otras dos a finales de 1993, después se rezagó y posteriormente superó el de la bolsa inglesa a finales de 1996 e igualó el de la bolsa norteamericana en 1997.

Figura 2.2. Evolución del PER del BBV, Banco Santander y Banco Popular.
Fuente: *Morgan Stanley*

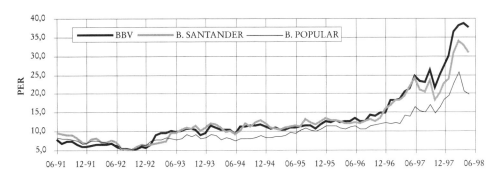

Figura 2.3. Evolución de los tipos de interés y del PER medio
de la bolsa en España.
Fuente: *Morgan Stanley*

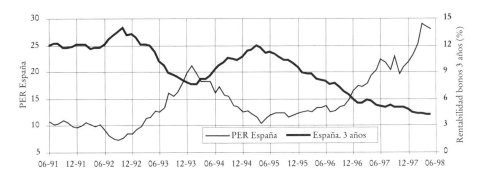

Figura 2.4. Evolución del PER medio de la bolsas española, de la bolsa inglesa
y de la bolsa estadounidense.

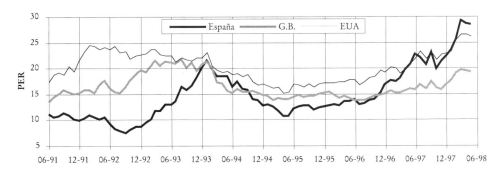

La figura 2.5 muestra la relación del PER medio de la bolsa española con el IBEX 35. Como PER = precio / beneficio, es lógico que el PER siga muy fielmente la evolución del IBEX (que es un índice que refleja los precios de las acciones que lo componen). Véase que salvo en 1993, 1994 y los primeros meses de 1995, se ha cumplido con bastante aproximación la relación PER = IBEX / 150. El PER se fue alejando de esta relación desde febrero de 1993 hasta febrero de 1994 y luego fue convergiendo de nuevo a la misma.

Figura 2.5. IBEX 35 y PER medio de la bolsa española.

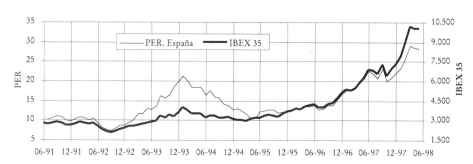

2.2. Factores que afectan al PER

El mejor modo de comprender la influencia del crecimiento y de la rentabilidad de la empresa en el PER es con ejemplos sencillos. Utilizamos 6 empresas distintas (véase tabla 2.1) que crecen a distinto ritmo.

Las seis empresas se financian exclusivamente con acciones. El desembolso inicial de todas ellas es 100 millones de pesetas (Evc$_0$). La rentabilidad exigida a las acciones (Ke) en todas las empresas es 10%. El coste de los recursos es, por tanto, 10%.

Empresas A y B

Las empresas A y B obtienen una rentabilidad sobre fondos propios (ROE) del 10%, lo que significa que el beneficio del primer año será 10 millones en ambos casos.[1]

En el primer año, la empresa A reparte 4 millones como dividendo (e invierte los otros 6 millones al 10%). Por consiguiente, el beneficio del año 2 será 10,6 millones (10 de las inversiones del año cero y 0,6 de las inversiones del año 1). El dividendo del año 2 será también el 40% del beneficio. La empresa A crece con los beneficios que no reparte (que retiene).

La empresa B reparte todo el beneficio (10 millones) como dividendos. Por consi-

---

1. En el anexo 2.3 se muestra que la relación del PER con el crecimiento (g), con la rentabilidad exigida a las acciones (Ke) y con la rentabilidad sobre recursos propios (ROE) en una empresa con crecimiento constante es: PER = (ROE - g) / [ROE (Ke - g)]

guiente, el beneficio (y el dividendo) de todos los años será 10 millones (procedentes de las inversiones del año cero). La empresa B no crece porque reparte el 100% de los beneficios como dividendos.

Es fácil comprobar que el valor de las acciones (Eo) de las empresas A y B es igual a su valor contable (100 millones), porque invierten en proyectos que tienen una rentabilidad (10%) igual al coste de los recursos, por consiguiente, el PER (precio / beneficio = 100 / 10) de ambas es 10. A pesar de que la empresa A crece al 6% (retiene el 60% del beneficio y lo invierte al 10%), su PER es igual al de la empresa B que no crece: la empresa A no ve recompensado el crecimiento con un PER superior porque invierte en inversiones con rentabilidad igual al coste de sus recursos (10%).

Empresas C y D

Las empresas C y D obtienen una rentabilidad sobre fondos propios (ROE) del 12%, lo que significa que el beneficio del primer año será 12 millones en ambos casos.

La empresa C reparte todo el beneficio (12 millones) como dividendos. Por consiguiente, el beneficio (y el dividendo) de todos los años será 12 millones (procedentes de las inversiones del año cero). La empresa C no crece porque reparte el 100% de los beneficios como dividendos.

En el primer año, la empresa D reparte 4 millones como dividendo (e invierte los otros 8 millones al 12%). Por consiguiente, el beneficio del año 2 será 12,96 millones (12 de las inversiones del año cero y 0,96 de las inversiones del año 1). El dividendo del año 2 será también el 33,33% del beneficio. La empresa D crece con los beneficios que no reparte (que retiene).

Tabla 2.1. PER de seis empresas. Influencia del crecimiento
y de la rentabilidad de las nuevas inversiones en el PER.

	A	B	C	D	E	F
Rentabilidad exigida a las acciones. Ke	10%	10%	10%	10%	10%	10%
Valor contable de las acciones. Evc_0	100	100	100	100	100	100
ROE = BFO_1 / Evc_0	10%	10%	12%	12%	12%	13%
Beneficio del primer año. BFO_1	10	10	12	12	12	13
Dividendo del primer año. Div_1	4	10	12	4	6	6
Coeficiente de reparto. $p = Div/BFO$	40,00%	100,00%	100,00%	33,33%	50,00%	46,15%
Crecimiento. g	6%	0%	0%	8%	6%	7%
Valor de las acciones. Eo	100	100	120	200	150	200
PER = Eo / BFO_1	10,00	10,00	10,00	16,67	12,50	15,38

El valor de las acciones de la empresa C es 120 millones, superior a su valor contable (100 millones), porque invierte en proyectos que tienen una rentabilidad (12%)

superior al coste de los recursos (10%). El PER (precio / beneficio = 120 / 12) de la empresa C es 10. El valor de las acciones de la empresa D es 200 millones. El PER (precio / beneficio = 200 / 12) de la empresa D es 16,67. La empresa D crece al 8% (retiene el 66,66% del beneficio y lo invierte al 12%), y su PER es superior al de la empresa C que no crece: la empresa D ve recompensado el crecimiento con un PER superior porque invierte en inversiones con rentabilidad (12%) superior al coste de sus recursos (10%).

Empresa E

La empresa E obtiene una rentabilidad sobre fondos propios (ROE) del 12%, lo que significa que el beneficio del primer año será 12 millones. En el primer año, la empresa D reparte 6 millones como dividendo (e invierte los otros 6 millones al 12%). Por consiguiente, el beneficio del año 2 será 12,72 millones (12 de las inversiones del año cero y 0,72 de las inversiones del año 1). El dividendo del año 2 será también el 50% del beneficio. El valor de las acciones de la empresa E es 150 millones y su PER (precio / beneficio = 150/12) es 12,5. La empresa E crece al 6% (retiene el 50% del beneficio y lo invierte al 12%) mientras que la empresa D crece al 8%.

Contemplando las empresas C, D y E vemos que el mercado recompensa el crecimiento con un PER superior: la que más crece (la D) tiene un PER de 16,67, la que no crece (la C) tiene un PER de 10 y la de crecimiento intermedio (la E) tiene un PER de 12,5.

Empresa F

La empresa F es idéntica a la empresa E, pero es más rentable: obtiene una rentabilidad sobre fondos propios (ROE) del 13%, lo que significa que el beneficio del primer año será 13 millones. Reparte también 6 millones como dividendo (e invierte los otros 7 millones al 13%). El valor de las acciones de la empresa F es 200 millones y su PER (precio / beneficio = 200/13) es 15,38. La empresa E crece al 6% (retiene el 50% del beneficio y lo invierte al 12%) mientras que la empresa D crece al 8%.

Contemplando las empresas E y F vemos que el mercado recompensa el crecimiento y la mayor rentabilidad con un PER superior.

Estos ejemplos permiten concluir que los factores que afectan al PER son:

1. La rentabilidad de la empresa (ROE). ROE (*return on equity*) es el beneficio de la empresa dividido por el valor contable de las acciones:

$$ROE = \frac{BFO_1}{Evc_0}$$

2. El crecimiento esperado de la empresa (g), que es el crecimiento de los beneficios y los dividendos. Ya hemos visto que no basta crecer para tener un PER eleva-

do: es preciso que la empresa invierta en proyectos con rentabilidad superior al coste de los recursos.

3. La proporción de beneficios que se reparte como dividendos. Esta magnitud está relacionada con el crecimiento. Ya hemos visto que una empresa que reparte todo el beneficio como dividendos no crece (no mantiene recursos para invertir) y cuantos más beneficios retiene, más crece. El cociente entre los dividendos que reparte la empresa y los beneficios que genera se denomina coeficiente de reparto de dividendos o *pay out ratio* (p):

$$p = \frac{Div_1}{BFO_1}$$

4. La rentabilidad exigida a las acciones (Ke). Cuanto mayor es la rentabilidad exigida a las acciones (también llamada coste del capital), menor es el PER.[2]

Podemos concluir que, en general, una mejora en los beneficios (aumento en el ROE) provoca un aumento del PER.[3] Un aumento del crecimiento provoca una disminución del PER si ROE < Ke y provoca un aumento del PER si ROE > Ke. También es obvio que un aumento de los tipos de interés (aumento de Ke) provoca una disminución del PER. Un aumento del riesgo de la empresa (aumento de Ke) provoca una disminución del PER.

Un aumento en:	... provoca que ...	el PER
Beneficio (ROE)		aumente
Tipos de interés (Ke)		disminuya
Riesgo de la empresa (Ke)		disminuya
Crecimiento de la empresa		si ROE > Ke, aumente si ROE = Ke, no cambie si ROE < Ke, disminuya

La siguiente tabla muestra los factores que afectan al valor de las acciones y, por tanto al PER:

---

2. El capítulo 3 presenta una descomposición del PER en varios factores: El *franchise factor*, el factor interés, el factor crecimiento y el factor riesgo.

3. Estamos suponiendo que todos los demás factores (crecimiento...) permanecen constantes.

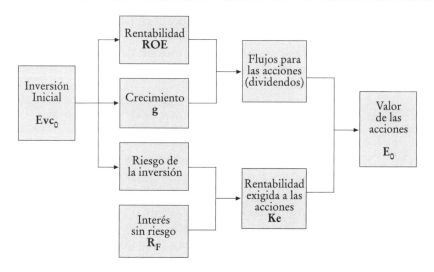

2.3. Influencia del crecimiento (g) en el PER

Como hemos visto en los ejemplos al principio del capítulo, el crecimiento esperado de la empresa afecta mucho al PER. La figura 2.6 muestra cómo el PER aumenta con el crecimiento siempre que la rentabilidad de la empresa (medida por el ROE) sea superior a la rentabilidad exigida a las acciones (Ke). También permite observar que si la rentabilidad de la empresa es igual a la exigida por los accionistas (10%), el crecimiento no afecta al PER, que se mantiene en 10. Si la rentabilidad de la empresa es inferior al coste de los recursos (ROE < Ke), entonces cuanto más crece la empresa, menor es su PER, porque la empresa cuanto más crece más valor destruye: cuanto más crece, más invierte en proyectos con rentabilidad inferior al coste de los recursos.[4]

También hemos visto que el crecimiento del beneficio por acción depende de los dividendos que la empresa reparte. Si la rentabilidad de las inversiones permanece constante, la empresa crecerá más si reparte menos dividendos y reinvierte más recursos en nuevos proyectos. Una fórmula que relaciona el crecimiento del dividendo por acción (g) y el coeficiente de reparto de dividendos (p) es: g = ROE (1 – p). La figura 2.7 es la representación gráfica de esta fórmula.[5]

---

4. Veremos más adelante que invertir en proyectos con rentabilidad inferior al coste de los recursos es destruir valor.

5. Ésta es una fórmula del crecimiento sostenible. Supone que el crecimiento de la empresa está condicionado solamente por su generación de recursos.

Figura 2.6. PER de una empresa en función
del crecimiento (g). Ke = 10%

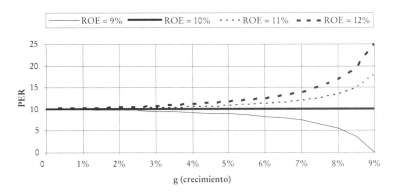

Figura 2.7. Relación entre el crecimiento del dividendo por acción (g)
y el coeficiente de reparto de dividendos (p)

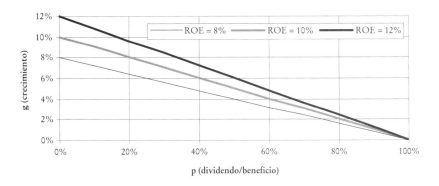

2.4. Influencia del ROE en el PER

La figura 2.8 muestra la influencia de la rentabilidad de la empresa (medida por el ROE) en el PER. Si la empresa no crece, su PER es siempre 10 (1/Ke). Si la empresa crece, un aumento de la rentabilidad siempre hace aumentar el PER, y el PER aumenta más cuanto mayor es el crecimiento.

Figura 2.8. PER de una empresa en función del ROE. Ke = 10%

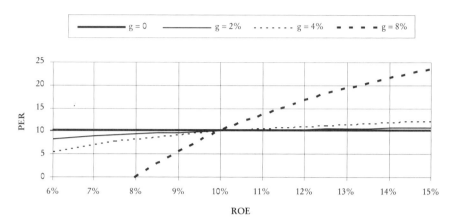

2.5. Influencia de la rentabilidad exigida a las acciones en el PER

Las figuras 2.9 y 2.10 muestran el efecto de la rentabilidad exigida a las acciones sobre el PER. Un aumento de la rentabilidad exigida a las acciones siempre hace disminuir el PER y más cuanto más crece la empresa. Obsérvese cómo el PER cae mucho más cuando Ke es pequeña. Como veremos en capítulos posteriores, la rentabilidad exigida a las acciones puede aumentar porque aumenten los tipos de interés o porque aumente el riesgo de la empresa.

Figura 2.9. PER de una empresa en función de Ke. ROE = 10%

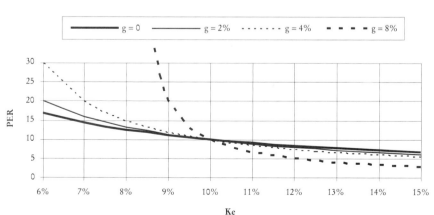

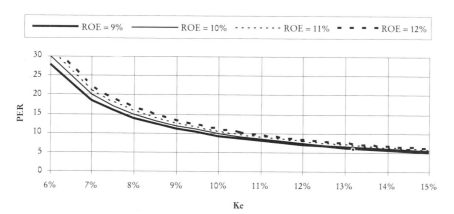

Figura 2.10. PER de una empresa en función de Ke. g = 4%

2.6. Influencia de los tipos de interés en el PER

Como ya hemos visto en la figura 2.3, cuando los tipos de interés disminuyen, el PER aumenta y viceversa. Esto se debe a que la rentabilidad exigida a las acciones está relacionada con los tipos de interés: cuando los tipos de interés aumentan, la rentabilidad exigida a las acciones aumenta y viceversa. En épocas de tipos de interés elevados, el PER suele ser inferior que cuando los tipos de interés son más bajos. Por ejemplo, en diciembre de 1994 el tipo de interés a largo plazo en España era 11,3% y el PER medio de la bolsa española fue 12,8. En enero de 1998, el tipo de interés a largo plazo en España era 5,5% y el PER medio de la bolsa española fue 23,4.

2.7. Valor del crecimiento y PER debido al crecimiento

Para hacernos una idea de la importancia del crecimiento que espera el mercado de una empresa en el precio de la acción y en el PER, podemos calcular el precio que tendría la acción si la empresa no creciera, esto es, si el beneficio del último año fuera constante y la empresa lo repartiera íntegramente como dividendos. El precio de la acción si la empresa no creciera es

$$\text{Precio de la acción sin crecimiento} = \frac{\text{Beneficio por acción}}{\text{Rentabilidad exigida a las acciones}}$$

$$\text{P sin crecimiento} = \frac{\text{BPA}}{\text{Ke}}$$

Podemos decir que el precio de la acción es el precio que tendría si no creciera (P sin crecimiento) más el valor del crecimiento:[6]

$$P = P \text{ sin crecimiento} + \text{Valor del crecimiento}$$

Ejemplo 3. El precio por acción de Endesa del 26 de noviembre de 1997 fue 2.735 pesetas. El beneficio por acción del año 1996 fue 158,74 pesetas. Si la rentabilidad exigida a las acciones era 10%, el precio de la acción de Endesa sin crecimiento fue 1.587,4 pesetas (158,74 / 0,1), y el valor del crecimiento fue 1.147,6 (2.735 – 1.587,4). Por consiguiente, un 58% (1.587,4/2.735) del valor de la acción de Endesa se debía al beneficio ya conseguido por la empresa (P sin crecimiento) y un 42% (1.147,6 / 2.735) se debía al crecimiento esperado (valor del crecimiento).

Ejemplo 4. El precio por acción de Telefónica del 26 de noviembre de 1997 fue 4.275 pesetas. El beneficio por acción del año 1996 fue 170 pesetas. Si la rentabilidad exigida a las acciones era 10%, el precio de la acción de Telefónica sin crecimiento fue 1.700 pesetas (170 / 0,1), y el valor del crecimiento fue 2.575 (4.275 – 1.700). Por consiguiente, un 40% (1.700 / 4.275) del valor de la acción de Telefónica se debía al beneficio ya conseguido por la empresa (P sin crecimiento) y un 60% (2.575 /4.275) se debía al crecimiento esperado (valor del crecimiento).

Como referencia, cabe apuntar que en media, un 44% del valor de las empresas que componían el IBEX 35 se debía al beneficio ya conseguido por las empresas (P sin crecimiento) y un 56% se debía al crecimiento esperado (valor del crecimiento).

Podemos hacer esta misma descomposición con el PER y considerarlo como la suma del PER que tendría la empresa si no creciera más el PER incremental debido al crecimiento.

$$PER = PER \text{ sin crecimiento} + PER \text{ crecimiento}$$

Como el PER es el precio por acción dividido por el beneficio por acción, resulta:

$$PER \text{ sin crecimiento} = \frac{1}{Ke} \qquad PER \text{ crecimiento} = \frac{\text{Valor del crecimiento}}{BPA}$$

El anexo 2.2 muestra la descomposición del precio por acción en el precio sin crecimiento y en el valor del crecimiento y la descomposición del PER, de las empresas que componían el IBEX 35 el 26 de noviembre de 1997.

El anexo 2.3 muestra la relación del PER con el crecimiento (g), con la rentabilidad exigida a las acciones (Ke) y con la rentabilidad sobre recursos propios (ROE) en una empresa con crecimiento constante.

---

6. Al valor del crecimiento se le denomina también valor actual de las oportunidades de crecimiento.

Anexo 2.1. Precio por acción, capitalización bursátil, beneficio por acción y PER de las empresas que componían el IBEX 35 el 26 de noviembre de 1997

26/11/97	Precio por acción	N° acciones	Capitalización (mill. pta.)	%	BPA 1996	BPA 1997E	PER 1996	PER 1997E
Telefónica	4.275	939.470.820	4.016.238	15,2%	170	199	25,1	21,5
Bilbao-Vizcaya	4.550	667.448.100	3.036.889	11,5%	155	198	29,4	23,0
Endesa	2.735	1.040.022.396	2.844.461	10,8%	159	158	17,2	17,3
Santander	4.420	479.145.966	2.117.825	8,0%	179	223	24,7	19,8
Repsol	6.460	300.000.000	1.938.000	7,3%	397	404	16,3	16,0
Iberdrola	1.895	901.549.181	1.708.436	6,5%	106	110	17,9	17,2
Argentaria	8.900	122.500.000	1.090.250	4,1%	252	531	35,3	16,8
Gas Natural SDG	7.230	149.258.676	1.079.140	4,1%	325	329	22,2	22,0
Popular	9.250	110.775.000	1.024.669	3,9%	528	578	17,5	16,0
Central-Hispano	2.820	327.640.368	923.946	3,5%	102	130	27,6	21,7
Banesto	1.380	612.659.404	845.470	3,2%	40	53	34,5	26,0
Autopistas (Acesa)	2.005	240.340.174	481.882	1,8%	99	106	20,3	18,9
Unión Fenosa	1.500	304.679.326	457.019	1,7%	73	75	20,5	20,0
Pryca	2.380	189.245.880	450.405	1,7%	127	107	18,7	22,2
Sevillana	1.485	298.424.610	443.161	1,7%	82	87	18,1	17,1
Tabacalera	11.300	36.823.432	416.105	1,6%	318	476	35,5	23,7
Bankinter	8.410	41.393.361	348.118	1,3%	399	445	21,1	18,9
FCC	5.570	60.050.988	334.484	1,3%	217	238	25,7	23,4
Fecsa	1.320	208.592.832	275.343	1,0%	65	65	20,3	20,3
Continente	2.775	96.000.000	266.400	1,0%	106	104	26,2	26,7
Aguas Barna	5.950	44.678.991	265.840	1,0%	223	238	26,7	25,0
Acerinox	22.640	11.695.821	264.793	1,0%	1271	2223	17,8	10,2
Cantábrico	6.620	37.732.256	249.788	0,9%	437	432	15,1	15,3
Alba	16.100	14.403.900	231.903	0,9%	482	657	33,4	24,5
Mapfre	6.950	30.256.841	210.285	0,8%	343	361	20,3	19,3
Vallehermoso	4.310	43.021.010	185.421	0,7%	119	136	36,2	31,7
Dragados	3.050	57.430.454	175.163	0,7%	155	164	19,7	18,6
Sol Meliá	5.600	31.000.000	173.600	0,7%	153	192	36,6	29,2
A. Mare Nostrum	2.360	66.724.886	157.471	0,6%	121	131	19,5	18,0
A. del Zinc	2.180	40.325.953	87.911	0,3%	-66	173	-33,0	12,6
Viscofán	3.700	23.254.728	86.042	0,3%	60	151	61,7	24,5
Uralita	1.665	50.800.000	84.582	0,3%	42	80	39,6	20,8
Amper	4.150	13.954.583	57.912	0,2%	366	376	11,3	11,0
Tubacex	400	135.497.640	54.199	0,2%	24	26	16,7	15,4
Puleva-Uniasa	4.780	10.186.647	48.692	0,2%	267	282	17,9	17,0
IBEX 35	6.856,35	7.736.984.224	26.431.841	100%			22,4	19,4

Anexo 2.2. Descomposición del precio por acción en el precio sin crecimiento y en el valor del crecimiento; y descomposición del PER. (Empresas que componían el IBEX 35 el 26 de noviembre de 1997)

26/11/97	Precio por acción	P sin crecimiento	Valor del crecimiento	PER 1996	PER sin crecimiento	PER crecimiento
Telefónica	4.275	40%	60%	25,1	10,0	15,1
Bilbao-Vizcaya	4.550	33%	67%	29,4	9,6	19,7
Endesa	2.735	58%	42%	17,2	10,0	7,2
Santander	4.420	39%	61%	24,7	9,6	15,1
Repsol	6.460	59%	41%	16,3	9,5	6,7
Iberdrola	1.895	55%	45%	17,9	9,8	8,1
Argentaria	8.900	27%	73%	35,3	9,7	25,6
Gas Natural SDG	7.230	45%	55%	22,2	9,9	12,3
Popular	9.250	60%	40%	17,5	10,5	7,0
Central-Hispano	2.820	34%	66%	27,6	9,5	18,1
Banesto	1.380	26%	74%	34,5	9,1	25,4
Autopistas (Acesa)	2.005	55%	45%	20,3	11,1	9,1
Unión Fenosa	1.500	47%	53%	20,5	9,7	10,8
Pryca	2.380	50%	50%	18,7	9,3	9,4
Sevillana	1.485	54%	46%	18,1	9,8	8,3
Tabacalera	11.300	26%	74%	35,5	9,3	26,2
Bankinter	8.410	45%	55%	21,1	9,5	11,6
FCC	5.570	32%	68%	25,7	8,3	17,4
Fecsa	1.320	46%	54%	20,3	9,4	10,9
Continente	2.775	33%	67%	26,2	8,5	17,6
Aguas Barna	5.950	31%	69%	26,7	8,3	18,4
Acerinox	22.640	43%	57%	17,8	7,6	10,2
Cantábrico	6.620	61%	39%	15,1	9,3	5,9
Alba	16.100	25%	75%	33,4	8,2	25,2
Mapfre	6.950	41%	59%	20,3	8,3	12,0
Vallehermoso	4.310	21%	79%	36,2	7,8	28,5
Dragados	3.050	40%	60%	19,7	7,8	11,9
Sol Meliá	5.600	24%	76%	36,6	8,9	27,7
A. Mare Nostrum	2.360	54%	46%	19,5	10,5	9,0
A. del Zinc	2.180	0%	100%	-33,0	n.a.	n.a.
Viscofán	3.700	12%	88%	61,7	7,6	54,0
Uralita	1.665	20%	80%	39,6	7,9	31,8
Amper	4.150	72%	28%	11,3	8,2	3,1
Tubacex	400	45%	55%	16,7	7,5	9,1
Puleva-Uniasa	4.780	42%	58%	17,9	7,6	10,3
IBEX 35	6.856,35	43%	57%	22,4	9,7	12,7

Anexo 2.3. Relación del PER con el crecimiento (g), con la rentabilidad exigida a las acciones (Ke) y con la rentabilidad sobre recursos propios (ROE) en una empresa con crecimiento constante

En este anexo se demuestra que, para una empresa con crecimiento anual constante, la relación entre el PER, el crecimiento (g), la rentabilidad exigida a las acciones (Ke) y la rentabilidad sobre recursos propios (ROE) es:

$$PER = \frac{ROE - g}{ROE(Ke - g)}$$

El PER es el precio de todas las acciones (E) entre el beneficio de la empresa:

$$PER = \frac{E_0}{BFO_1} \qquad [2.1]$$

El valor de las acciones es el valor actual de los dividendos, que en el caso de una empresa con crecimiento constante es:

$$E_0 = \frac{Div_1}{Ke - g} \qquad [2.2]$$

El cociente entre los dividendos que reparte la empresa y los beneficios que genera se denomina coeficiente de reparto de dividendos o *pay out ratio* (p)

$$p = \frac{Div_1}{BFO_1} \qquad [2.3]$$

ROE (*return on equity*) es el beneficio de la empresa dividido por el valor contable de las acciones:

$$ROE = \frac{BFO_1}{Evc_0} \qquad [2.4]$$

Sustituyendo [2.2] y [2.3] en [2.1], resulta:

$$PER = \frac{E_0}{BFO_1} = \frac{Div_1}{(Ke - g)\, BFO_1} = \frac{p}{Ke - g} \qquad [2.5]$$

Para una empresa en la que todo (balance y cuenta de resultados) crece a una tasa g constante, y con la rentabilidad de sus inversiones (ROE) constante, la relación entre el crecimiento (g) y el coeficiente de reparto de dividendos (p) viene dada por:

$$g = ROE\,(1 - p) \qquad [2.6]$$

Despejando p, resulta:

$$p = \frac{ROE - g}{ROE} \qquad [2.7]$$

Sustituyendo [2.7] en [2.5] resulta:

$$PER = \frac{ROE - g}{ROE(Ke - g)}, \text{ con lo que queda demostrado.}$$

Si para calcular el PER utilizamos el beneficio último (BFO_0) en lugar del beneficio esperado del próximo año (BFO_1), las relaciones cambian un poco. Basta darse cuenta de que en una empresa en la que todo crece a la tasa g, se cumple que $BFO_1 = BFO_0\,(1+g)$

$$PER^* = \frac{E_0}{BFO_0} = PER\,(1 + g)$$

Análogamente:

$$ROE^* = \frac{BFO_0}{Evc_0} = \frac{ROE}{(1+g)}$$

$$g = ROE\,(1 - p) = ROE^*\,(1 - p)\,(1+g); \quad p = \frac{ROE^*\,(1+g) - g}{ROE^*\,(1+g)}$$

Por consiguiente, la relación entre el PER*, el crecimiento (g), la rentabilidad exigida a las acciones (Ke) y la rentabilidad sobre recursos propios (ROE*) es:

$$PER^* = \frac{[ROE^*\,(1+g) - g]}{ROE^*\,(Ke - g)}$$

Resumen

El PER se calcula dividiendo el precio de una acción por el beneficio por acción. Es la referencia dominante en los mercados bursátiles.

El PER depende de diversos factores, unos ajenos a la empresa, como son las variaciones en los tipos de interés, y otros internos de la empresa, como su riesgo, su crecimiento y la rentabilidad de sus inversiones.

El PER aumenta, *ceteris paribus*, si disminuyen los tipos de interés, si disminuye el riesgo de la empresa y si los beneficios de la empresa crecen.

El PER aumenta con el crecimiento si la rentabilidad de las inversiones es superior al coste de los recursos.

Conceptos clave

PER
Capitalización
Beneficio por acción
Dividendo por acción
Pay out ratio (coeficiente de reparto de dividendos)
Rentabilidad de los recursos propios (ROE)
Crecimiento (g)
Rentabilidad exigida a las acciones (Ke)
Precio de la acción sin crecimiento
Valor del crecimiento

Capítulo 3

Descomposición del PER:
franchise factor, factor crecimiento,
factor interés y factor riesgo

En el capítulo anterior se ha estudiado el PER, el indicador más utilizado en la bolsa, su definición, su cálculo, los factores de los que depende, etc.

El PER indica el múltiplo sobre el beneficio al que el mercado valora las acciones de una empresa. El PER, por lo tanto, puede interpretarse como una medida de la calidad y aprecio que los inversores tienen por el beneficio de la empresa. Este aprecio depende fundamentalmente de las expectativas que el mercado tiene de la empresa: crecimiento, rentabilidad y riesgo. Pero no basta con crecer para tener un PER elevado, es preciso que la empresa invierta en proyectos con rentabilidad superior al coste de los recursos. Para poder estudiar con una mayor profundidad los factores que afectan al PER, realizaremos el siguiente análisis.

En este capítulo se presenta una **descomposición**[1] **del PER** en dos sumandos: el primero es el PER que tendría la empresa si no creciera, y el segundo es la contribución del crecimiento de la empresa al PER. El segundo sumando se descompone en un producto de dos factores: el *franchise factor*, que mide la calidad del crecimiento, y el factor crecimiento. Veremos que para que el crecimiento contribuya al PER es preciso que la empresa invierta en proyectos con rentabilidad superior al coste de los recursos.

Más adelante se descompone el primer sumando del PER en dos factores más: el **factor interés** y el **factor riesgo**. El factor interés es –aproximadamente– el PER de un bono del estado a largo plazo. El factor riesgo depende del riesgo de la empresa que se concreta en la rentabilidad exigida a las acciones.

---

1. Esta descomposición del PER aparece en el artículo: Leibowitz, M. L., y S. Kogelman, 1992, «Franchise Value and the Growth Process», *Financial Analysts Journal* 48, 53-62.

3.1. PER, *franchise factor* y factor crecimiento

El PER se puede descomponer en dos sumandos del siguiente modo (ver comprobación en el anexo 3.1):

$$PER = \frac{1}{Ke} + FF \times G \qquad FF = \frac{ROE - Ke}{ROE\ Ke} \qquad G = \frac{g}{Ke - g}$$

El primer sumando, $1 / Ke$ (en nuestro caso $1 / 10\% = 10$), es el PER de la empresa si no crece, sea cual sea la rentabilidad de sus inversiones.

El segundo sumando ($FF \times G$) es la contribución del crecimiento al PER. Se compone de dos factores:

- El factor crecimiento G, que depende fundamentalmente del crecimiento de la empresa.
- El *franchise factor* FF, que depende principalmente de la diferencia entre rentabilidad de las inversiones y el coste de los recursos empleados. El *franchise factor* mide lo que podríamos llamar la «calidad» del crecimiento, entendiendo por «calidad» rentabilidad por encima del coste de los recursos empleados.

Esta fórmula nos dice que el PER de una empresa es el PER de la empresa sin crecimiento más un «PER extra» debido al crecimiento, que depende del crecimiento (G) y de la «calidad» del crecimiento (*franchise factor*).

A continuación, aplicaremos esta descomposición en el caso de las seis empresas que analizamos en el capítulo 2.

La tabla 3.1 contiene el factor crecimiento G y el *franchise factor* FF de las seis empresas. Lógicamente, las empresas que no crecen (empresa B y empresa C) tienen un factor crecimiento nulo. La empresa que crece más (la empresa D al 8%) tiene el mayor factor crecimiento: 4.

Tabla 3.1. PER, FF y G de seis empresas.

	A	B	C	D	E	F
PER	10,00	10,00	10,00	16,67	12,50	15,38
G	1,5	0	0	4	1,5	2,333
FF	0	0	1,667	1,667	1,667	2,308
G x FF	0	0	0	6,667	2,500	5,385

Las empresas que invierten en proyectos con rentabilidad igual al coste de los recursos (empresa A y empresa B) tienen un *franchise factor* nulo. Las empresas que invierten en proyectos con rentabilidad 12% (empresas C, D y E) tienen un *franchise factor* 1,667 y la que invierte en proyectos con rentabilidad 13% (empresa F) tiene un *franchise factor* 2,308. Cuanto mayor es la rentabilidad de las inversiones, mayor es el *franchise factor*.

Hemos visto con estos sencillos ejemplos que el simple crecimiento no basta para tener un PER elevado: el crecimiento es importante, pero sólo si las nuevas inversiones obtienen una rentabilidad superior al coste de los recursos (crecimiento con «calidad»).

Una llamada de atención: en los ejemplos anteriores se ha calculado el PER dividiendo el precio de las acciones hoy entre el beneficio del próximo año. Muchas veces se calcula el PER dividiendo el precio de las acciones hoy entre el beneficio del año pasado: en este caso (como veremos en el siguiente apartado) la descomposición del PER es idéntica, pero la expresión del *franchise factor* cambia un poco: basta sumarle 1 y calcular la rentabilidad de las inversiones (ROE) también con el beneficio de este año en lugar de con el beneficio del año próximo.

3.2. PER,* *franchise factor** y factor crecimiento

Utilizamos el asterisco (*) para designar el PER* calculado dividiendo el precio de las acciones hoy entre el beneficio del presente año.

$$\text{Si PER}^* = \frac{P_0}{BPA_0} = \frac{E_0}{BFO_0} \quad \text{y PER} = \frac{P_0}{BPA_1} = \frac{E_0}{BFO_1}$$

Como $BFO_1 = BFO_0 (1 + g)$, la relación entre el PER y el PER* es:

$$\text{PER}^* = \text{PER} (1 + g)$$

Utilizamos el asterisco (*) para designar el ROE* calculado dividiendo el beneficio del presente año entre el valor contable de las acciones de este año.

Haciendo operaciones similares obtenemos:

$$\text{ROE}^* = \frac{BFO_0}{Evc_0} = \frac{ROE}{(1+g)}$$

En el anexo 3.1 se comprueba que la descomposición del PER* es la siguiente:

$$\text{PER}^* = \frac{1}{Ke} + \text{FF}^* \times G \qquad \text{FF}^* = \frac{ROE^* - Ke}{ROE^* \, Ke} + 1 \qquad G = \frac{g}{Ke - g}$$

En el anexo 3.1 también se muestra que la diferencia entre el FF y el FF* es:

$$FF^* - FF = 1 - \frac{g}{ROE} = 1 - \frac{g}{ROE^* (1+g)}$$

La tabla 3.2 muestra el PER* y el FF* de las seis empresas del ejemplo anterior.

Tabla 3.2. PER* y FF* de seis empresas.

	A	B	C	D	E	F
BFOo	9,434	10	12	11,111	11,321	12,150
DIVo = CFaco	3,774	10	12	3,704	5,660	5,607
PER*	10,60	10,00	10,00	18,00	13,25	16,46
ROE*	9,43%	10,00%	12,00%	11,11%	11,32%	12,15%
G	1,5	0	0	4	1,5	2,333
FF*	0,4	1	2,667	2	2,167	2,769
G x FF*	0,6	0	0	8,000	3,250	6,462

3.3. PER, factor interés y factor riesgo

Ya hemos comentado que $(1/Ke)$ es el PER que tendría la empresa si no creciera. Este término lo podemos descomponer en dos:

$$\frac{1}{Ke} = \frac{1}{R_F} - \frac{Ke - R_F}{Ke\,R_F}$$

El primer término $(1 / R_F)$ es el PER que tendría la empresa si no creciera y si no tuviera riesgo. Es –aproximadamente– el PER de un bono del Estado a largo plazo. A este término se le denomina **factor interés**. El segundo término depende principalmente de la diferencia entre la rentabilidad exigida a las acciones (Ke) y el tipo de interés sin riesgo (R_F). El valor de este término es mayor cuanto mayor es la rentabilidad exigida a las acciones (que depende del riesgo percibido por el mercado). Por esto se denomina **factor riesgo**.

$$\text{Factor interés} = \frac{1}{R_F} \qquad \text{Factor riesgo} = \frac{Ke - R_F}{Ke\,R_F} = \frac{1}{R_F} - \frac{1}{Ke}$$

$$PER = \frac{1}{R_F} - \frac{Ke - R_F}{Ke\,R_F} + FF \times G$$

PER = Factor interés – Factor riesgo + *Franchise Factor* × Factor crecimiento

Análogamente:

$$PER^* = \frac{1}{R_F} - \frac{Ke - R_F}{Ke\ R_F} + FF^* \times G$$

PER* = Factor interés – Factor riesgo + *Franchise Factor**
× Factor crecimiento

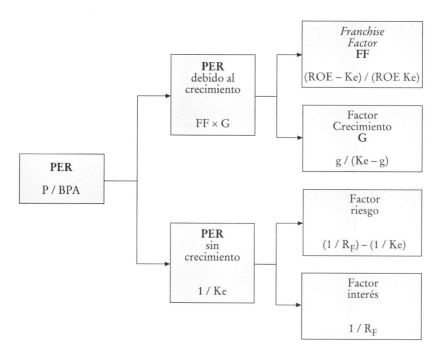

3.4. Generación temporal del valor en empresas con crecimiento

La figura 3.1 muestra la evolución en el tiempo de los beneficios y de los dividendos de las empresas A (crecimiento anual = 6%) y B (sin crecimiento). Ambas empresas tienen el mismo valor de sus acciones (100 millones). Los dividendos previstos de la empresa B son 10 millones todos los años. Los dividendos previstos de la empresa A son 4 millones en el año 1 y en los años posteriores crecerán a un ritmo del 6% anual. Los dividendos de la empresa A no llegarán a 10 millones (los dividendos de la empresa B) hasta dentro de 16 años.

La figura 3.2 muestra la evolución en el tiempo de los beneficios y de los dividendos de las empresas A (crecimiento anual = 6%) y C (sin crecimiento). El valor de las acciones de la empresa A es 100 millones y el valor de las acciones de la empresa C es

120 millones. Los dividendos previstos de la empresa C son 12 millones todos los años. Los dividendos de la empresa A no llegarán a 12 millones (los dividendos de la empresa C) hasta dentro de 19 años.

Figura 3.1. Evolución de los beneficios y los dividendos de las empresas A y B.

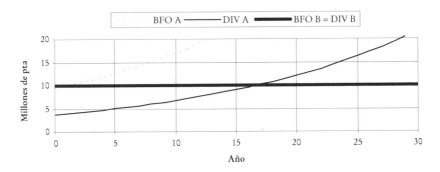

Figura 3.2. Evolución de los beneficios y los dividendos de las empresas A y C.

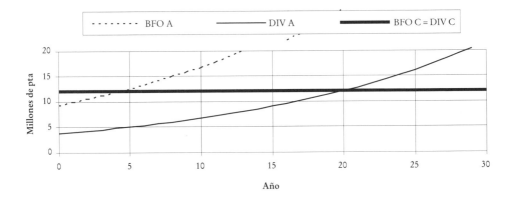

La figura 3.3 muestra la evolución en el tiempo de los beneficios y de los dividendos de las empresas D (crecimiento anual = 8%) y F (crecimiento anual = 7%). Ambas empresas tienen el mismo valor de sus acciones (200 millones). Los dividendos previstos de la empresa D son 4 millones en el año 1 y luego crecen a un ritmo del 8% anual. Los dividendos previstos de la empresa F son 6 millones en el año 1 y luego crecen a un ritmo del 7% anual. Aunque en la figura 3.3 parece que los dividendos de la empresa D son siempre inferiores a los de la empresa F, llegarán a igualarse con los dividendos de la empresa F al cabo de ¡¡¡45 años!!!

**Figura 3.3. Evolución de los beneficios y los dividendos
de las empresas D y F.**

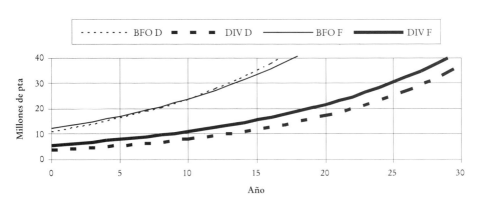

La figura 3.4 y la tabla 3.3 muestran la generación temporal del valor de las acciones: el valor actual de los dividendos hasta un año determinado. Así, el valor actual de los dividendos de los primeros 20 años es 52 millones para la empresa A, 85 millones para empresa B, 61 millones para la empresa D y 85 millones para la empresa F. El valor actual de las empresas B y F coincide en el año 20 y el de las empresas B y D en el año 36.

**Figura 3.4. Generación temporal del valor de las acciones.
Valor actual de los dividendos hasta el año indicado.**

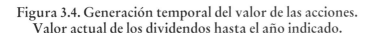

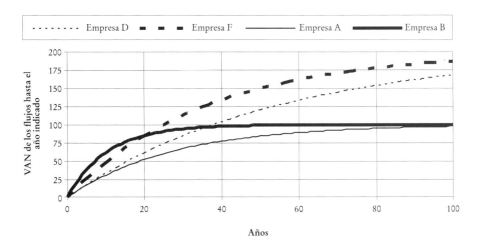

Tabla 3.3. Generación temporal del valor de las acciones.
Valor actual de los dividendos hasta el año indicado.

año	Empresa D	Empresa F	Empresa A	Empresa B
5	18	26	17	38
10	34	48	31	61
15	48	68	43	76
20	61	85	52	85
30	85	113	67	94
40	104	134	77	98
50	120	150	84	99
75	149	175	94	100
100	168	187	98	100
125	180	194	99	100
150	187	197	100	100
200	195	199	100	100

La figura 3.5 muestra la generación temporal del valor de las acciones: el valor actual de los dividendos hasta un año determinado como porcentaje del valor de las acciones hoy. Así, el valor actual de los dividendos de los primeros 20 años es el 52% de su valor (100 millones) para la empresa A, 85% de su valor (100 millones) para empresa B, 31% de su valor (200 millones) para la empresa D y 42% de su valor (200 millones) para la empresa F.

Figura 3.5. Generación temporal del valor de las acciones.
Valor actual de los dividendos hasta el año indicado como porcentaje
del valor de las acciones.

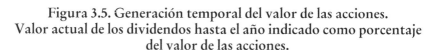

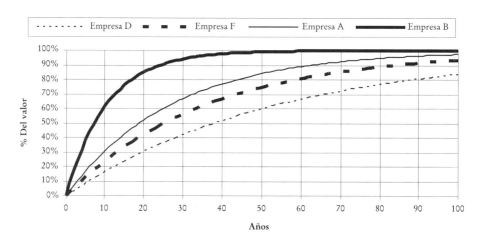

3.5. Influencia del crecimiento *franchise factor*

La figura 3.6 muestra la relación del producto *franchise factor* multiplicado por el factor crecimiento con el crecimiento para cuatro empresas con distinto ROE. Obsérvese que en la empresa con ROE = 9%, esto es, inferior a la rentabilidad exigida a las acciones que es 10%, cuanto mayor es el crecimiento, menor es el producto FF × G, que pasa a ser negativo. En el caso de la empresa con ROE = 10% (igual a la rentabilidad exigida a las acciones) el producto FF × G es siempre 0. Para el caso de empresas con ROE superior a la exigidas a las acciones cuanto mayor es el crecimiento, superior es el producto FF × G.

Figura 3.6. FF × G de una empresa en función del crecimiento (g). Ke = 10%

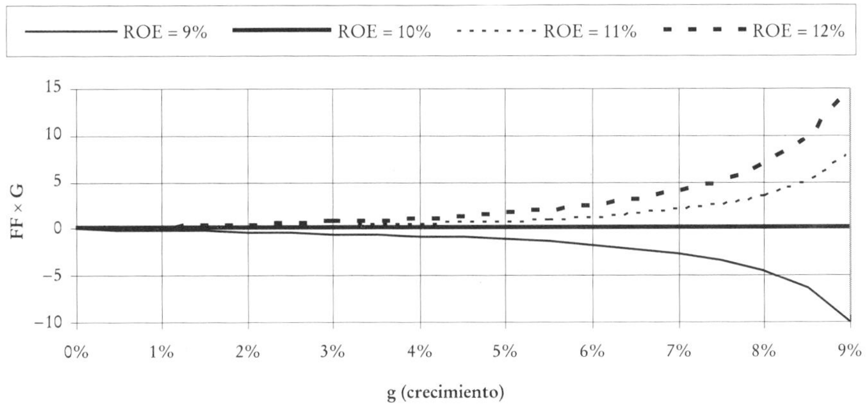

3.6. Influencia del ROE en *franchise factor*

La figura 3.7 muestra el *franchise factor* en función del ROE. Obsérvese como empresas con distinto crecimiento, que oscila entre 0% y 8%, tienen idéntico *franchise factor*, puesto que el *franchise factor* no depende del crecimiento. La figura 3.7 también permite contemplar como en el caso en el que el ROE sea igual a la rentabilidad exigida a las acciones, esto es 10%, el *franchise factor* es 0. Para empresas con ROE inferior al 10%, el *franchise factor* es negativo y para empresas con ROE superior al 10% el *franchise factor* es positivo.

La figura 3.8 muestra el producto del *franchise factor* por el factor crecimiento en función del ROE, para empresas con distinto crecimiento. De nuevo se muestra que para un ROE del 10% el *franchise factor* multiplicado por el factor crecimiento es 0, independientemente del crecimiento de la empresa. Empresas con mucho crecimiento tienen un producto FF × G superior a 0 en el caso de que el ROE sea superior al 10%, e inferior a 0 si el ROE es inferior al 10%.

Figura 3.7. FF de una empresa en función del ROE. Ke = 10%

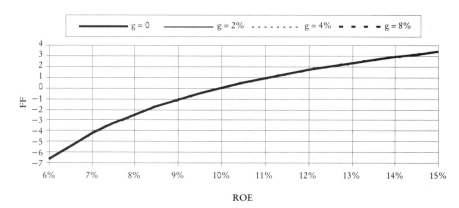

Figura 3.8. FF × G de una empresa en función del ROE. Ke = 10%

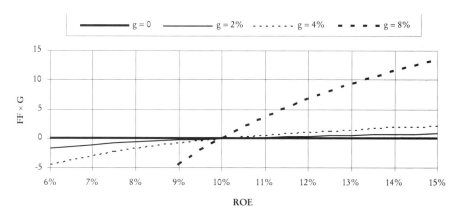

3.7. Influencia de la rentabilidad exigida a las acciones en el *franchise factor* y en el PER

La figura 3.9 muestra la relación entre el *franchise factor* multiplicado por el factor crecimiento y la rentabilidad exigida a las acciones. Como era lógico de prever, cuando aumenta la rentabilidad exigida a las acciones el producto FF × G es negativo y más negativo cuanto mayor es la diferencia entre la rentabilidad exigida a las acciones y el ROE. En el caso de empresas en las que el ROE sea superior a la rentabilidad exigida a las acciones, el producto FF × G aumenta rápidamente cuando disminuye la rentabilidad exigida a las acciones.

Figura 3.9. FF × G de una empresa en función de Ke. ROE = 10%

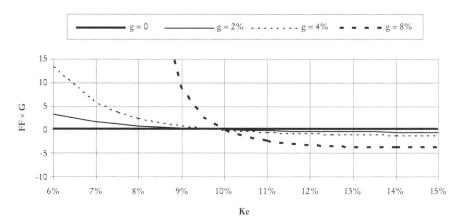

La figura 3.10 muestra la misma relación *franchise factor* por el factor crecimiento en función de Ke pero permite comprobar como cambia esta relación cuando cambia el ROE. La figura 3.10 permite comprobar también, cómo cuanto mayor es el ROE de una empresa mayor es el producto FF × G.

Figura 3.10. FF × G de una empresa en función de Ke. g = 4%

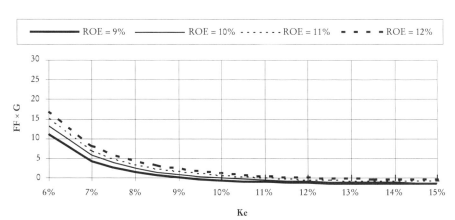

La figura 3.11 muestra como cambia el *franchise factor* en función de la rentabilidad exigida a las acciones. Como es lógico, el *franchise factor* disminuye a medida que aumenta la rentabilidad exigida a las acciones.

Figura 3.11. FF de una empresa en función de Ke. g = 4%

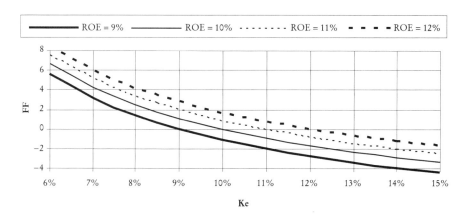

La figura 3.12 muestra la evolución del *franchise factor* de la bolsa española y del PER medio de la bolsa española. El *franchise factor* aumentó a partir de 1994, pero fue negativo hasta octubre de 1996.

Figura 3.12. FF y PER de la bolsa española.

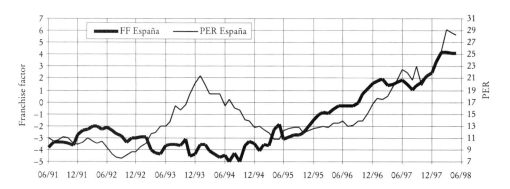

Anexo 3.1. Descomposición del PER

En el capítulo anterior, anexo 2.3, se demostró la siguiente igualdad:

$$PER = \frac{p}{Ke - g} = \frac{ROE - g}{ROE\,(Ke - g)} \qquad (3.1)$$

En una empresa con crecimiento constante y realizando operaciones algebraicas, es fácil deducir que[2]:

$$\frac{E_0}{Evc_0} = \frac{ROE - g}{Ke - g}$$

Sustituyendo esta expresión en la anterior, obtenemos:

$$PER = \frac{p}{Ke - g} = \frac{ROE - g}{ROE\,(Ke - g)} = \frac{1}{ROE}\frac{E_0}{Evc_0}$$

Como $g = ROE\,(1 - p)$, sustituyendo y realizando operaciones algebraicas, obtenemos:

$$PER = \frac{p}{Ke - g} = \frac{1}{Ke}\ \frac{Ke\,p}{Ke - g} = \frac{1}{Ke}\ \frac{Ke\,(ROE - g)}{ROE\,(Ke - g)} =$$

$$= \frac{1}{Ke}\left[1 + \frac{Ke\,(ROE - g) - ROE\,(Ke - g)}{ROE\,(Ke - g)}\right] =$$

$$= \frac{1}{Ke} + \frac{(ROE - Ke)\,g}{ROE\,Ke\,(Ke - g)} = \frac{1}{Ke} + FF \times G$$

$$PER = \frac{1}{Ke} + FF \times G$$

---

2. Comparar ROE (que es un número contable) con Ke (que es rentabilidad exigida) siempre es peligroso. No es cierto (salvo para perpetuidades, que es el caso que estamos contemplando) en general que la condición para que una empresa «cree valor» es que ROE sea mayor que Ke. Profundizaremos sobre esto en el capítulo 11. Medidas de creación de valor.

Siendo:

$$FF = \frac{ROE - Ke}{ROE \; Ke} \qquad G = \frac{g}{Ke - g}$$

Por otra parte, realizando operaciones algebraicas, el primer sumando podemos expresarlo como:

$$\frac{1}{Ke} = \frac{1}{R_F} - \frac{Ke - R_F}{Ke \; R_F}$$

Denominamos al primer término factor interés y al segundo factor riesgo:

$$\text{Factor interés} = \frac{1}{R_F} \qquad \text{Factor riesgo} = \frac{Ke - R_F}{Ke \; R_F}$$

$$PER = \frac{1}{R_F} - \frac{Ke - R_F}{Ke \; R_F} + FF \times G$$

$$PER = \frac{1}{R_F} - \frac{Ke - R_F}{Ke \; R_F} + \frac{ROE - Ke}{ROE \; Ke} \times \frac{g}{Ke - g}$$

PER = Factor interés – Factor riesgo + *Franchise Factor* × Factor crecimiento

$$\text{Si } PER^* = \frac{P_0}{BPA_0} = \frac{E_0}{BFO_0}$$

Como $BFO_1 = BFO_0(1 + g)$, la relación entre el PER y el PER* es:

PER* = PER (1 + g)

$$ROE^* = \frac{BFO_0}{Evc_0} = \frac{ROE}{(1 + g)}$$

$$g = ROE \, (1 - p) = ROE^* \, (1 - p) \, (1 + g)$$

$$p = \frac{\text{ROE}^* \ (1+g) - g}{\text{ROE}^* \ (1+g)}$$

$$\text{PER}^* = \frac{p\,(1+g)}{\text{Ke} - g} = \frac{1}{\text{Ke}} \ \frac{\text{Ke}\,p\,(1+g)}{\text{Ke} - g} = \frac{1}{\text{Ke}} \ \frac{\text{Ke}\,[\text{ROE}^* (1+g) - g]}{\text{ROE}^* \ (\text{Ke} - g)} =$$

$$= \frac{1}{\text{Ke}} \left[1 + \frac{\text{Ke}\,[\text{ROE}^* (1+g) - g] - \text{ROE}^* \ (\text{Ke} - g)}{\text{ROE}^* \ (\text{Ke} - g)} \right] =$$

$$= \frac{1}{\text{Ke}} + \frac{(\text{ROE}^* - \text{Ke} + \text{Ke}\,\text{ROE}^*)\,g}{\text{ROE}^* \ \text{Ke}\,(\text{Ke} - g)} = \frac{1}{\text{Ke}} + \text{FF}^* \times \text{G}$$

$$\text{FF}^* = \frac{\text{ROE}^* - \text{Ke}}{\text{ROE}^* \ \text{Ke}} + 1 \qquad\qquad \text{G} = \frac{g}{\text{Ke} - g}$$

$$\text{PER}^* = \frac{1}{\text{Ke}} + \text{FF}^* \times \text{G}$$

$$\text{PER}^* = \frac{1}{\text{R}_\text{F}} - \frac{\text{Ke} - \text{R}_\text{F}}{\text{Ke}\,\text{R}_\text{F}} + \text{FF}^* \times \text{G}$$

$$\text{FF}^* - \text{FF} = 1 - \frac{g}{\text{ROE}} = 1 - \frac{g}{\text{ROE}^* \ (1+g)}$$

Resumen

La descomposición del PER en cuatro factores tiene por objeto poder estudiar por separado las variables que contribuyen a que el PER aumente o disminuya.

De esta forma, el PER se desglosa en : **factor crecimiento**, que depende del crecimiento de la empresa; *franchise factor*, que depende de la calidad del crecimiento, que se basa en la diferencia entre la rentabilidad de las inversiones y el coste de los recursos empleados; **factor interés**, que es el PER que tendría la empresa si no creciera y si no tuviera riesgo; y **factor riesgo**, que depende del riesgo de la empresa, que se concreta en la diferencia entre la rentabilidad exigida a las acciones y el tipo de interés sin riesgo.

Conceptos clave

PER
Crecimiento (g)
Rentabilidad de las inversiones (ROE)
Rentabilidad exigida a las acciones (Ke)
Tipo de interés sin riesgo (R_F)
Franchise factor (FF)
Factor crecimiento (G)
Factor interés
Factor riesgo
Generación temporal del valor de las acciones

Capítulo 4

Valor de mercado y valor contable

La relación entre el valor contable de las acciones y su precio (o valor de mercado para las empresas cotizadas en bolsa) es objeto de mucha atención por parte de los analistas financieros. En este capítulo vamos a analizar la relación entre ambas magnitudes en varias empresas y en diversos países.

4.1. Valor de mercado y valor contable en la bolsa española

La figura 4.1 muestra la evolución de la relación precio / valor contable de la bolsa española y también la evolución del IBEX 35 a lo largo de los últimos años. Como no podía ser de otra manera, ambas líneas se mueven de forma paralela: en las épocas en las que los precios de la bolsa suben, el ratio valor de mercado / valor contable de las acciones también sube y viceversa. Sin embargo, es importante tener en cuenta que en el valor contable influyen una serie de factores que mencionamos a continuación: el valor contable de las acciones aumenta cuando se producen ampliaciones de capital, con los beneficios retenidos de las empresas y también con las revalorizaciones de activos.

La reducción en julio y agosto de 1997 es debida en parte al leve descenso del IBEX, pero sobre todo a la revalorización de activos de 1996, que hizo aumentar el valor contable de las acciones. El valor de mercado en diciembre de 1996 de las acciones de las 35 empresas que componían el IBEX 35 fue 19,9 billones de pesetas. El valor contable de todas estas acciones fue 9,75 billones de pesetas antes de la revalorización de los activos. La revalorización de activos de 1996 (a la que se acogieron 21 de las 35 empresas) supuso un aumento en el valor contable de las acciones de 1,74 billones. El ratio VM/VC antes de la revalorización era 2,04 (valor que aparece en la figura 4.1), pero teniendo en cuenta la revalorización descendió hasta 1,73. En la figura 4.1 el impacto de la revalorización no se refleja hasta julio de 1997.

En 1996 Endesa revalorizó sus activos y, como consecuencia de esa revalorización, el valor contable de las acciones aumentó en 465.000 millones de pesetas.[1] Aná-

---

1. El valor contable de las acciones de Endesa fue 882.144 millones en diciembre de 1995 y 1.465.168 millones en diciembre de 1996. El aumento fue debido a la revalorización de activos (465.557 millones), el beneficio del año 1996 (165.088 millones), los dividendos repartidos a cuenta de 1996 (25.975 millones), los dividendos complementarios de 1995 (26.481 millones) y un ajuste (4.835 millones).

Figura 4.1. Evolución del ratio precio/valor contable medio de la bolsa en España y evolución del IBEX 35. *Fuente: Morgan Stanley y Sociedad de Bolsas*

logamente, el valor contable de las acciones de Telefónica y Repsol aumentó en 219.000 y 120.000 millones de pesetas, respectivamente. Esta revalorización supuso un aumento en el valor contable del 52,78% para Endesa, 14,17% en el caso de Telefónica y 18,23% en el de Repsol.

La figura 4.2 muestra la evolución del ratio precio/valor contable de tres de las mayores empresas españolas: Telefónica, Endesa y Repsol. Y la figura 4.3 muestra la evolución del precio por acción de dichas empresas. Una comparación de ambas figuras permite comprobar de nuevo como el ratio precio dividido por valor contable sigue bastante la evolución de la cotización. Sin embargo, hay momentos en los que no siempre es así. En julio y agosto de 1997 se puede observar en la figura 4.2 un brusco descenso en la relación precio / valor contable de Endesa y Repsol. Esto se debe a que las revalorizaciones que llevaron a cabo ambas empresas en 1996 aparecieron en sus estados consolidados en 1997 y el analista de Morgan Stanley encargado de procesar los datos que mostramos en estos gráficos, no incluyó el aumento del

Figura 4.2. Evolución del ratio precio / valor contable de Telefónica, Endesa y Repsol. *Fuente: Morgan Stanley*

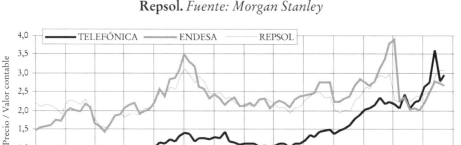

valor contable de Endesa y Repsol hasta la segunda mitad del año 1997. La observación poco prevenida de la figura 4.2 podría llevar al lector a pensar que tanto Endesa como Repsol habían sufrido una fuerte pérdida de valor en julio y agosto de 1997, cuando lo único que sucedió fue que hubo un gran incremento del valor contable de las acciones.

Figura 4.3. Evolución del precio por acción de Telefónica, Endesa y Repsol.
Fuente: Sociedad de Bolsas

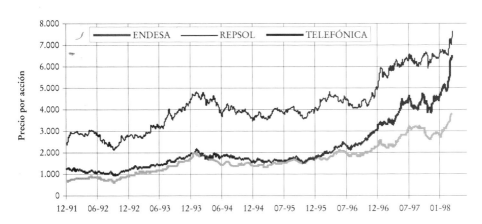

La figura 4.4 muestra la evolución de tres de los principales bancos españoles: el BBV, Santander y Banco Popular. La figura 4.4 permite observar como en 1991 la relación precio / valor contable del Banco Popular era sensiblemente superior a la del Banco Santander y BBV. Con el transcurso del tiempo, sin embargo, la relación precio/valor contable del BBV fue ascendiendo y a principios de 1998 era ya superior a la de los otros bancos.

Figura 4.4. Evolución del precio / valor contable de BBV, Banco Santander y Banco Popular. *Fuente: Morgan Stanley*

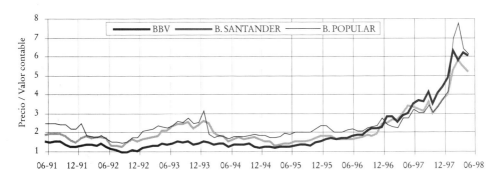

4.2. Valor de mercado y valor contable en las bolsas internacionales

La figura 4.5 muestra la evolución del ratio precio/valor contable en España y lo compara con la evolución del mismo ratio en el Reino Unido y en EE.UU. Como puede observarse, durante todo el periodo comprendido entre 1991 y 1997, dicho ratio fue más pequeño en España que en los otros dos países citados. El país con mayor relación precio / valor contable era EE.UU., seguido de Reino Unido y posteriormente España. Obsérvese también como en este periodo, siguiendo el crecimiento generalizado de las bolsas mundiales, esta relación aumentó en los tres países.

Figura 4.5. Evolución del ratio precio / valor contable medio de las bolsas en España, Reino Unido y Estados Unidos. *Fuente: Morgan Stanley*

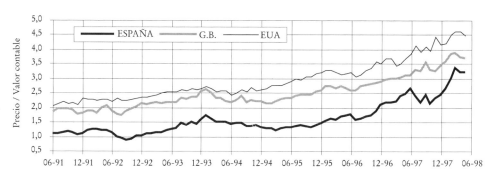

4.3. Valor de mercado / valor contable y tipos de interés en la bolsa española

La cotización de las acciones y las variaciones en los tipos de interés están estrechamente ligados, como veremos con mayor profundidad en el capítulo 6. Por consiguiente, es de suponer, que el ratio precio / valor contable de las acciones, también estará fuertemente relacionado con los tipos de interés. La figura 4.6 permite comparar la evolución de dicho ratio con la evolución de los tipos de interés. Se puede observar cómo, históricamente, cuando los tipos de interés han subido, la relación precio / valor contable ha disminuido y cuando los tipos de interés han descendido, como ha sucedido a partir de 1995, la relación precio / valor contable ha aumentado con excepción de los meses posteriores a junio 1997, pero como ya se ha comentado con anterioridad, esto fue debido al efecto de la revalorización de activos.

Figura 4.6. Evolución del ratio precio / valor contable medio de la bolsa en España y de los tipos de interés a largo plazo. *Fuente: Morgan Stanley*

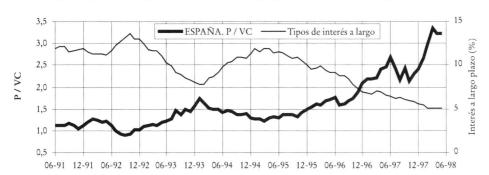

4.4. Relación del ratio valor de mercado / valor contable con el PER y el ROE

El ratio valor de mercado dividido por valor contable guarda una estrecha relación con el PER y con la rentabilidad sobre recursos propios, el ROE.

Es muy fácil comprobar mediante una sencilla operación algebraica, que el ratio VM / VC es igual al PER multiplicado por el ROE:

$$\frac{Precio}{Valor\ contable} = \frac{Precio}{Beneficio} \times \frac{Beneficio}{Valor\ contable} = PER \times ROE$$

La tabla 4.1 muestra los valores de estos tres ratios correspondientes a Endesa, Telefónica, Repsol, BBV, Santander y Popular durante los últimos años. El lector puede comprobar como en todos los casos se cumple la igualdad anterior: P / VC = PER × ROE. El lector también puede comprobar cómo los datos de la tabla 4.1 no coinciden exactamente con los de las figuras 4.2 y 4.4. La razón de esta discrepancia es que cuando los analistas (en este caso Morgan Stanley) publican los datos mensuales lo hacen con los datos provisionales de que disponen. Los datos contables definitivos de cada año (los que se utilizan en la tabla 4.1) no se publican hasta pasados varios meses del año siguiente.

La figura 4.7 muestra la evolución del ROE medio de las bolsas española, inglesa y americana. Obsérvese como el ROE medio de la bolsa española ha sufrido altibajos pero se mantiene relativamente estable alrededor del 10%. Por el contrario, el ROE de las bolsas americana e inglesa ha crecido considerablemente en los últimos años.

La figura 4.8 muestra la evolución del ROE de Telefónica, Endesa y Repsol. Como puede verse, el ROE de Telefónica ha subido sustancialmente desde alrededor del 5% en 1991 hasta más del 10% a finales del 1997. Es curioso observar la evolución del ROE de Endesa, que si bien se mantuvo en niveles cercanos al 20% hasta

Tabla 4.1. Evolución de los ratios P/VC, PER y ROE de Endesa, Telefónica, Repsol, BBV, Banco Santander y Banco Popular durante los últimos 5 años.
Fuente: Bolsa de Madrid y elaboración propia.

		1993	1994	1995	1996	1997
	P/VC	2,6	1,8	2,0	1,6	1,9
Endesa	PER	15,1	10,5	11,9	14,6	16,9
	ROE	17,1%	17,1%	17,0%	11,3%	11,0%
	P/VC	1,2	1,0	1,0	1,5	2,2
Telefónica	PER	18,2	13,0	11,9	17,7	21,5
	ROE	6,7%	7,8%	8,6%	8,6%	10,2%
	P/VC	2,5	1,8	1,8	1,8	2,1
Repsol	PER	16,7	11,1	10,1	12,5	15,5
	ROE	15,2%	16,5%	17,9%	14,1%	13,6%
	P/VC	1,1	1,1	1,3	1,9	3,4
BBV	PER	10,3	10,4	11,7	15,2	25,5
	ROE	10,3%	10,3%	11,3%	12,3%	13,4%
	P/VC	1,8	1,3	1,5	1,8	2,9
Banco Santander	PER	11,2	11,6	12,9	15,5	22,0
	ROE	15,8%	11,5%	11,5%	11,7%	13,3%
	P/VC	1,7	1,5	2,0	2,1	3,4
Banco Popular	PER	8,6	8,3	11,2	12,1	17,9
	ROE	20,0%	18,4%	17,4%	17,2%	19,2%

1996, descendió en 1997. Este descenso se debe a dos razones: una es la ya apuntada de que la revalorización de activos supuso un fuerte aumento del valor contable de las acciones, y, la otra, es el hecho de que las tarifas eléctricas en España estuvieron congeladas durante 1997.

Figura 4.7. Evolución del ROE medio de las bolsas en España, Reino Unido y Estados Unidos. *Fuente: Morgan Stanley*

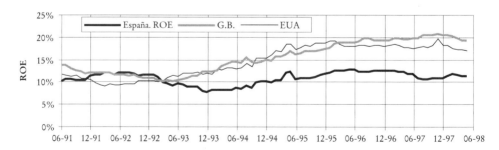

Figura 4.8. Evolución del ROE de Telefónica, Endesa y Repsol.
Fuente: Morgan Stanley

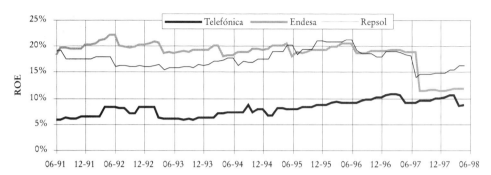

La figura 4.9 muestra la evolución del ROE de tres de los principales bancos españoles. La figura permite observar como el ROE del Banco Popular ha sido siempre superior al del BBV y Santander y como los ROE del Banco Santander y BBV se han movido casi en paralelo a partir del año 1995.

Figura 4.9. Evolución del ROE del BBV, Banco Santander y Banco Popular.
Fuente: Morgan Stanley

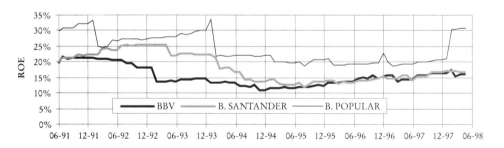

La relación entre el precio y el valor contable de las acciones depende de tres factores exclusivamente: el ROE, la rentabilidad exigida a las acciones (Ke) y el crecimiento previsto de los dividendos. Para demostrar la afirmación anterior, utilizaremos otra ecuación matemática. A partir de la expresión obtenida para el PER en el anexo 2.3, podemos concluir que:

$$\frac{P}{VC} = \frac{ROE - g}{Ke - g} = \frac{ROE}{Ke} + \frac{g(ROE - Ke)}{Ke(Ke - g)}$$

A la luz de la expresión anterior vamos a examinar la relación entre el ratio precio / valor contable y el cociente entre el ROE medio de las empresas españolas dividido por la tasa sin riesgo de cada momento. Como tasa sin riesgo hemos elegido el tipo de interés de los bonos del Estado a mayor plazo existentes en España en cada momento. La figura 4.10 permite observar un gran paralelismo entre la relación precio/valor contable y ROE/tasa sin riesgo. Cuando el ROE respecto a la tasa sin riesgo ha crecido, la relación precio sobre valor contable ha aumentado prácticamente siempre, con las excepciones contables debidas a la revalorización de activos.

Figura 4.10. Relación entre P / VC y ROE / R$_F$.

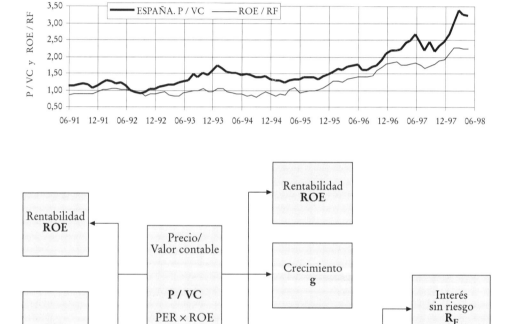

4.5. Creación de valor y valor de mercado – valor contable

En ocasiones la diferencia entre el valor de mercado y el valor contable se relaciona con la creación de valor de las empresas. Pero en realidad esto es únicamente cierto para una empresa que se acaba de crear y es absolutamente falso si hablamos de empresas activas creadas anteriormente: en este caso no tiene nada que ver la creación de valor con la diferencia entre el valor de mercado y el valor contable. Se trata de un tema muy importante a la vez que controvertido que analizaremos con más detalle en el capítulo 11.

Este razonamiento se basa en considerar que el valor contable representa la inversión que los propietarios de las acciones han realizado en la empresa. Pero, tal y como hemos indicado en el párrafo anterior, esto sólo sucede en el momento en que se crea la empresa; en cualquier otro momento posterior el valor contable no coincide con la aportación de los accionistas, sino que es la suma del capital inicial desembolsado y de otros conceptos. Así pues, el valor contable de una empresa suele ser la aportación inicial de los socios más los beneficios obtenidos en cada periodo más las ampliaciones de capital, menos disminuciones de capital si las hubo y más aumentos de capital por revalorización de activos. Asociar el valor contable con la cantidad invertida por los accionistas es, en general, un error.

Como el ratio precio / valor contable depende del PER y del ROE, a continuación se incluyen las figuras 4.11 y 4.12, que muestran la relación que existe entre el ratio precio / valor contable y el PER y la relación entre el ratio precio / valor contable y el ROE de las mayores empresas españolas en enero de 1998. En la figura 4.11 vemos que la primera relación no es muy clara: hay empresas con PER elevado y el ratio precio / valor contable pequeño y otras a las que les sucede lo contrario. Sin embargo, la figura 4.12 sí que permite concluir que, en general, un ROE más alto implica un ratio precio / valor contable superior.

Figura 4.11. Relación entre el PER y el ratio cotización / valor contable de las mayores empresas españolas. Enero de 1998.

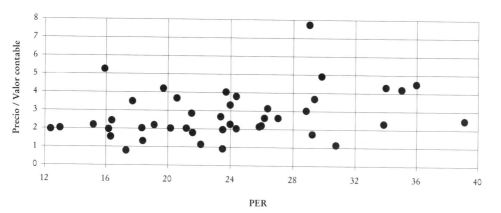

Figura 4.12. Relación entre el ROE y el ratio cotización / valor contable de las mayores empresas españolas. Enero de 1998.

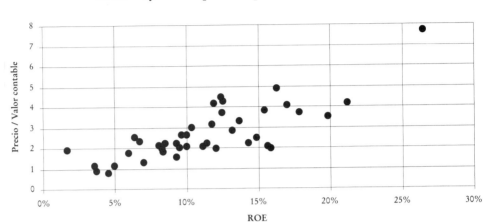

En enero de 1998, la bolsa española tenía un PER de 23,4, una relación precio / valor contable de 2,66 y un ROE medio del 11%.

Fama y French (1998) muestran que, en media, las empresas con menores PER y VM / VC tienen rentabilidades para los accionistas superiores a las empresas con PER y VM / VC mayores.

Anexo 4.1. Valor de mercado (VM) y valor contable (VC) de las empresas incluidas en el IBEX 35 en diciembre de 1997 (miles de millones de pesetas)

	1995		1996		Actual. balances	VM/VC		VM-VC	
	VM	VC	VM	VC		1995	1996	1995	1996
Telefónica	1.578	1.546	2.833	1.864	219	1,02	1,52	32	969
Iberdrola	1.027	980	1.692	1.237	234	1,05	1,37	47	454
Endesa	1.786	882	2.402	1.465	450	2,02	1,64	904	937
BBV	992	642	1.575	718	0	1,55	2,19	350	858
Gas Natural	705	188	1.127	325	102	3,75	3,47	517	802
Banco Santander	973	553	1.327	614	0	1,76	2,16	420	713
Repsol	1.193	658	1.494	848	131	1,81	1,76	534	646
Acesa	301	140	410	148	118	2,14	2,77	161	262
Unión Fenosa	212	306	424	486	139	0,69	0,87	-94	-62
BCH	403	424	546	398	0	0,95	1,37	-21	148
Sevillana	280	293	439	359	69	0,95	1,22	-14	79
Aumar	105	83	136	84	101	1,28	1,63	23	53
Bankinter	173	101	281	101	0	1,72	2,77	73	180
Fecsa	180	280	267	312	47	0,64	0,85	-100	-45
Alba	124	97	199	91	0	1,28	2,18	27	108
Hidrocantábrico	158	105	187	112	57	1,52	1,67	54	75
Aguas Barcelona	153	80	236	113	24	1,90	2,08	73	122
Banco Popular	646	268	737	289	0	2,41	2,55	378	448
Acerinox	144	124	219	139	5	1,15	1,58	19	81
Banesto	515	232	616	267	0	2,22	2,31	282	349
Argentaria	628	555	712	577	0	1,13	1,23	73	134
Tabacalera	169	98	206	98	9	1,73	2,11	71	108
Pryca	482	133	520	149	21	3,61	3,50	348	372
FCC	140	106	182	117	0,0	1,32	1,55	34	65
Dragados	92	118	115	112	0,0	0,78	1,02	-26	3
Mapfre	185	99	238	124	0,0	1,87	1,91	86	114
Vallehermoso	97	86	121	89	0,0	1,13	1,36	11	32
Asturiana de Zinc	39	17	52	17	3,8	2,29	3,09	22	35
Puleva	5	2	24	5	0,8	3,10	4,58	3	19
Amper	20	4	42	14	0,5	4,50	3,06	16	28
Viscofán	33	22	44	23	1,7	1,50	1,90	11	21
Uralita	58	51	63	52	3,7	1,12	1,23	6	12
Tubacex	18	13	29	18	0,0	1,45	1,65	6	12
Continente	263	67	255	83	8,4	3,90	3,07	196	172
Sol Meliá		144	41	0,0		3,51		103	
TOTAL	13.878	9.356	19.895	11.489	1.744	1,48	1,73	4.523	8.406

Resumen

La relación VM / VC depende del ROE, Ke y del crecimiento previsto de los dividendos.

Cuando suben los tipos de interés, *ceteris paribus*, la relación disminuye, y viceversa, al igual que ocurre con la cotización de las acciones.

El valor contable de las acciones aumenta cuando se producen ampliaciones de capital, aumentan los beneficios retenidos de la empresa y cuando se producen revalorizaciones de activos.

Asociar la diferencia VM-VC con la creación de valor de las empresas es, en general, un error. Sólo es cierto en el caso de una empresa que se acaba de crear, ya que sólo en este caso el valor contable coincide con la cantidad invertida por los accionistas.

Conceptos clave

Valor de mercado (VM)
Valor contable (VC)
Precio / valor contable (P/VC)
IBEX 35
Rentabilidad de las acciones (ROE)
PER
Crecimiento (g)
Rentabilidad exigida a las acciones (Ke)
Precio por acción (P)

Capítulo 5

Dividendos y valor de la empresa

5.1. Evolución de los dividendos en la bolsa española

La tabla 5.1 muestra el crecimiento de los dividendos repartidos por las empresas que cotizan en la Bolsa de Madrid (incluye el mercado continuo).

Tabla 5.1. Dividendos netos repartidos por las empresas españolas que cotizan en bolsa
(miles de millones de pesetas). Fuente: Bolsa de Madrid.

	1990	1991	1992	1993	1994	1995	1996	1997
Bancos	128	139	152	154	165	170	182	195
Cartera-inversión	23	19	22	14	14	7	9	22
Construcción	23	27	26	15	23	33	38	36
Eléctricas	71	85	102	103	95	116	134	162
Alimentación	10	10	12	12	8	11	12	15
Metal-mecánica	16	11	8	11	10	17	20	22
Petróleo y químicas	24	33	38	65	69	86	98	105
Comunicaciones	54	56	61	61	63	68	77	86
Otros	9	10	11	9	10	15	18	23
Total dividendos netos	358	390	432	444	457	523	586	666
Empresas cotizadas	433	436	401	379	378	366	361	388

La figura 5.1 muestra la evolución de la rentabilidad por dividendos (dividendo dividido por el precio de la acción) de tres de las mayores empresas españolas. Obsérvese que a pesar de que los dividendos crecieron en ese periodo, el precio de las acciones creció todavía más, por lo que a finales de 1997, la rentabilidad por dividendos de Telefónica y Endesa era alrededor del 2% y la de Repsol algo inferior al 3%.

La figura 5.2 muestra la evolución de la rentabilidad por dividendos de tres de los principales bancos españoles. A finales de 1997, la rentabilidad por dividendos del BBV era inferior al 2%, por debajo de la de los bancos Santander y Popular.

Figura 5.1. Evolución de la rentabilidad por dividendos de Telefónica, Endesa y Repsol.

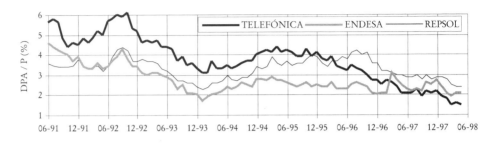

Figura 5.2. Evolución de la rentabilidad por dividendos de los bancos BBV, Santander y Popular.

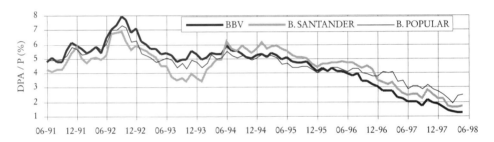

En el periodo 1974-1991, un 49% de los dividendos por acción repartidos por las empresas fueron superiores a los del año anterior, un 28% fueron iguales a los del año anterior y un 23% fueron inferiores a los del año anterior. Ajustando este análisis por inflación, un 34% de los dividendos por acción aumentaron respecto al año anterior más que la inflación y un 66% aumentaron respecto al año anterior menos que la inflación. La figura 5.3 muestra el porcentaje de empresas cotizadas en bolsa que aumentaron, disminuyeron y mantuvieron constante el dividendo por acción en el periodo 1974-1991.

Figura 5.3. Porcentaje de empresas cotizadas en bolsa que aumentaron, disminuyeron y mantuvieron constante el dividendo por acción en el periodo 1974-1991.

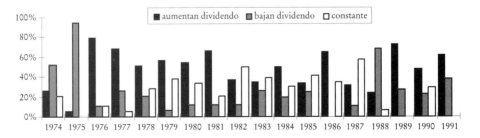

5.2. Evolución de los dividendos en los mercados internacionales

Tabla 5.2. Crecimiento de los dividendos por acción nominales
y reales en varias bolsas europeas. (1976-1996)

	Alemania	Francia	Italia	Holanda	España	Suecia	Suiza	U.K.
Dividendos nominales	3,4%	9,1%	11,2%	6,0%	9,6%	9,5%	4,7%	11,7%
Beneficios	4,7%	8,1%	10,3%	6,6%	8,3%	13,2%	5,6%	10,9%
Dividendos reales	0,4%	3,4%	2,0%	3,1%	1,7%	4,4%	1,7%	5,0%
P.I.B. real	2,6%	2,1%	2,1%	2,2%	2,2%	1,4%	1,4%	2,1%
P.I.B. nominal	5,8%	7,7%	12,1%	4,6%	11,9%	8,1%	8,1%	9,1%
I.P.C.	3,0%	5,7%	9,2%	3,0%	9,4%	5,5%	5,5%	6,7%

Fuente: Hoare Bovett

**Figura 5.4. Evolución de la rentabilidad por dividendos en los mercados
español, inglés y norteamericano.**

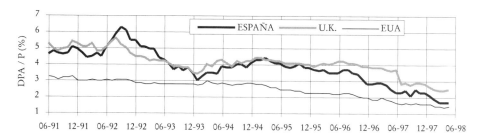

En el próximo apartado veremos que es lógico decir que el valor de una acción es el valor actual de los dividendos esperados. Después veremos varios métodos de valoración de empresas por descuento de los dividendos esperados. Los métodos varían entre sí en función de la manera en que se espera que crezcan los dividendos.

5.3. Valor de la acción como valor actual de los dividendos esperados

El inversor que hoy compra una acción normalmente espera cobrar dividendos en el futuro[1] y revender la acción en el futuro a un precio superior. También puede ocurrir que compre la acción con deseo de mantenerla indefinidamente.

Imaginemos que el inversor que espera mantener indefinidamente la acción la compra hoy. La acción es de una empresa que reparte dividendos anualmente. Si la rentabilidad que nuestro inversor exige a la inversión es Ke, el precio máximo que

---

1. También cobrará derechos de suscripción. Pero lo que cobra por derechos de suscripción lo pierde por disminución del valor de la acción debida a la dilución que provoca la ampliación de capital.

debe pagar por esta acción (P_0) es el valor actual de los dividendos (DPA) que espera[2] obtener de la acción:

$$P_0 = \frac{DPA_1}{1+Ke} + \frac{DPA_2}{(1+Ke)^2} + \frac{DPA_3}{(1+Ke)^3} + \frac{DPA_4}{(1+Ke)^4} + ... \qquad [5.1]$$

Otro inversor espera cobrar los dividendos de los próximos dos años (DPA_1 y DPA_2) y vender la acción entonces a un precio P_2. Si la rentabilidad que nuestro inversor exige a la inversión es Ke, el precio máximo que debe pagar por esta acción (P_0) es:

$$P_0 = \frac{DPA_1}{1+Ke} + \frac{DPA_2 + P_2}{(1+Ke)^2}$$

Pero el inversor que compre la acción dentro de dos años, hará un cálculo parecido al suyo. Suponiendo que también la desee tener dos años, el cálculo que hará para obtener el precio dentro de dos años (P_2) será:

$$P_2 = \frac{DPA_3}{1+Ke} + \frac{DPA_4 + P_4}{(1+Ke)^2}$$

Pero el precio del año 4 también dependerá de los dividendos de los siguientes años. Reiterando este razonamiento, llegamos a:

$$P_0 = \frac{DPA_1}{1+Ke} + \frac{DPA_2}{(1+Ke)^2} + \frac{DPA_3}{(1+Ke)^3} + \frac{DPA_4}{(1+Ke)^4} + ...$$

Por consiguiente, el valor de la acción es el valor actual de los dividendos que se espera que reparta la acción, aunque el inversor piense venderla pronto.

Ejemplo. Calcular el valor de una acción que reparte un dividendo anual de 100 pesetas y que se espera que se mantenga constante a lo largo de los años. Los bonos del Estado a largo plazo rinden un 6% y la rentabilidad exigida a esta empresa es el 10%. El valor de la acción es 1.000 pesetas porque

$$P_0 = 1.000 = \frac{100}{1,1} + \frac{100}{(1,1)^2} + \frac{100}{(1,1)^3} + \frac{100}{(1,1)^4} + ...$$

---

2. DPA son las abreviaturas de dividendo por acción. Aunque utilizamos únicamente DPA, nos referimos siempre a las expectativas del dividendo por acción (valor esperado).

Obsérvese que si en lugar de esperar esas 100 pesetas de la inversión en la acción, se esperasen de una obligación del Estado perpetua, su valor sería 1.667 pesetas (superior porque no tiene riesgo):

$$1.667 = \frac{100}{1,06} + \frac{100}{(1,06)^2} + \frac{100}{(1,06)^3} + \frac{100}{(1,06)^4} + \dots$$

5.4. Valor de la acción cuando los dividendos crecen un porcentaje fijo todos los años. Fórmula de Gordon y Shapiro[3]

Abordamos ahora la valoración de una acción cuyos dividendos se espera que crezcan anualmente a una tasa g.

$DPA_1 = DPA_0 (1 + g)$
$DPA_2 = DPA_0 (1 + g)^2 = DPA_1 (1 + g)$
$DPA_n = DPA_0 (1 + g)^n = DPA_1 (1 + g)^{n-1}$

El precio de la acción será:

$$P_0 = \frac{DPA_1}{1 + Ke} + \frac{DPA_1(1+g)}{(1+Ke)^2} + \frac{DPA_1 (1+g)^2}{(1+Ke)^3} + \frac{DPA_1 (1+g)^3}{(1+Ke)^4} + \dots$$

En el anexo 5.1 se muestra que el precio de la acción se puede expresar como:

$$P_0 = \frac{DPA_1}{Ke - g} \qquad [5.2]$$

Ejemplo. Calcular el valor de una acción cuyo dividendo anual fue de 100 pesetas y que se espera que crezca al 4% a lo largo de los años. La rentabilidad exigida a esta empresa es el 10%.

El dividendo esperado del año próximo es 104 pesetas. Por consiguiente, el valor de la acción es 1.733 pesetas porque, aplicando la expresión [5.2]:

$$1.733 = \frac{104}{0,1 - 0,04}$$

---

3. Ver Gordon, Myron y E. Shapiro, «Capital Equipment Analysis: The Required Rate of Profit», *Management Science*, 3 (Oct. 1956), 102-110.

Obsérvese que si no esperásemos crecimiento en el dividendo (g = 0), el valor de la acción sería 1.000 pesetas:

$$1.000 = \frac{100}{0,1 - 0}$$

Ejemplo. El precio de la acción de Telefónica el 1 de abril de 1998 fue 7.050 pesetas. El dividendo por acción de 1997 fue 89 pesetas. Si la rentabilidad exigida a las acciones de Telefónica es 8,5% (la rentabilidad de los bonos del Estado a 10 años es 5,08%), el lector puede comprobar que el crecimiento medio esperado[4] de los dividendos es 7,15%:

$$7.050 = \frac{89 \times (1 + g)}{0,085 - g} \qquad g = 7,15\%$$

Ejemplo. El precio de la acción de Endesa el 1 de abril de 1998 fue 3.860 pesetas. El dividendo por acción de 1997 fue 77 pesetas. Si la rentabilidad exigida a las acciones de Endesa es también 8,5% el lector puede comprobar que el crecimiento medio esperado de los dividendos es 6,38%:

$$3.860 = \frac{77 \times 1,0638}{0,085 - 0,0638}$$

La figura 5.5 muestra el crecimiento medio esperado del dividendo por acción de Endesa al final de cada año. Este crecimiento medio esperado del dividendo por acción se calcula repitiendo el cálculo anterior al final de cada año.

Figura 5.5. Evolución del PER de Endesa y del crecimiento del dividendo implícito en el precio de la acción a fin de año.

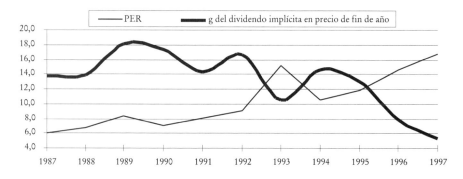

___

4. Suponemos que falta un año para cobrar el próximo dividendo.

La figura 5.6 muestra la evolución del dividendo por acción de Endesa expresado en pesetas nominales (corrientes) y en pesetas reales de 1997 (ajustadas por la inflación). Obsérvese el gran aumento que experimentó el dividendo por acción en 1996. La figura 5.7 permite comparar la evolución del dividendo por acción de Endesa con el beneficio por acción, ambos expresados en pesetas nominales. Se observa que el beneficio por acción no creció tanto como el dividendo en 1996.

Figura 5.6. Evolución del dividendo por acción de Endesa.

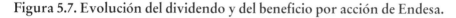

Figura 5.7. Evolución del dividendo y del beneficio por acción de Endesa.

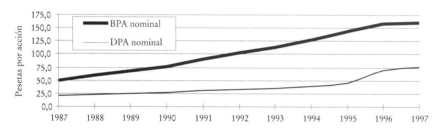

Figura 5.8. Crecimiento anual del dividendo y del beneficio por acción de Endesa.

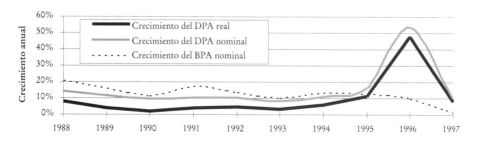

5.5. Valor de la acción cuando los dividendos crecen una cantidad fija todos los años

Abordamos ahora la valoración de una acción cuyos dividendos se espera que crezcan todos los años una cantidad fija Δ.

$DPA_1 = DPA_0 + \Delta$.

$DPA_n = DPA_0 + n\Delta$.

El precio de la acción será:

$$P_0 = \frac{DPA_0 + \Delta}{1 + Ke} + \frac{DPA_0 + 2\Delta}{(1 + Ke)^2} + \frac{DPA_0 + 3\Delta}{(1 + Ke)^3} + \frac{DPA_0 + 4\Delta}{(1 + Ke)^4} + \dots$$

En el anexo 5.2 se muestra que el valor de la acción se reduce a:

$$P_0 = \frac{DPA_0}{Ke} + \left[\frac{1}{Ke} + \frac{1}{Ke^2} \right] \Delta$$

Esta fórmula también puede expresarse como:

$$P_0 = \frac{DPA_1}{Ke} + \frac{\Delta}{Ke^2}$$

El primer sumando es el valor de los dividendos si fuesen constantes (iguales al del año próximo) y el segundo sumando es el valor del crecimiento de los dividendos.

5.6. Modelo binomial de valoración de acciones por descuento de dividendos[5]

En este apartado vamos a valorar acciones cuando no tenemos una idea exacta de si crecerán los dividendos. Sólo asignamos una probabilidad a que los dividendos crezcan.

5.6.1. Modelo binomial aditivo

Valoramos una acción cuando no tenemos una idea exacta de si crecerán los dividendos: asignamos una probabilidad (p_u) a que los dividendos crezcan una cantidad Δ y otra probabilidad ($p_c = 1 - p_u$) a que se mantengan constantes.

---

5. Véase Hurley, W.J. y L.D. Johnson, «A Realistic Dividend Valuation Model», *Financial Analysts Journal*, julio/agosto 1994, pp. 50-54.

$$\text{DPA}_{t+1} = \begin{array}{ll} \text{DPA}_t + \Delta & \text{con probabilidad } p_u \\ \text{DPA}_t & \text{con probabilidad } p_c = 1 - p_u \end{array}$$

En el anexo 5.3 se muestra que el valor de la acción es:

$$P_0 = \frac{\text{DPA}_0}{\text{Ke}} + \left[\frac{1}{\text{Ke}} + \frac{1}{\text{Ke}^2}\right] p_u \ \Delta$$

5.6.2. Modelo binomial aditivo con probabilidad de quiebra

Este modelo completa al anterior asignando una probabilidad a que la empresa quiebre y no haya más dividendos:

$$\text{DPA}_{t+1} = \begin{array}{ll} \text{DPA}_t + \Delta & \text{con probabilidad } p_u \\ \text{DPA}_t & \text{con probabilidad } p_c = 1 - p_u - p_q \\ 0 = P_{t+1} & \text{con probabilidad } p_q \end{array}$$

En este caso el valor de la acción es:

$$P_0 = \frac{\text{DPA}_0\,(1 - p_q)}{\text{Ke} + p_q} + \left[\frac{1}{\text{Ke} + p_q} + \frac{1}{(\text{Ke} + p_q)^2}\right] p_u \ \Delta$$

Nótese que cuando $p_q = 0$, esta fórmula coincide con el modelo binomial aditivo sin quiebra.

5.6.3. Modelo binomial geométrico

Valoramos una acción cuando no tenemos una idea exacta de si crecerán los dividendos: asignamos una probabilidad (p_u) a que los dividendos crezcan un porcentaje g y otra probabilidad ($p_c = 1 - p_u$) a que se mantengan constantes.

$$\text{DPA}_{t+1} = \begin{array}{ll} \text{DPA}_t\,(1+g) & \text{con probabilidad } p_u \\ \text{DPA}_t & \text{con probabilidad } p_c = 1 - p_u \end{array}$$

En el anexo 5.4 se muestra que el valor de la acción es:

$$P_0 = \frac{1 + p_u\,g}{\text{Ke} - p_u\,g}\,\text{DPA}_0$$

Si $p_u = 1$ ($p_c = 0$), tenemos la fórmula de Gordon y Shapiro:

$$P_0 = \frac{1+g}{Ke-g} DPA_0$$

5.6.4. Modelo binomial geométrico con probabilidad de quiebra

Este modelo completa al anterior asignando una probabilidad a que la empresa quiebre y no haya más dividendos:

$$
\begin{aligned}
DPA_{t+1} = \quad & DPA_t (1+g) && \text{con probabilidad } p_u \\
& DPA_t && \text{con probabilidad } p_c = 1 - p_u - p_q \\
& 0 = P_{t+1} && \text{con probabilidad } p_q
\end{aligned}
$$

En este caso, el valor de la acción es:

$$P_0 = \frac{1 + p_u\, g - p_q}{Ke - p_u\, g + p_q} DPA_0$$

Obsérvese que cuando $p_q = 0$, esta fórmula coincide con el modelo binomial geométrico sin quiebra.

5.7. Modelo trinomial de valoración de acciones por descuento de dividendos[6]

En este apartado vamos a valorar acciones cuando no tenemos una idea exacta de si los dividendos crecerán, disminuirán o se mantendrán constantes. Para valorar la acción necesitamos asignar probabilidades a las tres opciones.

5.7.1. Modelo trinomial aditivo

Valoramos una acción cuando no tenemos una idea exacta de cómo evolucionarán los dividendos: asignamos una probabilidad (p_u) a que los dividendos crezcan una cantidad Δ, otra probabilidad (p_d) a que disminuyan en la misma[7] cantidad Δ, y otra probabilidad ($p_c = 1 - p_u - p_d$) a que se mantengan constantes.

---

6. Véase Yao, Yulin, «A Trinomial Dividend Valuation Model», *The Journal of Portfolio Management*, vol. 23, n. 4, verano 1997, pp. 99-103.
7. El modelo también puede ampliarse para el caso de que la cantidad que pueden disminuir los dividendos sea distinta de la cantidad que pueden aumentar.

$$DPA_{t+1} = \begin{array}{ll} DPA_t + \Delta & \text{con probabilidad } p_u \\ DPA_t - \Delta & \text{con probabilidad } p_d \\ DPA_t & \text{con probabilidad } p_c = 1 - p_u - p_d \end{array}$$

El valor de la acción es:

$$P_0 = \frac{DPA_0}{Ke} + \left[\frac{1}{Ke} + \frac{1}{Ke^2} \right] (p_u - p_d) \, \Delta$$

5.7.2. Modelo trinomial aditivo con probabilidad de quiebra

Este modelo completa al anterior asignando una probabilidad a que la empresa quiebre y no haya más dividendos:

$$DPA_{t+1} = \begin{array}{ll} DPA_t + \Delta & \text{con probabilidad } p_u \\ DPA_t - \Delta & \text{con probabilidad } p_d \\ DPA_t & \text{con probabilidad } p_c = 1 - p_u - p_d - p_q \\ 0 = P_{t+1} & \text{con probabilidad } p_q \end{array}$$

En este caso el valor de la acción es

$$P_0 = \frac{DPA_0(1 - p_q)}{Ke + p_q} + \left[\frac{1}{Ke + p_q} + \frac{1 - p_q}{(Ke + p_q)^2} \right] (p_u - p_d) \, \Delta$$

Nótese que cuando $p_q = 0$, esta fórmula coincide con el modelo trinomial aditivo sin quiebra.

5.7.3. Modelo trinomial geométrico

Valoramos una acción cuando no tenemos una idea exacta de cómo evolucionarán los dividendos: asignamos una probabilidad (p_u) a que los dividendos crezcan un porcentaje g, otra probabilidad (p_d) a que disminuyan en el mismo[8] porcentaje g, y otra probabilidad ($p_c = 1 - p_u - p_d$) a que se mantengan constantes:

$$DPA_{t+1} = \begin{array}{ll} DPA_t (1 + g) & \text{con probabilidad } p_u \\ DPA_t (1 - g) & \text{con probabilidad } p_d \\ DPA_t & \text{con probabilidad } p_c = 1 - p_u - p_d \end{array}$$

---

8. El modelo también puede ampliarse para el caso de que la cantidad que pueden disminuir los dividendos sea distinta de la cantidad que pueden aumentar.

En el anexo 5.5 se muestra que el valor de la acción es:

$$P_0 = \frac{1 + (p_u - p_d)\, g}{Ke - (p_u - p_d)\, g} DPA_0$$

Si $p_u = 1$ ($p_d = p_c = 0$), tenemos la fórmula de Gordon y Shapiro:

$$P_0 = \frac{1 + g}{Ke - g} DPA_0$$

5.7.4. Modelo trinomial geométrico con probabilidad de quiebra

Este modelo completa al anterior asignando una probabilidad a que la empresa quiebre y no haya más dividendos:

$$DPA_{t+1} = \begin{array}{ll} DPA_t\,(1+g) & \text{con probabilidad } p_u \\ DPA_t\,(1-g) & \text{con probabilidad } p_d \\ DPA_t & \text{con probabilidad } p_c = 1 - p_u - p_d - p_q \\ 0 = P_{t+1} & \text{con probabilidad } p_q \end{array}$$

En este caso, el valor de la acción es:

$$P_0 = \frac{1 - p_q + (p_u - p_d)\, g}{Ke + p_q - (p_u - p_d)\, g} DPA_0$$

Nótese que cuando $p_q = 0$, esta fórmula coincide con el modelo trinomial geométrico sin quiebra.

5.8. Valor de la acción cuando los dividendos tienen dos tasas de crecimiento

Se supone que el DPA crece a la tasa g hasta el año n. A partir del año n + 1 crece a la tasa g_n. Por tanto, el dividendo por acción del año n es: $DPA_n = DPA_1\,(1+g)^{n-1}$, y el dividendo por acción del año n + 1 es: $DPA_{n+1} = DPA_1\,(1+g)^{n-1}\,(1+g_n)$

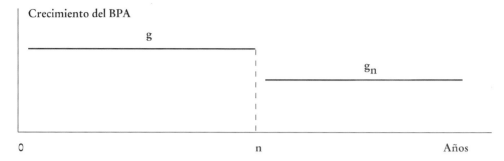

El precio de la acción hoy es:

$$P_0 = \frac{DPA_1 \times \left[1 - \left(\dfrac{1+g}{1+Ke}\right)^n\right]}{Ke - g} + \frac{DPA_1 \, (1+g)^{n-1} \, (1+g_n)}{(Ke - g_n) \, (1+Ke)^n}$$

Esta expresión se reduce a:

$$P_0 = \frac{DPA_1}{Ke - g}\left[1 - \left(\frac{1+g}{1+Ke}\right)^{n-1}\left(\frac{g - g_n}{Ke - g_n}\right)\right]$$

Un problema de este modelo es que el salto del crecimiento, que pasa de g a g_n inmediatamente, sucede pocas veces.

Una buena aproximación a esta expresión se consigue con la siguiente fórmula:

$$P_0 = \frac{DPA_0}{Ke - g_n}\left[(1 + g_n) + n \, (g - g_n)\right]$$

El anexo 5.6 presenta el error que se comete con esta aproximación.

5.9. Valor de la acción cuando los dividendos tienen dos tasas de crecimiento: el modelo H[9]

Se supone que el DPA crece a la tasa inicial g_i el primer año. Durante 2H años, la tasa de crecimiento va declinando hasta llegar a la tasa g_n. A partir de entonces, crece todos los años a la tasa g_n.

9. Véase Fuller, R. J. y C. Hsia, «A Simplified Common Stock Valuation Model», *Financial Analysts Journal*, n. 40, 1984, pp. 49-56.

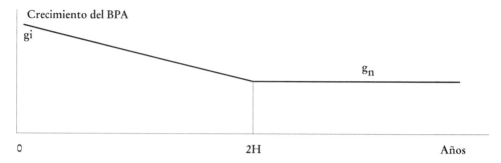

El valor de la acción hoy se puede aproximar por:

$$P_0 = \frac{DPA_0\,(1+g_n)}{Ke - g_n} + \frac{DPA_0\,H\,(g_i - g_n)}{Ke - g_n}$$

El anexo 5.7 presenta el error que se comete con esta aproximación.

5.10. Valor de la acción cuando los dividendos crecen en tres etapas

Se supone que el DPA crece a la tasa inicial g_i durante N1 años. A partir de entonces, hasta el año N2 la tasa de crecimiento va declinando hasta llegar a la tasa g_n. A partir de entonces, crece todos los años a la tasa g_n.

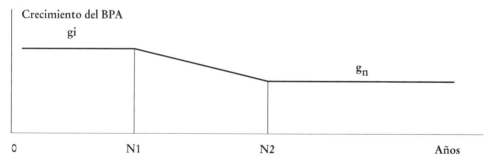

El valor de la acción hoy es:

$$P_0 = \sum_{t=1}^{N1} \frac{DPA_0\,(1+g_i)^t}{(1+Ke)^t} + \sum_{t=N1+1}^{N2} \frac{DPA_t}{(1+Ke)^t} + \frac{DPA_{N2}\,(1+g_n)}{(Ke-g_n)(1+Ke)^{N2}}$$

El primer sumando es el valor de los dividendos durante la etapa inicial de crecimiento a la tasa g_i (los primeros N1 años). El segundo sumando es el valor de los dividendos durante la etapa transitoria de crecimiento (años N1 + 1 a N2). El tercer sumando es el valor de los dividendos durante la etapa final de crecimiento a la tasa g_n (años N2 +1 y siguientes).

5.11. Crecimiento histórico de los dividendos por acción en España

La tabla 5.2 muestra el crecimiento anual del dividendo por acción de varias empresas españolas. La tabla muestra el crecimiento medio aritmético y geométrico. También presenta los mismos datos ajustados por inflación.

Tabla 5.2. Crecimiento anual del dividendo por acción. (1973-1991)

Media aritmética		Media geométrica		Media aritmética (deflactada)		Media geométrica (deflactada)	
B. Santander	27,4%	Banesto	12,4%	B. Santander	19,8%	Banesto	6,8%
Unión y Fénix	20,3%	B. Santander	11,4%	Unión y Fénix	13,3%	B. Santander	5,7%
B. Hispano	19,1%	B. Popular	11,2%	B. Hispano	12,0%	B. Popular	5,6%
Banesto	15,8%	Valderribas	9,3%	Banesto	9,8%	Valderribas	3,8%
Tabacalera	15,6%	Bankinter	9,0%	Tabacalera	8,8%	Gas y Elect.	3,6%
Cepsa	14,6%	Gas y Elect.	9,0%	Cepsa	7,8%	Bankinter	3,2%
B. Popular	14,2%	B. Guipuzcoano	7,8%	B. Popular	7,7%	B. Guipuzcoano	2,5%
Bankinter	14,1%	B. Zaragozano	6,8%	Bankinter	7,5%	B. Zaragozano	1,5%
E. de Viesgo	12,2%	B. Central	6,2%	Gas y Elect.	6,3%	B. Central	0,6%
Gas y Elect.	12,1%	B. Herrero	5,6%	E. de Viesgo	5,9%	B. Herrero	0,4%
Valderribas	11,3%	B. Hispano	5,4%	Valderribas	5,6%	Valen. Cem.	−0,3%
B. Valencia	11,0%	B. Bilbao	5,0%	B. Zaragozano	4,7%	B. Hispano	−0,3%
B. Herrero	10,6%	Valen. Cem.	5,0%	B. Herrero	4,6%	B. Bilbao	−0,7%
B. Zaragozano	10,5%	H. Cantábrico	4,5%	B. Guipuzcoano	3,5%	E. De Viesgo	−0,8%
B. Guipuzcoano	9,3%	E. De Viesgo	4,4%	B. Valencia	3,3%	E.R. Zaragoza	−1,0%
B. Vizcaya	9,3%	B. Vizcaya	4,4%	Endesa	3,1%	H. Cantábrico	−1,1%
B. Central	9,1%	E.R. Zaragoza	4,2%	B. Central	2,9%	B. Vizcaya	−1,3%
Endesa	8,9%	Unión y Fénix	4,1%	B. Vizcaya	2,8%	Unión y Fénix	−1,5%
B. Exterior	8,6%	Cepsa	3,0%	B. Exterior	2,3%	Cepsa	−2,5%
H. Cantábrico	7,6%	Tabacalera	2,8%	Enher	1,7%	B. Fomento	−2,6%
Enher	7,0%	B. Exterior	2,7%	H. Cantábrico	1,4%	Cubiertas	−2,6%
E.R. Zaragoza	6,9%	B. Fomento	2,5%	B. Bilbao	0,6%	Tabacalera	−2,7%
B. Bilbao	6,6%	Cubiertas	2,5%	Valen. Cem.	0,5%	Endesa	−2,9%
Dragados	6,4%	Dragados	2,2%	B. Pastor	0,4%	B. Exterior	−2,9%
B. Pastor	6,2%	Endesa	2,2%	Dragados	0,3%	Enher	−3,1%
Valen. Cem.	6,0%	Enher	1,9%	B. Fomento	−0,4%	Dragados	−3,3%
B. Fomento	5,5%	B. Valencia	1,8%	E.R. Zaragoza	−0,6%	B. Pastor	−4,0%
Sevillana	5,1%	B. Pastor	1,0%	Sevillana	−1,0%	B. Valencia	−5,3%

Tabla 5.2. (Continuación)

Media aritmética		Media geométrica		Media aritmética (deflactada)		Media geométrica (deflactada)	
Asland	4,2%	Catalana de Gas	−0,6%	Asland	−1,4%	Catalana de Gas	−5,5%
Cubiertas	2,9%	Sevillana	−1,4%	Cubiertas	−2,5%	Asland	−6,5%
Corp. Alba -B-	1,5%	Asland	−1,6%	Catalana de Gas	−3,6%	Sevillana	−6,7%
Catalana de Gas	1,4%	Corp. Alba -B-	−3,5%	Corp. Alba -B-	−4,1%	Corp. Alba -B-	−8,3%
U. Fenosa	0,8%	U. Fenosa	−4,0%	U. Fenosa	−4,8%	Aguas de Bna.	−9,1%
Aguas de Bna.	−2,3%	Aguas de Bna.	−4,4%	Aguas de Bna.	−8,6%	U. Fenosa	−9,2%
Vallehermoso	−2,9%	Vallehermoso	−4,6%	Vallehermoso	−8,8%	Vallehermoso	−9,8%
Promedio	9,1%	Promedio	3,7%	Promedio	2,9%	Promedio	−1,7%

Anexo 5.1. Demostración de la fórmula de Gordon y Shapiro

Queremos demostrar la siguiente igualdad:

$$P_0 = \frac{DPA_1}{Ke - g}$$

Para ello partimos de la ecuación [5.1]:

$$P_0 = \frac{DPA_1}{1 + Ke} + \frac{DPA_2}{(1 + Ke)^2} + \frac{DPA_3}{(1 + Ke)^3} + ... \qquad [5.1]$$

Si los dividendos crecen a una tasa anual g, se cumple que:

$$DPA_2 = DPA_1 (1 + g); DPA_n = DPA_1 (1 + g)^{n-1}$$

Sustituyendo en [5.1]:

$$P_0 = \frac{DPA_1}{1 + Ke} + \frac{DPA_1(1 + g)}{(1 + Ke)^2} + \frac{DPA_1 (1 + g)^2}{(1 + Ke)^3} + ...$$

Multiplicando ambos lados de la igualdad por $(1 + g) / (1 + Ke)$:

$$P_0 \frac{(1 + g)}{(1 + Ke)} = \frac{DPA_1 (1 + g)}{(1 + Ke)^2} + \frac{DPA_1(1 + g)^2}{(1 + Ke)^3} + \frac{DPA_1 (1 + g)^3}{(1 + Ke)^4} + ...$$

Restando las dos últimas expresiones, resulta:

$$P_0 - P_0 \frac{(1 + g)}{(1 + Ke)} = \frac{DPA_1}{1 + Ke}$$

Por consiguiente:

$$P_0 = \frac{DPA_1}{Ke - g} \qquad [5.2]$$

Esta fórmula también puede expresarse como:

$$P_0 = \frac{DPA_1}{Ke} + \frac{g\,DPA_1}{Ke(Ke - g)}$$

El primer sumando es el valor de los dividendos si no crecieran (si fuesen siempre iguales al del año próximo) y el segundo término es el valor del crecimiento de los dividendos.

Anexo 5.2. Demostración de la fórmula del valor de la acción cuando el dividendo crece una cantidad fija todos los años

El precio de la acción es el valor actual de los dividendos descontados a la rentabilidad exigida a las acciones (Ke):

$$P_0 = \frac{DPA_1}{1+Ke} + \frac{DPA_2}{(1+Ke)^2} + \frac{DPA_3}{(1+Ke)^3} + \ldots$$

Como los dividendos crecen una cantidad Δ todos los años:

$$P_0 = \frac{DPA_0 + \Delta}{1+Ke} + \frac{DPA_0 + 2\Delta}{(1+Ke)^2} + \frac{DPA_0 + 3\Delta}{(1+Ke)^3} + \ldots$$

Reagrupando términos:

$$P_0 = \frac{DPA_0}{1+Ke} + \frac{DPA_0}{(1+Ke)^2} + \frac{DPA_0}{(1+Ke)^3} + \ldots +$$

$$+ \frac{\Delta}{1+Ke} + \frac{2\Delta}{(1+Ke)^2} + \frac{3\Delta}{(1+Ke)^3} + \ldots = S_1 + S_2$$

Descomponemos la expresión en dos sumandos. El primer sumando es:

$$S_1 = \frac{DPA_0}{1+Ke} + \frac{DPA_0}{(1+Ke)^2} + \frac{DPA_0}{(1+Ke)^3} + \ldots = \frac{DPA_0}{Ke}$$

El valor del segundo sumando es:

$$S_2 = \frac{\Delta}{1+Ke} + \frac{2\Delta}{(1+Ke)^2} + \frac{3\Delta}{(1+Ke)^3} + \ldots =$$

$$= \left[\frac{\Delta}{1+Ke} + \frac{\Delta}{(1+Ke)^2} + \frac{\Delta}{(1+Ke)^3} + \ldots \right] +$$

$$+ \left[\frac{\Delta}{(1+Ke)^2} + \frac{\Delta}{(1+Ke)^3} + \ldots \right] + \left[\frac{\Delta}{(1+Ke)^3} + \ldots \right] + \ldots =$$

$$= \frac{\Delta}{Ke} + \frac{\Delta}{Ke(1+Ke)} + \frac{\Delta}{Ke(1+Ke)^2} + \ldots =$$

$$= \frac{\Delta}{Ke}\left[1 + \frac{1}{1+Ke} + \frac{1}{(1+Ke)^2} + \frac{1}{(1+Ke)^3} + \ldots\right] =$$

$$= \frac{\Delta}{Ke}\left[1 + \frac{1}{Ke}\right] = \left[\frac{1}{Ke} + \frac{1}{Ke^2}\right]\Delta$$

Luego:

$$P_0 = \frac{DPA_0}{Ke} + \left[\frac{1}{Ke} + \frac{1}{Ke^2}\right]\Delta$$

Anexo 5.3. Demostración de la fórmula del valor de la acción en el modelo binomial aditivo

El dividendo de cada año es:

$$DPA_{t+1} = \begin{array}{ll} DPA_t + \Delta & \text{con probabilidad } p_u \\ DPA_t & \text{con probabilidad } p_c = 1 - p_u \end{array}$$

El precio de la acción en el momento cero (ahora) es:

$$P_0(DPA_0) = p_u \frac{DPA_0 + \Delta + P_1(DPA_0 + \Delta)}{1 + Ke} + (1 - p_u)\frac{DPA_0 + P_1(DPA_0)}{1 + Ke}$$

Como $P_0(DPA_0) = P_1(DPA_0)$, y $P_0(DPA_0 + \Delta) = P_1(DPA_0 + \Delta)$, resulta:

$P_0(DPA_0) = a\, DPA_0 + b\, \Delta + b\, P_0(DPA_0 + \Delta)$, siendo:

$$a = \frac{1}{Ke + p_u} \qquad\qquad b = \frac{p_u}{Ke + p_u}$$

Análogamente:
$P_0(DPA_0 + \Delta) = a\,(DPA_0 + \Delta) + b\, \Delta + b\, P_0(DPA_0 + 2\Delta)$,
$P_0(DPA_0 + 2\Delta) = a\,(DPA_0 + 2\Delta) + b\, \Delta + b\, P_0(DPA_0 + 3\Delta)$

Sustituyendo en la ecuación anterior, se obtiene:

$$P_0(DPA_0) = [a\, DPA_0 + b\, \Delta]\,(1 + b + b^2 + \ldots + b^{n-1}) + $$
$$+ a\Delta\,(b + 2b^2 + 3b^3 + \ldots + (n-1)b^{n-1}) + b^n\, P_0(DPA_0 + n\Delta).$$

Cuando n tiende a infinito, $b^n\, P_0(DPA_0 + n\Delta)$ tiende a cero porque b es menor que 1.

Cuando n tiende a infinito, $(1 + b + b^2 + \ldots + b^{n-1}) = 1/(1-b)$ porque b es menor que 1.

Cuando n tiende a infinito, $(b + 2b^2 + 3b^3 + \ldots + (n-1)b^{n-1}) = 1/(1-b)^2$ porque b es menor que 1.

Por consiguiente:

$$P_0(DPA_0) = \frac{b\, \Delta + a\, DPA_0}{1 - b} + \frac{a\, b\, \Delta}{(1-b)^2} = \frac{DPA_0}{Ke} + \left[\frac{1}{Ke} + \frac{1}{Ke^2}\right] p_u\, \Delta$$

Anexo 5.4. Demostración de la fórmula del valor de la acción en el modelo binomial geométrico

El dividendo de cada año es:

$$DPA_{t+1} = \begin{array}{ll} DPA_t (1+g) & \text{con probabilidad } p_u \\ DPA_t & \text{con probabilidad } p_c = 1 - p_u \end{array}$$

El precio de la acción en el momento cero (ahora) es:

$$P_0(DPA_0) = p_u \frac{DPA_0(1+g) + P_1(DPA_0(1+g))}{1+Ke} + (1-p_u)\frac{DPA_0 + P_1(DPA_0)}{1+Ke}$$

Como $P_0(DPA_0) = P_1(DPA_0)$, y $P_0(DPA_0(1+g)) = P_1(DPA_0(1+g)) = (1+g) P_0(DPA_0)$, resulta:

$$P_0(DPA_0) = p_u \frac{DPA_0(1+g) + (1+g) P_0(DPA_0)}{1+Ke} + (1-p_u)\frac{DPA_0 + P_0(DPA_0)}{1+Ke}$$

Con lo que resulta:

$$P_0 = \frac{1 + p_u \, g}{Ke - p_u \, g} \, DPA_0$$

Anexo 5.5. Demostración de la fórmula del valor de la acción en el modelo trinomial geométrico

El dividendo de cada año es:

$$DPA_{t+1} = \begin{array}{ll} DPA_t (1+g) & \text{con probabilidad } p_u \\ DPA_t (1-g) & \text{con probabilidad } p_d \\ DPA_t & \text{con probabilidad } p_c = 1 - p_u - p_d \end{array}$$

El precio de la acción en el monento cero (ahora) es:

$$P_0(DPA_0) = p_u \frac{DPA_0(1+g) + P_1(DPA_0(1+g))}{1+Ke} +$$

$$+ p_d \frac{DPA_0(1-g) + P_1(DPA_0(1-g))}{1+Ke} +$$

$$+ (1 - p_u - p_d)\frac{DPA_0 + P_1(DPA_0)}{1+Ke}$$

Teniendo en cuenta que:

$P_0(DPA_0) = P_1(DPA_0)$,
$P_0(DPA_0(1+g)) = P_1(DPA_0(1+g)) = (1+g)\,P_0(DPA_0)$, y
$P_0(DPA_0(1-g)) = P_1(DPA_0(1-g)) = (1-g)\,P_0(DPA_0)$,

resulta:

$$P_0(DPA_0) = p_u \frac{DPA_0(1+g) + (1+g)P_0(DPA_0)}{1+Ke} +$$

$$+ p_d \frac{DPA_0(1-g) + (1-g)P_0(DPA_0)}{1+Ke} +$$

$$+ (1 - p_u - p_d)\frac{DPA_0 + P_0(DPA_0)}{1+Ke}$$

Por consiguiente:

$$P_0 = \frac{1 + (p_u - p_d)g}{Ke - (p_u - p_d)g}\, DPA_0$$

Anexo 5.6. Error cometido con la aproximación del precio de la acción cuyos dividendos crecen con dos tasas distintas

Error cometido al utilizar la aproximación:

$$P_0 = \frac{DPA_0}{Ke - g_n}\left[(1 + g_n) + n\ (g - g_n)\right]$$

en lugar de la fórmula exacta:

$$P_0 = \frac{DPA_1}{Ke - g}\left[1 - \left(\frac{1 + g}{1 + Ke}\right)^{n-1}\left(\frac{g - g_n}{Ke - g_n}\right)\right]$$

Error = (Valor aproximado – valor exacto) / valor exacto. (Ke = 12%)

g	g_n	n = 2	n = 3	n = 4	n = 5	n = 6	n = 7	n = 8	n = 9	n = 10
11%	5%	0,0%	0,1%	0,2%	0,4%	0,6%	0,8%	1,0%	1,2%	1,4%
10%	5%	0,1%	0,2%	0,4%	0,7%	1,0%	1,3%	1,7%	2,1%	2,5%
9%	5%	0,1%	0,3%	0,5%	0,8%	1,2%	1,6%	2,1%	2,6%	3,2%
8%	5%	0,1%	0,3%	0,5%	0,9%	1,3%	1,7%	2,2%	2,8%	3,4%
7%	5%	0,1%	0,2%	0,5%	0,7%	1,1%	1,5%	1,9%	2,4%	2,9%
6%	5%	0,1%	0,1%	0,3%	0,5%	0,7%	0,9%	1,2%	1,5%	1,9%
5%	5%	0,0%	0,0%	0,0%	0,0%	0,0%	0,0%	0,0%	0,0%	0,0%
4%	5%	-0,1%	-0,2%	-0,4%	-0,7%	-1,0%	-1,3%	-1,8%	-2,2%	-2,7%
3%	5%	-0,2%	-0,5%	-0,9%	-1,5%	-2,3%	-3,1%	-4,1%	-5,3%	-6,5%
2%	5%	-0,3%	-0,8%	-1,6%	-2,6%	-3,9%	-5,5%	-7,2%	-9,2%	-11,3%
1%	5%	-0,4%	-1,2%	-2,4%	-4,0%	-6,0%	-8,4%	-11,1%	-14,1%	-17,5%
0%	5%	-0,6%	-1,7%	-3,4%	-5,7%	-8,5%	-11,9%	-15,8%	-20,2%	-25,0%
8%	1%	0,2%	0,6%	1,1%	1,8%	2,6%	3,4%	4,3%	5,3%	6,4%
8%	2%	0,2%	0,5%	1,0%	1,6%	2,3%	3,0%	3,9%	4,8%	5,7%
8%	3%	0,2%	0,5%	0,9%	1,4%	2,0%	2,6%	3,4%	4,2%	5,0%
8%	4%	0,1%	0,4%	0,7%	1,1%	1,6%	2,2%	2,8%	3,5%	4,2%
8%	5%	0,1%	0,3%	0,5%	0,9%	1,3%	1,7%	2,2%	2,8%	3,4%
8%	6%	0,1%	0,2%	0,4%	0,6%	0,9%	1,2%	1,6%	1,9%	2,4%
8%	7%	0,0%	0,1%	0,2%	0,3%	0,5%	0,6%	0,8%	1,0%	1,3%
8%	8%	0,0%	0,0%	0,0%	0,0%	0,0%	0,0%	0,0%	0,0%	0,0%
8%	9%	0,0%	-0,1%	-0,2%	-0,3%	-0,5%	-0,7%	-0,9%	-1,2%	-1,5%
8%	10%	-0,1%	-0,2%	-0,4%	-0,7%	-1,0%	-1,5%	-1,9%	-2,5%	-3,1%
8%	11%	-0,1%	-0,3%	-0,6%	-1,1%	-1,6%	-2,3%	-3,1%	-4,1%	-5,1%

Anexo 5.7. Error cometido con la aproximación del precio de la acción realizado con el modelo H

Error cometido al utilizar la aproximación:

$$P_0 = \frac{DPA_0 \, (1 + g_n)}{Ke - g_n} + \frac{DPA_0 \, H \, (g_i - g_n)}{Ke - g_n}$$

en lugar de la fórmula exacta:

$$P_0 = \sum_{t=1}^{2H} \frac{DPA_{t-1} \left(1 + g_i - \left[\dfrac{(t-1)\,(g_i - g_n)}{(2H-1)}\right]\right)}{(1 + Ke)^t} + \frac{DPA_{2H} \, (1 + g_n)}{(Ke - g_n)\,(1 + Ke)^{2H}}$$

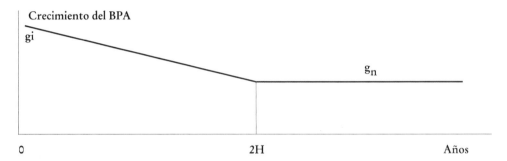

Error = (Valor aproximado – valor exacto) / valor exacto. (Ke = 12%)

g_i	g_n	H = 1	H = 2	H = 3	H = 4	H = 5	H = 6	H = 7
15%	4%	0,0%	-0,2%	-0,4%	-0,5%	-0,7%	-0,9%	-1,0%
14%	4%	0,0%	-0,1%	-0,1%	-0,1%	0,0%	0,0%	0,1%
13%	4%	0,0%	0,0%	0,1%	0,3%	0,5%	0,8%	1,2%
12%	4%	0,0%	0,1%	0,3%	0,6%	1,0%	1,5%	2,0%
11%	4%	0,0%	0,1%	0,4%	0,8%	1,4%	2,0%	2,7%
10%	4%	0,0%	0,2%	0,5%	1,0%	1,6%	2,3%	3,1%
8%	4%	0,0%	0,2%	0,6%	1,1%	1,7%	2,5%	3,3%
6%	4%	0,0%	0,1%	0,4%	0,8%	1,2%	1,8%	2,4%
4%	4%	0,0%	0,0%	0,0%	0,0%	0,0%	0,0%	0,0%
2%	4%	0,0%	-0,2%	-0,7%	-1,3%	-2,1%	-3,0%	-4,1%
1%	4%	0,0%	-0,4%	-1,1%	-2,1%	-3,5%	-5,1%	-6,9%

0%	4%	0,0%	-0,6%	-1,6%	-3,2%	-5,1%	-7,5%	-10,3%
-2%	4%	0,0%	-1,0%	-2,9%	-5,7%	-9,3%	-13,8%	-18,9%
-4%	4%	0,0%	-1,6%	-4,6%	-9,1%	-14,9%	-22,1%	-30,5%
-5%	4%	0,0%	-1,9%	-5,6%	-11,1%	-18,3%	-27,1%	-37,5%
4%	11%	0,0%	-0,6%	-1,8%	-3,7%	-6,2%	-9,6%	-13,8%
4%	10%	0,0%	-0,5%	-1,6%	-3,1%	-5,3%	-8,0%	-11,4%
4%	8%	0,0%	-0,4%	-1,0%	-2,1%	-3,4%	-5,1%	-7,1%
4%	6%	0,0%	-0,2%	-0,5%	-1,0%	-1,7%	-2,4%	-3,3%
4%	4%	0,0%	0,0%	0,0%	0,0%	0,0%	0,0%	0,0%
4%	2%	0,0%	0,2%	0,5%	1,0%	1,6%	2,3%	3,1%
4%	0%	0,0%	0,4%	1,0%	2,0%	3,1%	4,4%	5,9%
4%	-2%	0,0%	0,5%	1,6%	2,9%	4,6%	6,5%	8,6%
4%	-4%	0,0%	0,7%	2,1%	3,9%	6,1%	8,5%	11,1%
4%	-6%	0,0%	0,9%	2,6%	4,8%	7,5%	10,4%	13,5%
4%	-8%	0,0%	1,1%	3,1%	5,8%	8,8%	12,2%	15,8%

Resumen

El valor de una acción, para un inversor que desea mantenerla un tiempo determinado o bien indefinidamente, se puede calcular como el valor actual de los dividendos esperados para el futuro, descontados a la rentabilidad exigida a las acciones.

En el caso de una empresa cuyos dividendos crezcan un porcentaje fijo todos los años, el precio de la acción se puede obtener de una forma más sencilla utilizando la fórmula de Gordon y Shapiro: $P = DPA_1 / (Ke - g)$

En función de la tasa de crecimiento de los dividendos o de la probabilidad que se asigne a cada tasa, existen además otros modelos a partir de los cuales se obtienen distintas fórmulas para el cálculo del valor de la acción.

Conceptos clave

Dividendos
Dividendos por acción (DPA)
Rentabilidad exigida a las acciones (Ke)
Crecimiento (g)
Precio de la acción (P)

Capítulo 6

Influencia de los tipos de interés en la valoración

Los tipos de interés tienen mucha relación con el precio de las acciones. La experiencia de todos los inversores muestra que, en general, cuando los tipos de interés descienden los precios de las acciones suben y viceversa.

En este capítulo comenzamos observando la evolución de los tipos de interés en los últimos años en España y en otros países. A continuación se presenta la evolución de los tipos de interés con distintos plazos. Después se muestra la relación entre la evolución de los tipos y la del IBEX 35 y la relación de los tipos con el PER. También se muestra la vinculación entre los tipos y la rentabilidad por dividendos de las acciones.

En España, el Estado emite bonos a 3 años desde 1982, bonos a 10 años desde febrero de 1989 y obligaciones a 15 años desde noviembre de 1993.

6.1. Evolución de los tipos de interés

La figura 6.1 representa la evolución de los tipos de interés de los bonos del Estado en España a 3 años, EE. UU., Japón y Alemania. Se puede observar como los tipos de interés en España han sido sustancialmente más elevados a los del resto de los países. Los tipos de interés en España descendieron fuertemente desde los niveles del 14% a finales de 1992, hasta niveles del 8%, a principios de 1994.

Posteriormente hasta marzo de 1995 los tipos de interés subieron para situarse otra vez a niveles del 12% y, a partir de marzo de 1995, los tipos de interés en España han ido descendiendo progresivamente hasta situarse en niveles parecidos a los tipos de interés en Alemania y EE. UU. A principios de 1998 los tipos de interés a 3 años en España eran sólo ligeramente superiores al 4%.

La figura 6.2 compara la evolución de los tipos de interés en España con la evolución de los tipos de interés en tres países del entorno europeo: Italia, Francia y Reino Unido. Se observa que los tipos de interés españoles han sido similares a los italianos y ligeramente superiores a los tipos de interés en Francia y en el Reino Unido. También se puede observar como, a partir de los primeros meses de 1995, los tipos de interés han descendido tanto en Italia como en Francia manteniéndose relativamente constantes en el Reino Unido.

Figura 6.1. Evolución de los tipos de interés a 3 años en España, EE. UU., Japón y Alemania. (Rentabilidad de los bonos del Estado a tres años).
Fuente: Banco de España

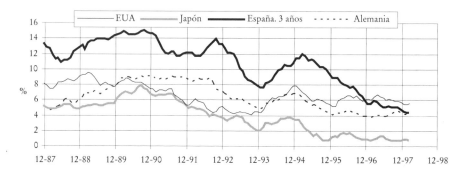

Figura 6.2. Evolución de los tipos de interés a 3 años en España, Italia, Francia y Reino Unido. (Rentabilidad de los bonos del Estado a tres años).
Fuente: Banco de España

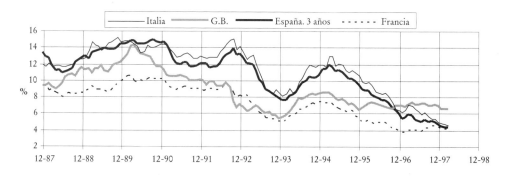

6.2. Tipos de interés a distintos plazos (curva de tipos)

En este apartado vamos a hablar de la curva de tipos de interés que no es más que hablar de los tipos de interés existentes en España a distintos plazos. La figura 6.3 muestra la evolución de los tipos de interés en España a 3 plazos distintos: un tipo de interés a muy corto plazo que es el MIBOR a un mes, un tipo de interés a medio plazo que es el correspondiente a los bonos del Estado a 3 años y un tipo de interés a largo plazo que es el correspondiente a los bonos del Estado a diez años. La figura permite observar como todos estos tipos se mueven de modo uniforme, aunque se mantienen diferencias entre ellos.

Así por ejemplo, hasta principios de 1994 el MIBOR a un mes fue superior a la rentabilidad de los bonos del Estado a 3 años y de los bonos del Estado a 10 años. A partir de los primeros meses de 1994 el tipo de interés a 10 años fue superior a los tipos a 3 años y a un mes. En todas las figuras se comprueba lo que hemos visto anteriormente, es decir, a partir de marzo de 1995 los tipos de interés a 3 años y a 10 años iniciaron un descenso vertiginoso desde los niveles del 12% hasta situarse alrededor del 4% y 5%. Es interesante comprobar que el descenso del MIBOR empezó un poco más tarde, a finales de año 1995.

Figura 6.3. Evolución de los tipos de interés en España a 1 mes, 3 y 10 años (MIBOR y rentabilidad de los bonos del Estado a 3 y 10 años).
Fuente: Banco de España

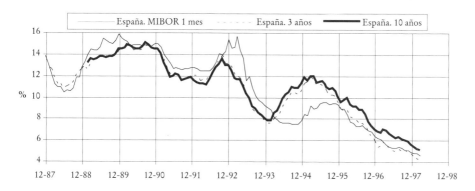

La figura 6.4 muestra la evolución de lo que se suele llamar propiamente la curva de los tipos de interés, en España. La figura describe los cambios ocurridos en la curva de los tipos de interés en España desde diciembre de 1992 hasta enero de 1998. En la figura se puede observar como en diciembre de 1992 todavía los tipos correspon-

Figura 6.4. Evolución de la curva de tipos de interés en España.
Fuente: Banco de España

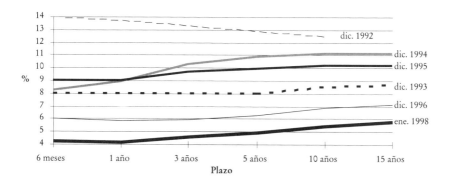

dientes a plazos más largos eran inferiores a los tipos correspondientes a plazos más cortos.

A partir de entonces, en todos los casos los tipos de interés a más largo plazo han sido superiores a los tipos de interés a un plazo menor. La figura permite observar como entre diciembre 1992 y diciembre 1993 se produjo un acusado descenso de los tipos de interés para luego repuntar en 1994, disminuir (los tipos de interés a largo plazo) en diciembre de 1995, descender aún más en 1996 y disminuir todavía más en enero de 1998.

6.3. Relación de los tipos de interés con los precios de las acciones

La figura 6.5 permite observar la relación entre los precios de las acciones (el nivel del IBEX 35) y los tipos de interés en España. Es interesante observar la correlación que existe entre ambas curvas. Así por ejemplo entre finales de 1992 y principios de 1994 en que los tipos de interés descendieron del 14% al 8%, se observa que el nivel del IBEX 35 subió desde un nivel de 2.000 a 4.000 puntos. Con la posterior subida de tipos de interés entre marzo 1994 y abril de 1995 en que los tipos de interés a 3 años llegaron de nuevo al 12%, se produjo un descenso del nivel del IBEX 35 hasta llegar a menos de 3.000 puntos. El posterior descenso de los tipos de interés a partir de abril de 1995 se ha visto acompañado por un notable ascenso en el nivel del IBEX 35 que ha superado el nivel 10.000 en marzo de 1998. Por consiguiente, se observa claramente que cuando bajan los tipos de interés el precio de las acciones sube, y cuando los tipos de interés ascienden el precio de las acciones desciende.

Figura 6.5. Evolución de los tipos de interés a 3 años en España y el IBEX 35.

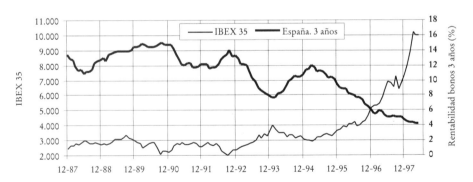

La figura 6.6 muestra la relación entre los tipos de interés a 10 años y la cotización de dos acciones: Telefónica y Endesa. Se observa de nuevo como la subida de los tipos de interés entre febrero de 1994 y abril de 1995 se vio acompañada por un ligero descenso de las cotizaciones de ambas empresas, mientras que el posterior descenso de los tipos de interés se vio acompañado por un ascenso notable en el precio de ambas acciones.

Figura 6.6. Evolución de los tipos de interés a 10 años en España y de la cotización de Telefónica y Endesa.

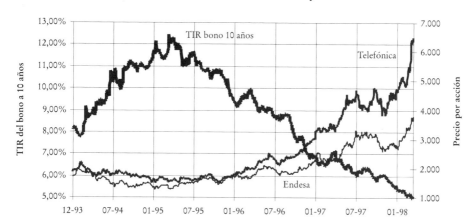

6.4. Relación de los tipos de interés con el PER

Ya vimos en la figura 2.3 que cuando los tipos de interés descienden el PER normalmente aumenta y viceversa.

La figura 6.7 muestra la relación entre el inverso del PER de la bolsa española y el tipo de interés en España de los bonos a 3 años. Se observa de nuevo un fuerte paralelismo entre el inverso del PER y los tipos de interés. Esta relación es lógica ya que el PER es el precio por acción dividido por el beneficio por acción, y el inverso del PER es el beneficio por acción dividido por el precio de la acción, y ya vimos anteriormente que los precios (tanto de Endesa como Telefónica y del IBEX 35) y los tipos de interés siguen una relación muy estrecha.

Figura 6.7. Evolución de los tipos de interés y del inverso del PER de la bolsa en España.

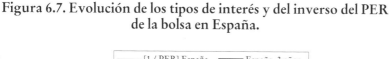

La figura 6.8 muestra la relación entre los tipos de interés a 3 años y el PER. Obsérvese como existe una relación inversa: en general, cuanto mayores son los tipos de interés menor es el PER y viceversa, aunque esta relación no es exacta. Esto quiere decir que no sólo los tipos de interés afectan al PER y al precio de las acciones sino que hay otros factores que también influyen en el valor del PER y en la cotización.

Figura 6.8. Relación entre los tipos de interés y el PER de la bolsa en España. (1991-1997)

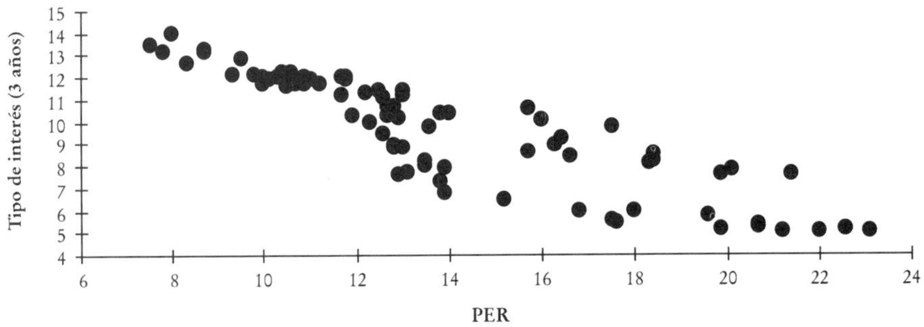

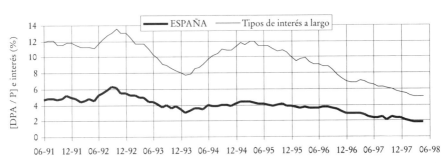

6.5. Relación de los tipos de interés con la rentabilidad por dividendos de las acciones

La figura 6.9 muestra la relación entre la rentabilidad por dividendos de las acciones en la bolsa española y los tipos de interés a 10 años. De nuevo se observa un fuerte paralelismo y cómo la rentabilidad por dividendos siempre es inferior a la rentabilidad de los bonos del Tesoro a 10 años.

Figura 6.9. Evolución de los tipos de interés y de la rentabilidad por dividendos de la bolsa española.

La figura 6.10 muestra la evolución de los tipos de interés a 10 años en España y la rentabilidad por dividendos de Telefónica y Endesa. De nuevo se observa como la rentabilidad por dividendos y la TIR del bono a 10 años guardan una estrecha relación. La figura también nos muestra que siempre la rentabilidad por dividendos ha sido inferior a la rentabilidad de los bonos del Estado.

Las figuras 6.9 y 6.10 permiten afirmar que, en general, nunca compensa comprar acciones únicamente por los dividendos, ya que la rentabilidad por dividendos es inferior a la rentabilidad de la deuda pública a 10 años. Un inversor que compre acciones necesariamente ha de esperar una revalorización del precio de las mismas, ya que los dividendos exclusivamente considerados suponen una rentabilidad inferior a la que obtendría el inversor si pusiese su dinero en deuda pública.

Figura 6.10. Evolución de los tipos de interés y de la rentabilidad por dividendos de Endesa y Telefónica.

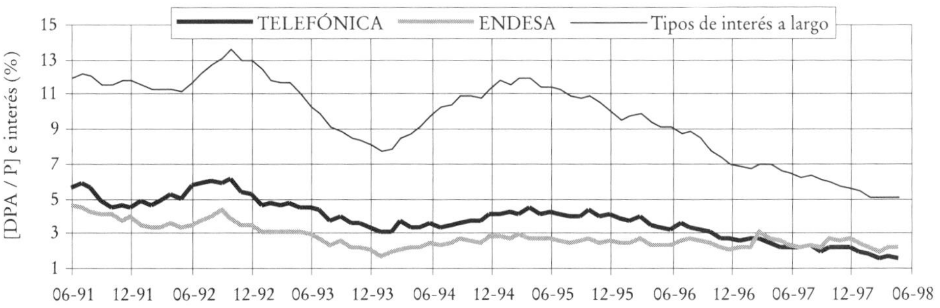

6.6. Duración de una acción

La duración de una acción es un parámetro que mide la sensibilidad del precio a cambios en el tipo de interés.[1] Así, una duración de 8 años significa que si los tipos de interés aumentan un 1% (por ejemplo, de 6% a 7%) el precio de la acción desciende un 8%. Análogamente, que si los tipos de interés descienden un 1% (por ejemplo, de 6% a 5%) el precio de la acción aumenta un 8%.

La figura 6.11 muestra la duración del IBEX 35 a lo largo de los últimos años. Es un parámetro muy variable en el tiempo y depende de qué tipo de interés utilicemos para medirlo.[2]

Santomá y Sebastián (1997) reportan una duración del IBEX 35 de 3,33 años entre 1992 y 1994. Para ello utilizan deuda pública con vencimiento entre 6 y 10 años y tipos de interés diarios.

---

1. El concepto de duración se utiliza mucho en el análisis de bonos. En el capítulo 23 se desarrolla ampliamente este concepto.

2. El modo más sencillo de calcular la duración es mediante una regresión entre la rentabilidad del índice y la variación de los tipos de interés:

$\Delta P / P = a +$ duración $\Delta R / (1 + R)$, donde P es el precio, ΔP es la variación del precio y R es el tipo de interés a y duración son los parámetros que se obtienen en la regresión.

Figura 6.11. Duración del IBEX 35. Calculada con rentabilidades mensuales de los dos últimos años.

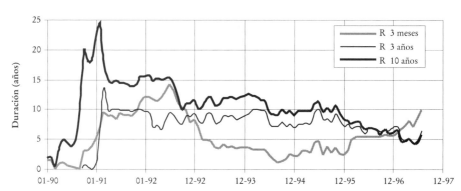

La figura 6.12 muestra la duración del IBEX 35 en el periodo comprendido entre enero de 1995 y marzo de 1998 calculada con datos diarios, datos semanales y datos mensuales. La figura permite ver cómo la duración con datos mensuales siempre es superior a la calculada con datos diarios y casi siempre superior a la calculada con datos semanales. Se observa que, a lo largo de 1995 y 1996, la duración con datos diarios estuvo comprendida entre 2 y 4 años mientras que la duración con datos mensuales se situó alrededor de 8 años.

En los últimos meses de 1997 y primeros meses de 1998 la duración con datos mensuales creció sustancialmente para situarse entre 11 y 16 años. Este aumento de la duración es conforme a la teoría: la duración de un bono aumenta cuando los tipos de interés descienden.

Figura 6.12. Duración del IBEX 35. Calculada con rentabilidades diarias, semanales y mensuales del último año respecto a la TIR del bono a 10 años.

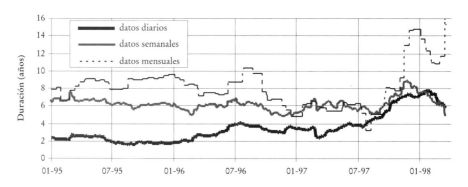

La figura 6.13 muestra la duración de Endesa calculada con datos diarios semanales y mensuales respecto al tipo de interés del bono a 10 años. Se observa la gran diferencia entre la duración calculada con datos mensuales y calculada con datos diarios. Es de especial interés lo que sucede con la duración a partir de mediados de 1997 en que la duración con datos semanales y mensuales desciende considerablemente hasta situarse por debajo de la duración calculada con datos diarios. Esto se ve afectado por el hecho de que Endesa es una empresa eléctrica y los precios de venta fueron regulados, de modo que los precios efectivos de venta disminuirían en 1998 y 1999, razón por la que el precio de la acción de Endesa ha aumentado mucho menos que otras cotizaciones, como por ejemplo la de Telefónica, cuya duración aparece en la figura 6.14.

Como puede verse, en el caso de Telefónica la evolución es distinta. La duración calculada tanto con datos mensuales, semanales como diarios aumenta en la segunda mitad de 1997 y primeros meses de 1998.

Figura 6.13. Duración de Endesa. Calculada con rentabilidades diarias, semanales y mensuales del último año respecto a la TIR del bono a 10 años.

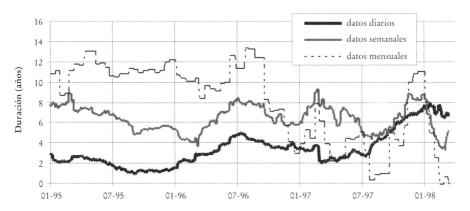

Figura 6.14. Duración de Telefónica. Calculada con rentabilidades diarias, semanales y mensuales del último año respecto a la TIR del bono a 10 años.

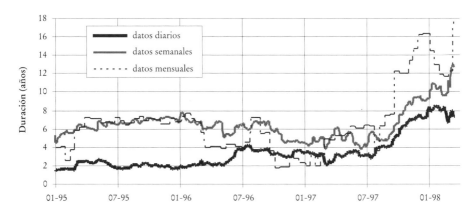

La figura 6.15 muestra la comparación de la duración de IBEX 35 de Endesa y de Telefónica calculada utilizando rentabilidades diarias de los últimos 6 meses. La diferencia entre esta gráfica y las pasadas, es que en las anteriores se calculaba la duración con datos del último año. En este caso puede verse que todas las duraciones siguen líneas muy paralelas y que, a partir de enero 1998, la duración del IBEX 35 de Endesa y de Telefónica han descendido vertiginosamente.

Figura 6.15. Duración del IBEX 35, de Endesa y de Telefónica. Calculada con rentabilidades diarias de los seis últimos meses, respecto a la TIR del bono a 10 años.

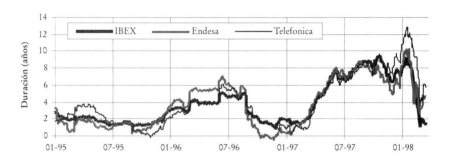

A partir de Gordon y Shapiro, algunos concluyen que la duración modificada de una acción debe ser[3] $1/(Ke - g)$. Pero el crecimiento futuro de los dividendos también se ve afectado por las variaciones en los tipos de interés. Y si los tipos de interés aumentan un 1%, Ke normalmente aumenta más de un 1%.

Leibowitz y Kogelman (1993) dan solución a una paradoja: mientras, según muchos autores, la duración de las acciones debería estar entre 7 y 20 años, las duraciones calculadas empíricamente se sitúan entre 2 y 6 años. Al lector interesado en la duración de la renta variable, le recomendamos este artículo que ayuda mucho a comprender este concepto.

6.7. Relación entre la rentabilidad del IBEX 35 y la variación de los tipos de interés

La figura 6.16 muestra la correlación entre la rentabilidad del IBEX 35 y la variación en el bono a 10 años. La correlación es negativa ya que cuando los tipos de interés ascienden la rentabilidad del IBEX 35 suele ser negativa y cuando los tipos de interés descienden la rentabilidad del IBEX 35 suele ser positiva. Se observa como la correlación utilizando datos diarios es sensiblemente inferior a la correlación utilizando datos semanales y datos mensuales.

---

3. Véase, por ejemplo, Adserá y Viñolas (1997). Esto se basa en suponer $\partial P / \partial Ke = - DPA /(Ke - g)^2$

La correlación es un parámetro muy interesante puesto que nos permite conocer qué porcentaje de la rentabilidad del IBEX 35 se debe a cambios en los tipos de interés. Así por ejemplo, una correlación del – 20% (R = 0,2) implica que su cuadrado (R^2) es 0,04. Esto indica que las variaciones en tipos de interés explican el 4% de la rentabilidad del IBEX 35. Análogamente una correlación del – 40% significa que las variaciones en el tipo de interés explican un 16% de la rentabilidad del IBEX 35. A lo largo de 1995, la correlación utilizando datos mensuales estuvo situada alrededor del – 90%. Esto significa que utilizando datos mensuales las variaciones en los tipos de interés explicaron aproximadamente el 81% de la rentabilidad del IBEX 35.

Figura 6.16. Correlación (con datos diarios, semanales y mensuales del último año) entre la rentabilidad del IBEX 35 y la variación de la TIR del bono a 10 años.

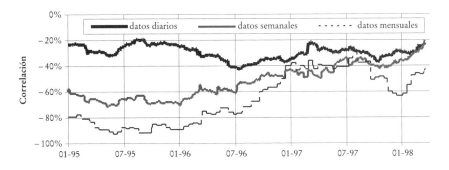

La figura 6.17 muestra de nuevo la correlación entre la rentabilidad del IBEX 35 y la variación de los tipos de interés, pero a diferencia de la figura 6.16, en este caso se

Figura 6.17. Correlación (con datos mensuales del último año) entre la rentabilidad del IBEX 35 y la variación de los tipos de interés (ΔIBEX / IBEX y ΔR).

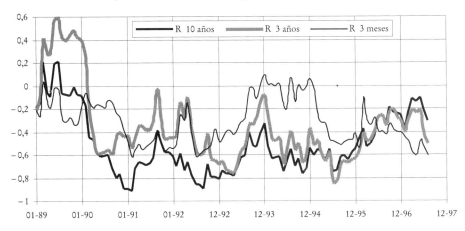

utilizan siempre datos mensuales y muestran la correlación con tipos de interés a distintos plazos. En primer lugar es interesante observar como, a lo largo del año 1989, la correlación fue positiva lo cual significa que, en media, cuando los tipos de interés subían, la cotización también subía y viceversa. A partir de entonces se obtienen unas correlaciones más lógicas, esto es, negativas. La figura también permite observar como la correlación entre la rentabilidad del IBEX 35 y las variaciones en los tipos de interés es mucho más elevada con los tipos a largo plazo (10 años y 3 años) que con los tipos de interés a corto plazo (3 meses).

6.8. Riesgo y rentabilidad exigida a distintas emisiones de deuda

A lo largo del capítulo hemos utilizado únicamente los tipos de interés sin riesgo esto es, los tipos de interés a distintos plazos en bonos emitidos por los gobiernos. En la figura 6.18 muestra los costes de la deuda según el plazo de la misma y según la calidad de la misma. La línea inferior muestra la rentabilidad de los bonos del gobierno americano para distintos plazos y el resto de las líneas indican el coste de la deuda para empresas según la calificación de su crédito. Las empresas con calificación AAA son aquéllas cuya deuda representa un riesgo mínimo por eso tienen una rentabilidad exigida (coste) solamente algo superior a la de la deuda emitida por el

Figura 6.18. Curva de rentabilidades de la deuda de empresas industriales americanas según su rating y según el plazo. 13 de noviembre de 1997.
Fuente: Standard & Poor's Fixed-Income research

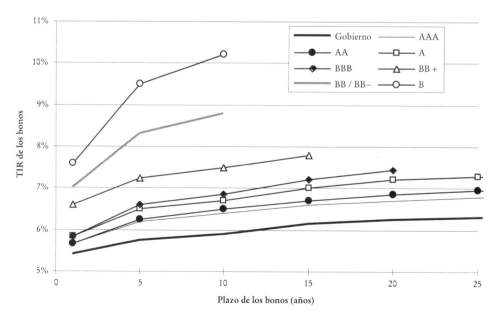

Estado. De la deuda que aparece en la figura 6.18, la de menor calidad es la denominada B y, lógicamente, exige una rentabilidad superior.

Resumen

Cuando bajan los tipos de interés, *ceteris paribus*, la cotización de las acciones y el PER suben y cuando los tipos de interés ascienden, el precio de las acciones y el PER descienden. Históricamente, la relación entre la cotización y los tipos de interés no es exacta, porque existen otros factores que también influyen en el PER y en el precio de las acciones.

La duración, como concepto financiero, de una acción mide la sensibilidad del precio de dicha acción a las variaciones en los tipos de interés.

Un inversor que compre acciones debe esperar una revalorización del precio de las mismas ya que la rentabilidad por dividendos es inferior a la que el inversor lograría si colocase su dinero en deuda pública, siendo su riesgo mayor.

En España, la variación de los tipos de interés nominales en los últimos cinco años (1992-1998) ha sido espectacular. Desde los niveles del 14% de finales de 1992 descendieron al 8% a principios de 1994 y subieron hasta el 12% en marzo de 1995. Desde entonces han ido descendiendo llegando a principios de 1998 a niveles ligeramente superiores al 4%, muy similares a los tipos de Alemania y EE. UU.

Conceptos clave

Tipos de interés
IBEX 35
MIBOR
PER
Dividendo por acción (DPA)
Tasa interna de rentabilidad (TIR)
Duración
Correlación
Calificación

Segunda parte

Valoración de empresas por descuento de flujo de fondos

Capítulo 7

Cash flow y beneficio

Existe una máxima financiera y contable que aunque no es absolutamente cierta, se aproxima mucho a la verdad y conviene recordar: **«el beneficio es sólo una opinión, pero el cash flow es un hecho»**.

7.1. El beneficio es sólo una opinión, pero el cash flow es un hecho

Todavía muchos analistas observan el beneficio como la magnitud clave y única para describir la marcha de la empresa. Según este simple planteamiento, si el beneficio sube, entonces la empresa mejora y si el beneficio baja, entonces la empresa empeora. Se suele decir que una empresa que mostró el año pasado un beneficio mayor «generó más riqueza» para los accionistas que otra con beneficio más reducido. También, según esto, una empresa que presenta beneficios «genera riqueza» y una empresa que presenta pérdidas «destruye valor». Pues bien, todas estas afirmaciones pueden ser falsas.

Otros analistas «depuran» el beneficio y calculan el llamado habitualmente **«cash flow contable»** sumando al beneficio la amortización.[1] Entonces hacen las mismas observaciones del párrafo precedente refiriéndolas al «cash flow», en lugar del beneficio. Por supuesto, también estas afirmaciones pueden ser falsas.

La definición clásica de beneficio (ingresos de un periodo menos los gastos que en ese periodo posibilitaron la obtención de tales ingresos) pese a su simplicidad conceptual, se apoya en una serie de premisas que pretenden identificar qué gastos fueron precisos para obtener los ingresos referidos. No es siempre una labor sencilla y a menudo pasa por la aceptación de cuestiones de criterio. Cuestiones tales como la periodificación de gastos, el tratamiento de la amortización, el cómputo del coste del producto, las previsiones de impagados, etc., pretenden identificar de la mejor forma posible la cantidad de recursos que fue necesario sacrificar en la obtención del ingreso. Si bien este «indicador», una vez aceptadas las premisas utilizadas, puede darnos una información adecuada sobre la marcha de una empresa, es habitual que se

---

1. El Plan General Contable español llama a la suma de beneficio más amortización «fondos generados por las operaciones».

utilice la cifra del beneficio sin un conocimiento total de dichas hipótesis, lo que suele llevar a la confusión.

Otra posibilidad es utilizar una **medida objetiva**, que no esté sujeta a un criterio particular. Se trata de la diferencia entre las entradas y salidas de caja, también llamada flujo de caja o cash flow en sentido estricto: el dinero que ha entrado en la empresa menos el que ha salido. Se utilizan dos definiciones de cash flow en sentido estricto: el **cash flow disponible para las acciones** y el **free cash flow** o cash flow libre. También se utiliza el llamado **capital cash flow**. Sí que podemos, en general, decir que una empresa mejora y que «genera riqueza» para los accionistas cuando ambos cash flows mejoran. En el siguiente apartado veremos las definiciones de estos cash flows.

7.2. Cash flow contable, cash flow disponible para las acciones, free cash flow y capital cash flow

Aunque en la prensa económica aparece con frecuencia la definición de cash flow contable:

> **cash flow contable** = beneficio después de impuestos + amortización

nosotros utilizaremos tres definiciones distintas de cash flow: cash flow disponible para las acciones (CFac), free cash flow (FCF) y capital cash flow (CCF).

Cash flow disponible para las acciones (CFac) es el dinero que queda disponible en la empresa después de impuestos, después de haber cubierto las necesidades de inversión en activos y las necesidades operativas de fondos (NOF) y de haber abonado las cargas financieras, así como de devolver el principal de la deuda y de haber recibido nueva deuda.

El CFac representa el dinero disponible en la empresa para los accionistas, que se destinará a dividendos o a recompra de acciones. El **cash flow disponible para las acciones en un periodo** no es más que la diferencia entre las entradas (cobros)[2] y las salidas (pagos)[3] de dinero en ese periodo.

> **cash flow disponible para las acciones** = cobros – pagos en un periodo

---

2. Las entradas de dinero están compuestas, normalmente, por los cobros a los clientes y los aumentos de deuda financiera.

3. Las salidas de dinero están compuestas, normalmente, por los pagos a empleados, proveedores, acreedores, impuestos... y los pagos de intereses y devolución de deuda financiera.

Al realizar previsiones, el cash flow disponible para las acciones previsto en un periodo tiene que ser igual a los dividendos previstos más la recompra de acciones en ese periodo. Sin embargo, al realizar un análisis histórico de una empresa, esta igualdad no se cumple siempre.

Free cash flow, también llamado flujo de fondos libre, es el flujo de fondos generado por las operaciones después de impuestos, sin tener en cuenta el endeudamiento de la empresa, es decir, sin restar el coste de los intereses para la empresa. Es, por lo tanto, el dinero que queda disponible en la empresa después de haber cubierto las necesidades de inversión en activos y NOF, suponiendo que no existe deuda.

El FCF es el **CFac** de la empresa en el caso de que ésta no tuviera deuda.

Se dice con frecuencia que el FCF representa el dinero generado por la empresa para los suministradores de fondos, es decir, accionistas y deudores.[4] Esto no es cierto, la magnitud que representa el dinero generado por la empresa para accionistas y deudores es el capital cash flow.

> **free cash flow** = cash flow disponible para las acciones si la empresa no tuviera deuda

Capital cash flow es el cash flow disponible para los poseedores de deuda más el cash flow para las acciones. El cash flow para los poseedores de deuda se compone de la suma de los intereses más la devolución de principal (o menos el incremento de principal).

> **capital cash flow** = cash flow disponible para las acciones + cash flow para la deuda

7.3. Cálculo de los cash flows

Cash flow disponible para las acciones (CFac) corresponde con el concepto de flujo de caja. El CFac de un periodo es la diferencia entre todas las entradas de dinero y todas las salidas de dinero (cobros y pagos), en dicho periodo. Por consiguiente, para el cálculo del CFac se procede de la siguiente manera:

---

4. Véase, por ejemplo, Damodaran (1994), página 144.

> Beneficio después de impuestos
> + amortización
> – aumento NOF (activo circulante neto)
> – devolución de la deuda
> + aumento de la deuda
> – aumento de los gastos amortizables
> – inversiones en activo fijo
> + valor contable de los activos retirados o vendidos
> _____
> **CFac** (cash flow disponible para las acciones)

El CFac de un periodo es el aumento de caja (por encima de la caja mínima, cuyo aumento va incluido en el aumento de NOF) durante ese periodo, antes de proceder al reparto de dividendos y a la recompra de acciones.

El **free cash flow o flujo libre de caja** (FCF) es igual al hipotético cash flow disponible para las acciones que habría tenido la empresa si no tuviera deuda en su pasivo. Por consiguiente, para calcular el FCF a partir del beneficio, hemos de realizar las siguientes operaciones:

> Beneficio después de impuestos
> + amortización
> – aumento NOF (activo circulante neto)
> – aumento de los gastos amortizables
> – inversiones en activo fijo
> + intereses $(1 - T)$
> + valor contable de los activos retirados o vendidos
> _____
> **FCF** (free cash flow o cash flow libre)

Teniendo en cuenta los dos cálculos anteriores, se puede comprobar que, en el caso de una perpetuidad, la relación entre el CFac y el FCF es la siguiente:

$$FCF = CFac + I\,(1\text{-}T) - \Delta D$$

En el hipotético caso de que la empresa no tuviera deuda en su pasivo, CFac y FCF coinciden.

El **capital cash flow** (CCF) es el cash flow disponible para todos los poseedores de deuda y acciones. Es el cash flow disponible para las acciones (CFac) más el cash flow que corresponde a los tenedores de deuda (CFd), que es igual a los intereses percibidos por la deuda (I) menos el incremento de principal de la deuda (-ΔD).

$$CCF = CFac + CFd = CFac + I - \Delta D \qquad donde\ I = DKd$$

El siguiente diagrama resume los enfoques de valoración de empresas por descuento de flujos.

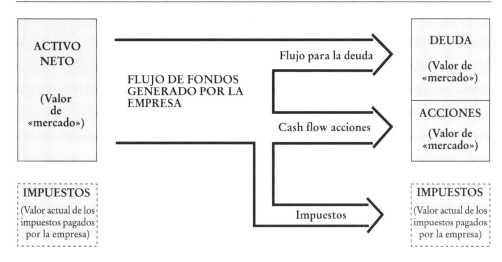

¿Puede una empresa mostrar beneficios y tener cash flows negativos? Por supuesto que sí: basta pensar en las muchas empresas que suspenden pagos tras haber presentado beneficios. A la empresa que mostramos en el siguiente ejemplo le sucede precisamente esto.

Otro diagrama que permite visualizar la diferencia entre los distintos flujos es el siguiente:[5]

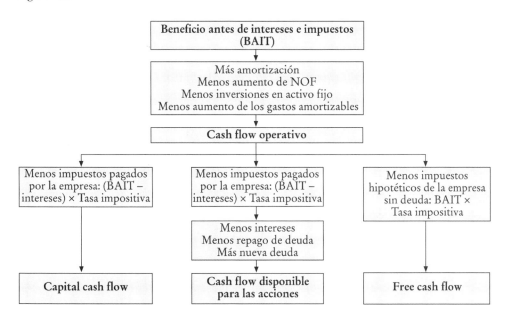

---

5. Para una empresa sin beneficios extraordinarios ni venta de activos.

7.4. Una empresa con beneficio positivo y cash flows negativos

Para concretar lo anterior, aportamos un ejemplo en las 5 tablas que se añaden a continuación. La tabla 7.1 muestra las cuentas de resultados de una empresa comercial en fuerte crecimiento de ventas y también de beneficios. La tabla 7.2 muestra los balances de la empresa. La tabla 7.3 muestra cómo –a pesar de que la empresa genera beneficios crecientes– el cash flow libre es negativo, y cada año más negativo. El cash flow disponible para las acciones es también negativo. La tabla 7.4 muestra otra manera de explicar por qué el cash flow libre es negativo: porque los cobros derivados del negocio fueron inferiores a los pagos. Finalmente, la tabla 7.5 proporciona algunos ratios y otras informaciones adicionales.

Tabla 7.1. FAUSSA. Cuentas de resultados. (millones de pesetas)

	1994	1995	1996	1997	1998
Ventas netas	2.237	2.694	3.562	4.630	6.019
Coste de ventas	1.578	1.861	2.490	3.236	4.207
Mano de obra	424	511	679	882	1.146
Amortización	25	28	39	34	37
Otros gastos	132	161	220	285	370
Intereses	62	73	81	96	117
Beneficios extraordinarios (venta de activos)		- 15	32		
Impuestos (30%)	4	13	25	29	42
Beneficio neto	12	32	60	68	100

1995: se retiraron activos con valor contable de 15 (activo fijo bruto = 25; amortización acumulada = 10).
1996: se vendieron a fin de año por 60 millones activos con valor contable de 28 (activo fijo bruto = 40; amortización acumulada = 12).

Tabla 7.2. FAUSSA. Balances. (millones de pesetas)

	1994	1995	1996	1997	1998
Caja y bancos	32	28	26	25	25
Cuentas a cobrar- neto	281	329	439	570	742
Stocks	371	429	583	744	968
Activo fijo bruto	307	335	342	375	410
Amort. acumulada	50	68	95	129	166
Activo fijo neto	257	267	247	246	244
TOTAL ACTIVO	941	1.053	1.295	1.585	1.979

(continúa en la página siguiente)

(continuación)

	1994	1995	1996	1997	1998
Crédito bancario	402	462	547	697	867
Impuestos a pagar-hacienda	2	6	12	14	21
Otros gastos a pagar	22	26	36	47	61
Proveedores	190	212	303	372	485
Deudas a largo	95	85	75	65	55
Fondos propios	230	262	322	390	490
TOTAL PASIVO	941	1.053	1.295	1.585	1.979

Tabla 7.3. FAUSSA. Free cash flow, cash flow disponible para acciones, cash flow para la deuda y capital cash flow. (millones de pesetas)

	1995	1996	1997	1998
Beneficio neto	32	60	68	100
+ amortización	28	39	34	37
– compra de activos fijos	53	47	33	35
+ valor contable de activos vendidos	15	28		
– aumento de NOF	76	157	210	262
+ intereses x (1 – 30%)	51	57	67	82
Free cash flow = cash flow libre	– 3	– 20	– 74	– 78
– intereses x (1 – 30%)	51	57	67	82
+ aumento de deuda a corto	60	85	150	170
– disminución de deuda a largo	10	10	10	10
Cash flow disponible para las acciones	– 4	– 2	– 1	0
Intereses	73	81	96	117
+ disminución de deuda a largo	10	10	10	10
– aumento de deuda a corto	60	85	150	170
Cash flow para la deuda	23	6	– 44	– 43
Capital cash flow	19	4	– 45	– 43

**Tabla 7.4. FAUSSA. Cobros y pagos (entradas y salidas de dinero)
Nueva financiación.** (millones de pesetas)

	1995	1996	1997	1998
Entradas de dinero: cobros de clientes	**2.646**	**3.452**	**4.499**	**5.847**
Salidas de dinero de las operaciones ordinarias:				
Pagos a proveedores	1.897	2.553	3.328	4.318
Mano de obra	511	679	882	1.146
Otros gastos	157	210	274	356
Intereses	73	81	96	117
Impuestos	9	19	27	35
Compra de activos fijos	53	47	33	35
Total salidas (pagos)	**2.700**	**3.589**	**4.640**	**6.007**
Entradas – salidas = cobros – pagos	**- 54**	**- 137**	**- 141**	**- 160**
Financiación:				
Más deuda a corto	60	85	150	170
Reducción caja	4	2	1	0
Venta de activos	0	60	0	0
Devolución de deuda a largo	- 10	- 10	- 10	- 10
Fuentes de financiación	**54**	**137**	**141**	**160**

Tabla 7.5. FAUSSA. Ratios

RATIOS	1994	1995	1996	1997	1998
Beneficio neto / ventas	0.5%	1,2%	1,7%	1,5%	1,7%
Beneficio neto / fondos propios (med)	5,4%	13,0%	20,5%	19,1%	22,7%
Endeudamiento	68,4%	67,9%	66,3%	66,6%	65,8%
Días de deudores	45,8	44,6	45,0	45,0	45,0
Días de proveedores	40,3	40,3	41,8	40,0	40,0
Días de stock	85,8	84,1	85,5	84,0	84,0
Ratio de tesorería	5,2%	4,0%	2,9%	2,2%	1,7%
Crecimiento de ventas	27,9%	20,4%	32,2%	30%	30%

7.5. ¿Cuándo el beneficio es un cash flow?

A partir de la fórmula que relaciona el beneficio con el cash flow disponible para las acciones podemos deducir que el beneficio después de impuestos coincide con el cash flow disponible para las acciones cuando los sumandos de la siguiente igualdad, que son de distinto signo, se anulan.

> Cash flow disponible para las acciones =
> beneficio después de impuestos
> + amortización
> – inversiones en activo fijo
> – aumento de NOF (activo circulante neto)
> – devolución deuda
> + aumento deuda
> – aumento gastos amortizables
> + valor contable de activos retirados o vendidos

Un caso particularmente interesante en el que sucede esto es aquél en que la empresa no crece (y mantiene sus cuentas de clientes, inventarios y proveedores constantes), compra activos fijos por un importe idéntico a la amortización, mantiene constante la deuda y solamente retira o vende activos totalmente amortizados. Otro caso en el que esto sucede es el de una empresa que cobra al contado a sus clientes, paga al contado a sus proveedores, no tiene inventarios (estas tres condiciones se pueden resumir en que las necesidades operativas de fondos de esta empresa son cero) y compra activos fijos por un importe idéntico a la amortización.

7.6. ¿Cuándo el cash flow contable es un cash flow?

Siguiendo con el razonamiento del apartado anterior, el cash flow contable es igual al cash flow disponible para las acciones en el caso de una empresa que no crece (y mantiene sus cuentas de clientes, inventarios y proveedores constantes), mantiene constante la deuda, solamente retira o vende activos totalmente amortizados y *no* compra activos fijos. También en el caso de una empresa que cobra al contado a sus clientes, paga al contado a sus proveedores, no tiene inventarios (las necesidades operativas de fondos de esta empresa son cero) y *no* compra activos fijos.

¿Es más útil el cash flow que el beneficio? No es una pregunta que pueda contestarse si previamente no se define quién es el receptor de tal información y qué pretende saber analizando la información. Por otro lado, ambas magnitudes proceden de los mismos estados contables. Pero generalmente sí: el beneficio reportado es uno entre los diversos que pueden darse (una opinión entre muchas), mientras que el cash flow disponible para las acciones o el free cash flow es un hecho: una cifra única.

7.7. Cash flow disponible para las acciones y dividendos

Ya hemos comentado que al realizar proyecciones el cash flow disponible para las acciones ha de coincidir con los dividendos previstos. Al hacer proyecciones, los dividendos previstos deben coincidir exactamente con el cash flow para las acciones, porque si no, estaremos haciendo hipótesis acerca de en qué se emplea la parte de los flujos para las acciones que no son dividendos (caja, inversiones, devolución de deuda...) y habría que haberlos restado previamente de los flujos para las acciones.

El reparto de dividendos en forma de acciones no se refleja como cash flow porque no lo es: el accionista que recibe acciones, pasa a tener más acciones con menor valor, pero el mismo valor total.

Veamos un ejemplo. Las tablas 7.6 y 7.7 contienen las cuentas de resultados y los balances previstos para la empresa SANTOMASA, que se prevé instalar a finales de 1999. La inversión inicial es de 64 millones de euros, que se financian con deuda a largo plazo y acciones al 50%. La empresa tiene previsto no repartir dividendos el año 2000 para así requerir menor financiación a medio plazo para financiar sus necesidades operativas de fondos.

Tabla 7.6. Cuentas de resultados previstas de SANTOMASA.
(miles de euros)

Año	1999	2000	2001	2002	2003
Ventas		110.275	170.367	170.367	192.288
Coste de mercancías vendidas		75.417	116.456	116.456	137.810
Personal		10.735	10.950	10.950	11.169
Fletes y embalajes		2.381	3.672	3.672	3.621
Amortización		4.141	4.381	4.381	4.478
Otros gastos		7.151	3.200	3.200	3.264
Intereses		1.920	2.356	2.356	2.356
Beneficio antes de impuestos		8.530	29.352	29.352	29.590
Impuestos		2.730	9.686	9.686	10.356
Beneficio neto		**5.801**	**19.666**	**19.666**	**19.233**
Dividendos		0	**18.388**	**19.666**	**8.817**
A reservas		5.801	1.278	0	10.417

Tabla 7.7. Balances previstos de SANTOMASA. (miles de euros)

Activo		1999	2000	2001	2002	2003
Caja y bancos		1.000	1.103	1.704	1.704	1.923
Cuentas a cobrar			18.788	21.471	21.471	24.234
Stocks		6.300	14.729	14.729	14.729	16.335
	Terrenos	*14.200*	*14.200*	*14.200*	*14.200*	*14.200*
	Edificio	*10.500*	*10.500*	*16.500*	*16.500*	*16.500*
	Maquinaria	*32.000*	*32.000*	*32.000*	*36.381*	*41.381*
Amortización acumulada		0	4.141	8.522	12.903	17.381
Activo fijo neto		56.700	52.559	54.178	54.178	54.700
Total activo		**64.000**	**87.179**	**92.082**	**92.082**	**97.191**

Pasivo

	1999	2000	2001	2002	2003
Proveedores		9.195	10.502	10.502	12.244
Impuestos a pagar		910	3.229	3.229	3.452
Deuda financiera a medio plazo	0	7.273	7.273	7.273	0
Deuda financiera a largo plazo	32.000	32.000	32.000	32.000	32.000
Capital	32.000	32.000	32.000	32.000	32.000
Reservas	0	5.801	7.078	7.078	17.495
Total pasivo	**64.000**	**87.179**	**92.082**	**92.082**	**97.191**

La tabla 7.8 muestra los distintos cash flows de la empresa. Puede comprobarse que el cash flow disponible para las acciones coincide con los dividendos previstos.

También puede comprobarse otra afirmación realizada en el apartado 7.5. Como en el año 2002 la empresa a) no crece (idéntica cuenta de resultados que en el año 2001); b) mantiene constantes sus necesidades operativas de fondos; c) mantiene constante su deuda financiera; y d) compra activos fijos por un importe idéntico a la amortización, resulta que el beneficio previsto del año 2002 es idéntico al cash flow disponible para las acciones previsto (y a los dividendos previstos).

Tabla 7.8. Cash flows previstos de SANTOMASA. (miles de euros)

Año	1999	2000	2001	2002	2003
Beneficio neto	0	5.801	19.666	19.666	19.233
+ amortización	0	4.141	4.381	4.381	4.478
- Δ NOF	7.300	17.214	-341	0	2.622
- Δ Activos fijos	56.700	0	6.000	4.381	5.000
+ Δ Deuda financiera a corto	0	7.273	0	0	-7.273
+ Δ Deuda financiera a largo	32.000	0	0	0	0
Flujo disponible para las acciones	**-32.000**	**0**	**18.388**	**19.666**	**8.817**
- Δ Deuda financiera a corto	0	7.273	0	0	-7.273
- Δ Deuda financiera a largo	32.000	0	0	0	0
+ Intereses (1-T)	0	1.248	1.532	1.532	1.532
Free cash flow	**-64.000**	**-6.025**	**19.920**	**21.197**	**17.621**
Cash flow contable	0	9.942	24.047	24.047	23.711
Flujo para la deuda	-32.000	-5.353	2.356	2.356	9.629
Capital cash flow	-64.000	-5.353	20.744	22.022	18.446
Dividendos		0	18.388	19.666	8.817

Resumen

El beneficio de una empresa es un dato arbitrario supuestas determinadas hipótesis de contabilización de gastos e ingresos. Por el contrario, el cash flow es una medida objetiva, una cifra única no sometida a un criterio particular.

En general, para estudiar el estado de una empresa, es más útil manejar el cash flow (CFac, FCF o CCF) ya que se trata de una cifra única. Por el contrario, el beneficio es uno de los varios que se pueden obtener en función de los criterios que se tengan en cuenta.

El beneficio después de impuestos coincide con el cash flow disponible para las acciones cuando la empresa no crece (y mantiene sus cuentas de clientes, inventarios y proveedores constantes), compra activos fijos por un importe idéntico a la amortización, mantiene constante la deuda y solamente retira o vende activos totalmente amortizados.

El beneficio después de impuestos también coincide con el cash flow disponible para las acciones cuando la empresa cobra al contado, paga al contado, no tiene inventarios (las necesidades operativas de fondos de esta empresa son cero) y compra activos fijos por un importe idéntico a la amortización.

El cash flow contable es igual al cash flow disponible para las acciones en el caso de una empresa que no crece (y mantiene sus cuentas de clientes, inventarios y proveedores constantes), mantiene constante la deuda, solamente retira o vende activos totalmente amortizados y *no* compra activos fijos.

Al hacer proyecciones, los dividendos previstos deben coincidir exactamente con el cash flow disponible para las acciones.

Conceptos clave

Beneficio
Cash flow contable
Cash flow disponible para las acciones (CFac)
Free cash flow (FCF)
Capital cash flow (CCF)
Cash flow disponible para la deuda (CFd)
Amortización
Necesidades operativas de fondos (NOF)

Capítulo 8

Ejemplos sencillos de valoración de empresas por descuento de distintos flujos

Vamos a ver, con cuatro ejemplos, la coincidencia en la valoración de una empresa al utilizar cualquiera de los cuatro métodos de descuento de cash flow. Los ejemplos también permiten comprobar la influencia del apalancamiento en el riesgo de las acciones y en el valor de la deuda y las acciones.

8.1. Rentabilidad exigida a un activo

Si el tipo de interés sin riesgo a un año es 12%, esto significa que un millón de pesetas a cobrar dentro de un año con la garantía del Estado (a esto nos referimos con la expresión «sin riesgo») tiene hoy un valor de 1.000.000 / 1,12 = 892.857 pesetas. El valor hoy de obtener un millón de pesetas dentro de un año, como resultado de una inversión en acciones de una empresa, será inferior porque ese millón tiene más riesgo (tenemos menos certeza de obtenerlo). Para que el valor hoy de nuestra inversión en la empresa sea inferior a 892.857 pesetas, debemos dividir el millón que esperamos obtener por una cantidad superior a 1,12. Si damos a nuestra inversión en la empresa un valor de 833.333 pesetas (1.000.000 / 1,20 = 833.333), esto quiere decir que estamos actualizando al 20% el millón que esperamos obtener dentro de un año.

Otro modo de expresar lo anterior es que la rentabilidad que exigimos a una inversión con la garantía del Estado es 12% (la tasa de interés sin riesgo) y a una inversión en la empresa es 20%. La diferencia entre 20% y 12% se debe al riesgo que percibimos en la empresa y se suele denominar prima de riesgo de la empresa.

Poniendo esta idea en forma de ecuación, diremos que la rentabilidad exigida a la inversión en acciones de la empresa (Ke), es igual a la tasa sin riesgo [R_F] más la prima de riesgo de la empresa. La prima de riesgo de la empresa es función del riesgo que se percibe de la empresa.:

$$Ke = R_F + \text{prima de riesgo de la empresa i}$$

Si en lugar de invertir en acciones de una sola empresa, invertimos en acciones de todas las empresas (en una cartera diversificada), entonces exigiremos una rentabilidad que es la siguiente:

$$E(R_M) = R_F + P_M$$

donde P_M es la prima de riesgo del mercado. Obsérvese que $P_M = E(R_M) - R_F$ y $E(R_M)$ es la rentabilidad esperada del mercado.

Podemos relacionar la prima de riesgo de la empresa i con la prima de riesgo del mercado del siguiente modo:

$$\text{Prima de riesgo de la empresa i} = \beta_i\, P_M$$

donde β_i (beta) es un parámetro que es mayor cuanto más riesgo percibimos en la empresa. Beta es cero cuando no existe ningún riesgo. Beta es uno cuando el riesgo de la empresa es similar al del mercado y mayor que uno cuando el riesgo de la empresa es superior al del mercado.

Así podemos expresar la rentabilidad exigida a la inversión en cualquier activo como:[1]

$$E(R_i) = R_F + \beta_i\, P_M \qquad\qquad P_M = E(R_M) - R_F$$

La rentabilidad exigida a la inversión en acciones [$E(R_i)$] también se denomina coste de las acciones o coste de los recursos propios y se suele designar como Ke.

En el capítulo 16 se aborda la prima de riesgo del mercado en profundidad.

8.2. Empresa sin deuda y sin crecimiento

Supongamos los siguientes datos para una **empresa no endeudada** y sin **crecimiento (g = 0)**: en otras palabras, suponemos que esperamos que la cuenta de resultados y el cash flow de la empresa sea el mismo todos los años.

---

1. Ésta es la expresión del CAPM (*capital asset pricing model*), que postula que la rentabilidad exigida por un accionista es la suma de la rentabilidad que obtendría invirtiendo en renta fija sin riesgo (R_F) y de una prima de riesgo que el modelo cuantifica como $\beta\,(R_M - R_F)$. β (beta) es un coeficiente que indica el riesgo de la inversión ($\beta = 0$ para inversiones sin riesgo, β mayor cuanto más riesgo tiene la inversión). R_M es la rentabilidad esperada de una cartera muy diversificada de acciones (el Índice General de la Bolsa de Madrid, por ejemplo). La derivación del CAPM se encuentra en el capítulo 14 del libro.

Millones de pesetas

Margen	1.000
– Intereses	0
BAT (beneficio antes de impuestos)	1.000
– Impuestos (35%)	350
BDT (beneficio después de impuestos)	650
+ Amortizaciones	200
– Inversiones	– 200
Cash flow disponible para los accionistas (CFac)	650

$$R_F = 12\%; \; D = 0; \; \beta_u = 1; \; Ke = R_F + \beta_u \times (R_M - R_F) = 12\% + 1 \times (8\%) = 20\%$$

En el ejemplo suponemos que la prima de riesgo del mercado (que es el valor esperado de $R_M - R_F$) es 8%. El concepto de prima de riesgo del mercado se asocia a la rentabilidad que exige el inversor medio a una cartera de valores diversificada por encima de la rentabilidad de la renta fija sin riesgo, cuando se decide a comprar acciones.

El valor de la empresa sin apalancar (Vu), esto es, el valor de las acciones de la empresa sin deuda, lo podemos obtener descontando el cash flow para los accionistas al coste del capital (Ke):

$$Vu = 650 / 0,2 = 3.250 \text{ millones de pesetas}$$

Adviértase que si no hubiera impuestos, el cash flow para las acciones sería 1.000, con lo que el valor de las acciones en ese caso sería 1.000 / 0,20 = 5.000 millones de pesetas. La diferencia entre 5.000 (valor de las acciones sin impuestos) y 3.250 (valor de las acciones con impuestos del 35%) es el valor de los impuestos que se pagan al Estado:

$$5.000 - 3.250 = 1.750 \text{ millones de pesetas}$$

Este valor también puede calcularse como el VAN de los impuestos que se pagarán anualmente (350 millones por año): 350 / 0,2 = 1.750 millones de pesetas.

Por esto, se puede decir que el valor de la empresa (de sus acciones) antes de impuestos es 5.000 millones, de los cuales, 1.750 (el 35%) corresponden al Estado y 3.250 (el 65%) a los propietarios de las acciones.

8.3. Empresa con deuda y sin crecimiento

Supongamos ahora que la misma empresa tiene **deuda por valor de 1.000** y el coste de la deuda es **13%**, tendremos:

Margen	1.000
-Intereses	130
BAT	870
-Impuestos (35%)	304,5
BDT	565,5
+ Amortizaciones	200
– Inversiones	– 200
Cash flow accionistas	**565,5**

El valor actual del ahorro de impuestos por intereses es:[2]

$$\text{VAN (ahorro de impuestos)} = D\,T = 1.000 \times 0,35 = 350$$

V_L es el valor de la empresa (valor de las acciones más valor de la deuda) apalancada. Aplicando la fórmula:

$$V_L = D + E = Vu + VAN \text{ (ahorro de impuestos por intereses)}$$

obtenemos V_L = 3.250 + 350 = 3.600. Con este resultado se comprueba que la empresa aumenta de valor al aumentar el endeudamiento, debido al valor del ahorro de impuestos por los intereses de la deuda.

Igualmente, podemos obtener el valor de las acciones (E):

$$V_L = D + E = 1.000 + E = 3.600$$
$$E = 2.600$$

Vamos a comprobar ahora que este valor coincide con el que se obtiene con la fórmula

$$E = VAN_{Ke} \text{ (cash flow para las acciones)} = CFac / Ke$$

Para ello hay que calcular el valor de la β apalancada (β_L), que nos permitirá obtener el valor de la Ke a la que tenemos que descontar el cash flow para las acciones.

La fórmula que aparece a continuación para calcular la β_L, a pesar de ser la que frecuentemente se utiliza, no es la correcta, y lo podemos comprobar viendo que con ella se obtiene un cash flow para las acciones ≠ 565,5 , que es el que debería obtenerse:

$$\beta_L = \beta_U (D + E) / E = 1 (1.000 + 2.600) / 2.600 = 1,3846$$

$$Ke = 12\% + 1,3846 \times 8\% = 23,0769\%$$

---

2. En el capítulo 17 se demuestra que en el caso de perpetuidades, el valor actual del ahorro de impuestos debido a la deuda es igual a la deuda multiplicada por la tasa impositiva (D T).

$$CFac = E \times Ke = 2.600 \times 23,0769\% = 600$$

La razón por la que no se puede utilizar la fórmula anterior para el cálculo de la β_L es porque con ella se ignora el efecto de la beta de la deuda $(\beta_d)^3$ y el efecto de la tasa impositiva.

La fórmula que se debe aplicar para obtener la β apalancada es la siguiente:

$$\beta_U = \beta_{activos} = \beta_L \frac{E}{D(1-T)+E} + \beta_d \frac{D(1-T)}{D(1-T)+E}$$

La β_d la podemos obtener así:

$$Kd = 13\% = 12\% + \beta_d \times 8\%; \qquad \beta_d = 0,125$$

y despejando β_L de la fórmula anterior se obtiene:

$$\beta_L = \frac{\beta_{act.}[(D(1-T)+E)] - \beta_d D(1-T)}{E}$$

$$\beta_L = [1(1.000 \times 0,65 + 2.600) - 0,125 \times 1.000 \times 0,65] / 2.600 = 1,21875$$

Con este valor, calculamos la Ke y comprobamos que se cumple la fórmula con un cash flow = 565,5 y E = 2.600:

$$Ke = 12\% + 1,21875 \times 8\% = 21,75\%; E = 565,5 / 0,2175 = 2.600$$

El VAN de los impuestos es ahora 304,5 / 0,2175 = 1.400 millones.

El valor antes de impuestos de la empresa (5.000 millones) se reparte ahora de la siguiente forma:

Estado	1.400
Deuda	1.000
Acciones	2.600
	5.000

Obsérvese que en la empresa sin apalancar (sin deuda), el valor actual de los impuestos era 1.750 millones de pesetas. El valor actual de los impuestos ha disminuido por el efecto del pago de intereses en 350 millones de pesetas.

Ahora, con los valores de D y E que tenemos, vamos a comprobar que también se verifica que:

---

3. El hecho de que el coste de la deuda sea 13%, supone que la beta asignada a la deuda (aunque sea implícitamente) es 0,125: $Kd = 13\% = 12\% + \beta_d \times 8\% = 12\% + 0,125 \times 8\%$

$$V_L = D + E = VAN_{WACC} \text{(free cash flow)} = FCF / WACC$$

Para ello calcularemos primero el WACC (coste ponderado de los recursos), y luego descontaremos el free cash flow (o cash flow libre)[4] a esta tasa para obtener el valor de la empresa:

$$WACC = \frac{E\,Ke + D\,Kd\,(1-T)}{E+D} = \frac{2.600 \times 0,2175 + 1.000 \times 0,13 \times 0,65}{2.600 + 1.000} = 18,05\%$$

$$V_L = D + E = VAN_{WACC} \text{(free cash flow)} = 650 / 0,1805 = 3.600$$

Ahora, con los valores de D y E que tenemos, vamos a comprobar que también se verifica que:

$$V_L = D + E = VAN_{WACC_{BT}} \text{(capital cash flow)} = CCF / WACC_{BT}$$

Para ello calcularemos primero el $WACC_{BT}$ (coste ponderado de los recursos antes de impuestos):

$$WACC_{BT} = \frac{E\,Ke + D\,Kd}{E+D} = \frac{2.600 \times 0,2175 + 1.000 \times 0,13}{2.600 + 1.000} = 19,32\%$$

El capital cash flow es la suma de los flujos para la deuda y las acciones. En este caso:

Capital cash flow = 130 + 565,5 = 695,5 millones.

Por consiguiente:

$$D + E = VAN_{WACC_{BT}} \text{(capital cash flow)} = 695,5 / 0,1932 = 3.600 \text{ millones}$$

A través de este ejemplo hemos podido verificar que bajo los supuestos dados se obtiene el mismo valor para la empresa con cualquiera de las siguientes fórmulas:

$$V_L = D + E = V_U + VAN \text{ (ahorro de impuestos por intereses)}$$

$$V_L = D + E = D + VAN_{Ke} \text{ (cash flow para las acciones)}$$

$$V_L = D + E = VAN_{WACC} \text{ (free cash flow)}$$

---

4. Obsérvese que el free cash flow es el cash flow disponible para las acciones si la empresa no tuviera deuda.

$$V_L = D + E = VAN_{WACC_{BT}} \text{ (capital cash flow)}$$

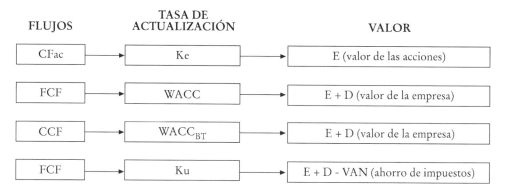

8.4. Empresa con deuda con coste superior al de mercado

Supongamos ahora, partiendo de los mismos datos del ejemplo anterior, que el tipo de interés al que se contrata la deuda es el **14%**, aunque el tipo de interés de mercado sigue siendo del 13%. En este caso, el cash flow para los accionistas será:

Margen	1.000
– Intereses	140
BAT	860
– Impuestos (35%)	301
BDT	559
+ Amortizaciones	200
– Inversiones	– 200
Cash flow accionistas	**559**

En este caso aunque el nominal de la deuda (N) es 1.000, el valor de la deuda (D) es superior porque paga un interés (r = 14%) superior al de mercado (Kd = 13%). D = N r / Kd = 1.000 × 0,14 / 0,13 = 1.076,92.

Aplicando $V_L = V_U + VAN$ (ahorro impuestos por intereses) = $V_U + D \, T$, obtenemos:

$$V_L = 3.250 + 1.076,92 \times 35\% = 3.250 + 376,92 = 3.626,92$$

El valor de la empresa es por tanto mayor que contratando la deuda al 13%. El incremento de valor es debido a un mayor ahorro de impuestos por intereses de la deuda. Al no haberse contratado la deuda al tipo de interés de mercado, el valor de mercado de la deuda es distinto de su valor contable. Para calcular el valor de mercado, hay que actualizar al tipo de interés de mercado los flujos anuales que se generan. Puesto que consideramos que es una renta perpetua, su valor de mercado será:[5]

$$D = \frac{140}{0,13} = 1.076,92$$

y el valor de las acciones será: E = 3.626,92 − 1.076,92 = 2.550.

Vamos a comprobar que utilizando cualquiera de los otros métodos de valoración el resultado es también el mismo. El procedimiento que vamos a seguir para hallar la rentabilidad exigida a las acciones (Ke) y el WACC es el mismo que se ha seguido en el apartado 8.3.

$$Kd = 13\% = 12\% + \beta_d \times 8\% \Rightarrow \beta_d = 0,125$$

$$\beta_L = \frac{1[(1.076,92 \times 0,65) + 2.550] - (0,125 \times 1.076,92 \times 0,65)}{2.550}$$

$$\beta_L = 1,2402; \ Ke = 0,12 + 1,2402 \times 0,08 = 0,2192 = 21,92\%$$

$$VAN_{Ke} \text{ (cash flow accionistas)} = 559 / 0,2192 = 2.550$$

$$V_L = D + E = 1.076,92 + 2.550 = 3.626,92$$

Con el cash flow libre descontado al WACC obtenemos este mismo valor:

$$WACC = \frac{1.076,92}{3.626,92} \times 13\% \times 0,65 + \frac{2.550}{3.626,92} \times 0,2192 = 0,1792$$

$$VAN_{WACC} \text{ (cash flow libre)} = \frac{650}{0,1792} = 3.626,92$$

8.5. Empresa con mayor endeudamiento

Veamos ahora cómo afecta al valor de la empresa un incremento de la deuda, que pasa a ser **D = 2.000**. Utilizamos de nuevo los supuestos del apartado 8.3, excepto el coste de la deuda, que vamos a suponer que en este caso es del 15%, ya que es lógico que a una empresa más endeudada se le exija un tipo de interés superior.

El cash flow para las acciones con la nueva deuda será:

---

5. A pesar de que el coste de la deuda para la empresa es del 14%, para descontar los flujos de fondos se utiliza la rentabilidad exigida a la deuda (el coste de mercado).

Margen	1.000
– Intereses	300
BAT	700
– Impuestos (35%)	245
BDT	455
+ Amortizaciones	200
– Inversiones	– 200
Cash flow para las acciones	**455**

$V_L = V_U + $ VAN(ahorro impuestos) $= 3.250 + (300 \times 0,35) / 0,15 = 3.250 + 700 = 3.950$

El valor de la empresa con D = 2.000 es mayor que con D = 1.000 porque el ahorro de impuestos por intereses es mayor. De hecho, todo el incremento de valor entre los dos supuestos de deuda viene dado por el mayor ahorro de impuestos que se debe, por una parte, a una mayor deuda, y por otra, a un tipo de interés superior:

$$
\begin{aligned}
V_L \text{ con } D = 1.000 : &\quad 3.600 \\
V_L \text{ con } D = 2.000 : &\quad \underline{3.950} \\
\text{Diferencia} &= 350
\end{aligned}
$$

Explicación de la diferencia de 350 millones:[6]

$$\text{Deuda adicional} \times T = 1.000 \times 0,35 = 350$$

Seguimos suponiendo que la deuda se ha contratado al tipo de interés de mercado.

El valor de mercado de la deuda es: $D = 300 / 0,15 = 2.000$

El valor de las acciones es, por tanto: $E = V_L - D = 3.950 - 2.000 = 1.950$

La beta de las acciones (β_L) y la Ke serán:

$$\beta_L = \frac{[(2.000 \times 0,65) + 1.950] - 0,375 \times 2.000 \times 0,65}{1.950} = 1,4167$$

$$Ke = 12\% + 1,4167 \times 8\% = 23,33\%$$

y comprobamos que el valor del cash flow para los accionistas es:

---

6. Obsérvese que 15% es el interés sobre la totalidad de la deuda (2.000). Esto se puede interpretar como: 13% para los primeros 1.000 millones (deuda anterior) y 17% para los 1.000 millones adicionales.

$$CFac = E \times Ke = 1.950 \times 0,2333 = 455$$

Calculamos ahora el WACC y comprobamos el valor de la empresa descontando el cash flow libre al WACC:

$$WACC = \frac{2.000}{3.950} \times 0,15 \times 0,65 + \frac{1.950}{3.950} \times 0,23333 = 0,16455$$

$$VAN_{WACC}(\text{cash flow libre}) = \frac{650}{0,16455} = 3.950$$

8.6. Fórmulas utilizadas para valorar empresas por descuento de flujos[7]

Se exponen a continuación las cuatro fórmulas de valoración de empresas por descuento de flujos para perpetuidades, que son las que se han utilizado en este capítulo.

La fórmula **[8.1]** indica que el valor de mercado de los recursos propios es el valor actual neto del cash flow disponible para las acciones (CFac) descontado al coste de los recursos propios (Ke).

[8.1]
$$E = \frac{CFac}{Ke}$$

La fórmula **[8.2]** propone que el valor de mercado de la deuda (D) y de los recursos propios (E) es el valor actual neto de los free cash flows (FCF) esperados que generará la empresa, descontando al coste ponderado de la deuda y los recursos propios, después de impuestos (WACC). El valor de la deuda es el valor actual de los intereses (I) pagados cada año descontados a la rentabilidad exigida a la deuda (Kd).

[8.2]
$$E = \frac{FCF}{WACC} - D; \quad D = \frac{I}{Kd}$$

La fórmula **[8.3]** indica que el valor de mercado de la deuda (D) y de los recursos propios (E) es el valor actual neto de los capital cash flows (CCF) esperados descontados al $WACC_{BT}$.

---

7. Este apartado es un pequeño resumen del capítulo 17, titulado «Valoración de empresas por descuento de flujos. Perpetuidades».

[8.3]
$$E = \frac{FCF}{WACC_{BT}} - D; \quad D = \frac{I}{Kd}$$

La fórmula **[8.4]** indica que el valor de mercado de la deuda (D) y de los recursos propios (E) de la empresa apalancada, es el valor de los recursos propios de la empresa sin apalancar más el valor actual neto del ahorro de impuestos por pago de intereses.

[8.4]
$$E = \frac{FCF}{Ku} + VAN(\text{ahorro de impuestos}) - D$$

La fórmula **[8.5]** muestra la relación entre el free cash flow y el cash flow disponible para las acciones.

[8.5]
$$CFac = FCF - I(1 - T) = FCF - D\,Kd\,(1 - T)$$

La fórmulas **[8.6]**, **[8.7]** y **[8.8]** no son más que las relaciones, según el capital asset pricing model (CAPM), entre la rentabilidad exigida a los recursos propios de la empresa sin deuda (Ku), la rentabilidad exigida a los recursos propios de la empresa apalancada (Ke), y de la rentabilidad exigida a la deuda (Kd) con sus betas correspondientes.

    [8.6] $Ku = R_F + \beta_U P_M$ **[8.7]** $Ke = R_F + \beta_L P_M$ **[8.8]** $Kd = R_F + \beta_d P_M$

Otras fórmulas de interés

    [8.9] $WACC = \dfrac{EKe + DKd(1 - T)}{E + D}$ **[8.10]** $WACC_{BT} = \dfrac{E\,Ke + D\,Kd}{E + D}$

[8.11]
$$VAN(\text{ahorro de impuestos}) = DT$$

[8.12][8]
$$Ke = Ku + \frac{D(1 - T)}{E}(Ku - Kd)$$

---

8. Esta fórmula «parece» indicar que si aumentan los impuestos, Ke disminuye. Pero Ke no depende de T. En la fórmula, Ku Kd y D no dependen de T, ni tampoco de Ke. Pero E sí que depende de T. Un poco de álgebra permite comprobar que si los impuestos aumentan una cantidad ΔT, la disminución del valor de los recursos propios (ΔE), es: $\Delta E = -E\,\Delta T / (1 - T)$.

Resumen

El valor de la empresa, esto es la suma del valor de mercado de la deuda y de los recursos propios, que se obtiene utilizando cualquiera de los cuatro métodos de descuento de cash flow es el mismo.

$$V_L = E + D = Vu + VAN(\text{ahorro de impuestos}) = Vu + DT$$
$$V_L = E + D = D + VAN (CFac; Ke) = D + CFac / Ke$$
$$V_L = E + D = VAN (FCF; WACC) = FCF / WACC$$
$$V_L = E + D = VAN (CCF; WACC_{BT}) = CCF / WACC_{BT}$$

El grado de endeudamiento y el coste al que se tiene contratada la deuda influyen en el valor de la empresa. En general, al aumentar la deuda y en el caso de que el coste de la deuda sea superior a la rentabilidad exigida a la misma, el valor de la empresa aumenta ya que es mayor el ahorro de impuestos debido al pago de intereses.

Conceptos clave

Tipo de interés sin riesgo (R_F)
Prima de riesgo (P_M)
Rentabilidad exigida a las acciones de la empresa apalancada (Ke)
Rentabilidad exigida a las acciones de la empresa sin apalancar (Ku)
Rentabilidad exigida a la deuda (Kd)
Coste de la deuda (r)
Beta de las acciones de la empresa apalancada (β_L)
Beta de las acciones de la empresa sin apalancada o beta de los activos (β_U)
Beta de la deuda (β_d)
VAN (ahorro de impuestos debidos a la deuda)
Cash flow para las acciones (CFac)
Free cash flow (FCF)
Capital cash flow (CCF)
Valor de la empresa sin apalancar (Vu)

Capítulo 9

Influencia de la inflación en el valor de las empresas

Como veremos en este capítulo, la rentabilidad de las inversiones depende de los efectos de la inflación. Para analizar el efecto de la inflación, nos serviremos del caso Empresas Estrada. Se trata de dos empresas con la misma actividad e idénticas condiciones de mercado pero ubicadas en países con tasas de inflación muy distintas. El problema de la inflación y sus consecuencias se presenta de forma clara. Su resolución es muy sencilla.

9.1. Empresas Estrada

Juan Estrada se preguntaba qué sucedía con parte del dinero de sus actividades en Argentina. Su hermano Luis estaba desarrollando un negocio idéntico al suyo en España, pero de una manera mucho más rentable.

Luis Estrada vendía emisoras de radio de ondas indescifrables a través de Estrada España, SA. Los hermanos Estrada habían desarrollado un artefacto (con forma de caja negra) en el que introducían una emisora de radio normal. En el transurso de un año la emisora adquiría unas propiedades magnéticas especiales, de manera que las ondas que emitía eran imposibles de descifrar. Guardaban la caja negra en casa y disfrutaban de la patente en todo el mundo.

La fabricación total de la caja negra –único activo fijo de Estrada-España– costaba 20 millones de euros. La caja funcionaba durante 5 años, al final de los cuales quedaba inservible y no tenía ningún valor residual. El negocio era muy simple. El 31 de diciembre del año 2000 se compraba al contado una emisora normal por 80 millones de euros, se metía en la caja negra y se vendía al Gobierno (convertida ya en emisora de ondas indescifrables) el 31 de diciembre del año 2001, también al contado, por 104 millones de euros. Este mismo día se compraba otra emisora normal, se metía en la caja negra y se vendía el 31 de diciembre del año 2002. Así sucesivamente hasta el 31 de diciembre del año 2005 en que se vendería la última emisora y la caja negra quedaría inservible. Hacienda permitía amortizar la caja negra en 5 años a razón de 4 millones de euros por año.

Luis Estrada fundó Estrada España, S.A., el 31 de diciembre del año 2000, con un capital de 100 millones que empleó en pagar la caja negra (20 millones) y en comprar la primera emisora (80 millones). En España no había inflación en estos años, con lo que Estrada-España obtenía el mismo beneficio durante cada uno de los 5 años que duraba la caja negra: 14 millones de euros (ventas 104, coste de ventas 80, amortización 4, impuestos sobre beneficios del 30% 6, beneficio neto 14). Los impuestos se pagaban el 31 de diciembre del año en que se generaban. Luis Estrada recibía 14 millones anuales como dividendos y otros 4 millones adicionales en concepto de adelanto a cuenta.

Un afamado consultor calculó el cash flow generado por Estrada-España para su propietario: inversión de 100 millones el año 2000, recuperación de 18 millones los años 2001, 2002, 2003 y 2004 y recuperación de 98 millones el año 2005. Estimó también el valor actual neto (VAN) de la inversión al 0% (no había inflación en España) en 70 millones de euros y la tasa interna de rentabilidad (TIR) en 15,04%.

Juan Estrada inició sus actividades en Argentina al mismo tiempo que su hermano Luis en España. Al 31 de diciembre del año 2000, el tipo de cambio entre el euro y el peso era: 1 euro = 1 peso. Juan constituyó Estrada-Argentina desembolsando 100 millones de pesos. Con ellos pagó la caja negra (20 millones) y compró la primera emisora (80 millones). La inflación en Argentina era del 25% anual. Los precios de venta y de compra de las emisoras se ajustaban exactamente con la inflación. Juan había vendido sus emisoras por 130 millones de pesos el año 2001, 162,5 el año 2002 y así sucesivamente. Las emisoras le habían costado 80 millones el año 2000; 100 millones el año 2001; 125 el año 2002; etc. Los impuestos, cuya tasa en Argentina era igual que en España del 30%, se pagaban también el 31 de diciembre del año en que se generaban y la caja negra se amortizaba en 5 años a razón de 4 millones de pesos al año. Todas las condiciones –excepto la inflación– eran idénticas a las de España.

Todo parecía indicar que Estrada-Argentina debería tener la misma rentabilidad (después de ajustes por inflación) que Estrada-España. Sin embargo, el beneficio neto del año 2001 fue de 32,2 millones de pesos (equivalentes a 25,76 millones de euros), cantidad superior a la obtenida por Estrada-España. A pesar de ello, al final del año 2001, Juan obtuvo como dividendos únicamente 16,2 millones de pesos (equivalentes a 12,96 millones de euros), cantidad inferior a la conseguida por Luis. No pudo cobrar más dividendos porque no había más dinero en caja. Durante los siguientes años el beneficio neto de Estrada-Argentina fue mayor que el de Estrada-España, pero Juan obtuvo una remuneración menor que su hermano Luis. El beneficio del año 2001 fue de 32,2 millones de pesos (ventas 130, coste de ventas 80, amortización 4, impuestos 13,8, beneficio neto 32,2), pero el cash flow fue de 16,2 millones. La tasa de cambio euro-peso se ajustaba siguiendo la inflación diferencial (1 euro = 1 peso del año 2000; 1,25 pesos del año 2001; ...; 3,0518 pesos del año 2005).

Alarmado, Juan pidió ayuda al consultor de su hermano. Éste le calculó el cash flow de Estrada-Argentina: inversión de 100 millones de pesos en el año 2000 y recuperaciones de 16,2; 19,95; 24,64; 30,50 y 281,96 los años sucesivos. El valor actual neto (VAN) al 25% de la inversión era de 43,23 millones de pesos del año 2000 (equivalentes a 43,23 millones de euros) y la tasa interna de rentabilidad (TIR) era del 36,69%, pero ajustada por la inflación (25%) se quedaba en un 9,35%.[1]

Juan razonó del siguiente modo: «el valor actual neto del flujo de fondos generado por mi empresa vale 43,23 millones de pesos del año 2000 (equivalentes a 43,23 millones de euros). El valor actual neto del flujo de fondos generado por la empresa de Luis vale 70 millones de euros. Los dos hacemos lo mismo y generamos la misma riqueza. O me equivoco en mis cálculos o alguien se está quedando con los 26,77 millones de diferencia (70-43,23)».

Se ruega al lector que ayude a Juan Estrada a descubrir la causa de esa diferencia de 26,77 millones entre los cash flows de las dos empresas.

9.2. Análisis de las diferencias entre Estrada España y Estrada Argentina

Vamos a elaborar dos tablas que nos permitirán ver con mayor claridad la situación de las dos empresas. La tabla 9.1 muestra las cuentas de resultados y los balances de Estrada-España a partir del año 2000. Como puede observarse, la remuneración de Luis Estrada, que es el flujo disponible para el accionista, coincide con el free cash flow porque esta empresa no tiene deuda. La TIR de la inversión resulta 15,04%.

Los balances, cuentas de resultados y flujos de Estrada-Argentina se adjuntan en la tabla 9.2. De nuevo resulta que la remuneración de Juan Estrada (el cash flow para el accionista) es idéntica al free cash flow porque esta empresa tampoco tiene deuda. La TIR de la inversión resulta 36,69%. Para compararla con la TIR que obtiene su hermano en España (donde se supone una inflación nula), hacemos la siguiente operación:

$$[(1 + 0,3669) / 1,25] - 1 = 9,35\%$$

La operación de ajuste a la inflación que acabamos de realizar es equivalente a calcular la TIR de Estrada-Argentina considerando pesos reales (o constantes), esto es, pesos descontados por el efecto de la inflación y no pesos corrientes. La tabla 9.3 muestra los flujos de fondos y las TIR de Estrada-España y de Estrada-Argentina (en pesos corrientes y en pesos constantes). Esto supone que, en términos reales (descontando el efecto de la inflación), Estrada-España tiene una rentabilidad del 15,04% y Estrada-Argentina es menos rentable: sólo tiene una rentabilidad del 9,35%.

¿Qué sucede con los flujos? Calculando el VAN de los flujos a la tasa de inflación, en España resulta 70 y en Argentina sólo 43,23. ¿Dónde han ido a parar los 26,77 millones de diferencia? Si analizamos con detenimiento la tabla 9.2 y nos fijamos en las diferentes cuentas incluidas en el cash flow, podemos observar la diferencia que existe entre los VAN de los impuestos pagados por las dos empresas durante estos cinco años. En efecto, en España al 0% obtenemos 30 millones, mientras que en Estrada-Argentina vemos que el VAN del pago de impuestos al 25% es 56,77 millones.

---

1. El ajuste a la inflación se realiza mediante la siguiente expresión:
   1 + TIR nominal = (1 + TIR ajustada) (1 + tasa de inflación)

$$56,77 - 30 = 26,77 \text{ millones}$$

Hemos encontrado la diferencia: Estrada-Argentina ha pagado 26,77 millones más en impuestos que Estrada-España, realizando ambas empresas la misma actividad y en idénticas condiciones, salvo la tasa de inflación. De aquí ya tenemos que 56,77 − 30 = 26,77. El proyecto en Argentina es menos rentable que en España porque, como consecuencia de la inflación, los impuestos se comen una parte importante del negocio de la empresa.

Tabla 9.1. Estrada-España. (millones de euros)

CUENTA DE RESULTADOS	2000	2001	2002	2003	2004	2005	Suma
Ventas		104	104	104	104	104	520
Coste de ventas		80	80	80	80	80	400
Amortización		4	4	4	4	4	20
BAT		20	20	20	20	20	100
Impuestos (30%)		6	6	6	6	6	30
Beneficio neto		14	14	14	14	14	70

Remuneración de Luis Estrada (flujo disponible para el accionista)

	2000	2001	2002	2003	2004	2005	Suma
Dividendos		14	14	14	14	14	70
Adelanto a cuenta		4	4	4	4	-16	0
Inversión en la empresa	-100	0	0	0	0	0	-100
Liquidación de la empresa		0	0	0	0	100	100
Total	-100	18	18	18	18	98	70

BALANCE

	2000	2001	2002	2003	2004	2005	
Caja	0	0	0	0	0	0	
Adelanto a cuenta. Luis Estrada		4	8	12	16	0	
Stocks	80	80	80	80	80	0	
Activo fijo neto	20	16	12	8	4	0	
Activo	100	100	100	100	100	0	
Capital	100	100	100	100	100	100	
Reservas		0	0	0	0	-100	
Pasivo	100	100	100	100	100	0	

Free cash flow

	2000	2001	2002	2003	2004	2005	Suma
Beneficio	0	14	14	14	14	14	70
+ Amortización		4	4	4	4	4	20
- Δ Circulante	-80	0	0	0	0	80	0
- Inversiones en activo fijo	-20						-20
Total	-100	18	18	18	18	98	70

$$\text{TIR} = 15,04\%$$

El proyecto en Argentina es menos rentable que en España porque, como consecuencia de la inflación, el beneficio antes de impuestos (BAT), que es la base sobre la que se calculan los impuestos, se encuentra artificialmente engrosado. Esto hace que

Tabla 9.2. Estrada-Argentina. (millones de pesos)

CUENTA DE RESULTADOS	2000	2001	2002	2003	2004	2005	Suma	VAN 25%	Entrada España Suma
Ventas		130	162,5	203,13	253,91	317,38	1066,91	520	520
Coste de ventas		80	100	125	156,25	195,31	656,56	320	400
Amortización		4	4	4	4	4	20	10,76	20
BAT		46	58,5	74,13	93,66	118,07	390,35	189,24	100
Impuestos (30%)		13,8	17,55	22,24	28,10	35,42	117,11	56,77	30
Beneficio neto		**32,2**	**40,95**	**51,89**	**65,56**	**82,65**	**273,25**	**132,47**	**70**

Remuneración de Juan Estrada (flujo disponible para el accionista)

	2000	2001	2002	2003	2004	2005	Suma	VAN 25%	Entrada España Suma
Dividendos		16,2	19,95	24,64	30,50	181,96	273,25	110,46	70
Inversión	– 100	0	0	0	0	0	– 100	– 100	– 100
Liquidación. de la empresa		0	0	0	0	100	100	32,77	100
Total	– 100	16,2	19,95	24,64	30,50	281,96	273,25	43,23	70

BALANCE

	2000	2001	2002	2003	2004	2005
Caja	0	0	0	0	0	0
Stocks	80	100	125	156,25	195,31	0
Activo fijo neto	20	16	12	8	4	0
Activo	**100**	**116**	**137**	**164,25**	**199,31**	**0**
Capital	100	100	100	100	100	100
Reservas		16	37	64,25	99,31	– 100
Pasivo	**100**	**116**	**137**	**164,25**	**199,31**	**0**

Free cash flow

	2000	2001	2002	2003	2004	2005	Suma	VAN 25%	Entrada España Suma
Beneficio	0	32,2	40,95	51,89	65,56	82,65	273,25	132,47	70
+ Amortización		4	4	4	4	4	20	10,76	20
– Δ Circulante	– 80	– 20	– 25	– 31,25	– 39,06	195,31	0	– 80	0
– Inversiones AF	– 20						– 20	– 20	– 20
Total	– 100	16,2	19,95	24,64	30,50	281,96	273,25	43,23	70

TIR = 36,69%   **TIR ajustada por la inflación = 9,35%** [$(1,3669/1,25) - 1 = 9,35\%$]

la cuantía de los impuestos que se debe pagar sea mayor, con lo cual disminuye una parte importante del negocio de la empresa.

La tabla 9.4 muestra la valoración de Estrada-España y Estrada-Argentina con distintas tasas. Si la rentabilidad exigida a las acciones en España fuese 10%, la rentabilidad exigida a las acciones en Argentina[2] debería ser 37,5% (0,375 = 1,1 × 1,25 – 1). Así el valor actual de la suma de los flujos para el accionista y de los impuestos es idéntico: 40,7 millones (de euros y de pesos). En esta situación, el valor de las acciones de Estrada-España sería 17,9 millones de euros y el valor de las acciones de Estrada-Argentina – 2,3 millones de pesos.

---

2. Suponiendo que la única diferencia de riesgo que afecta al negocio en los dos países es debida a la inflación.

La figura 9.1 muestra el valor actual de los flujos para los accionistas para distintas tasas de descuento.

Tabla 9.3. Flujos y TIR de Estrada-España y de Estrada-Argentina

	2000	2001	2002	2003	2004	2005	TIR
Estrada-España (MM euros)	− 100	18	18	18	18	98	**15,04%**
Estrada-Argentina (MM pesos)							
pesos corrientes	− 100	16,20	19,95	24,64	30,50	281,96	**36,69%**
pesos constantes	− 100	12,96	12,77	12,61	12,49	92,39	**9,35%**

Tabla 9.4 Diferencias en la valoración de Estrada-España y Estrada-Argentina con distintas tasas de descuento.

Ke$_{España}$	Ke$_{Argentina}$	Accionista + impuestos		Accionista		Diferencia
		VAN$_{España}$ (millones euros)	VAN$_{Argentina}$ (millones pesos)	VAN$_{España}$ (millones euros)	VAN$_{Argentina}$ (millones pesos)	
0,0%	25,0%	100,0	100,0	70,0	43,2	26,8
1,0%	26,3%	92,6	92,6	63,5	37,5	26,0
2,0%	27,5%	85,6	85,6	57,3	32,1	25,2
3,0%	28,8%	78,9	78,9	51,4	27,0	24,5
4,0%	30,0%	72,6	72,6	45,9	22,1	23,8
5,0%	31,3%	66,6	66,6	40,6	17,5	23,1
10,0%	37,5%	40,7	40,7	17,9	-2,3	20,2
15,0%	43,8%	20,2	20,2	0,1	− 17,7	17,8
16,0%	45,0%	16,7	16,7	− 3,0	− 20,4	17,4
20,0%	50,0%	3,9	3,9	− 14,0	− 29,9	15,9

* Ke$_{ARGENTINA}$ = (1 + Ke$_{ESPAÑA}$) x 1,25 − 1

Figura 9.1. Valor actual neto de los flujos de Estrada-España y Estrada-Argentina.

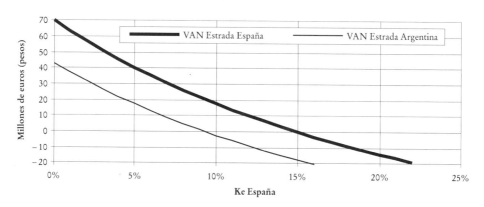

9.3. Ajustes para corregir los efectos de la inflación

La tabla 9.5 muestra cómo a través de la revalorización (ajuste por inflación) de los activos fijos y los stocks desaparece la desventaja de Estrada-Argentina con respecto a Estrada-España.

Tabla 9.5. Estrada-Argentina con regularización. (MM pesos)

CUENTA DE RESULTADOS	2000	2001	2002	2003	2004	2005	Suma	VAN 25%	España Suma
Ventas		130	162,5	203,13	253,91	317,38	1066,91	520	520
Coste de ventas		80	100	125	156,25	195,31	656,56	320	400
Revalorización stocks (1)		20	25	31,25	39,06	48,83	164,14	80	0
Amortización		4	4	4	4	4	20	10,76	20
Am. por rev. activo fijo (2)		1	2,25	3,81	5,77	8,21	21,04	9,24	
BAT		25	31,25	39,06	48,83	61,04	205,18	100	100
Impuestos (30%)		7,5	9,37	11,72	14,65	18,31	61,55	30	30
Beneficio neto		17,5	21,88	27,34	34,18	42,72	143,62	70	70
Remuneración de Juan Estrada									
Dividendos		17,5	21,88	27,34	34,18	42,72	143,62	70	70
Adelanto a cuenta		5	6,25	7,81	9,77	− 28,83	0	6,55	0
Inversión	− 100	0	0	0	0	0	− 100	− 100	− 100
Liquidación de la empresa		0	0	0	0	285,18	285,18	93,45	100
Total	− 100	22,5	28,13	35,15	43,95	299,07	328,80	70	70
BALANCE									
Caja	0	0	0	0	0	0			
Adelanto a cuenta. Juan Estrada		5	11,25	19,06	28,83	0			
Stocks	80	100	125	156,25	195,31	0			
Activo fijo bruto	20	20	20	20	20	20			
Revalorización activo fijo bruto		1	3,25	7,06	12,83	21,04			
Amort. acumulada activo inicial		4	8	12	16	20			
Amort. acumulada reval. activo		1	3,25	7,06	12,83	21,04			
Activo fijo neto	20	16	12	8	4	0			
Activo total	100	121	148,25	183,31	228,14	0			
Capital	100	100	100	100	100	100			
Reservas (beneficios retenidos)		0	0	0	0	− 100			
Reservas (revalorización stocks)		20	45	76,25	115,31	0			
Reservas (revalorización act. fijo)		1	3,25	7,06	12,83	0			
Pasivo total	100	121	148,25	183,31	228,14	0			
Free cash flow									
Beneficio	0	17,5	21,88	27,34	34,18	42,72	143,62	70	70
+ Amortización		5	6,25	7,81	9,77	12,21	41,04	20	20
− Δ NOF	− 80	− 20	− 25	− 31,25	− 39,06	195,31	0	− 80	0
+ Revalorización stocks		20	25	31,25	39,06	48,83	164,14	80	
− Inversiones activos fijos	− 20						− 20	− 20	− 20
Total	− 100	22,5	28,13	35,16	43,95	299,07	328,80	70	70

TIR después de la regularización = 43,79%.
TIR después de la regularización y los ajustes por la inflación = 15,04%   [(1,4379 / 1,25) − 1 = 15,04%]
(1) Revalorización de stocks en año n $= 80 \, (1,25^n - 1,25^{n-1})$
(2) Amortización por revalorización de activo fijo en año n $= 4 \, (1,25^n - 1)$

La tabla 9.6 presenta en esquema los cash flows de Estrada-España y de Estrada-Argentina, en todos los casos que se han visto en el capítulo.

Tabla 9.6. Flujos y TIR de Estrada-España y de Estrada-Argentina (en pesos corrientes y en pesos constantes) sin y con regularización.

		2000	2001	2002	2003	2004	2005	TIR
1	Estrada-España (MM euros)	− 100	18	18	18	18	98	15,04%
	Estrada-Argentina sin regularización (sin ajustes) (MM pesos)							
2	pesos corrientes	− 100	16,20	19,95	24,64	30,50	281,96	36,69%
3	pesos constantes	− 100	12,96	12,77	12,61	12,49	92,39	9,35%
	Estrada-Argentina con regularización (con ajustes) (MM pesos)							
4	pesos corrientes	− 100	22,50	28,13	35,16	43,95	299,07	43,79%
5	pesos constantes	− 100	18,00	18,00	18,00	18,00	98,00	15,04%

Observando las tablas 9.5 y 9.6, podemos comprobar como, una vez realizada la regularización de activos y los ajustes por inflación necesarios, disminuye el beneficio (que estaba artificialmente hinchado por la inflación) pero aumenta el cash flow porque se reducen los impuestos. De esta forma, el valor actual neto de los flujos de fondos de cada empresa, descontados a la tasa de inflación correspondiente, es el mismo y también las tasas internas de rentabilidad del proyecto en España y en Argentina son iguales: la rentabilidad de las dos inversiones es la misma.

En el caso de que la legislación vigente en el país no permita realizar una regularización de activos, los impuestos se llevarán una parte importante del valor de la empresa, tanto mayor cuanto mayor sea la inflación.

La figura 9.2 muestra la evolución de la inflación en España, de la rentabilidad de la renta fija y del índice total de la bolsa de Madrid. El gráfico permite observar que

Figura 9.2. Inflación anual, rentabilidad de la renta fija a largo plazo y evolución del Índice Total de la Bolsa de Madrid

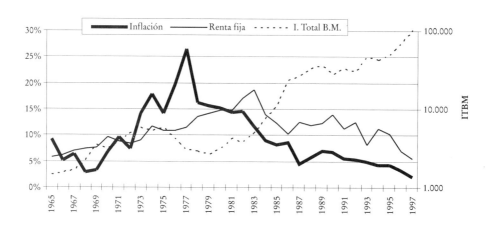

los grandes ascensos del índice de la bolsa se han producido generalmente en años de tipos de interés y tasas de inflación bajas.

Resumen

Cuando las tasas de inflación son elevadas, el beneficio de las empresas se encuentra artificialmente inflado (sin que esto se deba a una mejor situación de la empresa), lo que origina que los impuestos que pagan sean mayores que si no hubiera inflación. De esta manera la rentabilidad real de las inversiones es menor.

Cuando la autoridad tributaria permite una revalorización o regularización de activos, la rentabilidad de la empresa no sufre una disminución por causa de la inflación.

Conceptos clave

Inflación
Moneda corriente
Moneda constante
Beneficio antes de impuestos (BAT)
Revalorización de activos
Cash flow disponible para las acciones (CFac)
Dividendos
Valor actual neto (VAN)
Tasa interna de rentabilidad (TIR)
TIR nominal
TIR ajustada a la inflación
Impuestos

Capítulo 10

Un caso real de valoración de una empresa no cotizada: Alimensa

Este capítulo muestra un caso real de valoración de una empresa española. Por confidencialidad, se han modificado los nombres de las empresas y de los directivos. Todos los demás datos son reales.

El capítulo contiene dos valoraciones: una realizada por Valoraciones de Empresas, S.A. (Vesa) y otra valoración realizada por la empresa B de Valoraciones. Las dos valoraciones proporcionan resultados muy distintos: la primera valoró las acciones en 3.750 millones de pesetas y la segunda en 1.407.

A pesar de las cifras de estas dos valoraciones, las acciones de Alimensa se acabaron vendiendo –después de más de un año de negociaciones– por menos de 1.000 millones de pesetas.

10.1. Alimensa

Juan Rodríguez era el consejero delegado y mayor accionista de Alimentación, S.A. (Alimensa). La empresa tenía su sede en Valencia y se dedicaba a la producción, distribución y venta de productos alimenticios. Alimensa tenía, en régimen de franquicia para las provincias de Valencia y Alicante, la producción, distribución y venta exclusivas de dos líneas de productos de la multinacional Krut desde 1965. Además de estos dos productos, Alimensa fabricaba y vendía otro producto alimenticio que había sido desarrollado por Juan Rodríguez en 1960, cuando creó Alimensa.

Juan tenía 61 años y había decidido retirarse. Ninguno de sus seis hijos quería continuar al frente del negocio. Juan Rodríguez había manifestado su decisión a la dirección de Krut, la cual expresó mucho interés en tomar una participación en Alimensa. Como paso previo, Juan Rodríguez y la dirección de Krut habían acordado encargar una valoración de Alimensa.

Juan Rodríguez encargó en junio de 1989 la valoración de su empresa a la firma Valoraciones de Empresas, S.A. (Vesa). El informe de valoración se realizó a partir de los datos contables de agosto de 1989, y estuvo listo a finales de 1989. Este informe se adjunta en el anexo 10.1 de este capítulo. También se muestra cómo se obtienen las cifras del estudio.

La conclusión fundamental del informe fue la valoración de las acciones de Alimensa en 3.750 millones de pesetas.

Juan Rodríguez quedó muy satisfecho con el valor propuesto por Vesa. Sin embargo los directivos de Krut sostenían que el valor de las acciones de Alimensa era sensiblemente inferior a 3.750 millones de pesetas. Por otro lado, mostraban cierta perplejidad por el método de valoración utilizado por Vesa. Por este motivo, acordaron una reunión en la sede de la multinacional en Madrid el 30 de mayo de 1990.

Como resultado de esta reunión la multinacional encargó a otra empresa especializada en valoración de empresas (B de valoraciones) que realizara otra valoración de Alimensa. Esta valoración se terminó a finales de septiembre de 1990 y se adjunta en el anexo 10.2. El resultado más importante fue que el valor de las acciones se estimó en 1.407 millones de pesetas. Este resultado fue sensiblemente inferior al que se desprendía de la valoración de Vesa (3.750 millones de pesetas).

En esta segunda valoración, el método utilizado fue el descuento del cash flow disponible para las acciones. Al valor así obtenido se le añadió el valor de mercado de las acciones y participaciones que aparecen en el activo del balance, esto es, de los activos no necesarios para la obtención del cash flow.

La valoración parte del supuesto de continuidad de la empresa y de varias hipótesis que se describen en el «supuesto base para la valoración», del anexo 10.2.

El valor de las acciones de 1.407 millones de pesetas se obtiene descontando los cash flow disponibles para las acciones a una tasa del 18% y considerando una renta perpetua con un crecimiento del 4% para los flujos generados a partir del año 1999.

En la tabla 10.2.7 del anexo 10.2 se muestra el descuento de los cash flow para varios supuestos de tasa de descuento y de crecimiento de los flujos a partir de 1999.

También en el anexo 10.2 se adjunta un análisis de sensibilidad efectuado por B de Valoraciones para estudiar el impacto en el valor de las acciones de Alimensa de ciertos cambios en los supuestos utilizados.

Al recibir una copia de la valoración de B de valoraciones, Juan Rodríguez quedó perplejo. No comprendía bien ninguno de los dos informes, pero los resultados de ambos eran, en su opinión, demasiado dispares. Envió inmediatamente el informe a su hijo Pedro, ejecutivo de un banco multinacional. Pedro le respondió que estaba más de acuerdo con la metodología empleada en el informe de B de valoraciones y que podría elevar los 1.407 millones mejorando las previsiones de ventas y recortando los costes.

Juan Rodríguez convocó inmediatamente una reunión en los primeros días de octubre con los directivos de Krut y el socio director de B de valoraciones.

El objetivo de este capítulo es que el lector vea dos valoraciones reales, analice las diferencias entre ambas y descubra los errores conceptuales y de planteamiento de ambas.[1]

---

1. Los errores son abundantes, sobre todo en la primera valoración.

Anexo 10.1. Valoración realizada por Vesa

Sumario del anexo 10.1
10.1.1 Informe de la valoración realizada por VESA
10.1.2 Explicación de las cifras del informe VESA
10.1.3 Cuadros del informe VESA

10.1.1 Informe de la valoración realizada por VESA

31 de Diciembre de 1989

Alimentación, S.A. (Alimensa)
A la atención de D. Juan Rodríguez, CONSEJERO DELEGADO

Estimados señores:

Siguiendo sus instrucciones, hemos llevado a cabo la Valoración de los Inmovilizados Materiales e Inmateriales de la Empresa Alimentación, S.A. (Alimensa), presentándoles en los informes adjuntos el resultado de nuestras investigaciones.

Se ha llevado a cabo una investigación y análisis de sus propiedades para determinar el Valor de Empresa con Inmovilizado en Valor Real de Utilización y el Valor del neto patrimonial al 31 de agosto de 1989. Igualmente se ha efectuado una reconciliación físico/contable de sus Activos Materiales.

El término Valor Real de Mercado se define como el justo valor estimado de transacción entre un libre comprador y un libre vendedor, teniendo ambos conocimiento de todos los actos pertinentes y sin actuar, en ningún caso, bajo presión indebida.

Tanto el comprador como el vendedor contemplan, en este caso, la retención de las instalaciones en su actual enclave y la continuación de las actividades y operaciones para las cuales la propiedad fue creada y diseñada.

Al formular la opinión del Valor Real de Mercado de estas propiedades, se aceptan como correctos y fieles reflejos de las operaciones y estado del negocio, los balances de situación, estadísticas financieras y cuentas de resultados que nos han sido facilitados por parte de la Compañía. Tomando como base el estudio realizado sobre las tendencias y las informaciones contenidas en los anteriores documentos y después de haber hecho una previsión del correspondiente capital circulante añadido al valor establecido para los bienes objeto de valoración, llegando a la conclusión de que los beneficios futuros previstos justifican la transacción sin presiones externas entre un libre comprador y un libre vendedor de acuerdo con el Valor Real de Mercado Establecido.

La Valoración de Empresa está basada en los conceptos y métodos siguientes:

Conceptos:

1º Determinación del valor sustancial en libros.

2º Determinación de las tasas de capitalización y coeficientes multiplicadores.

3º Determinación del beneficio futuro neto proyectado y cash flow en moneda constante, partiendo de un estudio de tendencias sobre ingresos y gastos.

Método comparativo de mercado:

Basado en el valor descontado de los resultados para estudios futuros.

El proceso de valoración se basa en tres métodos fundamentales para la determinación del Valor Real de Mercado del Activo Inmovilizado Material y que relacionamos a continuación: método del coste, método comparativo de mercado y método de la rentabilidad.

Método del coste:

De acuerdo con este método de valoración, hacemos una investigación del Coste de Reposición a nuevo. Una vez alcanzado este valor, calculamos la depreciación resultante por deterioro físico y obsolescencia. A esto se le añade el valor del solar.

Coste de Reposición a Nuevo es el coste requerido para reemplazar una propiedad por otra nueva y moderna que utilice la tecnología y materiales de construcción más actuales, reproduciendo la capacidad y utilidad de la propiedad existente. Este coste incluye tanto el valor de los elementos como el de los transportes, seguros de transporte, montaje y falta de rentabilidad durante la construcción.

El deterioro físico-depreciación es la pérdida de valor causada por el deterioro físico resultante del uso y desgaste de un bien, estando sometido a un proceso de producción y expuesto a elementos externos. La obsolescencia funcional da lugar a la pérdida de valor experimentada por falta de utilidad funcional en la distribución y planeamiento de los diversos espacios que componen la propiedad. La obsolescencia funcional-depreciación es la pérdida de valor causada por variaciones producidas dentro de la propiedad, tales como: cambio de diseño, materiales o un proceso derivado de insuficiencia, exceso de capacidad o construcción, falta de utilidad o exceso de costes operativos. La obsolescencia económica-depreciación es una pérdida de valor causada por factores desfavorables, generalmente ajenos a la propiedad, tales como economía local, estado de la economía en el sector industrial, falta de materiales o mano de obra, escasez de un eficiente servicio de transportes públicos, traslado de centros comerciales, promulgación de una nueva legislación, cambio de ordenanzas, etc.

Método comparativo de mercado:

De acuerdo con este método, comparamos la propiedad objeto de valoración con otras de similares características, recientemente vendidas o que se hallen en venta actualmente en el mercado, haciendo un análisis comparativo de las mismas y teniendo en cuenta, naturalmente, factores que puedan producir diferencias, tales como: Antigüedad, Situación y Condiciones.

Método de la rentabilidad:

De acuerdo con este método, se establece el valor de la propiedad capitalizando el beneficio neto que la misma puede producir. El posible beneficio se obtiene tras una investigación en el mercado de la propiedad inmobiliaria.

Nuestro Informe de Valoración consta de:

La presente carta que identifica las propiedades valoradas, describe la naturaleza y extensión de nuestras investigaciones, el proceso de valoración empleado, las premisas de valor adoptadas y presenta las conclusiones de valor alcanzadas.

* Informe descriptivo exponiendo el propósito y extensión de la valoración con detalle de las propiedades, presentación de las técnicas de valoración empleadas y conclusiones de valor.

* Resumen general de valores distribuidos por cuentas, reflejando el valor.

* Planos de las propiedades con distribución y situación de los edificios. (No se adjuntan.)

* Fotografías de las propiedades. (No se adjuntan.)

* Inventario con descripción de cada uno de los elementos valorados o grupo de bienes con su correspondiente valor. (No se adjunta.)

* Desarrollo del Valor de Empresa.

Nuestra investigación incluye lo siguiente:

* Inmovilizado material: Terrenos y bienes naturales; Edificios y otras construcciones; Maquinaria, instalaciones y utillaje; Elementos de transporte; Mobiliario y enseres; Equipos para el proceso de la información

* Inmovilizado inmaterial: Fondo de Comercio (Goodwill).

No han sido objeto de valoración: suministros; materiales que obran en su poder; inmovilizado financiero; existencias; exigibles del activo y realizables, que han sido tomado por su valor en libros.

Para llegar a la determinación del valor, hemos inspeccionado personalmente las propiedades durante el periodo comprendido entre los meses de julio y octubre de 1989, e investigado las condiciones de mercado tomando en consideración los factores siguientes:

* Extensión, carácter y utilidad de las propiedades.

* Mayor y mejor utilización de las instalaciones.

* Situación, dimensiones y utilidad del terreno.

* Dimensiones, estado y utilidad de los edificios en comparación con otros nuevos.

* Valor de Mercado del terreno, considerando éste como vacante y disponible para su utilización, analizando factores como situación, dimensiones, características físicas y transacciones semejantes.

* El Coste estimado de construcción o de compra o de adquisición de bienes de segunda mano, si éstos se hallaran disponibles, más el coste de instalación y montaje de la planta.

* El Coste estimado a Nuevo, en los casos que sea aplicable, menos un descuento en concepto de depreciación o pérdida de valor derivada de la utilidad, antigüedad, uso o desgaste, estado u obsolescencia.

En aquellos casos en los que se haya tomado como base de valor un equipo de segunda mano, se deducirá o añadirá una cantidad del valor para reflejar la diferencia en utilidad y estado entre el elemento valorado y el de segunda mano tomado como objeto de comparación.

De acuerdo con las premisas descritas, es nuestra opinión que al 31 de agosto de 1989 los valores siguientes, razonablemente representan el valor de las propiedades objeto de estudio, según el desglose siguiente:

Neto patrimonial (valor de las acciones): 3.750.227.000 pta.

Valor real de mercado del inmovilizado material: 2.817.142.000 pta.

El valor contable del inmovilizado material es 1.680.494.000 pesetas (en agosto de 1989), estimamos su valor real de mercado en 2.817.142.000 pesetas.

Fondo de comercio (goodwill): 872.952.000 pta.

ACTIVO INMOVILIZADO MATERIAL (miles de pesetas)

Coste de reposición a nuevo (C.O.R.)	Valor real de mercado (V.R.M.)
4.182.484	2.817.142

Activo inmovilizado inmaterial	miles de pesetas
Fondo de comercio (Goodwill)	872.952
Neto patrimonial (valor real de las acciones)	3.750.227

No asumimos responsabilidad alguna sobre el estado del dominio y cargas que pudieran afectar a las propiedades objeto del presente estudio.

Atentamente,

Vesa

10.1.2. Explicación de las cifras del informe Vesa

Vesa valoró las acciones de Alimensa a 31 de agosto de 1989 en 3.750 millones de pesetas. Siguiendo el método utilizado por Vesa, el valor de las acciones, que se calcula en la tabla 10.1.8 (3.750 millones), es el resultado de sumar y restar los siguientes conceptos:

(+) Valor actual de los cash flows desde septiembre de 1989 hasta agosto de 1994
(+) Valor actual del valor residual de la empresa en agosto de 1994
(–) Valor actual de las inversiones en activo fijo desde septiembre de 1989 hasta agosto de 1994
(–) Exigible con coste
(+) Gastos amortizables e inmovilizado financiero

En los siguientes apartados veremos cómo se llega a cada uno de estos valores.

1. Valor actual de los cash flows desde septiembre de 1989 hasta agosto de 1994.
1.1. Obtención de los cash flows
Para la obtención de los cash flows futuros que aparecen en la tabla 10.1.4, Vesa ha efectuado las previsiones de resultados que figuran en la tabla 10.1.3 basándose en la tendencia histórica de los ingresos y gastos, y en conversaciones mantenidas con la dirección de Alimensa sobre las perspectivas del negocio.
Las cuentas de resultados futuras están confeccionadas en moneda constante con el fin de eliminar los efectos de la inflación.

A. Proyección de ventas. La estimación de las ventas futuras se ha realizado mediante un análisis basado en:
– Estimación de precios por producto atendiendo a las tendencias históricas de los mismos.
– Estimación de unidades físicas vendidas de cada uno de los productos, observando su evolución en los últimos años, y considerando la madurez de los mismos. Al igual que en la estimación de precios, se ha tenido en cuenta cada una de las zonas de comercialización.
– Con el fin de que el valor de la empresa represente la situación actual de la entidad, no se ha considerado la posibilidad de un cambio de política por parte de la empresa en cuanto a sustitución o ampliación de gama de productos.

B. Proyección de gastos.
B.1. Consumos. Con la información de la tabla 10.1.2 se ha calculado el porcentaje que representan los consumos sobre las ventas en los últimos años, obteniéndose un ratio medio del 37,4%. Este ratio es el que se ha aplicado para efectuar las proyecciones futuras.
B.2. Gastos de personal. No se ha considerado aumento de plantilla, pero sí un incremento prudencial de 1 punto sobre la inflación por mejoras lógicas en las condi-

ciones de trabajo, más unos gastos de siete millones de pesetas anuales consecuencia de un estudio efectuado por el departamento de Recursos Humanos de Vesa.

B.3. Gastos financieros. Los gastos financieros en que está incurriendo la empresa son consecuencia de las líneas de crédito concedidas por diferentes entidades bancarias. Aunque el volumen de estos gastos en el futuro dependerá de las disposiciones que la empresa haga en cada momento de las líneas de crédito, las proyecciones se han realizado suponiendo que no se producirá un incremento de los mismos por encima de los niveles sobre ventas con los que la empresa ha operado en los últimos años. Basándose en este criterio, el ratio utilizado por VESA ha sido del 2,7 % sobre ventas.

B.4. Tributos. Las previsiones de tributos son de 25 millones de pesetas para cada uno de los ejercicios, cantidad que se considera suficiente para hacer frente a esta contingencia.

B.5. Trabajos, suministros y servicios exteriores. Las previsiones de trabajos, suministros y servicios exteriores se han efectuado tomando en consideración los contratos de leasing y cánones que tiene suscritos la empresa, así como los ratios basados en datos históricos sobre ventas para los restantes gastos que integran esta partida (reparaciones, conservación, suministros y otros).

B.6. Gastos de transporte y gastos diversos. Para proyectar estos gastos, se ha utilizado un ratio sobre ventas histórico, que es del 3% para gastos de transporte y del 7,5% para gastos diversos.

B.7. Dotaciones a la amortización. Dado que para la obtención del cash flow la amortización del inmovilizado sólo afecta por su repercusión en el cálculo de los impuestos, las proyecciones de estos gastos se han basado en los coeficientes fiscales de amortización.

C. Proyección de cash flows. La tabla 10.1.4 muestra cómo se llega a los cash flows una vez obtenidas las previsiones de resultados antes de impuestos. Se han estimado las inversiones futuras de la empresa y se ha obtenido la base imponible. Restándole a ésta los impuestos correspondientes, se ha obtenido el resultado después de impuestos, al que se le han sumado las amortizaciones para obtener el cash flow de cada ejercicio.

1.2. Valor actual de los cash flows

Para la actualización de los cash flows futuros, se ha aplicado la tasa de descuento del 17,48 %, que aparece en la tabla 10.1.7. Esta tasa está basada en el juicio de un experto: toma una tasa como base (la del rendimiento sobre el activo neto) y añade unos porcentajes por riesgo y otros conceptos que ha considerado oportunos. La tasa base de rendimiento sobre activo neto, antes de impuestos, que se ha utilizado como punto de partida, es la que se obtuvo en el último ejercicio. En la tabla 10.1.8, se muestra el valor actual de los cash flows, efectuando primero la actualización por separado del cash flow de cada ejercicio, y calculando después el valor actual total de estos cash flows sumando los valores actuales de todos ellos.

2. Valor actual del valor residual de la empresa en agosto de 1994.

La tabla 10.1.5 muestra el cálculo del valor residual (W) de la empresa en agosto de 1994, fecha hasta la que se han calculado las previsiones de cash flows futuros. La fórmula utilizada para este cálculo es la fórmula simplificada de la Unión Europea de Expertos Contables, según la cual el valor de una empresa es el valor sustancial de sus activos más un fondo de comercio.

Actualizando el valor residual de la empresa obtenido en la tabla 10.1.5 a la tasa del 12,2% (tasa de capitalización sobre el resultado neto que figura en la tabla 10.1.7), se obtiene el valor actual del valor residual de la empresa.

2.1. Cálculo del valor sustancial

El valor sustancial en el 94 se ha calculado añadiendo al valor de mercado del inmovilizado material entonces el valor del circulante neto en esta fecha, y restándole el inmovilizado no operativo.

El valor de mercado del inmovilizado en el 94 se ha obtenido añadiendo al valor real del inmovilizado material en agosto del 89 las inversiones futuras hasta agosto del 94 y restando la depreciación de los activos nuevos y antiguos hasta esta fecha. Hay que tener en cuenta que esta depreciación no es la fiscal, sino la disminución real de valor de los activos.

El circulante neto en agosto del 94 se ha calculado utilizando las proyecciones de resultados. Con ellas se ha obtenido el neto patrimonial contable y el activo fijo neto en agosto del 94, y por diferencia de estas dos cifras se ha llegado al valor del circulante neto.

2.2 Cálculo de fondo de comercio (goodwill)

Para calcular el fondo de comercio, se ha tomado como resultado del último ejercicio (R) el resultado después de impuestos de los últimos cuatro meses del 93 (prorrateando sobre el total) más el resultado después de impuestos de los ocho primeros meses del 94. Las tasas i e i' utilizadas también en este cálculo son las que se adjuntan en la tabla 10.1.7.

3. Valor actual de las inversiones en activo fijo desde septiembre de 1989 hasta agosto de 1994

Los cash flows que figuran en la tabla 10.1.4 no son flujos de fondos para deuda y capital (o cash flows libres), ya que falta deducir el importe de las inversiones de cada ejercicio. Por esta razón, para calcular el valor de la empresa se deduce, del valor actual de los cash flows, el valor actual de la inversiones futuras.

VESA ha utilizado para la actualización de las inversiones la tasa del 12,2%. Las inversiones anuales previstas para los años 90-94, en miles de pesetas, son las siguientes: 365.604; 135.218; 97.547; 93.505 y 194.493. El valor actual en 1989 de estas inversiones es de 670,7 millones de pesetas.

4. Exigible con coste, gastos amortizables e inmovilizado financiero

Con los cálculos que se han efectuado hasta ahora, se obtiene el valor total de

Alimensa hoy. Para llegar al valor real de las acciones (patrimonio neto), se debe restar al valor obtenido el valor de la deuda con coste que tiene actualmente la empresa, y añadir el importe de los gastos amortizables e inmovilizado financiero de la empresa.

El valor del exigible con coste se muestra en la tabla 10.1.6 en el pasivo. Los valores de los gastos amortizables y del inmovilizado financiero son los que figuran tanto en la tabla 10.1.1 como en la tabla 10.1.6.

5. Neto patrimonial real (valor de las acciones)

Siguiendo los pasos descritos hasta aquí es como Vesa ha llegado a la cifra de 3.750.227 miles de pesetas como valor del neto patrimonial real de Alimensa a 31 de agosto de 1989.

Como el neto patrimonial ajustado obtenido en la tabla 10.1.6 (con el inmovilizado material valorado a valor real de mercado) es de 2.877.275 miles de pesetas, la diferencia respecto al neto patrimonial real corresponde al fondo de comercio o *goodwill*, que resulta 872.952 miles de pesetas.

10.1.3. Cuadros del informe Vesa

Tabla 10.1.1. Valoración de Alimensa realizada por Vesa
Balances históricos en pesetas corrientes (miles de pesetas)

ACTIVO	1984	1985	1986	1987	1988	Agosto 1989
Terrenos	61.844	61.844	77.327	19.609	43.856	43.856
Edificios y otras constr.	89.903	87.655	87.800	204.187	238.891	243.726
Instalaciones especiales	13.655	13.655				
Maquinaria, utillaje	201.902	204.642	240.934	278.021	284.976	329.102
Elementos de transporte	106.913	118.890	132.373	140.856	136.112	164.615
Mobiliario y enseres	9.680	12.071	13.360	16.302	24.599	28.560
Otro inmovilizado material	286.014	392.652	521.939	715.948	1.147.151	1.187.531
Inmovilizado bruto	769.911	891.409	1.073.733	1.374.923	1.875.585	1.997.390
Amortización acumulada	172.591	193.201	203.920	230.750	293.707	316.896
Inmovilizado neto	597.320	698.208	869.813	1.144.173	1.581.878	1.680.494
Gastos amortizables	29.564	36.431	29.606	20.654	51.394	44.275
Inmovilizado financiero	44.739	101.404	76.464	75.778	10.400	10.466
Existencias	192.238	240.927	262.666	390.890	309.975	293.933
Clientes	112.217	165.777	186.659	306.219	316.204	404.559
Otros deudores	82.421	99.912	100.800	124.584	165.103	118.249
Total deudores	194.638	265.689	287.459	430.803	481.307	522.808
Cuentas financieras	1.312	874	11.224	17.120	106.063	45.213
Total activo	1.059.811	1.343.533	1.537.232	2.079.418	2.541.017	2.597.189

PASIVO	1984	1985	1986	1987	1988	1989
Capital y reservas	503.967	622.125	763.480	980.699	1.266.304	1.525.243
Exigible medio y largo plazo	194.108	206.323	236.786	282.361	239.702	233.074
Exigible corto plazo	213.425	266.025	256.164	399.308	786.746	623.488
Resultados del ejercicio	148.311	249.060	280.802	417.050	248.265	215.384
Total pasivo	1.059.811	1.343.533	1.537.232	2.079.418	2.541.017	2.597.189

Tabla 10.1.2. Valoración de Alimensa realizada por Vesa
Cuentas de resultados históricos en pesetas
corrientes (miles de pesetas)

	1984	1985	1986	1987	1988	Agosto 1989
Ventas	1.750.496	2.225.056	2.475.169	3.224.989	3.363.609	2.523.565
Ingresos financieros				928	93.257	5.831
Otros ingresos	497	454	771	2.301	32.159	52.417
Total ingresos	1.750.993	2.225.510	2.475.940	3.228.218	3.489.025	2.581.813
Consumos:						
Existencias iniciales	169.120	192.238	240.927	262.666	390.890	309.975
+ Compras	636.087	927.651	949.288	1.308.418	1.156.323	978.394
– Existencias finales	192.238	240.927	262.666	390.890	309.975	293.933
Total consumos	612.969	878.962	927.549	1.180.194	1.237.238	994.436
Gastos personal	495.985	571.295	691.253	852.825	1.075.109	860.744
Gastos financieros	27.582	40.947	60.611	89.527	117.922	53.352
Tributos	120.380	82.982	2.952	10.225	24.205	13.528
Trabajos, suministros y servicios:						
Arrendamientos y leasing	11.642	13.561	18.412	27.897	25.916	
Reparación y conservación	79.317	103.763	99.279	128.676	60.112	
Suministros	52.243	64.811	63.526	71.546	176.722	
Cánones	670	2.473	5.747	9.888	19.239	
Primas y seguros	11.743	11.516	13.363	16.562	15.223	
Otros	13.848	18.104	10.097	27.100	1.801	
Total trab. sum. y serv.	169.463	214.228	210.424	281.669	299.013	195.351
Transportes	48.965	65.195	75.501	99.855	105.405	60.020
Publicidad y propaganda	69.276	61.311	147.189	211.124	296.631	
Otros gastos	37.218	40.921	56.358	60.586	60.498	
Total	106.494	102.232	203.547	271.710	357.129	191.084
Amortización	20.842	20.611	23.871	26.831	69.671	23.181
Resultado explotación	148.313	249.058	280.232	415.382	203.333	190.117
+ Resultado extraordinario			570	1.667	44.934	25.267
Resultado total	148.313	249.058	280.802	417.049	248.267	215.384

Tabla 10.1.3. Valoración de Alimensa realizada por Vesa
Cuenta de explotación previsional (miles de pesetas constantes)

	Sept.-Dic. 1989	1990	1991	1992	1993	Agosto 1994
Ingresos	1.625.100	4.318.755	4.624.328	4.975.760	5.377.024	3.960.758
Consumos	633.789	1.615.214	1.729.499	1.860.934	2.011.007	1.481.323
Personal	430.372	1.311.027	1.317.067	1.330.238	1.343.540	904.651
Financieros	43.878	116.606	124.857	134.346	145.180	160.940
Tributos	11.472	25.000	25.000	25.000	25.000	16.667
Trabajos sumin. y serv. ext.	133.358	353.029	372.518	393.186	423.081	309.477
Transporte	48.753	129.563	138.730	149.273	161.311	118.823
Diversos	121.883	323.907	346.825	373.182	403.277	297.057
Amortización inmovilizado	14.671	42.593	41.152	38.044	35.621	22.641
Resultado antes de impuestos	186.924	401.816	528.680	671.557	829.007	703.179

Tabla 10.1.4
Valoración de Alimensa realizada por Vesa
cash flow (miles de pesetas)

	Sept.-Dic. 1989	1990	1991	1992	1993	Agosto 1994
Resultado antes de impuestos	186.924	401.816	528.680	671.557	829.007	703.179
Deducción por inversiones	170.070	135.218	97.547	93.505	194.493	122.195
Base imponible	16.854	266.598	431.133	578.052	634.514	580.984
Cuota impositiva (35%)	5.899	93.309	150.897	202.318	222.080	203.344
– Deducciones pendientes	5.899	4.173				
Resultado neto	186.924	304.334	377.783	496.239	606.927	499.835
+ Amortización	14.671	42.593	41.152	38.044	35.621	22.641
Cash flow	201.595	346.927	418.935	507.283	642.548	522.476

Tabla 10.1.5. Valoración de Alimensa realizada por Vesa
Valor sustancial y valor de la empresa dentro de cinco años (miles de pesetas)

Inmovilizado material V.R.M. (agosto 1989)	2.817.142
+ Nuevas inversiones	886.367
– Depreciación de inversiones existentes	898.748
– Depreciación nuevas inversiones	168.309
	2.636.452
+ Circulante neto (1994)	1.778.789
= Total activo neto al final del periodo	4.415.241
– Inmovilizado no operativo	14.238
Valor Sustancial (Vs)	**4.401.003**

$W = Vs + An\neg i\ (R - i'\ Vs)$. $W = Valor\ de\ la\ empresa = 5.446.723\ miles\ de\ pta.$
$An\neg i$ = Valor actual de una renta unitaria [n = 5 años a la tasa i (12,20%)] = 3,587
i' = Tasa de rendimiento = 9,33%
R = Resultado último ejercicio (anual) = 702.144 miles de pta.

Tabla 10.1.6.
Valoración de Alimensa realizada por Vesa
Balance ajustado (mediante valoración del inmovilizado material)
AL 31-8-89 (miles de pesetas)

ACTIVO		PASIVO	
Inmovilizado material	2.817.142	Neto patrimonial	?
Inmovilizado financiero	10.466	Exigible c/c	301.219
Gastos amortización	44.275	Exigible s/c	555.342
Existencias	293.933		
Deudores	547.022		
Tesorería	20.998		
TOTAL ACTIVO	3.733.836	TOTAL PASIVO	3.733.836

NETO PATRIMONIAL AJUSTADO: 2.877.275

Tabla 10.1.7. Valoración de Alimensa realizada por Vesa
Determinación de las tasas de rendimiento
y actualización

Tasa base de rendimiento s/activo neto, antes de impuestos	13,33%
Tasa base de rendimiento s/activo neto, después de impuestos	9,33%
INCREMENTO DE TASA	
Aumento de tasa por bloqueo de capitales	1,00%
Aumento de tasa por riesgo general de empresa	1,87%
Tasa de capitalización sobre resultado neto	12,20%
Amortización sobre activo neto	5,28%
Tasa de actualización s/cash flow	17,48%

Tabla 10.1.8. Valoración de Alimensa realizada por Vesa
Valoración económica (miles de pesetas)

	Sept.-Dic. 1989	1990	1991	1992	1993	Agosto 1994
Cash flow	201.595	346.927	418.935	507.283	642.548	522.476
Valor actual cash flow	190.495	279.047	286.828	295.639	318.752	233.478
Δ Valor actual cash flow	1.604.239					
+ Valor actual valor residual	3.063.169					
– Valor inversiones	670.703 (Valor actual neto de las inversiones al 12,2%)					
Valor actual de la empresa	3.996.705					
– Exigible con coste	301.219					
+ Gastos amortizables	44.275					
+ Inmovilizado financiero	10.466					
= Neto patrimonial real	**3.750.227** VALOR DE LAS ACCIONES					
– Neto patrimonial ajustado	2.877.275					
Goodwill	**872.952**					

Tabla 10.1.9. Valoración de Alimensa realizada por Vesa
Balance ajustado de Alimensa al 31 de agosto
de 1989 (miles de pesetas)

ACTIVO		PASIVO	
Inmovilizado material	2.817.142	Neto patrimonial	3.750.227
Inmovilizado inmaterial (goodwill)	872.952	Exigible con coste	301.219
Inmovilizado financiero	10.466	Exigible sin coste	555.342
Gastos amortizables	44.275		
Existencias	293.933		
Deudores	547.022		
Tesorería	20.998		
TOTAL ACTIVO	4.606.788	TOTAL PASIVO	4.606.788

Tabla 10.1.10. Valoración de Alimensa realizada por Vesa
Condiciones generales de servicio

Los servicios prestados por Valoración de Empresas, S.A., han sido realizados de acuerdo con los métodos profesionales de valoración generalmente aceptados.

Nuestra compañía ha actuado como consultor independiente, no estando nuestra conclusión de valor condicionada, en forma alguna, por el importe de nuestros honorarios.

Todos los documentos, notas de trabajo o archivos generados en el curso de este estudio quedan en propiedad de nuestra compañía. Valoración de Empresas, S.A., conservará dicha información durante el periodo de, al menos, cinco años.

Nuestra valoración será válida sólo para el propósito indicado en este informe. Cualquier otra utilización por parte de ustedes o de terceros resultaría nula. De igual forma ustedes pueden mostrar nuestro informe a partes interesadas fuera de su organización, sin embargo, se avienen a no referir el nombre de nuestra sociedad o nuestro informe, en su totalidad o en parte, en documentos distribuidos a terceros sin el consentimiento escrito de Valoración de Empresas, S.A. Mantendremos por nuestra parte, la confidencialidad de todas las conversaciones, documentación recibida y la de nuestro informe, salvo requerimiento judicial.

Las condiciones aquí expresadas sólo podrían ser modificadas por escrito y suscritas por ambas partes.

Anexo 10.2. Valoración realizada por B de Valoraciones

Sumario del anexo 10.2
10.2.1. Resumen, resultado y explicación del método
10.2.2. Análisis de sensibilidad
10.2.3. Supuesto base para la valoración
Explicación de las cifras del informe de B de Valoraciones
10.2.4. Supuesto base para la valoración
Cuadros

10.2.1. Resumen, resultado y explicación del método

RESUMEN DE LA VALORACIÓN

El resultado principal de la valoración efectuada de las acciones de Alimensa es el siguiente:

> Valor de las acciones de Alimensa, en la fecha 31/12/1989,
> suponiendo la CONTINUIDAD DE LA EMPRESA según las hipótesis
> del SUPUESTO BASE: **1.407 millones de pesetas**.

Este resultado se obtiene para el denominado supuesto base (contenido en los puntos 10.2.3 y 10.2.4 del anexo 10.2), que incluye las previsiones que afectan el valor de Alimensa que nos parecen más plausibles.

Las proyecciones se han realizado con tres criterios fundamentales:

- Coherencia interna entre las magnitudes de los distintos parámetros previstos. Así, por ejemplo, no sería muy razonable una disminución radical de la plantilla cuando se prevé que las ventas aumenten moderadamente.
- Previsión conservadora. Las proyecciones no contemplan el mejor escenario futuro posible, sino que se sitúan en un punto medio entre lo que con frecuencia se denominan «escenario óptimo» y «escenario catastrófico».
- Relación y proporción lógicas con los datos históricos. Dado que el negocio de Alimensa no parece que vaya a sufrir una transformación radical en los próximos años, las proyecciones del supuesto base guardan una relación lógica con los datos históricos. Un efecto derivado de esta evolución en el mix de ventas es la reducción del margen variable por unidad.

El siguiente apartado incluye un análisis de sensibilidad que permite comprobar cuánto afecta al valor de las acciones de Alimensa (a la cifra de 1.407 millones de pesetas) una variación en alguno de los parámetros previstos en el supuesto base.

El método utilizado para valorar las acciones de Alimensa es el descuento del cash flow generado por la empresa disponible para las acciones (recursos generados por la empresa que corresponden a los propietarios de las acciones). Este es el método más apropiado (cuando –como en el caso de valorar las acciones de Alimensa– no se pueden utilizar técnicas de arbitraje) para valorar cualquier empresa y, en general, cualquier activo no derivado.

A pesar de lo apuntado, y dado que el PER es un criterio muy utilizado en nuestro país para valorar acciones, calculamos el PER (con el beneficio ajustado de 1989) que corresponde al valor que hemos asignado a las acciones de Alimensa (1.407 millones de pesetas): 8,22. El PER con el beneficio esperado en 1990 resultaría más elevado, como consecuencia del descenso de las ventas en el presente año.

La cifra de 1.407 millones de pesetas incluye el valor de las «Acciones y Participaciones» que aparecen en el activo de Alimensa.

El valor contable a 31/12/1989 de esta cuenta era 10,5 millones de pesetas y la hemos valorado en 25 millones de pesetas.

Se ha calculado el valor de las acciones a 31/12/1989. Para calcular el valor de las acciones en cualquier fecha posterior, el cálculo es muy sencillo. Por ejemplo, para calcular el valor de las acciones el día 30 de junio de 1990, la operación a realizar sería: (1.407 – dividendos repartidos en 1990) × 1,09. Así se obtendría el valor de las acciones el día 30 de junio de 1990 en millones de pesetas.

No asumimos responsabilidad alguna sobre el estado de dominio y cargas que pudieran afectar a las propiedades objeto del presente trabajo.

10.2.2. Análisis de sensibilidad

Los números que siguen permiten comprobar la influencia de una variación (con respecto a las proyecciones que contiene el Supuesto base) en alguno de los parámetros que más repercuten en el valor de las acciones de la empresa Alimensa.

Impacto en el valor de las acciones de Alimensa, en más (o en menos), de los siguientes cambios relativos al supuesto base.

	millones de pesetas
• El precio de venta aumenta un 1% más en 1991	214
• El volumen de ventas aumenta en 1991 un 1% más con respecto a 1990 (5,78% en lugar de 4,78%)	112
• El precio de la materia prima X aumenta un 1% más en 1991	(39)
• La plantilla aumenta en 10 empleados en 1992 y 1995	(83)
• Las cuentas a cobrar suponen el 10% de las ventas (en lugar del 11%)	68

- El coste del capital (la tasa de descuento para actualizar los flujos futuros)
  es del 17% (en lugar del 18%)   155

- Los cash flows de los años 2000 y siguientes crecen un 6%
  (en lugar de un 4%)   126

- Las inversiones en maquinaria son 10 millones de pesetas superiores en
  1991 (y en los años siguientes, pues crecen al 5% anual)   (54)

- Las materias primas aumentan un 5,5% (en lugar de un 6%)   305

10.2.3. Supuesto base para la valoración

Explicación de las cifras del informe de B de Valoraciones

Las siguientes tablas contienen todas las proyecciones y cálculos que justifican el valor de 1.407 millones de pesetas que hemos asignado a las acciones de Alimensa.
Hemos denominado a este conjunto de proyecciones y cálculos supuesto base.

TABLA 10.2.1. RESUMEN
Muestra los datos más significativos que se han utilizado en las proyecciones para alcanzar el valor de las acciones estimado en 1.407 millones de pesetas.
Las dos primeras líneas se refieren a la proyección de ventas. La primera línea muestra las ventas previstas en miles de unidades. La segunda línea muestra el aumento porcentual de las ventas anuales
Las nueve líneas siguientes muestran los crecimientos de los precios de venta y de los costes. El crecimiento del precio de venta medio es la media aritmética del crecimiento de los precios para cada formato. El crecimiento del precio de venta ponderado es la media ponderada (por el número de unidades) del aumento anual de precios. El crecimiento anual de materias primas corresponde al incremento considerado en los costes de materia prima X, azúcar... El coste ponderado por unidad refleja la incidencia de los aumentos de precio de las materias primas en el coste promedio por unidad. Obsérvese que el coste ponderado por unidad aumenta anualmente más que las materias primas. Esto es debido a que en la proyección de ventas hemos supuesto que aumentarán más (o disminuirán menos) las ventas de formatos comparativamente más costosos. La siguiente línea muestra el aumento de los costes de personal. El aumento de costes por empleado es igual al aumento de los costes de personal porque se ha supuesto una plantilla constante de 335 empleados. Las tres siguientes líneas: trabajos y servicios exteriores, transportes y fletes, y gastos diversos, constituyen agrupaciones que coinciden con las de la contabilidad de Alimensa.
Hemos considerado que el régimen especial de impuestos sobre beneficios que afecta en la actualidad a Alimensa se irá ajustando paulatinamente al régimen de impuestos habitual (35%).

Las inversiones se refieren a compras de maquinaria, mejoras de edificios, compra de elementos de transporte, mobiliario y equipo informático.

Hemos previsto unas mermas de producción del 1%, cifra normal en este tipo de negocios.

El número más importante es el valor actual de las acciones de ALIMENSA, que resulta de actualizar los flujos futuros (cash flow) generados por la empresa que corresponden a las acciones, utilizando una tasa de descuento del 18%. Además supone un crecimiento del 4% (sobre el cash flow de 1999) para los flujos de fondos de los años 2.000 y posteriores.

Con estos supuestos, en la fecha 31/12/1989, el valor actual de las acciones de Alimensa, suponiendo la CONTINUIDAD DE LA EMPRESA, es 1.407 millones de pesetas.

TABLA 10.2.2. BALANCE (Sin reparto de dividendos). ACTIVO

En esta tabla se señalan las partidas de activo que componen el balance.

Las cuentas del activo evolucionarán (a partir de 1990) de la siguiente manera:

Caja: La caja necesaria para el funcionamiento de la empresa aumenta anualmente en una cantidad igual al cash flow del año.

Las cuentas a cobrar, los stocks y los deudores diversos. Consideramos que las cuentas a cobrar a fin de 1990 representarán el 11% de las ventas totales del año, los stocks el 9% y los deudores diversos el 1,2%. Estos porcentajes son totalmente equivalentes a hacer un cálculo en base a los días de cobro para las cuentas a cobrar, y de días de materias primas en almacén y días de venta para los stocks.

Personal: Crece anualmente un 5%.

Hacienda: Crece anualmente un 5%.

Acciones y participaciones: Se mantiene la cifra de 31/12/1989

Ajustes por periodificación: Se mantiene la cifra de 31/12/1989.

Las partidas de activo fijo bruto consideradas en el balance se modifican anualmente en base a las Inversiones y activos Retirados que se indican en tablas posteriores. Los saldos anuales se calculan sumando (partida por partida) a los saldos del año anterior las nuevas inversiones en activo fijo y restando las cantidades correspondientes a activos retirados.

Amortización acumulada: La amortización acumulada de cada año se calcula en la tabla 10.2.3.

Gastos amortizables: El saldo de gastos amortizables de cada año se calcula en la tabla 10.2.3.

TABLA 10.2.3. ACTIVO FIJO. AMORTIZACIÓN ANUAL Y ACUMULADA

Activo fijo bruto: Los saldos de 1988 y 1989 son los de la contabilidad de ALIMENSA y los saldos de los años posteriores son las estimaciones que resultan después de aplicar el plan de inversiones y de activos retirados.

Amortización anual: Se calcula aplicando los siguientes porcentajes sobre el activo fijo bruto: edificios 3% ; maquinaria 9% ; elementos de transporte 14%; mobiliario 10% ; equipo informático 15% ; y otros 10%.

Amortización acumulada: Es la amortización acumulada del año anterior más la amortización del año menos la amortización correspondiente a los activos retirados en el año.

Gastos amortizables: (incluye compromisos de leasing existentes en 1990). Corresponden a aquellos gastos que no se imputan en su totalidad en la cuenta de explotación. En la actualidad los gastos amortizables incluyen los compromisos de leasing que se mantendrán hasta que se agoten las obligaciones derivadas de los compromisos existentes a principios de 1990. Se han supuesto 10 millones anuales de adiciones a estos gastos amortizables que se irán amortizando paulatinamente.

TABLA 10.2.4. ACTIVO FIJO. INVERSIONES Y ACTIVOS RETIRADOS INVERSIONES

Las inversiones previstas para 1990 corresponden con las del plan de Alimensa. Las inversiones de los últimos años (1987 hasta 1989) superaron todos los años los 200 millones de pesetas. En el futuro (a partir de 1991) no serán necesarias unas inversiones tan elevadas.

A partir de 1991 se supone un aumento de la inversión del 5% anual. La inversión anual se sitúa por encima de los 150 millones de pesetas, cantidad que es más que suficiente para asegurar la buena conservación del equipo productivo y su reposición cuando fuera necesario, el buen estado de la flota de venta y distribución, unas adecuadas instalaciones, y el mantenimiento del equipo informático.

Activos retirados: Es una previsión de los activos totalmente amortizados que se retirarán de los libros. Se supone que estos activos se retiran y que su valor residual es nulo. Ésta es otra hipótesis conservadora de este trabajo. Si los activos retirados tuviesen algún valor residual, éste, una vez deducidos los correspondientes impuestos y actualizado, se habría de sumar al valor que hemos asignado a las acciones de Alimensa.

TABLA 10.2.5. BALANCE (Sin reparto de dividendos). PASIVO

Pasivo circulante: Se supone que las cuentas que lo componen evolucionarán según los porcentajes que aparecen en la parte inferior de la tabla. Así los proveedores se consideran un 25% del coste de las mercancías vendidas. Los acreedores seguirán suponiendo el 3% de otros gastos, de trabajos y suministros exteriores, y de las inversiones realizadas cada año. La partida otras cuentas a pagar supondrá el 12% de los mismos conceptos.

La cuenta de ajustes por periodificación se supone que tendrá un saldo constante, tal como hicimos en la cuenta ajustes por periodificación del activo.

Deuda a corto: Se supone que a partir de 1990 toda la deuda se transformará en deuda a largo.

Deuda a largo y medio: Se supone que se mantendrá constante.

Capital: Hemos supuesto que no habrá ampliaciones de capital en el futuro.

Otras reservas: Se supone que no aumentarán a partir de 1990.

Reserva legal...: Las reservas aumentarán en la cantidad del beneficio de cada año ya que este balance está realizado bajo la hipótesis de que no se reparten dividendos.

Intereses: Los intereses derivados de la deuda a largo y medio y de los clientes descontados, componen el total de intereses. Hemos supuesto que la empresa seguirá descontando parte del papel que obtenga de sus clientes, y que el tipo de descuento será del 14%.

TABLA 10.2.6. CUENTA DE RESULTADOS (miles de pesetas)

La cuenta de resultados muestra todas las partidas que hemos analizado en las tablas precedentes.

Se supone que el porcentaje de impuestos sobre beneficios que habrá de soportar Alimensa aumentará y que la empresa perderá los privilegios derivados del fondo de previsión para inversiones. Su tasa impositiva se irá aproximando paulatinamente al 35%, cifra que se prevé que habrá de pagar la empresa a partir de 1995.

TABLA 10.2.7. CASH FLOW DISPONIBLE PARA LAS ACCIONES

Una vez obtenidos los balances y las cuentas de resultados podemos proceder a la valoración de Alimensa. Para ello se ha calculado el cash flow disponible para las acciones. En la mitad de la tabla puede verse el cash flow disponible para las acciones entre 1990 y 1999.

Hemos realizado el ejercicio de valoración para distintas tasas de descuento que varían desde el 14% hasta el 20%. Estas tasas de descuento son las que permitirán actualizar los flujos futuros.

La primera columna de la parte inferior de la tabla indica el tipo de descuento aplicado a los cash flow futuros de 1990 en adelante. La primera columna representa el valor actual neto en pesetas del final de 1989 de los flujos generados por Alimensa para sus accionistas en el período 1990–1999.

Pero la empresa generará flujos también a partir de 1999. Para calcular el valor de estos flujos hemos de suponer el crecimiento que tendrán los mismos con respecto al flujo de 468 millones que esperamos que genere Alimensa en 1999. Esto es precisamente lo que indican las tres siguientes columnas. VAN(1989) del valor residual es el valor actual neto en 1989 de los flujos que genera Alimensa en los años 2000 y siguientes. La primera columna representa que dichos flujos crecerán a razón de 2% anual con respecto al flujo de 468 millones generado en 1999. La segunda columna supone que crecerán al 4% y la tercera al 6%.

Además, hemos de considerar algunos activos que tiene Alimensa y que no son necesarios para la obtención del cash flow disponible para las acciones. Hemos estimado el valor de mercado de estos activos en 25 millones de pesetas.

Las últimas tres columnas corresponden a la suma de las anteriores. El valor actual de las acciones será igual al valor actual neto de los flujos que genera la empresa entre 1990 y 1999, más el valor actual neto del valor residual después de los flujos que generará la empresa en los años 2000 y siguientes, más el valor de mercado de los activos no necesarios para la generación de los flujos anteriormente mencionados.

Podemos considerar a Alimensa como una empresa con riesgo moderado. Una tasa de descuento del 18% nos parece más que suficiente para actualizar los flujos futuros de Alimensa. Nótese que este 18% viene muy influenciado por un hecho coyuntural como es el que los tipos de interés de la deuda del Estado en España son –por condicionamientos coyunturales de la política económica– muy superiores a la tasa de inflación. Así, con una tasa de inflación próxima al 7%, el tipo de interés sin riesgo se puede considerar en la actualidad alrededor del 14%. Esta situación, evidentemente, no es de equilibrio. Existen muchos estudios que calculan el diferencial de la tasa de interés sin riesgo por encima de la inflación: este diferencial se sitúa históricamente en promedio alrededor de un 3%. La tasa de descuento afecta tanto a los flujos que se obtendrán en el próximo año como a los flujos que se obtendrán en el año 1997 y en el año 2000 y en los años siguientes. Dado que hemos considerado un aumento de precios de venta inferior al 5% y un aumento de los costes del 5% (en general una inflación del 5%) sería ilógico considerar que la tasa sin riesgo se va a mantener al 14% en todos los años citados. Por consiguiente, si considerásemos un 3% de diferencial de la tasa sin riesgo sobre la inflación nos quedaría una tasa de interés sin riesgo media del 8%. Utilizando una tasa de descuento (o coste de los recursos propios para Alimensa) del 18%, estamos adoptando una prima por riesgo del 10%, la cual es claramente muy elevada.

Aunque las líneas anteriores puedan parecer poco «científicas», su único objetivo es aclarar que el 18% que vamos a considerar como tasa de descuento para actualizar el cash flow generado por Alimensa es una cifra elevada.

En cuanto a la tasa de crecimiento del cash flow disponible para las acciones en los años 2000 y siguientes nos parece apropiado considerar (dada la línea conservadora que se ha escogido para realizar este trabajo) utilizar un 4%. Nótese que el cash flow entre los años 1996 y 1999 crece por encima de un 6%.

Con estos supuestos, consideramos como **valor apropiado para las acciones de Alimensa,** suponiendo la continuidad de la empresa, la cifra de **1.407 millones de pesetas**.

La medida de la riqueza generada por la empresa es, como bien es sabido de todos, el cash flow y no el beneficio. El beneficio es una cifra contable mientras que el cash flow es la cifra financiera que expresa los recursos generados por la empresa.

OTROS CRITERIOS DE VALORACIÓN

Un criterio muy utilizado para valorar acciones (aunque presenta muchas limitaciones) es el PER. El PER que corresponde al valor que hemos asignado a las acciones de Alimensa (1.407 millones de pesetas) es 9,0. Como el beneficio después de impuestos de 1989 fue 265 millones de pesetas, el PER que corresponde al valor de 1.407 millones es de 1.407 / 265 = 5,3. Este PER es muy bajo para cualquier tipo de empresa.

Ajustando este PER con las amortizaciones de 93.9 millones de pesetas que se deberían de haber realizado (ver informe de auditores para 1989) resulta un PER de (1.407 / 171) = 8,2, que es más apropiado para este tipo de negocio.

Sin embargo, el PER más relevante es Valor/Beneficio esperado en 1990. Como quiera que –debido a la disminución de las ventas de 1990– prevemos que la empresa reportará pérdidas, el PER no es un criterio útil para la valoración de Alimensa.

10.2.4. SUPUESTO BASE PARA LA VALORACIÓN. Tablas

Tabla 10.2.1. Valoración de Alimensa. Resumen del supuesto base.

	1990	1991	1992	1993	1994	1995	1996	1997	1998	1999
CRECIMIENTO ANUAL DE VENTAS, PRECIOS Y COSTES										
Ventas (unidades)	– 11%	4,78%	5,21%	5,36%	5,27%	5,36%	5,24%	5,73%	6,08%	6,49%
Precio de venta (medio)	6,0%	4,8%	4,3%	4,3%	4,3%	4,3%	4,3%	4,3%	4,3%	4,3%
Precio de venta (pond.)	4,8%	5,2%	4,1%	4,0%	4,0%	3,9%	3,9%	3,8%	3,8%	3,7%
Materias primas	6,4%	6%	6%	6%	6%	6%	6%	6%	6%	6%
Coste ponderado por unidad	9,4%	8,9%	10,4%	9,6%	8,8%	8,4%	8,1%	7,9%	7,7%	7,5%
Personal	8,8%	8%	7%	7%	7%	7%	7%	7%	7%	7%
Por empleado	12%	8%	7%	7%	7%	7%	7%	7%	7%	7%
Trabajos y ser. exteriores	4,3%	2,2%	5%	5%	5%	5%	5%	5%	5%	5%
Transportes y fletes	5%	5%	5%	5%	5%	5%	5%	5%	5%	5%
Gastos diversos	5%	5%	5%	5%	5%	5%	5%	5%	5%	5%
Impuestos	7%	15%	20%	25%	30%	35%	35%	35%	35%	35%
Publicidad (millones pta.)	146	153	161	169	177	186	195	205	215	226
Inversiones (millones pta.)	155	163	171	179	188	198	208	218	229	240

VALOR ACTUAL DE LAS ACCIONES = 1.407 millones de pesetas
(tasa de descuento = 18% y crecimiento a partir del 2002 = 4%)

Tabla 10.2.2. ACTIVO (millones)

ACTIVO	1989	1990	1991	1992	1993	1994	1995	1996	1997	1998	1999
Caja	34	34	34	34	34	34	34	34	34	34	34
Cuentas a cobrar	435	407	459	515	576	639	709	782	866	959	1.064
Stocks	364	333	376	421	471	523	580	640	708	784	870
Deudores diversos	49	44	50	56	63	70	77	85	94	105	116
Personal	11	10	11	11	12	12	13	13	14	15	16
Hacienda	17	15	16	17	17	18	19	20	21	22	23
Circulante	909	844	945	1.054	1.173	1.297	1.432	1.575	1.738	1.918	2.123
Acciones y participaciones	10	10	10	10	10	10	10	10	10	10	10
Ajustes por periodificación	9	9	9	9	9	9	9	9	9	9	9
Terreno	44	44	44	44	44	44	44	44	44	44	44
Edificios	469	489	510	532	555	580	605	632	660	690	721
Maquinaria	927	992	1.060	1.132	1.207	1.286	1.369	1.456	1.547	1.643	1.744
Elementos transporte	423	438	454	471	488	506	525	545	566	589	612
Mobiliario	30	35	40	46	52	58	64	71	78	85	93
Equipo informático	6	9	12	16	19	23	26	30	35	39	44
Otros	215	230	246	262	280	298	317	337	358	380	404
Amort. acumulada	− 351	− 502	− 661	− 830	− 1.010	− 1.201	− 1.403	− 1.617	− 1.844	− 2.083	− 2.337
Activo fijo neto	1.762	1.735	1.705	1.671	1.634	1.593	1.548	1.498	1.445	1.387	1.324
Gastos amortizables	86	79	73	68	65	62	59	57	56	55	54
TOTAL ACTIVO	2.776	2.677	2.743	2.813	2.890	2.970	3.059	3.150	3.258	3.379	3.519
Clientes descontados	121	185	209	234	262	291	322	356	394	436	483

En porcentaje de las ventas, las cuentas a cobrar suponen un 11%, los stocks un 9%, los deudores diversos un 1,2% y los clientes descontados un 5%.

Tabla 10.2.3. Activo fijo: amortización anual y amortización acumulada

	1989	1990	1991	1992	1993	1994	1995	1996	1997	1998	1999
AMORTIZACIÓN AÑO											
Edificios	7	14	15	15	16	17	17	18	19	20	21
Maquinaria	18	83	89	95	102	109	116	123	131	139	148
Elementos transporte	8	59	61	64	66	68	71	74	76	79	82
Mobiliario	2	3	4	4	5	5	6	6	7	8	9
Equipo informático	0	1	1	2	2	3	3	4	5	5	6
Otros	23	21	23	25	26	28	30	32	34	36	38
AMORTIZACIÓN AÑO	58	182	193	205	217	230	243	257	272	287	303
AMORTIZACIÓN acumulada	351	502	661	830	1.010	1.201	1.403	1.617	1.844	2.083	2.337

GASTOS AMORTIZABLES (incluye compromisos de leasing existentes en 1990)

Valor inicial	51	86	79	73	68	65	62	59	57	56	55
Adiciones	34	10	10	10	10	10	10	10	10	10	10
Amortización	0	17	16	15	14	13	12	12	11	11	11
Valor final	86	79	73	68	65	62	59	57	56	55	54

Tabla 10.2.4. Activo fijo: inversiones y activos retirados

INVERSIONES	1989	1990	1991	1992	1993	1994	1995	1996	1997	1998	1999
Edificios	28	20	21	22	23	24	26	27	28	30	31
Maquinaria	86	80	84	88	93	97	102	107	113	118	124
Elementos transporte	31	30	32	33	35	36	38	40	42	44	47
Mobiliario	5	7	7	8	8	9	9	9	10	10	11
Equipo informático	5	3	3	3	3	4	4	4	4	4	5
Otros	56	15	16	17	17	18	19	20	21	22	23
TOTAL INVERSIONES	212	155	163	171	179	188	198	208	218	229	240
ACTIVOS RETIRADOS											
Maquinaria	0	15	16	17	17	18	19	20	21	22	23
Elementos transporte	0	15	16	17	17	18	19	20	21	22	23
Mobiliario	0	2	2	2	2	2	3	3	3	3	3
TOTAL RETIRADOS	0	32	34	35	37	39	41	43	45	47	50

	1986	1987	1988
Inversiones	182	301	411

Tabla 10.2.5. Pasivo (millones)

	1989	1990	1991	1992	1993	1994	1995	1996	1997	1998	1999
Proveedores	309	362	413	480	555	635	725	825	941	1.075	1.231
Acreedores	22	21	21	22	24	25	26	27	29	30	32
Otras cuentas a pagar	80	101	105	110	116	122	128	134	141	148	155
Circulante	412	484	540	613	694	782	879	987	1.111	1.254	1.418
Deuda a corto	338	0	0	0	0	0	0	0	0	0	0
Ajustes por periodificación	3	3	3	3	3	3	3	3	3	3	3
Deuda a largo y medio	254	592	592	592	592	592	592	592	592	592	592
Capital	127	127	127	127	127	127	127	127	127	127	127
Reservas	1.642	1.471	1.481	1.478	1.474	1.466	1.457	1.442	1.425	1.404	1.379
Recursos propios	1.769	1.598	1.608	1.605	1.601	1.593	1.584	1.569	1.552	1.531	1.506
TOTAL PASIVO	2.776	2.677	2.743	2.813	2.890	2.970	3.059	3.150	3.258	3.379	3.519

Los intereses se han calculado suponiendo intereses del 11,4% sobre la deuda y un coste del descuento del 14%.

Tabla 10.2.6. Cuenta de resultados (millones)

	1989	1990	1991	1992	1993	1994	1995	1996	1997	1998	1999
Ventas netas	3.848	3.703	4.176	4.683	5.235	5.813	6.446	7.112	7.872	8.714	9.670
Otros ingresos	17	18	19	20	21	22	23	25	26	27	28
Ingresos financieros	13	1	1	1	1	1	1	1	1	1	1
Costes variables	1.485	1.449	1.654	1.922	2.219	2.542	2.902	3.300	3.765	4.301	4.925
Personal	1.254	1.364	1.474	1.577	1.687	1.805	1.932	2.067	2.211	2.366	2.532
Trabajos y servicios ext.	324	338	345	363	381	400	420	441	463	486	510
Transportes y fletes	121	127	133	140	147	154	162	170	179	188	197
Gastos diversos	214	224	236	247	260	273	286	301	316	331	348
Amortizaciones y prov.	61	199	209	219	230	242	255	269	283	298	314
Intereses	89	93	97	100	104	108	113	117	123	128	135
Tributos	34	36	37	39	41	43	45	48	50	53	55
Resultados extraordinarios	− 32	0	0	0	0	0	0	0	0	0	0
Beneficio antes impuestos	265	− 108	12	97	189	269	356	426	510	591	683
Impuestos	0	0	2	19	47	81	125	149	178	207	239
% impuestos	0%	7%	15%	20%	25%	30%	35%	35%	35%	35%	35%
BENEFICIO NETO	265	− 108	10	78	142	188	231	277	331	384	444
Dividendos	50	64	0	81	145	196	240	292	348	405	468
A reservas	215	− 172	10	− 3	− 3	− 8	− 9	− 16	− 17	− 22	− 24

Tabla 10.2.7. Cash flow disponible para las acciones y valoración (millones)

	1989	1990	1991	1992	1993	1994	1995	1996	1997	1998	1999
Beneficio neto	265	– 108	10	78	142	188	231	277	331	384	444
+ Amortización	58	199	209	219	230	242	255	269	283	298	314
– Aumento NOF	– 209	138	– 46	– 36	– 38	– 36	– 38	– 35	– 38	– 38	– 40
– Devolución deuda	53	0	0	0	0	0	0	0	0	0	0
– Aum. gastos amortizables	– 34	– 10	– 10	– 10	– 10	– 10	– 10	– 10	– 10	– 10	– 10
– Inversiones activo fijo	– 212	– 155	– 163	– 171	– 179	– 188	– 198	– 208	– 218	– 229	– 240
– Aumento de caja en 1989	102	0	0	0	0	0	0	0	0	0	0
– Aumento de periodificac.	10	0	0	0	0	0	0	0	0	0	0
Cash flow disponible para las acciones	**32**	**64**	**0**	**81**	**145**	**196**	**240**	**292**	**348**	**405**	**468**
Aumento anual		96%	– 99%	191	80%	35%	23%	22%	19%	17%	15%

Tasa de descuento Ke (%)	VAN (1989) 1990-1999 (millones)	VAN del valor residual (millones de pesetas)			Activos no necesarios (millones)	Valor de las acciones (millones de pesetas)		
		g = 2%	g = 4%	g = 6%		g = 2%	g = 4%	g = 6%
14%	898	1.073	1.313	1.673	25	1.996	2.236	2.596
15%	765	908	1.094	1.363	25	1.773	1.959	2.228
16%	801	773	919	1.125	25	1.599	1.745	1.951
17%	758	662	779	938	25	1.445	1.562	1.721
18%	**718**	570	**664**	790	25	1.313	1.407	1.533
19%	681	493	570	670	25	1.199	1.276	1.376
20%	646	428	491	572	25	1.099	1.162	1.243

Resumen

A partir del estudio de este capítulo podemos afirmar de nuevo que el método más apropiado para valorar una empresa es el descuento de los flujos de fondos futuros esperados, ya que el valor de las acciones depende de la capacidad de la empresa para generar flujos de dinero para los propietarios de las mismas.

Los principales errores que se presentan en la primera valoración parten de considerar métodos contables, utilizar el cash flow contable en lugar del CFac o FCF, etc., el cálculo poco preciso de los flujos previstos así como de la tasa de descuento apropiada, entre otros.

Conceptos clave

Valor
Precio
Cash flow contable
Cash flow disponible para las acciones (CFac)

Free cash flow (FCF)
Tasa de descuento
Fondo de comercio o *goodwill*
PER

Tercera parte

La creación de valor
y la valoración de empresas

Capítulo 11

Medidas de creación de valor: EVA, Beneficio Económico, MVA, CVA, CFROI y TSR[1]

Un deber de las empresas es «crear valor» para sus empleados, para sus clientes, para sus accionistas, para sus proveedores y para el estado.

En este capítulo se describen y analizan una serie de parámetros propuestos para medir la «creación de valor» de una empresa para sus accionistas. Los parámetros[2] que se analizan son:

- El EVA (*economic value added*), que es[3] el beneficio antes de intereses menos el valor contable de la empresa multiplicado por el coste promedio de los recursos.
- El BE (*beneficio económico*),[4] que es el beneficio contable menos el valor contable de las acciones multiplicado por la rentabilidad exigida a las acciones.
- El MVA[5] (*market value added*) pretende medir la creación de valor de una empresa, entendiendo como tal la diferencia entre el valor de mercado de las acciones de la empresa y el valor contable de las mismas (o inversión inicial).
- El CVA (*cash value added*), que es[6] el beneficio antes de intereses más la amortización menos la amortización económica menos el coste de los recursos utilizados.

---

1. Debo agradecer a mis colegas, los profesores Josep Faus, Mª Jesús Grandes y Toni Dávila sus atinados comentarios que me ayudaron a mejorar este capítulo.

2. EVA es una marca registrada de Stern Stewart & Co. Algunas consultoras españolas utilizan las expresiones VAG (valor anual generado), VEA (valor económico añadido), VEG (valor económico generado) y VEC (valor económico creado) en lugar de EVA. CVA, CFROI, TSR y TBR son medidas propuestas por el Boston Consulting Group.

3. Según la definición de Stern Stewart & Co. Véase página 192 de su libro *The Quest for Value. The EVA Management Guide.* Harper Business. 1991.

4. En inglés *residual income* o *economic profit*. Véase página 317 del libro de la consultora Marakon Associates: McTaggart, J. M., P. W. Kontes y M. C. Mankins, *The Value Imperative*, Free Press. 1994.

5. MVA *(Market Value Added)* se puede traducir literalmente como Valor de Mercado Añadido y corresponde a la diferencia entre el valor de mercado de las acciones y su valor contable.

6. Según la definición del Boston Consulting Group. Véase *Shareholder Value Metrics*. 1996. Booklet 2, página 16.

– El CFROI (*cash flow return on investment*)[7] es la rentabilidad interna de la inversión sin tener en cuenta la inflación.
– TSR (*total shareholder return*) es la rentabilidad del accionista, que se compone de los dividendos que recibe y de la apreciación de las acciones. TBR (*total business return*) es también la rentabilidad del accionista (hipotética) en empresas que no cotizan en bolsa y en divisiones de empresas.

Muchas empresas (Coca Cola, Bank of America, Monsanto, entre otras) utilizan el EVA, BE o CVA, en lugar del beneficio contable, para evaluar la gestión de directivos o de unidades de negocio y como parámetro de referencia para la remuneración de los directivos. Según la revista CFO Magazine (octubre, 1996), 25 empresas utilizaban el EVA en 1993 y 250 en 1996. En este sentido, la ventaja del EVA, BE y CVA sobre el beneficio es que tienen en cuenta los recursos utilizados para obtener el beneficio y también el riesgo de esos recursos. La revista Forbes (20 de mayo de 1996) publicó que la remuneración media de los directores generales de las 800 mayores empresas de Estados Unidos se componía del siguiente modo: 41% sueldo fijo, 29% bonus relacionado con los beneficios y 30% opciones y otros incentivos a largo plazo.
En este capítulo se muestra que la pretensión de que el BE, el EVA o el CVA midan la «creación de valor» de la empresa en cada periodo[8] es un tremendo error: estos parámetros pueden ser útiles para medir la gestión de los directivos y de las unidades de negocio, pero no tiene ningún sentido dar al BE, EVA o CVA el significado de creación de valor en cada periodo.
También se demuestra que el valor actual del BE, del EVA y del CVA coincide con el MVA. Por esto, también se puede valorar empresas actualizando el EVA, el BE o el CVA, aunque estas magnitudes no son flujos y su significado financiero es mucho menos claro que el de los flujos de fondos.

Los problemas con el EVA, con el BE o con el CVA comienzan cuando se quiere dar a estos parámetros un significado (el de creación de valor) que no tienen: el valor depende *siempre* de expectativas.

11.1. Beneficio económico (BE) y MVA (*market value added*)

El **MVA** (*market value added*) pretende medir la creación de valor de una empresa, y es la diferencia entre el valor de las acciones de la empresa (o valor de mercado de la nueva inversión) y el valor contable de las acciones (o inversión inicial).[9]

---

7. CFROI (*cash flow return on investment*), TSR (*total shareholder return*) y TBR (*total business return*) son también parámetros propuestos por el Boston Consulting Group. Véase *Shareholder Value Metrics*. 1996.
8. Por ejemplo, se puede leer en la publicidad de Stern Stewart & Co: «Olvídese de EPS (beneficio por acción), ROE y ROI. La verdadera medida de la *performance* de su empresa es el EVA.»
9. Aunque, como veremos a lo largo del capítulo, la diferencia entre el valor de mercado de las acciones y su valor contable corresponde a la creación de valor en el momento en el que se crea la empresa.

Denominamos Evc_0 al valor contable de las acciones y E_0 al valor de mercado de las acciones en $t = 0$ (ahora). Por tanto:

[11.1] $$MVA_0 = E_0 - Evc_0$$

MVA (*market value added*) = Valor (precio) de las acciones –
Valor contable de las acciones

Se denomina **beneficio económico (BE)** al beneficio contable[10] menos el valor contable de las acciones (Evc_{t-1}) multiplicado[11] por la rentabilidad exigida a las acciones (Ke).

BE (beneficio económico) = Beneficio – Valor contable acciones x
Coste de las acciones

[11.2] $$BE_t = BFO_t - Ke\, Evc_{t-1}$$

Obsérvese que *el beneficio económico*[12] *mezcla parámetros contables* (el beneficio y el valor contable de las acciones) *con un parámetro de mercado* (Ke, la rentabilidad exigida a las acciones).

En el anexo 11.1 se muestra que la relación entre MVA y BE viene dada por:

[11.3] $$MVA_0 = E_0 - Evc_0 = \sum_{t=1}^{\infty} \frac{BE_t}{(1+Ke)^t}$$

Como ROE = BFO_t / Evc_{t-1} también podemos expresar el beneficio económico, a partir de [11.2] como:

[11.4] $$BE_t = (ROE - Ke)\, Evc_{t-1}$$

Es evidente que para que el valor de las acciones sea superior a su valor contable (si ROE y Ke son constantes),[13] el ROE debe ser superior al Ke.

---

10. Por beneficio contable se entiende el beneficio neto o beneficio después de impuestos (BFO). Con frecuencia se utiliza la abreviatura BDT.

11. Obsérvese que se utiliza el valor contable de las acciones al principio del periodo, que es el del final del periodo anterior.

12. El concepto de beneficio económico no es nuevo. Alfred Marshall ya se refirió a él en 1890 en su obra *Principles of Economics.*

13. Algunos autores llaman a esto «crear valor». Más adelante explicaremos por qué no estamos de acuerdo, en general, con esta afirmación. También se utiliza el llamado «Ratio de Creación de Valor»

11.2. EVA (*economic value added*) y MVA (*market value added*)

La diferencia ($[E_0 + D_0] - [Evc_0 + D_0]$) se denomina también MVA (*market value added*) y es idéntica (si el valor de mercado de la deuda coincide con su valor contable) a la diferencia ($E_0 - Evc_0$).

Se denomina EVA[14] (*economic value added*) a:

$$[11.5] \qquad EVA_t = NOPAT_t - (D_{t-1} + Evc_{t-1})WACC$$

El EVA no es más que el NOPAT menos el valor contable de la empresa ($D_{t-1} + Evc_{t-1}$) multiplicado por el coste promedio de los recursos (WACC). El NOPAT (Net Operating Profit After Taxes) es el beneficio de la empresa sin apalancar (sin deuda). A veces se denomina BAIDT (Beneficio antes de intereses después de impuestos).[15]

> EVA = Beneficio antes de intereses, después de impuestos –
> – Valor contable de los recursos x Coste promedio del pasivo

Obsérvese que *el EVA mezcla parámetros contables* (el beneficio y el valor contable de las acciones y de la deuda) *con un parámetro de mercado* (WACC).

En el anexo 11.2 se muestra que la relación entre MVA y EVA viene dada por:

$$[11.6] \qquad MVA_0 = \left[E_0 + D_0\right] - \left[D_0 + Evc_0\right] = \sum_{t=1}^{\infty} \frac{EVA_t}{(1 + WACC)^t}$$

Como[16] $ROA = NOPAT_t / (D_{t-1} + Evc_{t-1})$ podemos también expresar el EVA del siguiente modo:

$$[11.7] \qquad EVA_t = (D_{t-1} + Evc_{t-1}) (ROA - WACC)$$

---

que es E_0 / Evc_0. En el caso de perpetuidades creciendo a una tasa constante g, $[E_0 / Evc_0] = (ROE - g) / (Ke - g)$.

14. Según la definición de Stern Stewart & Co. Véase página 192 de su libro *The Quest for Value. The EVA Management Guide*.

15. El NOPAT se denomina también NOPLAT (*net operating profit less adjusted taxes*). Véase, por ejemplo, Copeland, Koller y Murrin (1990): *Valuation: Measuring and Managing the Value of Companies*.

16. ROA (*return on assets*) también se denomina ROI (*return on investments*), ROCE (*return on capital employed*), ROC (*return on capital*) y RONA (*return on net assets*). ROA = ROI = ROCE = ROC = RONA.

Así, el EVA no es más que la diferencia entre el ROA y el WACC multiplicada por el valor contable de los recursos (deuda y acciones) de la empresa.[17] Es evidente que para que el EVA sea positivo, el ROA debe ser superior al WACC.[18]

> **EVA** = Valor contable de los recursos x (Rentabilidad de los activos –
> – Coste promedio del pasivo)

11.3. CVA (*cash value added*) y MVA (*market value added*)

El Boston Consulting Group propone el *cash value added*[19] (CVA) como alternativa al EVA. El **CVA** es el NOPAT más la amortización contable (AM) menos la amortización económica (AE) menos el coste de los recursos utilizados (inversión inicial multiplicada por el coste promedio ponderado de los recursos).
La definición de CVA es:

> [11.8] $CVA_t = NOPAT_t + AM_t - AE - (D_0 + Evc_0)\ WACC$

AE (amortización económica) es la anualidad que capitalizada al coste de los recursos (WACC) acumulará el valor de los activos al final de la vida útil de los mismos. La amortización económica de unos activos fijos (AF) que se amortizan en T años es:

[11.9]
$$AE = \frac{AF\ WACC}{(1 + WACC)^T - 1}$$

> **CVA** = Beneficio antes de intereses + Amortización contable –
> – Amortización económica – (Inversión inicial x Coste promedio de los recursos)

El anexo 11.3 muestra que el valor actual del CVA descontado al WACC coincide con el valor actual del EVA descontado al WACC (MVA) en empresas que tienen activos fijos y necesidades operativas de fondos constantes.[20]

---

17. La diferencia entre el ROA y el WACC se suele denominar EVA spread.
18. La creación de MVA no es un concepto nuevo. En 1924, Donaldson Brown, director financiero de General Motors decía: «el objetivo de los directivos no es maximizar la rentabilidad de las inversiones, sino conseguir un beneficio incremental que sea superior al coste de los recursos utilizados».
19. Véase *Shareholder Value Metrics*. Boston Consulting Group. 1996. Booklet 2, página 16.
20. Esto puede ser una hipótesis razonable en algunos proyectos. Además es preciso no tener en cuenta la inflación.

[11.10] $$MVA_0 = [E_0 + D_0] - [D_0 + Evc_0] = \sum_{t=1}^{T} \frac{CVA_t}{(1 + WACC)^t}$$

11.4. Primer ejemplo. Inversión sin creación de valor

Se crea una empresa financiada enteramente con recursos propios para acometer un proyecto que requiere una inversión inicial de 12.000 millones de pesetas (10.000 millones en activos fijos y 2.000 millones en necesidades operativas de fondos o circulante).

Los activos fijos se amortizan uniformemente a lo largo de los 5 años que dura el proyecto. La tasa de impuestos sobre beneficios es 34% y el beneficio contable es 837,976 millones (constante a lo largo de los cinco años).

Los free cash flow (FCF) del proyecto (de la empresa) son por consiguiente – 12.000 millones en el año cero, 2.837,976 millones los años 1 a 4 y 4.837,976 millones el año 5. Por tanto, la TIR de este proyecto (empresa) es 10%.

La tasa sin riesgo es 6%, la prima de mercado 4% y la beta del proyecto 1,0. Por tanto, la rentabilidad exigida a las acciones es 10%.

Como la rentabilidad exigida a las acciones coincide con la TIR del proyecto, el precio de las acciones deberá coincidir en t = 0 con su valor contable y no habrá creación de valor: el valor de las acciones (E_0 = 12.000 millones) coincide con su valor contable en el momento inicial (Evc_0 = 12.000 millones).

La tabla 11.1 muestra los estados contables, la valoración de la empresa y el beneficio económico, EVA y MVA de la empresa. Las líneas 1 a 7 muestran el balance y las líneas 8 a 14 la cuenta de resultados. La línea 19 contiene el cash flow disponible para las acciones (en este caso igual al FCF, al no haber deuda).

La línea 21 muestra el ROE (en este caso igual al ROA, al no haber deuda) y permite poner en entredicho su significado: el ROE aumenta desde 6,98% a 20,95%, lo que no tiene ningún significado económico ni financiero. El ROGI[21] (línea 23) es 6,98% y tampoco tiene ningún significado económico ni financiero.

La rentabilidad exigida a los recursos propios (Ke) coincide con el WACC (línea 27) y es 10%.

El valor de las acciones en el momento inicial (línea 28) es 12.000 millones, igual al valor contable. Por consiguiente, la creación de valor en el momento inicial (línea 32) es nula. Sin embargo, «parece» existir creación de valor al final de los años sucesivos porque el valor de mercado de las acciones es superior a su valor contable. Esto último es, lógicamente, un error porque la rentabilidad de la inversión es igual a la rentabilidad exigida a las acciones. Esta «aparente» creación de valor en los años 1 a 4 se debe a que comparamos un valor de mercado (valor actual de flujos futuros) con un valor contable. *La diferencia entre el valor de mercado y el valor contable tiene sentido en el año cero* (porque entonces el valor contable es un flujo, que es la inversión inicial), *pero no en los años siguientes.*

---

21. ROGI (*return on gross investment*) es el NOPAT dividido por la inversión inicial.

Al no existir deuda, el BE (línea 33) es idéntico al EVA y el WACC coincide con Ke. El valor actual de los BE descontados a Ke (línea 34) es idéntico al valor actual de los EVA descontados al WACC y ambos coinciden con MVA = E − Evc (línea 32).

Tabla 11.1. EVA, BE y MVA de una empresa sin deuda.
TIR de la inversión = Rentabilidad exigida a las acciones (Ke) = 10%

	Balance (millones)	0	1	2	3	4	5
1	NOF	2.000	2.000	2.000	2.000	2.000	0
2	Activo fijo bruto	10.000	10.000	10.000	10.000	10.000	10.000
3	− Amort. acumulada	0	2.000	4.000	6.000	8.000	10.000
4	**TOTAL ACTIVO NETO**	12.000	10.000	8.000	6.000	4.000	0
5	Deuda	0	0	0	0	0	0
6	Capital (valor contable)	12.000	10.000	8.000	6.000	4.000	0
7	**TOTAL PASIVO**	12.000	10.000	8.000	6.000	4.000	0

	Cuenta de resultados (millones)						
8	Ventas		10.000	10.000	10.000	10.000	10.000
9	Coste de ventas		4.000	4.000	4.000	4.000	4.000
10	Gastos generales		2.730	2.730	2.730	2.730	2.730
11	Amortización		2.000	2.000	2.000	2.000	2.000
13	Impuestos		432	432	432	432	432
14	**BFO = NOPAT**		838	838	838	838	838
15	+ Amortización		2.000	2.000	2.000	2.000	2.000
17	− Δ NOF		0	0	0	0	2.000
19	**CF acciones = Div. = FCF**		2.838	2.838	2.838	2.838	4.838

21	**ROE = ROA**		6,98%	8,38%	10,47%	13,97%	20,95%
23	**ROGI**		6,98%	6,98%	6,98%	6,98%	6,98%

27	**Ke = WACC**	10,00%	10,00%	10,00%	10,00%	10,00%	
28	**E = VA (Ke; CFac)**	12.000	10.362	8.560	6.578	4.398	

32	**E − Evc**	0,00	362	560	578	398	

33	**BE = EVA**		−362	−162	38	238	438
34	**MVA = VA(EVA; WACC)**	0,00	362	560	578	398	

La tabla 11.2 presenta el *cash value added* de la empresa de la tabla 11.1.

Tabla 11.2. *Cash value added* **de una empresa sin deuda.**
TIR de la inversión = Rentabilidad exigida a las acciones = 10%

Cash value added	0	1	2	3	4	5
NOPAT		838	838	838	838	838
+ Amortización		2.000	2.000	2.000	2.000	2.000
– Amortización económica		1.638	1.638	1.638	1.638	1.638
– Coste del capital utilizado		1.200	1.200	1.200	1.200	1.200
CVA		0	0	0	0	0

Amortización económica (AE) es la anualidad que capitalizada al coste de los recursos (WACC) acumulará el valor de los activos fijos al final de la vida útil de los mismos. En nuestro ejemplo, 1.638 millones anuales capitalizados al 10%, proporcionan al final del año 5 los 10.000 millones que supuso la inversión inicial en el año cero.

El coste del capital utilizado es la inversión inicial (12.000 millones) multiplicado por el coste ponderado de los recursos (en este caso 10% = WACC).

El CVA de esta empresa (cuya TIR coincide con la rentabilidad exigida a las acciones) es cero en todos los años. También el valor actual de los CVA es igual al MVA que es cero.

Una «aparente» ventaja del CVA sobre el EVA es que, mientras el EVA resultaba negativo los dos primeros años y positivo los años siguientes, el CVA es cero todos los años, lo cual, en esta empresa, tiene más sentido.

11.5. Interpretación errónea del EVA, del BE y del CVA

Como el valor actual de los EVA[22] corresponde con el MVA, se hace con frecuencia una *interpretación errónea del EVA: decir que el EVA es el MVA en cada periodo.*[23]

Basta ver el ejemplo de la tabla 11.1 para comprobar este error: *el EVA de esta empresa* (línea 33) *es negativo los dos primeros años y positivo los años siguientes, lo cual no tiene ningún sentido económico ni financiero.* No tiene ningún sentido decir que esta empresa funciona peor el año 1 (EVA = – 362) que el año 5 (EVA = 438). En este ejemplo, en el que el beneficio y Ke son constantes todos los años, el EVA es cre-

---

22. Análogo argumento se puede hacer para el BE y el CVA.
23. Sin embargo, se puede leer en un folleto de Stern Stewart & Co: «El EVA es la única medida que proporciona la respuesta correcta. Todas las demás –incluyendo beneficio operativo, crecimiento del beneficio, ROE y ROA– pueden ser erróneas». En una comunicación de febrero de 1998 de la dirección de Monsanto a sus empleados se puede leer: «cuanto mayor es el EVA, mayor es el valor que hemos creado para nuestros accionistas».

ciente (pasa de negativo a positivo) porque el valor contable de las acciones decrece al amortizar el activo fijo.

Más recientemente, en una circular de 1997, Stern Stewart & Co. dice: «lo que importa es el crecimiento del EVA... aumentar el EVA es siempre bueno». En nuestro ejemplo el EVA aumenta cada año y eso no significa que la empresa esté funcionando mejor.

El Boston Consulting Group sí reconoce las limitaciones de estos parámetros. Se lee en su publicidad que «un fallo importante del EVA y del CVA es que ignoran los cash flows producidos por el negocio».

11.6. Utilidad del EVA, BE y CVA

Hemos visto que, a pesar de que el valor actual de los EVA, BE y CVA corresponde con el MVA, no tiene ningún sentido dar al EVA, BE o CVA el significado de creación de valor en cada periodo.

Sin embargo, *para muchas empresas el EVA, BE o CVA resultan más apropiados que el beneficio contable para evaluar la gestión de directivos o de unidades de negocio.*

Es evidente que la ventaja del EVA, BE y CVA sobre el beneficio es que tienen en cuenta los recursos utilizados para obtener el beneficio y también el riesgo de esos recursos (que determina la rentabilidad exigida a los mismos).

Así, muchas empresas contemplan el EVA, BE o CVA como mejores indicadores de la gestión de un directivo que el beneficio porque «depuran» el beneficio con la cantidad y el riesgo de los recursos utilizados para conseguirlo.[24] Por ejemplo, en la memoria de AT & T de 1992 el director financiero dice que «la remuneración de nuestros directivos en 1993 estará ligada a la consecución de objetivos de EVA». Análogamente, Roberto Goizueta, presidente de Coca Cola dijo refiriéndose al EVA que «es la manera de controlar la empresa. Para mí es un misterio por qué no lo usa todo el mundo».[25]

Ésta es la utilidad del EVA, BE y CVA. Los problemas con el EVA, con el BE o con el CVA comienzan cuando se quiere dar a esos números un significado que no tienen.

Una política de maximizar el EVA en cada año puede ser negativa para la empresa. Imaginemos que al director general de la empresa de la tabla 11.1 le evalúan y remuneran a partir del EVA. Un modo evidente de mejorar el EVA de los cuatro primeros años es amortizar menos los primeros años. Supongamos que amortizara 1.000 los cuatro primeros años y 6.000 el año 5. Así, el EVA de los 4 primeros años mejoraría (sería 298, 398, 498 y 598 millones) y empeoraría el EVA del año 5

---

24. Muchas empresas utilizan distintos costes de los recursos para diferentes actividades de la empresa: aplican, lógicamente, un coste superior a las actividades de más riesgo. El RORAC (*return on risk adjusted capital*) pretende hacer esto: determinar la rentabilidad de cada unidad de negocio teniendo en cuenta el riesgo de la misma.

25. «The Real Key to Creating Wealth», *Fortune*, 20 de septiembre de 1993.

que sería – 2.602 millones. Con estas amortizaciones el valor de las acciones sería 11.767 millones, en lugar de 12.000 millones con la amortización uniforme.

Es obvio[26] que el EVA de un periodo aumenta: 1) con un aumento del NOPAT; 2) con una disminución del coste de los recursos; y 3) con una disminución de los activos utilizados. Pero hay aumentos del NOPAT, como el reseñado de amortizar menos, que disminuyen el cash flow y el valor de la empresa. También hay disminuciones del coste de los recursos (por ejemplo, un descenso de los tipos de interés) que no tienen nada que ver con la gestión de los directivos. También hay disminuciones de los activos utilizados (por ejemplo, retrasar la inversión en nuevos proyectos) que disminuyen o retrasan el cash flow y disminuyen el valor de la empresa.

Por otro lado puede suceder que el EVA y el beneficio económico de un año hayan sido muy positivos y mayores incluso de lo esperado y el valor de la empresa o de la unidad de negocio hayan disminuido porque las expectativas del negocio hayan empeorado como consecuencia de una mala gestión. Para soslayar parcialmente este problema muchas consultoras recomiendan (para aquellos directivos que tienen su remuneración ligada al EVA o beneficio económico) no pagar inmediatamente todo el bonus sino mantenerlo como una provisión que se pagará si se cumplen también los objetivos de los años venideros.

Stern Stewart & Co propone una serie de ajustes en el NOPAT y en el valor contable (ver anexo 11.4) con la pretensión de «dar más significado económico» al EVA y al valor contable. Pero estos ajustes[27] no solucionan los problemas del EVA, sino que tienden a agravarlos. Además, al realizar cualquiera de esos ajustes, el valor actual del EVA ya no coincide con el MVA, salvo que se realice en el valor contable otro ajuste igual al valor actual de los ajustes en la cuenta de resultados.

11.7. CFROI (*cash flow return on investment*), TSR (*total shareholder return*) y TBR (*total business return*)

El **CFROI** (cash flow return on investment) trata de medir la «verdadera rentabilidad generada por las inversiones de una empresa».[28] El CFROI no es más que la TIR de los flujos ajustados por inflación asociados con la inversión. Para calcularlo, se deben calcular en primer lugar los flujos: la inversión en el año cero y los FCF ajustados por inflación generados por el proyecto. En el ejemplo que nos ocupa, la inversión inicial es 12.000 millones (año cero) y los flujos son 2.838 millones los años 1 a 4 y 4.838 millones el año 5. Es inmediato comprobar que el CFROI de este proyecto (empresa) es 10%.

Para el caso de una empresa en funcionamiento, el BCG propone calcular la inversión inicial como: valor contable + amortización acumulada + ajuste por infla-

---

26. Basta contemplar la fórmula [11.5]

27. Se puede leer en un folleto de Stern Stewart & Co: «El EVA también deshace las ficciones contables y proporciona una medida mucho más exacta de los beneficios operativos».

28. Según el Boston Consulting Group. Ver *Shareholder Value Metrics*. 1996. Booklet 2, páginas 33 y 45.

ción + capitalización de leasing operativo – financiación espontánea – goodwill. Para calcular el free cash flow propone: beneficio + amortización + intereses después de impuestos + pagos de leasing operativo + ajustes por inflación de las NOF.

Conviene reiterar que el CFROI propuesto por el BCG no incorpora la inflación y es, por tanto, una rentabilidad real, no nominal.

Por consiguiente, el CFROI mide mejor (aunque sin tener en cuenta la inflación) lo que mide mal el ROA. El CFROI se debe comparar con el WACC sin inflación.[29] Según el Boston Consulting Group, «el CFROI representa la rentabilidad media de todos los proyectos existentes de una empresa en un momento determinado», y, por consiguiente, una empresa crea valor para los accionistas si el CFROI es superior al WACC sin inflación[30] porque los proyectos de la empresa tienen una rentabilidad superior al coste de los recursos.

TSR (*total shareholder return*) es la rentabilidad del accionista, que se compone de los dividendos que recibe y de la apreciación de las acciones.

En el ejemplo de la tabla 11.1, la rentabilidad del accionista en el año 1 será[31] 10%: 2.838 millones (dividendos) menos 1.638 millones (descenso de la cotización desde 12.000 a 10.362) dividido por 12.000 millones (inversión inicial en el año cero). TSR en el año 2 será también 10%: 2.838 millones (dividendos) menos 1.802 millones (descenso de la cotización desde 10.362 a 8.560) dividido por 10.362 millones (valor de las acciones en el año uno).

Por consiguiente, el TSR mide bien lo que mide mal el ROE. El TSR se debe comparar con la rentabilidad exigida por los accionistas (Ke). Una empresa crea valor para los accionistas si el TSR es superior al Ke.

TBR (*total business return*) es también la rentabilidad del accionista (hipotética) en empresas que no cotizan en bolsa y en divisiones de empresas. En nuestro ejemplo, hemos calculado realmente el TBR porque la empresa de la tabla 11.1 no cotiza en bolsa y los precios de las acciones que hemos calculado son hipotéticos.

En el ejemplo de la tabla 11.1 las ventas, NOF... son constantes todos los años. Si hubiéramos introducido la inflación, el efecto sobre la TIR de la inversión y sobre el valor de las acciones (manteniendo la Ke en 10%) sería:

Inflación	TIR	Eo
0%	10,00%	12.000
1%	10,65%	12.219
2%	11,31%	12.444
3%	11,97%	12.674
4%	12,63%	12.910
5%	13,29%	13.152

29. WACC sin inflación = (1 + WACC) / (1 + inflación) – 1
30. Sobre los problemas que puede acarrear el analizar empresas o proyectos de inversión sin inflación, véase capítulo 9: influencia de la inflación en el valor de las empresas.
31. Si se cumplen exactamente las expectativas.

Durante el periodo 1973-1992, el porcentaje de empresas americanas que proporcionaron a sus accionistas un TSR superior al del índice bursátil S & P500 fue: 52% en un año, 29% durante dos años seguidos, 17% durante 3 años seguidos y 6% durante 5 años seguidos.

La correlación de la rentabilidad de los accionistas de empresas americanas durante el periodo 1973-1992 (relativa al índice bursátil S & P500) con el EVA, el crecimiento del beneficio por acción y el crecimiento del cash flow fue:[32]

	Correlación del TSR (relativo al S & P 500) con:	
	Periodos de 1 año	Periodos de 3 años
EVA	13%	20%
Crecimiento del BPA	25%	26%
Crecimiento del cash flow	25%	45%

11.8. Segundo ejemplo. Inversión con creación de valor

Se crea una empresa idéntica a la de la tabla 11.1, pero con unas ventas anuales un 10% superiores. El beneficio contable (constante a lo largo de los cinco años) es ahora 1.234 millones.

Los FCF del proyecto (de la empresa) son por consiguiente – 12.000 millones en el año cero, 3.233,976 millones los años 1 a 4 y 5.233,976 millones el año 5. Por tanto, la TIR de este proyecto (empresa) es 14,456%.

La tasa sin riesgo es 6%, la prima de mercado 4% y la beta del proyecto 1,0. Por tanto, la rentabilidad exigida a las acciones es 10%.

Como la rentabilidad exigida a las acciones es inferior a la TIR del proyecto, el precio de las acciones en t = 0 será superior a su valor contable y habrá creación de valor: el valor de las acciones (E_0 = 13.501 millones) es superior a su valor contable (Evc_0 = 12.000 millones) en el momento inicial.

La tabla 11.3 muestra los estados contables, la valoración de la empresa y el beneficio económico, EVA y MVA de la empresa. El balance es idéntico al de la empresa de la tabla 11.1.

La línea 21 muestra el ROE (en este caso igual al ROA, al no haber deuda). De nuevo el ROE no tiene ningún significado económico ni financiero: aumenta desde 10,28% a 30,85%. El ROGI (línea 23) tampoco: es 10,28%. La tasa interna de rentabilidad (que estas medidas tratan de proporcionar) es 14,456%.

Ke (rentabilidad exigida a los recursos propios) coincide con el WACC (línea 27) y es 10%.

El valor de las acciones en el momento inicial (línea 28) es 13.501 millones. Por consiguiente, la creación de valor en el momento inicial (línea 32) es 1.501 millones.

Al no existir deuda, el BE (línea 33) es idéntico al EVA. El valor actual de los BE descontados a Ke (línea 34) es idéntico al valor actual de los EVA descontados al

32. Fuente: Boston Consulting Group. *Shareholder Value Metrics*. 1996. Booklet 1, página 2.

Tabla 11.3. EVA, BE y MVA. Empresa sin deuda.
TIR de la inversión = 14,456% . Rentabilidad exigida a las acciones = 10%.

	Balance (millones)	0	1	2	3	4	5
1	NOF	2.000	2.000	2.000	2.000	2.000	0
2	Activo fijo bruto	10.000	10.000	10.000	10.000	10.000	10.000
3	– Amort. acumulada	0	2.000	4.000	6.000	8.000	10.000
4	**TOTAL ACTIVO NETO**	**12.000**	**10.000**	**8.000**	**6.000**	**4.000**	**0**
5	Deuda	0	0	0	0	0	0
6	Capital (valor contable)	12.000	10.000	8.000	6.000	4.000	0
7	**TOTAL PASIVO**	**12.000**	**10.000**	**8.000**	**6.000**	**4.000**	**0**

	Cuenta de resultados (millones)						
8	Ventas		11.000	11.000	11.000	11.000	11.000
9	Coste de ventas		4.400	4.400	4.400	4.400	4.400
10	Gastos generales		2.730	2.730	2.730	2.730	2.730
11	Amortización		2.000	2.000	2.000	2.000	2.000
13	Impuestos		636	636	636	636	636
14	**BFO = NOPAT**		**1.234**	**1.234**	**1.234**	**1.234**	**1.234**
15	+ Amortización		2.000	2.000	2.000	2.000	2.000
17	- Δ NOF		0	0	0	0	2.000
19	**CF acciones = Div. = FCF**		**3.234**	**3.234**	**3.234**	**3.234**	**5.234**

21	**ROE = ROA**		10,28%	12,34%	15,42%	20,57%	30,85%
23	**ROGI**		10,28%	10,28%	10,28%	10,28%	10,28%

27	**Ke = WACC**	10,00%	10,00%	10,00%	10,00%	10,00%	
28	**E = VA(CFac; Ke)**	13.501	11.617	9.545	7.266	4.758	

32	**E - Evc**	1.501	1.617	1.545	1.266	758	

33	**BE = EVA**	.	34	234	434	634	834
34	**MVA = VA (EVA; WACC)**	1.501	1.617	1.545	1.266	758	

WACC, y ambos coinciden con MVA = E – Evc (línea 32). Esto no significa que el BE o el EVA indiquen la «creación de valor» en cada periodo: el valor (los 1.501 millones) «se crea» en el momento inicial al acometer una inversión con rentabilidad esperada (14,456%) superior al coste de los recursos empleados (10%).

Contemplando la evolución del EVA, no tiene ningún sentido decir que esta empresa funciona peor el año 1 (EVA = 34) que el año 5 (EVA = 834).

La tabla 11.4 presenta el *cash value added* de la empresa de la tabla 11.3. El CVA de esta empresa (TIR > rentabilidad exigida a las acciones) es 396 millones en todos los años. El valor actual de los CVA descontados al 10% es igual al MVA que es 1.501 millones.

Una ventaja «aparente» del CVA sobre el EVA es que, mientras el EVA resultaba creciente, el CVA es constante todos los años. Esto no significa que el CVA indique la «creación de valor» en cada periodo: el valor «se crea» en el momento inicial al acometer una inversión con rentabilidad esperada (14,456%) superior al coste de los recursos empleados (10%).

Obsérvese que *la creación de valor debida a la inversión (inversión de 12.000 millones en acciones que valen 13.501 millones) se realiza en el año cero al crear la empresa.*

Tabla 11.4. *Cash value added*
Empresa sin deuda.
TIR de la inversión = 14,456% . Rentabilidad exigida a las acciones = 10%.

Cash value added	0	1	2	3	4	5
NOPAT		1.234	1.234	1.234	1.234	1.234
+ Amortización		2.000	2.000	2.000	2.000	2.000
– Amortización económica		1.638	1.638	1.638	1.638	1.638
– Coste del capital utilizado		1.200	1.200	1.200	1.200	1.200
CVA		396	396	396	396	396
VA (CVA; WACC)	1.501					

La rentabilidad del accionista que compró las acciones en el año cero (a 13.501 millones) en el año 1 será[33] 10%: 3.234 millones (dividendos) menos 1.884 millones (descenso de la cotización desde 13.501 a 11.617) dividido por 13.501 millones (compra de las acciones en el año cero). TSR en el año 2 será también 10%: 3.234 millones (dividendos) menos 2.072 millones (descenso de la cotización desde 11.617 a 9.545) dividido por 11.617 millones (valor de las acciones en el año uno). La rentabilidad de un accionista fundador que invirtió 12.000 millones en acciones en el año cero y las vende en el año 1 será 23,75%: cobrará los dividendos del año 1 (3.234 millones) y venderá entonces las acciones al precio esperado de 11.617 millones.

El *cash flow return on investment (CFROI)* de este proyecto (empresa) es 14,456%.

11.9. Tercer ejemplo. Inversión con TIR = 10% financiada con deuda constante de 4.000 millones

Abordamos aquí la empresa de la tabla 11.1, pero ahora financiada en parte con 4.000 millones de deuda al 8%.[34] Los FCF de la empresa son – 12.000 millones en el

---

33. Si se cumplen exactamente las expectativas.
34. Por consiguiente, la beta asociada a este coste de la deuda es 0,5.

año cero, 2.837,976 millones los años 1 a 4 y 4.837,976 millones el año 5. Por tanto, la TIR de esta empresa es 10%.

La tabla 11.5 muestra los estados contables, la valoración de la empresa y el beneficio económico, EVA y MVA de la empresa.

La línea 21 muestra el ROE (en este caso superior al ROA, al haber deuda con coste después de impuestos inferior al ROA). De nuevo el ROE no tiene ningún significado económico ni financiero: aumenta desde 7,83% a 31,34%, y es infinito el quinto año. Tampoco el ROGI (línea 23): es 6,98%. La tasa interna de rentabilidad del proyecto (que ROA y ROGI tratan de proporcionar) es 10%. La tasa interna de rentabilidad de la inversión en acciones (que el ROE trata de proporcionar) es 13,879%. En este caso, el endeudamiento crece con el tiempo y, por tanto, Ke (rentabilidad exigida a los recursos propios) crece desde 10,62% hasta 20,12% (línea 27). Al aumentar el endeudamiento, el WACC disminuye desde 8,91% hasta 6,99% (línea 29).

El valor de las acciones en el momento inicial (líneas 28 y 31) es 8.516 millones, superior al valor contable en 516 millones. Por consiguiente, la creación de valor en el momento inicial (línea 32) es 516 millones.

Al existir deuda, el BE (línea 33) es superior al EVA (línea 35). El valor actual de los BE descontados a Ke (línea 34) es idéntico al valor actual de los EVA descontados al WACC (línea 36) y ambos coinciden con MVA = E – Evc (línea 32). Esto no significa que el BE o el EVA indiquen la «creación de valor» en cada periodo: el valor (los 516 millones) «se crea» en el momento inicial al acometer una inversión con rentabilidad esperada (10%) superior al coste de los recursos empleados (WACC).

Contemplando la evolución del EVA, no tiene ningún sentido decir que esta empresa funciona peor el año 1 (EVA = –232) que el año 5 (EVA = 558). Mirando el beneficio económico, tampoco tiene ningún sentido decir que esta empresa funciona peor el año 1 (BE = – 222) que el año 5 (BE = 627).

La tabla 11.6 presenta el *cash value added* de la empresa de la tabla 11.5.

En este caso, el CVA no es constante todos los años porque el WACC disminuye cada año al aumentar el apalancamiento. El CVA de esta empresa (TIR > WACC) es positivo todos los años y creciente. El valor actual de los CVA descontados al WACC es igual al MVA que es 515,6 millones. Esto no significa que el CVA indique la «creación de valor» en cada periodo: el valor (los 516 millones) «se crea» en el momento inicial al acometer una inversión con rentabilidad esperada (10%) superior al coste de los recursos empleados (WACC).

Contemplando la evolución del CVA, no tiene ningún sentido decir que esta empresa funciona peor el año 1 (CVA = 57) que el año 5 (CVA = 287).

La rentabilidad del accionista que compró las acciones en el año cero a 8.516 millones (al «valor de mercado») será en el año uno 10,62% (igual a Ke): 2.627 millones (dividendos) menos 1.723 millones (descenso de la cotización desde 8.516 a 6.793) dividido por 8.516 millones (compra de las acciones en el año cero). TSR en el año 2 será 10,78% (Ke): 2.627 millones (dividendos) menos 1.895 millones (descenso de la cotización desde 6.793 a 4.898) dividido por 6.793 millones (valor de las acciones en el año uno). Obsérvese que la creación de valor debida a la inversión (inversión de 8.000 millones en acciones que valen 8.515,6 millones) se realiza en el año cero.

Tabla 11.5. EVA, BE y MVA
Empresa con deuda constante (4.000 millones). TIR de la inversión = 10%.

	Balance (millones)	0	1	2	3	4	5
1	NOF	2.000	2.000	2.000	2.000	2.000	0
2	Activo fijo bruto	10.000	10.000	10.000	10.000	10.000	10.000
3	– Amort. acumulada	0	2.000	4.000	6.000	8.000	10.000
4	**TOTAL ACTIVO NETO**	12.000	10.000	8.000	6.000	4.000	0
5	Deuda	4.000	4.000	4.000	4.000	4.000	0
6	Capital (valor contable)	8.000	6.000	4.000	2.000	0	0
7	**TOTAL PASIVO**	12.000	10.000	8.000	6.000	4.000	0

	Cuenta de resultados (millones)						
8	Ventas		10.000	10.000	10.000	10.000	10.000
9	Coste de ventas		4.000	4.000	4.000	4.000	4.000
10	Gastos generales		2.730	2.730	2.730	2.730	2.730
11	Amortización		2.000	2.000	2.000	2.000	2.000
12	Intereses		320	320	320	320	320
13	Impuestos		323	323	323	323	323
14	**BFO**		627	627	627	627	627
15	+ Amortización		2.000	2.000	2.000	2.000	2.000
16	+ Δ Deuda		0	0	0	0	– 4.000
17	– Δ NOF		0	0	0	0	2.000
19	**CF acciones = Dividendos**		2.627	2.627	2.627	2.627	627
20	**FCF**		2.838	2.838	2.838	2.838	4.838
21	ROE		7,83%	10,45%	15,67%	31,34%	N.A.
22	ROA		6,98%	8,38%	10,47%	13,97%	20,95%
23	ROGI		6,98%	6,98%	6,98%	6,98%	6,98%
27	Ke	10,62%	10,78%	11,08%	11,88%	20,12%	
28	E = VA(CFac; Ke)	8.516	6.793	4.898	2.814	522	
29	WACC	8,91%	8,74%	8,47%	8,00%	6,99%	
31	VA (FCF; WACC) – D = E	8.516	6.793	4.898	2.814	522	
32	**E – Evc**	516	793	898	814	522	
33	**BE = BFOt – Ke × VC t – 1**		– 223	– 20	184	389	627
34	**MVA = VA (BE; Ke)**	516	793	898	814	522	
35	**EVA**		– 232	– 36	160	358	558
36	**MVA = VA (EVA; WACC)**	516	793	898	814	522	
37	BE – EVA		9	16	24	31	69

Tabla 11.6. *Cash value added*
Empresa con deuda constante (4.000 millones). TIR de la inversión = 10%.

Cash value added	0	1	2	3	4	5
NOPAT		838	838	838	838	838
+ Amortización		2.000	2.000	2.000	2.000	2.000
- Amortización económica		1.712	1.712	1.712	1.712	1.712
- Coste del capital utilizado		1.070	1.049	1.017	961	839
CVA		57	77	110	166	287
VA (CVA; WACC)	516					

La rentabilidad de un accionista fundador que invirtió 8.000 millones en acciones en el año cero y las vende en el año 1 será 17,75%: cobrará los dividendos del año 1 (2.627 millones) y venderá entonces las acciones al precio esperado de 6.793 millones.

11.10. Cuarto ejemplo. Inversión con TIR = 10% financiada con endeudamiento constante igual al 50% del valor de mercado

Abordamos ahora la empresa de la tabla 11.1, pero financiada al 50% (a valor de mercado) con deuda al 8%. Los FCF del proyecto (de la empresa) son – 12.000 millones en el año cero, 2.837,976 millones los años 1 a 4 y 4.837,976 millones el año 5. Es inmediato comprobar que la TIR de este proyecto (empresa) es 10%.

La tabla 11.7 muestra los estados contables, la valoración de la empresa y el beneficio económico, EVA y MVA de la empresa.

La línea 21 muestra el ROE (en este caso superior al ROA, al haber deuda con coste después de impuestos inferior al ROA). De nuevo se comprueba que el ROE no tiene ningún significado económico ni financiero: aumenta desde 8,86% a 40,76%. Tampoco el ROGI (línea 23): es 6,98%. La tasa interna de rentabilidad del proyecto (que ROA y ROGI tratan de proporcionar) es 10%. La tasa interna de rentabilidad de la inversión en acciones (que el ROE trata de proporcionar) es 15,099%.

En este caso, el endeudamiento a valor de mercado es constante (50%) y Ke (rentabilidad exigida a los recursos propios) es constante: 11,32% (línea 27). El WACC también es constante e igual a 8,30% (línea 29).

El valor de las acciones en el momento inicial (líneas 28 y 31) es 6.292 millones, superior al valor contable en 585 millones. Por consiguiente, la creación de valor en el momento inicial (línea 32) es 585 millones.

Al existir deuda, el BE (línea 33) es superior al EVA (línea 35). El valor actual de los BE descontados a Ke (línea 34) es idéntico al valor actual de los EVA descontados al WACC (línea 36) y ambos coinciden con MVA = E – Evc (línea 32).

Tabla 11.7. EVA, BE y MVA
Endeudamiento constante (50% a valor de mercado).
TIR de la inversión = 10%.

	Balance (millones)	0	1	2	3	4	5
1	NOF	2.000	2.000	2.000	2.000	2.000	0
2	Activo fijo bruto	10.000	10.000	10.000	10.000	10.000	10.000
3	– Amort. acumulada	0	2.000	4.000	6.000	8.000	10.000
4	**TOTAL ACTIVO NETO**	**12.000**	**10.000**	**8.000**	**6.000**	**4.000**	**0**
5	Deuda	6.292	5.396	4.424	3.373	2.234	0
6	Capital (valor contable)	5.708	4.604	3.576	2.627	1.766	0
7	**TOTAL PASIVO**	**12.000**	**10.000**	**8.000**	**6.000**	**4.000**	**0**

	Cuenta de resultados (millones)						
8	Ventas		10.000	10.000	10.000	10.000	10.000
9	Coste de ventas		4.000	4.000	4.000	4.000	4.000
10	Gastos generales		2.730	2.730	2.730	2.730	2.730
11	Amortización		2.000	2.000	2.000	2.000	2.000
12	Intereses		503	432	354	270	179
13	Impuestos		261	285	311	340	371
14	**BFO**		**506**	**553**	**604**	**660**	**720**
15	+ Amortización		2.000	2.000	2.000	2.000	2.000
16	+ Δ Deuda		– 897	– 971	– 1.052	– 1.139	– 2.234
17	– Δ NOF		0	0	0	0	2.000
19	CF acciones = Dividendos		1.609	1.582	1.553	1.521	2.486
20	**FCF**		**2.838**	**2.838**	**2.838**	**2.838**	**4.838**

21	ROE		8,86%	12,01%	16,90%	25,12%	40,76%
22	ROA		6,98%	8,38%	10,47%	13,97%	20,95%
23	ROGI		6,98%	6,98%	6,98%	6,98%	6,98%

27	Ke	11,32%	11,32%	11,32%	11,32%	11,32%	
28	E = VA (CFac; Ke)	6.292	5.396	4.424	3.373	2.234	

29	WACC	8,30%	8,30%	8,30%	8,30%	8,30%	
31	VA (FCF; WACC) – D = E	6.292	5.396	4.424	3.373	2.234	

32	E – Evc	585	791	849	745	467	

33	BE = BFOt – Ke × VC t – 1		– 140	32	200	362	520
34	MVA = VA(BE; Ke)	585	791	849	745	467	

35	EVA		– 158	8	174	340	506
36	MVA = VA (EVA; WACC)	585	791	849	745	467	
37	BE – EVA		18	24	26	22	14

La tabla 11.8 presenta el *cash value added* de la empresa de la tabla 11.7.

El CVA de esta empresa (TIR > WACC) es 148 millones en todos los años porque el WACC es constante (al ser constante el apalancamiento a precios de mercado). El valor actual de los CVA descontados al WACC es igual al MVA que es 584,6 millones.

La creación de valor debida a la inversión (inversión de 5.708 millones en acciones que valen 6.292 millones) se realiza en el año cero.

Tabla 11.8. *Cash value added*
Empresa con endeudamiento constante (50% a valor de mercado)
TIR de la inversión = 10%.

Cash value added	0	1	2	3	4	5
NOPAT		838	838	838	838	838
+ Amortización		2.000	2.000	2.000	2.000	2.000
– Amortización económica		1.694	1.694	1.694	1.694	1.694
– Coste del capital utilizado		996	996	996	996	996
CVA		148	148	148	148	148
VA (CVA; WACC)	584,6					

La rentabilidad del accionista que compró las acciones en el año cero (a 6.292 millones) en el año 1 será 11,32% (Ke): 1.609 millones (dividendos) menos 896 millones (descenso de la cotización desde 6.292 a 5.396) dividido por 6.292 millones (compra de las acciones en el año cero). TSR en el año 2 será también 11,32% (Ke): 1.582 millones (dividendos) menos 972 millones (descenso de la cotización desde 5.396 a 4.424) dividido por 5.396 millones (valor de las acciones en el año uno).

La rentabilidad de un accionista fundador que invirtió 5.708 millones en acciones en el año cero para venderlas en el año 1 será 22,72%: cobrará los dividendos del año 1 (1.609 millones) y venderá entonces las acciones al precio esperado de 5.396 millones.

11.11. EVA y MVA de Coca Cola, Pepsico e IBM

Las figuras 11.1 y 11.2 muestran la evolución del valor de mercado (E) y del valor contable de las acciones (Evc) de Coca Cola y Pepsico en el periodo 1984-1994. La simple observación de ambas figuras permite constatar que el MVA (E – Evc) de Coca Cola creció mucho más que el de Pepsico (éste último disminuyó en los tres últimos años).

Una explicación (aunque *incompleta*)[35] de este hecho puede hacerse contemplando el EVA de ambas empresas en ese periodo (véase figura 11.3): el EVA de Coca

---

35. Y teniendo en cuenta todas las limitaciones del EVA que hemos señalado en los apartados anteriores.

Cola tuvo una tendencia creciente, mientras que el de Pepsico se mantuvo estable e incluso disminuyó algunos años.

Figura 11.1. Valor de mercado (E) y valor contable (Evc) de Coca Cola

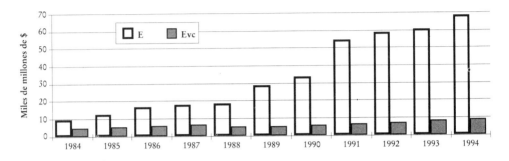

Figura 11.2. Valor de mercado (E) y valor contable (Evc) de Pepsico

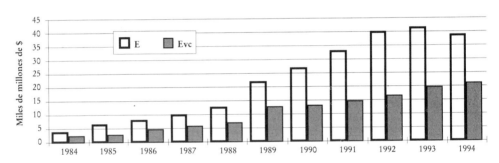

Figura 11.3. EVA de Coca Cola y de Pepsico

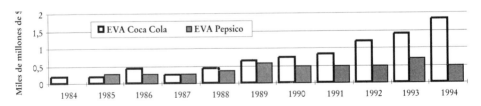

La figura 11.4 muestra la evolución del valor de mercado (E) y del valor contable de las acciones (Evc) de IBM en el periodo 1984-1994. La simple observación de la figura permite constatar que el MVA (E – Evc) de IBM disminuyó en este periodo y fue negativo a partir de 1991. La figura 11.5 muestra el EVA de IBM en ese periodo: decreciente y negativo a partir de 1991.

Figura 11.4. Valor de mercado (E) y valor contable (Evc) de IBM

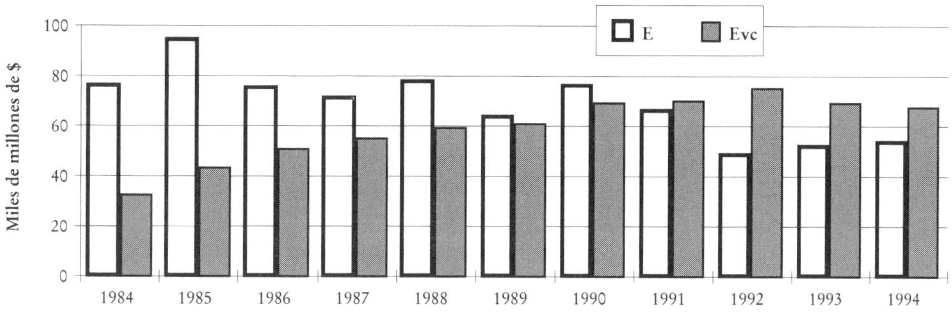

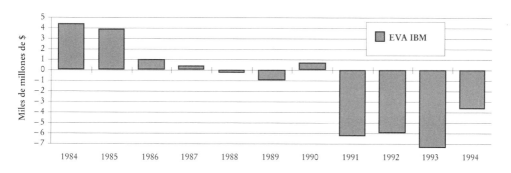

Figura 11.5. EVA de IBM

11.12. EVA, BE y creación de valor para el accionista de Endesa

La figura 11.6 muestra el EVA, el beneficio económico y la creación de valor para el accionista de Endesa en el periodo 1988-1997. Desde 1988 hasta 1993 el EVA y el beneficio económico fueron negativos y, sin embargo hubo una gran creación de valor para los accionistas: el valor de las acciones aumentó en 1.460.451 millones de pesetas y los dividendos pagados fueron 166.222 millones. En 1994, el beneficio económico fue positivo y, sin embargo, se produjo un importante descenso en la cotización de Endesa. En los años 1995, 1996 y 1997 el beneficio económico tuvo mayor correlación con la creación de valor para el accionista.

Después de contemplar la figura 11.6 es difícil sostener que el EVA o el beneficio económico miden la creación de valor de cada año.

Figura 11.6. EVA, BE y creación de valor para el accionista de Endesa
(millones de pesetas)

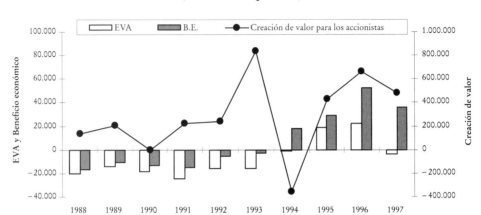

11.13. Conclusiones

De los apartados anteriores se desprenden las siguientes conclusiones.

• La información requerida para realizar la valoración de la empresa a partir del BE, del EVA y del CVA es exactamente la misma que para realizar la valoración por descuento de flujos.

• En los cuatro ejemplos vistos, la diferencia entre el valor de mercado y el valor contable tiene sentido económico en el año cero (porque entonces el valor contable es un flujo, que es la inversión inicial), pero no en los años siguientes.

• El valor actual del BE, del EVA y del CVA coincide con el MVA. La valoración de la empresa a partir del BE, del EVA y del CVA proporciona el mismo resultado que la valoración por descuento de flujos.

• Maximizar el valor actual del BE, del EVA o del CVA es equivalente a maximizar el valor de las acciones de la empresa.

• Maximizar el BE, el EVA o el CVA de un año determinado no tiene sentido: puede ser opuesto a maximizar el valor de las acciones de la empresa.

• La pretensión de que el BE, el EVA o el CVA midan la «creación de valor» de la empresa en cada periodo es un tremendo error: no tiene ningún sentido dar al BE, EVA o CVA el significado de creación de valor en cada periodo.

• La ventaja del EVA, BE y CVA sobre el beneficio es que tienen en cuenta los recursos utilizados para obtener el beneficio y también el riesgo de esos recursos (que determina la rentabilidad exigida a los mismos). Por esto, muchas empresas utilizan el EVA, BE o CVA como indicadores de gestión, porque «depuran» el beneficio con la cantidad y el riesgo de los recursos utilizados para conseguirlo.

• Puede suceder que el EVA y el beneficio económico de un año hayan sido muy positivos y mayores incluso de lo esperado y el valor de la empresa o de la unidad de negocio hayan disminuido porque las expectativas del negocio hayan empeorado como consecuencia de una mala gestión.

- El CFROI mide mejor (aunque sin tener en cuenta la inflación) lo que mide mal el ROA. El CFROI se debe comparar con el WACC sin inflación. Una empresa crea valor para los accionistas si el CFROI es superior al WACC sin inflación.
- El TSR (*total shareholder return*) es la rentabilidad del accionista, mide bien lo que mide mal el ROE. El TSR se debe comparar con la rentabilidad exigida por los accionistas (Ke). Una empresa crea valor para los accionistas si el TSR es superior al Ke.
- Los problemas con el EVA, con el BE o con el CVA comienzan cuando se quiere dar a estos parámetros un significado que no tienen: el valor depende *siempre* de expectativas.

Anexo 11.1. Derivación de las fórmulas del BE (beneficio económico) y MVA (valor de mercado – valor contable) a partir del CFac y de Ke

El valor de las acciones es el valor actual de los flujos esperados para las acciones (CFac) descontados a la rentabilidad exigida a las acciones (Ke):

[11.11]
$$E_0 = \sum_{t=1}^{\infty} \frac{CFac_t}{(1+Ke)^t}$$

El cash flow disponible para las acciones (CFac) es igual a los dividendos distribuibles.[36] La parte del beneficio que no se reparta, aumentará el valor contable de las acciones (Evc). Por consiguiente:[37]

[11.12] $CFac_t = DIV_t = BFO_t - \Delta Evc_t = BFO_t - (Evc_t - Evc_{t-1})$

Sustituyendo [11.12] en [11.11] resulta:

[11.13]
$$E_0 = \frac{BFO_1 - Evc_1 + Evc_0}{1+Ke} + \frac{BFO_2 - Evc_2 + Evc_1}{(1+Ke)^2} + \frac{BFO_3 - Evc_3 + Evc_2}{(1+Ke)^3} + \ldots$$

Teniendo en cuenta la identidad $\dfrac{Evc_0}{1+Ke} = Evc_0 - \dfrac{KeEvc_0}{1+Ke}$, la ecuación [11.13] se convierte en:

[11.14]
$$E_0 = \frac{BFO_1}{1+Ke} + \frac{BFO_2}{(1+Ke)^2} + \frac{BFO_3}{(1+Ke)^3} + \ldots + Evc_0 - \frac{KeEvc_0}{1+Ke} - \frac{KeEvc_1}{(1+Ke)^2} - \frac{KeEvc_2}{(1+Ke)^3} - \ldots$$

[11.15] $$E_0 = Evc_0 + \frac{BFO_1 - Ke\, Evc_0}{1+Ke} + \frac{BFO_2 - Ke\, Evc_1}{(1+Ke)^2} + \frac{BFO_3 - KeEvc_2}{(1+Ke)^3} + \ldots$$

---

36. En realidad, nos referimos a expectativas: la fórmula [11.11] indica que, el valor de las acciones es el VA del valor esperado de los cash flows disponibles para las acciones. No introducimos en la fórmula el operador «valor esperado» para no complicar más las expresiones. El valor esperado del cash flow disponible para las acciones es, por definición, idéntico al dividendo distribuible esperado.

37. Estamos suponiendo que $DIV_t = BFO_t - \Delta Evc_t$. Si esta igualdad no se cumple en una empresa, por ejemplo, porque incorpora directamente a reservas una cantidad Π, entonces se debe ajustar el beneficio del siguiente modo:
$BFO_t = BFOc_t - \Pi$, siendo $BFOc_t$ el beneficio que muestra la contabilidad.

[11.16] $$E_0 - Evc_0 = \sum_{t=1}^{\infty} \frac{BFO_t - Ke\,Evc_{t-1}}{(1+Ke)^t}$$

La diferencia $(E_0 - Evc_0)$ se denomina MVA (*market value added*). El beneficio económico (BE) es el numerador de la ecuación [11.16]:

[11.2] $$BE_t = BFO_t - Ke\,Evc_{t-1}$$

Por consiguiente, la ecuación [11.16] puede expresarse como:

[11.3] $$MVA_0 = E_0 - Evc_0 = \sum_{t=1}^{\infty} \frac{BE_t}{(1+Ke)^t}$$

Como $BFO_t = ROE\,Evc_{t-1}$, el beneficio económico también puede expresarse como:

[11.4] $$BE_t = (ROE - Ke)\,Evc_{t-1}$$

La relación entre el beneficio y el NOPAT es la siguiente:

[11.17] $$BFO_t = NOPAT_t - D_{t-1}\,Kd(1-T)$$

Por tanto, se puede expresar también el beneficio económico como:

[11.18] $$BE_t = NOPAT_t - D_{t-1}\,Kd(1-T) - Ke\,Evc_{t-1}$$

El WACC calculado con los valores contables de las acciones y de la deuda es:

[11.19] $$WACC_{vc} = \frac{D_{t-1}\,Kd(1-T) + Evc_{t-1}\,Ke}{D_{t-1} + Evc_{t-1}}$$

Por consiguiente:

[11.20] $$D_{t-1}\,Kd(1-T) + Ke\,Evc_{t-1} = WACC_{vc}\,(D_{t-1} + Evc_{t-1})$$

La relación entre el NOPAT y el ROA es:[38]

[11.21] $$NOPAT_t = ROA\,(D_{t-1} + Evc_{t-1})$$

Sustituyendo [11.20] y [11.21] en [11.18] resulta:

[11.22] $BE_t = (D_{t-1} + Evc_{t-1})(ROA - WACC_{vc})$

Por consiguiente, otro modo de expresar el MVA es:

[11.23] $E_0 - Evc_0 = \sum_{t=1}^{\infty} \dfrac{(D_{t-1} + Evc_{t-1})(ROA - WACC_{vc})}{(1 + Ke)^t}$

En una perpetuidad creciente, con tasa de crecimiento g:

[11.24] $E_0 - Evc_0 = \dfrac{(ROE - Ke)\, Evc_0}{Ke - g} = \dfrac{(ROA - WACC_{VC})\,(D_0 + Evc_0)}{Ke - g}$

Es importante tener en cuenta que[39]

[11.25] $(D_{t-1} + Evc_{t-1}) = AFN_{t-1} + NOF_{t-1}$

En el caso de que Ke no sea constante en el tiempo, las relaciones obtenidas también son válidas. [11.13] se transforma en:

[11.13']
$$E_0 = \frac{BFO_1 - Evc_1 + Evc_0}{1 + Ke_1} + \frac{BFO_2 - Evc_2 + Evc_1}{(1 + Ke_1)(1 + Ke_2)} +$$
$$+ \frac{BFO_3 - Evc_3 + Evc_2}{(1 + Ke_1)(1 + Ke_2)(1 + Ke_3)} + \dots$$

Como $\dfrac{-Evc_1}{1 + Ke_1} + \dfrac{Evc_1}{(1 + Ke_1)(1 + Ke_2)} = -\dfrac{Ke_2\, Evc_1}{(1 + Ke_1)(1 + Ke_2)}$

la ecuación [11.16] se transforma en:

[11.26] $E_0 - Evc_0 = \sum_{t=1}^{\infty} \dfrac{BFO_t - Ke_t\, Evc_{t-1}}{\prod_{i=1}^{t}(1 + Ke_i)}$

---

38. ROA *(return on assets)* también se denomina ROI *(return on investments)*, ROCE *(return on capital employed)*, ROC *(return on capital)* y RONA *(return on net assets)*. ROA = ROI = ROCE = ROC = RONA. ROA = ROE si D = 0.

39. AFN es activos fijos netos. NOF es necesidades operativas de fondos, que en inglés suele denominarse *working capital requirements*. A la suma AFN + NOF se le denomina con frecuencia NAE *(net assets employed)*.

Anexo 11.2. Derivación de las fórmulas del EVA Y MVA a partir del FCF y del WACC

En este anexo hacemos un desarrollo totalmente análogo al del anexo 11.1, pero partiendo de la fórmula [11.27], que postula que el valor de la deuda más el valor de mercado de las acciones (también llamado valor de mercado de la empresa) es el valor actual de los FCF (free cash flows) esperados descontados al WACC.[40]

[11.27]
$$E_0 + D_0 = \sum_{t=1}^{\infty} \frac{FCF_t}{(1 + WACC)^t}$$

La relación entre el FCF y el beneficio (BFO) es:[41]

[11.28]
$$FCF_t = BFO_t - \Delta Evc_t + D_{t-1} \, Kd \, (1 - T) - \Delta D_t$$

Sabemos que $BFO_t = NOPAT_t - D_{t-1} \, Kd(1 - T)$. Luego

[11.29]
$$FCF_t = NOPAT_t - (\Delta Evc_t + \Delta D_t)$$

Sustituyendo [11.29] en [11.27]:

[11.30]
$$E_0 + D_0 = \frac{NOPAT_1 - (\Delta Evc_1 + \Delta D_1)}{1 + WACC} + \frac{NOPAT_2 - (\Delta Evc_2 + \Delta D_2)}{(1 + WACC)^2} + \ldots =$$

$$= \frac{NOPAT_1}{1 + WACC} + \frac{NOPAT_2}{(1 + WACC)^2} + \ldots \; - \frac{(Evc_1 + D_1) - (Evc_0 + D_0)}{1 + WACC} -$$

$$- \frac{(Evc_2 + D_2) - (Evc_1 + D_1)}{(1 + WACC)^2} - \ldots = \frac{NOPAT_1}{1 + WACC} + \frac{NOPAT_2}{(1 + WACC)^2} + \ldots$$

$$+ (Evc_0 + D_0) - \frac{WACC(Evc_0 + D_0)}{1 + WACC} - \frac{WACC(Evc_1 + D_1)}{(1 + WACC)^2} + \ldots$$

porque
$$\frac{D_0 + Evc_0}{1 + WACC} = D_0 + Evc_0 - \frac{(D_0 + Evc_0) \, WACC}{1 + WACC}$$

---

40. En realidad, nos referimos a expectativas: la fórmula [11.27] indica que, el valor de las acciones más el valor de la deuda es igual al VA del valor esperado de los free cash flows. No introducimos en la fórmula el operador «valor esperado» para no complicar más las expresiones.

41. Estamos suponiendo que $DIV_t = BFO_t - \Delta Evc_t$. Si esta igualdad no se cumple en una empresa, por ejemplo, porque incorpora directamente a reservas una cantidad Π, entonces se debe ajustar el beneficio del siguiente modo:
$BFO_t = BFOc_t - \Pi$, siendo $BFOc_t$ el beneficio que muestra la contabilidad.

Por consiguiente:

$$[11.31] \quad [E_0 + D_0] - [D_0 + Evc_0] = \sum_{t=1}^{\infty} \frac{NOPAT_t - [D_{t-1} + Evc_{t-1}]WACC}{(1+WACC)^t}$$

Stern Stewart & Co. denomina EVA al numerador de la expresión [11.31]

$$[11.5] \qquad EVA_t = NOPAT_t - (D_{t-1} + Evc_{t-1})\,WACC$$

Por consiguiente, la relación entre MVA y EVA viene dada por la ecuación [11.6].

$$[11.6] \qquad MVA_0 = [E_0 + D_0] - [D_0 + Evc_0] = \sum_{t=1}^{\infty} \frac{EVA_t}{(1+WACC)^t}$$

Sabemos que $NOPAT_t = ROA\,(D_{t-1} + Evc_{t-1})$. Luego:

$$[11.7] \qquad EVA_t = (D_{t-1} + Evc_{t-1})\,(ROA - WACC)$$

Sustituyendo [11.7] en [11.6] resulta:

$$[11.32] \quad MVA_0 = [E_0 + D_0] - [D_0 + Evc_0] = \sum_{t=1}^{\infty} \frac{[D_{t-1} + Evc_{t-1}](ROA - WACC)}{(1+WACC)^t}$$

Comparando [11.7] con [11.22], resulta:

$$BE_t - EVA_t = (D_{t-1} + Evc_{t-1})(ROA - WACC_{vc}) - (D_{t-1} + Evc_{t-1})(ROA - WACC) =$$

$$= (D_{t-1} + Evc_{t-1})\,(WACC - WACC_{vc}) =$$

$$= (D_{t-1} + Evc_{t-1})\left[\frac{D_{t-1}Kd(1-T) + E_{t-1}\,Ke}{D_{t-1} + E_{t-1}} - \frac{D_{t-1}\,Kd(1-T) + Evc_{t-1}\,Ke}{D_{t-1} + Evc_{t-1}}\right] =$$

$$= \frac{D_{t-1}\left[Kd\,(1-T)\,(Evc_{t-1} - E_{t-1}) + Ke\,(E_{t-1} - Evc_{t-1})\right]}{D_{t-1} + E_{t-1}} =$$

$$= \frac{D_{t-1}(E_{t-1} - Evc_{t-1})\left[Ke - Kd\,(1-T)\right]}{D_{t-1} + E_{t-1}}$$

$$[11.33] \qquad BE_t - EVA_t = \frac{D_{t-1}(E_{t-1} - Evc_{t-1})\left[Ke - Kd\,(1-T)\right]}{D_{t-1} + E_{t-1}} =$$

$$= \left(D_{t-1} + Evc_{t-1}\right)\left(WACC - WACC_{vc}\right)$$

Como $Evc_{t-1}\,ROE = ROA\,(D_{t-1} + Evc_{t-1}) - D_{t-1}\,Kd\,(1-T)$, podemos expresar también [11.5] como:

$$[11.5'] \quad EVA_t = Evc_{t-1}\,ROE + D_{t-1}\,Kd\,(1{-}T) - (D_{t-1} + Evc_{t-1})\,WACC$$

Caso de que WACC no sea constante en el tiempo, las relaciones obtenidas también son válidas. [11.31] se transforma en:

$$[11.34] \qquad D_0 + E_0 - (D_0 + Evc_0) = \sum_{t=1}^{\infty} \frac{NOPAT_t - WACC_t\,(D_{t-1} + Evc_{t-1})}{\prod_{i=1}^{t}(1 + WACC_i)}$$

Anexo 11.3. Comprobación de que el CVA (*cash value added*) actualizado al WACC es el MVA

Queremos comprobar que:

[11.10]
$$[E_0 + D_0] - [D_0 + Evc_0] = \sum_{t=1}^{\infty} \frac{CVA_t}{(1 + WACC)^t}$$

La definición de CVA es:

[11.8]
$$CVA_t = NOPAT_t + AM_t - AE - (D_0 + Evc_0)\, WACC$$

donde AM_t es la amortización contable y AE es la amortización económica.

La amortización económica (AE) es la anualidad que capitalizada al coste de los recursos (WACC) acumulará el valor de los activos fijos (AF) al final de la vida útil de los mismos. Es inmediato comprobar que la amortización económica de unos activos fijos (AF) que se amortizan en T años es:

[11.9]
$$AE = \frac{AF\ \ WACC}{(1 + WACC)^T - 1}$$

La igualdad [11.10] para una empresa con unos activos fijos (AF) que se amortizan en T años es:

[11.35]
$$[E_0 + D_0] - [D_0 + Evc_0] =$$
$$= \sum_{t=1}^{T} \frac{NOPAT_t + AM_t - [D_0 + Evc_0]\,WACC - AE}{(1 + WACC)^t}$$

Teniendo en cuenta que:

[11.36]
$$\sum_{t=1}^{T} \frac{[D_0 + Evc_0]\,WACC - AE}{(1 + WACC)^t} = [D_0 + Evc_0] - \frac{[D_0 + Evc_0] - AF}{(1 + WACC)^T} =$$
$$= [D_0 + Evc_0] - \frac{NOF_0}{(1 + WACC)^T}$$

Sustituyendo en [11.35], resulta:

[11.37]
$$[E_0 + D_0] = \sum_{t=1}^{T} \frac{NOPAT_t + AM_t}{(1 + WACC)^t} + \frac{NOF_0}{(1 + WACC)^T}$$

con lo que queda comprobado y establecida su validez: [11.37] es válida para empresas (proyectos) con activo fijo bruto constante y NOF constantes. Estas hipótesis pueden ser válidas para proyectos de inversión sin inflación, sin compra de activos fijos durante la vida del proyecto y con cuenta de resultados (descontada la inflación) constante.

En el caso de que WACC no sea constante en el tiempo, las relaciones obtenidas también son válidas. [11.10] se transforma en:

[11.38]
$$D_0 + E_0 - (D_0 + Evc_0) =$$
$$= \sum_{t=1}^{T} \frac{NOPAT_t + AM_t - WACC_t (D_0 + Evc_0) - AE}{\prod_{i=1}^{t} (1 + WACC_i)}$$

Anexo 11.4. Ajustes sugeridos por Stern Stewart & Co. para el cálculo del EVA

Stern Stewart & Co. propone (véase página 112 de su libro *The Quest for Value*) las siguientes operaciones y los siguientes ajustes para pasar del valor contable a lo que denomina «valor contable económico». Recomiendan hacer también ajustes análogos en el NOPAT contable.

Operaciones para calcular el «Valor contable económico»	Operaciones para calcular el «NOPAT económico»
Valor contable de las acciones + valor contable de la deuda + acciones preferentes + intereses minoritarios (acciones)	Beneficio disponible para acciones ordinarias + intereses (1 - tasa de impuestos) + dividendos preferentes + intereses minoritarios (beneficios)
VALOR CONTABLE	**NOPAT**
AJUSTES + impuestos diferidos + reserva LIFO + amortización acumulada de goodwill + goodwill no contabilizado + previsión de incobrables + previsión para obsolescencia de inventarios + gastos acumulados de I + D – amortización acumulada de I + D + activación de contratos no cancelables + pérdidas acumuladas por venta de activos	**AJUSTES** + aumento de impuestos diferidos + aumento de la reserva LIFO + amortización de goodwill + aumento de la previsión de incobrables + aumento de la previsión para obsolescencia + gastos de I + D – amortización de I + D + intereses implícitos de contratos no cancelables + pérdidas por venta de activos

RESUMEN

¿Cómo saber si una empresa creó valor en un determinado ejercicio? Hay un modo fácil: si la empresa cotiza en bolsa ver si el accionista tiene más dinero ahora (cotización + dividendos + derechos suscripción) que hace un año (cotización), aunque para mantener esto se ha de afirmar que la valoración del mercado es correcta. Además puede ser que la cotización haya subido debido a causas que nada tienen que ver con la gestión, por ejemplo un descenso en los tipos de interés. Esto es equivalente a decir que una empresa crea valor para los accionistas si el TSR es superior al Ke.

La alternativa (y para empresas que no cotizan en bolsa) es un juicio personal: si uno cree que el valor de la empresa ha aumentado o no. Esto naturalmente depende de sus expectativas. Porque el valor depende de las EXPECTATIVAS.

Una de las funciones de la empresa es crear valor para sus accionistas, sus emplea-dos, sus clientes, sus proveedores y para el Estado. Tarea de los financieros es buscar indicadores que midan esta creación de valor.

El EVA, BE o CVA no miden la creación de valor en cada periodo. No se puede cuantificar la creación de valor en un periodo basándose en datos contables. El valor siempre depende de expectativas.

En muchas empresas, el EVA, BE o CVA son más apropiados para evaluar la ges-tión de directivos o unidades de negocio que el beneficio contable: estos tres pará-metros tienen en cuenta los recursos utilizados para obtener dicho beneficio, así como el riesgo de dichos recursos.

Conceptos clave

Creación de valor
Economic value added (EVA)
Beneficio económico (BE)
Market value added (MVA)
Cash value added (CVA)
Cash flow return on investment (CFROI)
Total shareholder return (TSR)
Total business return (TBR)
Rentabilidad exigida a las acciones (Ke)
Rentabilidad de las inversiones (ROE)
Net operating profit after taxes (NOPAT o BAIDT)
Amortización económica (AE)
Return on gross investment (ROGI)

Capítulo 12

La adquisición y valoración de RJR Nabisco

En este capítulo vamos a analizar un ejemplo real de valoración: la adquisición de RJR Nabisco en 1988. El objetivo principal del capítulo es comprender por qué las acciones de la empresa se compraron a 108 $ / acción cuando cotizaban en el mercado a 55,875 $ / acción. También nos servirá para profundizar en las distintas valoraciones que incluye el capítulo. Por último, veremos que el EVA (*economic value added*, concepto que estudiamos en el capítulo 11) nos ayuda poco a comprender esta adquisición.

El 18 de noviembre de 1988 había dos ofertas para comprar los 229 millones de acciones de RJR Nabisco. Una oferta era de un grupo, que denominaremos «grupo de dirección», encabezado por F. Ross Johnson, director general (CEO) de RJR Nabisco. La otra oferta era de la empresa Kohlberg, Kravis, Roberts & Co. (KKR).[1] La cotización de la acción de RJR Nabisco inmediatamente antes de las ofertas era 55,875 $ / acción.

12.1. Evolución de la empresa

RJR Nabisco empezó en 1875 como una empresa tabaquera. A partir de 1967 se dedicó también al negocio de la alimentación. La tabla 12.1 muestra las cuentas de resultados de la empresa de los últimos seis años. La tabla 12.2 muestra los últimos balances.

---

1. KKR fue fundada en 1976 por tres antiguos directivos de Bear Stearns & Co.: Jerome Kohlberg, Henry Kravis y George Roberts. Desde entonces, KKR había adquirido más de 35 empresas, pagando más de 38.000 millones de dólares en total. Por ejemplo, KKR compró en 1986 Beatrice Foods por 6.200 millones, la adquisición más importante realizada hasta entonces.

KKR firmó un acuerdo de confidencialidad con RJR Nabisco. Este acuerdo permitió el acceso de KKR a información sobre la empresa fuera del alcance del público. También dio a KKR la oportunidad de reunirse regularmente con la dirección de RJR Nabisco. Esto era especialmente importante para KKR, porque su rival –el grupo de dirección– tenía acceso a esa información debido a su posición en la empresa. KKR se comprometió a no comprar valores de RJR Nabisco, no participar en maniobras de accionistas ni asesorar o influir a cualquier otro participante en la adquisición, durante un periodo de dos años, salvo que obtuviera la aprobación del consejo de administración de RJR Nabisco.

Tabla 12.1. Cuentas de resultados y datos bursátiles de RJR Nabisco
en los últimos años.

	1982	1983	1984	1985	1986	1987
Ventas ($ millones)	7.323	7.565	8.200	11.622	15.102	15.766
Beneficio operativo ($ millones)	1.142	1.205	1.412	1.949	2.340	2.304
Beneficio neto ($ millones)	834	819	1.154	910	962	1.179
Beneficio por acción ($)	2,96	2,89	4,47	3,63	3,84	4,77
Dividendo por acción ($)	1,14	1,22	1,3	1,41	1,51	1,76
Núm. de acciones* (millones)	281,5	283,2	258,4	250,6	250,4	247,4
Precio de la acción* ($)	20,4	24,3	28,8	31,4	49,2	45
Beta de las acciones**	0,8	0,7	0,74	1,21	1,24	0,67

* a fin de año
** calculada con datos diarios del último año

Tabla 12.2. Balances de RJR Nabisco en los últimos años.

	1986	1987		1986	1987
NOF	737	1.297	Deuda	6.731	6.280
Activo fijo	11.306	11.021	Recursos propios	5.312	6.038
Activo neto	12.043	12.318	Pasivo neto	12.043	12.318

El negocio del tabaco incluía marcas como Winston, Salem, Camel y Vantage. En 1987, el negocio del tabaco representó unas ventas de 6.300 millones de dólares y beneficios operativos de 1.800 millones.

El negocio de alimentación incluía inicialmente bebidas, alimentos orientales, postres, harina, zumos y cenas preparadas. La marca Del Monte, que fue adquirida en 1979, añadió alimentos enlatados, plátanos frescos y piñas. En 1985 la empresa adquirió Nabisco Brands e incorporó, entre otras, las marcas Ritz y Quackers. En 1987, el negocio de alimentación tuvo unas ventas de 9.400 millones de dólares y unos beneficios operativos de 915 millones de dólares.[2]

RJR Nabisco había intentado diversificar en otros negocios, pero los fue abandonando. En 1969 adquirió una empresa de contenedores (Sea-Land), que vendió en 1984. En 1982 compró Heublein, una empresa de bebidas alcohólicas, propietaria de Kentuchy Fried Chicken. Kentucky Fried Chicken se vendió en 1986, y el negocio de bebidas alcohólicas de Heublein se vendió en 1987. En 1970 y 1976 compró dos

---

2. El beneficio operativo total de la empresa en 1987 (ver tabla 12.1) fue 2.304 millones. Esta cifra es la suma de los beneficios operativos del tabaco (1.800) y de la alimentación (915), más el beneficio operativo de la central (se trata de una pérdida de 182 millones), menos gastos de reestructuración (229).

empresas petrolíferas (Independent Oil Company y Burmah Oil Company) y las vendió en 1984.

12.2. Estrategia anterior a la oferta

La tabla 12.3 presenta las proyecciones realizadas para RJR Nabisco suponiendo que continúa con su estrategia anterior a la oferta. La mayor inversión en el negocio del tabaco estaba relacionada con el desarrollo de Premier, un cigarrillo sin humo: ya se habían invertido 300 millones de dólares en este proyecto.

Tabla 12.3. Estrategia anterior a la oferta. Balances, cuentas de resultados y flujos previstos.

(millones de dólares)	1988	1989	1990	1991	1992	1993	1994	1995	1996	1997	1998
NOF	1.191	1.271	1.382	1.480	1.585	1.698	1.819	1.949	2.089	2.240	2.402
Activos fijos	11.223	12.124	12.795	13.321	13.402	13.274	13.142	13.010	12.878	12.746	12.620
Total activo neto	12.414	13.395	14.177	14.801	14.987	14.972	14.961	14.959	14.967	14.986	15.022
Deuda	5.204	6.018	6.300	6.273	5.982	5.400	4.164	3.727	2.355	0	0
Recursos propios	7.210	7.377	7.877	8.528	9.005	9.572	10.797	11.232	12.612	14.986	15.022
Total pasivo neto	12.414	13.395	14.177	14.801	14.987	14.972	14.961	14.959	14.967	14.986	15.022
Ventas	16.950	18.088	19.676	21.075	22.578	24.191	25.925	27.788	29.790	31.942	34.256
Beneficio operativo	2.653	2.898	3.336	3.838	4.216	4.634	5.093	5.596	6.149	6.756	7.424
Intereses	551	582	662	693	690	658	594	458	410	259	0
Beneficio neto	1.360	1.498	1.730	2.023	2.259	2.536	2.858	3.251	3.625	4.094	4.625
Amortización e impuestos diferidos	730	807	791	819	849	866	867	867	867	867	861
Inversiones	1.142	1.708	1.462	1.345	930	738	735	735	735	735	735
Aumento NOF		80	111	98	105	113	121	130	140	151	162
Aumento de deuda		814	282	−27	−291	−582	−1.236	−436	−1.373	−2.355	0
Flujo acciones		1.331	1.230	1.372	1.782	1.969	1.633	2.817	2.244	1.720	4.589
− Aumento de deuda		−814	−282	27	291	582	1.236	436	1.373	2.355	0
(1-0,34) Intereses		384	437	457	455	434	392	302	271	171	0
FCF		901	1.385	1.856	2.528	2.985	3.261	3.555	3.888	4.246	4.589

La tabla 12.4 muestra una valoración de la estrategia anterior a la oferta. La valoración está realizada con las siguientes hipótesis:
— Tasa de interés sin riesgo = 8,5%.
— Prima de riesgo del mercado = 8%.
— Beta de los activos, o beta de las acciones sin apalancar = 0,65 = β_U.
— Crecimiento de los flujos a partir de 1998 = 2%.
La línea 1 de la tabla 12.4 muestra la rentabilidad exigida a las acciones. Este parámetro se calcula a partir del CAPM: Ke = 8,5% + β_L × 8%. β_L se obtiene a partir del valor de las acciones (E)[3] según la relación $\beta_L = \beta_U$ (D + E) / E.

---

3. El cálculo de E y β_L en la tabla 12.4 se realiza iterando, porque para calcular β_L necesitamos conocer E y viceversa.

La línea 2 muestra el valor de las acciones (E), que resulta 19.368 millones de dólares ($ 84,6 / acción).[4] Este dato es importante para comprender la compra de la empresa: el mercado valoraba la empresa($ 55,875 / acción) muy por debajo de su valor ($ 84,6 / acción).[5]

La línea 3 muestra el valor previsto para la deuda en cada año y la línea 4 contiene la suma del valor de la deuda y del valor de las acciones.

La línea 5 muestra el coste de la deuda[6] (Kd) y la línea 6 el coste ponderado de los recursos de la empresa (WACC), calculado según la expresión:

$$WACC = \frac{E\,Ke + D\,Kd(1-T)}{E+D}$$

La línea 7 es el valor actual del free cash flow (FCF) previsto actualizado al WACC, es decir, el valor de la deuda más el valor de las acciones (D + E). Como no podía ser de otro modo, esta línea coincide con la línea 4.

Tabla 12.4. Estrategia anterior a la oferta. Valoración.

($ millones)	1988	1989	1990	1991	1992	1993	1994	1995	1996	1997	1998
1 Ke		15,1%	15,2%	15,1%	15,0%	14,9%	14,7%	14,4%	14,3%	14,0%	13,7%
2 E = VA (CFac; Ke)	19.368	20.961	22.916	25.011	26.982	29.020	31.644	33.379	35.902	39.222	40.007
3 D	5.204	6.018	6.300	6.273	5.982	5.400	4.164	3.727	2.355	0	0
4 D + E	24.572	26.979	29.216	31.284	32.964	34.420	35.808	37.106	38.256	39.222	40.007
5 Kd		11%	11%	11%	11%	11%	11%	11%	11%	11%	0%
6 WACC		13,5%	13,4%	13,4%	13,5%	13,5%	13,5%	13,6%	13,6%	13,6%	13,7%
7 D + E = VA (FCF; WACC)	24.572	26.979	29.216	31.284	32.964	34.420	35.808	37.106	38.256	39.222	40.007

Valor por acción = 19.368 / 229 = $ 84,6 / acción

12.3. La oferta del grupo de dirección

La oferta del grupo de dirección era de 99,3 $ / acción: 89,5 dólares en efectivo, 6 dólares en acciones preferentes tipo *pay-in-kind*[7] y 3,8 dólares de acciones prefe-

---

[4] Este valor se obtiene actualizando el flujo disponible para las acciones que aparece en la tabla 12.3 a la tasa Ke. El número de acciones en 1988 era 229 millones.

[5] Esto puede ser debido a que el mercado no se creía las proyecciones de la tabla 12.3, o a que imputaba mucho más riesgo al negocio. De hecho, en aquel entonces se oían muchas críticas a la dirección de la empresa. También había varios analistas que desaconsejaban el que la empresa tuviera dos negocios tan distintos como alimentación y tabaco.

[6] El coste de la deuda es igual a los intereses pagados divididos por el nominal de la deuda a principio de año. En este capítulo se supone que el valor de la deuda es idéntico al nominal de la misma.

[7] Se denomina *pay-in-kind* a instrumentos financieros que pagan los intereses o dividendos que prometen con nuevos instrumentos financieros del mismo tipo, en lugar de pagarlos en efectivo.

rentes convertibles. Estas acciones preferentes convertibles, como grupo, podrían convertirse en cerca del 15% del capital que quedaría en la empresa, pero podían ser rescatadas por la propia empresa, en cualquier momento, por el valor del capital más dividendos acumulados.

La porción en efectivo de la oferta sería financiada por 2.500 millones de dólares de acciones y 18.000 millones de dólares de deuda[8]. El grupo de dirección también asumiría los 5.204 millones de dólares de la deuda existente. La tabla 12.5 muestra el balance previsto por el grupo de dirección.

Tabla 12.5. Estrategia del grupo de dirección. Balance.

($ millones)	1988	1989	1990	1991	1992	1993	1994	1995	1996	1997	1998	1999	2000	2001
NOF	1.191	642	687	735	787	844	905	972	1.044	1.122	1.207	1.299	1.399	1.507
Activos fijos	26.758	14.323	13.979	13.633	13.287	12.934	12.582	12.236	11.895	11.558	11.226	10.932	10.680	10.473
Total activo neto	27.949	14.965	14.666	14.368	14.074	13.778	13.487	13.208	12.939	12.680	12.433	12.231	12.079	11.980
Deuda asumida	5.204	4.894	4.519	3.798	2.982	2.582	1.857	0	0	0	0	0	0	0
Nueva deuda	18.000	6.292	6.075	5.878	5.413	4.221	3.000	2.515	0	0	0	0	0	0
Preferentes	1.374	1.632	1.939	2.304	2.737	3.251	3.863	4.589	5.170	2.811	0	0	0	0
Preferentes convert.	871	1.035	1.229	1.460	1.735	2.061	2.449	2.909	3.456	4.106	4.552	1.548	0	0
Recursos propios	2.500	1.112	904	928	1.207	4.399	5.056	5.932	7.050	8.500	10.618	13.420	14.816	14.717
Total pasivo neto	27.949	14.965	14.666	14.368	14.074	16.515	16.224	15.945	15.676	15.417	15.170	14.968	14.816	14.717

La estrategia del grupo de dirección era liquidar todos los negocios de alimentación y mantener el negocio del tabaco.[9] La tabla 12.6 muestra las cuentas de resultados y los flujos previstos por el grupo de dirección. El beneficio neto no incluye la venta de activos. Pensaban vender todos los activos del tabaco por su valor contable de 12.680 millones de dólares. La línea 5 muestra la amortización del fondo de comercio, que no es deducible de impuestos. El fondo de comercio se calcula como la diferencia entre el pasivo total de la nueva empresa (27.949) y el pasivo total de la empresa actual (12.414). El fondo de comercio se amortiza en 40 años.[10]

---

8. 20.500 millones entre 229 millones de acciones resulta 89,5 $ / acción.

9. Esta estrategia se basaba en la idea de que el mercado infravaloraba los fuertes flujos de caja del negocio del tabaco y no valoraba plenamente el negocio de alimentación debido a su asociación con el tabaco. Si se vendían los activos del negocio de alimentación de RJR Nabisco y se quedaba sólo el negocio del tabaco, se esperaba que desapareciera la infravaloración y se generaran ganancias importantes. F. Ross Johnson tenía experiencia en la venta de negocios de alimentación. Era director general de Standard Brands cuando fue adquirida por Nabisco para formar parte de Nabisco Brands en 1981. También era director general de Nabisco Brands cuando fue adquirida en 1985 por RJ Reynolds para formar RJR Nabisco.

10. Entonces, la amortización anual del fondo de comercio es: (27.949 – 12.414) / 40 = 388.

Tabla 12.6. Estrategia del grupo de dirección. Cuentas de resultados y flujos.

($ millones)	1988	1989	1990	1991	1992	1993	1994	1995	1996	1997	1998	1999	2000	2001
1 VENTAS	16.950	7.650	8.293	8.983	9.731	10.540	11.418	12.368	13.397	14.514	15.723	17.028	18.441	19.972
2 Beneficio operativo	2.653	1.917	2.385	2.814	3.266	3.589	3.945	4.337	4.768	5.243	5.766	6.130	6.639	7.190
3 Intereses	551	2.792	1.353	1.286	1.183	1.037	850	624	351	0	0	0	0	0
4 Impuestos (34%)	715	-298	351	520	708	868	1.052	1.262	1.502	1.783	1.960	2.084	2.257	2.445
5 Amort. fondo comercio		388	388	388	388	388	388	388	388	388	388	388	388	388
6 Beneficio neto	1.360	-966	293	620	987	1.296	1.655	2.063	2.527	3.072	3.418	3.658	3.994	4.357
7 – Dividendos preferentes		422	501	596	708	841	999	1.187	1.410	1.622	1.300	856	291	0
8 + Beneficio extraordinario														
9 Beneficio para ordinarias		-1.388	-208	25	279	456	656	876	1.118	1.451	2.117	2.802	3.703	4.357
10 Amortización e impuestos diferidos	730	777	725	726	735	749	754	758	763	769	774	774	774	774
11 – Inversiones	1.142	432	381	380	389	396	402	412	422	432	442	480	522	567
12 – Aumento NOF		41	45	48	52	57	61	67	72	78	85	92	100	108
13 + Valor cont. activos vendidos	12.680													
14 + Aumento de deuda		-12.018	-592	-918	-1.281	-1.592	-1.946	-2.342	-2.515	0	0	0	0	0
15 + Dividendos preferentes		422	501	596	708	841	999	1.187	1.410	1.622	1.300	856	291	0
16 – Amortización preferentes											-282	-3.331	-3.339	0
17 – Amortización preferentes convertibles										0	-325	-3.860	-1.839	0
18 Flujo acciones	0	0	0	0	0	0	0	0	0	0	0	0	2.307	4.456
19 + (1 – 0,34) Intereses pagados		1.843	893	849	781	684	561	412	232	0	0	0	0	0
20 + Devolución de deuda		12.018	592	918	1.281	1.592	1.946	2.342	2.515	0				
21 + Amortización preferentes											3.331	3.339	0	0
22 + Amortización preferentes convertibles											325	3.860	1.839	0
23 FCF		13.861	1.485	1.767	2.062	2.277	2.507	2.753	2.746	3.331	3.665	3.860	4.146	4.456

La figura 12.1 muestra la evolución de la estructura del pasivo (a valor contable) según la estrategia del grupo de dirección.

Figura 12.1. Estructura del pasivo según la estrategia del grupo de dirección.

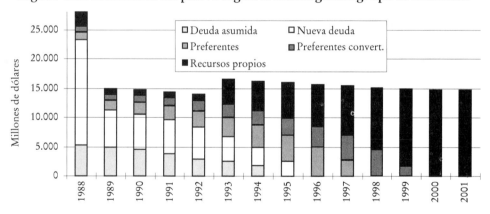

12.4. Valoración de la estrategia del grupo de dirección

La tabla 12.7 muestra una valoración de la estrategia del grupo de dirección. Se realiza por separado la valoración de las acciones (E), las acciones preferentes (Pr) y las acciones preferentes convertibles (PrCo). La valoración está realizada con las siguientes hipótesis:

– Tasa de interés sin riesgo = 8,5%.
– Prima de riesgo del mercado = 8%.
– Beta de los activos, o beta de las acciones sin apalancar = 0,65 = β_U.
– Crecimiento de los flujos a partir de 2001 = 2%.

La línea 1 de la tabla 12.7 muestra la rentabilidad exigida a las acciones. Este parámetro se calcula a partir del CAPM: Ke = 8,5% + β_E × 8%. β_E se calcula según la relación

$$\beta_E = \beta_U \left(\frac{E + D + Pr + Pr\,Co}{E} \right)$$

La línea 2 muestra el valor de las acciones (E), que resulta 4.485 millones de dólares. Este valor se debe comparar con la aportación de los accionistas que es 2.500 millones de dólares.

La línea 3 muestra el flujo previsto para las acciones preferentes. La línea 4 presenta la rentabilidad exigida a las acciones preferentes calculada a partir del CAPM: Kpr = 8,5% + β_{pr} × 8%.

$$\text{Siendo} \quad \beta_{Pr} = \beta_U \left(\frac{E + D + Pr + Pr\,Co}{E + Pr + Pr\,Co} \right)$$

La línea 5 muestra el valor de las acciones preferentes, que es el valor actual de los flujos esperados (línea 3) descontados a la rentabilidad exigida (línea 4).

La línea 6 muestra el flujo previsto para las acciones preferentes convertibles. La línea 7 presenta la rentabilidad exigida a las acciones preferentes convertibles, calculada a partir del CAPM: Kprco = 8,5% + β_{prco} × 8%. β_{prco} se calcula según la relación

$$\beta_{prco} = \beta_U \left(\frac{E + D + Pr + Pr\,Co}{E + Pr\,Co} \right)$$

La línea 8 muestra el valor de las acciones preferentes convertibles, que es el valor actual de los flujos esperados (línea 6) descontados a la rentabilidad exigida (línea 7).

La línea 9 muestra el valor previsto para la deuda en cada año y la línea 10 contiene la suma del valor de la deuda, de las preferentes, de las preferentes convertibles y de las acciones.

La tabla 12.8 muestra la valoración de la estrategia del grupo de dirección a partir del WACC. La línea 1 muestra el coste de la deuda (Kd) y la línea 2 el coste ponderado de los recursos de la empresa (WACC), calculado según la expresión:

$$WACC = \left(\frac{EKe + DKd\,(1 - T) + Pr\,Kpr + Pr\,Co\,Kprco}{E + D + Pr + Pr\,Co} \right)$$

Tabla 12.7. Valoración de la estrategia del grupo de dirección.

($ millones)	1988	1989	1990	1991	1992	1993	1994	1995	1996	1997	1998	1999	2000	2001
1 Ke		43,3%	25,3%	23,0%	21,1%	19,6%	18,4%	17,4%	16,5%	15,8%	15,1%	14,5%	13,9%	13,7%
2 E = VA (CFac; Ke)	4.485	6.427	8.050	9.897	11.988	14.341	16.979	19.930	23.219	26.890	30.962	35.454	38.088	38.850
3 CF prefer		0	0	0	0	0	0	0	0	3.331	3.339			
4 Kpref		31,5%	19,8%	18,4%	17,2%	16,2%	15,4%	14,7%	14,2%	13,7%	13,7%			
5 Pr = VA (CFpr; Kpr)	1.436	1.887	2.261	2.676	3.137	3.646	4.208	4.829	5.513	2.937	0			
6 CF prefer conv		0	0	0	0	0	0	0	0	0	325	3.860	1.839	
7 Kpref con		37,6%	22,6%	20,7%	19,2%	17,9%	16,9%	16,1%	15,3%	14,8%	14,2%	13,7%	13,7%	
8 PrCo = VA (CFprco; Kprco)	876	1.205	1.477	1.783	2.126	2.507	2.932	3.403	3.925	4.504	4.817	1.617	0	
9 D	23.204	11.186	10.594	9.676	8.395	6.803	4.857	2.515	0	0	0	0	0	0
10 D + E + Pr + PrCo	30.001	20.705	22.382	24.033	25.646	27.297	28.976	30.676	32.656	34.331	35.779	37.071	38.088	38.850

La línea 3 es el valor actual del free cash flow (FCF) previsto actualizado al WACC, que es la suma del valor de la deuda, de las preferentes, de las preferentes convertibles y de las acciones (E + D + Pr + PrCo). Como no podía ser de otro modo, esta línea coincide con la línea 10 de la tabla 12.7.

Tabla 12.8. Valoración de la estrategia del grupo de dirección con el WACC.

($ millones)	1988	1989	1990	1991	1992	1993	1994	1995	1996	1997	1998	1999	2000	2001
1 Kd		12,0%	12,1%	12,1%	12,2%	12,4%	12,5%	12,8%	14,0%	0,0%	0,0%	0,0%	0,0%	0,0%
2 WACC		15,2%	15,3%	15,3%	15,3%	15,3%	15,3%	15,4%	15,4%	15,3%	14,9%	14,4%	13,9%	13,7%
3 VA (FCF; WACC)	30.001	20.705	22.382	24.033	25.646	27.297	28.976	30.676	32.656	34.331	35.779	37.071	38.088	38.850

12.5. La oferta de KKR

La oferta de KKR era de 94 dólares por acción: 75 dólares en efectivo, 11 dólares de acciones preferentes tipo *pay-in-kind*, y 6 dólares de obligaciones convertibles también tipo *pay-in-kind*, que KKR valoraba en 8 dólares. La deuda convertible se convertiría en acciones al final del año 1993, a menos que el tenedor decidiera mantener las obligaciones. Si toda la deuda se convirtiera, representaría el 25% del capital de RJR Nabisco. La porción en efectivo de la oferta sería financiada mediante 1.500 millones de dólares en acciones y 15.880 millones de dólares de deuda. KKR también planeaba asumir los 5.204 millones de dólares de deuda preexistente. La tabla 12.9 muestra el balance previsto por KKR. Supone que la conversión de las obligaciones convertibles se realiza en 1993.

Tabla 12.9. Estrategia de KKR. Balance.

($ millones)	1988	1989	1990	1991	1992	1993	1994	1995	1996	1997	1998	1999	2000	2001
NOF	1.191	1.085	1.029	1.115	1.210	1.312	1.423	1.542	1.671	1.811	1.962	2.126	2.306	2.501
Activos fijos	25.284	21.963	19.260	18.916	18.581	18.247	17.921	17.611	17.316	17.041	16.774	16.567	16.426	16.357
Total activo neto	26.475	23.048	20.289	20.031	19.791	19.559	19.344	19.153	18.987	18.852	18.736	18.694	18.732	18.858
Deuda asumida	5.204	4.894	4.519	3.798	2.982	2.582	2.182	0	0	0	0	0	0	0
Nueva deuda	15.880	12.459	9.313	8.619	7.695	6.112	4.129	3.479	149	0	0	0	0	0
Convertibles	1.373	1.579	1.816	2.128	2.494									
Preferentes	2.518	2.896	3.330	3.956	4.700	5.583	6.633	7.880	9.362	7.320	4.377	549	0	0
Recursos propios	1.500	1.220	1.311	1.530	1.920	5.282	6.400	7.794	9.477	11.532	14.359	18.145	18.732	18.858
Total pasivo neto	26.475	23.048	20.289	20.031	19.791	19.559	19.344	19.153	18.987	18.852	18.736	18.694	18.732	18.858

	1989	1990
Venta de activos	3.694	2.850
Valor contable	3.121	2.408
Impuestos	194	150
Venta – impuestos	3.500	2.700
Bfo extraordinario	379	292

La estrategia de KKR para dirigir RJR Nabisco era distinta de la del grupo de dirección: pensaban vender sólo una pequeña parte de los negocios de alimentación. Según KKR: «Nosotros no contemplamos el desmembramiento de las operaciones de la empresa. Nuestra intención es mantener todo el negocio del tabaco. Esperamos también mantener una importante parte de las operaciones de alimentación».

La tabla 12.10 contiene las cuentas de resultados y los flujos previstos para RJR Nabisco con la estrategia de KKR.

Tabla 12.10. Estrategia de KKR. Cuentas de resultados y flujos.

($ millones)	1988	1989	1990	1991	1992	1993	1994	1995	1996	1997	1998	1999	2000	2001
1 VENTAS	16.950	16.190	15.223	16.468	17.815	19.270	20.846	22.551	24.394	26.391	28.550	31.091	33.858	36.871
2 Beneficio operativo	2.653	2.862	3.228	3.811	4.140	4.508	4.906	5.341	5.815	6.335	6.902	7.516	8.185	8.914
3 Intereses	551	2.754	2.341	1.997	1.888	1.321	1.088	806	487	21	0	0	0	0
4 Impuestos (34%)	715	37	302	617	766	1.084	1.298	1.542	1.812	2.147	2.347	2.556	2.783	3.031
5 Amort. fondo comercio	352	352	352	352	352	352	352	352	352	352	352	352	352	352
6 **Beneficio neto**	**1.360**	– 281	233	845	1.134	1.751	2.168	2.641	3.164	3.815	4.203	4.609	5.050	5.531
7 – Dividendos preferentes		378	434	626	744	884	1.050	1.247	1.481	1.760	1.376	823	103	0
8 + Beneficio venta activos		379	292											
9 **Beneficio para ordinarias**		– 280	91	219	391	868	1.118	1.394	1.683	2.055	2.827	3.786	4.947	5.531
10 Amortización e impuestos diferidos	730	1.159	991	899	907	920	924	928	933	939	945	945	945	945
11 – Inversiones	1.142	774	556	555	572	586	598	618	638	664	678	738	804	876
12 – Aumento NOF		79	84	86	95	102	111	119	129	140	151	164	179	195
13 + Valor cont. activos vendidos	3.121	2.408												
14 + Intereses diferidos		206	237	312	366									
15 + Aumento de deuda		– 3.731	– 3.521	– 1.415	– 1.740	– 1.983	– 2.383	– 2.832	– 3.330	– 149	0	0	0	0
16 + Dividendos preferentes		378	434	626	744	884	1.050	1.247	1.481	1.760	1.376	823	103	0
17 – Amortización preferentes										– 3.802	– 4.319	– 4.651	– 652	0
18 Flujo acciones	0	0	0	0	0	0	0	0	0	0	0	0	4.360	5.405
19 + (1 – 0,34) Intereses pagados	1.682	1.389	1.112	1.005	872	718	532	321	14	0	0	0	0	0
20 – 0,34 × intereses diferidos	70	81	106	124	0	0	0	0	0	0	0	0	0	0
21 + Devolución de deuda	3.731	3.521	1.415	1.740	1.983	2.383	2.832	3.330	149					
22 + Amortización preferentes										3.802	4.319	4.651	652	0
23 FCF	5.343	4.829	2.421	2.620	2.855	3.101	3.364	3.652	3.964	4.319	4.651	5.012	5.405	

La figura 12.2 muestra la evolución de la estructura del pasivo (a valor contable) según la estrategia de KKR.

Figura 12.2. Estructura del pasivo según la estrategia de KKR.

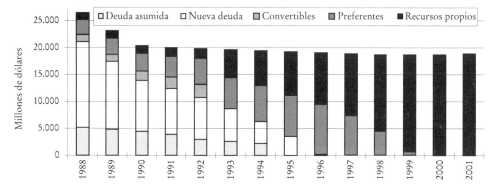

12.6. Valoración de la estrategia de KKR

La tabla 12.11 muestra una valoración de la estrategia de KKR. Supone que la conversión de la deuda convertible se realiza en 1993 y valora conjuntamente las acciones ordinarias y las obligaciones convertibles (E+Co). Las acciones preferentes (Pr) se valoran por separado. La valoración está realizada con las siguientes hipótesis:

– Tasa de interés sin riesgo = 8,5%.
– Prima de riesgo del mercado = 8%.
– Beta de los activos, o beta de las acciones sin apalancar = 0,65 = β_U.
– Crecimiento de los flujos a partir de 2001 = 2%.

La línea 1 de la tabla 12.11 muestra los flujos previstos para las acciones y las convertibles. La línea 2 presenta presenta la rentabilidad exigida a las acciones (y convertibles) calculada a partir del CAPM: Ke = 8,5% + β_E × 8%. β_E se calcula según la relación

$$\beta_E = \beta_U \left(\frac{E + Co + D + Pr}{E + Co} \right)$$

La línea 3 muestra el valor de las acciones y las convertibles (E + Co), que resulta 6.030 millones de dólares. Este valor se debe comparar con la aportación de los accionistas que es 1.500 millones de dólares y el valor nominal de las convertibles que es 1.373 millones. Como las convertibles se podrán convertir en el 25% de las acciones, su valor resulta 1.507 millones y el de las acciones 4.523 millones.

La línea 4 muestra el flujo previsto para las acciones preferentes. La línea 5 presenta la rentabilidad exigida a las acciones preferentes calculada a partir del CAPM: Kpr = 8,5% + β_{pr} × 8%. β_{pr} se calcula según la relación:

$$\beta_{pr} = \beta_U \left(\frac{E + Co + D + Pr}{E + Co + Pr} \right)$$

La línea 6 muestra el valor de las acciones preferentes, que es el valor actual de los flujos esperados (línea 4) descontados a la rentabilidad exigida (línea 5).

La línea 7 muestra el valor previsto para la deuda en cada año y la línea 8 contiene la suma del valor de la deuda, de las preferentes, de las convertibles y de las acciones.

Tabla 12.11. Valoración de la estrategia de KKR.

($ millones)	1988	1989	1990	1991	1992	1993	1994	1995	1996	1997	1998	1999	2000	2001
1 CFacc + CFconver		0	0	0	0	0	0	0	0	0	0	0	4.360	5.405
2 Ke		34,2%	27,1%	22,8%	20,9%	19,3%	18,1%	17,1%	16,3%	15,5%	14,9%	14,3%	13,8%	13,7%
3 E + Co = VA (CFac; Ke)	6.030	8.093	10.283	12.627	15.260	18.207	21.505	25.185	29.282	33.834	38.877	44.442	46.200	47.124
4 CF Preferentes	0	0	0	0	0	0	0	0	0	3.802	4.319	4.651	652	
5 Ke preferentes		26,2%	21,5%	18,7%	17,4%	16,3%	15,5%	14,8%	14,2%	13,7%	13,7%	13,7%	13,7%	
6 Pref = VA (CFpre; Kep)	2.718	3.431	4.170	4.949	5.808	6.757	7.805	8.962	10.237	7.840	4.595	574	0	
7 D	21.084	17.353	13.832	12.417	10.677	8.694	6.311	3.479	149	0	0	0	0	0
8 D + E + Pref	29.832	28.877	28.284	29.993	31.745	33.658	35.621	37.626	39.668	41.674	43.472	45.015	46.200	47.124

La tabla 12.12 muestra la valoración de la estrategia de KKR a partir del WACC. La línea 1 muestra el coste de la deuda (Kd) y la línea 2 el coste ponderado de los recursos de la empresa (WACC), calculado según la expresión:

$$WACC = \left(\frac{(E + Co)\,Ke + DKd\,(1 - T) + Pr\,Kpr - InpT}{E + Co + D + Pr} \right)$$

donde Inp = intereses no pagados, pero que deducen del pago de impuestos. Son los intereses debidos a las obligaciones convertibles. Nótese que la expresión del WACC cambia debido a la existencia de intereses no pagados[11] que permiten pagar menos impuestos.

La línea 3 es el valor actual del free cash flow (FCF) previsto actualizado al WACC, que es la suma del valor de la deuda, de las preferentes, de las preferentes convertibles y de las acciones (E + D + Pr + PrCo). Como no puede ser de otro modo, esta línea coincide con la línea 8 de la tabla 12.11.

Tabla 12.12. Valoración de la estrategia de KKR con el WACC.

($ millones)	1988	1989	1990	1991	1992	1993	1994	1995	1996	1997	1998	1999	2000	2001
1 Kd		12,1%	12,1%	12,2%	12,3%	12,4%	12,5%	12,8%	14,0%	14,1%	0,0%	0,0%	0,0%	0,0%
2 WACC		14,7%	14,7%	14,6%	14,6%	15,0%	15,0%	15,1%	15,1%	15,1%	14,7%	14,2%	13,8%	13,7%
3 VA (FCF; WACC)	29.832	28.877	28.284	29.993	31.745	33.658	35.621	37.626	39.668	41.674	43.472	45.015	46.200	47.124

---

11. Intereses *pay-in-kind*.

12.7. Comparación de los FCF de las dos alternativas

La tabla 12.13 muestra los free cash flows esperados por KKR, el grupo de dirección y por la empresa antes de las ofertas. Las tres líneas siguientes son los FCF diferenciales entre estrategias. También contiene la TIR del flujo diferencial entre las estrategias de KKR y el grupo de dirección según distintos crecimientos de los flujos a partir del año 2001.

Tabla 12.13. Comparación de los FCF de las dos ofertas con el FCF anterior a las ofertas.

Free cash flow ($ millones)	1989	1990	1991	1992	1993	1994	1995	1996	1997	1998	1999	2000	2001
KKR	5.343	4.829	2.421	2.620	2.855	3.101	3.364	3.652	3.964	4.319	4.651	5.012	5.405
Grupo de Dirección	13.861	1.485	1.767	2.062	2.277	2.507	2.753	2.746	3.331	3.665	3.860	4.146	4.456
Anterior a la oferta	901	1.385	1.856	2.528	2.985	3.261	3.555	3.888	4.246	4.589	4.681	4.774	4.870
KKR - Anterior	4.442	3.445	565	92	−130	−160	−191	−236	−282	−270	−30	238	536
Dirección - Anterior	12.960	100	−89	−467	−709	−754	−802	−1.141	−915	−924	−821	−629	−414
KKR - Dirección	−8.518	3.344	654	559	579	594	611	906	633	655	791	866	949

	g = 0	g = 1%	g = 2%	g = 3%	g = 4%
KKR - Dirección					
TIR según crecimiento tras 2001:	12,1%	12,5%	12,8%	13,3%	13,5%

12.8. EVA y creación de valor de las dos alternativas

La tabla 12.14 muestra el resumen de las valoraciones. De acuerdo con las valoraciones expuestas, el valor de todo el pasivo de la empresa con la estrategia del grupo de dirección es 30.001 millones y según la estrategia de KKR 29.832 millones. El valor de todo el pasivo según la estrategia anterior a las ofertas es 24.572 millones y la valoración del mercado era de sólo 17.999 millones.[12]

Estos cálculos permiten concluir que, según las estrategias mostradas, el grupo de dirección podría ofertar un máximo de 108,2 dólares por acción[13] y KKR un máximo de 107,5 dólares por acción.[14]

Pero lo más importante es responder a la pregunta de por qué una empresa que el mercado valoraba en 17.999 millones puede llegar a valer 30.000 millones para KKR y el grupo de dirección. La tabla 12.14 ayuda a aclarar este interrogante. El paso de 17.999 a 24.572 millones se debe a infravaloración por parte del mercado. Como ya se ha apuntado, esta infravaloración puede responder a que el mercado no estaba de acuerdo con la dirección de la empresa (estilo de dirección con mucho lujo, entrando y saliendo de varios negocios en los últimos años, inversiones previstas millonarias e inciertas, etc.). El paso de los 24.572 millones (el valor de la empresa según la estrategia actual de la empresa) a los 30.000 millones (aproximadamente, el valor de la empresa según la estrategia del grupo de dirección y de KKR) se explica por:

---

12. 17.999 millones es la suma del valor de la deuda, que es 5.204 millones, y del valor de las acciones, que es 12.795 millones (55,875$ / acción × 229 millones de acciones)

13. (30.001 − 5.204) / 229 = 108,2, donde 5.204 es el valor de la deuda asumida.

14. (29.832 − 5.204) / 229 = 107,5, donde 5.204 es el valor de la deuda asumida.

a) Mayor apalancamiento, lo que conlleva un menor pago de impuestos debido a los mayores intereses.

b) Menores inversiones previstas.

c) Venta de negocios por un importe superior al valor actual de los flujos operativos de los negocios vendidos. El ahorro en costes de estructura va incluido en esta cifra.

Tabla 12.14. Resumen de las valoraciones.

(millones de dólares)	Grupo de dirección	KKR	Anterior a la oferta	Mercado
Valor total de la empresa	30.001	29.832	24.572	17.999
Aumento de valor respecto a la estrategia anterior	5.429	5.260		
Debido a:				
Menor pago de impuestos por intereses	1.176	1.865		
Menos inversiones en activos fijos	4.400	2.675		
Menos cash flows operativos de negocios vendidos	− 7.336	− 148		
Venta de activos	11.005	5.104		
Costes del mayor apalancamiento	− 3.816	− 4.236		

La figura 12.3 muestra la evolución del valor de las acciones según la estrategia de KKR y lo compara con el valor contable. La figura 12.4 muestra la evolución del valor de las acciones según la estrategia del grupo de dirección y lo compara con el valor contable.

Figura 12.3. Evolución del valor de las acciones según la estrategia de KKR.

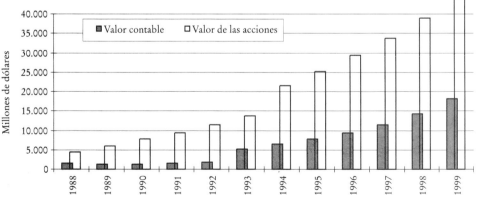

La figura 12.5 muestra el EVA (*economic value added*) de cada año de las estrategias del grupo de dirección y de KKR. Una interpretación literal del EVA de cada año afirmaría que ambas estrategias destruyen valor los primeros años (los de EVA negativo) y lo crean a partir de 1995. Evidentemente, esta lectura no tiene ningún sentido.

Figura 12.4. Evolución esperada del valor de las acciones según la estrategia del grupo de dirección.

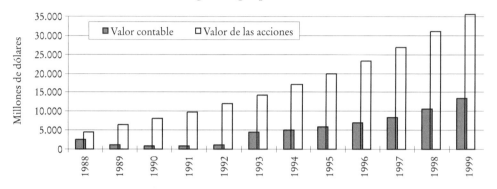

Figura 12.5. EVA de las estrategias de KKR y del grupo de dirección.

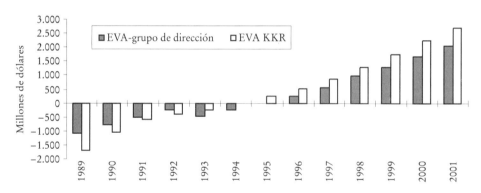

La figura 12.6 muestra la sensibilidad del valor de la empresa (acciones, deuda, convertibles...) a la beta de los activos.

Figura 12.6. Valor de la empresa en función de la beta de los activos (βu).

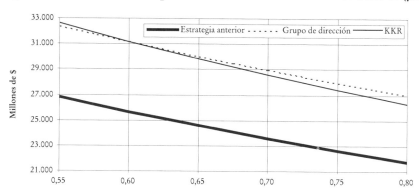

Tabla 12.15. Equipos de asesores de KKR, del grupo de dirección y del comité especial.

KKR
Investment Banks:
• Drexel Burnham Lambert
• Drexel Burnham Lambert
• Wasserstein Perella
• Merrill Lynch Capital Markets
• Morgan Stanley
Bancos principales:
• Manufacturers Hanover Trust
• Bankers Trust
• Citibank
• Chase Manhattan
Otros inversores:
• Fondos de pensiones
• Universidades
• Empresas extranjeras
Asesores legales:
• Simpson Thatcher & Bartlett

Grupo de dirección
Investment Banks:
• Shearson Lehman Hutton
• Salomon Brothers
Bancos principales:
• Citibank
• Bankers Trust
Asesores legales:
• Davis Polk & Wardwell

Comité especial
Consejeros:
• Dillon Read
• Lazard Freres
Asesores legales:
• Skadden, Arps, Slate, Meagher & Flom

12.9. Ofertas finales y desenlace

Después de varias ofertas más, el 30 de noviembre de 1988 el grupo de dirección y KKR presentaron sus ofertas definitivas, que aparecen en la tabla 12.16. Las ofertas eran idénticas en el total por acción. La empresa se vendió a KKR.

Tabla 12.16. Ofertas finales de KKR y del grupo de dirección.

Grupo de dirección	$ / acción	KKR	$ / acción
Efectivo	84	Efectivo	81
Acciones preferentes	22	Acciones preferentes	17
Acciones preferentes convertibles	2	Deuda convertible	10
TOTAL	108	TOTAL	108

Estas ofertas se basan en una estructura de balance algo distinta a las presentadas en el capítulo. En concreto, la oferta de KKR se sustenta en un mayor desembolso en efectivo, gracias a deuda nueva adicional de 1.220 millones de dólares. Además también se dieron a los antiguos accionistas más acciones preferentes y más deuda convertible de la que aparece en la tabla 12.9.

¿Se puede hablar de creación de valor en esta operación? El lector ha podido comprobar que tanto KKR como el grupo de dirección preveían obtener una reducción de impuestos, invertir menos, gastar menos en costes operativos y vender rentablemente unidades de negocio. Ésta es la creación de valor de esta operación. Desde el punto de vista de los antiguos accionistas, vendieron por 108 $ acciones que dos meses antes cotizaban a 55,875 $. Pero sea cual sea la opinión del lector sobre cómo denominar a este hecho, un punto muy importante a considerar es que la «creación de valor» se produjo en el momento de la venta de los 229 millones de acciones viejas. Lo que sucediera después, fue problema de KKR.

Resumen

En la adquisición de RJR Nabisco por KKR, la creación de valor se produjo en el momento de la venta de las acciones: cada acción se vendió por 108 $, cuando dos meses antes cotizaban por la mitad. Este incremento en el valor está basado en las proyecciones derivadas de la estrategia diseñada por KKR.

Tal y como veíamos en el capítulo anterior, se vuelve a demostrar que no se puede dar al EVA el significado de creación de valor en un periodo.

Conceptos clave

- Creación de valor
- Rentabilidad exigida a las acciones (Ke)
- *Economic value added* (EVA)
- *Capital asset pricing model* (CAPM)
- Beta de las acciones de la empresa sin apalancar o beta de los activos (β_U)
- Beta de las acciones de la empresa apalancada (β_L)

Capítulo 13

Beneficio económico, EVA y creación de valor de empresas españolas

En este capítulo se analiza la relación de la creación de valor para los accionistas con varios parámetros, entre otros, el beneficio económico y el EVA. El periodo analizado ha sido 1991-1997. Se han tomado 30 empresas españolas de las que componen el IBEX 35 habitualmente y que cotizan desde 1991. Las 30 empresas formaban parte del IBEX 35 en junio de 1998.[1] La capitalización de las 30 empresas analizadas era a 30 de junio de 1998 36,5 billones de pesetas (92,55% de la capitalización total del IBEX 35).

Una conclusión de este análisis es que el EVA no es la magnitud que tuvo mayor correlación con la creación de valor para los accionistas. El beneficio económico y varias magnitudes más tuvieron mayor correlación con la creación de valor para los accionistas que el EVA.

13.1. Definiciones de beneficio económico, EVA y creación de valor para los accionistas

La creación de valor para los accionistas es la diferencia entre la riqueza de que disponen a final de un año y la que disponían el año anterior:

Creación de valor para los accionistas = Capitalización (t) – Capitalización (t – 1) + Dividendos pagados (t) – Desembolsos por ampliaciones de capital (t) + Pagos a los accionistas por reducciones de capital (t).

La capitalización es el valor de mercado de todas las acciones, esto es, la cotización de cada acción multiplicada por el número de acciones en circulación.

Se calculan tres beneficios económicos distintos, según se considere el valor contable de las acciones al final del año anterior, el valor contable medio del año (al va-

---

1. Las 5 empresas del IBEX 35 de junio de 1998 no analizadas por no disponer de datos para todo el periodo son: Argentaria, Fomento de Construcciones y Contratas, Continente, Sol Meliá y ACS.

lor contable se le deduce la revalorización Rev.), la rentabilidad exigida a las acciones al final del año anterior o la rentabilidad exigida a las acciones media del año:

Beneficio económico final (t) = BFO (t) – [Evc (t – 1) – Rev. (t – 1)] × Ke final (t)
Beneficio económico medio (t) = BFO (t) – [Evc medio (t) – Rev. (t)] × Ke medio (t)
Beneficio económico medio-final (t) = BFO (t) – [Evc medio (t) – Rev. (t)] × Ke final (t)

Análogamente, se calculan dos magnitudes del EVA:

EVA Final (t) = NOPAT (t) – [Evc final (t – 1) – Rev. (t – 1) + D (t – 1)] × WACC final (t)
EVA Medio (t) = NOPAT (t) – [Evc medio (t) – Rev. (t) + D media(t)] × WACC medio(t)

La rentabilidad exigida a las acciones (Ke) y el coste ponderado de los recursos (WACC) se calcula del siguiente modo:

Ke media (t) = Rf media (t) + Beta (t) × *Market premium media* (t)
Ke final (t) = Rf final (t) + B (t) × *Market premium final* (t)
WACC final (t) = [Capitalización final (t) × Ke final (t) + D (t) × Kd media (t) × (1 – T)] / [Capitalización final (t) + D (t)]
WACC Medio (t) = [Capitalización media (t) × Ke media (t) + D media (t) × Kd media (t) × (1 – T)] / [Capitalización media (t) + D (t)]

El beneficio antes de intereses y después de impuestos (NOPAT) es:

NOPAT (t) = BFO (t) + intereses (t) × (1 – T)

El coste medio de la deuda es:

Kd media (t) = intereses (t) / D media (t)

El ROE y el ROA se han calculado del siguiente modo:

ROE (t) = BFO (t) / [Evc (t – 1) – Revalorización de activos (t – 1)]
ROA (t) = NOPAT (t) / [Evc (t – 1) + D (t – 1) – Rev (t – 1)]

13.2. Correlación de la creación de valor para los accionistas con el beneficio económico, el EVA y otras magnitudes

Se ha calculado el beneficio económico de cada año para las treinta empresas y el EVA para todas las empresas no financieras. Posteriormente, se ha calculado la correlación entre la creación de valor para los accionistas y 50 magnitudes distintas. Estas correlaciones aparecen en la tabla 13.1.

La tabla 13.1 incorpora al final la columna máximo (correlación máxima), mínimo (correlación mínima), media (promedio de las correlaciones) y media no financieras (promedio de las correlaciones de las empresas no financieras). La columna «Agregado de todas las empresas» contiene el análisis referido a la suma (de beneficios, valor contable, capitalización...) de las 30 empresas y la columna «Agregado de las empresas no financieras» contiene el mismo análisis de las 23 empresas no financieras.

Hemos calculado también la correlación entre la creación de valor para los accionistas en un año y las magnitudes del año anterior. Por ejemplo, la línea ROE-1 muestra la correlación entre la creación de valor para los accionistas en un año y el ROE del año anterior.

13.3. Consecuencias de la correlación de la creación de valor para los accionistas con el beneficio económico, el EVA y otras magnitudes

De la tabla 13.1 se pueden extraer muchas consecuencias, pero como la mayoría son muy obvias, resaltamos sólo las siguientes.

La tabla 13.2 muestra el ranking de las 50 variables analizadas según la media de las correlaciones (en valor absoluto). En el periodo 1991-1997 y para las empresas analizadas, la variable que en media tuvo mayor correlación con la creación de valor para los accionistas fue la tasa sin riesgo al final del año (– 67%). El beneficio económico media-final tuvo una correlación del 62%. El EVA final está en la posición 11 con correlación 44% y el EVA medio en la posición 17 con correlación 35%.

El beneficio económico tuvo, en media, una correlación con la creación de valor para los accionistas sensiblemente superior que el EVA. De hecho, sólo en dos empresas (Repsol y Fecsa), el EVA tuvo una correlación sensiblemente superior al beneficio económico.

Una conclusión que se puede extraer de las tablas 13.1 y 13.2 es que el EVA no mide la creación de valor para los accionistas en un periodo. Pero no sólo eso: hay bastantes magnitudes que han tenido una correlación con la creación de valor para los accionistas muy superior al EVA.

El análisis de qué magnitud tuvo la mayor correlación con la creación de valor para los accionistas para cada empresa, proporciona es siguiente resultado:

– En cuatro empresas: Rf final y Variación beneficio económico media-final.
– En dos empresas: Aumento del ROE, Aumento del ROE – 1 y ROA.

– En una empresa: Beneficio, Dividendos, Beneficio retenido, Beneficio económico medio, Rf media, Beneficio económico final, Beneficio económico media-final, EVA medio, beneficio económico media-final – 1, aumento del WACC final, aumento del Beneficio económico final, aumento del Beneficio económico medio – 1, aumento del Beneficio económico medio, aumento de los dividendos-1, aumento del beneficio retenido-1 y aumento de Rf final – 1.

Como se puede observar, sólo en una empresa (Uralita) el EVA tuvo la mayor correlación con la creación de valor para los accionistas.

Las figuras 13.1 a 13.6 permiten visualizar la evolución de algunas de las magnitudes más importantes de este estudio.

Tabla 13.1. Correlación de la creación de valor para los accionistas con 50 variables. Periodo 1991-1997.

	ACERINOX	ACESA	AG. BARNA	AMPER	ASTU. ZINC.	AUMAR	B. POPULAR	B. SANTANDER	BANKINTER	BBV	BCH	C. F. ALBA
Beneficio económico final	-10%	69%	72%	95%	99%	82%	74%	81%	71%	79%	86%	46%
Beneficio económico medio	-30%	43%	67%	95%	99%	54%	72%	83%	66%	97%	93%	23%
Beneficio económico media-final	-23%	70%	84%	95%	99%	69%	79%	90%	89%	92%	88%	38%
Variación Bfo. económico final	-76%	94%	86%	8%	86%	63%	59%	78%	78%	61%	44%	42%
Variación Bfo. económico medio	-88%	18%	78%	-50%	86%	-6%	56%	74%	90%	77%	51%	17%
Variación Bfo. económico media-final	-91%	69%	96%	-49%	86%	21%	57%	63%	93%	46%	33%	39%
EVA final	-15%	58%	63%	96%	98%	82%						
EVA medio	-32%	42%	65%	96%	99%	54%						
Aumento del EVA final	-78%	93%	74%	22%	85%	63%						
Aumento del EVA medio	-88%	21%	77%	-44%	87%	-7%						
Beneficio	-11%	29%	59%	94%	99%	14%	82%	91%	33%	83%	12%	-13%
Aumento del Beneficio	-81%	-68%	17%	25%	87%	-40%	43%	86%	87%	76%	62%	-16%
Dividendos	12%	46%	83%	84%		73%	79%	84%	28%	99%	-25%	-68%
Aumento de los Dividendos	-46%	84%	67%	68%		46%	59%	50%	23%	97%	20%	-21%
Beneficio retenido	-13%	18%	37%	93%	99%	-43%	83%	74%	-21%	58%	37%	3%
Aumento del Beneficio retenido	-79%	-82%	-53%	23%	87%	-51%	31%	77%	-1%	51%	52%	-15%
Rf media	-71%	-29%	-38%	-80%	-85%	-58%	-79%	-90%	-60%	-94%	-92%	-61%
Aumento Rf media	-88%	-47%	-45%	-48%	-69%	-60%	-40%	-65%	-88%	-63%	-73%	-74%
Ke media	-71%	-29%	-38%	-80%	-85%	-58%	-79%	-90%	-60%	-94%	-92%	-61%
Ke final	-63%	-69%	-68%	-75%	-59%	-87%	-83%	-90%	-83%	-86%	-83%	-83%
Aumento Ke media	-88%	-47%	-45%	-48%	-69%	-60%	-40%	-65%	-88%	-63%	-73%	-74%
Aumento Ke final	-9%	-96%	-80%	-17%	13%	-85%	-38%	-36%	-70%	-23%	-24%	-66%
ROE	-44%	29%	74%	77%	80%	76%	-50%	10%	31%	92%	67%	0%
Aumento ROE	-95%	-44%	52%	-30%	68%	47%	89%	64%	43%	67%	61%	-10%
Rf final	-63%	-69%	-68%	-75%	-59%	-87%	-83%	-90%	-83%	-86%	-83%	-83%
Aumento Rf final	-9%	-96%	-80%	-17%	13%	-85%	-38%	-36%	-70%	-23%	-24%	-66%
Kd media	-35%	-33%	-38%	-1%	11%	-53%						
WACC final	-63%	-68%	-57%	-32%	-40%	-84%						
WACC medio	-65%	-31%	-38%	-17%	-59%	-56%						
Aumento Kd media	29%	38%	2%	5%	42%	-7%						
Aumento WACC final	-3%	-98%	-66%	-10%	20%	-83%						
Aumento WACC medio	-43%	-45%	-28%	18%	-25%	-50%						
ROA	-47%	-12%	31%	98%	97%	68%						
Aumento del ROA	-92%	-81%	42%	-13%	88%	51%						
Beneficio económico final -1	75%	1%	16%	88%	0%	-11%	17%	6%	-15%	43%	53%	27%
Beneficio económico medio -1	60%	24%	23%	92%	6%	75%	36%	5%	-74%	90%	73%	23%
Beneficio económico media-final -1	75%	7%	3%	92%	16%	56%	25%	33%	-49%	81%	71%	24%
Aumento del Beneficio ec. final -1	50%	6%	8%	45%	27%	10%	10%	45%	-37%	66%	75%	67%
Aumento del Beneficio ec. medio -1	35%	24%	18%	-73%	29%	81%	56%	52%	-56%	86%	81%	30%
Aumento del Bfo. ec. media-final -1	57%	10%	10%	-71%	37%	63%	11%	47%	-13%	64%	73%	76%
Beneficio -1	68%	56%	68%	81%	-6%	61%	69%	76%	-48%	51%	-38%	14%
Aumento del Beneficio -1	34%	84%	70%	59%	12%	67%	-7%	31%	16%	69%	80%	60%
Dividendos -1	51%	13%	5%	48%		65%	73%	90%	69%	99%	-39%	-31%
Aumento de los Dividendos -1	4%	-47%	27%	46%		39%	50%	62%	72%	94%	41%	61%
Beneficio retenido -1	68%	71%	87%	81%	-6%	34%	56%	-14%	-62%	31%	-27%	34%
Aumento del Beneficio retenido -1	35%	78%	56%	58%	12%	33%	-21%	2%	-6%	61%	56%	60%
ROE -1	56%	85%	48%	89%	12%	13%	-61%	-70%	-73%	92%	19%	45%
Aumento ROE -1	27%	95%	89%	3%	-39%	23%	13%	4%	-68%	93%	86%	62%
Rf final -1	-56%	23%	4%	-58%	-85%	-6%	-47%	-61%	-18%	-72%	-74%	-13%
Aumento Rf final -1	-80%	35%	33%	-20%	-79%	14%	2%	-30%	-28%	-37%	-50%	-12%
Máximo	75%	95%	96%	98%	99%	82%	89%	91%	93%	99%	93%	76%
Mínimo	-95%	-98%	-80%	-80%	-85%	-87%	-83%	-90%	-88%	-94%	-92%	-83%

Tabla 13.1. Correlación de la creación de valor para los accionistas con 50 variables. Periodo 1991-1997. (continuación)

	C.MAPFRE	DRAGADOS	ENDESA	FECSA	GAS NATURAL	HIDROCANTAB.	IBERDROLA	PRYCA	PULEVA	REPSOL	SEVILLANA	TABACALERA
Beneficio económico final	51%	74%	71%	1%	64%	58%	55%	-10%	70%	66%	19%	76%
Beneficio económico medio	20%	69%	33%	0%	58%	31%	41%	-56%	71%	45%	12%	82%
Beneficio económico media-final	60%	80%	66%	-4%	62%	50%	68%	-26%	71%	68%	6%	85%
Variación Bfo. económico final	83%	61%	91%	-18%	93%	59%	87%	57%	17%	71%	-7%	77%
Variación Bfo. económico medio	46%	59%	37%	-88%	87%	4%	73%	7%	13%	41%	-95%	60%
Variación Bfo. económico media-final	86%	51%	77%	-36%	95%	34%	95%	63%	13%	62%	-50%	71%
EVA final		22%	66%	-58%	59%	39%	-9%	-10%	74%	73%	-7%	70%
EVA medio		69%	38%	-57%	50%	33%	31%	-57%	72%	52%	-10%	-87%
Aumento del EVA final		-12%	72%	-46%	78%	18%	-6%	56%	26%	64%	-8%	79%
Aumento del EVA medio		60%	43%	-88%	77%	4%	61%	7%	15%	67%	-81%	-53%
Beneficio	40%	-38%	36%	-66%	66%	26%	34%	20%	64%	23%	17%	61%
Aumento del Beneficio	64%	16%	-30%	-67%	85%	-15%	15%	77%	21%	-32%	-22%	53%
Dividendos	53%	-27%	30%	40%	-9%	16%	17%	-33%	-15%	33%	2%	10%
Aumento de los Dividendos	10%	-65%	4%	-54%	-26%	-27%	17%	-59%	33%	59%	13%	18%
Beneficio retenido	-30%	-30%	33%	-62%	98%	31%	37%	79%	66%	9%	18%	53%
Aumento del Beneficio retenido	23%	42%	-16%	-46%	49%	-2%	8%	84%	20%	-63%	-24%	40%
Rf media	-25%	-76%	-37%	-34%	-23%	-50%	-19%	57%	-89%	-51%	-31%	-73%
Aumento Rf media	-36%	-79%	-57%	28%	-19%	-62%	-55%	50%	-67%	-70%	31%	-48%
Ke media	-25%	-76%	-37%	-34%	-23%	-50%	-19%	57%	-89%	-51%	-31%	-73%
Ke final	-62%	-82%	-78%	-24%	-43%	-76%	-53%	26%	-78%	-76%	-20%	-61%
Aumento Ke media	-36%	-79%	-57%	28%	-19%	-62%	-55%	50%	-67%	-70%	31%	-48%
Aumento Ke final	-80%	-44%	-95%	5%	-42%	-72%	-80%	-25%	-19%	-75%	16%	-19%
ROE	33%	-36%	-24%	-68%	75%	12%	46%	27%	76%	-7%	13%	31%
Aumento ROE	77%	-2%	-41%	-64%	43%	-31%	5%	20%	-2%	-55%	-65%	32%
Rf final	-62%	-82%	-78%	-24%	-43%	-76%	-53%	26%	-78%	-76%	-20%	-61%
Aumento Rf final	-80%	-44%	-95%	5%	-42%	-72%	-80%	-25%	-19%	-75%	16%	-19%
Kd media		37%	12%	-32%	-52%	-26%	-6%		-16%	4%	23%	-73%
WACC final		-63%	-64%	2%	-50%	-64%	-7%	26%	-37%	-65%	21%	-63%
WACC medio		-67%	-14%	-10%	-36%	-43%	2%	57%	8%	-44%	23%	47%
Aumento Kd media		86%	63%	35%	9%	14%	35%		22%	52%	66%	-57%
Aumento WACC final		5%	-91%	30%	-34%	-56%	3%	-25%	-23%	-69%	54%	-26%
Aumento WACC medio		-46%	-30%	42%	-6%	-26%	15%	50%	9%	-59%	48%	69%
ROA		-61%	4%	-66%	61%	-36%	-30%	26%	95%	13%	35%	22%
Aumento del ROA		-41%	7%	-69%	4%	-30%	-6%	19%	45%	0%	58%	46%
Beneficio económico final -1	-63%	16%	-17%	21%	20%	13%	-11%	-83%	56%	20%	23%	-9%
Beneficio económico medio -1	-45%	25%	-10%	76%	-2%	11%	-26%	-81%	65%	12%	48%	59%
Beneficio económico media-final -1	-66%	43%	-15%	17%	-5%	8%	-27%	-98%	66%	12%	12%	67%
Aumento del Beneficio ec. final -1	-58%	43%	-20%	-41%	14%	-13%	-2%	-62%	26%	-16%	-35%	47%
Aumento del Beneficio ec. medio -1	-79%	56%	-4%	58%	-50%	45%	-48%	-74%	21%	24%	59%	40%
Aumento del Bfo. ec. media-final -1	-75%	64%	0%	-40%	-23%	30%	-6%	-83%	22%	19%	-33%	39%
Beneficio -1	-72%	-41%	24%	43%	36%	25%	45%	-34%	45%	38%	30%	-12%
Aumento del Beneficio -1	-85%	19%	63%	79%	53%	-15%	90%	50%	27%	-32%	49%	14%
Dividendos -1	26%	54%	30%	60%	27%	26%	26%	-41%	-33%	-12%	-18%	-15%
Aumento de los Dividendos -1	32%	56%	48%	-77%	-20%	1%	-57%	-30%	49%	-83%	-35%	0%
Beneficio retenido -1	-45%	-49%	21%	-48%	37%	24%	48%	-24%	47%	67%	30%	-7%
Aumento del Beneficio retenido -1	-60%	-11%	14%	94%	58%	58%	-21%	93%	84%	25%	42%	57%	11%
ROE -1	-53%	22%	23%	40%	36%	7%	38%	19%	83%	22%	19%	5%
Aumento ROE -1	-96%	53%	68%	81%	84%	53%	92%	17%	80%	-16%	45%	6%
Rf final -1	24%	-48%	27%	-32%	14%	-5%	19%	78%	-73%	-11%	-31%	-69%
Aumento Rf final -1	41%	-39%	20%	51%	30%	0%	19%	74%	-45%	-4%	50%	-22%
Máximo	86%	86%	91%	94%	98%	59%	95%	84%	95%	73%	66%	85%
Mínimo	-96%	-82%	-95%	-88%	-52%	-76%	-80%	-98%	-89%	-83%	-95%	-87%

Tabla 13.1. Correlación de la creación de valor para los accionistas con 50 variables. Periodo 1991-1997. (continuación)

	TELEFONICA	TUBACEX	UNION FENOSA	URALITA	VALLEHER.	VISCOFAN	Media	Máximo	Mínimo	Media no finan.	Agregado de todas las empresas	Agregado de las empresas no financieras
Beneficio económico final	92%	69%	62%	40%	38%	84%	61%	99%	-10%	58%	97%	90%
Beneficio económico medio	83%	66%	55%	44%	26%	79%	51%	99%	-56%	46%	84%	67%
Beneficio económico media-final	95%	66%	69%	43%	45%	87%	62%	99%	-26%	58%	95%	87%
Variación Bfo. económico final	81%	-41%	72%	42%	6%	93%	52%	94%	-76%	48%	75%	78%
Variación Bfo. económico medio	90%	-37%	79%	15%	17%	81%	30%	90%	-95%	21%	62%	52%
Variación Bfo. económico media-final	74%	-47%	87%	-1%	24%	87%	42%	96%	-91%	36%	64%	75%
EVA final	86%	69%	37%	31%	21%	73%	44%	98%	-58%	44%		83%
EVA medio	83%	65%	40%	46%	22%	78%	35%	99%	-87%	35%		62%
Aumento del EVA final	87%	-27%	32%	39%	-21%	84%	34%	93%	-78%	34%		41%
Aumento del EVA medio	95%	-28%	49%	16%	15%	81%	17%	95%	-88%	17%		62%
Beneficio	71%	68%	48%	27%	-40%	77%	37%	99%	-66%	34%	76%	64%
Aumento del Beneficio	66%	-19%	10%	41%	-67%	90%	19%	90%	-81%	7%	48%	-14%
Dividendos	73%		44%	15%	48%	-41%	27%	99%	-68%	24%	85%	70%
Aumento de los Dividendos	81%		61%	-11%	23%	-25%	18%	97%	-65%	12%	83%	71%
Beneficio retenido	69%	68%	45%	28%	-46%	83%	32%	99%	-62%	34%	65%	56%
Aumento del Beneficio retenido	48%	-19%	-14%	44%	-66%	91%	8%	91%	-82%	1%	-1%	-39%
Rf media	-76%	-97%	-38%	-86%	-71%	-71%	-58%	57%	-97%	-53%	-83%	-69%
Aumento Rf media	-90%	-63%	-58%	-57%	-74%	-77%	-52%	50%	-90%	-49%	-78%	-75%
Ke media	-76%	-97%	-38%	-86%	-71%	-71%	-58%	57%	-97%	-53%	-83%	-69%
Ke final	-90%	-81%	-58%	-73%	-78%	-65%	-67%	26%	-90%	-62%	-99%	-95%
Aumento Ke media	-90%	-63%	-58%	-57%	-74%	-77%	-52%	50%	-90%	-49%	-78%	-75%
Aumento Ke final	-63%	-7%	-55%	-4%	-48%	-28%	-42%	16%	-96%	-40%	-63%	-79%
ROE	73%	41%	50%	34%	-49%	76%	28%	92%	-68%	29%	82%	64%
Aumento ROE	58%	-18%	3%	2%	-45%	86%	11%	89%	-95%	-3%	25%	-22%
Rf final	-90%	-81%	-58%	-73%	-78%	-65%	-67%	26%	-90%	-62%	-99%	-95%
Aumento Rf final	-63%	-7%	-55%	-4%	-48%	-28%	-42%	16%	-96%	-40%	-63%	-79%
Kd media	-60%	-4%	-17%	-39%	-24%	-53%	-22%	37%	-73%	-22%		-17%
WACC final	-81%	-14%	-21%	-82%	-63%	-43%	-44%	26%	-84%	-44%		-85%
WACC medio	-79%	-9%	19%	-85%	-71%	-66%	-28%	57%	-85%	-28%		-67%
Aumento Kd media	17%	-4%	38%	-54%	15%	-73%	17%	86%	-73%	17%		57%
Aumento WACC final	-55%	2%	5%	-25%	-11%	14%	-23%	54%	-98%	-23%		-31%
Aumento WACC medio	-93%	-22%	3%	-74%	-64%	-74%	-19%	69%	-93%	-19%		-28%
ROA	61%	52%	32%	41%	-47%	50%	21%	98%	-66%	21%		45%
Aumento del ROA	29%	-25%	58%	14%	-42%	82%	6%	88%	-92%	6%		2%
Beneficio económico final -1	47%	75%	10%	2%	34%	-46%	14%	88%	-83%	15%	42%	28%
Beneficio económico medio -1	31%	67%	-27%	-1%	60%	-22%	22%	92%	-81%	25%	62%	39%
Beneficio económico media-final -1	42%	70%	-19%	6%	62%	2%	20%	92%	-98%	21%	54%	30%
Aumento del Beneficio ec. final -1	40%	-31%	-4%	-52%	80%	15%	10%	80%	-62%	6%	34%	23%
Aumento del Beneficio ec. medio -1	8%	-31%	-72%	-89%	95%	35%	12%	95%	-89%	8%	56%	36%
Aumento del Bfo. ec. media-final -1	45%	-28%	-11%	-74%	79%	56%	12%	79%	-83%	7%	49%	40%
Beneficio -1	69%	75%	45%	-14%	66%	-70%	25%	81%	-72%	30%	80%	67%
Aumento del Beneficio -1	19%	-13%	-24%	-63%	73%	-16%	29%	90%	-85%	30%	45%	33%
Dividendos -1	72%		9%	38%	40%	-36%	25%	99%	-41%	19%	75%	51%
Aumento de los Dividendos -1	71%		-23%	1%	5%	11%	14%	94%	-83%	-1%	42%	-35%
Beneficio retenido -1	66%	75%	52%	-19%	55%	-59%	21%	87%	-62%	28%	77%	70%
Aumento del Beneficio retenido -1	4%	-13%	-15%	-66%	71%	-16%	26%	94%	-66%	30%	31%	36%
ROE -1	64%	63%	27%	-10%	52%	-51%	22%	92%	-73%	33%	84%	66%
Aumento ROE -1	70%	-5%	-31%	-91%	67%	14%	29%	95%	-96%	34%	82%	77%
Rf final -1	-39%	-84%	-3%	-74%	-45%	-63%	-29%	78%	-85%	-27%	-42%	-15%
Aumento Rf final -1	-34%	-51%	-2%	-49%	-30%	-54%	-10%	74%	-80%	-8%	-19%	-2%
Máximo	95%	75%	87%	46%	95%	93%	62%	99%	-10%	58%	97%	90%
Mínimo	-93%	-97%	-72%	-91%	-78%	-77%	-67%	16%	-98%	-62%	-99%	-95%

Tabla 13.2. Ranking de las 50 variables en función de la media de las correlaciones con la creación de valor para los accionistas.

		Media	Máximo	Mínimo	Media no finan.	Agregado de todas las empresas	Agregado de las empresas no financieras
1	Rf final	-67%	26%	-90%	-62%	-99%	-95%
2	Ke final	-67%	26%	-90%	-62%	-99%	-95%
3	Beneficio económico media-final	62%	99%	-26%	58%	95%	87%
4	Beneficio económico final	61%	99%	-10%	58%	97%	90%
5	Rf media	-58%	57%	-97%	-53%	-83%	-69%
6	Ke media	-58%	57%	-97%	-53%	-83%	-69%
7	Aumento Rf media	-52%	50%	-90%	-49%	-78%	-75%
8	Aumento Ke media	-52%	50%	-90%	-49%	-78%	-75%
9	Variación Bfo. económico final	52%	94%	-76%	48%	75%	78%
10	Beneficio económico medio	51%	99%	-56%	46%	84%	67%
11	EVA final	44%	98%	-58%	44%		83%
12	WACC final	-44%	26%	-84%	-44%		-85%
13	Aumento Ke final	-42%	16%	-96%	-40%	-63%	-79%
14	Aumento Rf final	-42%	16%	-96%	-40%	-63%	-79%
15	Variación Bfo. económico media-final	42%	96%	-91%	36%	64%	75%
16	Beneficio	37%	99%	-66%	34%	76%	64%
17	EVA medio	35%	99%	-87%	35%		62%
18	Aumento del EVA final	34%	93%	-78%	34%		41%
19	Beneficio retenido	32%	99%	-62%	34%	65%	56%
20	Variación Bfo. económico medio	30%	90%	-95%	21%	62%	52%
21	Aumento ROE -1	29%	95%	-96%	34%	82%	77%
22	Rf final -1	-29%	78%	-85%	-27%	-42%	-15%
23	Aumento del Beneficio -1	29%	90%	-85%	30%	45%	33%
24	ROE	28%	92%	-68%	29%	82%	64%
25	WACC medio	-28%	57%	-85%	-28%		-67%
26	Dividendos	27%	99%	-68%	24%	85%	70%
27	Aumento del Beneficio retenido -1	26%	94%	-66%	30%	31%	36%
28	Beneficio -1	25%	81%	-72%	30%	80%	67%
29	Dividendos -1	25%	99%	-41%	19%	75%	51%
30	Aumento WACC final	-23%	54%	-98%	-23%		-31%
31	Beneficio económico medio -1	22%	92%	-81%	25%	62%	39%
32	ROE -1	22%	92%	-73%	33%	84%	66%
33	Kd media	-22%	37%	-73%	-22%		-17%
34	ROA	21%	98%	-66%	21%		45%
35	Beneficio retenido -1	21%	87%	-62%	28%	77%	70%
36	Beneficio económico media-final -1	20%	92%	-98%	21%	54%	30%
37	Aumento del Beneficio	19%	90%	-81%	7%	48%	-14%
38	Aumento WACC medio	-19%	69%	-93%	-19%		-28%
39	Aumento de los Dividendos	18%	97%	-65%	12%	83%	71%
40	Aumento Kd media	17%	86%	-73%	17%		57%
41	Aumento del EVA medio	17%	95%	-88%	17%		62%
42	Aumento de los Dividendos -1	14%	94%	-83%	-1%	42%	-35%
43	Beneficio económico final -1	14%	88%	-83%	15%	42%	28%
44	Aumento del Beneficio ec. medio -1	12%	95%	-89%	8%	56%	36%
45	Aumento del Bfo. ec. media-final -1	12%	79%	-83%	7%	49%	40%
46	Aumento ROE	11%	89%	-95%	-3%	25%	-22%
47	Aumento del Beneficio ec. final -1	10%	80%	-62%	6%	34%	23%
48	Aumento Rf final -1	-10%	74%	-80%	-8%	-19%	-2%
49	Aumento del Beneficio retenido	8%	91%	-82%	1%	-1%	-39%
50	Aumento del ROA	6%	88%	-92%	6%		2%

Figura 13.1. Suma de las empresas no financieras. Beneficio económico medio y creación de valor para los accionistas.

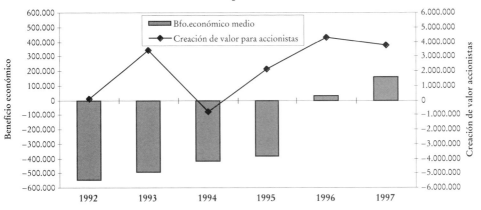

Figura 13.2. Suma de las empresas no financieras. EVA final y creación de valor para los accionistas.

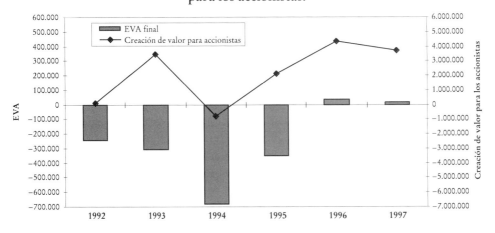

Figura 13.3. Suma de las empresas no financieras. Tipo de interés sin riesgo final y creación de valor para los accionistas.

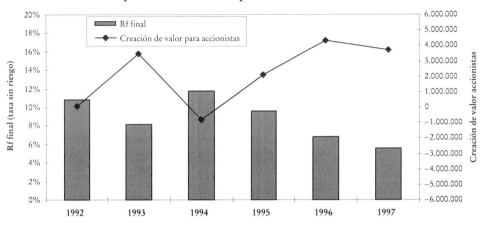

Figura 13.4. Suma de las empresas no financieras. Evolución del tipo de interés sin riesgo final, del ROE y del ROA

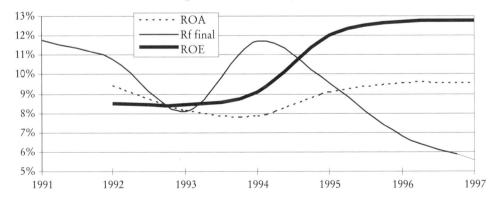

Figura 13.5. Suma de las empresas no financieras. Evolución del endeudamiento [Deuda / (Deuda + Recursos propios)] a valor contable y a valor de mercado.

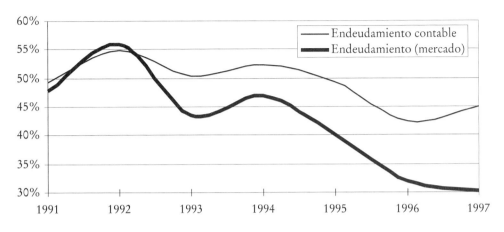

Figura 13.6. Suma de las 30 empresas. Beneficio económico medio y creación de valor para los accionistas.

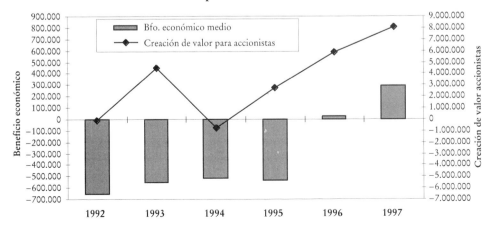

Cuarta parte

Capital Asset Pricing Model:
la tasa de descuento

Capítulo 14

CAPM. Relación entre beta y la volatilidad

William Sharpe recibió en 1990 el Premio Nobel de Economía por su trabajo sobre el *capital asset pricing model*, CAPM, publicado en 1964. Otros autores que independiente y simultáneamente desarrollaron el CAPM fueron John Lintner (1965) y Jan Mossin (1966), posteriormente, el premio Nobel de Economía de 1997, Merton (1990), desarrolló el modelo para tiempo continuo.

En este capítulo se muestra con la mayor sencillez posible el desarrollo del modelo, sus implicaciones y las hipótesis en que se basa. El anexo 14.1 presenta una derivación del CAPM más rigurosa y más complicada.

El CAPM surge al responder a la siguiente pregunta: ¿qué cartera de acciones y renta fija debe formar un inversor que tiene aversión al riesgo? Por aversión al riesgo se entiende que a igualdad de rentabilidad esperada, un inversor siempre preferirá la cartera con menor riesgo.

14.1. Un inversor forma una cartera óptima

Un inversor quiere formar una cartera óptima.[1] Por cartera óptima se entiende aquélla que para una rentabilidad esperada dada tiene el mínimo riesgo (la medida del riesgo es la varianza[2] de la rentabilidad de la cartera).

El inversor forma una cartera con N valores. La rentabilidad esperada de cada valor en el siguiente periodo es R_i y la ponderación de cada valor en la cartera es W_i. La suma de las ponderaciones de cada valor en la cartera es la unidad:

$$\sum_{i=1}^{N} W_i = 1 \qquad [14.1]$$

---

1. También se llama cartera eficiente.
2. La volatilidad es la raíz cuadrada de la varianza.

La rentabilidad esperada de la cartera, R_c, es:

$$R_c = \sum_{i=1}^{N} W_i R_i \qquad [14.2]$$

La varianza esperada de la rentabilidad de la cartera es:

$$Var(R_c) = \sigma_c^2 = \sum_{i=1}^{N} \sum_{j=1}^{N} Cov(R_i, R_j) W_i W_j \qquad [14.3]$$

σ_c es la volatilidad esperada de la cartera. Cov (R_i, R_j) es la covarianza esperada de la rentabilidad de las acciones de la empresa i con la rentabilidad de las acciones de la empresa j.

Queremos encontrar la ponderación de cada acción (W_i) que minimice la varianza esperada de la rentabilidad de la cartera, para una rentabilidad esperada dada R. Por consiguiente, hemos de resolver:

$$Min \ \sigma_c^2; \ con \ las \ condiciones \ R_c = R; \ y \ \sum_{i=1}^{N} W_i \qquad [14.4]$$

La figura 14.1 muestra gráficamente lo que se pretende: encontrar la combinación de los valores 1, 2, 3 ... (cartera c) que para una rentabilidad esperada proporcionan

Figura 14.1. Cartera deseada c. Es aquélla que para una rentabilidad esperada tiene la mínima volatilidad. Todas las carteras que cumplen esa condición forman la frontera eficiente (FE).

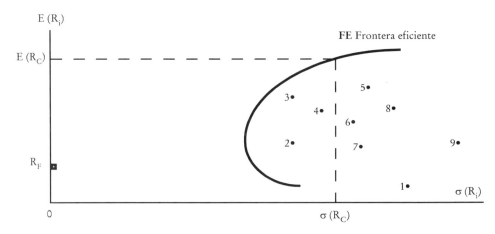

la mínima varianza. Para cada rentabilidad esperada habrá una cartera distinta con varianza mínima. A esa cartera se le suele denominar cartera eficiente. El conjunto de esas carteras eficientes forman la frontera eficiente[3] que aparece en la figura 14.1.

Este problema se resuelve minimizando la siguiente ecuación de Lagrange:

$$\text{Lagrange} = \sigma_c^2 + \lambda \left(R_c - R \right) + \varnothing \left(\sum_{i=1}^{N} W_i - 1 \right) \qquad [14.5]$$

Para minimizar, se deriva la ecuación de Lagrange respecto a W_1, W_2,... W_N y se iguala a cero cada una de las derivadas:

Derivada respecto a W_1: $\dfrac{\partial \sigma_c^2}{\partial W_1} + \lambda \dfrac{\partial R_c}{\partial W_1} + \varnothing = 0$

...

Derivada respecto a W_i: $\dfrac{\partial \sigma_c^2}{\partial W_i} + \lambda \dfrac{\partial R_c}{\partial W_i} + \varnothing = 0$

...

Derivada respecto a W_N: $\dfrac{\partial \sigma_c^2}{\partial W_N} + \lambda \dfrac{\partial R_c}{\partial W_N} + \varnothing = 0$

Podemos simplificar estas expresiones porque:

$$\frac{\partial R_c}{\partial W_i} = R_i \qquad [14.6]$$

$$\frac{\partial \sigma_c^2}{\partial W_i} = \sum_{j=1}^{N} W_j \text{Cov}\left(R_i, R_j \right) = W_1 \text{Cov}\left(R_i, R_1 \right) + W_2 \text{Cov}\left(R_i, R_2 \right) + ... =$$

$$= \text{Cov}\left(R_i, \sum_{j=1}^{N} W_j R_j \right) = \text{Cov}\left(R_i, R_c \right) \qquad [14.7]$$

Por consiguiente, las derivadas quedan:

$$\text{Cov}\left(R_i, R_c \right) + \lambda R_i + \varnothing = 0; \quad i = 1, 2, ..., N \qquad [14.8]$$

---

3. Las distintas carteras eficientes difieren entre sí en la composición de las mismas (W_i).

Si uno de los valores es un bono sin riesgo, de rentabilidad $R_i = R_F$, su covarianza con la cartera es cero: $Cov\ (R_F, R_c) = 0$. La ecuación [14.8] para el bono sin riesgo queda:

$$\lambda R_F + \varnothing = 0 \qquad\qquad [14.9]$$

La derivada parcial también ha de servir para la cartera c en su conjunto. En este caso, $R_i = R_c$; $Cov\ (R_c, R_c) = Var\ (R_c)$. Por consiguiente:

$$Var\left(R_c\right) + \lambda R_c + \varnothing = 0; \quad como\ \varnothing = -\lambda R_F$$
$$Var\left(R_c\right) = -\lambda(R_c - R_F);$$

Los parámetros λ y $\varnothing$ son:

$$\lambda = -\frac{Var\left(R_c\right)}{\left(R_c - R_F\right)}$$

$$\varnothing = -R_F + \frac{Var\left(R_c\right)}{\left(R_c - R_F\right)} \qquad\qquad [14.10]$$

Sustituyendo los valores de λ y $\varnothing$, resulta:

$$Cov\left(R_i, R_c\right) - \frac{Var\left(R_c\right)}{\left(R_c - R_F\right)}R_i + \frac{Var\left(R_c\right)}{\left(R_c - R_F\right)}R_F = 0 \quad i = 1,\ 2,\ ...,\ N$$

Despejando la rentabilidad esperada para la acción i resulta:

$$R_i = R_F + \frac{Cov\left(R_i, R_c\right)}{Var\left(R_c\right)}\left(R_c - R_F\right) \quad i = 1,\ 2,\ ...,\ N$$

Si llamamos $\qquad \beta_i = \frac{Cov\left(R_i, R_c\right)}{Var\left(R_c\right)} \quad i = 1,\ 2,\ ...,\ N$

Resulta:

$$R_i = R_F + \beta_i\ (R_c - R_F).\ i = 1,\ 2,\ ...,\ N \qquad\qquad [14.11]$$

Es importante recalcar que R_i, $Cov\ (R_i, R_j)$ y $Var\ (R_i)$ son expectativas de nuestro inversor para el próximo periodo (puede ser un año, un mes...).

14.2. Cartera óptima del mercado si todos los inversores tienen expectativas homogéneas

Si todos los inversores se plantean el mismo horizonte temporal y además tienen idénticas expectativas de rentabilidad y riesgo (volatilidad de cada acción y correlación con las demás) para todas las acciones, entonces todos los inversores tendrán la misma cartera y ésta es la cartera del mercado M (compuesta por todas las acciones del mercado).[4] Si $E(R_M)$ es la rentabilidad esperada para el mercado por todos los inversores (porque todos tienen las mismas expectativas):

$$E(R_i) = R_F + \beta_i (E(R_M) - R_F) \qquad i = 1, 2... \qquad [14.12]$$

Ésta es la expresión del *capital asset pricing model* (CAPM).

En equilibrio, los inversores tendrán acciones de todas las empresas y la cartera c será el mercado de acciones. Todo inversor tendrá una cartera compuesta por activos sin riesgo y por la cartera diversificada que es el mercado.

La figura 14.2 muestra la línea denominada *capital market line* (CML), cuya ecuación es:

$$E(R_i) = R_F + [(E(R_M) - R_F) / \sigma_M] \sigma_i$$

A la expresión $[(E(R_M) - R_F) / \sigma_M]$ se le denomina rentabilidad exigida al riesgo.

Se puede demostrar que $(E(R_M) - R_F)$ depende del grado de aversión al riesgo de los inversores. Si denominamos A a este parámetro,

$$E(R_M) - R_F = A \sigma_M^2$$

Por ejemplo, si $\sigma_M = 20\%$ y el grado de aversión al riesgo es 2, $E(R_M) - R_F = 8\%$.

Así pues, según el CAPM, la rentabilidad exigida a un activo será igual a la rentabilidad esperada del mismo y será igual a la tasa sin riesgo más la beta del activo multiplicada por la rentabilidad exigida al mercado por encima de la rentabilidad de la renta fija sin riesgo.

$$\boxed{Ke_i = E(R_i) = R_F + \beta_i [E(R_M) - R_F]} \qquad [14.13]$$

---

4. Y además todos los inversores se plantean el mismo horizonte temporal.

Figura 14.2. *Capital asset pricing model.* **En equilibrio, si todos los inversores tienen idénticas expectativas, todos tendrán la cartera del mercado M, que está en la frontera eficiente (FE). La línea recta R$_F$ – M se denomina** *capital market line* **(CML).**

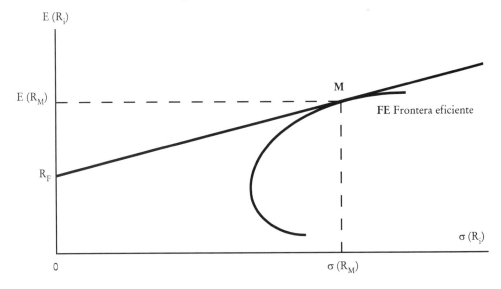

Figura 14.3. *Capital asset pricing model.* **En equilibrio, si todos los inversores tienen idénticas expectativas, la rentabilidad esperada de cada activo es función lineal de su beta. La línea recta se denomina** *security market line* **(SML).**

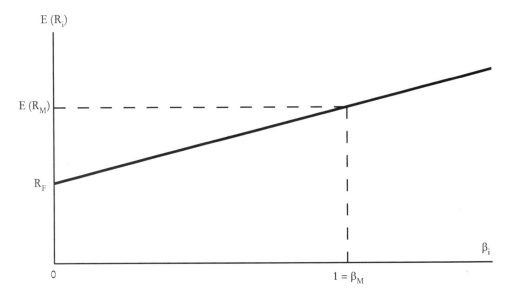

14.3. Hipótesis fundamentales del CAPM

Las hipótesis fundamentales en que se basa el modelo son:
1. Todos los inversores tienen las mismas expectativas sobre la rentabilidad futura de todos los activos (y sobre la correlación entre las rentabilidades de todos los activos y sobre la volatilidad de todos ellos).
2. Los inversores pueden invertir y tomar prestado a la tasa libre de riesgo R_F.
3. No hay costes de transacción.
4. Los inversores tienen aversión al riesgo.
5. Todos los inversores tienen el mismo horizonte temporal.

14.4. Consecuencias fundamentales del CAPM

1. Cualquier combinación de bonos sin riesgo y de la cartera del mercado domina a cualquier otra combinación de acciones y bonos.
2. Todos los inversores tendrán una cartera compuesta en parte por renta fija sin riesgo y en parte por la cartera del mercado. Las proporciones serán distintas según su función de utilidad.
3. La cartera del mercado se compone de todos los activos que existen y la cantidad de cada uno es proporcional a su valor de mercado.

Figura 14.4. *Capital asset pricing model* **y 3 inversores con preferencias distintas (distinta aversión al riesgo). El inversor A tendrá una cartera compuesta mayoritariamente por renta fija. El inversor B tendrá una cartera compuesta mayoritariamente por acciones. El inversor C tendrá una cartera apalancada (compuesta por acciones y además pedirá un crédito).**

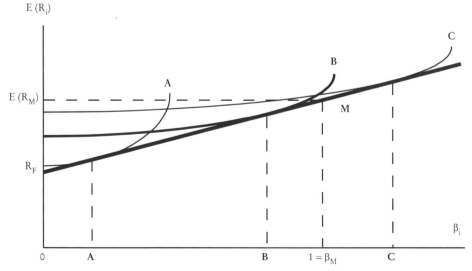

14.5. Cuando no se cumplen las hipótesis del CAPM

14.5.1. Los inversores tienen distintas expectativas

Una hipótesis crucial del modelo es que todos los inversores tienen las mismas expectativas sobre la rentabilidad esperada de los activos y su distribución. Si esto no es así, entonces la cartera que se identifica con el mercado no será eficiente para todos los inversores. Inversores con distintas expectativas tendrán distintas carteras (cada uno la que considere más eficiente), en lugar de la cartera del mercado. Habrá también inversores (los que esperen que todas las acciones desciendan de precio o que tengan una rentabilidad inferior a la del mercado) que no tengan ninguna acción en su cartera y tengan toda su cartera en renta fija.[5]

14.5.2. CAPM en tiempo continuo

Merton, premio Nobel de Economía de 1997, derivó el CAPM en tiempo continuo,[6] que tiene la siguiente expresión:

$$Ke_i = E(r_i) = r_F + \beta_i [E(r_M) - r_F],$$

donde r_F es la tasa sin riesgo instantánea, $E(r_M)$ es la rentabilidad instantánea esperada del mercado y $E(r_i)$ es la rentabilidad instantánea exigida al activo. En el modelo de Merton, las rentabilidades siguen una distribución lognormal.

14.5.3. Si la tasa libre de riesgo es aleatoria

Merton también muestra la expresión del CAPM cuando la tasa libre de riesgo es aleatoria:

$$E(R_i) = R_F + \beta_{1i} [E(R_M) - R_F] + \beta_{2i} [E(R_N) - R_F]$$

$E(R_N)$ es la rentabilidad esperada de una cartera N, cuya rentabilidad tiene una correlación – 1 con la del activo sin riesgo.

14.5.4. No existe tasa libre de riesgo

Black demostró que en este caso[7] el CAPM toma la forma:

---

5. Que vendan acciones a crédito o vendan futuros sobre un índice bursátil.

6. Merton, Robert C., «An Intertemporal Capital Asset Pricing Model», Econometrica, vol. 41 n. 5, 1973, p. 867-887.

7. Black, Fisher, 1972, «Capital Market Equilibrium with Restricted Borrowing», *Journal of Business*, july 1972, pp. 444-455.

$$E (R_i) = E (R_Z) + \beta_i [E (R_M) - E (R_Z)]$$

donde $E (R_Z)$ es la rentabilidad esperada de una cartera Z que tiene beta cero respecto del mercado, esto es, que su covarianza respecto al mercado es cero.

Black, Jensen y Scholes (1972) mostraron que las carteras con una covarianza igual a cero en relación al mercado tuvieron una rentabilidad sensiblemente superior a la tasa sin riesgo.

14.6. Test empíricos del CAPM

Existen numerosísimos trabajos que tratan de evaluar si las predicciones del CAPM se cumplen en realidad. Uno de los más famosos fue escrito por Roll[8] en 1977 y dice que no se pueden hacer test del CAPM porque simultáneamente se analizan dos cosas: 1) que el mercado es una cartera eficiente a priori[9] y 2) la expresión del CAPM.

La expresión que se suele utilizar para hacer tests del CAPM es la siguiente:

$$ER_{it} = a_0 + a_1 \beta_i + \varepsilon_{it}$$

donde $ER_{it} = R_{it} - R_{Ft}$ es la rentabilidad de la acción o la cartera por encima de la tasa sin riesgo.

Lo que debería resultar al hacer las regresiones (si el CAPM se cumpliera exactamente) es lo siguiente:

1. $a_0 = 0$
2. $a_1 = R_{Mt} - R_{Ft}$ la rentabilidad del mercado por encima de la tasa sin riesgo.

Los tests del CAPM más citados son: Friend y Blume (1970), Black, Jensen y Scholes (1972), Miller y Scholes (1972), Fama y Macbeth (1973), Litzemberger y Ramaswamy (1979), Gibbons (1982) y Shanken (1985).

En general, estos estudios y muchos otros concuerdan en que $a_0 \neq 0$ y en que $a_1 < R_{Mt} - R_{Ft}$. Esto significa que, en media, las empresas con beta pequeña han ganado más de lo que predecía el modelo y que las empresas con beta grande han ganado menos de lo que predecía el modelo. Además aparecen otros factores que explican la rentabilidad de las acciones: tamaño de la empresa (las pequeñas, en media, resultaron más rentables), el PER (empresas con PER pequeño fueron más rentables de lo que predecía el modelo), rentabilidad por dividendos, valor de mercado/valor contable...

---

8. Roll, R. 1977. «A Critique of the Asset Pricing Theory's Tests: Part I: On Past and Potential Testability of Theory», *Journal of Financial Economics*, n. 4, pp. 129-176.

9. A posteriori, la cartera del mercado no es casi nunca eficiente: casi siempre ha habido otra cartera que ha sido más rentable y menos volátil.

14.7. Fórmulas para el cálculo de la beta

La beta de una acción puede calcularse mediante alguna de las siguientes fórmulas:

$$\beta = \frac{\text{Covarianza}\left(R_v, R_m\right)}{\text{Varianza}\left(R_m\right)} \qquad [14.14]$$

$$\beta = \text{Coeficiente de correlación}\left(R_v, R_m\right) \times \frac{\text{Volatilidad del valor}}{\text{Volatilidad del mercado}} \qquad [14.15]$$

siendo: R_v = rentabilidad del valor
 R_m = rentabilidad del mercado

La volatilidad de una acción es la desviación estándar del rendimiento de una acción.

Para calcular la beta de una acción se suele efectuar la regresión entre la rentabilidad de la acción (R_i) y la rentabilidad del mercado (R_M). La beta de la acción (β_i) es la pendiente de la regresión:

$$R_i = a + \beta_i R_M + \varepsilon$$

ε es el error de la regresión.

14.8. Relación entre beta y volatilidad

La relación entre la beta y la volatilidad (σ) viene dada por:

$$\sigma_i^2 = \beta_i^2 \sigma_M^2 + \sigma_\varepsilon^2 \qquad [14.16]$$

siendo σ_i^2 la volatilidad al cuadrado de la rentabilidad R_i, que puede deducirse del siguiente gráfico, que representa la relación entre el riesgo sistemático o no diversificable ($\beta_i \sigma_M$) y el no sistemático o diversificable (σ_ε):

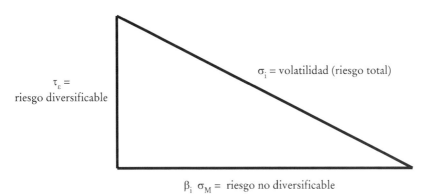

14.9. Relaciones importantes a partir del CAPM

$$\beta_i = \text{Covarianza}\,(R_i, R_M)\,/\,\sigma_M{}^2 = \text{Correlación}\,(R_i, R_M)\,\sigma_i\,/\,\sigma_M \qquad [14.17]$$

$$R = \text{Correlación}\,(R_i, R_M) = \text{Covarianza}\,(R_i, R_M)\,/\,(\sigma_M\,\sigma_i) \qquad [14.18]$$

$$R = \text{Correlación}\,(R_i, R_M) = \beta_i\,\sigma_M\,/\,\sigma_i \qquad [14.19]$$

$$R^2 = 1 - \sigma_\varepsilon{}^2\,/\,\sigma_i{}^2 \qquad [14.20]$$

$$\sigma_\varepsilon{}^2 = \sigma_i{}^2 - \beta_i{}^2\,\sigma_M{}^2 = \sigma_i{}^2 - R^2\,\sigma_i{}^2 = \sigma_i{}^2\,(1 - R^2) \qquad [14.21]$$

Anexo 14.1. Derivación alternativa del CAPM

En este anexo se presenta la derivación del CAPM en forma matricial.
Formamos inicialmente una cartera con N acciones (inicialmente no consideramos el activo sin riesgo).
w es el vector columna con la ponderación de cada acción en la cartera.[10]

En notación vectorial, la expresión $\sum_{i=1}^{N} W_i = 1$ se convierte en $\mathbf{1'}\ \mathbf{w} = 1$ [14.1]

donde 1 es un vector columna con N unos.

La rentabilidad esperada de la cartera, $R_c = \sum_{i=1}^{N} W_i R_i = \mathbf{R'w}$,   [14.2]

donde R es un vector columna con las rentabilidades esperadas de los **N** activos.

Denominamos a la matriz de varianzas y covarianzas como **Z**. Así, la
varianza esperada de la rentabilidad de la cartera es: $\text{Var}(R_c) = \mathbf{w'}\ \mathbf{Z}\ \mathbf{w}$ [14.3]

La ecuación de Lagrange a minimizar es:

$$L = \mathbf{w'}\ \mathbf{Z}\ \mathbf{w}\ /\ 2 + \lambda\ (R - \mathbf{R'}\ \mathbf{w}) + \varnothing\ (1 - \mathbf{1'}\ \mathbf{w}) = 0,$$

con las restricciones: $\mathbf{1'}\ \mathbf{w} = 1;\ \mathbf{R'}\ \mathbf{w} = R.$

Igualando a cero la derivada de esta ecuación respecto a w resulta:

$$\mathbf{Z}\ \mathbf{w} - \lambda\ \mathbf{R} - \varnothing\ \mathbf{1} = 0$$

La solución a las ponderaciones w^* es:

$$\mathbf{w^*} = \varnothing\ \mathbf{Z^{-1}}\ \mathbf{1} + \lambda\ \mathbf{Z^{-1}}\ \mathbf{R}$$

$$\varnothing = (C - RB)/D$$
$$\lambda = (RA - B)/D,$$
$$A = \mathbf{1'}\ \mathbf{Z^{-1}}\ \mathbf{1} > 0\ ;\ B = \mathbf{1'}\ \mathbf{Z^{-1}}\ \mathbf{R}\ ;\ C = \mathbf{R'}\ \mathbf{Z^{-1}}\ \mathbf{R} > 0\ ;\ D = AC - B^2 > 0.$$

La ecuación de la curva de carteras eficientes (de mínima varianza) es:

$$\sigma^2 = \mathbf{w^{*'}}\ \mathbf{Z}\ \mathbf{w^*} = \mathbf{w^{*'}}\ \mathbf{Z}\ (\varnothing\ \mathbf{Z^{-1}}\ \mathbf{1} + \lambda\ \mathbf{Z^{-1}}\ \mathbf{R}) = \varnothing\ \mathbf{w^{*'}}\ \mathbf{1} + \lambda\ \mathbf{w^{*'}}\ \mathbf{R}\ .$$

$$\boxed{\sigma^2 = \varnothing + \lambda\ R}$$

---

10. **w'** (el vector **w** traspuesto) es el vector fila con la ponderación de cada acción en la cartera.

Otro modo de expresar la ecuación de la curva de carteras eficientes es:

$$\sigma^2 = (AR^2 - 2 B R + C) / D.$$

La cartera de mínima varianza se localiza del siguiente modo:

$d\sigma^2 / dR = 0 = (2AR - 2B) / D$. En ese punto $R = B / A$ y $\sigma^2 = 1 / A$. En ese punto, además, $\varnothing = 1 / A$ y $\lambda = 0$. En ese punto, las ponderaciones de la cartera son: $\mathbf{w} = (\mathbf{Z}^{-1} \mathbf{1}) / A$.

Se puede demostrar que esta cartera de mínima varianza tiene una covarianza con cualquier activo o cartera igual a $1 / A$.

La introducción de un activo sin riesgo, de rentabilidad R_F, provoca que tengamos que reescribir la restricción $\mathbf{R}' \mathbf{w} = R$ como $(\mathbf{R} - R_F \mathbf{1})' \mathbf{w} = (R - R_F)$.

La minimización proporciona ahora una solución:
$\mathbf{w}^* = \lambda \mathbf{Z}^{-1} (\mathbf{R} - R_F \mathbf{1})$. Y la proporción a invertir en el activo sin riesgo es:

$$w_0 = 1 - \mathbf{1}' \mathbf{w}^*$$

Con el activo sin riesgo, la ecuación de la curva de carteras eficientes (de mínima varianza) es:

$$R - R_F = \lambda (\mathbf{R} - R_F \mathbf{1})' \ \mathbf{Z}^{-1} \ (\mathbf{R} - R_F \mathbf{1}) = \lambda (C - 2 B R_F + A R_F^2).$$

Otro modo de expresar la ecuación de la curva de carteras eficientes es:
$\sigma^2 = (R - R_F)^2 / (C - 2 B R_F + A R_F^2)$. Despejando R (la rentabilidad esperada), resulta:

Figura 14.5. CAPM. **Carteras eficientes y cartera de mínima varianza G.**

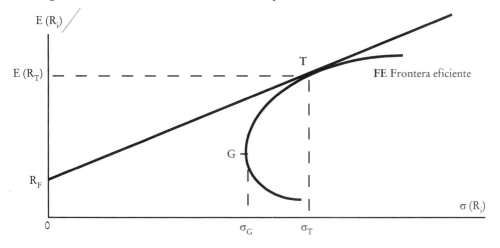

$$R = R_F + \sigma \, (C - 2 \, B \, R_F + A \, R_F^2)^{1/2}$$

La cartera tangente T según la figura 14.5 se caracteriza por:

$$w_{0T} = 0; \; \mathbf{w_T} = Z^{-1} \, (\mathbf{R} - R_F \, \mathbf{1}) \, / \, (B - A \, R_F)$$

La rentabilidad esperada y la varianza esperada de esta cartera son:

$$R_T = (C - B \, R_F) \, / \, (B - A \, R_F)$$
$$\sigma_T^2 = (C - 2 \, B \, R_F + A \, R_F^2) \, / \, (B - A \, R_F)^2$$

Para cualquier cartera p, llamamos cartera n a la que tiene igual rentabilidad esperada y mínima varianza (está en la frontera eficiente). Podemos expresar las ponderaciones de la cartera p como:

$$\mathbf{w_p} = \mathbf{w_p} + (\mathbf{w_n} - \mathbf{w_G}) + (\mathbf{w_p} - \mathbf{w_n})$$

Se puede demostrar fácilmente que las covarianzas de las carteras $\mathbf{w_p}$, $(\mathbf{w_n} - \mathbf{w_G})$ y $(\mathbf{w_p} - \mathbf{w_n})$ son cero.

Por consiguiente, la varianza de cualquier cartera p se puede expresar como:

$$\sigma_p^2 = \sigma_G^2 + \sigma_R^2 + \sigma_\varepsilon^2$$

σ_G^2 es la varianza mínima que se puede tener invirtiendo en renta variable.

σ_R^2 es la varianza de la cartera $(\mathbf{w_n} - \mathbf{w_G})$. Esto es el riesgo adicional que se soporta por tener mayor rentabilidad.

σ_ε^2 es la varianza de la cartera $(\mathbf{w_p} - \mathbf{w_n})$. Esto es el riesgo diversificable. No hay ninguna necesidad de tener la cartera p cuando la n tiene igual rentabilidad esperada y menor riesgo.

Si todos los inversores tienen el mismo horizonte temporal, las mismas expectativas de $\mathbf{R}$ y de $\mathbf{Z}$, y todos los inversores tienen una función de utilidad U (R, σ^2), con $U_1 > 0$, $U_2 < 0$ y U cóncava, el problema de la cartera óptima se basa en maximizar:

$$\text{Max U} \, (R_F + \mathbf{w}' \, (\mathbf{R} - R\mathbf{1}), \, \mathbf{w}' \, \mathbf{Z} \, \mathbf{w}).$$

No es difícil comprobar[11] que la solución a esta maximización cumple:

$$\mathbf{R} - R_F \, \mathbf{1} = \boldsymbol{\beta} \, (R_M - R_F),$$

que es la expresión del CAPM en forma matricial.

---

11. El lector interesado puede consultar, por ejemplo, la página 93 de Ingersoll (1987).

Resumen

El modelo de equilibrio de activos financieros (CAPM), es un modelo de valoración de activos que relaciona el riesgo y la rentabilidad esperada.

El CAPM nos permite determinar cuál es la cartera de renta fija y acciones que proporciona la mayor rentabilidad esperada asumiendo un riesgo dado, o bien, soporta el menor riesgo para una rentabilidad esperada determinada.

En el CAPM, como en cualquier modelo, se parte de ciertas hipótesis para poder simplificar la realidad y estudiarla mejor. Casi todas las hipótesis son razonables (se fundamentan sobre todo en que los inversores exigen más rentabilidad por asumir más riesgo) excepto la de expectativas homogéneas de todos los inversores.

Conceptos clave

- Rentabilidad esperada (E(R))
- Riesgo
- Aversión al riesgo
- Varianza
- Volatilidad
- Cartera eficiente u óptima
- Cartera de mercado (M)
- Rentabilidad exigida al riesgo
- Rentabilidad exigida a las acciones (Ke)
- *Capital market line* (CML)
- *Security market line* (SML)
- Riesgo de mercado
- Riesgo diversificable
- Beta (β)

Capítulo 15

Betas y volatilidades de empresas españolas

Al hablar de volatilidad y beta es preciso tener clara la idea de riesgo que va asociada a estos conceptos. Cualquier poseedor de una cartera de valores se enfrenta a un riesgo, lo cual quiere decir que existe una probabilidad de que en el futuro se den situaciones distintas a las que espera para su cartera.

Los dos tipos de riesgo que podemos distinguir son:

– Riesgo no sistemático o riesgo diversificable: es el que puede eliminarse diversificando la cartera.

– Riesgo sistemático o riesgo de mercado: es el riesgo propio del mercado, y no puede eliminarse mediante la diversificación de la cartera.

Diversificar consiste en constituir una cartera con acciones de distintas empresas, cuyos precios no varíen en el mismo sentido. De esta forma las variaciones en el valor global de la cartera no serán tan acusadas, al compensarse parcialmente movimientos de distinto signo de los precios de las acciones de diferentes empresas. No obstante, hay un riesgo que no se puede eliminar por mucho que se diversifique: es el riesgo sistemático, derivado de circunstancias del conjunto de la economía, que afectan a todos los negocios.

La volatilidad mide el riesgo total de la cartera, es decir, tanto el sistemático como el no sistemático, en tanto que la beta mide sólo el riesgo sistemático de la cartera.

En las siguientes líneas, además de explicar los conceptos de volatilidad y beta, se muestran algunos de los resultados que se desprenden de una investigación sobre la volatilidad y la beta de empresas españolas realizada en el CIIF (Centro Internacional de Investigaciones Financieras) del IESE.[1]

Las conclusiones más importantes son que las volatilidades y en mayor medida las betas son parámetros inestables en el tiempo. Por otro lado, son parámetros cuyo

---

1. «Volatilidades, betas y alfas de empresas españolas», documento de investigación número 350, editado por la División de Investigación del IESE, 1997.

valor depende mucho de los datos que utilizamos (diarios, semanales, mensuales) para su cálculo.

Una conclusión de este análisis sobre las **betas** es que utilizar en una valoración una beta histórica de una acción, sin proceder a un análisis de la misma y de las perspectivas futuras de la empresa, es muy arriesgado y muy poco riguroso, ya que las betas históricas **son poco estables,** y **dependen de los datos que empleemos** (diarios, semanales, mensuales...), en casi la totalidad de las empresas.

En el capítulo anterior vimos las fórmulas para el cálculo de la beta y la volatilidad, y la relación matemática entre la beta y la volatilidad.

15.1. Volatilidad (σ)

La volatilidad de una acción mide el **riesgo** total de esa acción, es decir, tanto el riesgo sistemático, como el riesgo no sistemático.

El efecto de la diversificación de la cartera en la volatilidad puede apreciarse en la tabla 15.1 y, gráficamente, en la figura 15.1. En ellas se puede ver cómo al pasar de una cartera formada por acciones de una sola empresa a una cartera con acciones de 16 empresas, la volatilidad anual de la cartera pasa de un 33% a un 21%. La última columna de la figura 15.1 muestra que la volatilidad anual promedio de las acciones de la cartera no disminuye a medida que aumenta el número de acciones, pero este dato no incorpora el efecto de la diversificación.

La volatilidad es la medida de riesgo correcta para el poseedor de una cartera no diversificada y es, además, imprescindible para calcular el valor de opciones, *warrants*, bonos bolsa, obligaciones convertibles e instrumentos financieros con opciones incorporadas.

En términos matemáticos, la volatilidad es la desviación estándar anualizada[2] de la rentabilidad de una acción. La desviación típica o desviación estándar (σ) y la varianza (σ^2) son dos medidas estadísticas de la variabilidad (riesgo) de una magnitud que, en el caso que nos ocupa, es la rentabilidad de las acciones de una empresa. Matemáticamente, la varianza de la rentabilidad de una acción se puede definir como el valor esperado del cuadrado de la desviación respecto a la rentabilidad esperada. La desviación típica es igual a la raíz cuadrada de la varianza.

$$\text{Varianza} \left(R_i \right) = \sigma^2 = \text{Valor esperado de} \left[R_i - E \left(R_i \right) \right]^2$$

$$\text{Desviación típica} \left(R_i \right) = \sqrt{\text{varianza} \left(R_i \right)}$$

La volatilidad proporciona, por tanto, una medida de la dispersión de la rentabilidad de una acción. La volatilidad de las acciones suele estar comprendida entre 35% y 40%, y normalmente está en el intervalo entre 25% y 45% en el 75% de los casos.

---

2. En este trabajo hemos tomado 365 días por año, aunque en ocasiones la anualización se realiza con el número de sesiones bursátiles en un año (alrededor de 250).

Sin embargo, y para verlo de una forma más gráfica, en el cuadro 15.1 se pueden apreciar algunos de los valores representativos de la volatilidad diaria de 44 de las empresas que forman o han formado parte del IBEX-35:

Cuadro 15.1. Volatilidad anualizada de las principales empresas españolas y del IBEX en los años 1990-96.

	1990	1991	1992	1993	1994	1995	1996
σ media	43 %	39 %	42 %	36 %	41 %	35 %	34 %
σ máxima[3]	92 %	56 %	65 %	53 %	49 %	54 %	38 %
σ mínima	5 %	8 %	10 %	8 %	7 %	18 %	18 %
σ IBEX	25 %	22 %	23 %	18 %	22 %	17 %	16 %

En la tabla 15.2 se puede observar la lista de las 44 empresas estudiadas.

Si la volatilidad de una acción es alta, quiere decir que la rentabilidad que se obtendrá de la acción en el futuro puede variar dentro de un intervalo relativamente amplio. Una volatilidad baja implica que la rentabilidad futura de la acción diferirá poco de su valor esperado.

15.2. Beta (β)

La beta de una acción mide el **riesgo incremental** que aporta una acción a una cartera de valores diversificada. Este riesgo, denominado **riesgo sistemático o riesgo de mercado,** es el que no se puede eliminar al formar una cartera diversificada.

El riesgo sistemático proviene de que en el conjunto de la economía, además del riesgo específico de una empresa o negocio, existen otros factores que amenazan a todos los negocios (como por ejemplo las expectativas de tipos de interés y tasas de inflación, acontecimientos políticos, etc.). Es por ello que los inversores están expuestos a las incertidumbres del mercado, cualesquiera que sean las acciones que ellos posean.

Para una cartera razonablemente bien diversificada, el único riesgo relevante es el riesgo sistemático de los títulos incluidos en la cartera. Por tanto, la fuente de incertidumbre predominante para un inversor que diversifica radica en si el mercado sube o baja, arrastrando la cartera del inversor con él.

Tratar de medir el riesgo sistemático equivale a medir la sensibilidad de la rentabilidad de una acción a los movimientos del mercado. Esta sensibilidad es precisamente lo que se conoce como beta de la acción.

---

3. Agromán, Banesto, Ercros y Prosegur no han sido consideradas por tener unos valores máximos atípicos.

La beta de una acción se calcula como la covarianza entre las rentabilidades de la acción y la del mercado, dividida por la varianza de la rentabilidad del mercado. Es también el coeficiente de correlación entre ambas rentabilidades (ρ) multiplicado por la volatilidad de la acción y dividido por la volatilidad del mercado. Es decir:

$$\beta_i = \frac{\text{cov}\left(R_i, R_m\right)}{\sigma_m^2} = \rho_{im} \times \frac{\sigma_i}{\sigma_m}$$

El valor de la beta indica la sensibilidad de la rentabilidad de la acción en relación a la rentabilidad del mercado. La beta media de todos los títulos es 1. Si una beta es superior a 1, quiere decir que la acción es muy sensible a los movimientos del mercado, mientras que una beta inferior a 1 indica poca sensibilidad de la acción a los movimientos del mercado.

Es importante considerar también que la beta puede tomar valores negativos. El signo de la beta indica el sentido del movimiento de la rentabilidad de la acción en relación a la rentabilidad del mercado. Así, una beta negativa indica que cuando la rentabilidad del mercado sube, la de la acción baja, y viceversa, en tanto que una beta positiva señalaría que ambas rentabilidades suben o bajan.

Para calcular la beta de una cartera, se pondera la beta de cada acción (βi) según el precio de la acción (Pi) respecto al valor total de la cartera (Ptotal), esto es:

$$\beta \text{ de una cartera} = \sum_{i=1}^{n} \frac{P_i}{P_{total}} \beta_i$$

Durante los años en los que se ha realizado el estudio la beta ha tomado de promedio un valor cercano a 1, hecho que no debe sorprendernos si pensamos que el volumen que mueven las empresas que forman o han formado parte del IBEX-35 componen el 95% del volumen negociado en la bolsa. Las betas suelen tomar valores entre 0,7 y 1,3 en el 80% de los casos. En el cuadro 15.2 se muestran algunos de los datos principales de los últimos años para las 44 empresas.

Cuadro 15.2. Betas de las principales empresas españolas en los años 1990-1996.

	1990	1991	1992	1993	1994	1995	1996
β promedio	1,06	1,10	1,00	0,93	0,91	0,92	0,82
β máxima	1,92	1,96	1,73	1,52	1,46	1,57	1,45
β mínima	0,07	− 0,10	0,27	0,19	0,20	0,22	− 0,09

15.3. Diferencia entre beta y volatilidad

La beta mide sólo el riesgo sistemático; la volatilidad mide el riesgo total y, por tanto, también el no sistemático. Así pues, la diferencia básica entre la beta y la volatilidad es el **riesgo no sistemático,** el cual se elimina formando una cartera diversificada. Una cartera que tenga, por ejemplo, 16 acciones, no posee apenas riesgo diversificable.

Por consiguiente, como se aprecia en la figura 15.1, una cartera diversificada reduce la volatilidad de la misma, porque el riesgo no sistemático va desapareciendo producto de la diversificación, manteniéndose inalterado el sistemático.

15.4. Volatilidades y betas de empresas españolas

Las conclusiones más relevantes del estudio realizado sobre las empresas españolas que componen el IBEX-35, o han formado parte de él desde su puesta en marcha en enero de 1991, son las siguientes:

– La **inestabilidad de las betas y volatilidades** de las empresas analizadas es, en algunos casos, estadísticamente significativa.
– Se observan **diferencias importantes en la magnitud** de la volatilidad anual y de la beta calculadas con distintos datos: mensuales, semanales y diarios. Las diferencias no deberían ser significativas, ya que para el cálculo de datos semanales y mensuales se parte siempre de datos diarios ajustados por dividendos y ampliaciones de capital.

A continuación, vamos a explicar con más detalle estos dos fenómenos observados.

15.5. Inestabilidad de las betas y volatilidades

La tabla 15.2 muestra las betas de las empresas españolas seleccionadas para este estudio. Se han obtenido, primero utilizando las rentabilidades diarias de cada uno de los años, para el periodo de siete años 1990-1996. La tabla 15.2 también contiene la beta para el periodo 1990-1996 la beta promedio (media aritmética) de las de cada uno de los años.

El análisis de los resultados de la tabla 15.2 muestra una gran inestabilidad de las betas, que resulta dominante en el conjunto de la muestra estudiada. En los casos señalados con asteriscos, la inestabilidad es estadísticamente significativa.

En la tabla 15.3 podemos ver el ranking de las empresas, según su beta, para el periodo 1990-1996. En ella se pueden apreciar las variaciones en la clasificación de las empresas según utilicemos datos mensuales, semanales o diarios.

La inestabilidad de la beta es especialmente importante a la hora de determinar la rentabilidad que esperamos de una acción, ya que ésta podrá variar según los datos que utilicemos para calcular la beta.

Como conclusión de este análisis sobre las betas, se puede afirmar que utilizar sin más una beta histórica de una acción, sin proceder a un análisis de la misma y de las perspectivas futuras de la empresa, es muy arriesgado, ya que las betas históricas **son poco estables**, y **dependen de los datos que empleemos** (diarios, semanales, mensuales...), en la casi totalidad de las empresas.

En la tabla 15.4 podemos ver las **volatilidades anuales** del IBEX-35 y de la muestra de empresas, calculadas con datos diarios, para el periodo 1990-1996 y para cada uno de estos siete años. En ella también puede apreciarse claramente la inestabilidad de las volatilidades de algunas empresas a lo largo de estos años.

15.6. Diferencias en el cálculo de la volatilidad y la beta al utilizar datos mensuales, semanales o diarios

En la tabla 15.5 se ha calculado la beta con datos de siete años (1990-1996) para cada una de las empresas, utilizando rentabilidades mensuales, semanales y diarias. En 28 de los casos (las empresas señaladas con asteriscos), la beta calculada utilizando datos diarios (beta diaria) es significativamente distinta de la calculada utilizando datos mensuales (beta mensual). Además, para 15 empresas (prácticamente la mitad pertenecientes al sector bancario), la beta mensual es superior a la beta semanal y ésta, a su vez, superior a la beta diaria.

La tabla 15.6 muestra la volatilidad anual de las empresas y del IBEX-35, calculada con datos de siete años (1990-1996). Se ha calculado la volatilidad utilizando rentabilidades mensuales, semanales y diarias. El resultado esperado es que la volatilidad sea similar con los tres tipos de datos. En todo caso, cabe esperar una volatilidad diaria ligeramente superior a la volatilidad semanal y a la mensual, porque la rentabilidad diaria recoge más ruido que las otras.

Hay varias empresas cuya cotización diaria oscila más de lo que indican las cotizaciones semanales y mensuales. Estas empresas muestran una volatilidad mensual inferior a la volatilidad diaria, y una beta mensual inferior también a la beta diaria.

También hay empresas con un comportamiento «normal», que son aquéllas en las que la beta mensual y la volatilidad mensual no son (con una confianza estadística del 95%) distintas de las betas y volatilidades semanales y diarias.

En las figuras 15.2, 15.3 y 15.4, se puede ver la evolución de las betas (calculadas con datos diarios) de 9 de las 44 empresas estudiadas en el periodo comprendido entre enero de 1991 y diciembre de 1996.

En las figuras 15.8, 15.9, 15.10 y 15.11, puede observarse la evolución de las betas de 4 de las empresas, calculadas con datos diarios «βd», semanales «βs» y mensuales «βm».

En cuanto a las volatilidades, se ha procedido a un estudio paralelo al del análisis de las betas, de manera que en las figuras 15.5, 15.6 y 15.7 se puede ver la evolución de las volatilidades según datos diarios en el mismo periodo.

En las figuras 15.12, 15.13, 15.14 y 15.15 puede observarse la evolución de las volatilidades para 4 de las empresas mencionadas. Las volatilidades se calculan con datos diarios «σd», semanales «σs» y mensuales «σm».

15.7. Correlación entre beta y volatilidad

La figura 15.16 muestra la relación que existe entre la beta y la volatilidad de las 44 empresas analizadas y permite ver gráficamente la relación entre la beta y la volatilidad de cada empresa, calculadas con datos semanales para el periodo 1990-1996.

La figura 15.16 contiene tambien los parámetros de la regresión lineal entre la volatilidad y la beta con datos diarios, semanales. Las regresiones muestran que, en general a mayor volatilidad, mayor beta, aunque no siempre.

15.8. Alfas de empresas españolas

Para finalizar este estudio, vamos a hacer una breve referencia a las alfas de las empresas españolas. Lo que mide el parámetro «α» es la diferencia entre la rentabilidad real de un activo y la rentabilidad esperada de ese activo según su beta.

La tabla 15.8 muestra las alfas anualizadas de 27 de las empresas españolas en el periodo 1986-1989, calculadas con datos diarios. Como se puede apreciar, en promedio las diferencias son en su mayor parte positivas, lo cual indica que la rentabilidad real de los activos de estas empresas estuvo por encima de la rentabilidad que cabía esperar de ellas según el CAPM.

Figura 15.1. Efecto de la diversificación en la volatilidad.
Carteras formadas con igual ponderación de cada valor. Volatilidad
anual calculada con datos diarios en el periodo 1990-1996 (en porcentaje).

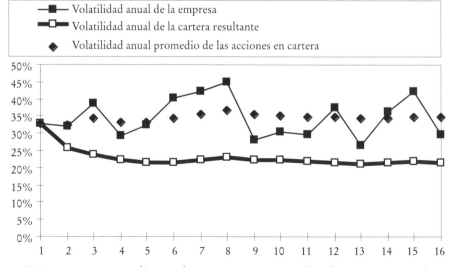

Número correspondiente a la empresa que se añade a la cartera, según la numeración de la tabla 15.1. Por ejemplo, empresa n. 5 = Cepsa.

Tabla 15.1. Efecto de la diversificación en la volatilidad. Carteras formadas con igual ponderación de cada valor. Volatilidad anual calculada con datos diarios en el periodo 1990-1996 (en porcentaje).

Número de empresas en la cartera	Nombre de la empresa añadida	Volatilidad anual de la empresa añadida	Volatilidad anual de la cartera resultante	Volatilidad anual promedio de las acciones en cartera
1	A. Mare nostrum	33 %	33 %	33 %
2	Aguas Barcelona	32 %	26 %	32 %
3	Azucarera	39 %	24 %	34 %
4	Bankinter	29 %	22 %	33 %
5	Cepsa	33 %	21 %	33 %
6	CF Alba	40 %	22 %	34 %
7	Cristalería	42 %	22 %	35 %
8	Cubiertas	45 %	23 %	37 %
9	Endesa	28 %	22 %	36 %
10	Hidrocantábrico	31 %	22 %	35 %
11	Sevillana	30 %	22 %	35 %
12	Tabacalera	38 %	22 %	35 %
13	Telefónica	27 %	21 %	34 %
14	Valderrivas	36 %	21 %	34 %
15	Vallehermoso	42 %	22 %	35 %
16	Zardoya-Otis	30 %	21 %	35 %

Tabla 15.2. Inestabilidad de las betas en el periodo 1990-1996.
(Betas calculadas con datos diarios.)

Empresa	ß 1990-1996	ß 1990	ß 1991	ß 1992	ß 1993	ß 1994	ß 1995	ß 1996	ß Promedio
A. Mare nostrum	0,88	0,80	0,42**	1,09	0,86	1,06**	1,10**	0,94	0,90
Acerinox	1,03	1,32**	1,37**	0,78**	0,90	0,61**	1,17	1,00	1,02
Acesa	0,85	0,53**	0,52**	1,04	0,93	1,00**	1,11**	1,18**	0,90
Agromán	1,63	1,61	1,83**	1,54	1,66	1,68	2,03	0,79	1,59
Aguas Barcelona	0,77	0,47**	0,83	1,09**	0,78	0,85	0,59**	0,70	0,76
Asland	1,46	1,67	1,38	1,73	1,31	1,08**	0,29		1,24
Azucarera	0,63	0,97	0,80**	0,39	0,60	0,52	0,38**	0,39**	0,58
B. Exterior	0,19	0,07**	0,19	0,31**	0,26**	0,20	0,27**	0,05**	0,19
B. Popular	0,82	0,78	0,86	0,83	0,99**	0,75	0,80	0,79	0,83
B. Santander	1,05	1,10	0,87	1,25	1,04	0,89**	1,13	1,10	1,05
BBV	1,10	1,10	1,42**	1,21	1,16	0,87**	0,83**	0,80**	1,06
BCH	0,66	0,33**	0,46**	0,66	0,96**	0,87**	0,91**	0,79	0,71
Banesto	1,15	1,51**	1,46**	0,96	1,07	1,26	0,56**	0,60**	1,06
Bankinter	0,95	1,07	1,03**	0,99	0,93	0,81**	0,77**	0,79**	0,91
BP Oil	0,60	1,25**	1,28**	0,27	0,19**	0,24**	0,22**	-0,09**	0,48
Cepsa	0,80	1,10	1,45**	0,28	0,64	0,79	0,52**	0,35**	0,73
CF Alba	1,03	1,19	1,34**	1,27**	0,77	0,66**	0,87**	0,73**	0,98
Cristalería	1,15	1,66**	1,62**	1,19	0,65**	0,76**	0,79**	0,60**	1,04
Cubiertas	1,20	0,70**	1,34	1,27**	0,77	0,66	0,87	0,73**	0,91
Dragados	1,33	1,19	1,40	1,55	1,32	1,08	1,57	0,93	1,29
Endesa	1,04	0,90	0,90**	1,07	1,06	1,11	1,27**	1,13	1,06
Energías	1,93	1,70	1,74**	1,07**					1,50
Ercros	1,24	1,69**	1,76**	0,94	1,12	0,99	0,85**	0,64**	1,14
Fecsa	0,98	0,89	1,10	1,00	0,70**	1,02	1,06	1,16**	0,99
FCC	1,07			1,73**	1,15	0,98	1,18	1,03	1,21
Gas Natural	0,91	0,66	0,93	0,56	1,00	1,22**	1,14**	1,25**	0,97
Hidrocantábrico	0,94	1,06**	1,06**	0,80	0,67**	1,03	0,93	0,83**	0,91
Huarte	1,43	1,39	1,96**	1,26	1,52	1,46	1,19**	0,86	1,38
Iberdrola	0,94	0,84	0,82**	0,86	0,77**	0,99	1,18**	1,45**	0,99
Mapfre	1,01	1,07	1,40**	1,19	0,94	0,66**	0,77**	0,74**	0,97
Metrovacesa	0,97	0,72	1,05	1,20**	0,71	1,13	1,07**	0,81**	0,96
Prosegur	0,72	0,73	1,23**	0,78	0,54**	0,44**	0,44**	0,69	0,69
Pryca	0,71		-0,10	0,63	0,79	1,01	1,05	0,96	0,72
Repsol	1,00	1,14	1,05	1,00	0,96	0,97	0,76**	0,86**	0,96
Sarrió	1,12	1,24	1,53**	0,92	1,16	0,98	1,04	0,66**	1,08
Sevillana	0,92	0,86	0,92	0,74	0,97	1,00	1,03	0,99	0,93
Tabacalera	0,93	1,05	0,88	1,03	0,81	0,82	0,99	0,80	0,91
Telefónica	0,91	0,76	0,66**	0,96	1,06**	1,12**	0,93	1,03**	0,93
U. Fenosa	0,95	0,83	0,92	0,98	0,90	0,97	1,02	1,22**	0,98
Uralita	1,39	1,92	1,45	1,23	1,45	1,16**	1,07**	0,89**	1,31
Valderrivas	1,01	0,95	1,13	1,14	1,00	0,94	1,14	0,59**	0,99
Vallehermoso	1,35	1,51	1,38	1,55**	1,31	1,17**	1,09**	1,07**	1,30
Viscofán	1,08	1,16	1,08	1,06	1,12	0,97	1,15	0,94**	1,07
Zardoya-Otis	0,59	0,83	0,49	0,68	0,61	0,36**	0,59	0,46**	0,57
Promedio	1,01	1,06	1,10	1,00	0,93	0,91	0,92	0,82	0,97

** Indica que la beta calculada utilizando datos de un solo año es distinta de la beta calculada utilizando datos de los siete años, con una confianza del 95 %.

Tabla 15.3. Ranking de 44 empresas según su beta en el periodo 1990-1996.

Beta ($ß_d$) (datos diarios)		Beta ($ß_s$) (datos semanales)		Beta ($ß_m$) (datos mensuales)	
B. Exterior	0,19	B. Exterior	0,19	B. Exterior	0,14
Zardoya-Otis	0,59	Azucarera	0,54	Pryca	0,36
BP Oil	0,60	BCH	0,64	Azucarera	0,49
Azucarera	0,63	BP Oil	0,64	BCH	0,63
BCH	0,66	Pryca	0,65	A. Mare nostrum	0,69
Pryca	0,71	Cepsa	0,67	Cepsa	0,74
Prosegur	0,72	Zardoya-Otis	0,76	Zardoya-Otis	0,75
Aguas Barcelona	0,77	Gas Natural	0,80	Telefónica	0,78
Cepsa	0,80	Hidrocantábrico	0,83	Aguas Barcelona	0,79
B. Popular	0,82	Aguas Barcelona	0,84	Acesa	0,86
Acesa	0,85	Telefónica	0,85	BP Oil	0,87
A. Mare nostrum	0,88	Tabacalera	0,86	Gas Natural	0,88
Telefónica	0,91	A. Mare nostrum	0,87	Iberdrola	0,90
Gas Natural	0,91	Acesa	0,87	Hidrocantábrico	0,90
Sevillana	0,92	Fecsa	0,89	Endesa	0,91
Tabacalera	0,93	Repsol	0,90	Repsol	0,92
Iberdrola	0,94	B. Popular	0,92	B. Popular	0,94
Hidrocantábrico	0,94	Sevillana	0,93	Prosegur	0,94
Bankinter	0,95	Iberdrola	0,94	Metrovacesa	1,03
U. Fenosa	0,95	U. Fenosa	0,95	Valderrivas	1,03
Metrovacesa	0,97	CF Alba	0,96	U. Fenosa	1,04
Fecsa	0,98	Sarrió	0,97	Viscofán	1,05
Repsol	1,00	Prosegur	0,99	Fecsa	1,08
Mapfre	1,01	Endesa	1,00	Sevillana	1,09
Valderrivas	1,01	Viscofán	1,00	Tabacalera	1,09
Acerinox	1,03	Ercros	1,01	B. Santander	1,13
CF Alba	1,03	Mapfre	1,03	CF Alba	1,13
Endesa	1,04	Metrovacesa	1,06	Bankinter	1,28
B. Santander	1,05	Valderrivas	1,06	FCC	1,31
FCC	1,07	Bankinter	1,11	BBV	1,32
Viscofán	1,08	Banesto	1,17	Acerinox	1,35
BBV	1,10	BBV	1,19	Mapfre	1,35
Sarrió	1,12	Acerinox	1,22	Dragados	1,35
Banesto	1,15	B. Santander	1,27	Sarrió	1,37
Cristalería	1,15	FCC	1,33	Ercros	1,38
Cubiertas	1,20	Dragados	1,35	Cubiertas	1,44
Ercros	1,24	Cristalería	1,36	Banesto	1,55
Dragados	1,33	Uralita	1,45	Vallehermoso	1,64
Vallehermoso	1,35	Vallehermoso	1,47	Cristalería	1,65
Uralita	1,39	Huarte	1,49	Huarte	1,67
Huarte	1,43	Asland	1,58	Uralita	1,72
Asland	1,46	Cubiertas	1,58	Asland	1,91
Agromán	1,63	Agromán	1,95	Agromán	2,09
Energías	1,93	Energías	1,99	Energías	2,40

Tabla 15.4. Inestabilidad de la volatilidad anual en el periodo 1990-1996.
(Volatilidades anuales calculadas con datos diarios. En porcentaje.)

Empresa	σ 1990-1996	σ 1990	σ 1991	σ 1992	σ 1993	σ 1994	σ 1995	σ 1996	σ Promedio
IBEX 35	21 %	25 %	22 %	23 %	18 %	22 %	17 %	16 %	20 %
A. Mare nostrum	33 %	38 %	34 %	40 %	31 %	33 %	26 %	23 %	32 %
Acerinox	39 %	53 %	43 %	45 %	33 %	30 %	35 %	32 %	39 %
Acesa	29 %	25 %	27 %	38 %	26 %	32 %	28 %	26 %	29 %
Agromán	120 %	61 %	57 %	65 %	52 %	186 %	230 %	49 %	100 %
Aguas Barcelona	32 %	36 %	37 %	40 %	29 %	33 %	22 %	22 %	31 %
Asland	53 %	57 %	51 %	54 %	53 %	46 %	54 %		53 %
Azucarera	39 %	47 %	40 %	30 %	29 %	49 %	36 %	34 %	38 %
B. Exterior	13 %	5 %	8 %	10 %	8 %	7 %	18 %	22 %	11 %
B. Popular	26 %	31 %	28 %	27 %	29 %	24 %	21 %	21 %	26 %
B. Santander	31 %	38 %	29 %	37 %	27 %	32 %	26 %	23 %	30 %
BBV	43 %	92 %	37 %	34 %	28 %	26 %	18 %	18 %	36 %
BCH	23 %	19 %	16 %	24 %	28 %	28 %	24 %	22 %	23 %
Banesto	57 %	54 %	42 %	34 %	44 %	125 %	20 %	19 %	48 %
Bankinter	29 %	41 %	31 %	32 %	27 %	27 %	20 %	20 %	28 %
BP Oil	42 %	44 %	56 %	42 %	36 %	42 %	33 %	35 %	41 %
Cepsa	33 %	43 %	39 %	26 %	30 %	33 %	28 %	24 %	32 %
CF Alba	40 %	46 %	51 %	56 %	34 %	32 %	27 %	25 %	39 %
Cristalería	42 %	58 %	51 %	48 %	37 %	38 %	34 %	23 %	41 %
Cubiertas	45 %	47 %	46 %	59 %	50 %	38 %	41 %	29 %	44 %
Dragados	39 %	45 %	38 %	48 %	39 %	36 %	35 %	27 %	38 %
Endesa	28 %	32 %	28 %	33 %	27 %	29 %	25 %	23 %	28 %
Energías	57 %	58 %	54 %	59 %					57 %
Ercros	77 %	63 %	65 %	99 %	114 %	66 %	64 %	49 %	74 %
Fecsa	30 %	34 %	36 %	34 %	24 %	31 %	24 %	25 %	30 %
FCC	40 %			63 %	35 %	34 %	35 %	30 %	39 %
Gas Natural	34 %	36 %	32 %	32 %	34 %	40 %	32 %	33 %	34 %
Hidrocantábrico	31 %	39 %	34 %	32 %	27 %	34 %	24 %	21 %	30 %
Huarte	79 %	53 %	55 %	52 %	49 %	48 %	61 %	164 %	69 %
Iberdrola	27 %	30 %	24 %	26 %	25 %	29 %	26 %	30 %	27 %
Mapfre	39 %	46 %	44 %	46 %	38 %	41 %	27 %	24 %	38 %
Metrovacesa	33 %	29 %	33 %	45 %	29 %	37 %	28 %	20 %	32 %
Prosegur	86 %	52 %	51 %	48 %	44 %	41 %	33 %	197 %	66 %
Pryca	34 %		51 %	35 %	32 %	38 %	32 %	28 %	36 %
Repsol	28 %	39 %	29 %	29 %	26 %	28 %	20 %	22 %	27 %
Sarrió	44 %	47 %	46 %	49 %	48 %	47 %	34 %	30 %	43 %
Sevillana	30 %	30 %	29 %	28 %	33 %	33 %	26 %	28 %	29 %
Tabacalera	38 %	45 %	33 %	47 %	30 %	38 %	34 %	34 %	37 %
Telefónica	27 %	26 %	25 %	33 %	25 %	32 %	22 %	22 %	26 %
U. Fenosa	29 %	31 %	27 %	33 %	28 %	29 %	25 %	27 %	28 %
Uralita	50 %	59 %	51 %	65 %	51 %	49 %	36 %	32 %	49 %
Valderrivas	36 %	42 %	37 %	46 %	36 %	33 %	35 %	23 %	36 %
Vallehermoso	42 %	51 %	44 %	53 %	42 %	39 %	31 %	28 %	41 %
Viscofán	45 %	47 %	42 %	57 %	40 %	39 %	48 %	38 %	44 %
Zardoya-Otis	30 %	37 %	36 %	29 %	27 %	30 %	26 %	20 %	29 %
Promedio	**41 %**	**43 %**	**39 %**	**42 %**	**36 %**	**41 %**	**35 %**	**34 %**	**39 %**

Tabla 15.5. Beta de 44 empresas españolas calculada con datos de siete años (1990-1996).

	Beta (ß$_d$) (datos diarios)	Beta (ß$_s$) (datos semanales)	Beta (ß$_m$) (datos mensuales)
Empresas con ßd >ßs > ßm			
A. Mare nostrum	0,88**	0,87	0,69
Azucarera	0,63**	0,54	0,49
B. Exterior	0,19**	0,19	0,14
BCH	0,66	0,64	0,63
Endesa	1,04**	1,00	0,91
Iberdrola	0,94	0,94	0,90
Pryca	0,71**	0,65	0,36
Telefónica	0,91**	0,85	0,78
Empresas con ßd < ßs < ßm			
Acerinox	1,03**	1,22	1,35
Agromán	1,63**	1,95	2,09
Asland	1,46**	1,58	1,91
B. Popular	0,82**	0,92	0,94
Banesto	1,15**	1,17	1,55
Bankinter	0,95**	1,11	1,28
BBV	1,10**	1,19	1,32
BP Oil	0,60**	0,64	0,87
Cristalería	1,15**	1,36	1,65
Energías	1,93**	1,99	2,40
Huarte	1,43**	1,49	1,67
Mapfre	1,01**	1,03	1,35
Sevillana	0,92**	0,93	1,09
Uralita	1,39**	1,45	1,72
Vallehermoso	1,35**	1,47	1,64
Otras empresas			
Acesa	0,85	0,87	0,86
Aguas Barcelona	0,77	0,84	0,79
B. Santander	1,05	1,27	1,13
Cepsa	0,80	0,67	0,74
CF Alba	1,03	0,96	1,13
Cubiertas	1,20**	1,58	1,44
Dragados	1,33	1,35	1,35
Ercros	1,24**	1,01	1,38
FCC	1,07**	1,33	1,31
Fecsa	0,98	0,89	1,08
Gas Natural	0,91	0,80	0,88
Hidrocantábrico	0,94	0,83	0,90
Metrovacesa	0,97	1,06	1,03
Prosegur	0,72**	0,99	0,94
Repsol	1,00	0,90	0,92
Sarrió	1,12**	0,97	1,37
Tabacalera	0,93**	0,86	1,09
U. Fenosa	0,95	0,95	1,04
Valderrivas	1,01	1,06	1,03
Viscofán	1,08	1,00	1,05
Zardoya-Otis	0,59**	0,76	0,75
Promedio	**1,01**	**1,05**	**1,13**

Tabla 15.6. Volatilidad de 44 empresas calculada con datos de siete años (1990-1996).

	σ_d (datos diarios)	σ_s (datos semanales)	σ_m (datos mensuales)
Empresas con $\sigma_d > \sigma_s > \sigma_m$			
A. Mare nostrum	33 %	24 %	21 %
Agromán	120 %	106 %	82 %
Aguas Barcelona	32 %	31 %	28 %
Azucarera	39 %	31 %	29 %
BP Oil	42 %	33 %	32 %
Cepsa	33 %	27 %	26 %
Endesa	28 %	24 %	23 %
Ercros	77 %	71 %	69 %
Gas Natural	34 %	29 %	29 %
Mapfre	39 %	35 %	35 %
Pryca	34 %	28 %	24 %
Repsol	28 %	23 %	24 %
Telefónica	27 %	23 %	23 %
Viscofán	45 %	40 %	40 %
Zardoya-Otis	30 %	24 %	22 %
Otras empresas			
IBEX 35	21 %	18 %	21 %
Acerinox	39 %	37 %	41 %
Acesa	29 %	24 %	25 %
Asland	53 %	49 %	55 %
B. Exterior	13 %	10 %	11 %
B. Popular	26 %	23 %	24 %
B. Santander	31 %	29 %	30 %
BBV	43 %	37 %	42 %
BCH	23 %	21 %	22 %
Banesto	57 %	52 %	53 %
Bankinter	29 %	26 %	30 %
CF Alba	40 %	30 %	31 %
Cristalería	42 %	39 %	47 %
Cubiertas	45 %	44 %	46 %
Dragados	39 %	34 %	36 %
Energías	57 %	52 %	58 %
Fecsa	30 %	24 %	31 %
FCC	40 %	40 %	42 %
Hidrocantábrico	31 %	24 %	25 %
Huarte	79 %	81 %	70 %
Iberdrola	27 %	23 %	24 %
Metrovacesa	33 %	28 %	28 %
Prosegur	86 %	70 %	73 %
Sarrió	44 %	36 %	42 %
Sevillana	30 %	25 %	29 %
Tabacalera	38 %	30 %	31 %
U. Fenosa	29 %	25 %	30 %
Uralita	50 %	43 %	46 %
Valderrivas	36 %	30 %	34 %
Vallehermoso	42 %	37 %	42 %
Promedio	40 %	35 %	36 %

Tabla 15.7. Relación entre la beta y la volatilidad anual de 44 empresas (en porcentaje), calculada con datos mensuales del periodo 1990-1996.

Empresa	Volatilidad sobre IGBM Δσ	Beta sobre IGBM Δβ	Δσ/Δβ	Volatilidad anual σ	Beta ß
IBEX 35	0,00 %	0,00		21 %	1,00
A. Mare Nostrum	0,42 %	0,66	0,01	21 %	0,69
Acerinox	19,63 %	0,18	1,12	41 %	1,35
Acesa	4,18 %	1,40	0,03	25 %	0,86
Agromán	60,53 %	0,11	5,73	82 %	2,09
Aguas Barcelona	7,00 %	1,22	0,06	28 %	0,79
Asland	34,07 %	− 0,20	− 1,67	55 %	1,91
Azucarera	7,63 %	− 0,55	− 0,14	29 %	0,49
B. Exterior	− 10,00 %	0,25	− 0,40	11 %	0,14
B. Popular	3,03 %	0,44	0,07	24 %	0,94
B. Santander	9,07 %	0,63	0,14	30 %	1,13
BBV	20,98 %	−0,06	− 3,36	42 %	1,32
BCH	0,95 %	0,86	0,01	22 %	0,63
Banesto	31,66 %	0,59	0,54	53 %	1,55
Bankinter	8,47 %	0,18	0,48	30 %	1,28
BP Oil	11,36 %	0,06	2,05	32 %	0,87
Cepsa	4,75 %	0,44	0,11	26 %	0,74
CF Alba	9,93 %	0,97	0,10	31 %	1,13
Cristalería	25,88 %	0,75	0,35	47 %	1,65
Cubiertas	25,01 %	0,66	0,38	46 %	1,44
Dragados	15,02 %	0,22	0,68	36 %	1,35
Endesa	2,35 %	1,71	0,01	23 %	0,91
Energías	36,78 %	0,69	0,54	58 %	2,40
Ercros	48,00 %	0,39	1,22	69 %	1,38
Fecsa	9,63 %	0,62	0,16	31 %	1,08
FCC	21,20 %	0,19	1,10	42 %	1,31
Gas Natural	8,01 %	0,22	0,37	29 %	0,88
Hidrocantábrico	4,27 %	0,98	0,04	25 %	0,90
Huarte	48,65 %	0,21	2,31	70 %	1,67
Iberdrola	3,32 %	0,66	0,05	24 %	0,90
Mapfre	13,97 %	0,34	0,41	35 %	1,35
Metrovacesa	7,23 %	0,25	0,29	28 %	1,03
Prosegur	51,50 %	− 0,33	− 1,55	73 %	0,94
Pryca	2,51 %	0,23	0,11	24 %	0,36
Repsol	2,57 %	0,68	0,04	24 %	0,92
Sarrió	21,04 %	0,40	0,53	42 %	1,37
Sevillana	7,95 %	0,40	0,20	29 %	1,09
Tabacalera	10,37 %	0,09	1,18	31 %	1,09
Telefónica	1,86 %	0,35	0,05	23 %	0,78
U. Fenosa	8,53 %	1,03	0,08	30 %	1,04
Uralita	24,70 %	0,35	0,71	46 %	1,72
Valderrivas	13,17 %	0,95	0,14	34 %	1,03
Vallehermoso	21,04 %	0,36	0,59	42 %	1,64
Viscofán	19,19 %	0,06	3,19	40 %	1,05
Zardoya–Otis	0,63 %	− 0,69	− 0,01	22 %	0,75
Promedio	**15,41 %**	**0,43**	**0,41**	**41 %**	**1,01**

Figura 15.2. Beta de diferentes empresas españolas
(calculada con datos diarios del último año).

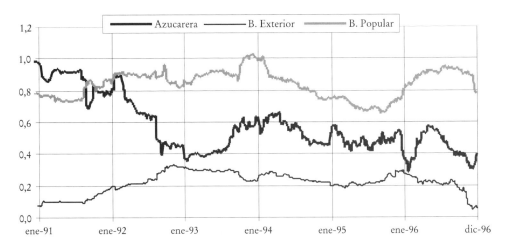

Figura 15.3. Beta de empresas españolas
(calculada con datos diarios del último año).

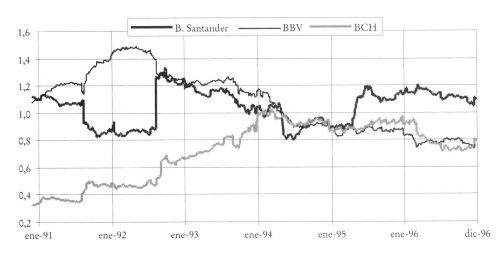

Figura 15.4. Beta de empresas españolas
(calculada con datos diarios del último año).

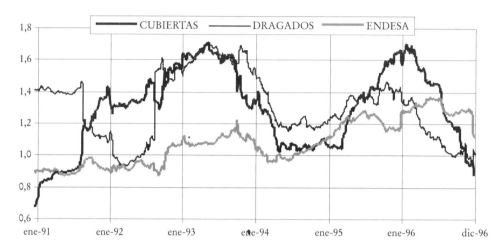

Figura 15.5. Volatilidad de empresas españolas
(calculada con datos diarios del último año).

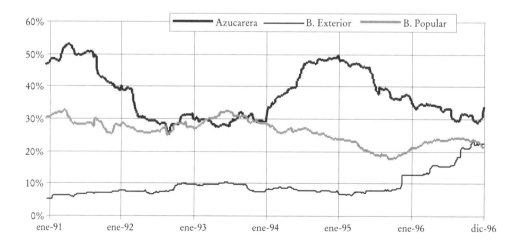

Figura 15.6. Volatilidad de empresas españolas
(calculada con datos diarios del último año).

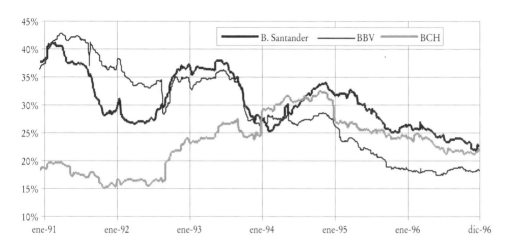

Figura 15.7. Volatilidad de empresas españolas
(calculada con datos diarios del último año).

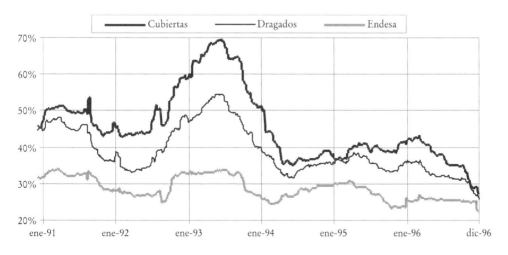

Figura 15.8. Beta de Banco Popular
(calculada con datos del último año).

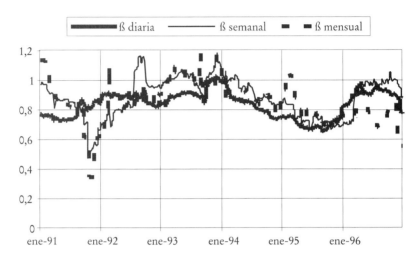

Figura 15.9. Beta de Banco Santander
(calculada con datos del último año).

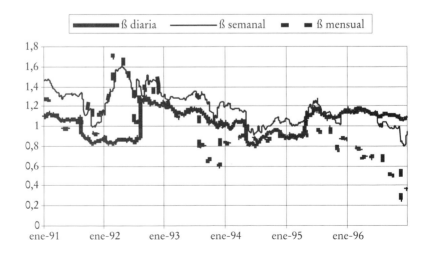

Figura 15.10. Beta de BBV
(calculada con datos del último año).

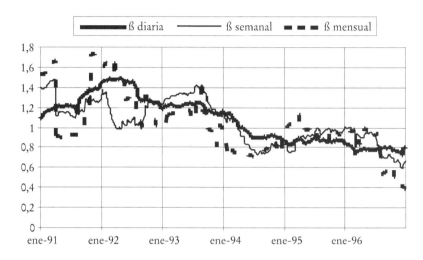

Figura 15.11. Beta de Endesa
(calculada con datos del último año).

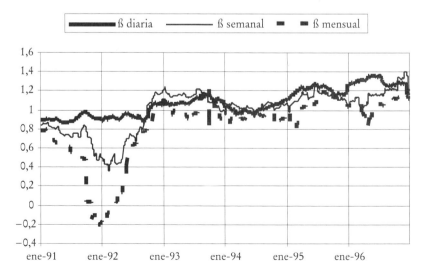

**Figura 15.12. Volatilidad de IBEX-35
(calculada con datos del último año).**

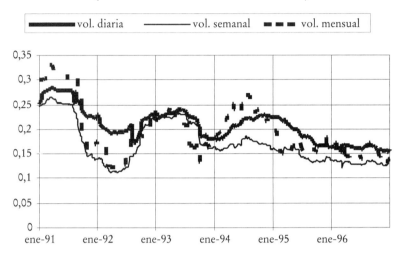

**Figura 15.13. Volatilidad de Banco Popular
(calculada con datos del último año).**

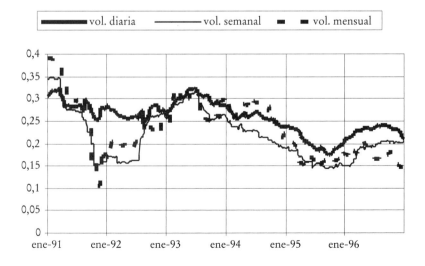

**Figura 15.14. Volatilidad de Banco Santander
(calculada con datos del último año).**

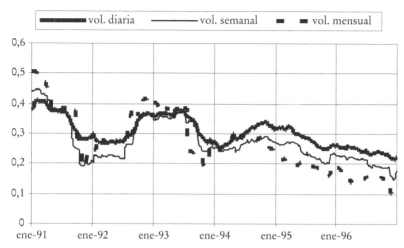

**Figura 15.15. Volatilidad de Endesa
(calculada con datos del último año).**

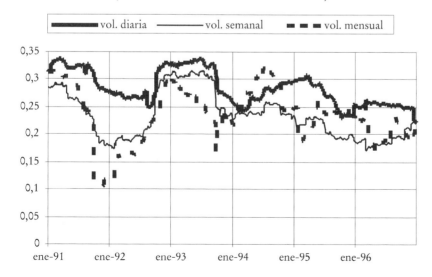

Tabla 15.8. Alfas anualizadas de distintas empresas.
(Alfas calculadas con datos diarios. En porcentaje.)

Empresa	α 1986-1989	α 1986	α 1987	α 1988	α 1989	α Promedio
Exterior	10	− 3	23	− 17	30	8
Popular	12	35	− 5	8	− 4	8
Santander	13	40	17	10	− 26	10
Hispano	16	30	27	6	− 6	14
Central	16	61	23	− 6	− 12	17
Bilbao	22	65	− 7	22	− 3	19
Vizcaya	25	40	21	35	− 3	23
Vallehermoso	19	57	6	8	21	23
Acesa	15		27	26	−5	16
Asland	22	51	44	−11	22	26
Catalana de Gas	24	12	27	18	41	24
Telefónica	− 17	− 48	− 11	− 6	0	− 16
Cubiertas	22	35	− 14	66	− 3	21
Iberduero	− 16	− 52	− 33	− 8	16	− 19
Hidrola	− 16	− 75	− 27	− 1	31	− 18
Fenosa	− 15	− 56	− 21	− 14	22	− 17
Sevillana	− 10	− 64	− 19	− 4	30	− 14
Hidrocantábrico	− 19	− 60	− 33	8	0	− 21
Bankinter	26	108	− 11	18	− 7	27
Cristalería	29	68	2	22	21	28
Dragados	1	4	− 18	1	17	1
Focsa	25	47	−5	40	38	30
Mapfre	− 1	41	− 86	40	35	7
Tabacalera	− 2	41	23	− 52	4	4
Uralita	20	76	− 20	37	19	28
Urbis	14	84	− 32	28	− 8	18
Promedio	9	21	− 2	10	10	10

Figura 15.16. Regresión entre la beta y la volatilidad anual de empresas españolas del periodo 1990-1996

Datos diarios:	Beta = 0,635 + 0,914 Volatilidad	R^2 = 33,4 %
Datos semanales:	Beta = 0,578 + 1,316 Volatilidad	R^2 = 43,7 %
Datos mensuales:	Beta = 0,344 + 2,169 Volatilidad	R^2 = 57,8 %

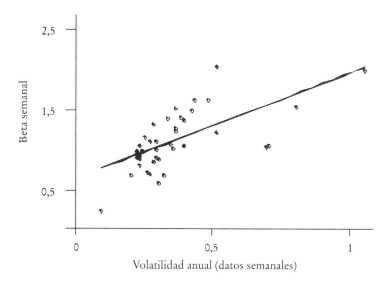

Volatilidad anual (datos semanales)

Resumen del capítulo 15

Cualquier poseedor de una cartera de valores se enfrenta con un riesgo, esto es, la posibilidad de que en el futuro se den situaciones distintas a las que espera para su cartera. La volatilidad y la beta son dos parámetros que miden el riesgo.

La beta mide el riesgo de mercado de la cartera, mientras que la volatilidad mide el riesgo total de la cartera, es decir, el riesgo diversificable y el riesgo de mercado.

Cuando un inversor tiene una cartera debidamente diversificada, el riesgo relevante es el riesgo de mercado, que es medido por la beta. Por otro lado, la volatilidad es una medida de riesgo correcta para el poseedor de una cartera de valores no diversificada y, como se verá en próximos capítulos, resulta imprescindible para valorar otros activos financieros como opciones, obligaciones convertibles, etc.

Las betas y las volatilidades son muy inestables a lo largo del tiempo y dependen en gran medida de los datos de partida que se utilicen para calcularlas (diarios, semanales o mensuales). Por esta razón, es muy aventurado manejar una única beta o volatilidad histórica de una acción sin proceder a un análisis de la misma y de las perspectivas futuras de la empresa.

Conceptos clave

- Beta (β)
- Volatilidad (σ)
- Desviación estándar (σ)
- Varianza (σ^2)
- IBEX 35
- Alfa (α)
- *Capital asset pricing model* (CAPM)
- Riesgo de mercado o sistemático
- Riesgo diversificable o no sistemático

Capítulo 16

Prima de riesgo del mercado
(*risk premium*)

El *risk premium* o prima de riesgo del mercado es la rentabilidad incremental que los inversores exigen a las acciones por encima de la renta fija sin riesgo.[1] Es una magnitud muy importante para establecer la rentabilidad exigida a las acciones (Ke). En el contexto del *capital asset pricing model* (CAPM), la rentabilidad exigida a las acciones es igual a la rentabilidad esperada de las mismas:

$$Ke = E(R_i) = R_F + \beta_i [E(R_M) - R_F]$$

donde: $E(R_i)$ = rentabilidad esperada de las acciones
R_F = rentabilidad de la renta fija sin riesgo
β_i = beta de las acciones
$E(R_M)$ = rentabilidad esperada del mercado

La prima de riesgo del mercado o *risk premium* es $[E(R_M) - R_F]$, que es la rentabilidad adicional sobre la correspondiente a la renta fija sin riesgo que los inversores exigen a una cartera diversificada de acciones para invertir en renta variable.

> Prima de riesgo del mercado = *Risk premium* = $P_M = [E(R_M) - R_F]$

Como veremos a continuación, el problema principal para determinar la prima de riesgo del mercado es que es una expectativa.

16.1. ¿Existe la prima de riesgo del mercado?

Una de las hipótesis en que se fundamenta el CAPM es la de expectativas homogéneas: todos los inversores tienen las mismas expectativas de rentabilidad y ries-

---

1. Agradezco mucho a Natalia Centenera, gerente del CIIF, las atinadas sugerencias que me hizo sobre borradores previos de este capítulo.

go[2] para todos los activos. En ese caso todos los inversores tendrían carteras compuestas por deuda sin riesgo y una cartera de acciones con la misma composición porcentual que el mercado (la bolsa): todos los inversores tendrían una cartera con todas las acciones de la bolsa idéntica en composición porcentual. Pero es obvio que los inversores no tienen las mismas expectativas, que no todos los inversores tienen carteras de acciones de composición idéntica y que no todos los inversores tienen una cartera compuesta por todas las acciones del mercado.

Podemos conocer la prima de riesgo del mercado de un inversor, preguntándosela, aunque muchas veces la prima de riesgo del mercado no es un parámetro explícito para muchos inversores, sino implícito, que se manifiesta en el precio que está dispuesto a pagar por las acciones.[3] Pero es imposible determinar la prima para el mercado en su conjunto porque no existe.[4] Aunque supiésemos las primas de mercado de los distintos inversores que concurren en el mercado, no tiene ningún sentido hablar de una prima del mercado en su conjunto.

Esto tiene su fundamento en los teoremas de la agregación de microeconomía, que en realidad son teoremas de no agregación. Un modelo que funciona bien individualmente para varias personas, puede no funcionar para todas las personas jun-

Figura 16.1. Expectativas de rentabilidad y riesgo (volatilidad) de la bolsa española para 1998. Encuesta realizada entre alumnos del Master del IESE en enero de 1998.

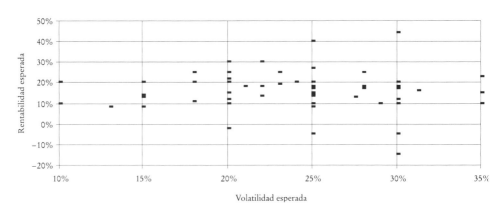

2. Idénticas expectativas de riesgo es que todos los inversores coinciden en sus expectativas de volatilidad futura de la rentabilidad cada acción y de correlación entre las rentabilidades de las acciones.

3. Ejemplo. Un inversor está dispuesto a pagar hoy 100 pesetas por un flujo anual perpetuo de 6 pesetas garantizado por el Estado (renta fija sin riesgo). Esto implica que la tasa sin riesgo es 6%. Sin embargo, sólo está dispuesto a pagar 80 pesetas por otro flujo anual perpetuo de 6 pesetas en el año 1 y que crece al 3% anual, que espera obtener de una cartera diversificada de acciones. Esto quiere decir que la rentabilidad que exige al mercado es 10,5% ([6/80] +0,03). Por consiguiente la prima de mercado de este inversor es 4,5%.

4. Hay quien propone hacer una encuesta sobre la prima de riesgo entre inversores y luego calcular la media, aunque esto sería incorrecto.

tas. Para el CAPM esto se traduce en que aunque el CAPM sea un modelo válido para cada inversor, no es válido para el mercado en su conjunto porque los inversores no tienen las mismas expectativas de rentabilidad y riesgo para todas las acciones. Los precios son la actualización de flujos esperados descontados a una tasa que incluye la prima de riesgo. Distintos inversores tienen distintas expectativas de flujos y distintas expectativas del riesgo futuro. Sólo se podría hablar de una prima de riesgo del mercado si todos los inversores tuvieran las mismas expectativas de flujos.

La figura 16.1 es una prueba de que los inversores no tienen las mismas expectativas: muestra el resultado de una encuesta realizada entre alumnos del Master del IESE en enero de 1998 sobre sus previsiones de rentabilidad y riesgo (volatilidad) de la bolsa española para 1998. Es patente que las expectativas de distintas personas son muy distintas.

La figura 16.2 es una prueba de que todos los inversores no tienen la misma prima de riesgo. Muestra el resultado de una encuesta realizada entre alumnos del Master del IESE en enero de 1998 sobre su prima de riesgo para la bolsa española para 1998: rentabilidad adicional (sobre la renta fija sin riesgo) mínima que debiera ofrecer la bolsa para que cada persona decidiera invertir en renta variable. También se comprueba que no existe unanimidad sobre la prima de riesgo.

Figura 16.2. Prima de riesgo de la bolsa española para 1998 para varias personas. Encuesta realizada entre alumnos del Master del IESE en enero de 1998.

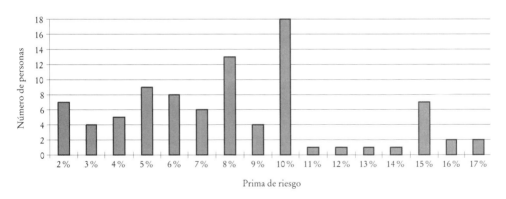

La siguiente tabla muestra las previsiones realizadas a finales de 1997 por 44 analistas estadounidenses[5] acerca del nivel del Dow Jones al final de 1998. También muestra su recomendación para la composición de una cartera: %RV significa la proporción de renta variable que recomendaban (el resto en renta fija). Es significativa la dispersión de las previsiones (entre 6.100 y 10.250), así como la dispersión de la proporción de RV en la cartera. Cabría esperar que aquéllos que prevén una mayor revalorización del Índice Dow Jones, recomendaran una mayor proporción de RV, pero como puede observarse, no siempre es así. El Dow Jones a 31 de diciembre de 1997 fue 7.908 puntos.

5. Fuente: Business Week. 29 de diciembre de 1997, página 65.

Analista / empresa	Dow Jones 1998	% RV	Analista / empresa	Dow Jones 1998	% RV
BIRINY JR. Birinyi Assoc.	10.250	75	E. CRIPPS Legg Mason Wood Walker	8.600	80
J.FROEHLICH Zurich Kemper Invest.	10.000	75	J. PRADILLA Cowen & Co.	8.600	45
E. PERONI JR. Janney Montgomery Scott	9.850	100	F. SKRAINKA Edward Jones	8.600	70
F. DWYER Ladenburg Thalmann & Co.	9.800	65	T. MADDEN Federated Investors	8.500	55
S. ROBBINS Robinson-Humphrey	9.455	60	A. SMITH Prudential Securities	8.500	85
J. BATTIPAGLIA Gruntal & Co.	9.400	80	M. KERESEY Palm Beach Invest. Adv.	8.450	70
J. APPLEGATE Lehman Brothers	9.200	75	J. MACKAY Bear Stearns	8.350	50
B. HYMAN Ehrenkrantz King Nussbaum	9.150	70	L. PATERNOTTE BT Alex. Brown	8.200	65
J. CANELO Morgan Stanley, Dean Witter	9.000	70	P. ANDERSON American Express Fin. Adv.	8.100	70
J. DOMBICIK McDonald & Co.	9.000	75	M. ACUFF Salomon Smith Barney	8.000	55
H. JOHNSON First Albany	9.000	58	M. BLUMBERG Josephthal	8.000	50
J. SHAUGHNESSY Advest	9.000	60	H. STOVALL Stovall/21st Advisers	7.999	45
G. RILEY JR BankBoston	8.950	60	G. CRANE Key Asset Management	7.800	75
S. RONESS JW Charles	8.900	85	G. JACOBSEN Trevor Stewart Burton & J.	7.750	60
T. McMANUS NatWest Markets	8.850	64	C. MOORE Principal Financial Securities	7.675	60
D. CLIGGOTT J.P. Morgan	8.800	60	E. MILLER Donaldson, Lufkin&Jenrette	7.300	50
A. GOLDMAN A.G. Edwards & Sons	8.800	70	R. BROWN Feris, Baker Watts	7.061	40
M. SIMPSON Kirkpatrick Pettis	8.800	70	H. BARTHEL Fahnestock	7.000	60
W. ZEMPEL Robert W. Baird & Co.	8.740	70	M. DION Ziegler Asset Management	7.000	95
J. COHEN Goldman Sach	8.700	65	M. METZ Cibc-Oppenheimer	7.000	25
K. LYNCH Interstate Johnson Lane	8.700	60	R. HAYS Wheat First Butcher Singer	6.300	72
R. DAVID JR. Rauscher Pierce Refsnes	8.666	65	F. DICKEY Dain Bosworth	6.100	60

Sin embargo, es muy habitual utilizar datos históricos para comparar la rentabilidad de la inversión en acciones con la rentabilidad de la renta fija sin riesgo. Algunos concluyen que la diferencia entre rentabilidad histórica de la bolsa (de un índice bursátil) y la rentabilidad histórica de la renta fija[6] es un buen indicador de la prima del mercado.[7] Para sostener esta afirmación se suele argumentar que el mercado en media acierta. Así, aunque no se considere como prima de riesgo del mercado lo que las acciones ganaron de más sobre la renta fija en un año determinado, sí se considera como un buen estimador de la prima de riesgo del mercado la rentabilidad adicional de las acciones sobre la renta fija a lo largo de varios años. Otra de las contradicciones de este planteamiento es que tras un año muy bueno de la bolsa, la prima de riesgo del mercado habrá subido y tras un año malo, la prima de riesgo del mercado habrá bajado, aunque no haya ninguna razón para ello. Esto significa que a igualdad de expectativas, tras un año malo el mercado valoraría más una acción que tras un año bueno.

---

6. Como veremos más adelante, esta diferencia se puede calcular como media aritmética o como media geométrica. Para la rentabilidad histórica de la renta fija se puede utilizar la renta fija a largo plazo o a corto plazo. Por otro lado, hay autores que emplean la rentabilidad de la renta fija (la rentabilidad de comprar bonos hoy y venderlos el próximo periodo) y otros la TIR de la renta fija al inicio del periodo. En los siguientes apartados analizaremos cuál de estas alternativas es más conveniente.

7. Esto es un error por las razones apuntadas y por otras que veremos a continuación.

> Una cosa es la prima de riesgo del mercado y otra la rentabilidad histórica de las acciones sobre la renta fija sin riesgo. Es un error frecuente confundirlas.

Una prueba de que no todos los inversores tienen la cartera compuesta por todas las acciones del mercado es la siguiente tabla. Muestra la cartera que recomendaron en enero de 1998 expertos en bolsa pertenecientes a diez empresas distintas.[8]

	AB ASESORES	BBV INTERACTIVOS	BENITO Y MONJARDIN	BETA CAPITAL	GESTEMAR	IBERSECURITIES	MERRILL LYNCH	M Y G DE VALORES	RENTA 4	EUROSAFEI	I.F.A.
Acerinox		•	•							•	
ACS			•	•	•			•	•		
Alba						•				•	
Aldeasa	•					•					
Amper								•			•
Argentaria				•		•					
Asturiana		•									
Aumar		•			•					•	
Banco Popular	•						•	•	•		
Banco Santander	•		•	•	•	•		•	•		
BBV			•	•	•		•	•		•	•
BCH			•					•	•		
Cantábrico								•			•
Continente						•					
Mapfre				•				•			
Cortefiel	•						•				
Cristalería				•							•
Dragados			•								
Duro Felguera					•						
Endesa			•	•	•	•	•		•		•
FCC			•								
Gas Natural	•		•			•					
Iberdrola			•		•				•		
Metrovacesa				•							•
Pryca		•									•
Repsol	•			•		•	•	•	•		
Sevillana						•					•
Sol Meliá	•	•							•		
Tabacalera		•	•		•		•	•	•		
Tafisa								•			
Telefónica	•			•	•	•	•		•	•	
Unión Fenosa						•	•	•			
Uralita						•	•				
Urbis	•							•			
Vallehermoso		•								•	
Vidrala		•									
Viscofan	•										•

---

8. Véase diario Expansión del 3 de enero de 1998, página III. Las siglas I.F.A. son las iniciales de mi hija Isabel (tenía 3 años en enero de 1998) que formó su cartera por el método de la extracción: sacando las 10 empresas de un cucurucho que contenía el nombre de todas las de la lista.

Otros defensores de la prima de riesgo del mercado proponen su cálculo a partir de la ecuación de Gordon y Shapiro para calcular el precio de las acciones por descuento de dividendos cuando éstos crecen a una tasa anual g cada año:

$$P_0 = \frac{DPA_1}{Ke - g}$$

Despejando Ke de la fórmula queda:

$$Ke = \frac{DPA_1}{P_0} + g$$

El argumento de los defensores de este método es el siguiente: como Ke es la rentabilidad exigida al mercado (a una cartera diversificada), y debe coincidir con la rentabilidad que «el mercado» espera:

$$Ke = E(R_M) = R_F + P_M$$

Por consiguiente, $P_M = (DPA_1 / P_0) + g - R_F$

Aplicando esta última expresión al mercado en su conjunto, (DPA_1 / P_0) es la rentabilidad por dividendos media de la bolsa y g es el crecimiento esperado de los dividendos por «el mercado» y R_F es la tasa sin riesgo. Bastaría con estimar el crecimiento de los dividendos esperado por «el mercado» para calcular la prima de riesgo del mercado.

El problema de este método es, de nuevo que las expectativas de los inversores no son homogéneas. Si lo fueran, tendría sentido hablar de la prima de riesgo del mercado, en este contexto igual que en el contexto del CAPM porque todos los inversores tendrían la cartera del mercado.[9] Pero al no ser las expectativas homogéneas, es evidente que inversores que esperen un mayor crecimiento, tendrán una prima de riesgo del mercado superior. Por otro lado, no todos los inversores esperan que los dividendos crezcan geométricamente.

16.2. Evolución del Índice Total, del Índice General de la Bolsa de Madrid y de la inflación en España

La figura 16.3 muestra la evolución del Índice Total y del Índice General de la Bolsa de Madrid desde 1940 comparada con la evolución de la inflación acumulada. El Índice Total proporciona la rentabilidad total de una cartera diversificada de acciones. El Índice General no tiene en cuenta los dividendos que reciben los accionis-

---

9. Aún así, este método requiere el conocimiento del crecimiento esperado de los dividendos. Una estimación mayor del crecimiento implica una prima mayor.

tas. Una inversión de 100 pesetas en 1940 en acciones se habría convertido (prescindiendo de los impuestos) en 1996 en 71.099 pesetas, y en 1997 en 103.350 pesetas. La línea de la inflación (IPC) indica que, en promedio, un bien que costaba 100 pesetas en 1940, costaba 10.806 pesetas en 1996, y 11.022 pesetas en 1997.

Figura 16.3. Bolsa española. Evolución del Índice Total, Índice General de la Bolsa de Madrid y de la inflación en España a partir de 1940.

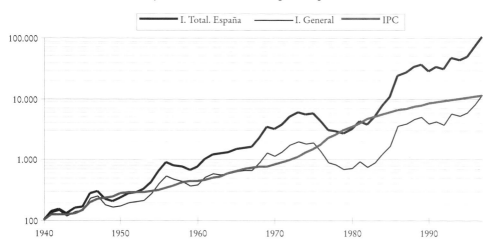

La figura 16.4 muestra la rentabilidad anual de los índices Total y General desde 1941 hasta 1997. El mejor año fue 1986: la rentabilidad de las acciones fue superior a 110%. La rentabilidad de 1996 fue 43% y la de 1997, 45%. Los peores años fueron 1948 (– 28%), 1977 (– 28%), 1976 (– 26%) y 1990 (– 23%). La media aritmética de la rentabilidad anual de estos 57 años fue 15,7%. La rentabilidad geométrica[10] anual media[11] fue 12,9%. La rentabilidad fue negativa en 16 de los 57 años.

---

10. Normalmente, la media geométrica es inferior a la media aritmética. Considérese el caso en que la bolsa rinde un año un 100% y el año siguiente un – 50%. La media aritmética diría que la rentabilidad anual media de la bolsa en estos dos años ha sido 25%. Pero un inversor que comenzó con 100 pesetas, tenía 200 pesetas al final del año 1 y 100 pesetas al final del año 2. La media geométrica diría que la rentabilidad anual media de la bolsa en estos dos años ha sido 0% y es un mejor reflejo de la realidad.

11. La rentabilidad geométrica anual media se calcula: $12,9\% = (103.350 / 100)^{1/57} - 1$.

Figura 16.4. Bolsa española. Rentabilidad anual del Índice Total y del Índice General de la Bolsa de Madrid.

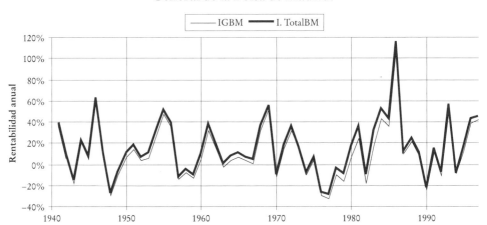

16.3. Rentabilidad de la renta fija en España

La figura 16.5 compara la rentabilidad anual de las acciones y la rentabilidad anual de la renta fija a largo plazo en España.[12]

Figura 16.5. Bolsa española. Rentabilidad anual del Índice Total de la Bolsa de Madrid y de la renta fija.

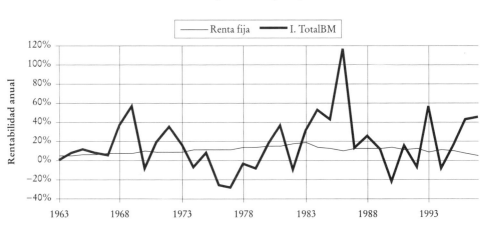

---

12. La TIR de los bonos del Estado a mayor plazo.

16.4. Rentabilidad de la bolsa sobre la renta fija en España

La figura 16.6 muestra la rentabilidad de la inversión en acciones menos la rentabilidad de la renta fija. A esa diferencia se le suele llamar *premium* de la renta variable sobre la renta fija.

Figura 16.6. Bolsa española. Diferencia antre la rentabilidad anual del Índice Total de la Bolsa de Madrid y la rentabilidad anual de la renta fija.

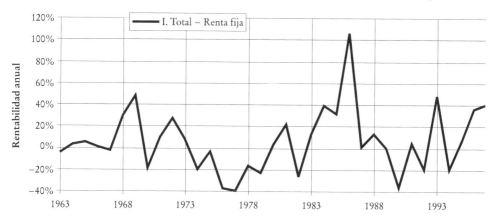

La figura 16.7 muestra el promedio del *premium* de la renta variable sobre la renta fija de los últimos 10 años (calculado como la media aritmética de la diferencia rentabilidad anual de la renta variable menos la rentabilidad de la renta fija). Hay quien considera a esta magnitud como el *risk premium*. Nótese que esta cantidad es muy inestable en el tiempo y que en largos periodos es una cantidad negativa: no tiene ningún sentido económico un *risk premium* negativo.

Figura 16.7. Bolsa española. *Premium* (media aritmética) de la bolsa sobre la renta fija (diferencia entre la rentabilidad anual del Índice Total de la Bolsa de Madrid y la rentabilidad anual de la renta fija durante los últimos 10 años).

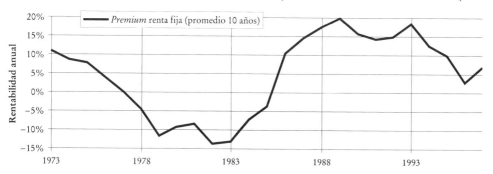

La figura 16.8 muestra el promedio del *premium* de la renta variable sobre la renta fija de los últimos 10 y 20 años (calculado como media geométrica). De nuevo, esta cantidad es muy inestable en el tiempo y que en largos periodos es una cantidad negativa: no tiene ningún sentido económico un *risk premium* negativo.

Figura 16.8. Bolsa española. *Premium* geométrico de la bolsa sobre la renta fija (media geométrica de la diferencia entre la rentabilidad anual del Índice Total de la Bolsa de Madrid y la rentabilidad anual de la renta fija durante los últimos 10 y 20 años).

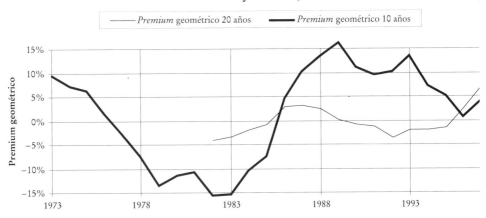

La figura 16.9 muestra el promedio del *premium* de la renta variable sobre la inflación de los últimos 10 años (calculado como media geométrica). Durante muchos años, la inversión en acciones perdió poder adquisitivo.

Figura 16.9. Bolsa española. *Premium* de la bolsa sobre la inflación (media geométrica de la rentabilidad anual del Índice Total deflactado de la Bolsa de Madrid durante los últimos 10 años).

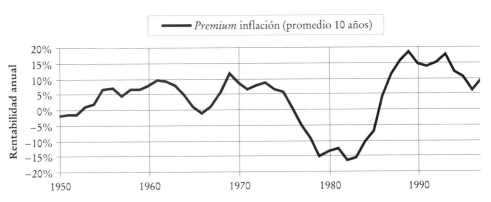

La tabla 16.1 muestra la rentabilidad de la bolsa, la rentabilidad de la renta fija, la rentabilidad de la bolsa por encima de la de la renta fija (*premium* s / renta fija) y la rentabilidad de la bolsa por encima de la inflación (*premium* s / inflación) en distintos periodos.[13] Para todos los parámetros, se ha calculado la media aritmética y la media geométrica.[14]

Tabla 16.1. Bolsa española. Rentabilidad anual del Índice Total (acciones), de la renta fija, *premium* sobre la renta fija y *premium* sobre la inflación.

	Rentabilidad acciones		Rentabilidad renta fija		*Premium* s/renta fija		*Premium* s/ inflación	
	Media aritmética	Media geométrica	Media aritmética	Media geométrica	Media aritmética	Media geométrica	Media aritmética	Media geométrica
1963-1996	15,9%	12,7%	10,8%	10,6%	5,1%	2,1%	6,2%	3,1%
1963-1970	14,1%	12,5%	6,8%	6,1%	7,4%	6,4%	7,6%	6,3%
1971-1980	1,8%	−1,8%	11,4%	10,4%	−9,6%	−12,2%	−13,8%	−14,2%
1981-1990	29,5%	21,1%	13,8%	12,2%	15,7%	8,8%	20,5%	12,6%
1991-1996	18,8%	13,8%	10,1%	8,1%	8,7%	5,6%	14,2%	9,7%

La tabla 16.2 muestra la volatilidad de la bolsa (de la rentabilidad del Índice Total), de la renta fija, y de la inflación en los mismos periodos.

Tabla 16.2. Bolsa española. Volatilidad anual del Índice Total (acciones), de la renta fija y de la inflación.

	acciones	renta fija	inflación
1963-1996	29%	3%	6%
1963-1970	21%	2%	3%
1971-1980	21%	2%	5%
1981-1990	38%	3%	3%
1991-1996	26%	2%	1%

13. En el artículo publicado en el número de junio de 1997 en la revista de la Bolsa de Madrid, se decía que «un valor coherente para la prima de riesgo de las acciones sobre los bonos en España sería el 6,3% entre 1980 y 1997». Ese 6,3% era la media aritmética de la diferencia entre la rentabilidad anual del Índice Total y la rentabilidad anual de la renta fija.

14. Sobre si es más recomendable la media geométrica o la aritmética, un buen artículo resumen es Indro y Lee (1997). Afirman que la media aritmética sobreestima el *premium* y la media geométrica lo subestima.

16.5. Rentabilidad de las acciones y de la renta fija en EUA

En este apartado analizamos el comportamiento de la bolsa y de la renta fija en USA.

La figura 16.10 muestra la rentabilidad anual de la bolsa (acciones), de la renta fija sin riesgo a 3 meses (T. Bills) y de la renta fija sin riesgo a 30 años (T. Bonds) desde 1926 hasta 1996.

Figura 16.10. Rentabilidad anual de la bolsa estadounidense (acciones), de la renta fija a 3 meses (T. Bills) y de la renta fija a 30 años (T. Bonds).

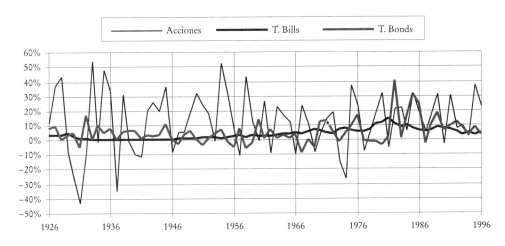

16.6. Rentabilidad de la bolsa sobre la renta fija en EUA

La figura 16.11 muestra la diferencia anual entre la rentabilidad anual de la bolsa y la de la renta fija sin riesgo a 3 meses (*premium bills*) y la correspondiente a la renta fija sin riesgo a 30 años[15] (*premium bonds*) desde 1926 hasta 1996.

---

15. La rentabilidad de un inversor que compró bonos a largo plazo el 31 de diciembre del año anterior y los vendió el 31 de diciembre del presente año. Difiere de la tasa utilizada para España, donde hemos utilizado la TIR de los bonos a largo plazo.

Figura 16.11. Diferencia entre la rentabilidad anual de las acciones de la bolsa estadounidense y la rentabilidad de la renta fija a 3 meses (*premium bills*) y la rentabilidad de la renta fija a 30 años (*premium bonds*).

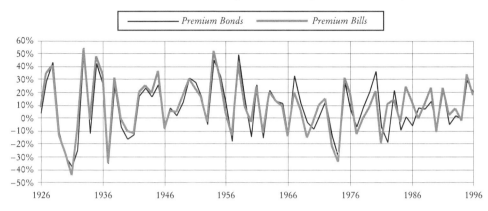

La figura 16.12 muestra la media aritmética de los últimos 10 años de la diferencia anual entre la rentabilidad anual de la bolsa y la de la renta fija sin riesgo a 3 meses (*premium bills*) y la correspondiente a la renta fija sin riesgo a 30 años (*premium bonds*) desde 1926 hasta 1996.

Figura 16.12. Media aritmética durante los últimos 10 años del *premium bills* y del *premium bonds*.

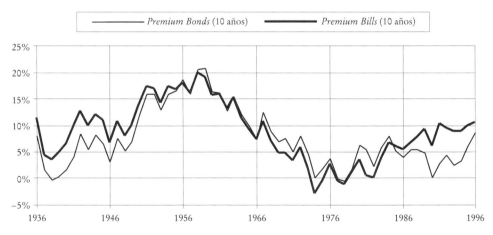

La figura 16.13 muestra la media aritmética de los últimos 20 años de la diferencia anual entre la rentabilidad anual de la bolsa y la de la renta fija sin riesgo a 3 meses (*premium bills*) y la correspondiente a la renta fija sin riesgo a 30 años (*premium bonds*) desde 1926 hasta 1996.

**Figura 16.13. Media aritmética durante los últimos 20 años
del *premium bills* y del *premium bonds*.**

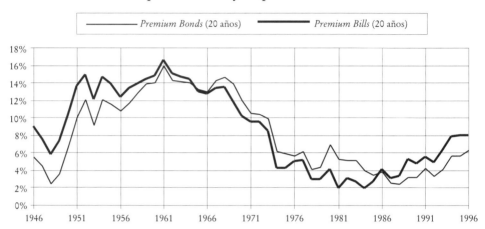

La figura 16.14 muestra la media aritmética de los últimos 10 años de la diferencia anual entre la rentabilidad anual de la bolsa y la correspondiente a la renta fija sin riesgo a 3 meses (*premium bills*) desde 1926 hasta 1996 para compararla con el nivel de tipos de interés a corto plazo de cada año. Nótese que el *premium* ha sido mayor en los años con tipos de interés bajos. También se aprecia que cuando los tipos suben, el *premium* desciende y viceversa. Esto es lógico: ya hemos visto que la bolsa normalmente sube cuando los tipos de interés descienden.

**Figura 16.14. Media durante los últimos 10 años del *premium bills*,
y rentabilidad anual de la renta fija a tres meses (T. Bills).**

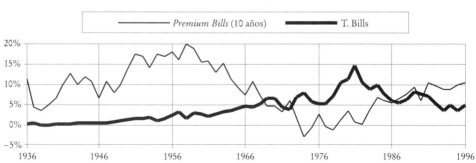

La tabla 16.3 muestra la rentabilidad de la bolsa, la rentabilidad de la renta fija a corto plazo y la rentabilidad de la renta fija a largo plazo en distintos periodos. Para todos los parámetros, se ha calculado la media aritmética y la media geométrica.

La tabla 16.4 muestra la rentabilidad de la bolsa por encima la correspondiente a la renta fija a corto plazo (*premium bills*) y la rentabilidad de la bolsa por encima de la correspondiente a la renta fija a largo plazo (*premium bonds*) en distintos periodos. Para todos los parámetros, se ha calculado la media aritmética y la media geométrica. Damodaran[16] calcula el *premium bonds* geométrico para el periodo 1926-1990, que resulta 5,5% y es el número que utiliza en todo su libro como prima del mercado estadounidense. También Copeland y otros[17] recomiendan «utilizar un *risk premium* entre 5 y 6%, basado en la diferencia entre las rentabilidades geométricas del índice S & P500 y de los bonos del Estado a largo plazo en el periodo 1926-1988».

Tabla 16.3. Bolsa estadounidense. Promedio (media aritmética y geométrica) en distintos periodos de la rentabilidad anual de las acciones, de la renta fija a 3 meses (T. bills) y de la renta fija a 30 años (T. bonds).

	Rentabilidad acciones		Rentabilidad T. bills		Rentabilidad T. bonds	
	aritmética	geométrica	aritmética	geométrica	aritmética	geométrica
1926-1996	12,7%	10,7%	3,8%	3,8%	5,1%	4,8%
1952-1996	13,4%	12,0%	5,4%	5,5%	5,8%	5,5%
1962-1996	12,1%	11,6%	6,4%	6,5%	7,0%	6,5%
1972-1996	13,9%	12,3%	7,1%	7,3%	8,7%	8,3%
1982-1996	17,5%	16,6%	6,7%	6,4%	12,5%	10,2%
1987-1996	16,2%	16,6%	5,7%	5,7%	7,6%	8,6%

Tabla 16.4. Bolsa estadounidense. Promedio (media aritmética y geométrica) en distintos periodos del *premium* de las acciones sobre la renta fija a 3 meses (*premium bills*) y sobre la renta fija a 30 años (*premium bonds*).

	Premium bonds		Premium bills	
	aritmético	geométrico	aritmético	geométrico
1926-1996	7,6%	**5,9%**	8,9%	6,9%
1952-1996	7,6%	**6,5%**	8,0%	6,5%
1962-1996	5,2%	**5,1%**	5,7%	5,2%
1972-1996	5,2%	**4,0%**	6,7%	5,1%
1982-1996	5,0%	**6,4%**	10,8%	10,2%
1987-1996	8,6%	**8,0%**	10,4%	10,9%

---

16. Damodaran, A., Damodaran on Valuation, John Wiley and Sons, Nueva York, 1994. Véase tabla 3.1 en la página 22.

17. Copeland, T. E.; T. Koller: y J. Murrin. 1990. *Valuation: Measuring and Managing the Value of Companies*. Nueva York: Wiley. Véase página 193.

La figura 16.15 muestra la media aritmética de la diferencia anual entre la rentabilidad anual de la bolsa y la de la renta fija sin riesgo a 3 meses (*premium bills*), y de la diferencia anual entre la rentabilidad anual de la bolsa y la correspondiente a la renta fija sin riesgo a largo plazo (*premium bonds*) de todos los años a partir de 1926, y hasta 1996.

Figura 16.15. Bolsa estadounidense. *Premium* **en 1996 de las acciones sobre la renta fija a 3 meses (***premium bills***) y sobre la renta fija a 30 años (***premium bonds***), calculado como el promedio del *premium* anual desde... hasta 1996.**

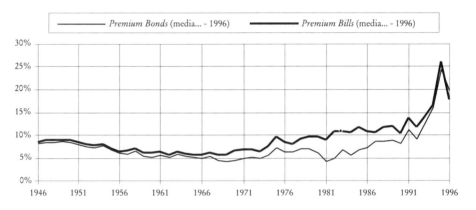

La figura 16.16 muestra la media aritmética y la media geométrica de los últimos 10 años de la diferencia anual entre la rentabilidad anual de la bolsa y la de la renta fija sin riesgo a 3 meses (*premium bills*).

Figura 16.16. Media durante los últimos 10 años del *premium bills* **calculado como media aritmética y media geométrica.**

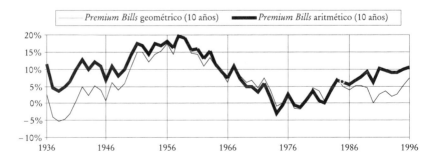

La figura 16.17 muestra la media aritmética y la media geométrica de los últimos 10 años de la diferencia anual entre la rentabilidad anual de la bolsa y la correspondiente a la renta fija sin riesgo a largo plazo (*premium bonds*).

Figura 16.17. Media durante los últimos 10 años del *premium bonds* calculado como media aritmética y media geométrica.

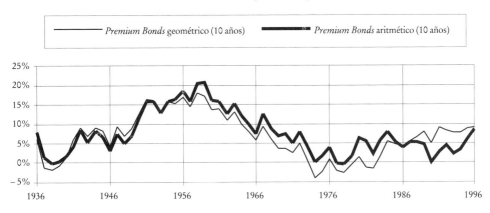

La figura 16.18 compara la evolución del Índice Total de la Bolsa de Madrid desde 1940 con el de la bolsa estadounidense. Una inversión de 100 pesetas en 1940 en acciones españolas se habría convertido (prescindiendo de los impuestos) en 1996 en

Figura 16.18. Evolución de la bolsa española (Índice Total de la Bolsa de Madrid), de la bolsa norteamericana (acciones EUA) y de la renta fija a largo plazo norteamericana (T. bonds EUA) a partir de 1940.

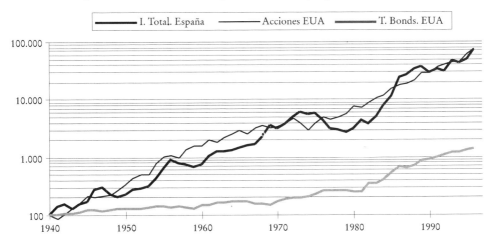

71.099 pesetas. Una inversión de 100 dólares en 1940 en acciones americanas se habría convertido (prescindiendo de los impuestos) en 1996 en 75.980 dólares. Una inversión de 100 dólares en 1940 en bonos del Estado americanos se habría convertido (prescindiendo de los impuestos) en 1996 en 1.352 dólares.

Aunque la figura 16.18 le pueda sugerir al lector que existe una elevada correlación entre la bolsa española y la americana, esto no es del todo cierto. La correlación entre la rentabilidad anual de la bolsa española y la rentabilidad anual de la bolsa estadounidense entre 1941 y 1996 fue sólamente 6,8%.

La figura 16.19 compara la rentabilidad anual de la bolsa española (en pesetas) y la de la bolsa estadounidense en dólares. La figura permite apreciar que la correlación no es muy elevada: es únicamente un 17%.

Figura 16.19. Rentabilidad anual de la bolsa española (Índice Total de la Bolsa de Madrid) y de la bolsa norteamericana (acciones EUA) a partir de 1940.

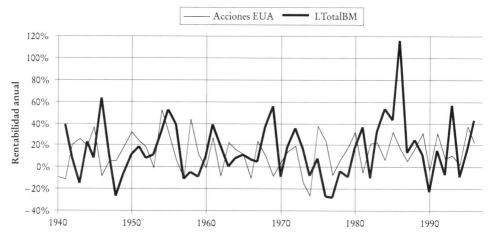

16.7. *Premium* sobre la renta fija prima en distintos países

La tabla 16.5 muestra el *risk premium* (entendido como la diferencia entre la media geométrica de la rentabilidad de las acciones y la media geométrica de la rentabilidad de los bonos a largo plazo)[18] de distintos países. Véase que en el caso de España esta diferencia fue negativa en este periodo, lo cual es otra prueba de que no tiene sentido denominar «*risk premium*» a la diferencia entre la rentabilidad histórica de las acciones y de la renta fija sin riesgo.[19]

---

18. Aunque ya hemos comentado anteriormente que no estamos de acuerdo, denominamos a esta diferencia *risk premium* porque así aparece en la fuente: Damodaran on Valuation.

19. Sebastián y Suárez (1992) reportan en la página 121 que en el periodo 1988-1990, la media geométrica mensual de la rentabilidad de las acciones fue 0,4% y la de las letras del Tesoro fue 1%.

Por otro lado, también se observa que el «*risk premium*» resulta mayor en los países con mejor comportamiento de las acciones en el periodo.

La utilidad de la tabla 16.5 es puramente informativa, pero no sirve para determinar el *risk premium* de cada mercado: no tiene ningún sentido decir que el *risk premium* (entendido como rentabilidad adicional sobre la renta fija exigida a las acciones) de Italia en 1990 era 0,34%, mientras que en Japón era el 6,74% y en Estados Unidos un 3,82%.

Tabla 16.5. Magnitud del «*risk premium*» en distintos países
Las rentabilidades medias son geométricas.

País	Periodo	Rentabilidad media de las Acciones	Rentabilidad media de los Bonos a largo plazo	"*Risk premium*"
Australia	1970-1990	9,60%	7,35%	2,25%
Canadá	1970-1990	10,50%	7,41%	3,09%
Francia	1970-1990	11,90%	7,68%	4,22%
Alemania	1970-1990	7,40%	6,81%	0,59%
Italia	1970-1990	9,40%	9,06%	0,34%
Japón	1970-1990	13,70%	6,96%	6,74%
Holanda	1970-1990	11,20%	6,87%	4,33%
Suiza	1970-1990	5,30%	4,10%	1,20%
Inglaterra	1970-1990	14,70%	8,45%	6,25%
Estados Unidos	1970-1990	10,00%	6,18%	3,82%
España	1970-1990	11,10%	13,08%	−1,98%

Fuente: Damodaran on Valuation, página 22 (Tomado de Ibbotson & Brinson,1993) y elaboración propia (datos de España).

16.8. *Risk premium* para inversiones en el extranjero

La tabla 16.6 muestra una clasificación de distintos países según Standard & Poor's en mayo de 1997. La clasificación pretende ayudar a un inversor norteamericano a calibrar el riesgo de sus inversiones en distintos mercados. Los países clasificados con AAA son países sin ningún tipo de riesgo. La tabla 16.7 muestra el *spread* sobre el *risk premium* local (estadounidense) que se debe sumar para llegar al *risk premium* del otro país, desde la perspectiva de un inversor estadounidense.

Ejemplo. Si el *risk premium* para el mercado americano se estima en 4% en mayo de 1997, el *risk premium* para una inversión en España (calificación AA) debería ser 4% + 0,75% = 4,75%.

Tabla 16.6. Clasificación de varios países según Standard & Poor's. Mayo de 1997.

AAA	**AA −**	**BBB**	**BB**
Austria	Cyprus	China	Bahrain
France	Korea	Indonesia	Bulgaria
Germany	Portugal	Kuwait	El Salvador
Japan		Latvia	Mexico
Liechtenstein	**A +**	Mauritius	Moldova
Luxembourg	Iceland	Qatar	Peru
Netherlands	Malaysia	Emiratos Arabes	
Norway	Malta		**BB −**
Singapore		**BBB −**	Argentina
Switzerland	**A**	Colombia	Jordan
United Kingdom	Bahamas	Croatia	Kazakstan
	Czech Republic	Egypt	Lebanon
AA +	Hong Kong	Greece	Paraguay
Belgium	Slovenia	Hungary	Romania
Canada	Thailand	Oman	Russia
Dinamarca		Poland	
New Zealand	**A −**	Slovakia	**B +**
Sweden	Chile	Túnez	Barbados
Taiwan	Israel	Uruguay	Brazil
			Pakistan
AA	**BBB +**	**BB +**	Turkey
Bermuda	Saudi Arabia	India	
Finland		Lithuania	**B**
Ireland		Panama	Venezuela
Italy		Phillipines	
España		South Africa	
		Trinidad Tobago	

Tabla 16.7. Impacto de la clasificación (*rating*) según Standard & Poor's en la prima de riesgo del mercado de varios países desde la perspectiva de un inversor estadounidense. Mayo de 1997.

Rating	*Spread* sobre la prima de mercado estadounidense	Rating	*Spread* sobre la prima de mercado estadounidense	Rating	*Spread* sobre la prima de mercado estadounidense
AAA	0,00 %	BBB	2,25 %	CCC	7,00 %
AAA –	0,25 %	BBB –	2,65 %	CCC –	8,00 %
AA +	0,50 %	BB +	3,00 %	CC +	9,50 %
AA	0,75 %	BB	3,50 %	CC	11,00 %
AA –	0,95 %	BB –	3,90 %	CC –	12,25 %
A +	1,20 %	B +	4,40 %	C +	13,75 %
A	1,50 %	B –	5,00 %	C	15,50 %
A –	1,70 %	B	5,50 %	C –	17,00 %
BBB +	1,95 %	CCC +	6,25 %	D	19,00 %

Resumen del capítulo 16

El *risk premium* o prima de riesgo del mercado es la rentabilidad incremental que los inversores exigen a las acciones por encima de la renta fija sin riesgo.

El problema principal para determinar la prima de riesgo del mercado es que es una expectativa, y como cada inversor tiene diferentes expectativas de rentabilidad y de riesgo, cada uno exigirá una prima de riesgo diferente.

Utilizar datos históricos de rentabilidad de las acciones sobre la renta fija (*premium*) para calcular la prima de riesgo es un gran error.

Conceptos clave

- *Risk premium* o prima de riesgo del mercado (P_M)
- Renta variable
- Renta fija
- *Capital asset pricing model* (CAPM)
- *Premium* de la renta variable sobre la renta fija
- *Premium* de la renta variable sobre la inflación
- Rentabilidad exigida a las acciones (Ke)
- Beta (β)
- Dividendos

Quinta parte

Tratamiento riguroso de la valoración de empresas por descuento de flujos

Capítulo 17

Valoración de empresas por descuento de flujos. Perpetuidades

17.1. Introducción

Este capítulo profundiza en los métodos de valoración por descuento de flujos para el caso más sencillo: empresas sin crecimiento y vida perpetua. Se definen los distintos conceptos de cash flow que se utilizan en valoración de empresas: cash flow disponible para las acciones (CFac), free cash flow (FCF) y capital cash flow (CCF). Luego se determina la tasa de descuento apropiada para cada flujo según el método de valoración utilizado.

Partiremos del principio por el cual el valor de las acciones de una empresa es el mismo al utilizar cualquiera de las cuatro fórmulas tradicionales de descuento de flujos. Esto es lógico: partiendo de los mismos flujos esperados, no sería razonable que el valor de las acciones dependiera del método de valoración.

Inicialmente se supone que el valor de la deuda (D) coincide con su valor nominal[1] (N). En el apartado 17.7 se trata el caso en el cual el valor nominal de la deuda (N) no coincide con su valor (D), como ocurre a menudo, y en el apartado 17.8 se analiza el impacto de la utilización de fórmulas simplificadas para el cálculo de la beta apalancada.

En los capítulos 18 y 19 se aborda la valoración de empresas con crecimiento constante y el caso general de valoración de empresas.

17.2. Fórmulas de valoración de empresas. Perpetuidades

Los flujos que genera la empresa son perpetuos y constantes (no hay crecimiento). La empresa debe realizar inversiones para mantener sus activos de forma que le

---

1. Esto significa que la rentabilidad exigida a la deuda (Kd) coincide con el tipo de interés que paga la deuda (r).

permitan conservar constantes los flujos de caja: esto implica que la amortización contable es igual a la inversión de reposición.

Se comienza con un ejemplo numérico de forma que el lector pueda familiarizarse con los conceptos con mayor facilidad.

Cuenta de resultados y flujos:	
Margen	800
Intereses (I)	*225*
BAT	575
Impuestos (40%)	*230*
BDT	345
+ Amortización	*200*
– Inversiones	*– 200*
CFac	345

FCF = CFac + I (1-T) – ΔD = 345 + 225 (1 – 0,40) = 480
CCF = CFac + I – ΔD = 345 + 225 = 570
R_F = 12%. Prima de mercado (Pm) = (Rm – R_F) = 8%. Beta de los activos (βu) = 1
Coste de la deuda = 15%. Beta deuda = 0,375. Beta de las acciones (β_L) = 1,375
Capital (E) = 1.500. Valor contable de las acciones = 800. Deuda (D) = 1.500

17.2.1. Cálculo del valor de la empresa a partir del CFac

Se exponen a continuación las cuatro fórmulas de valoración de empresas por descuento de flujos para el caso de perpetuidades. La fórmula [17.1] indica que el valor de los recursos propios (E) es el valor actual neto del cash flow esperado disponible para las acciones (CFac) descontado a la rentabilidad exigida de los recursos propios de la empresa[2] (Ke).

La fórmula [17.1] es equivalente a la ecuación que utilizaríamos para calcular el valor de un bono perpetuo. Este tipo de bonos proporciona a su poseedor flujos constantes iguales para siempre. Para calcular el valor de este bono, descontaríamos el pago del cupón que entrega periódicamente, a la tasa de interés de mercado para ese tipo de deuda. En forma análoga, el valor de las acciones de una empresa (E) es el valor actual de los flujos que corresponden a sus propietarios (CFac), descontados a la rentabilidad exigida por los accionistas[3] de esa empresa (Ke).

$$E = \frac{CFac}{Ke}$$ [17.1]

---

2. Con frecuencia se denomina «coste de los recursos propios».
3. Es importante recordar que la rentabilidad exigida (o coste de capital) depende del uso de los fondos y no de su procedencia.

En el ejemplo: $E = 345 / 23\% = 1.500$

Porque $Ke = R_F + \beta_L \, Pm = 12\% + 1,375 \times 8\% = 23\%$

Por consiguiente, el valor de la empresa[4] será igual al valor de los recursos propios (E) más el valor de la deuda (D):

$$E + D = \frac{CFac}{Ke} + \frac{I}{Kd} \qquad \text{siendo} \qquad D = \frac{I}{Kd} \qquad [17.2]$$

En el ejemplo: $E + D = 345 / 0,23 + 225 / 0,15 = 1.500 + 1.500 = 3.000$

El valor de mercado de la deuda hoy (D) equivale a los intereses debidos a la deuda (I), que se supone perpetua, descontados al coste de la deuda (Kd).[5]

$$Kd = R_F + \beta d \, Pm = 12\% + 0,375 \times 8\% = 15\%$$

17.2.2. Cálculo del valor de la empresa a partir del FCF

La fórmula [17.3] propone que el valor de la deuda hoy (D) más el de los recursos propios (E) es el valor actual neto de los free cash flow (FCF) esperados que generará la empresa, descontados al coste ponderado de la deuda y los recursos propios después de impuestos (WACC).

$$E + D = \frac{FCF}{WACC} \qquad [17.3]$$

La expresión que relaciona el FCF con el CFac es:

$$CFac = FCF - D \, Kd \, (1 - T) \qquad [17.4]$$

En el ejemplo: $CFac = FCF - D \, Kd \, (1 - T) = 480 - 1.500 \times 0,15 \times (1 - 0,4) = 345$

Como [17.2] y [17.3] deben coincidir, sustituyendo [17.4] resulta:

$$(E + D) \, WACC = E \, Ke + D \, Kd(1 - T)$$

Y, por consiguiente, la definición de WACC o «coste ponderado de capital» (en inglés *weighted average cost of capital*), es:

---

4. Se suele denominar valor de la empresa a (D + E).

5. Por el momento, suponemos que el coste de la deuda (el tipo de interés que paga la empresa) es idéntico a la rentabilidad exigida a la deuda Kd.

$$WACC = \frac{EKe + DKd(1 - T)}{E + D}$$ [17.5]

Así, el WACC es la tasa de descuento que asegura que el valor de la empresa (E + D) obtenido mediante [17.3] es el mismo que utilizando [17.2].

En el ejemplo: E + D = 480 / 0,16 = 3.000

WACC = [1.500 × 0,23 + 1.500 × 0,15 × (1 − 0,4)] / (1.500 + 1.500) = 16%

17.2.3. Cálculo del valor de la empresa a partir del CCF

La fórmula [17.6] parte de los capital cash flows y propone que el valor de la deuda hoy (D) más el de los recursos propios (E), es igual al capital cash flow (CCF) descontado al coste ponderado de la deuda y los recursos propios antes de impuestos[6] ($WACC_{BT}$). Los CCF son los cash flow disponibles para todos los poseedores de títulos de la empresa, sean éstos de deuda o capital y equivalen al cash flow disponible para las acciones (CFac) más el cash flow que corresponde a los tenedores de deuda (CFd), que en el caso de perpetuidades son los intereses percibidos por la deuda (I).

$$E + D = \frac{CCF}{WACC_{BT}}$$ [17.6]

La expresión que relaciona el CCF con el CFac y con el FCF es:

CCF = CFac + CFd = CFac + D Kd = FCF + D Kd T

En el ejemplo: CCF = CFac + CFd = 345 + 225 = 570 [17.7]

CCF = FCF + IT = 480 + 225 × 0,4 = 570

Como [17.2] ha de ser igual a [17.6], utilizando [17.7], resulta:

(E + D) $WACC_{BT}$ = E Ke + D Kd

Y, por consiguiente, la definición de $WACC_{BT}$ es:

---

6. BT viene de: *before taxes* (antes de impuestos).

$$WACC_{BT} = \frac{EKe + DKd}{E + D} \qquad [17.8]$$

La expresión de $WACC_{BT}$ se obtiene de igualar [17.2] con [17.6]. $WACC_{BT}$ representa la tasa de descuento que asegura que el valor de la empresa obtenido con ambas expresiones es el mismo.

En el ejemplo: $E + D = 570 / 0,19 = 3.000$. Porque $CCF = 345 + 225 = 570$ y $WACC_{BT} = (1.500 \times 0,23 + 1.500 \times 0,15) / (1.500 + 1.500) = 19\%$

17.2.4. Valor actual ajustado (APV)

La fórmula del valor actual ajustado, APV (*adjusted present value*) [17.9] indica que el valor de la deuda hoy (D) más el de los recursos propios (E) de la empresa apalancada, es igual al valor de los recursos propios de la empresa sin apalancar Vu (FCF / Ku) más el valor actual neto del ahorro de impuestos debido al pago de intereses:

$$E + D = V_u + VAN \text{ (ahorro de impuestos)} =$$
$$= \frac{FCF}{Ku} + VAN \text{ (ahorro de impuestos)} \qquad [17.9]$$

En el caso de perpetuidades, resulta:[7]

$$DVTS = VAN \text{ (ahorro de impuestos)} = DT \qquad [17.10]$$

En el ejemplo: $E + D = 480 / 0,2 + 1.500 \times 0,4 = 3.000$

La expresión [17.9] es el teorema de Modigliani-Miller con impuestos. El hecho de que FCF sea idéntico en la empresa apalancada y en la empresa sin apalancar supone no considerar los costes de apalancamiento, que se expondrán más adelante en este capítulo.

De igualar las fórmulas [17.2] y [17.9] y teniendo en cuenta [17.10] y [17.3], se puede obtener la relación entre Ku y el WACC:

$$WACC = \frac{E + D (1 - T)}{E + D} Ku \qquad [17.11]$$

---

7. La expresión [17.10] se demuestra en el apartado 17.6. Denominamos DVTS (*discounted value of tax shield*) al VAN (ahorro de impuestos debido al pago de intereses).

En el ejemplo: WACC = [1.500 + 1.500 × (1 − 0,4)] × 0,2 / (1.500 + 1.500) = 16%

La fórmula [17.11] indica que con impuestos, en una empresa con deuda, el WACC es siempre inferior a Ku, y tanto más pequeño cuanto mayor es el apalancamiento. Nótese también que el WACC es independiente de Kd y Ke (depende de Ku). Esto puede parecer no intuitivo, pero es lógico. Cuando D = 0, WACC = Ku; cuando E = 0, WACC = Ku (1 − T).

Sustituyendo la expresión del WACC [17.5] en [17.11], se puede obtener la relación entre Ku, Ke y Kd:

$$Ku = \frac{EKe + DKd\,(1 - T)}{E + D\,(1 - T)} = \frac{EKe + DKd\,(1 - T)}{Vu} \qquad [17.12]$$

En el ejemplo:
Ku = 20% = [1.500 × 0,23 + 1.500 × 0,15 × (1 − 0,4)] / [1.500 + 1.500 × (1 − 0,4)]

17.3. Utilización del CAPM y expresión de la beta apalancada

La fórmulas [17.13], [17.14] y [17.15] no son más que la relación, según el capital asset pricing model (CAPM), entre la rentabilidad exigida a los recursos propios de la empresa sin apalancar (Ku), a los recursos propios de la empresa apalancada (Ke), y a la deuda (Kd), con sus betas (β) correspondientes:

$$Ku = R_F + \beta_U\,P_M \qquad [17.13]$$

$$Ke = R_F + \beta_L\,P_M \qquad [17.14]$$

$$Kd = R_F + \beta d\,P_M \qquad [17.15]$$

Donde:

R_F = Tasa de interés sin riesgo.
βd = Beta de la deuda.
β_U = Beta de los recursos propios de la empresa sin apalancar.
β_L = Beta de los recursos propios de la empresa apalancada.
P_M = Prima de mercado = $E\,(R_M) - R_F$ = Valor esperado de la rentabilidad del mercado por encima de la tasa sin riesgo = rentabilidad exigida al mercado por encima de la tasa sin riesgo.

En el ejemplo:
Ku = 12 + 1 × 8 = 20%; Ke = 12 + 1,375 × 8 = 23%; Kd = 12 + 0,375 × 8 = 15%

Otro modo de expresar [17.12] es,[8] despejando Ke:

$$Ke = Ku + \frac{D(1-T)}{E}(Ku - Kd)$$

Sustituyendo en esta ecuación Ke, Ku y Kd, por las exprexiones [17.13], [17.14] y [17.15], se puede obtener:

$$\beta_U = \frac{E\beta_L + D(1-T)\beta_d}{E + D(1-T)} \qquad [17.16]$$

$$\beta_L = \frac{\beta u[E + D(1-T)] - \beta_d D(1-T)}{E} \qquad [17.17]$$

En el ejemplo: $1{,}375 = (1 \times [1.500 + 1.500 \times 0{,}6] - 0{,}375 \times 1.500 \times 0{,}6) / 1.500$

17.4. Equivalencia de los distintos métodos de valoración de empresas

Como se indicó en la introducción, el valor de la empresa apalancada ($V_L = E + D$) que se obtiene con los cuatro métodos de valoración es idéntico según se muestra gráficamente en la figura 17.1.[9] Sin embargo, es importante tener en cuenta que al imponer el cumplimiento de la fórmula del valor actual ajustado [17.9], estamos aceptando el teorema de Modigliani-Miller con impuestos, que supone que el FCF esperado no depende del apalancamiento.

---

8. Esta fórmula «parece» indicar que si aumentan los impuestos, Ke disminuye. Sin embargo, esto no es cierto. Ke no depende de T. En la fórmula, Ku, Kd y D no dependen de T, ni tampoco Ke. Sin embargo, E sí que depende de T. Sencillas operaciones algebraicas permiten comprobar que si los impuestos aumentan una cantidad ΔT, la disminución de valor de las acciones (ΔE), es: $\Delta E = E \Delta T / (1 - T)$.

9. Obsérvese como consideramos un tercer elemento beneficiario de la empresa: el Estado, cuyos ingresos se reflejan en los impuestos.

Figura 17.1. Reparto del valor total de la empresa entre accionistas, bonistas y estado.

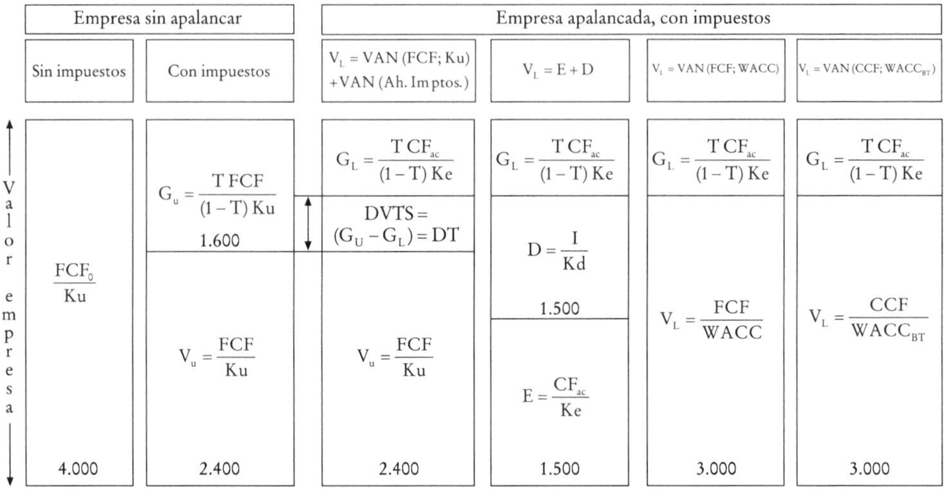

	Empresa sin apalancar		Empresa apalancada, con impuestos			
	Sin impuestos	Con impuestos	$V_L = \text{VAN (FCF; Ku)} + \text{VAN (Ah. Imptos.)}$	$V_L = E + D$	$V_L = \text{VAN (FCF; WACC)}$	$V_L = \text{VAN (CCF; WACC}_{BT})$
Valor empresa	$\dfrac{FCF_0}{Ku}$	$G_u = \dfrac{T\,FCF}{(1-T)\,Ku}$ 1.600 $V_u = \dfrac{FCF}{Ku}$	$G_L = \dfrac{T\,CF_{ac}}{(1-T)\,Ke}$ $DVTS = (G_U - G_L) = DT$ $V_u = \dfrac{FCF}{Ku}$	$G_L = \dfrac{T\,CF_{ac}}{(1-T)\,Ke}$ $D = \dfrac{I}{Kd}$ 1.500 $E = \dfrac{CF_{ac}}{Ke}$	$G_L = \dfrac{T\,CF_{ac}}{(1-T)\,Ke}$ $V_L = \dfrac{FCF}{WACC}$	$G_L = \dfrac{T\,CF_{ac}}{(1-T)\,Ke}$ $V_L = \dfrac{CCF}{WACC_{BT}}$
	4.000	2.400	2.400	1.500	3.000	3.000

17.5. Impuestos en perpetuidades

A continuación se desarrollan las fórmulas de valoración de los impuestos presentadas en la figura 17.1 para una empresa sin apalancar (Gu), para una apalancada (G_L) y para el VAN del ahorro de impuestos por pago de intereses.

Para una perpetuidad, el beneficio después de impuestos (BDT) es idéntico al cash flow disponible para las acciones: BDT = CFac. Esto se debe a que en una perpetuidad la amortización debe ser igual a la reinversión para mantener constante la capacidad de generación del cash flow.

Llamaremos FCF_0 al free cash flow de la empresa si no hubiera impuestos, es decir: $BATu = FCF_0$, luego: $FCF = FCF_0(1 - T)$

Para la empresa sin apalancar (D = 0) luego: $Imp_U = T\,BAT_U = T\,FCF_0$.

Por consiguiente, los impuestos de la empresa sin apalancar tienen el mismo riesgo que FCF_0 (y que FCF), y deben actualizarse a la tasa Ku.

Para la empresa apalancada:

$$\mathrm{Imp}_L = T\,BAT_L = \frac{T\,BDT_L}{(1-T)} = \frac{T\,CFac}{(1-T)}$$

En el ejemplo: $FCF_0 = 800$; $FCF = 480$; $BAT_U = 800$; $Imp_U = 320$; $CFac = 345$; $Imp_L = 230$.

Por consiguiente, los impuestos de la empresa apalancada tienen el mismo riesgo que el CFac y deben actualizarse a la tasa Ke. Así, en el caso de perpetuidades, el riesgo de los impuestos es idéntico al riesgo del flujo para las acciones y –consecuentemente– la rentabilidad exigida a los impuestos (K_I) es igual a la rentabilidad exigida a las acciones (Ke).[10]

$$K_I = Ke$$

El valor actual de los impuestos de la empresa apalancada, esto es, el valor de la participación del Estado en la empresa es:[11]

$$G_L = \frac{T\,BAT}{Ke} = \frac{T\,BDT}{(1-T)\,Ke} = \frac{T\,CFac}{(1-T)\,Ke}$$

En el ejemplo: $G_L = 1.000$

El valor actual de los impuestos de la empresa sin apalancar es:

$$G_U = \frac{T\,FCF}{(1-T)\,Ku}$$

En el ejemplo: $G_U = 1.600$

El VA del ahorro de impuestos por pago de intereses es exactamente:

$$G_U - G_L = \frac{T}{1-T}\left(\frac{FCF}{Ku} - \frac{CFac}{Ke}\right) = VA\ \text{(ahorro de impuestos)} = DVTS$$

Haciendo uso de [17.1] y [17.9], y sustituyendo en la expresión anterior, obtenemos:

$$DVTS = \frac{T}{1-T}(E + D - DVTS - E)$$

con lo que, realizando operaciones algebraicas, resulta:

---

10. Esto sólo es cierto para perpetuidades.

11. El beneficio antes de impuestos (BAT) se relaciona con el beneficio después de impuestos (BDT), según la siguiente expresión: $BDT = BAT\,(1-T)$.

$$DVTS = VAN \text{ (ahorro de impuestos)} = DT \qquad [17.10]$$

En la figura 17.1 puede observarse cómo Vu + DT = D + E.

Imaginemos una situación en que la deuda de la empresa tiene un coste (r) muy grande (superior a Kd). En esa situación, el valor de la deuda será superior a su valor nominal (N), según la relación: N r = D Kd.

Otras relaciones de interés, como una fórmula para la rentabilidad exigida a la deuda, se presentan en el anexo 17.1.

17.6. Ejemplos de empresas sin crecimiento

La tabla 17.1 muestra la valoración de seis empresas distintas sin crecimiento. Las empresas difieren entre sí en la tasa de impuestos, en el coste de la deuda y en la magnitud de la deuda. La columna [A] corresponde a la empresa sin deuda y sin impuestos. La columna [B] corresponde a la misma empresa con impuestos del 35%. La columna [C] corresponde a una empresa con deuda igual a 1.000 millones y sin impuestos. Las columnas [D] y [E] corresponden a la empresa con deuda igual a 1.000 millones, impuestos del 35% y distintos costes de la deuda. La columna [F] corresponde a una empresa más endeudada (deuda de 2.000 millones) y con impuestos del 35%.

Tabla 17.1. Ejemplo de valoración de seis empresas sin crecimiento.

		[A] D = 0 T = 0%	[B] D = 0 T = 35%	[C] D = 1.000 T = 0% Kd = 13%	[D] D = 1.000 T = 35% Kd = 13%	[E] D = 1.000 T = 35% Kd = 14%	[F] D = 2.000 T = 35% Kd = 14%
1	Margen	1.000	1.000	1.000	1.000	1.000	1.000
2	Intereses	0	0	130	130	140	280
3	BAT	1.000	1.000	870	870	860	720
4	Impuestos	0	350	0	304,5	301	252
5	BDT	1.000	650	870	565,5	559	468
6	+ Amortización	200	200	200	200	200	200
7	– Inversiones	– 200	– 200	– 200	– 200	– 200	– 200
8	**CFac**	1.000	650	870	565,5	559	468
9	**FCF**	1.000	650	1.000	650	650	650
10	**CCF**	1.000	650	1.000	695,5	699	748
11	Beta del activo (ßu)	1	1	1	1	1	1
12	Rf	12,00%	12,00%	12,00%	12,00%	12,00%	12,00%
13	(Rm – Rf) = prima de mercado	8,00%	8,00%	8,00%	8,00%	8,00%	8,00%
14	Ku	20,00%	20,00%	20,00%	20,00%	20,00%	20,00%
15	**Vu**	5.000	3.250	5.000	3.250	3.250	3.250
16	D	0	0	1.000	1.000	1.000	2.000
17	Kd			13,00%	13,00%	14,00%	14,00%
18	Beta de la deuda (ßd)			0,125	0,125	0,25	0,25
19	DVTS = DT	0	0	0	350	350	700
20	DVTS + Vu	5.000	3.250	5.000	3.600	3.600	3.950
21	– D = **E1**	5.000	3.250	4.000	2.600	2.600	1.950
22	Beta de las acciones	1	1	1,21875	1,21875	1,1875	1,5
23	Ke	20,00%	20,00%	21,75%	21,75%	21,50%	24,00%
24	E 2 = CFac / Ke	5.000	3.250	4.000	2.600	2.600	1.950
25	WACC	20,00%	20,00%	20,00%	18,06%	18,06%	16,46%
26	FCF / WACC	5.000	3.250	5.000	3.600	3.600	3.950
27	**E 3** = (FCF / WACC) – D	5.000	3.250	4.000	2.600	2.600	1.950
28	WACC$_{BT}$	20,00%	20,00%	20,00%	19,32%	19,42%	18,94%
29	CCF/WACC$_{BT}$	5.000	3.250	5.000	3.600	3.600	3.950
30	**E 4** = (CCF / WACC$_{BT}$) – D	5.000	3.250	4.000	2.600	2.600	1.950

Líneas 1 a 5: muestran la cuenta de resultados de las empresas.

Línea 8: muestra el cash flow disponible para las acciones.

Línea 9: muestra el free cash flow.

Línea 10: muestra el capital cash flow.

Línea 11: de supone una beta sin apalancar βu (o beta de los activos) igual a 1,0.

Línea 12: la tasa sin riesgo se supone igual al 12%.

Línea 13: se toma como prima de mercado un 8%.

Línea 14: con los datos anteriores, el coste de los recursos propios de la empresa sin apalancar (Ku) resulta un 20% en todos los casos.

Línea 15: el valor de la empresa sin apalancar (Vu = FCF / Ku), resulta que es 5.000 millones para las empresas sin impuestos y 3.250 millones para las empresas con impuestos del 35%. La diferencia (1.750 millones) es, lógicamente, el valor actual de los impuestos.

Línea 16: muestra la magnitud de la deuda de la empresa.

Línea 17: es el coste de la deuda de la empresa.

Línea 18: beta correspondiente al coste de la deuda según la fórmula [17.15].

Línea 19: valor actual neto del ahorro de impuestos debido al pago de intereses, que en este caso (por ser una perpetuidad) es D T.

Líneas 20 y 21: son la aplicación de la fórmula [17.9].

Línea 22: muestra la beta de los recursos propios según la fórmula [17.16].

Línea 23: muestra el coste de los recursos propios según la fórmula [17.14]

Línea 24: cálculo del valor de los recursos propios utilizando la fórmula [17.1].

Línea 25: coste ponderado de los recursos propios y de la deuda, calculado según la fórmula del WACC [17.5].

Líneas 26 y 27: cálculo del valor de los recursos propios utilizando la fórmula [17.3].

Línea 28: coste ponderado de los recursos propios y de la deuda, calculado según la fórmula del WACC$_{BT}$ [17.8].

Líneas 29 y 30: cálculo del valor de los recursos propios utilizando la fórmula [17.6].

La figura 17.2 y la tabla 17.2 resaltan los resultados más importantes de la tabla 17.1.

Figura 17.2. Distribución del valor de la empresa entre deuda, acciones e impuestos.

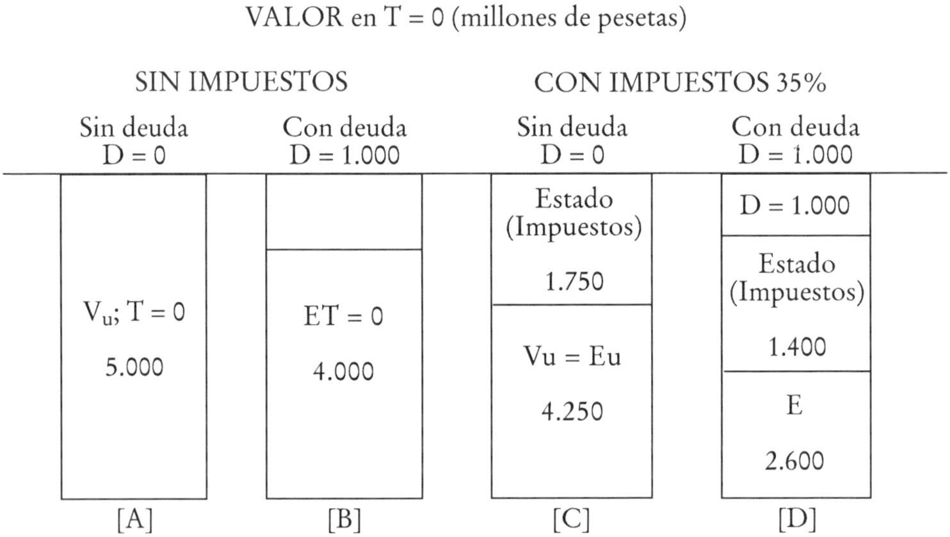

VALOR en T = 0 (millones de pesetas)

SIN IMPUESTOS		CON IMPUESTOS 35%	
Sin deuda D = 0	Con deuda D = 1.000	Sin deuda D = 0	Con deuda D = 1.000
V_u; T = 0 5.000	ET = 0 4.000	Estado (Impuestos) 1.750	D = 1.000
		Vu = Eu 4.250	Estado (Impuestos) 1.400
			E 2.600
[A]	[B]	[C]	[D]

(Columnas de la tabla 17.1 con las que se corresponden estos valores.)

Las columnas [B] y [D] muestran dos puntos muy interesantes:

1. Por ser una perpetuidad el riesgo del flujo para las acciones es idéntico al riesgo del flujo para el Estado (los impuestos), como se ha demostrado en el apartado 17.6.

2. Al aplicar la fórmula [17.9], que propone que el valor de la empresa apalancada (D + E) es igual al valor de la empresa sin apalancar (V_U) más el VAN del ahorro de impuesto por pago de intereses, muchos autores sostienen que el VAN ha de calcularse descontando el ahorro de impuestos (intereses × T = 130 × 0,35 = 45,5) al coste de los recursos propios (Ke). Esto no es correcto. En nuestro ejemplo, este VAN es 350 millones, esto es 1.000 + 2.600 − 3.250 = 1.750 − 1.400. Es inmediato comprobar que 350 no es igual a 45,5 / 0,2175. En este caso resulta que 350 = 45,5 / 0,13, razón por la que parece que la tasa correcta para descontar sea Kd. Aunque *en este caso* el resultado sea el mismo, más adelante veremos que esto también es –salvo para perpetuidades– erróneo.

Otros resultados importantes de la tabla 17.1 son los siguientes:

**Tabla 17.2. Flujos anuales (millones de pesetas),
tasas de descuento y valor de la empresa sin crecimiento.**

	SIN IMPUESTOS		CON IMPUESTOS (35%)	
	Sin deuda D=0	Con deuda D = 1.000	Sin deuda D=0	Con deuda D = 1.000
BAT	1.000	870	1.000	870
Impuestos	0	0	350	304,5
BDT	1.000	870	650	565,5
Flujo total	1.000	1.000	1.000	1.000
CFac	1.000	870	650	565,5
Impuestos	0	0	350	304,5
Flujo deuda	0	130	0	130
Ke	20%	21,75%	20%	21,75%
Kd	—	13%	—	13%
KIMP	—	—	20%	21,75%
E = CFac / Ke	5.000	4.000	3.250	2.600
D = Flujo deuda / Kd	—	1.000	—	1.000
G = Impuestos / KIMP	—	—	1.750	1.400
E + D + G	5.000	5.000	5.000	5.000
	[A]	[C]	[B]	[D]

(Columnas de la tabla 17.1 con las que se corresponden estos valores.)

1. El coste de los recursos propios (Ke) disminuye a medida que aumenta el coste de la deuda, al tomar ésta una parte mayor del riesgo del negocio (Ku es constante y no se ve afectado por el apalancamiento).[12] Línea 23, columnas D y E.

---

12. Esto es así porque estamos suponiendo que el valor de la deuda coincide con el valor nominal.

2. El coste ponderado de capital (WACC) no depende del coste de la deuda, sino del endeudamiento y de βu (no de cómo la βu se reparte entre βd y βL). Línea 25, columnas D y E.

3. Para la empresa apalancada con impuestos, el WACC es siempre menor que Ku.

4. El valor de las acciones es independiente de Kd: depende del valor de la deuda, pero no de Kd. Esto no quiere decir que el interés de la deuda sea irrelevante. Es evidente que si creemos que el coste apropiado para la deuda es el 13% (así la deuda tiene un valor de 1.000 millones) y el banco nos exige un 14%, las acciones disminuyen de valor porque el valor de la deuda ya no es 1.000 sino 1.076,9 (140 / 0,13). Lo que sucede es que no hay ninguna fórmula que nos diga el riesgo de la deuda a partir del riesgo del negocio y del endeudamiento. Sólo sabemos que el riesgo del negocio se ha de repartir entre la deuda y los recursos propios según [17.16]. Por esto la rentabilidad exigida a la deuda tiene un cierto grado de arbitrariedad: ha de ser superior a R_F e inferior a Ku.

Las siguientes figuras muestran cómo cambian las tasas de descuento y el valor de las acciones de la empresa en función del endeudamiento. Obsérvese que *estamos suponiendo el FCF y el riesgo del negocio Ku independientes del nivel de endeudamiento.* La figura 17.3 utiliza la fórmula [17.30] (véase anexo 17.1) para mostrar cómo varían Kd, Ke y el WACC cuando aumenta el apalancamiento.[13]

Figura 17.3. Empresa sin crecimiento
$$T = 40\%; \ FCF = 480; \ Rf = 12\%; \ \beta u = 1; \ Pm = 8\%; \ \beta d =$$
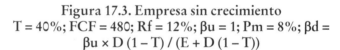

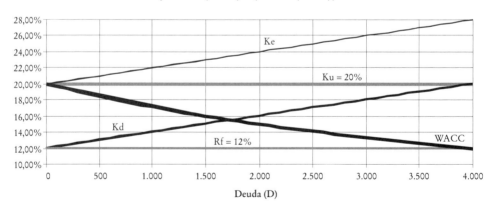

La figura 17.4 hace referencia al mismo ejemplo y muestra la evolución del valor de la deuda y de las acciones cuando aumenta el apalancamiento.

---

13. Planteamos la siguiente pregunta al lector, para ayudarle a fijar los conceptos: ¿puede el WACC ser inferior a R_F?

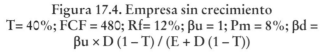

Figura 17.4. Empresa sin crecimiento
T= 40%; FCF = 480; Rf= 12%; βu = 1; Pm = 8%; βd =
βu × D (1 – T) / (E + D (1 – T))

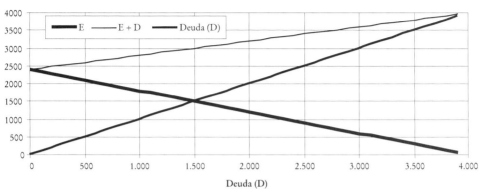

17.7. Fórmulas para cuando el valor nominal de la deuda (N) no coincide con su valor de mercado (D), (r ≠ Kd).

N es el valor nominal de la deuda (el dinero que la empresa ha tomado prestado), r el tipo de interés y Nr los intereses anuales.

Kd es la rentabilidad exigida a la deuda: rentabilidad «razonable» que deben (o deberían) exigir los bonistas o el banco, de acuerdo al riesgo de la empresa y a la magnitud de la deuda.

Hasta ahora hemos supuesto que el coste de la deuda (r) es igual a la rentabilidad que el mercado exige a dicha deuda (Kd) pero en caso de que no lo sean, entonces el valor de la deuda (D) no coincidirá con el nominal (N). Todas las relaciones calculadas anteriormente (suponiendo r = Kd), son válidas para perpetuidades independientemente de que r y Kd no sean iguales. Basta considerar que en una perpetuidad:

$$D = \frac{N\,r}{Kd}$$

Si r es igual a Kd, entonces D y N son iguales.

[17.1], [17.2], [17.3] y todas las fórmulas vistas en este capítulo siguen siendo válidas:

$$CFac = FCF - Nr\,(1 - T) = FCF - D\,Kd\,(1 - T)$$

17.8. Fórmula del valor actual ajustado considerando los costes del apalancamiento

Vamos a suponer ahora que al apalancarse la empresa pierde valor. Esa pérdida de valor se debe a los «costes del apalancamiento». Bajo esta hipótesis, la fórmula [17.9] se transforma en:

$$E + D = \frac{FCF}{Ku} + VAN \text{ (ahorro de impuestos)} - VAN \text{ (costes del apalancamiento)}$$

Esta fórmula indica que el valor de la deuda hoy (D) más el de los recursos propios (E) de la empresa apalancada, es igual al valor de los recursos propios de la empresa sin apalancar (FCF / Ku) más el valor actual neto del ahorro de impuestos por pago de intereses, menos el valor actual neto de los costes del apalancamiento.

Los costes del apalancamiento engloban una serie de argumentos que contemplarían, según diversos autores, el coste de quiebra, la mayor probabilidad de quiebra o suspensión de pagos, costes de agencia, problemas de información, reputación, dificultad para aprovechar oportunidades de crecimiento, costes diferenciales de emisión de instrumentos y otras consideraciones tributarias. Estos costes aumentarían con el nivel de endeudamiento.

17.8.1. Impacto en la valoración, de la utilización de las fórmulas simplificadas de la beta apalancada

Una forma de cuantificar los costes del apalancamiento, es la utilización de las fórmulas simplificadas para el cálculo de la beta apalancada:

$$\beta^*_L = \beta_U [D + E^*] / E^* \quad y \qquad\qquad [17.18]$$

$$\beta'_L = \beta_U [D (1 - T) + E'] / E' \qquad\qquad [17.19]$$

en lugar de la [17.17]:

$$\beta_L = \frac{\beta_U [E + D (1 - T)] - \beta_d D (1 - T)}{E} \qquad\qquad [17.17]$$

Si se utilizan estas fórmulas simplificadas,[14] la beta apalancada (β^*_L) será mayor que la que se obtenía utilizando la fórmula completa [17.17].

---

14. Ruback (1995) utiliza la fórmula [17.18]. Como además hace la simplificación adicional de que $B_d = 0$, llega a $WACC_{BT} = Ku$

Además, el valor de los recursos propios (E* o E´) será inferior al que obteníamos antes (E) porque la rentabilidad exigida a los recursos propios ahora (Ke* o Ke´) es superior a la utilizada antes (Ke). Lógicamente el coste ponderado de deuda y recursos propios ahora (WACC* o WACC´) es superior al utilizado antes (WACC).

En el ejemplo: $\beta_L = 1{,}375$; $\beta'_L = 1{,}659$; $\beta^*_L = 2{,}333$.
E = 1.500; E' = 1.365; E* = 1.125. Ke = 23%; Ke' = 25,275%; Ke* = 30,667%.

Obsérvese que: E* < E´ < E   y   Ke* > Ke´ > Ke

Con estas simplificaciones, ya no se cumple la proposición de Modigliani y Miller: en la fórmula [17.9], hemos de añadir un término K_B que representa los costes de quiebra que hemos denominado como VAN (costes del apalancamiento). Consideremos las siguientes fórmulas, partiendo de las ya vistas [17.1], [17.3], [17.6], [17.9] y [17.4]:

$$E^* = \frac{CFac}{Ke^*} \qquad [17.1^*] \qquad\qquad E' = \frac{CFac}{Ke'} \qquad [17.1']$$

$$E^* = \frac{FCF}{WACC^*} - D; \; D = \frac{I}{Kd} \quad [17.3^*] \qquad E' = \frac{FCF}{WACC'} - D; \; D = \frac{I}{Kd} \quad [17.3']$$

$$E^* = \frac{CCF}{WACC_{BT}^*} - D \qquad [17.6^*] \qquad\qquad E' = \frac{CCF}{WACC_{BT}'} - D \qquad [17.6']$$

$$E^* = \frac{FCF}{Ku} - D(1-T) - K_B^* \;\; \text{siendo} \;\; K_B^* = E - E^* \qquad [17.9^*]$$

$$E' = \frac{FCF}{Ku} - D(1-T) - K_B' \;\; \text{siendo} \;\; K_B' = E - E' \qquad [17.9']$$

[17.4] sigue siendo válida: CFac = FCF – D Kd (1 – T)

En el ejemplo:
WACC = 16%; WACC' = 16,754%; WACC* = 18,286%. $K_B^* = 375$; $K_B' = 135$;

A partir de estas fórmulas, y utilizando β_L^* y β_L', podemos obtener 3 expresiones diferentes para el valor de los recursos propios de una empresa que es una perpetuidad:

$$E = \frac{FCF}{Ku} - D(1-T) = \frac{CFac}{Ku} - D\frac{(Ku - Kd)(1-T)}{Ku} \qquad [17.20]$$

$$[17.20']$$

$$E' = \frac{FCF}{Ku} - D + \frac{D\left[KuT - (1-T)(Kd - R_F)\right]}{Ku} = \frac{CFac}{Ku} - D\frac{(Ku - R_F)(1-T)}{Ku}$$

$$E^* = \frac{FCF}{Ku} - D + \frac{D\left[R_F - Kd(1-T)\right]}{Ku} = \frac{CFac}{Ku} - D\frac{(Ku - R_F)}{Ku} \quad [17.20^*]$$

Restando las ecuaciones anteriores, obtenemos las siguientes relaciones:

$$E - E' = \frac{D(Kd - R_F)(1-T)}{Ku} \qquad [17.21]$$

$$E - E^* = \frac{D(Kd - R_F)(1-T)}{Ku} + DT\frac{(Ku - R_F)}{Ku} \qquad [17.22]$$

$$E' - E^* = \frac{DT(Ku - R_F)}{Ku} \qquad \mathbf{[17.23]}$$

Además de observar las expresiones precedentes, el mejor modo de apreciar el impacto de estas fórmulas es a través de ejemplos. Las figuras 17.8 y 17.9 corresponden a una perpetuidad sin crecimiento. Como FCF = 480 y Ku = 20%, resulta Vu = 2.400. Para el cálculo de E' y E*, hemos supuesto que la rentabilidad exigida a la deuda (Kd = Kd' = Kd*) cumple la siguiente expresión:

$$Kd = Kd' = Kd^* = R_F + \frac{D(1-T)}{E + D(1-T)}(Ku - R_F)$$

Para el caso de una perpetuidad, E + D (1 – T) = Vu; por consiguiente

$$\beta_d = \beta'_d = \beta^*_d = \beta_U \frac{D(1-T)}{V_U}$$

La figura 17.6 muestra cómo E > E' > E* y que las diferencias aumentan al elevarse el endeudamiento. La figura 17.7 muestra lo que habitualmente se denomina «creación de valor» debida al apalancamiento.

Figura 17.5. Flujos relevantes para la valoración en función del endeudamiento.

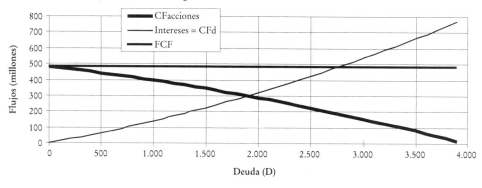

Figura 17.6. Impacto en la valoración de las acciones de la utilización de fórmulas reducidas para la beta. FCF = 480; T = 40%; Ku = 20%; Rf = 12%.
$\beta d = \beta d' = \beta d^* = \beta u \times D (1 - T) / Vu$.

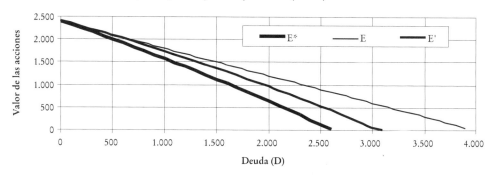

Figura 17.7. Impacto en la valoración de la empresa de la utilización de fórmulas reducidas para la beta. FCF = 480; T = 40%; Ku = 20%; Rf = 12%.
$\beta_d = \beta_d' = \beta_d^* = \beta_u \times D (1 - T) / Vu$.

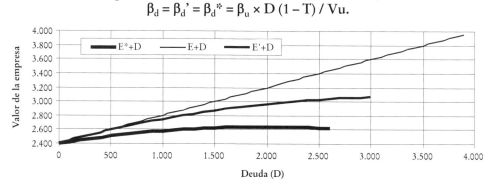

Figura 17.8. Impacto en la rentabilidad exigida a las acciones de la utilización de fórmulas reducidas para la beta.

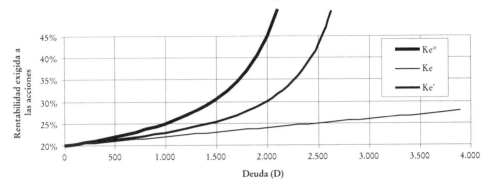

Figura 17.9. Impacto en el WACC de la utilización de fórmulas reducidas para la beta.

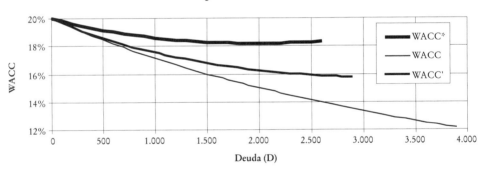

Figura 17.10. FCF, FCF' y FCF* en función del endeudamiento.

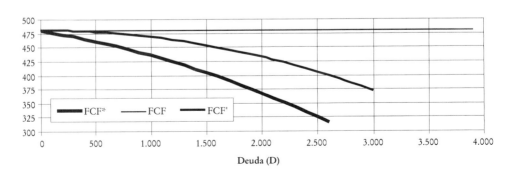

17.8.2. Las fórmulas simplificadas como una reducción del FCF debido al apalancamiento

Las fórmulas simplificadas se pueden considerar como una reducción del FCF esperado (debida a las tensiones y restricciones de la deuda) en lugar de como un aumento en la rentabilidad exigida por el accionista. En la fórmula [17.9] el FCF es independiente del apalancamiento (de la magnitud de D). Si utilizamos la fórmula [17.19]: $\beta_L' = \beta_U [D (1 - T) + E'] / E'$ podemos considerar que el valor E' proviene de descontar otro flujo menor (FCF') a la tasa de la fórmula completa:

$$E' = \frac{FCF}{Ku} - D + \frac{D \left[Ku\, T - (1 - T)(Kd - R_F) \right]}{Ku} = \frac{FCF'}{Ku} - D(1 - T) = \frac{CFac'}{Ke}$$

luego

$$(FCF - FCF') = D\left[(1 - T)(Kd - R_F)\right] = CFac - CFac' \qquad [17.24]$$

Esto significa que cuando utilizamos la fórmula simplificada (') estamos considerando que el free cash flow de la empresa y el cash flow disponible para los accionistas se reduce en la cantidad $D (1 - T) (Kd - R_F)$.

Análogamente, si utilizamos la fórmula [17.18]: $\beta_L^* = \beta_U [D + E^*] / E^*$ podemos considerar que el valor E^* proviene de descontar otro flujo menor (FCF*) a la tasa de la fórmula completa:

$$E^* = \frac{FCF}{Ku} - D + \frac{D \left[R_F - Kd(1 - T) \right]}{Ku} = \frac{FCF^*}{Ku} - D(1 - T) = \frac{CFac^*}{Ke}$$

$$(FCF - FCF^*) = D\left[T(Ku - R_F) + (1 - T)(Kd - R_F)\right] = CFac - CFac^* \qquad [17.25]$$

Esto significa que cuando utilizamos la fórmula simplificada (*) estamos considerando que el free cash flow de la empresa (y el cash flow disponible para las acciones) se reduce en la cantidad $D [T(Ku - R_F) + (1 - T) (Kd - R_F)]$.

17.8.3 Las fórmulas simplificadas como un aumento del riesgo del negocio (Ku) debido al apalancamiento

Otro modo de ver el impacto de utilizar la fórmula reducida:

$$\beta_L' = \beta_U [D (1 - T) + E'] / E'$$

es suponer que lo que la fórmula propone es que el riesgo del negocio (βu) aumenta con el apalancamiento. Para calibrar este aumento, denominamos βu a la beta del negocio para cada nivel de apalancamiento. Utilizando la fórmula [17.17] con βu´ en lugar de βu, realizando operaciones algebraicas, se comprueba que:

$$\beta'_U = \beta_U + \beta_d \frac{D(1-T)}{E' + D(1-T)} \qquad [17.26]$$

Análogamente, el impacto del utilizar la fórmula simplificada $\beta^*_L = \beta_U [D + E^*] / E^*$ se puede calibrar suponiendo que la fórmula propone que el riesgo del negocio (que cuantificaremos como βu*) aumenta con el apalancamiento. Utilizando la fórmula [17.17] con βu* en lugar de βu , realizando operaciones algebraicas, se comprueba que:

$$\beta_U{}^* = \beta_U + \frac{\beta_d \, D(1-T) + \beta_U \, TD}{E^* + D(1-T)} \qquad [17.27]$$

Figura 17.11. Ku, Ku´ y Ku´ en función del endeudamiento.

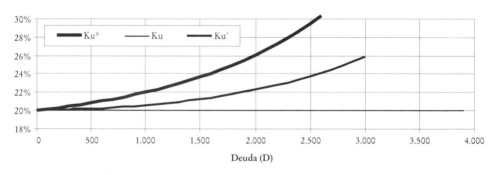

Figura 17.12. Diferencia entre β u, β u' y β u*.

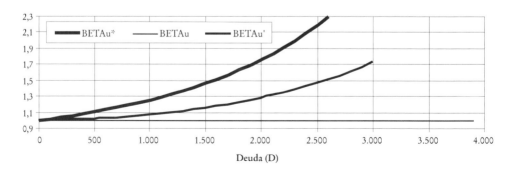

También se puede comprobar que:

$$K'_U = K_U + (Kd - R_F) \frac{D(1-T)}{E + D(1-T)}$$ [17.28]

$$K_U^* = K_U + (Kd - R_F) \frac{D(1-T)}{E^* + D(1-T)} + (K_U - R_F) \frac{DT}{E^* + D(1-T)}$$ [17.29]

Si además suponemos que se cumple:

$$\beta_d = \frac{D(1-T)}{D(1-T) + E} \beta_U$$ [17.30a]

resulta:

$$\beta'_U = \beta_U + \beta_U \left(\frac{D(1-T)}{E' + D(1-T)} \right)^2$$

$$\beta_U^* = \beta_U + \beta_U \left(\frac{D(1-T)}{E^* + D(1-T)} \right)^2 + \beta_U \frac{DT}{E^* + D(1-T)}$$

17.8.4. Las fórmulas simplificadas como probabilidad de quiebra

Este modelo contempla la posibilidad de que la empresa quiebre y no genere más flujos:

$$CFac_{t+1} = CFac_t \qquad \text{con probabilidad } p_c = 1 - p_q$$
$$0 = E_{t+1} \qquad \text{con probabilidad } p_q$$

En este caso, el valor de las acciones en t = 0 es:

$$E^* = \frac{1 - p_q^*}{Ke + p_q^*} CFac$$

Es inmediato comprobar que, siendo E = CFac / Ke:

$$p_q^* = \frac{Ke(E - E^*)}{E^* + EKe}$$

Como E* = CFac* / Ke:

$$p_q^* = \frac{CFac - CFac^*}{E^* + CFac}$$

Anexo 17.1
Una fórmula para la rentabilidad exigida a la deuda

La fórmula [17.12] nos dice la relación que debe haber entre Ku, Ke y Kd para cada nivel de endeudamiento (suponiendo que la probabilidad de quiebra es cero), pero no hemos encontrado ninguna fórmula que nos diga cómo calcular Kd a partir del riesgo de la empresa (Ku) y del endeudamiento. Kd se puede interpretar como la rentabilidad «razonable» que deben (o deberían) exigir los bonistas o el banco, de acuerdo al riesgo de la empresa y a la magnitud de la deuda. Por el momento, estamos suponiendo que Kd es también el interés que paga la empresa por su deuda.

Caso de endeudamiento máximo. Cuando todo el flujo generado por los activos corresponde a la deuda (CFac=0), en ausencia de costes de apalancamiento[15], el riesgo de la deuda en ese punto ha de ser idéntico al riesgo de los activos, esto es, Kd = Ku.

Caso de endeudamiento mínimo. Por otro lado, para una deuda mínima, el coste debe ser R_F.
Una descripción del coste de la deuda que cumple estas dos condiciones es:

$$Kd = R_F + \frac{D(1-T)(Ku - R_F)}{E + D(1-T)} \qquad [17.30]$$

lo que implica

$$\beta d = \frac{D(1-T)}{E + D(1-T)} \beta_U \qquad [17.30a]$$

Con esta definición de βd, sustituyendo en [17.12], se verifica que:

$$Ke = Ru + \frac{D(1-T)(Ku - R_F)}{E + D(1-T)} \qquad [17.30b]$$

Si restamos [17.30b] – [17.30] obtenemos : $Ke - Kd = Ku - R_F$

Nótese que $E + D(1-T) = V_U$

Otras relaciones de interés son:

---

15. Esto también debe suceder si los propietarios de la deuda y las acciones son los mismos.

$$Ke - Kd = \frac{E + D(1-T)}{E}(Ku - Kd) \qquad Ke - Ku = \frac{D(1-T)}{E}(Ku - Kd)$$

Resumen

El valor de la empresa apalancada ($V_L = E + D$) es el mismo aplicando cualquiera de los cuatro métodos de descuento de flujos: descuento del CFac, FCF, CCF o el valor actual ajustado (APV).

El valor de la deuda (D) coincide con su valor nominal (N) cuando la rentabilidad exigida a la deuda (Kd) es igual al tipo de interés que paga la deuda (r). En perpetuidades, las fórmulas de valoración calculadas son válidas independientemente de que r y Kd no sean iguales. Sólo hay que considerar que $D = Nr / Kd$.

En perpetuidades y sólo en perpetuidades, la tasa de descuento que se debe aplicar para actualizar los impuestos es la rentabilidad exigida a las acciones, porque, en este caso, el riesgo de los impuestos es el mismo que el riesgo del flujo disponible para las acciones.

Conceptos clave

- Perpetuidad
- Cash flow para las acciones (CFac)
- Free cash flow (FCF)
- Capital cash flow (CCF)
- Rentabilidad exigida a las acciones (Ke)
- Rentabilidad exigida a la deuda (Kd)
- Coste de la deuda (r)
- Coste promedio ponderado de los recursos (WACC)
- Coste promedio ponderado de los recursos antes de impuestos ($WACC_{BT}$)
- Beta de los recursos propios de la empresa sin apalancar (β_U)
- Beta de los recursos propios de la empresa sin apalancada (β_L)
- Beta de la deuda (β_D)
- *Adjusted present value* o valor actual ajustado (APV)
- VAN (ahorro de impuestos debido a los intereses de la deuda) (DVTS)
- Costes del apalancamiento
- *Capital asset pricing model* (CAPM)

Capítulo 18

Valoración de empresas por descuento de flujos. Crecimiento constante

18.1. Introducción

En el capítulo anterior se definían los conceptos y parámetros utilizados en la valoración de empresas sin crecimiento y vida infinita (perpetuidades). En este capítulo se aborda la valoración de empresas con crecimiento constante.

Inicialmente suponemos que el valor de la deuda coincide con su valor nominal. En el apartado 18.5 se aborda el caso de no coincidencia entre el valor nominal de la deuda (N) y su valor de mercado (D), caso muy usual en la realidad de las empresas. En el apartado 18.6 se analiza el impacto, en la valoración, del uso de β simplificadas.

En este capítulo supondremos que los flujos que genera la empresa crecen de forma indefinida a una tasa constante anual g > 0. Esto supone que las relaciones deuda / capital (D / E) y necesidades operativas de fondos sobre activo fijo neto (NOF / AFN) se mantienen constantes, o lo que es lo mismo, la deuda, el capital, las NOF y los AFN crecen a la misma tasa g que los cash flows que genera la empresa.

En el caso de perpetuidades al ser los FCF, CFac y CCF constantes, no era relevante determinar el periodo en el que se generaban los diversos cash flows para utilizar la fórmula de valoración. Por el contrario, en el caso de empresas con crecimiento constante es necesario considerar el periodo: el flujo esperado de un periodo es igual a la suma del flujo del periodo anterior más el crecimiento g. Por ejemplo, $FCF_1 = FCF_0 (1 + g)$.

18.2. Fórmulas de valoración de empresas. Crecimiento constante

Con crecimiento constante (g) las fórmulas de valoración de empresas por descuento de flujos son:

$$E = \frac{CFac_1}{Ke - g} \tag{18.1}$$

$$E + D = \frac{CFac_1}{Ke - g} + \frac{CFd_1}{Kd - g} = \frac{CFac_1}{Ke - g} + \frac{DKd - gD}{Kd - g} \tag{18.2}$$

$$E + D = \frac{FCF_1}{WACC - g} \tag{18.3}$$

$$E + D = \frac{CCF_1}{WACC_{BT} - g} \tag{18.4}$$

$$E + D = \frac{FCF_1}{Ku - g} + DVTS - VAN \text{ (costes del apalancamiento)} \tag{18.5}$$

La fórmula que relaciona FCF y CFac es:

$$CFac_1 = FCF_1 - D_0 [Kd (1 - T) - g] \tag{18.6}$$

porque $CFac_1 = FCF_1 - I_1 (1 - T) + \Delta D_1$; $I_1 = D_0 Kd$; y $\Delta D_1 = g D_0$

La fórmula que relaciona CCF con CFac y FCF es:

$$CCF_1 = CFac_1 + Do (Kd - g) = FCF_1 - Do Kd T \tag{18.7}$$

Aunque resulta obvio, es interesante resaltar que el valor de la deuda en $t = 0$ (D_0) es[1]

$$D_0 = \frac{(I - \Delta D)_1}{Kd - g} = \frac{Kd D_0 - g D_0}{Kd - g} = D_0$$

18.3. Relaciones que se obtienen a partir de las fórmulas

A continuación, vamos a deducir algunas relaciones importantes emparejando las fórmulas [18.1] a [18.5] y basándonos en el hecho de que los resultados que proporcionan han de ser iguales. Por el momento, supondremos que el VAN de los costes del apalancamiento es despreciable e igual a cero.

---

1. Obsérvese que estamos suponiendo que el valor de la deuda coincide con su valor nominal o valor contable.
2. El lector interesado en las demostraciones algebraicas completas de este capítulo, puede consultar la nota técnica del IESE número FN-310 titulada «Equivalencia y significado de las fórmulas para valorar empresas por descuento de flujos».

Como [18.2] ha de ser igual a [18.3], utilizando [18.6], resulta:[2]

(E+D) (WACC-g) = E (Ke-g) + D [Kd(1-T)-g]. Y, por consiguiente, la definición de WACC es:

$$WACC = \frac{EKe + DKd(1 - T)}{E + D} \qquad [18.8]$$

Como [18.2] ha de ser igual a [18.4], utilizando [18.7], resulta:

(E+D) (WACC_{BT} – g) = E (Ke – g)+D (Kd – g) . Y, por consiguiente, la definición de WACC_{BT} es:

$$WACC_{BT} = \frac{EKe + DKd}{E + D} \qquad [18.9]$$

Como [18.3] ha de ser igual a [18.5] (y suponiendo el coste del apalancamiento nulo), resulta: (E + D) (WACC – g) = (E + D + DVTS) (Ku – g)
donde DVTS es el VAN del ahorro de impuestos por pago de intereses, luego:[3]

$$DVTS = (E + D)\frac{Ku - WACC}{Ku - g} \qquad [18.10]$$

Sustituyendo la expresión del WACC [18.8] en [18.10], y teniendo en cuenta [17.12]

$$Ku = \frac{EKe + DKd(1 - T)}{E + D(1 - T)} \qquad [17.12]$$

resulta:

$$DVTS = VAN \text{ ahorro de impuestos por pago de intereses} = \frac{DTKu}{Ku - g} \qquad [18.11]$$

Insistimos de nuevo en que esta expresión no es el VAN de un flujo, sino la diferencia de dos valores actuales netos de dos flujos con distinto riesgo: los impuestos de la empresa sin deuda y los impuestos de la empresa con deuda.

Una conclusión que se deriva de las expresiones anteriores es que el flujo para la deuda y el flujo disponible para las acciones (y los impuestos, por tanto) dependen de Kd,

---

3. El mismo resultado podría obtenerse igualando [18.2] y [18.5] (utilizando [18.6]).

pero *no dependen* de Kd el valor de la deuda D (que ha sido prefijado y se supone igual al nominal de la misma), el valor de las acciones E y, por tanto, el valor de los impuestos.[4]

Si actualizásemos el ahorro de impuestos por pago de intereses a la tasa Kd resultaría:

$$DVTS = \frac{DKdT}{Kd - g} \qquad [18.12]$$

que sí depende de Kd.

Luego **no se puede actualizar –en general– el flujo del ahorro de impuestos por pago de intereses (D Kd T) a la tasa Kd.**

La razón es que el VAN del ahorro de impuestos por pago de intereses no es el VAN de un flujo (D Kd T, que crece a una tasa g), sino que es la diferencia de los valores actuales netos de dos flujos con distinto riesgo: el VAN de los impuestos de la empresa sin deuda a la tasa Ku y el VAN de los impuestos de la empresa con deuda a la tasa K_I (mayor que Ku).

En el cuadro siguiente podremos observar las distintas magnitudes estudiadas de una forma gráfica.

Reparto del valor de la empresa con y sin impuestos y con y sin deuda entre las acciones, la deuda y los impuestos
Se considera que FCF y $FCF_{T=0}$ tienen el mismo riesgo: Ku

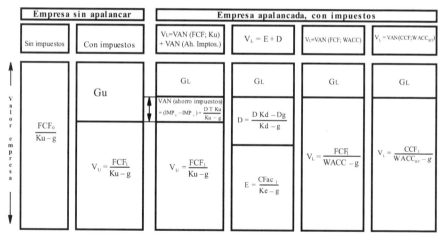

Considerando nulos los costes del apalancamiento, operando en [18.5], sustituyendo DVTS según [18.11] y teniendo en cuenta [18.7] se obtiene:

$$E = \frac{CFac_1}{Ku - g} - \frac{D(Ku - Kd)(1 - T)}{Ku - g} \qquad [18.13]$$

---

4. Esto es debido a que estamos suponiendo que el valor de la deuda (D) es igual a su valor contable (N).

Ésta es una fórmula alternativa a la [18.1] para calcular el valor de las acciones a partir de CFac sin tener que calcular Ke. Comparando [18.13] con [18.1] se obtiene [17.12].

18.4. Ejemplos de empresas con crecimiento constante

La tabla 18.1 muestra el balance, la cuenta de resultados y los flujos de una empresa con un crecimiento del 5% en todos los parámetros excepto los activos fijos netos, que permanecen constantes.

Las líneas 1 a 11 muestran las previsiones del balance para la empresa durante

Tabla 18.1. Balance, cuenta de resultados y flujos de una empresa que crece al 5%. El activo fijo neto es constante. T = 35%.

		0	1	2	3	4
1	Caja necesaria	100	105	110,25	115,76	121,55
2	Cuentas a cobrar	900	945	992,25	1.041,86	1.093,96
3	Stocks	240	252	264,60	277,83	291,72
4	Activo fijo bruto	1.200	1410	1.630,50	1.862,03	2.105,13
5	– Amort. acumulada	200	410	630,50	862,03	1.105,13
6	Activo fijo neto	1.000	1000	1.000,00	1.000,00	1.000,00
7	TOTAL ACTIVO	2.240	2.302	2.367,10	2.435,46	2.507,23
8	Cuentas a pagar	240	252	264,60	277,83	291,72
9	Deuda	500	525	551,25	578,81	607,75
10	Capital (valor contable)	1.500	1525	1.551,25	1.578,81	1.607,75
11	TOTAL PASIVO	2.240	2.302	2.367,10	2.435,46	2.507,23
Cuenta de resultados						
12	Ventas	3.000	3150	3.307,50	3.472,88	3.646,52
13	Coste de ventas	1.200	1260	1.323,00	1.389,15	1.458,61
14	Gastos generales	600	630	661,50	694,58	729,30
15	Amortización	200	210	220,50	231,53	243,10
16	Margen	1.000	1050	1.102,50	1.157,63	1.215,51
17	Intereses	75	75	78,75	82,69	86,82
18	BAT	925	975	1.023,75	1.074,94	1.128,68
19	Impuestos	323,75	341,25	358,31	376,23	395,04
20	BDT	601,25	633,75	665,44	698,71	733,64
21	+ Amortización	200	210	220,50	231,53	243,10
22	+ Δ Deuda		25	26,25	27,56	28,94
23	– Δ NOF		– 50	– 52,50	– 55,13	– 57,88
24	– Inversiones		– 210	– 220,50	– 231,53	– 243,10
25	CF acciones = Dividendos		608,75	639,19	671,15	704,70
26	FCF		632,50	664,13	697,33	732,20
27	CCF		658,75	691,69	726,27	762,59
28	Flujo para la deuda		50,00	52,50	55,13	57,88

los próximos 5 años. Las líneas 12 a 20 muestran las cuentas de resultados previstas.

Las líneas 21 a 25 muestran el cálculo del cash flow disponible para las acciones en cada año. La línea 26 muestra el free cash flow de cada año. La línea 27 muestra el capital cash flow de cada año. La línea 28 muestra el cash flow para la deuda de cada año.

El crecimiento del cash flow disponible para las acciones, del free cash flow, del capital cash flow y del cash flow para la deuda es 5% anual.

Tabla 18.2. Valoración de una empresa que crece al 5%.
El activo fijo neto es constante. T = 35%.

			0	1	2	3	4
1		Beta U	1,000000	1,000000	1,000000	1,000000	1,000000
2		Rf	12,00%	12,00%	12,00%	12,00%	12,00%
3		Rm – Rf	8,00%	8,00%	8,00%	8,00%	8,00%
4		Ku	20,00%	20,00%	20,00%	20,00%	20,00%
5		Vu = FCF/(Ku – g)	4.216,67	4.427,50	4.648,88	4.881,32	5.125,38
SIN IMPUESTOS							
6		FCF SIN IMPUESTOS		1.000,00	1.050,00	1.102,50	1.157,63
7		Vu sin impuestos	6.666,67	7.000,00	7.350,00	7.717,50	8.103,38
CON IMPUESTOS							
8		Kd	*15,00%*	*15,00%*	*15,00%*	*15,00%*	*15,00%*
9		Beta d	0,375000	0,375000	0,375000	0,375000	0,375000
10		DTKu/(Ku – g)= DVTS	233,33	245,00	257,25	270,11	283,62
11		DVTS + Vu	4.450,00	4.672,50	4.906,13	5.151,43	5.409,00
12	– D=	E 1	3.950	4.148	4.355	4.573	4.801
13		Beta E	1,05142	1,05142	1,05142	1,05142	1,05142
14		Ke	20,41%	20,41%	20,41%	20,41%	20,41%
15		E 2 = CFac / (Ke – g)	3.950	4.148	4.355	4.573	4.801
16		WACC	19,213%	19,213%	19,213%	19,213%	19,213%
17	D + E=	FCF / (WACC – g)	4.450,00	4.672,50	4.906,13	5.151,43	5.409,00
18	– D=	E 3	3.950	4.148	4.355	4.573	4.801
19		WACC$_{BT}$	19,803%	19,803%	19,803%	19,803%	19,803%
20	D + E=	CCF / (WACC$_{BT}$ – g)	4.450,00	4.672,50	4.906,13	5.151,43	5.409,00
21	– D=	E 4	3.950	4.148	4.355	4.573	4.801

La tabla 18.2 muestra la valoración de la empresa con un crecimiento del 5% en todos los parámetros excepto los activos fijos netos, que permanecen constantes. La línea 1 muestra la beta para la empresa sin apalancar (que coincide con la beta de los activos netos = βu) que se ha supuesto igual a 1. La línea 2 muestra la tasa sin riesgo que se ha supuesto 12%. La línea 3 muestra la prima de mercado que se ha supuesto 8%. Con estos resultados se calcula la línea 4 que resulta Ku = 20%.

La línea 5 muestra el valor de la empresa sin apalancar Vu descontando los free cash flows futuros a la tasa Ku.

Las líneas 6 y 7 muestran cuál sería el free cash flow de la empresa si no hubiese impuestos y cuál sería Vu en ausencia de impuestos.

La línea 8 muestra el coste de la deuda que se ha supuesto 15%. La línea 9 es la beta de la deuda (ß d) correspondiente a su coste (15%) que resulta 0,375.

La línea 10 muestra el valor actual neto del ahorro de impuestos debido al pago de intereses. La línea 11 es la aplicación de la fórmula [18.5]. La línea 12 resulta de restar el valor de la deuda a la línea 11, con lo que se obtiene el valor de las acciones.

La línea 13 muestra la beta de los recursos propios (β_L). La línea 14 muestra el coste de los recursos propios correspondientes a la beta de la línea anterior. La línea 15 es el resultado de utilizar la fórmula [18.1]. Coincide con la línea 12.

La línea 16 muestra el coste ponderado de los recursos propios y la deuda después de impuestos (WACC). La línea 17 muestra el valor actual del free cash flow descontado al WACC. La línea 18 muestra el valor de los recursos propios según la formula [18.3], que también coincide con las líneas 12 y 15.

La línea 19 muestra el coste ponderado de los recursos propios y la deuda antes de impuestos ($WACC_{BT}$). La línea 20 muestra el valor actual del capital cash flow descontado al $WACC_{BT}$. La línea 21 muestra el valor de los recursos propios según la formula [18.4], que también coincide con las líneas 12, 15 y 18.

La figura 18.1, la tabla 18.3 y la tabla 18.4 resaltan los resultados más importantes de las tablas 18.1 y 18.2.

Figura 18.1. Reparto del valor global (en t = 0) de la empresa (6.667 millones) entre el Estado (cuando hay impuestos), la deuda y los recursos propios.

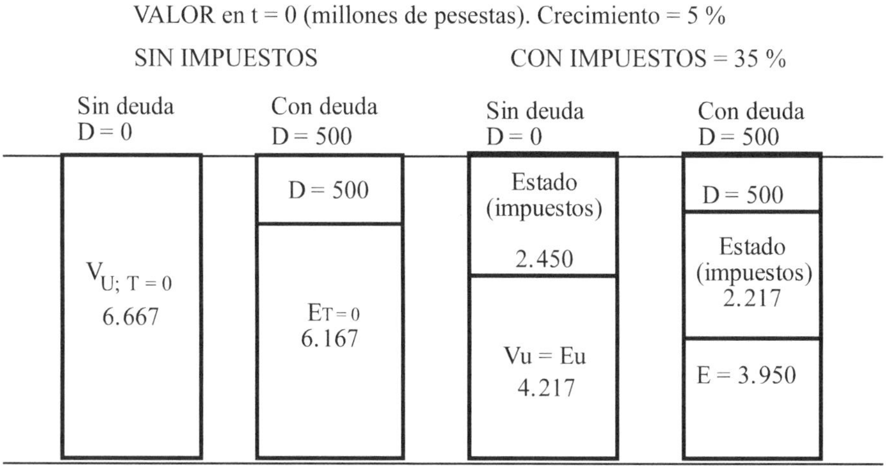

VALOR en t = 0 (millones de pesestas). Crecimiento = 5 %

SIN IMPUESTOS		CON IMPUESTOS = 35 %	
Sin deuda D = 0	Con deuda D = 500	Sin deuda D = 0	Con deuda D = 500
	D = 500	Estado (impuestos) 2.450	D = 500
$V_{U;\ T=0}$ 6.667	$E_{T=0}$ 6.167	Vu = Eu 4.217	Estado (impuestos) 2.217
			E = 3.950

Es importante destacar que el riesgo de los impuestos es distinto del riesgo del cash flow disponible para las acciones. El riesgo de ambos flujos será idéntico únicamente si se cumple que la suma de los impuestos y el cash flow disponible para las acciones es igual al BAT. Esto sólo sucede si el CFac es igual al BDT, ya que los impuestos son un 35% del BAT.

Tabla 18.3. Flujos del año 1 (millones de pesetas). Crecimiento = 5%.

	SIN IMPUESTOS		CON IMPUESTOS	
	Sin deuda D = 0	Con deuda D = 500	Sin deuda D = 0	Con deuda D = 500
BAT	1.050	975	1.050	975
Impuestos	0	0	367	341
BDT	1.050	975	682	633
FCF	1.000	1.000	632	632
CFac	1.000	950	632	608
CCF	1.000	1.000	632	658
Flujo para la deuda	0	50	0	50

En la tabla 18.1 (año 1, D = 500, T = 35%), el cash flow disponible para las acciones (608,75) es inferior al BDT (633,75), motivo por el que los impuestos tienen menos riesgo que el cash flow disponible para las acciones.

Tabla 18.4. Flujos, tasas de descuento y valor de la empresa con crecimiento anual = 5%.

	D = 0; T = 0	D = 500; T = 0	D = 0; T = 35%	D = 500; T = 35%
Flujo del año 1:				
CFac	1.000	950	632,5	608,75
Impuestos	—	—	367,5	341,25
Cash flow para la deuda	—	50	—	50
Ke	20%	20,40%	20%	20,41%
Kd	—	15%	—	15%
K_{IMP}	—	—	20%	20,39%[5]
E = CFac /(Ke – g)	6.667	6.167	4.217	3.950
Estado=impuestos/(K_{IMP}– g)	—	—	2.450	2.217
D = CFdeuda / (Kd – g)	—	500	—	500
SUMA	6.667	6.667	6.667	6.667

5. Resulta de hacer la operación:

$$\frac{341,25}{K_{IMP} - 0,05} = 2.217$$

Tabla 18.5. Balance, cuenta de resultados y flujos de una empresa que crece al 5%. El activo fijo neto también crece al 5%. T = 35%.

		0	1	2	3	4
1	Caja necesaria	100	105	110,25	115,76	121,55
2	Cuentas a cobrar	900	945	992,25	1.041,86	1.093,96
3	Stocks	240	252	264,60	277,83	291,72
4	Activo fijo bruto	1.200	1.460	1.733,00	2.019,65	2.320,63
5	– Amort. acumulada	200	410	630,50	862,03	1.105,13
6	Activo fijo neto	1.000	1.050	1.102,50	1.157,63	1.215,51
7	**TOTAL ACTIVO**	**2.240**	**2.352**	**2.469,60**	**2.593,08**	**2.722,73**
8	Cuentas a pagar	240	252	264,60	277,83	291,72
9	Deuda	500	525	551,25	578,81	607,75
10	Capital (valor contable)	1.500	1575	1.653,75	1.736,44	1.823,26
11	**TOTAL PASIVO**	**2.240**	**2.352**	**2.469,60**	**2.593,08**	**2.722,73**
Cuenta de resultados						
12	Ventas	3.000	3.150	3.307,50	3.472,88	3.646,52
13	Coste de ventas	1.200	1.260	1.323,00	1.389,15	1.458,61
14	Gastos generales	600	630	661,50	694,58	729,30
15	Amortización	200	210	220,50	231,53	243,10
16	Margen	1.000	1.050	1.102,50	1.157,63	1.215,51
17	Intereses	75	75	78,75	82,69	86,82
18	BAT	925	975	1.023,75	1.074,94	1.128,68
19	Impuestos	323,75	341,25	358,31	376,23	395,04
20	BDT	601,25	633,75	665,44	698,71	733,64
21	+ Amortización	200	210,00	220,50	231,53	243,10
22	+ Δ Deuda		25,00	26,25	27,56	28,94
23	– Δ NOF		– 50,00	– 52,50	– 55,13	– 57,88
24	– Inversiones		– 260,00	– 273,00	– 286,65	– 300,98
25	CF acciones = Dividendos		558,75	586,69	616,02	646,82
26	FCF		582,50	611,63	642,21	674,32
27	CCF		608,75	639,19	671,15	704,70
28	Flujo para la deuda		50,00	52,50	55,13	57,88

Tabla 18.6. Valoración de una empresa que crece al 5%.
El activo fijo neto también crece al 5%. T = 35%.

			0	1	2	3	4
1		Beta U	1,000000	1,000000	1,000000	1,000000	1,000000
2		Rf	12,00%	12,00%	12,00%	12,00%	12,00%
3		Rm – Rf	8,00%	8,00%	8,00%	8,00%	8,00%
4		Ku	20,00%	20,00%	20,00%	20,00%	20,00%
5		Vu = FCF/(Ku – g)	3.883,33	4.077,50	4.281,38	4.495,44	4.720,22
SIN IMPUESTOS							
6		FCF SIN IMPUESTOS		950,00	997,50	1.047,50	1.099,74
7		Vu sin impuestos	6.333,33	6.650,00	6.982,00	7.331,63	7.698,21
CON IMPUESTOS							
8		Kd	*15,00%*	*15,00%*	*15,00%*	*15,00%*	*15,00%*
9		Beta d	0,3750	0,3750	0,3750	0,3750	0,3750
10		DTKu/(Ku – g)= DVTS	233,33	245,00	257,25	270,11	283,62
11		DVTS + Vu	4.116,67	4.322,50	4.538,63	5.765,56	5.003,83
12	– D =	E 1	**3.617**	**3.798**	**3.987**	**4.187**	**4.396**
13		Beta E	1,056164	1,056164	1,056164	1,056164	1,056164
14		Ke	20,45%	20,45%	20,45%	20,45%	20,45%
15		**E 2 = CFac / (Ke – g)**	**3.617**	**3.798**	**3.987**	**4.187**	**4.396**
16		WACC	19,213%	19,213%	19,213%	19,213%	19,213%
17	D + E =	FCF / (WACC – g)	4.116,67	4.322,50	4.538,63	4.765,56	5.003,83
18	– D =	E 3	**3.617**	**3.798**	**3.987**	**4.187**	**4.396**
19		WACC$_{BT}$	19,7874%	19,7874%	19,7874%	19,7874%	19,7874%
20	D + E=	CCF / (WACC$_{BT}$– g)	4.116,67	4.322,50	4.538,63	4.765,56	5.003,83
21	– D=	E 4	**3.617**	**3.798**	**3.987**	**4.187**	**4.396**

La figura 18.2 permite observar, utilizando un sencillo ejemplo, el efecto del apalancamiento en el valor de las acciones. A medida que aumenta el endeudamiento, el valor de las acciones disminuye, pero aumenta el valor de la empresa.

Figura 18.2. Aumento del valor de (E+D) con el apalancamiento.
$FCF_1 = 100$; g=0; $T = 40\%$; $Ku = 20\%$; $Rf = 12\%$.

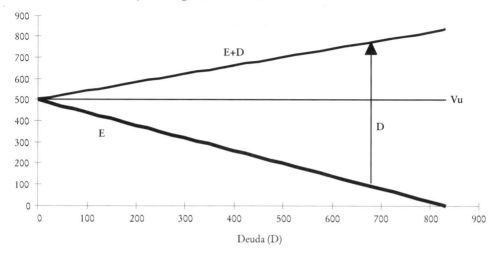

La figura 18.3 muestra cómo el valor de las acciones aumenta al aumentar el crecimiento de la empresa y este incremento se acentúa cuando aumenta el grado de apalancamiento.

Figura 18.3. Influencia del crecimiento en el valor de las acciones.
$FCF_1 = 100$; $T = 40\%$; $Ku = 20\%$; $Rf = 12\%$.

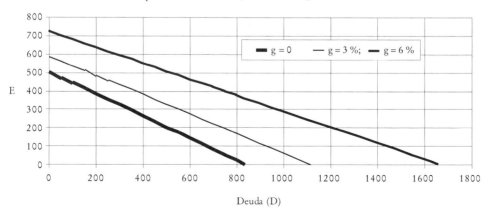

18.5. Fórmulas en el caso de que el valor nominal de la deuda (N) no coincida con su valor de mercado (D)

N es el valor nominal de la deuda (el dinero que la empresa ha tomado prestado), r el tipo de interés y Nr los intereses anuales.

Kd es la rentabilidad exigida a la deuda: rentabilidad «razonable» que deben (o deberían) exigir los bonistas o el banco, de acuerdo al riesgo de la empresa y a la magnitud de la deuda, luego Kd D son los intereses que desde el punto de vista «razonable» debería pagar la empresa.

Hasta ahora hemos supuesto que r = Kd, pero en el caso de que no lo sean, entonces el valor de la deuda (D) no coincidirá con el nominal (N).

Si la deuda crece anualmente $\Delta N_1 = g N_0$, entonces:

$$D = N \frac{r - g}{Kd - g} \qquad [18.14]$$

Luego: D Kd – Nr = g (D – N).[6] Si el crecimiento anual de la deuda fuera $\Delta N_1 = g D_0$, entonces r N = Kd D.

La relación entre CFac y FCF es:

$$CFac = FCF - Nr(1 - T) + gN = FCF - D(Kd - g) + NrT \qquad [18.15]$$

Como puede comprobarse, cuando r ≠ Kd la relación entre CFac y FCF no es igual a la relación cuando r = Kd.

Sustituyendo [18.15] y [18.1] en [18.3]:

$$E + D = \frac{CFac + D(Kd - g) - NrT}{WACC - g} = \frac{E(Ke - g) + D(Kd - g) - NrT}{WACC - g}$$

Realizando operaciones algebraicas resulta:

$$WACC = \frac{EKe + DKd - NrT}{E + D} \qquad [18.16]$$

Luego, si r > Kd (D > N), el WACC debe aumentarse respecto a su expresión habitual en la cantidad:

$$\frac{(DKd - Nr)T}{E + D} = \frac{gT(D - N)}{E + D}$$

---

6. Véase cómo la diferencia entre los intereses «razonables» y los intereses «nominales» es igual al crecimiento multiplicado por la diferencia entre el valor de la deuda (D) y su valor nominal (N).

También se puede demostrar que la expresión para calcular el DVTS es:

$$DVTS = \frac{DTKu + T[Nr - DKd]}{Ku - g}$$ [18.17]

Como hemos visto antes: $D\,Kd - D\,g = N\,r - N\,g$, es claro que: $N\,r - D\,Kd = g\,(N - D)$
Sustituyendo, resulta:

$$DVTS = DT + \frac{TgN}{Ku - g} = \frac{DT(Ku - g) + TgN}{Ku - g}$$

La relación entre D y N es:

$$D = N + N\frac{r - Kd}{Kd - g}$$ [18.18]

La diferencia entre las variaciones de deuda nominal y de mercado es:[7]

$$\Delta D - \Delta N = gD\left[1 - \frac{Kd - g}{r - g}\right] = gD\left[\frac{r - Kd}{r - g}\right]$$ [18.19]

A continuación veamos la diferencia entre valores de los recursos propios según deuda nominal (E_N) y según deuda de mercado (E_D). Para ello nos serviremos de la representación gráfica de las distintas magnitudes:

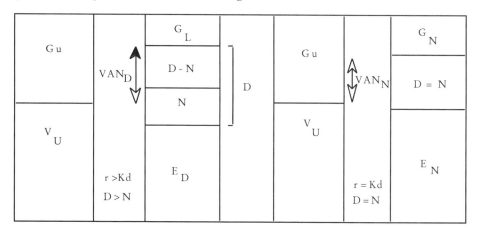

----

7. Es interesante destacar el hecho de que $\Delta N = gN$ es un flujo mientras que $\Delta D = gD$ no es un flujo.

Y sabemos que:

$$VAN_D = VAN_{TS} = \frac{DTKu}{Ku - g} - \frac{Tg(D - N)}{Ku - g}$$

$$VAN_N = \frac{NTKu}{Ku - g}$$

En el gráfico puede observarse:

$$E_D + D + G_L = E_N + N + G_N$$

Asimismo, por definición: $VAN_D - VAN_N = G_N - G_L$

Luego:

$$VAN_D - VAN_N = E_D + D - (E_N + N) \Rightarrow E_D - E_N = VAN_D - VAN_N - (D - N)$$

$$VAN_D - VAN_N = \frac{DTKu}{Ku - g} - \frac{Tg(D - N)}{Ku - g} - \frac{NTKu}{Ku - g} =$$

$$\frac{T}{Ku - g}[(D - N)Ku - g(D - N)] = \frac{T(D - N)\ (Ku - g)}{Ku - g} = T(D - N)$$

$$E_N - E_D = (D - N) - T(D - N)$$

y finalmente:

$$E_N - E_D = (D - N)(1 - T) \tag{18.20}$$

18.6. Impacto de la utilización de las fórmulas simplificadas

$$\beta_L^* = \beta_U[D + E^*]/E^* \quad y \quad \beta_L' = \beta_U[D(1 - T) + E']/E'$$

Si se utiliza estas fórmulas simplificadas, la beta apalancada (β_L^*) será mayor que la que se obtenía utilizando la fórmula completa [17.17]:

$$\beta_L = \beta_U + D\ (1 - T)\ [\beta_U - \beta_d]\ /\ E$$

Además, el valor de los recursos propios (E* o E') será inferior al que obteníamos antes (E) porque la rentabilidad exigida a los recursos propios ahora (Ke* o Ke') es superior a la utilizada antes (Ke). Lógicamente el coste ponderado de deuda y recursos propios ahora (WACC') es superior al utilizado antes (WACC).

Con estas simplificaciones, ya no se cumple la proposición de Modigliani y Miller:

en la fórmula [18.5], hemos de añadir un término K_B que representa los costes del apalancamiento y/o una disminución del FCF cuando aumenta el endeudamiento.

Con la misma metodología seguida en la sección de perpetuidades, podemos obtener las diferentes expresiones del valor de los recursos propios que se obtienen por la utilización de la fórmula completa (E), o las fórmulas reducidas (E', E*). Para una empresa cuyo FCF crece uniformemente a la tasa anual g son:[8]

$$E = \frac{FCF_1}{Ku - g} - D + \frac{D\,Ku\,T}{Ku - g} = \frac{CFac_1}{Ku - g} - \frac{D\,(Ku - Kd)(1 - T)}{Ku - g}$$

$$E' = \frac{FCF_1}{Ku - g} - D + \frac{D\,Ku\,T}{Ku - g} - \frac{D\,(1 - T)(Kd - R_F)}{Ku - g} = \frac{CFac_1}{Ku - g} - \frac{D\,(Ku - R_F)(1 - T)}{Ku - g}$$

$$E^* = \frac{FCF_1}{Ku - g} - D + \frac{D[R_F - (1 - T)Kd]}{Ku - g} = \frac{CFac_1}{Ku - g} - \frac{D\,(Ku - R_F)}{Ku - g}$$

Es evidente que:

$$E - E' = \frac{D\,(1 - T)(Kd - R_F)}{Ku - g} \qquad\qquad [18.21]$$

$$E - E^* = \frac{D\,(1 - T)(Kd - R_F)}{Ku - g} + \frac{DT(Ku - R_F)}{Ku - g} \qquad\qquad [18.22]$$

El mejor modo de apreciar el impacto de estas fórmulas es a través de ejemplos. Siguiendo el ejemplo sencillo que hemos utilizado con anterioridad, como FCF = 100 y Ku = 20%, resulta Vu = 500. Para el cálculo de E' y E*, hemos supuesto que la rentabilidad exigida a la deuda (Kd = Kd' = Kd*) cumple la siguiente expresión:

$$Kd = Kd' = Kd^* = R_F + \frac{D\,(1 - T)}{E + D(1 - T)}(Ku - R_F) \Rightarrow \beta_d = \beta_d' = \beta_d^* = \frac{D\,(1 - T)}{E + D(1 - T)}\beta u$$

La figura 18.4 muestra cómo E > E' > E* y que las diferencias aumentan con el endeudamiento. La figura 18.5 muestra lo que habitualmente se denomina «creación de valor» debida al apalancamiento.

Las figuras 18.6, 18.7 y 18.8 muestran las diferencias en la valoración para la misma empresa con un crecimiento anual del FCF del 5%. En este caso Vu = 666,7.

---

8. Obsérvese que en todos los casos estamos considerando la misma deuda (D) y el mismo coste (Kd).

Figura 18.4. Diferentes fórmulas de valoración
$FCF_1 = 100$; $T = 40\%$; $Ku = 20\%$; $Rf = 12\%$; $g = 5\%$.
$\beta d = \beta d' = \beta d^* = \beta u \times D(1 - T) / [D(1 - T) + E]$.

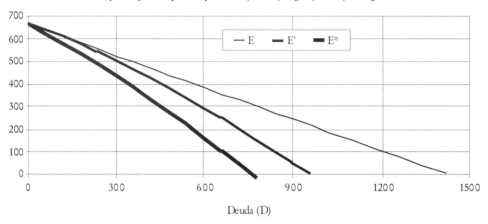

Figura 18.5. Diferentes fórmulas de valoración
$FCF_1 = 100$; $T = 40\%$; $Ku = 20\%$; $Rf = 12\%$; $g = 5\%$.
$\beta d = \beta d' = \beta d^* = \beta u \times D(1 - T) / [D(1 - T) + E]$.

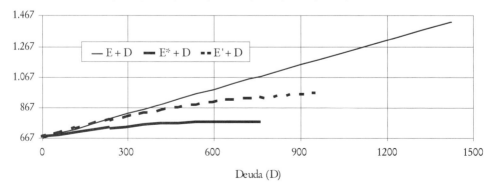

Figura 18.6. Diferentes fórmulas de valoración de las acciones
Infravaloración al utilizar las fórmulas alternativas
$FCF_1 = 100$; $T = 40\%$; $Ku = 20\%$; $Rf = 12\%$; $g = 5\%$.
$\beta d = \beta d' = \beta d^* = \beta u \times D(1 - T) / [D(1 - T) + E]$.

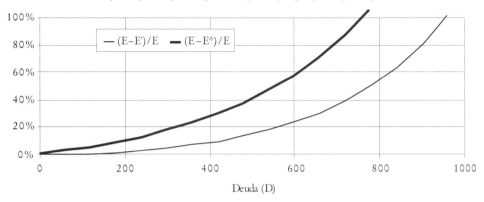

Figura 18.7. Diferentes fórmulas de valoración
$FCF_1 = 100$; $T = 40\%$; $Ku = 20\%$; $Rf = 12\%$; $g = 5\%$.
$\beta d = \beta d' = \beta d^* = \beta u \times D(1 - T) / [D(1 - T) + E]$.

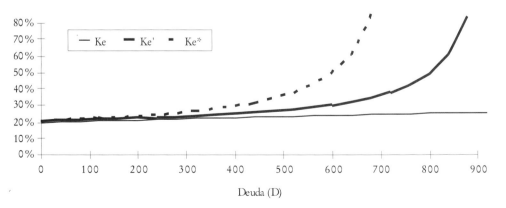

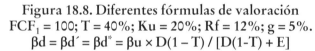

Figura 18.8. Diferentes fórmulas de valoración
$FCF_1 = 100$; $T = 40\%$; $Ku = 20\%$; $Rf = 12\%$; $g = 5\%$.
$\beta d = \beta d' = \beta d^* = \beta u \times D(1 - T) / [D(1-T) + E]$

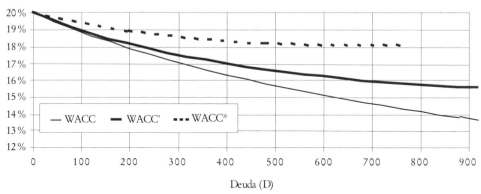

Deuda (D)

Resumen

El valor de la empresa apalancada ($V_L = E + D$) es el mismo aplicando cualquiera de los cuatro métodos de descuento de flujos: descuento del CFac, FCF, CCF o el valor actual ajustado (APV).

En empresas con crecimiento constante, las fórmulas de valoración varían cuando el coste de la deuda no coincide con la rentabilidad exigida a la misma.

Conceptos clave

- Crecimiento constante
- Necesidades operativas de fondos (NOF)
- Cash flow para las acciones (CFac), free cash flow (FCF) y capital cash flow (CCF)
- Rentabilidad exigida a las acciones (Ke)
- Rentabilidad exigida a la deuda (Kd) y coste de la deuda (r)
- Coste promedio ponderado de los recursos (WACC)
- Coste promedio ponderado de los recursos antes de impuestos ($WACC_{BT}$)
- Beta de los recursos propios de la empresa sin apalancar (β_U)
- Beta de los recursos propios de la empresa apalancada (β_L)
- Beta de la deuda (β_d)
- *Adjusted present value* o valor actual ajustado (APV)
- VAN(ahorro de impuestos debido a los intereses de la deuda) (DVTS)
- Costes del apalancamiento
- *Capital asset pricing model* (CAPM)

Capítulo 19

Valoración de empresas por descuento de flujos. Caso general

19.1. Introducción

El propósito de este capítulo es profundizar (a través de las fórmulas que se emplean habitualmente) en los conceptos que se utilizan en la valoración de empresas para el caso general. En los dos capítulos precedentes, se han definido los parámetros y conceptos de valoración y se han aplicado a dos casos particulares: perpetuidad y crecimiento constante. Ahora se tratará el tema en una forma general, es decir, sin ninguna evolución de los flujos predefinida a lo largo de los años. Además el periodo de estudio puede ser finito.

A lo largo del capítulo, se muestra (entre otras cosas):

1. El ahorro de impuestos por pago de intereses[1] **no** debe descontarse (como proponen muchos autores) ni a la tasa Ke (rentabilidad exigida a los recursos propios) ni a la tasa Kd (rentabilidad exigida a la deuda).
2. El VAN del ahorro de impuestos por pago de intereses es igual al VAN del ahorro de impuestos que habría si la deuda tuviese un coste igual a Ku. Esto es así porque dicho VAN no es propiamente un VAN (el valor actual de un flujo), sino la diferencia de dos valores actuales netos: el del flujo de los impuestos pagados por la empresa sin apalancar y el del flujo de los impuestos pagados por la empresa apalancada (flujos con distinto riesgo).

$$DVTS = \sum_{t=1}^{\infty} \frac{D_{t-1} Ku_t T}{\prod_{1}^{t}(1 + Ku_t)}$$

---

1. Lo denominamos con las iniciales inglesas DVTS (*disconted value of tax shields*).

3. Expresión del WACC cuando el valor nominal de la deuda no coincide con su valor de «mercado».
4. Expresión del DVTS cuando el valor nominal de la deuda no coincide con su valor de «mercado».
5. El impacto en la valoración de utilizar las fórmulas simplificadas habituales.

Como en los capítulos precedentes, también aquí finalizamos con el estudio de la no coincidencia entre el valor nominal de la deuda y su valor contable, así como el impacto de la utilización de fórmulas simplificadas de la beta apalancada.

19.2. Fórmulas de valoración de empresas. Caso general

A continuación se exponen las cuatro fórmulas de valoración de empresas por descuento de flujos para un caso general. Por éste entenderemos que los flujos que genera la empresa pueden crecer (o decrecer) a una tasa distinta cada año, pudiendo variar así año a año todos los parámetros de la empresa, como por ejemplo el nivel de apalancamiento, las NOF o los activos fijos netos.

$$E_0 = \sum_{t=1}^{\infty} \frac{CFac_t}{\prod_1^t (1 + Ke_t)} \tag{19.1}$$

En el caso particular de que Ke sea constante a lo largo del tiempo, [19.1] se transforma en:

$$E_0 = \sum_{t=1}^{\infty} \frac{CFac_t}{(1 + Ke)^t} \tag{19.2}$$

Veamos ahora el resto de las expresiones. La fórmula que relaciona el FCF con el valor de la empresa es:

$$D_0 + E_0 = \sum_{t=1}^{\infty} \frac{FCF_t}{\prod_1^t (1 + WACC_t)} \tag{19.3}$$

Obsérvese que si el WACC es constante a lo largo del tiempo, [19.3] se transforma en:

$$D_0 + E_0 = \sum_{t=1}^{\infty} \frac{FCF_t}{(1 + WACC)^t} \tag{19.4}$$

La fórmula que relaciona el CCF con el valor de la empresa es:

$$D_0 + E_0 = \sum_{t=1}^{\infty} \frac{CCF_t}{\prod_1^t (1 + WACC_{BTt})} \qquad [19.5]$$

Si el $WACC_{BT}$ es constante a lo largo del tiempo, [19.5] se transforma en:

$$D_0 + E_0 = \sum_{t=1}^{\infty} \frac{FCF_t}{(1 + WACC_{BT})^t} \qquad [19.6]$$

Otras expresiones de interés:

$$E_1 = Eo\,(1 + Ke_1) - CFac_1 \qquad [19.7]$$

$$D_1 + E_1 = (Do + Eo)\,(1 + WACC_1) - FCF_1 \qquad [19.8]$$

$$D_1 + E_1 = (Do + Eo)\,(1 + WACC_{BT1}) - CCF_1 \qquad [19.9]$$

Por otra parte también podemos calcular el valor de $D_0 + E_0$, a partir del valor de la empresa sin apalancar:

$$D_0 + E_0 = \sum_{t=1}^{\infty} \frac{FCF_t}{\prod_1^t (1 + Ku_t)} + DVTS - VAN \text{ (coste del apalancamiento)} \qquad [19.10]$$

19.3. Relaciones que se obtienen a partir de las fórmulas

A continuación se presentan algunas relaciones importantes que se pueden deducir emparejando las fórmulas [19.1], [19.3], [19.5], y [19.10], y basándonos en el hecho de que los resultados que proporcionan han de ser iguales.

Si r = Kd y VAN (Coste del apalancamiento) = 0

$$CFac_t = FCF_t + \Delta D_t - I_t\,(1 - T) \qquad [19.11]$$

$$CCF_t = CFac_t - \Delta D_t + I_t \qquad [19.12]$$

$$\Delta D_t = D_t - D_t{-}1 \; ; \; I_t = D_{t-1}\,Kd_t$$

$$D_0 = \sum_{t=1}^{\infty} \frac{D_{t-1}Kd_t - (D_t - D_{t-1})}{\prod_1^t (1 + Kd_t)}$$ [19.13]

$$WACC_t = \frac{E_{t-1}Ke_t + D_{t-1}Kd_t(1-T)}{(E_{t-1} + D_{t-1})}$$ [19.14]

que es equivalente a la fórmula del WACC para el caso de perpetuidades.[2]

$$WACC_{BTt} = \frac{E_{t-1}Ke_t + D_{t-1}Kd_t}{(E_{t-1} + D_{t-1})}$$ [19.15]

Como:

$$Ku_t = \frac{E_{t-1}Ke_t + D_{t-1}Kd_t(1-T)}{E_{t-1} + D_{t-1}(1-T)}$$ [19.16]

que es equivalente a [17.12], resulta:

$$WACC_t = \frac{E_{t-1} + D_{t-1}(1-T)}{(E_{t-1} + D_{t-1})} Ku_t$$ [19.17]

$$DVTS_0 = \sum_{t=1}^{\infty} \frac{D_{t-1}Ku_t T}{\prod_1^t (1 + Ku_t)}$$ [19.18]

Conviene recalcar las siguientes identidades:

$$V_{Ut} + G_{Ut} = E_t + D_t + G_{Lt}$$

$$V_{Ut}Ku_{t+1} + G_{Ut}K_{IU\,t+1} = E_t Ke_{t+1} + D_t Kd_{t+1} + G_{Lt}K_{IL\,t+1}$$

$$DVTS_t = G_{Ut} - G_{Lt} = E_t + D_t - V_{Ut}$$ [19.19]

---

2. Véase el capítulo 17, fórmula [17.5].

19.4. Un ejemplo de valoración de empresas

La tabla 19.1 muestra los balances previos de la empresa Font, S.A. La tabla 19.2. muestra las cuentas de resultados y los flujos. La tabla 19.3, se supone que el coste del apalancamiento es cero. Muestra la valoración por los cuatro métodos realizada para una empresa que crece (pero no de modo uniforme) hasta el año 9. A partir del año 9 se ha previsto un crecimiento constante del 5%. Las figuras 19.1, 19.2, 19.3 y 19.4 muestran la evolución de algunas de las magnitudes más importantes de esta empresa. Los flujos crecen al 5% desde el año 11 en adelante. Los flujos del año 10 no son un 5% superiores a los del año 9.

Para este caso general también se comprueba que las cuatro fórmulas de valoración ([19.1], [19.3], [19.5] y [19.10]) proporcionan el mismo valor de los recursos propios: en t = 0 resulta 506 millones de pesetas (ver líneas 43, 46, 50 y 53).

Tabla 19.1. Balances previstos de Font, S.A.

		0	1	2	3	4	5	6	7	8	9	g = 5% 10
1	Caja necesaria	100	120	140	160	180	200	210	220	230,0	240,0	252,0
2	Cuentas a cobrar	900	960	1.020	1.080	1.140	1.200	1.260	1.320	1.380,0	1.449,0	1.521,5
3	Stocks	300	320	340	360	380	400	420	440	460,0	483,0	507,2
4	Activo fijo bruto	1.500	1.800	2.700	3.100	3.300	3.500	3.900	4.204	4.523,2	4.858,4	5.210,3
5	– Amort. acumulada	200	550	900	1.300	1.800	2.100	2.380	2.684	3.003,2	3.338,4	3.690,3
6	Activo fijo neto	1300	1.250	1.800	1.800	1.500	1.400	1.520	1.520	1.520,0	1.520,0	1.520,0
7	TOTAL ACTIVO	2.600	2.650	3.300	3.400	3.200	3.200	3.410	3.500	3.590,0	3.692,0	3.800,6
8	Cuentas a pagar	300	320	340	360	380	400	420	440	460,0	483,0	507,2
9	Deuda	1.800	1.800	2.300	2.300	2.050	1.800	1.700	1.450	1.200,0	1.000,0	1.050,0
10	Capital (valor contable)	500	530	660	740	770	1.000	1.290	1.610	1.930,0	2.209,0	2.243,5
11	TOTAL PASIVO	2.600	2.650	3.300	3.400	3.200	3.200	3.410	3.500	3.590,0	3.692,0	3.800,6
12	NOF	1.000	1.080	1.160	1.240	1.320	1.400	1.470	1.540	1.610,0	1.689,0	1.773,5
13	Δ NOF		8,00%	7,41%	6,90%	6,45%	6,06%	5,00%	4,76%	4,55%	4,91%	5,00%

Tabla 19.2. Cuentas de resultados y flujos previstos de Font, S.A.

		1	2	3	4	5	6	7	8	9	10	11
14	Ventas	3.200	3.400	3.600	3.800	4.000	4.200	4.400	4.600	4.830,00	5.071,50	5.325,08
15	Coste de ventas	1.600	1.700	1.800	1.900	2.000	2.100	2.200	2.300	2415	2.535,75	2.662,54
16	Gastos generales	800	850	900	950	1.000	1.050	1.100	1.150	1207,5	1.267,88	1.331,27
17	Amortización	350	350	400	500	300	280	304	319,20	335,16	351,92	369,51
18	Margen	450	500	500	450	700,00	770,00	796,00	830,80	872,34	915,96	961,75
19	Intereses	270	270	345	345	308	270	255	218	180	150	158
20	BAT	180	230	155	105	392,50	500,00	541,00	613,30	692,34	765,96	804,25
21	Impuestos	63	80,50	54,25	36,75	137,38	175,00	189,35	214,66	242,32	268,08	281,49
22	BDT	117	149,50	100,75	68,25	255,13	325,00	351,65	398,65	450,02	497,87	522,77
23	+ Amortización	350	350,00	400,00	500,00	300,00	280,00	304,00	319,20	335,16	351,92	369,51
24	+ Δ Deuda	0	500,00	0,00	–250,00	–250,00	–100,00	–250,00	–250,00	–200,00	50,00	52,50
25	– Δ NOF	–80	–80	–80	–80	–80	–70	–70	–70	–79	–84,45	–88,67
26	– Inversiones	–300	–900,00	–400,00	–200,00	–200,00	–400,00	–304,00	–319,20	–335,16	–351,92	–369,51
27	CFacciones = Dividendos	87	19,50	20,75	38,25	25,13	35,00	31,65	78,65	171,02	463,42	486,59
28	CCF	357	–211	366	633	583	405	537	546	551	563	592
29	FCF	262,5	–305,00	245,00	512,50	475,00	310,50	447,40	470,02	488,02	510,92	536,47
30	g CF acciones		–77,6%	6,4%	84,3%	–34,3%	39,3%	–9,6%	148,5%	117,5%	171,0%	5,0%
31	g FCF		–216,2%	–180,3%	109,2%	–7,3%	–34,6%	44,1%	5,1%	3,8%	4,7%	5,0%

Tabla 19.3. Valoración de Font, S.A.

	0	1	2	3	4	5	6	7	8	9	10
32　Beta U	1,00	1,00	1,00	1,00	1,00	1,00	1,00	1,00	1,00	1,00	1,00
33　Rf	12,00%	12,00%	12,00%	12,00%	12,00%	12,00%	12,00%	12,00%	12,00%	12,00%	12,00%
34　Rm - Rf	8,00%	8,00%	8,00%	8,00%	8,00%	8,00%	8,00%	8,00%	8,00%	8,00%	8,00%
35　Ku	20,00%	20,00%	20,00%	20,00%	20,00%	20,00%	20,00%	20,00%	20,00%	20,00%	20,00%
36　Vu = VAN (Ku; FCF)	1.679,6	1.753,1	2.408,7	2.645,4	2.662,0	2.719,4	2.952,8	3.096,0	3.245,1	3.406,1	3.576,5
SIN IMPUESTOS:											
37　FCF SIN IMPUESTOS		420,00	-130,00	420,00	670,00	720,00	580,00	726,00	760,80	793,34	831,51
38　Vu sin impuestos (Ku)	2.917,1	3.080,6	3.826,7	4.172,0	4.336,4	4.483,7	4.800,4	5.034,5	5.280,6	5.543,4	5.820,5
39　Kd	15,00%	15,00%	15,00%	15,00%	15,00%	15,00%	15,00%	15,00%	15,00%	15,00%	
40　Beta d	0,3750	0,3750	0,3750	0,3750	0,3750	0,3750	0,3750	0,3750	0,3750	0,3750	
41　VAN (Ku; DTKu) = DVTS	626,72	626,06	625,28	589,33	546,20	511,94	488,33	466,99	458,89	466,67	490,00
42　DVTS + Vu	2.306,37	2.379,14	3.033,97	3.234,76	3.208,22	3.231,36	3.441,13	3.562,96	3.704,03	3.872,81	4.066,45
43　- D = E 1	506	579	734	935	1.158	1.431	1.741	2.113	2.504	2.873	3.016
44　Beta E	2,4441	2,2626	2,2730	1,9996	1,7190	1,5109	1,3967	1,2788	1,1947	1,1414	1,1414
45　Ke	31,55%	30,10%	30,18%	28,00%	25,75%	24,09%	23,17%		21,56%	21,13%	21,13%
46　E 2 = VAN (Ke; CFac)	506	579	734	935	1.158	1.431	1.741	2.113	2.504	2.873	3.016
47　Et = Et–1 * (1+Ke) – CFac	506	579	734	935	1.158	1.431	1.741	2.113	2.504	2.873	3.016
48　WACC	14,54%	14,70%	14,69%	15,02%	15,53%	16,10%	16,54%	17,15%	17,73%	18,19%	18,19%
49　VAN (WACC; FCF)	2.306,37	2.379,14	3.033,97	3.234,76	3.208,22	3.231,36	3.441,13	3.562,96	3.704,03	3.872,81	4.066,45
50　- D = E 3	506	579	734	935	1.158	1.431	1.741	2.113	2.504	2.873	3.016
51　WACC$_{BT}$	18,63%	18,68%	18,67%	18,76%	18,88%	19,03%	19,14%	19,29%	19,43%	19,55%	19,55%
52　VAN (WACC$_{BT}$; CCF)	2.306,37	2.379,14	3.033,97	3.234,76	3.208,22	3.231,36	3.441,13	3.562,96	3.704,03	3.872,81	4.066,45
53　- D = E 4	506	579	734	935	1.158	1.431	1.741	2.113	2.504	2.873	3.016

Figura 19.1. Evolución de la deuda de la empresa Font, S.A.

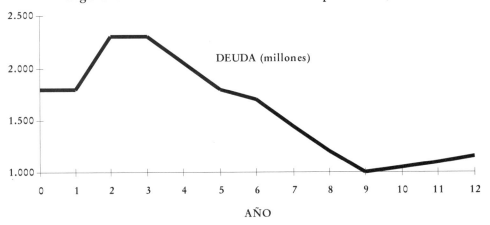

También se puede comprobar que:

1) El valor actual neto del ahorro de impuestos por pago de intereses es 626,72 millones (línea 41).

2) Sería erróneo calcular el valor actual neto del ahorro de impuestos descontando DTKd a la tasa de la deuda (15%) ya que resultarían 622 millones.

3) Sería erróneo calcular la participación del Estado en la empresa (valor actual de los impuestos) descontando los impuestos a la tasa Ke: así resultaría un valor de 510,17 millones, cuando el valor real es 610,76 millones (ver figura 19.4).

**Figura 19.2. Evolución del valor contable y del valor de mercado
de la empresa Font, S.A.**

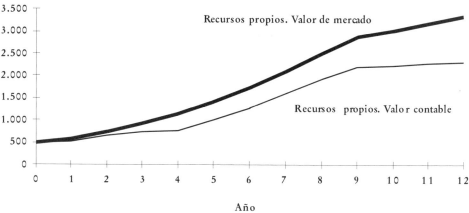

**Figura 19.3. Evolución del beneficio, del cash flow disponible para las acciones
y del free cash flow de la empresa Font, S.A.**

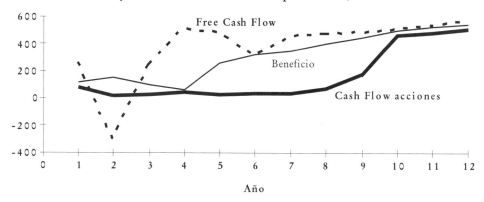

A continuación se explican las líneas de las tablas 19.1, 19.2 y 19.3.

Las líneas 1 a 11 muestran las previsiones del balance para la empresa durante los próximos 10 años.

La línea 12 muestra las necesidades operativas de fondos previstas.

Las líneas 14 a 22 muestran las cuentas de resultados previstas.

Las líneas 23 a 27 muestran el cálculo del cash flow disponible para las acciones en cada año.

La línea 28 muestra el capital cash flow de cada año.

La línea 29 muestra el free cash flow de cada año.

Las líneas 30 a 31 muestran los crecimientos del cash flow disponible para las acciones, del free cash flow.

Figura 19.4. Reparto del valor global (en t = 0) de la empresa Font, S.A. (2.917 millones) entre el Estado (cuando hay impuestos), la deuda y los recursos propios

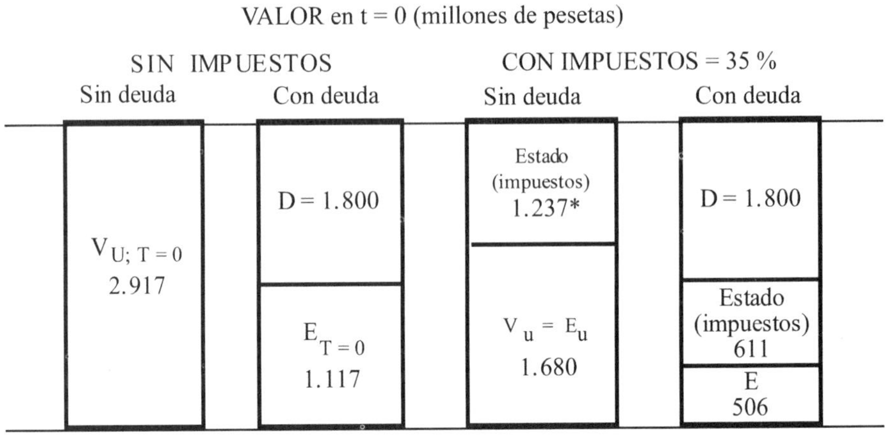

VALOR en t = 0 (millones de pesetas)

SIN IMPUESTOS		CON IMPUESTOS = 35 %	
Sin deuda	Con deuda	Sin deuda	Con deuda

| $V_{U;\ T=0}$ 2.917 | D = 1.800 | Estado (impuestos) 1.237* | D = 1.800 |
| | $E_{T=0}$ 1.117 | $V_u = E_u$ 1.680 | Estado (impuestos) 611 — E 506 |

* 1.237 = 2.917 (línea 38) − 1.680 (línea 36)

La línea 32 muestra la beta para la empresa sin apalancar (que coincide con la beta de los activos netos), que se ha supuesto igual a 1.

La línea 33 muestra la tasa sin riesgo, que se ha supuesto 12%.

La línea 34 muestra la prima de mercado, que se ha supuesto 8%.

Con estos resultados se calcula la línea 35, resultando Ku = 20%.

La línea 36 muestra el valor de la empresa sin apalancar (Vu) descontando los free cash flow futuros a la tasa Ku en t = 0 (ahora), resultando Vu = 1.679,65.

Las líneas 37 y 38 muestran cuál sería el free cash flow de la empresa si no hubiese impuestos y cual sería Vu en ausencia de impuestos. Si no hubiese impuestos, en t = 0 Vu = 2.917,13.

La línea 39 muestra el coste de la deuda que se ha supuesto 15%.

La línea 40 muestra la beta de la deuda correspondiente a su coste que resulta 0,375.

La línea 41 muestra el valor actual neto del ahorro de impuestos debido al pago de intereses, que en t = 0 resulta ser 626,72.

La línea 42 es la aplicación de la fórmula [19.10]. En t = 0 resulta D + E = 1.679,65 + 626,72 = 2.306,37.

La línea 43 resulta de restar el valor de la deuda a la línea 42. En t = 0, el valor de las acciones es 506 millones.

La línea 44 muestra la beta de los recursos propios, utilizando la fórmula [19.17].

La línea 45 muestra el coste de los recursos propios correspondientes a la beta de la línea anterior.

La línea 46 es el resultado de utilizar la fórmula [19.1]. También se obtiene que el valor de los recursos propios en t = 0 es 506 millones. La línea 47 muestra la evolución del valor de los recursos propios según la fórmula: $E_t = E_{t-1} \times (1 + Ke_t) - CFac_t$. Esta línea se calcula basándose únicamente en el valor de los recursos propios en t = 0 (506). Nótese que la línea 47 coincide con la línea 46.

La línea 48 muestra el coste ponderado de los recursos propios y la deuda después de impuestos, WACC, según la fórmula [19.14].

La línea 49 muestra el valor actual del free cash flow descontado al WACC.

La línea 50 muestra el valor de los recursos propios según la fórmula [19.3], que también resulta ser (en t=0) 506 millones.

La línea 51 muestra el coste ponderado de los recursos propios y la deuda antes de impuestos $WACC_{BT}$, según la fórmula [19.15].

La línea 52 muestra el valor actual del capital cash flow descontado al $WACC_{BT}$.

La línea 53 muestra el valor de los recursos propios según la fórmula [19.5], que también resulta ser (en t = 0) 506 millones.

La tabla 19.4 muestra un análisis de sensibilidad del valor de las acciones para cambios en algunos parámetros.

Tabla 19.4. Análisis de la sensibilidad del valor de las acciones en t = 0 (en millones).

Valor de las acciones de Font, S.A. en la tabla 19.3	506
Tasa de impuestos = 30% (en lugar de 35%)	594
Tasa sin riesgo (RF) = 11% (en lugar de 12%)	653
Prima de riesgo (PM) = 7% (en lugar de 8%)	653
βu = 0,9 (en lugar de 1,0)	622
Crecimiento residual (a partir del año 9) = 6% (en lugar de 5%)	546

19.5. Fórmulas cuando el valor nominal de la deuda (N) no coincide con su valor de mercado (D)

Partimos de:

$$D_0 = \sum_{t=1}^{\infty} \frac{N_{t-1}r_t - (N_t - N_{t-1})}{\prod_{1}^{t}(1 + Kd_t)}$$

[19.20]

Es fácil demostrar que:

$$D_1 - D_0 = N_1 - N_0 + D_0 Kd_1 - N_0 r_1$$

[19.21]

Por consiguiente:

$$\Delta D = \Delta N + D_0 Kd_1 - N_0 r_1$$

Teniendo en cuenta esta expresión y las ecuaciones [19.11] y [19.12], obtenemos:

$$CCF_t = FCF_t + N_{t-1} r_t T \qquad [19.22]$$

La expresión del WACC y del $WACC_{BT}$ en este caso es:

$$WACC = \frac{EKe + DKd - NrT}{E + D} \qquad WACC_{BT} = \frac{EKe + DKd}{E + D} \qquad [19.23]$$

La expresión del DVTS en este caso es:

$$DVTS_0 = \sum_{t=1}^{\infty} \frac{D_{t-1}Ku_t T - (N_{t-1}r_t - D_{t-1}Kd_t)T}{\prod_1^t (1 + Ku_t)} \qquad [19.24]$$

19.6. Impacto en la valoración cuando D ≠ N

La tabla 19.5 muestra el impacto en la valoración de Font, S.A. si se supone que D no es igual a N. Para calcular el valor de la deuda (D), en la tabla 19.5 se utilizan las expresiones:

$$Deuda = \sum_{i=1}^{10} \frac{Flujo\, Deuda_i}{\prod_{j=1}^{j=i}(1 + Kd_j)} + \frac{Flujo\, Deuda_{11}}{(Kd - g)} \times \frac{1}{\prod_{j=1}^{10}(1 + Kd_j)}$$

$$\beta d_i = \frac{Kd_i - Rf_i}{Rm_i - Rf_i}$$

Tabla 19.5. Valoración de Font, S.A. suponiendo que D ≠ N
$$Kd = R_F + (Ku - R_F) \times D\,(1-T)\,/\,[D\,(1-T)+E]$$

		0	1	2	3	4	5	6	7	8	9	10
35	Ku	20,00%	20,00%	20,00%	20,00%	20,00%	20,00%	20,00%	20,00%	20,00%	20,00%	20,00%
38	Vu sin impuestos (Ku)	2.917,1	3.080,6	3.826,7	4.172,0	4.336,4	4.483,7	4.800,4	5.034,5	5.280,6	5.543,4	5.820,5
9	N	1.800	1.800	2.300	2.300	2.050	1.800	1.700	1.450	1.200	1.000	1.050
39	r	15,00%	15,00%	15,00%	15,00%	15,00%	15,00%	15,00%	15,00%	15,00%	15,00%	15,00%
A	D	1.704,4	1.729,1	2.255,4	2.299,8	2.093,9	1.879,2	1.805,3	1.576,5	1.340,5	1.149,8	1.207,3
40	Kd	17,29%	17,14%	17,26%	16,92%	16,37%	15,76%	15,30%	14,68%	14,12%	13,70%	13,70%
B	Beta d	0,6609	0,6425	0,6577	0,6152	0,5464	0,4696	0,4123	0,3354	0,2653	0,2122	0,2122
C	Nr–DKd		-24,6432	-26,3667	-44,3261	-44,1592	-35,3068	-26,0991	-21,1851	-13,9785	-9,3106	-7,4897
D	Ke–Kd	8,00%	8,00%	8,00%	8,00%	8,00%	8,00%	8,00%	8,00%	8,00%	8,00%	8,00%
E	D T Ku + (Nr–DKd)*T		110,68	111,81	142,37	145,53	134,22	122,41	118,96	105,46	90,58	77,86
41	DVTS	593,27	601,24	609,68	589,25	561,57	539,67	525,19	511,27	508,06	519,09	545,05
42	DVTS + Vu	2.272,91	2.354,31	3.018,37	3.234,68	3.223,59	3.259,09	3.477,99	3.607,23	3.753,20	3.925,24	4.121,50
43	-D = E 1	568	625	763	935	1.130	1.380	1.673	2.031	2.413	2.775	2.914
44	Beta E	1,6609	1,6425	1,6577	1,6152	1,5464	1,4696	1,4123	1,3354	1,2653	1,2122	1,2122
45	Ke	25,29%	25,14%	25,26%	24,92%	24,37%	23,76%	23,30%	22,68%	22,12%	21,70%	21,70%
46	E 2 = VAN (Ke; CFac)	568	625	763	935	1.130	1.380	1.673	2.031	2.413	2.775	2.914
47	Et = Et-1 * (1 + Ke)-CFac	568	625	763	935	1.130	1.380	1.673	2.031	2.413	2.775	2.914
48	WACC reformado	15,13%	15,25%	15,28%	15,50%	15,84%	16,24%	16,58%	17,08%	17,59%	18,02%	18,02%
49	VAN (WACC; FCF)	2.272,91	2.354,31	3.018,37	3.234,68	3.223,59	3.259,09	3.477,99	3.607,23	3.753,20	3.925,24	4.121,50
50	-D = E 3	568	625	763	935	1.130	1.380	1.673	2.031	2.413	2.775	2.914
51	WACC$_{BT}$	19,29%	19,26%	19,28%	19,23%	19,18%	19,14%	19,15%	19,19%	19,27%	19,35%	19,35%
52	VAN(WACC$_{BT}$; CCF)	2.272,91	2.354,31	3.018,37	3.234,68	3.223,59	3.259,09	3.477,99	3.607,23	3.753,20	3.925,24	4.121,50
53	-D = E 4	568	625	763	935	1.130	1.380	1.673	2.031	2.413	2.775	2.914

Las diferencias más significativas entre la tabla 19.3 y 19.5 son:

(millones de pesetas)	Tabla 19.3	Tabla 19.5
Valor de la deuda D	1.800	1.705
Valor de las acciones E	506	568
Valor de la participación del Estado	611	644
TOTAL	2.917	2.917

19.7. Impacto de utilizar las fórmulas simplificadas de la beta apalancada en un caso real

Las fórmulas simplificadas para la beta apalancada son:

$$\beta^{*}_{L} = \beta_{U}\,[D + E^{*}]\,/\,E^{*} \quad y \quad \beta'_{L} = \beta_{U}\,[D\,(1-T)+E']\,/\,E'$$

Si se utilizan estas fórmulas simplificadas, la beta apalancada ($\beta_{L}{}^{*}$) será mayor que la que se obtenía utilizando la fórmula completa [17.17]:

$$\beta_{L} = \beta_{U} + D\,(1-T)\,[\,\beta_{U}-\beta_{d}\,]\,/\,E$$

Además, el valor de los recursos propios (E* o E') será inferior al que obteníamos antes (E) porque la rentabilidad exigida a los recursos propios ahora (Ke* o Ke') es superior a la utilizada antes (Ke). Lógicamente el coste ponderado de deuda y recursos propios ahora (WACC') es superior al utilizado antes (WACC).

Con estas simplificaciones, ya no se cumple la proposición de Modigliani y Miller: en la fórmula [19.10], hemos de considerar el término VAN (Coste del Apalancamiento) que representa los costes de quiebra y/o una disminución del FCF cuando aumenta el endeudamiento.

Suponemos, como en la tabla 19.3, que el valor de la deuda coincide con el nominal.

Las diferencias más importantes aparecen en la tabla 19.6 y en las figuras 19.5, 19.6, 19.7, y 19.8.

El valor de las acciones resulta 506 millones con la fórmula completa, 332 millones con la fórmula reducida (') y 81 millones con la fórmula reducida (*).

Adviértase que, paralelamente a las fórmulas [19.20] y [19.21]:

$$506 - 332 = 174 = \sum_{t=1}^{\infty} \frac{D_{t-1}(1-T)\left(Kd_t - R_F\right)}{\prod_1^t \left(1 + Ke_t\right)}$$

$$506 - 81 = 425 = \sum_{t=1}^{\infty} \frac{D_{t-1}\left[T\left(Ku - R_F\right) + (1-T)\left(Kd_t - R_F\right)\right]}{\prod_1^t \left(1 + Ke_t\right)}$$

Donde:

$$332 = \sum_{t=1}^{\infty} \frac{CFac_t'}{\prod_1^t \left(1 + Ke_t\right)} = \sum_{t=1}^{\infty} \frac{CFac_t}{\prod_1^t \left(1 + Ke_t'\right)} \qquad 81 = \sum_{t=1}^{\infty} \frac{CFac_t^*}{\prod_1^t \left(1 + Ke_t\right)} = \sum_{t=1}^{\infty} \frac{CFac_t}{\prod_1^t \left(1 + Ke_t^*\right)}$$

Tabla 19.6. Impacto de la utilización de las fórmulas simplificadas en la valoración de Font S.A.

Año	0	1	2	3	4	5	6	7	8	9	10
CFac = Div.		87,00	19,50	20,75	38,25	25,13	35,00	31,65	78,65	171,02	463,42
FCF		262,50	-305,00	245,00	512,50	475,00	310,50	447,40	470,02	488,02	510,92
N	1800	1800	2300	2300	2050	1800	1700	1450	1200	1000	1050
r	15%	15%	15%	15%	15%	15%	15%	15%	15%	15%	15%
E	506	579	734	935	1.158	1.431	1.741	2.113	2.504	2.873	3.016
E'	332	405	560	771	1.006	1.289	1.605	1.983	2.376	2.743	2.880
E*	81	154	310	535	788	1.084	1.410	1.796	2.193	2.556	2.684
Beta E	2,44	2,26	2,27	2,00	1,72	1,51	1,40	1,28	1,19	1,14	1,14
Beta E'	4,53	3,89	3,67	2,94	2,32	1,91	1,69	1,48	1,33	1,24	1,24
Beta E*	23,20	12,66	8,43	5,30	3,60	2,66	2,21	1,81	1,55	1,39	1,39
Ke	31,6%	30,1%	30,2%	28,0%	25,8%	24,1%	23,2%	22,2%	21,6%	21,1%	21,1%
Ke'	48,2%	43,1%	41,4%	35,5%	30,6%	27,3%	25,5%	23,8%	22,6%	21,9%	21,9%
Ke*	197,6%	113,3%	79,4%	54,4%	40,8%	33,3%	29,7%	26,5%	24,4%	23,1%	23,1%
CFac		87,00	19,50	20,80	38,30	25,10	35,00	31,60	78,60	171,00	463,40
CFac'		51,90	-15,60	-24,10	-6,60	-14,90	-0,10	-1,50	50,40	147,60	443,90
CFac*		1,50	-66,00	-88,50	-71,00	-72,30	-50,50	-49,10	9,80	114,00	415,90
Ku	20%	20%	20%	20%	20%	20%	20%	20%	20%	20%	20%
Ku'	22,34%	22,23%	22,18%	21,98%	21,71%	21,43%	21,22%	20,97%	20,74%	20,57%	20,57%
Ku*	26,83%	26,46%	26,05%	25,38%	24,59%	23,79%	23,21%	22,51%	21,92%	21,48%	21,48%
ßu	1	1	1	1	1	1	1	1	1	1	1
ßu'	1,29	1,28	1,27	1,25	1,21	1,18	1,15	1,12	1,09	1,07	1,07
ßu*	1,85	1,81	1,76	1,67	1,57	1,47	1,4	1,31	1,24	1,19	1,19
WACC	14,54%	14,70%	14,69%	15,02%	15,53%	16,10%	16,54%	17,15%	17,73%	18,19%	18,19%
WACC'	15,74%	15,88%	15,94%	16,22%	16,61%	17,06%	17,40%	17,87%	18,31%	18,65%	18,65%
WACC*	17,85%	15,88%	15,94%	18,18%	18,37%	18,60%	18,77%	19,00%	19,20%	18,65%	18,65%

Figura 19.5. Impacto de la utilización de las fórmulas simplificadas en la rentabilidad exigida a las acciones de Font, S.A.

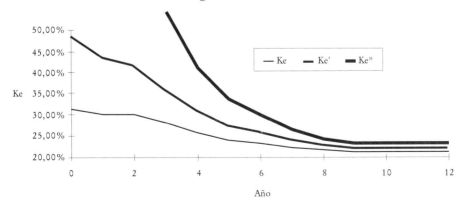

**Figura 19.6. Impacto de la utilización de las fórmulas simplificadas
en el WACC de Font, S.A.**

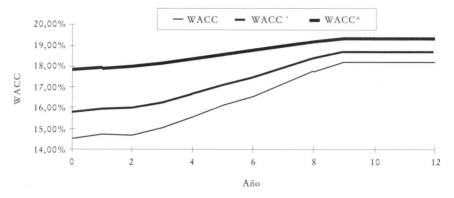

**Figura 19.7. Impacto de la utilización de las fórmulas simplificadas
en el valor de Font, S.A.**

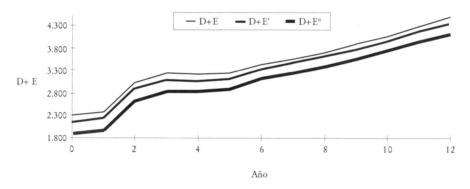

**Figura 19.8. Impacto de la utilización de las fórmulas simplificadas
en el valor de las acciones de Font, S.A.**

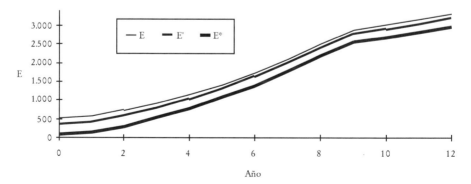

Resumen

El valor de la empresa apalancada ($V_L = E + D$) es el mismo aplicando cualquiera de los cuatro métodos de descuento de flujos: descuento del CFac, FCF, CCF o el valor actual ajustado (APV).

Cuando se utilizan las fórmulas simplificadas de la beta apalancada, el valor que se obtiene de ésta es mayor que el obtenido utilizando la fórmula completa, que permite la igualdad de los cuatro métodos de valoración. El valor de las acciones es inferior al que se obtenía con la fórmula completa porque la rentabilidad exigida a las acciones es superior utilizando la fórmula simplificada. Con estas simplificaciones no se cumple la proposición de Modigliani y Miller: a la expresión del APV se debe añadir un término, VAN (costes del apalancamiento), que representa los costes de quiebra y/o una disminución del FCF cuando aumenta el endeudamiento.

Conceptos clave

- Cash flow para las acciones (CFac)
- Free cash flow (FCF)
- Capital cash flow (CCF)
- Rentabilidad exigida a las acciones (Ke)
- Rentabilidad exigida a las acciones de la empresa sin apalancar (Ku)
- Rentabilidad exigida a la deuda (Kd)
- Coste de la deuda (r)
- Coste promedio ponderado de los recursos (WACC)
- Coste promedio ponderado de los recursos antes de impuestos ($WACC_{BT}$)
- Beta de los recursos propios de la empresa sin apalancar (β_U)
- Beta de los recursos propios de la empresa apalancada (β_L)
- Beta de la deuda (β_D)
- VAN(ahorro de impuestos debido a los intereses de la deuda) (DVTS)
- Costes del apalancamiento

Capítulo 20

Estructura óptima de capital

Se entiende por estructura óptima de capital aquélla que hace mínimo el valor del coste ponderado de los recursos, WACC, y, por consiguiente, hace máximo el valor de la empresa, D + E. Veremos a continuación que si se supone que el valor de mercado de la deuda coincide con su valor contable, entonces también la estructura de capital que hace mínimo el WACC, hace máxima la cotización de las acciones.

Veremos que para que exista estructura óptima es preciso suponer que el valor global de la empresa (deuda + acciones + valor actual de los impuestos) disminuye con el apalancamiento. Esto puede suceder por dos motivos: porque el FCF esperado disminuye con el endeudamiento o bien, porque el riesgo de los activos (el riesgo del FCF) aumenta con el apalancamiento[1] (o por una combinación de ambos).

En este capítulo vamos a realizar el análisis de la estructura óptima basándonos en dos ejemplos: uno propuesto por la Harvard Business School y otro propuesto por Damodaran.

20.1. Estructura óptima según nota técnica de Harvard Business School[2]

La citada nota analiza las relaciones entre el objetivo de maximizar la cotización de cada acción y el objetivo de conseguir una estructura de capital óptima, entendiendo por tal aquélla que maximiza el valor de la empresa (deuda más acciones) y minimiza el coste ponderado de los recursos (WACC).

La nota se basa en la tabla 20.1, que ilustra un ejemplo muy sencillo. Una empresa ha invertido 500.000 dólares en instalaciones, equipos y fondo de maniobra. La inversión genera unos beneficios anuales, antes de intereses e impuestos (BAIT), de 120.000 dólares a perpetuidad. La amortización anual es igual a las nuevas inversio-

---

1. Este aumento del riesgo de los activos se puede deber al aumento de la volatilidad de los mismos y al aumento de la probabilidad de quiebra.

2. Este apartado expone la nota técnica «Note on the Theory of Optimal Capital Structure», que aparece en el libro *Case Problems in Finance*, de Fruham y otros (1992). Irwin, 10.ª edición. Se encuentra traducida al castellano en el IESE con la sigla FN-215 con el título «Nota sobre la teoría de la estructura de capital óptima». En el siguiente apartado se analiza y critica esta nota.

nes y la empresa distribuye todos sus beneficios en forma de dividendos. Como la tasa de impuestos sobre el beneficio es 50%, el free cash flow es 60.000 dólares a perpetuidad.

La empresa quiere seleccionar su estructura de capital entre los ratios de deuda/capital total que se presentan en la línea 1 de la tabla 20.1.

Influencia del apalancamiento sobre los pagos a la deuda y acciones

Las líneas 1-8 de la tabla 20.1 muestran el impacto del apalancamiento sobre la cuenta de resultados de la empresa. En este ejemplo, el apalancamiento no influye en el flujo de beneficios de la empresa (BAIT), ni en el free cash flow (línea 26). A medida que se añade deuda a la estructura de capital, los intereses aumentan y los beneficios (dividendos) disminuyen. Los pagos totales a los tenedores de títulos (intereses más dividendos) aumentan con el apalancamiento. Este aumento procede del ahorro fiscal debido al pago de intereses.

El coste de los fondos

Las líneas 9 y 10 de la tabla 20.1 muestran la rentabilidad exigida a la deuda y a los recursos propios, es decir, la rentabilidad necesaria para que los inversores adquirieran la deuda y las acciones de la empresa. A medida que aumenta el apalancamiento, tanto la deuda como las acciones están expuestas a un mayor riesgo. El riesgo incluye tanto la posibilidad de quiebra como una mayor variabilidad de la rentabilidad anual. A medida que se incrementa el nivel de deuda, los inversores exigen una mayor rentabilidad como contrapartida por aceptar el mayor riesgo. La rentabilidad exigida o esperada (líneas 9 y 10) es el supuesto clave en el análisis de la estructura de capital óptima. La rentabilidad exigida a la deuda es Kd (línea 9), y la rentabilidad exigida a los recursos propios de la empresa es Ke (línea 10). Hay que resaltar que el coste de la deuda puede ser información proporcionada por bancos o mercados financieros, pero la rentabilidad exigida a los recursos propios es una estimación.

Valor de mercado de la deuda y las acciones

Al tratarse de una perpetuidad, el valor de mercado de la deuda (línea 11) es igual a los intereses anuales, divididos por la rentabilidad exigida a la deuda (I / Kd). Análogamente, el valor de mercado de las acciones (línea 12) es igual a los dividendos divididos por la rentabilidad exigida a las acciones (Div / Ke). El valor de mercado de la empresa en conjunto (línea 13) es la suma del valor de mercado de su deuda y de sus acciones. En el ejemplo, a medida que se añade deuda a la estructura del capital, el valor de mercado de la empresa (línea 13) primero sube y, posteriormente, baja. El valor máximo de la empresa, 540.278 dólares, se produce con 150.000 dólares de deuda.

Tabla 20.1. Estructura óptima según nota técnica de Harvard Business School

		0%	10%	20%	30%	40%	50%
1	Endeudamiento (valor contable)	0%	10%	20%	30%	40%	50%
2	BAIT	120.000	120.000	120.000	120.000	120.000	120.000
3	Intereses	0	4.125	8.750	14.625	22.000	31.250
4	Beneficio antes de impuestos (BAT)	120.000	115.875	111.250	105.375	98.000	88.750
5	Impuestos (50%)	60.000	57.938	55.625	52.688	49.000	44.375
6	Beneficio después de impuestos (BDT)	60.000	57.938	55.625	52.688	49.000	44.375
7	Dividendos = CFacc	60.000	57.938	55.625	52.688	49.000	44.375
8	Intereses + dividendos (3) + (7)	60.000	62.063	64.375	67.313	71.000	75.625
9	Coste de la deuda: Kd	8,00%	8,25%	8,75%	9,75%	11,00%	12,50%
10	Coste de los recursos propios: Ke	12,00%	12,50%	13,00%	13,50%	14,50%	16,00%
11	Valor de mercado de la deuda D (3) / (9)	0	50.000	100.000	150.000	200.000	250.000
12	Valor acciones E. (7) / (10)	500.000	463.500	427.885	390.278	337.931	277.344
13	Valor de mercado de la empresa (11) + (12)	500.000	513.500	527.885	540.278	537.931	527.344
14	Valor contable de la deuda	0	50.000	100.000	150.000	200.000	250.000
15	Valor contable de las acciones	500.000	450.000	400.000	350.000	300.000	250.000
16	Valor contable de la empresa	500.000	500.000	500.000	500.000	500.000	500.000
17	ROA (BAIT (1 – T) / (16)	12,00%	12,00%	12,00%	12,00%	12,00%	12,00%
18	ROE (6) / (15)	12,00%	12,88%	13,91%	15,05%	16,33%	17,75%
19	Número de acciones en circulación, NA	5.000	4.513	4.053	3.612	3.141	2.630
20	Cotización de la acción, P (12) / (19)	100	102,7	105,5769	108,06	107,5862	105,4688
21	Beneficio por acción, BPA (6) / (19)	12	12,8375	13,725	14,5875	15,6	16,875
22	PER	8,333333	8	7,692308	7,407407	6,896552	6,25
23	Endeudamiento contable (14) / (16)	0%	10%	20%	30%	40%	50%
24	Endeudamiento (mercado) (11) /(13)	0,00%	9,74%	18,94%	27,76%	37,18%	47,41%
25	Coste promedio del capital (WACC)	12,00%	11,68%	11,37%	11,11%	11,15%	11,38%
26	Cash flow disponible FCF = BAIT (1 – T)	60.000	60.000	60.000	60.000	60.000	60.000
27	Valor de mercado de la empresa (26) / (25)	500.000	513.500	527.885	540.278	537.931	527.344

Rentabilidad de la empresa frente a rentabilidad del inversor

Las líneas 14 a 16 de la tabla 20.1 presentan el valor contable de la deuda y de las acciones. El valor contable de la deuda coincide con su valor de mercado. Las líneas 17 y 18 muestran el ROA y el ROE de la empresa. El ROA no se ve afectado por el apalancamiento y es siempre 12%. Sin deuda alguna, ROA = ROE, pero al añadir la deuda, se «apalanca» la rentabilidad de los recursos propios, por lo que el ROE se sitúa por encima del ROA, según la fórmula:[3]

$$\textbf{ROE = ROA + [Dvc / Evc] [ROA - Kd (1 - T)]}$$

Dvc y Evc representan el valor contable de la deuda y las acciones.

El ROE representa la rentabilidad del valor contable de los recursos propios, pero los inversores no necesariamente obtienen esta misma rentabilidad, sino que su rentabilidad depende del valor de mercado.

Beneficios por acción y ratios cotización-beneficio

Las líneas 19 y 20 muestran el número de acciones en circulación y el precio de cada acción. Los cálculos se basan en suponer que inicialmente la empresa no tiene deuda y que para pasar a un determinado nivel de apalancamiento, la empresa emite deuda y compra acciones con los ingresos procedentes de la emisión de deuda. Se supone la siguiente secuencia de sucesos: 1) la empresa anuncia su intención de modificar su estructura de capital a largo plazo; 2) la cotización de sus acciones cambia para reflejar el nuevo valor anticipado de la empresa, y 3) la empresa emite deuda y recompra acciones al nuevo precio. El precio de las acciones resulta de la siguiente ecuación: P = (E + D) / 5.000. Esta ecuación resulta de NA × P = E y de NA = 5.000 − D/P.

Las líneas 21 y 22 de la tabla 20.1 muestran el beneficio por acción (BPA) y el PER. Lógicamente, cuanto mayor es la deuda (y menor el número de acciones) el BPA es mayor y, por lo tanto, cuanto mayor es la deuda el PER es menor.

Las líneas 23 y 24 muestran el endeudamiento calculado con valores contables y con valores de mercado.

El coste promedio ponderado de los recursos

La línea 25 muestra el coste promedio de los recursos (WACC) utilizando el endeudamiento con valores de mercado.

La línea 26 muestra el free cash flow de la empresa, que es 60.000 dólares.

La línea 27 muestra el valor de la empresa, calculado descontando el free cash flow al WACC. Lógicamente, coincide con el calculado en la línea 13.

---

3. El lector puede deducir esta expresión a partir de las siguientes fórmulas, que corresponden a la definición de ROA, ROE y BDT: ROA = NOPAT / (Dvc + Evc); ROE = BDT / Evc;
BDT = NOPAT-KdDvc (1 − T)

Implicaciones

Los resultados más importantes de la tabla 20.1 son los obtenidos en las líneas 13, 20 y 25. La estructura de capital óptima de la empresa es aquélla que *simultánea-mente:*

a) Maximiza el valor de la empresa (13).
b) Maximiza la cotización de la acción (20).
c) Minimiza el coste promedio ponderado del capital (WACC) de la empresa[4] (25).

Con los datos de la tabla 20.1, la estructura óptima de capital se alcanza con una deuda de $ 150.000.

La figura 20.1 muestra la determinación de la estructura de capital óptima (u objetivo) de la empresa: con deuda de $ 150.000 (endeudamiento = 30%), el valor de la empresa es máximo y el WACC es mínimo. La figura 20.2 muestra que con deuda de $150.000 (endeudamiento = 30%) el precio de la acción alcanza un máximo.[5]

Figura 20.1. Valor de la empresa y WACC en función del endeudamiento.

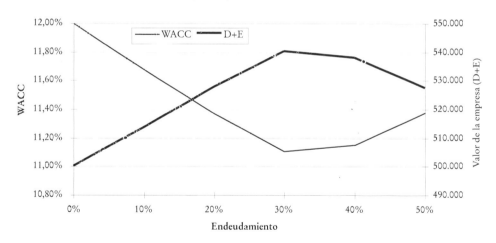

---

4. Porque en los tres casos estamos maximizando (D+E).

5. El lector puede comprobar que, por ejemplo, con un esquema en el que Ke crece linealmente con el endeudamiento, a mayor endeudamiento, mayor valor de la empresa. Análogamente, si para un endeudamiento de $200.000 Ke fuese 14,25% (en lugar de 14,5%), entonces la estructura óptima estaría situada en D= $200.000.

Figura 20.2. Precio por acción y WACC en función del endeudamiento

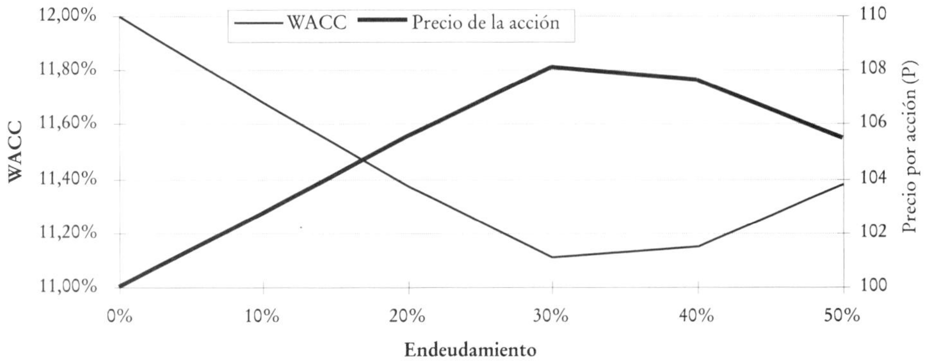

20.2. Una crítica de la estructura óptima según la nota técnica de Harvard Business School

Los flujos disponibles para la deuda, acciones y el pago de impuestos, según el endeudamiento, son:

Tabla 20.2. Flujos generados por la empresa.

	Valor de la deuda D	0	50.000	100.000	150.000	200.000	250.000
5	Impuestos anuales	60.000	57.938	55.625	52.688	49.000	44.375
3	Deuda (intereses)	0	4.125	8.750	14.625	22.000	31.250
7	Acciones (dividendos)	60.000	57.938	55.625	52.688	49.000	44.375
2	SUMA = BAIT	120.000	120.000	120.000	120.000	120.000	120.000

20.2.1. Valor actual de los impuestos que paga la empresa

En el capítulo 17 vimos que el riesgo de los impuestos en una perpetuidad coincide con el riesgo de las acciones, por consiguiente, la tasa de descuento que se debe utilizar para calcular el valor actual de los impuestos es Ke, como se refleja en la línea 28.

Tabla 20.3. Valor actual de los flujos generados por la empresa.

	Valor de la deuda D	0	50.000	100.000	150.000	200.000	250.000
28	Valor de los impuestos (GOV = Imp/Ke)	500.000	463.500	427.885	390.278	337.931	277.344
29	D + E + GOV	1.000.000	977.000	955.770	930.556	875.862	804.688

El valor total de la empresa (línea 29) disminuye con el apalancamiento, como se aprecia en la figura 20.3. Sólo hay dos explicaciones para esto:

1. Los flujos generados por la empresa disminuyen con el apalancamiento. En este caso esto no sucede, porque se supone que el BAIT es 120.000 $ / año, independientemente de la deuda.
2. El riesgo de la empresa (de sus activos) aumenta con el apalancamiento. Ésta es la causa de la disminución del valor de esta empresa con el apalancamiento, como veremos en el siguiente apartado. Una explicación de este hecho es que los proveedores de fondos (accionistas, bancos y mercados de capitales) perciben como más arriesgada la empresa en su conjunto cuanta más deuda incorpora en su estructura de capital.

Figura 20.3. Valor total de la empresa (deuda + acciones + valor actual de los impuestos) en función del endeudamiento.

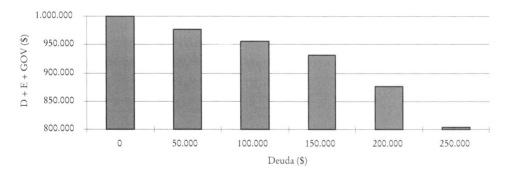

20.2.2. Los costes del apalancamiento

Aplicando el *adjusted present value*, APV, modelo de valoración introducido por S.C. Myers en 1974, por el que el valor de la empresa apalancada es igual al valor de la empresa sin deuda (Vu) más el valor actual del ahorro de impuestos debido al pago de intereses (DVTS) menos los costes del apalancamiento, obtenemos:

$$D + E = Vu + DT - VAN \text{ (costes del apalancamiento)}$$

Como conocemos que Vu = 500.000 (línea 16, endeudamiento 0%), podemos despejar los costes del apalancamiento, también llamados costes de quiebra:

DEUDA	0	50.000	100.000	150.000	200.000	250.000
VAN (costes apalancamiento)	0	11.500	22.115	34.722	62.069	97.656

20.2.3. Rentabilidad exigida a los activos

La rentabilidad exigida a los activos (Ku) es igual a la rentabilidad exigida a las acciones en la empresa sin apalancar.

Como se dedujo en los capítulos 17, 18 y 19, de valoración de empresas por descuento de flujos, la relación entre Ke, Kd y Ku es:

$$Ku= \{EKe + DKd (1 - T)\} / \{E + D (1 - T)\}$$

Aplicando esta expresión a los valores de la tabla 20.1 obtenemos los siguientes valores de Ku en función del apalancamiento. Es evidente que según los datos de la tabla 20.1 la rentabilidad exigida a los activos (el riesgo de los mismos) aumenta con el apalancamiento.

14	Valor contable de la deuda D	0	50.000	100.000	150.000	200.000	250.000
30	Ku	12,00%	12,28%	12,56%	12,90%	13,70%	14,91%

Figura 20.4. Ke, Kd y Ku implícita en función del endeudamiento.

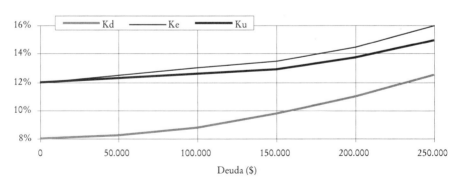

La figura 20.4 permite observar que la diferencia entre Ke y Kd disminuye para valores de deuda superiores a 100.000 dólares. La siguiente tabla cuantifica esta diferencia.

DEUDA	0	50.000	100.000	150.000	200.000	250.000
Ke – Kd	4,00%	4,25%	4,25%	3,75%	3,50%	3,50%
Ke – Kd (1–T)	8,000%	8,375%	8,625%	8,625%	9,000%	9,750%

20.2.4. Coste de la deuda por tramos

En este apartado analizamos el coste de la deuda por tramos. La siguiente tabla y la figura 20.5 muestran este análisis. Es fácil comprobar que el hecho de que la deuda de $ 100.000 tenga un coste de 8,75%, significa que los primeros $ 50.000 tienen un coste de 8,25% y los sigientes $50.000 tienen un coste de 9,25%. Es un poco sorprendente que los últimos dos tramos de $ 50.000 tengan un coste de 14,75% y 18,5%, máxime teniendo en cuenta que la rentabilidad exigida a las acciones en la empresa sin apalancar es 12%.

Coste de la deuda por tramos

Valor de la deuda D	0	50.000	100.000	150.000	200.000	250.000
32 50.000 iniciales		8,25%	8,25%	8,25%	8,25%	8,25%
33 50.000 siguientes			9,25%	9,25%	9,25%	9,25%
34 50.000 siguientes				11,75%	11,75%	11,75%
35 50.000 siguientes					14,75%	**14,75%**
36 50.000 siguientes						**18,50%**
37 Promedio		8,25%	8,75%	9,75%	11,00%	12,50%

Figura 20.5. Composición de la deuda de $ 250.000, que en conjunto tiene un coste del 12,5%.

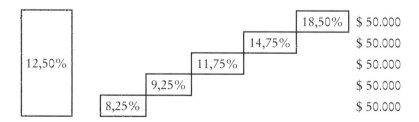

20.2.5. Rentabilidad exigida a los flujos incrementales de las acciones

Al pasar de un endeudamiento a otro menor, los dividendos aumentan y el valor de las acciones crece. A continuación calcularemos la rentabilidad exigida al flujo incremental de dividendos efectuando un análisis similar al realizado con la deuda.

La rentabilidad exigida al flujo incremental de dividendos se calcula del siguiente modo. E_D es el valor de las acciones cuando la empresa tiene una deuda D. Con ese endeudamiento, los dividendos son Div. Al disminuir el endeudamiento, los dividendos pasan a ser (Div + ΔDiv) y el valor de las acciones aumenta a E_{D-}. Ke^Δ es la rentabilidad exigida a los dividendos adicionales. Se debe cumplir:

$$Ke^\Delta = \Delta Div / (E_{D-} - E_D)$$

	Valor de la deuda D	0	50.000	100.000	150.000	200.000	250.000
10	Ke	12,00%	12,50%	13,00%	13,50%	14,50%	16,00%
	Rentabilidad exigida a los flujos incrementales para las acciones (de derecha a izquierda)						
38	Flujos incrementales para las acciones	2.063	2.313	2.938	3.688	4.625	
39	Rentabilidad exigida al flujo incremental	**_5,65%_**	**_6,49%_**	**_7,81%_**	**_7,04%_**	**_7,63%_**	

Figura 20.6. Rentabilidad exigida al flujo incremental para las acciones (dividendo) al reducir el endeudamiento.

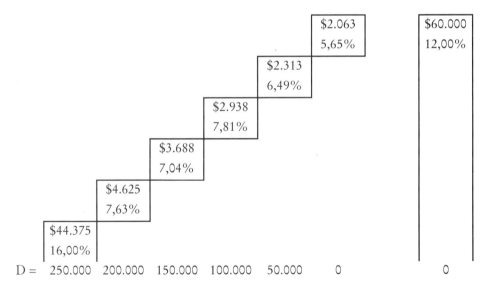

20.2.6. Estructura óptima y APV

Aplicando el modelo de valoración del APV se obtienen también resultados sorprendentes. A partir del modelo del APV, esto es:

D + E = Vu + VAN(ahorro de impuestos debido a la deuda)

podemos obtener el VAN(ahorro de impuestos), tal y como se muestra en la línea 3 de la tabla que aparece a continuación. Como conocemos el ahorro anual de impuestos por intereses (línea 4), podemos despejar la tasa de descuento (línea 5).

Como puede observarse, esta tasa de descuento aumenta con el apalancamiento de modo sorprendente desde 15,28% hasta 57,14%.

APV. D + E = Vu + VAN (ahorro impuestos debido a la deuda)						
Valor de la deuda D	0	50.000	100.000	150.000	200.000	250.000
1	Vu =	500.000	500.000	500.000	500.000	500.000	500.000
2	D + E (línea 13; tabla 20.1)	500.000	513.500	527.885	540.278	537.931	527.344
3	luego: VAN (ahorro impuestos por deuda)	0	13.500	27.885	40.278	37.931	27.344
4	Ahorro anual de impuestos por intereses	0	2.063	4.375	7.313	11.000	15.625
5	K = Ahorro impuestos por deuda/VAN		15,28%	15,69%	18,16%	29,00%	57,14%

20.2.7. Precio de la acción para cada nivel de endeudamiento

La siguiente tabla muestra el precio por acción si el apalancamiento de la empresa se realiza pasando desde la situación sin deuda hasta el nivel deseado de apalancamiento (línea 1), que coincide con el precio por acción (línea 20) de la tabla 20.1. La línea 2 indica el precio por acción si el apalancamiento se realiza de modo incremental: primero se añaden $ 50.000 de deuda, luego otros $ 50.000 y así sucesivamente.

Valor de la deuda D	0	50.000	100.000	150.000	200.000	250.000
1 Precio por acción en la recompra para pasar desde D = 0 hasta endeudamiento actual		102,70	105,58	**108,06**	107,59	105,47
2 Precio por acción en la recompra para pasar desde endeudamiento anterior hasta endeudamiento actual		102,70	108,62	**113,38**	106,20	97,77

20.2.8. Ke y Kd si no hay costes del apalancamiento (Ku es independiente del apalancamiento)

Si suponemos que Ku = 12% (el riesgo de los activos no cambia con estos niveles de endeudamiento y no hay, por consiguiente, «costes del apalancamiento»), la línea 4 de la siguiente tabla muestra la Kd que resulta de aplicar la fórmula [17.30]:[6]

[17.30]
$$Kd = R_F + \frac{D(1-T)(Ku - R_F)}{E + D(1-T)}$$

que implica [17.30a]
$$\beta_d = \frac{D(1-T)}{E + D(1-T)}\beta_u$$

En todos los casos r > Kd, razón por la que el valor de la deuda es superior a su valor nominal.

Análogamente, la línea 6 muestra la Ke que se obtiene aplicando la ecuación [17.30b]:

[17.30b]
$$Ke = Ku + \frac{D(1-T)(Ku - R_F)}{E + D(1-T)}$$

Nótese que la diferencia entre Ke y Kd es constante e igual a 4%.

1	Deuda nominal	0	50.000	100.000	150.000	200.000	250.000
2	r	8,00%	8,25%	8,75%	9,75%	11,00%	12,50%
3	D (valor)	0	50.298	103.970	168.600	244.989	334.636
4	*Kd*	*8,00%*	*8,20%*	*8,42%*	*8,67%*	*8,98%*	*9,34%*
5	Beta E	1	1,0503	1,104	1,1686	1,245	1,3346
6	Ke	12,00%	12,20%	12,42%	12,67%	12,98%	13,34%
7	E	500.000	474.851	448.015	415.700	377.506	332.682
8	WACC	12,00%	11,43%	10,87%	10,27%	9,64%	8,99%
9	D + E	500.000	525.149	551.985	584.300	622.494	667.318
10	GOV = Imp / Ke	500.000	474.851	448.015	415.700	377.506	332.682
11	D + E + GOV	1.000.000	1.000.000	1.000.000	1.000.000	1.000.000	1.000.000

---

6. El lector puede comprobar la deducción de esta ecuación y de las siguientes en el capítulo 17. Valoración de empresas por descuento de flujos. Perpetuidades.

20.2.9. Ke y Kd con costes del apalancamiento (Ku aumenta con el apalancamiento)

La siguiente tabla parte de suponer la existencia de costes del apalancamiento que se manifiestan en el aumento de Ku con el apalancamiento (línea 2). Kd también se calcula según la fórmula:

[17.30]
$$Kd = R_F + \frac{D(1-T)(Ku - R_F)}{E + D(1-T)}$$

En este caso el WACC mínimo se produce con D = $ 200.000, pero el máximo precio por acción se produce en D = $ 150.000.

		0	50.000	100.000	150.000	200.000	250.000
1	Deuda nominal	0	50.000	100.000	150.000	200.000	250.000
2	**Ku**	**12,00%**	**12,28%**	**12,56%**	**12,90%**	**13,70%**	**14,91%**
3	Beta U	1	1,07063	1,13883	1,22388	1,42520	1,72816
4	R_F	8,00%	8,00%	8,00%	8,00%	8,00%	8,00%
5	$R_M - R_F$	4,00%	4,00%	4,00%	4,00%	4,00%	4,00%
6	Vu = FCF / Ku	500.000	488.500	477.885	465.278	437.931	402.344
7	r	8,00%	8,25%	8,75%	9,75%	11,00%	12,50%
8	D (valor)	0	50.182	103.049	164.926	231.425	296.332
9	Kd	8,00%	8,22%	8,49%	8,87%	9,51%	10,55%
10	Beta d	0	0,055	0,123	0,217	0,377	0,636
11	Beta E	1	1,126	1,262	1,441	1,802	2,365
12	Ke	12,00%	12,50%	13,05%	13,76%	15,21%	17,46%
13	WACC	12,00%	11,68%	11,33%	10,95%	10,84%	10,90%
14	D + E	500.000	513.591	529.409	547.741	553.644	550.510
15	E	500.000	463.409	426.360	382.815	322.218	254.178
16	GOV = Imp / Ke	500.000	463.409	426.360	382.815	322.218	254.178
17	D + E + GOV	1.000.000	977.000	955.769	930.556	875.862	804.688

Apalancando de 0 a D. Precio por acción final = precio pagado al adquirir acciones

		0	50.000	100.000	150.000	200.000	250.000
18	Número de acciones NA	5.000,00	4.513,06	4.050,08	3.592,38	3.085,09	2.520,72
19	Precio por acción	100	102,68	105,27	106,56	104,44	100,84

20.2.10. Influencia del crecimiento en la estructura óptima

Si a los datos de la tabla 20.1 se les aplica un crecimiento perpetuo g y se supone que la inversión del primer año en activos fijos y NOF excede a la amortización en $ 500.000 g (los $ 500.000 de inversión inicial se destinan a NOF y a inversión en activos fijos), entonces, para cualquier crecimiento la estructura óptima sigue estando en el endeudamiento de $ 150.000.

20.2.11. Incorporando la posibilidad de quiebra en el modelo

Este modelo asigna una probabilidad a que la empresa quiebre y no haya más dividendos ni pagos de intereses. En el caso extremo de que los bonistas no puedan recuperar nada de su inversión, el valor de los intereses que cobrarán es:

$$I_{t-1} = I_t \qquad \text{con probabilidad } p_c = 1 - p_q$$
$$0 = D_{t+1} \quad \text{con probabilidad } p_q$$

En este caso, el valor de la deuda en $t = 0$ es:

$$D_0 = \frac{1 - p_q}{Kd + p_q} I$$

Despejando la probabilidad de quiebra, resulta:

$$p_q = \frac{I - D_0 Kd}{I + D_0}$$

Desde el punto de vista de los accionistas, el valor de los dividendos que cobrarán es el siguiente:

$$Div_{t+1} = \qquad Div_t \qquad \text{con probabilidad } p_c = 1 - p_q$$
$$0 = E_{t+1} \qquad \text{con probabilidad } p_q$$

En este caso, el valor de las acciones en $t = 0$ es:

$$E_0 = \frac{1 - p_q}{Ke + p_q} Div$$

Despejando la probabilidad de quiebra, resulta:

$$p_q = \frac{Div - E_0 Ke}{Div + E_0}$$

Deuda	50.000	100.000	150.000	200.000	250.000
Pq (deuda) con Kd = 8%	0,23%	0,69%	1,59%	2,70%	4,00%
Pq (acciones) con Ke = 12%	0,44%	0,88%	1,32%	2,18%	3,45%

Kd teórica si Pq = 0	8,20%	8,42%	8,67%	8,98%	9,34%
Ke teórica si Pq = 0	12,20%	12,42%	12,67%	12,98%	13,34%
Pq (deuda) con Kd teórica	0,05%	0,31%	0,98%	1,82%	2,81%
Pq (acciones) con Ke teórica	0,27%	0,52%	0,73%	1,33%	2,29%

Realizando un análisis similar con toda la empresa (deuda acciones e impuestos), el flujo anual esperado para los tres es constante, independiente del apalancamiento e igual a $ 120.000 (ver tabla 20.2). La tabla 20.3 muestra el valor actual de esos flujos. La incorporación de probabilidad de quiebra (una quiebra total en la que ni bonistas ni accionistas ni Estado pudieran recuperar nada) significaría que el valor esperado del flujo del siguiente periodo sería:

$ 120.000 con probabilidad $p_c = 1 - p_q$

$0 = E_{t+1} + D_{t+1} + GOV_{t+1}$ con probabilidad p_q

Para cada nivel de apalancamiento,

$$E_0 + D_0 + GOV_0 = \frac{1 - p_q}{Ku + p_q} 120.000$$

La probabilidad de quiebra total resulta:

Deuda	0	50.000	100.000	150.000	200.000	250.000
D + E + GOV	1.000.000	976.992	955.770	930.548	875.862	804.688
Flujo acciones, impuestos y deuda	120.000	120.000	120.000	120.000	120.000	120.000
Pq (empresa) con Ku=12%	0,00%	0,25%	0,49%	0,79%	1,50%	2,53%

Puede verse que la probabilidad de quiebra al pasar de un endeudamiento de $ 150.000 a $ 200.000 aumenta a casi el doble.

20.3. Estructura óptima de capital de Boeing según Damodaran

Damodaran[7] hace un planteamiento similar al del ejemplo analizado de la Harvard Business School, pero lo aplica a una empresa real (Boeing en 1990) y supone crecimiento constante de los flujos del 8,86%.

---

7. Véase Damodaran (1994), *Damodaran on valuation.* Páginas 157-164 y 167-169.

La tabla 20.4 resume los cálculos de Damodaran. Según él, la estructura óptima de Boeing[8] se alcanza con un endeudamiento del 30%. Nótese, sin embargo que el valor de la empresa (D + E) para endeudamientos superiores al 70% es inferior al valor de la deuda, lo que implica un valor negativo de las acciones. Naturalmente, esto no tiene ningún sentido.

Tabla 20.4. Estructura óptima de capital de Boeing. Datos en millones de dólares. Marzo de 1990.

Fuente: *Damodaran on valuation*, p. 159.

Endeudamiento	Valor de la empresa	Valor de la deuda	Valor de las acciones	Coste de la deuda (antes impuestos)	Deuda incremental	Coste del incremento de la deuda
10%	17.683	1.646	16.037	9,70%		9,70%
20%	18.968	3.292	15.676	10,50%	1.646	11,30%
30%	**19.772**	4.938	14.834	11,50%	1.646	13,50%
40%	18.327	6.584	11.743	14,00%	1.646	21,50%
50%	17.657	8.230	9.427	15,00%	1.646	19,00%
60%	14.257	9.876	4.381	16,50%	1.646	24,00%
70%	10.880	11.522	− 642	18,00%	1.646	27,00%
80%	9.769	13.168	− 3.399	18,00%	1.646	18,00%
90%	8.864	14.814	− 5.950	18,00%	1.646	18,00%

Impuestos = 34%.

La última columna de la tabla 20.4 muestra el coste de los incrementos de deuda supuestos. Puede verse que el aumento de $ 1.646 millones de deuda para pasar del 30% al 40% de endeudamiento supone contratar esa deuda al 21,5%, que es enorme. Más extraño todavía es que el siguiente tramo de deuda (que tiene mayor riesgo) es más barato: cuesta un 19%.

La tabla 20.5 muestra las cuentas de resultados y los flujos previstos para Boeing con distintos apalancamientos. La tabla 20.6 contiene la valoración de los flujos y es el origen de los números de la tabla 20.4.

Un resultado sorprendente de la tabla 20.6 es que las líneas 26 y 27 no coinciden más que para la empresa no apalancada. ¿Por qué? Fundamentalmente por dos motivos:

1. Damodaran calcula el WACC utilizando en la ponderación valores contables, en lugar de utilizar valores de mercado.

---

8. En marzo de 1990, el valor contable de la deuda de Boeing era $ 277 millones y el valor de mercado de las acciones $ 16.182 millones. Por consiguiente el valor de la empresa, según Damodaran, era 16.459 millones (277 + 16.182).

2. Damodaran calcula los intereses (intereses a pagar en el año cero) que aparecen en la línea 9 de la tabla 20.5 multiplicando la deuda del año cero (línea 3) por el coste de la deuda (línea 4). Para una correcta valoración, los intereses del año cero deberían ser calculados multiplicando la deuda del año anterior (año −1) por el coste de la deuda. Esto afecta al cash flow disponible para las acciones.

Tabla 20.5. Estructura óptima de capital de Boeing. Estructura de capital, cuentas de resultados y flujos según Damodaran. Datos en millones de dólares. Marzo de 1990.

Fuente: *Damodaran on valuation*, pp. 167-169.

		0%	10%	20%	30%	40%	50%	60%	70%	80%	90%
1	D / (D + E) contable	0%	10%	20%	30%	40%	50%	60%	70%	80%	90%
2	(D / E) c	0%	11%	25%	43%	67%	100%	150%	233%	400%	900%
3	Deuda (M$)	0	1646	3292	4938	6584	8230	9876	11522	13168	14814
4	Kd	9,70%	9,70%	10,50%	11,50%	14,00%	15,00%	16,50%	18,00%	18,00%	18,00%
5	Impuestos	34%	34%	34%	34%	34%	34%	28,96%	22,76%	19,91%	17,70%
6	Beta u	0,94	0,94	0,94	0,94	0,94	0,94	0,94	0,94	0,94	0,94
	Cuenta de resultados del año cero										
7	Margen	2.063	2.063	2.063	2.063	2.063	2.063	2.063	2.063	2.063	2.063
8	Amortización	675	675	675	675	675	675	675	675	675	675
9	Intereses**	0	160	346	568	922	1.235	1.630	2.074	2.370	2.667
10	Bfo. antes impuestos	1.388	1.228	1.042	820	466	154	− 242	− 686	− 982	− 1.279
11	Impuestos (34%)	472	418	354	279	159	52	− 82	− 233	−334	−435
12	Beneficio	916	811	688	541	308	101	− 159	− 453	− 648	− 844
13	+ Amort.	675	675	675	675	675	675	675	675	675	675
14	− Δ Activos fijos	800	800	800	800	800	800	800	800	800	800
15	− Δ NOF	0	0	0	0	0	0	0	0	0	0
16	+ Δ Deuda	0	146	292	438	583	729	875	1.021	1.167	1.313
17	CFac	791	832	855	854	766	705	591	443	393	344
18	FCF	791	791	791	791	791	791	791	791	791	791
19	g	8,86%	8,86%	8,86%	8,86%	8,86%	8,86%	8,86%	8,86%	8,86%	8,86%

Tabla 20.6. Estructura óptima de capital de Boeing. Valoración según Damodaran. Datos en millones de dólares. Marzo de 1990.

Fuente: *Damodaran on valuation*, pp. 167-169.

	D / (D + E) contable	0%	10%	20%	30%	40%	50%	60%	70%	80%	90%
20	Beta L'	0,94	1,009	1,095	1,206	1,354	1,560	1,942	2,634	3,951	7,903
21	Prima de mercado	5,5%	5,5%	5,5%	5,5%	5,5%	5,5%	5,5%	5,5%	5,5%	5,5%
22	Rf	9,0%	9,0%	9,0%	9,0%	9,0%	9,0%	9,0%	9,0%	9,0%	9,0%
23	Ke' (con vc)	14,17%	14,55%	15,02%	15,63%	16,44%	17,58%	19,68%	23,49%	30,73%	52,46%
24	WACCc	14,17%	13,73%	13,40%	13,22%	13,56%	13,74%	14,90%	16,78%	17,68%	18,58%
25	D + E = VA (FCF; WACC)	16.232	17.683	18.968	19.772	18.327	17.657	14.257	10.880	9.769	8.864
26	− D = E1	16.232	16.037	15.676	14.834	11.743	9.427	4.381	− 642	− 3.399	− 5.950
27	E2 = VA (CFac; Ke)	16.232	15.911	15.095	13.724	10.995	8.805	5.942	3.298	1.958	858

Se deja al lector la comprobación de que realizando estos dos ajustes, las líneas 26 y 27 de la tabla 20.6 coinciden. Las líneas fundamentales que cambian son las siguientes:

1 D / (D + E) contable	0%	10%	20%	30%	40%	50%	60%	70%	80%	90%
9 Intereses**	0	147	318	522	847	1.134	1.497	1.905	2.177	2.449
16 + Δ Deuda	0	134	268	402	536	670	804	938	1.072	1.206
17 CFac	791	828	849	849	768	712	601	413	315	207

Figura 20.7. Boeing según Damodaran. Cash flows para la deuda, para las acciones y suma de ambos, para distintos endeudamientos.

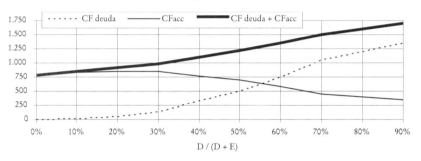

Figura 20.8. Boeing según Damodaran. Valor de la empresa (D + E), de la deuda y de las acciones, para distintos endeudamientos.

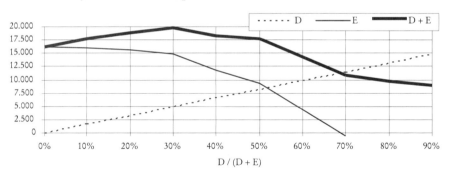

Figura 20.9. Boeing según Damodaran. Ke, Kd y WACC para distintos endeudamientos.

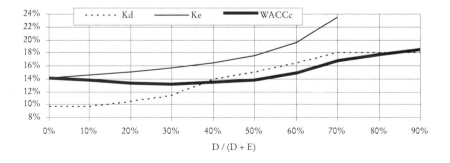

Anexo 20.1. Tratamiento analítico de la estructura óptima de capital

$$WACC = \frac{D}{D+E} Kd (1-T) + \left[1 - \frac{D}{D+E}\right] Ke$$

La derivada del WACC con respecto al endeudamiento es:

[20.1]
$$\frac{\partial\, WACC}{\partial\left(\dfrac{D}{D+E}\right)} = Kd(1-T) - Ke + \frac{D}{D+E}(1-T)\frac{\partial\, Kd}{\partial\left(\dfrac{D}{D+E}\right)} +$$
$$+ \left[1 - \frac{D}{D+E}\right] \frac{\partial\, Ke}{\partial\left(\dfrac{D}{D+E}\right)}$$

por consiguiente, el WACC disminuye al aumentar el apalancamiento mientras:

$$Ke - Kd(1-T) > \frac{D}{D+E}(1-T)\frac{\partial\, Kd}{\partial\left(\dfrac{D}{D+E}\right)} + \left[1 - \frac{D}{D+E}\right]\frac{\partial\, Ke}{\partial\left(\dfrac{D}{D+E}\right)}$$

En el caso de una perpetuidad, otro modo de abordar analíticamente la estructura óptima es el siguiente:

$$D + E = \frac{FCF}{WACC} = \frac{DIV}{Ke} + \frac{INT}{Kd}$$

Al variar el endeudamiento, el aumento del valor de la empresa es:

[20.2]
$$\Delta(D+E) = \frac{DIV + \Delta DIV}{Ke + \Delta Ke} + \frac{INT + \Delta INT}{Kd + \Delta Kd} - (D+E)$$

Teniendo en cuenta que:

[20.3]
$$\Delta INT = (D + \Delta D)(Kd + \Delta Kd) - DKd$$

Un poco de álgebra permite comprobar que al añadir deuda, $\Delta(D+E) > 0$ si:

$$(Ke + \Delta Ke)(\Delta INT - D\Delta Kd) > (Kd + \Delta Kd)(T\, \Delta INT + E\, \Delta Ke)$$

que se puede reescribir como:

[20.4] $\Delta(D + E) > 0$ al agregar más deuda si: $\Delta D > \dfrac{E \, \Delta \, Ke + \Delta \, INT \, (1 - T)}{Ke + \Delta \, Ke} = \Delta E$

Resumen

Los recursos financieros que precisa una empresa pueden ser aportados por los obligacionistas o el banco (deuda) o por los accionistas (recursos propios). La rentabilidad exigida a la deuda es menor que la rentabilidad exigida a los recursos propios, porque la deuda soporta un menor riesgo. Por consiguiente, cuando la empresa contrata deuda, el coste promedio de los recursos disminuye hasta que se alcanza una relación deuda/capital que se denomina estructura óptima de capital

Estructura óptima de capital es aquélla que minimiza el coste promedio ponderado de los recursos (WACC) de la empresa y, por lo tanto, maximiza el valor de la empresa.

En el caso de que el coste de la deuda sea igual a la rentabilidad exigida a la misma, entonces la estructura de capital que hace mínimo el WACC, también maximiza la cotización de las acciones.

Para que exista estructura óptima es preciso suponer que el valor global de la empresa (deuda + acciones + valor actual de los impuestos) disminuye con el apalancamiento. Esto puede suceder por dos motivos: porque el FCF esperado disminuye con el endeudamiento y porque el riesgo de los activos (el riesgo del FCF o la posibilidad de quiebra) aumenta con el apalancamiento.

Conceptos clave

• Estructura óptima de capital
• Rentabilidad exigida a la deuda (Kd)
• Rentabilidad exigida a las acciones (Ke)
• *Adjusted present value* (APV)
• Rentabilidad de los activos (ROA)
• Rentabilidad de las inversiones (ROE)
• Cotización de las acciones (P)
• Coste promedio ponderado de los recursos (WACC)
• Free cash flow (FCF)

Sexta parte

Valoración de bonos

Capítulo 21

Valoración de bonos

Este capítulo presenta la valoración de bonos (activos del mercado de deuda). Para ello se definirán los parámetros utilizados para su valoración, y la sensibilidad de su valor con respecto a las oscilaciones de los tipos de interés.

En el tratamiento que sigue se ha adoptado la simplificación de descontar todos los flujos monetarios generados por el bono a una única tasa, la TIR del bono o rentabilidad exigida al vencimiento. Esto equivale a considerar una estructura temporal de los tipos de interés (*yield curve*) plana, cuyos desplazamientos son paralelos y, por tanto, iguales para todos los flujos, cualquiera que sea el tiempo que haya de transcurrir hasta que se produzcan.

En el anexo 21.1 figura como ejemplo una tabla del mercado de deuda del Estado en España de las que suelen aparecer en la prensa especializada, en la que se puede observar las magnitudes estudiadas en el capítulo.

21.1. Valoración de un bono

El precio (valor de mercado) de un bono se obtiene descontando los flujos (cash flow) que recibirá su poseedor en el futuro con una determinada tasa de descuento. Esta tasa de descuento viene impuesta por el mercado, de acuerdo con el riesgo que éste percibe para el bono en cuestión.

En este apartado vamos a valorar un bono de valor nominal N con T periodos hasta su amortización. El bono tiene un interés de C pesetas por periodo. En el último periodo, el poseedor del bono recibirá el interés más el valor nominal del bono (N + C).

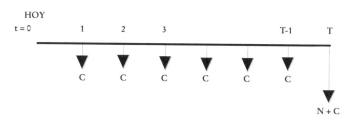

R es el tipo de interés por periodo que se aplica a instrumentos de renta fija de similar riesgo y plazo que el bono que estamos valorando.[1] Es evidente que cuando el tipo de interés (R) aumenta, el precio del bono disminuye y viceversa.

Se emplea la siguiente notación:

P: Precio del bono en el momento actual.
CF_t: Flujo de tesorería en el instante t (pago del cupón y devolución del nominal)
t: Instantes en los que se producen los flujos monetarios (en años) medidos desde el momento actual.
T: Tiempo hasta la fecha de vencimiento.
R: Tasa de descuento (en base anual). Es la tasa interna de rentabilidad hasta la fecha de vencimiento (*yield to maturity*).

De acuerdo con lo señalado anteriormente el precio del bono hoy viene determinado por:

$$P = \sum_{t=1}^{T} \frac{C}{(1+R)^t} + \frac{N}{(1+R)^T} = \sum_{t=1}^{T} \frac{CF_t}{(1+R)^t} \tag{21.1}$$

En primer lugar vamos a valorar un bono con vencimiento dentro de 10 años. Este bono paga un cupón del 8% y su valor nominal son 10.000 pesetas que se pagarán dentro de 10 años:

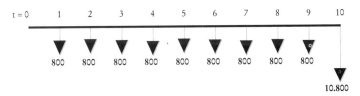

La tabla 21.1 muestra un cálculo del precio del bono para distintas tasas de descuento. La columna [1] indica el año en que se produce cada pago del bono que se indica en la columna [2]. La columna [3] es el factor de descuento, esto es, el número por el que hemos de multiplicar el flujo del bono para calcular su valor actual, que se indica en la columna [4]. La columna [3] y la columna [4] nos sirven para calcular el precio del bono si descontamos los flujos futuros con una tasa del 8%. Obsérvese que como descontamos los flujos al 8% y el cupón es del 8%, su precio es igual al valor nominal, esto es, 10.000 pesetas. Las columnas [5] y [6] muestran el cálculo del valor del bono si descontamos sus flujos futuros al 10%. Lógicamente su valor (8.771,09 pesetas) es inferior al nominal. Las columnas [7] y [8] nos muestran el cálculo del valor del bono si descontamos sus flujos al 7%. Como era de esperar, su valor es en este caso es superior al nominal.

---

1. R es la tasa interna de rentabilidad (TIR) del bono y se denomina *yield to maturity* en inglés.

Tabla 21.1. Cálculo del precio del bono a 10 años con cupón del 8% para R = 8%, R = 10% y R = 7%.

t [1]	CF [2]	R = 8,00% 1 / (1 + R)^t [3]	8,00% [2] × [3] [4]	10,00% 1 / (1 + R)^t [5]	10,00% [2] × [5] [6]	7,00% 1 / (1 + R)^t [7]	7,00% [2] × [7] [8]
1	800	0,9259	740,74	0,9091	727,27	0,9346	747,66
2	800	0,8573	685,87	0,8264	661,16	0,8734	698,75
3	800	0,7938	635,07	0,7513	601,05	0,8163	653,04
4	800	0,7350	588,02	0,6830	546,41	0,7629	610,32
5	800	0,6806	544,47	0,6209	496,74	0,7130	570,39
6	800	0,6302	504,14	0,5645	451,58	0,6663	533,07
7	800	0,5835	466,79	0,5132	410,53	0,6227	498,20
8	800	0,5403	432,22	0,4665	373,21	0,5820	465,61
9	800	0,5002	400,20	0,4241	339,28	0,5439	435,15
10	10.800	0,4632	5.002,49	0,3855	4.163,87	0,5083	5.490,17
SUMA			10.000,00		8.771,09		10.702,36

La tabla 21.2 muestra el precio del bono para distintas tasas de descuento. Los precios del bono para tasas del 7, 8 y 10% coinciden con los valores calculados en la tabla 21.1.

Tabla 21.2. Precio del bono a 10 años con cupón del 8% según la rentabilidad exigida.

R (%)	P
3,00%	14.265,10
4,00%	13.244,36
5,00%	12.316,52
6,00%	11.472,02
7,00%	10.702,36
7,75%	10.169,66
8,00%	10.000,00
8,25%	9.834,12
9,00%	9.358,23
10,00%	8.771,09
11,00%	8.233,23
12,00%	7.739,91
13,00%	7.286,88

Al representar P en función de R no obtenemos una línea recta sino una curva convexa. Su forma concreta depende de los parámetros que aparecen, explícita o implícitamente, en la expresión (21.1), que son:

– T, tiempo hasta el vencimiento.
– t, instantes en que se producen los flujos monetarios.
– C_t, cupones pagados por el bono, incluidos dentro de CF_t.
– N, nominal del bono, pagado a su poseedor en el instante T, como parte de CF_T.

La figura 21.1 es la representación gráfica del precio del bono en función de la rentabilidad exigida al mismo y se obtiene de los valores que aparecen en la tabla 21.2. El precio del bono disminuye cuando aumenta la rentabilidad exigida al mismo.

Figura 21.1. Precio del bono (P) según la rentabilidad exigida (R).

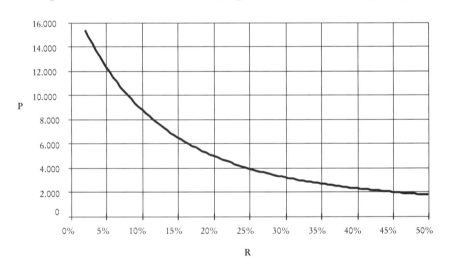

21.2. TIR de un bono (*yield to maturity*)

En el apartado anterior hemos calculado el precio de un bono a partir de la rentabilidad exigida al mismo (R). Sin embargo, en los mercados primarios y secundarios de bonos normalmente observamos el precio, y a partir del precio calculamos la rentabilidad exigida que los inversores piden a un determinado bono. La rentabilidad exigida se denomina, como hemos dicho anteriormente, la TIR del bono (en inglés IRR, *internal rate of return*, y también denominada *yield to maturity*).

El cálculo de la TIR del bono a partir de su precio de mercado es precisamente la operación inversa a la que hemos realizado anteriormente. Esto es, partiríamos del precio del bono como dato e iríamos dando valores a la tasa de descuento hasta que llegásemos a una tasa que hace coincidir el precio que calculamos con el precio de mercado. Esa tasa es la que denominamos tasa interna de rentabilidad (TIR).

Este cálculo puede realizarse, como hemos indicado, por aproximación, dando distintos valores a R hasta que el valor que calculamos para el bono sea idéntico al precio de mercado, o bien, más fácilmente, con una calculadora programable o con un pequeño programa de ordenador.

Se deja como ejercicio para el lector que compruebe que si el precio de mercado de nuestro bono fuese de 9.834,12 pesetas su TIR sería el 8,25%.

21.3. Precio de un punto básico (PB)

La figura 21.1 permite comprobar que la rentabilidad exigida al bono (R) es el factor determinante para su precio. Hemos comprobado que cuando R aumenta, el precio disminuye y cuando R disminuye el precio aumenta. Sin embargo, nos gustaría cuantificar esta variación. Para realizar esta cuantificación se calcula lo que se denomina el precio de un punto básico, que no es más que la variación en el precio del bono cuando la rentabilidad exigida varía 0,01%. («punto básico» se denomina a esta cantidad: 0,01%, es decir un 1% se compone de 100 puntos básicos. Dada la pequeña variación en la rentabilidad exigida, el cambio en el precio del bono es prácticamente el mismo tanto si la rentabilidad requerida aumenta como si disminuye en 1 punto básico.

Tabla 21.3. Valor de un punto básico para el bono a 10 años con cupón del 8%
Cálculo del precio del bono para R = 8%, R = 8,01% y R = 7,99%.

t [1]	CF [2]	R = $1/(1+R)^t$ [3]	8,00% $[2] \times [3]$ [4]	8,01% $1/(1+R)^t$ [5]	8,01% $[2] \times [5]$ [6]	7,99% $1/(1+R)^t$ [7]	7,99% $[2] \times [7]$ [8]
1	800	0,9259	740,74	0,9258	740,67	0,9260	740,81
2	800	0,8573	685,87	0,8572	685,74	0,8575	686,00
3	800	0,7938	635,07	0,7936	634,89	0,7941	635,24
4	800	0,7350	588,02	0,7348	587,81	0,7353	588,24
5	800	0,6806	544,47	0,6803	544,21	0,6809	544,72
6	800	0,6302	504,14	0,6298	503,86	0,6305	504,42
7	800	0,5835	466,79	0,5831	466,49	0,5839	467,09
8	800	0,5403	432,22	0,5399	431,90	0,5407	432,54
9	800	0,5002	400,20	0,4998	399,87	0,5007	400,53
10	10.800	0,4632	5.002,49	0,4628	4.997,86	0,4636	5.007,12
SUMA			10.000,00		9.993,29		10.006,71
VALOR DE 1 PUNTO BÁSICO (0,01%) =					**– 6,71**		**6,71**

La tabla 21.3 muestra el cálculo del valor de un punto básico para nuestro bono. Obsérvese como al cambiar la tasa interna de rentabilidad del 8% al 8,01% el valor de nuestro bono disminuye en 6,71 pesetas, las mismas que aumenta de valor si la TIR pasa de 8 a 7,99%. Así, si la TIR de nuestro bono fuese el 8%, esto es si se estuviese negociando en el mercado por 10.000 pesetas, diríamos que el valor de un punto básico es de 6,71 pesetas.

**Tabla 21.4. Cálculo del precio del bono a 10 años con cupón del 8% anual,
pagadero semestralmente para R = 8%, R = 10% y R = 7%.**

R anual =	8,00%	8,00%	10,00%	10,00%	7,00%	7,00%
R semestral =	3,92%	3,92%	4,88%	4,88%	3,44%	3,44%
t	CF	$1/(1+R)^t$	$[2] \times [3]$	$1/(1+R)^t$	$[2] \times [5]$	$1/(1+R)^t$	$[2] \times [7]$
[1]	[2]	[3]	[4]	[5]	[6]	[7]	[8]
1	400	0,9623	384,90	0,9535	381,39	0,9667	386,69
2	400	0,9259	370,37	0,9091	363,64	0,9346	373,83
3	400	0,8910	356,39	0,8668	346,71	0,9035	361,40
4	400	0,8573	342,94	0,8264	330,58	0,8734	349,38
5	400	0,8250	329,99	0,7880	315,19	0,8444	337,75
6	400	0,7938	317,53	0,7513	300,53	0,8163	326,52
7	400	0,7639	305,55	0,7164	286,54	0,7891	315,66
8	400	0,7350	294,01	0,6830	273,21	0,7629	305,16
9	400	0,7073	282,91	0,6512	260,49	0,7375	295,01
10	400	0,6806	272,23	0,6209	248,37	0,7130	285,19
11	400	0,6549	261,96	0,5920	236,81	0,6893	275,71
12	400	0,6302	252,07	0,5645	225,79	0,6663	266,54
13	400	0,6064	242,55	0,5382	215,28	0,6442	257,67
14	400	0,5835	233,40	0,5132	205,26	0,6227	249,10
15	400	0,5615	224,59	0,4893	195,71	0,6020	240,81
16	400	0,5403	216,11	0,4665	186,60	0,5820	232,80
17	400	0,5199	207,95	0,4448	177,92	0,5626	225,06
18	400	0,5002	200,10	0,4241	169,64	0,5439	217,57
19	400	0,4814	192,55	0,4044	161,74	0,5258	210,34
20	10.400	0,4632	4.817,21	0,3855	4.009,65	0,5083	5.286,83
SUMA			10.105,30		8.891,05		10.799,03

La tabla 21.4 nos presenta el cálculo del valor de un bono a 10 años y con cupón anual del 8% pero con pagos semianuales de cupones. Nótese que si la TIR anual es del 8%, la TIR semianual[2] es del 3,92% porque: $(\sqrt{1,08}) - 1 = 0,0392$. Nótese que en este caso, para una TIR del 8% el valor del bono es de 10.105,3 pesetas. Intuitivamente, es lógico pensar que un bono con pagos semianuales valga más que un bono análogo pero con pagos anuales. La razón es que cualquier inversor prefiere recibir 400 pesetas dentro de 6 meses y otras 400 pesetas dentro de 12 meses, que 800 pesetas dentro de 12 meses.

---

2. $(1 + \text{TIR}_{anual}) = (1 + \text{TIR}_{semianual})^2$.

21.4. La estructura temporal de los tipos de interés y el precio de los bonos

Hasta ahora hemos supuesto que tanto los cupones como el pago del nominal del bono se descontaban a la misma tasa. Así, cuando los descontábamos al 8%, el valor de nuestro bono con 10 años y con un cupón del 8% pagadero anualmente era de 10.000 pesetas. Pero, normalmente los tipos de interés no son constantes para todos los plazos, esto es, se aplica un mayor descuento a aquellos pagos más alejados en el tiempo.

La tabla 21.5 nos muestra en sus 4 primeras columnas el cálculo del precio del bono si la tasa interna de rentabilidad es del 8%. Nótese que en estos cálculos actualizamos los pagos de cupones y principal (columna [2]) al 8% anual. Sin embargo, la columna [5] nos representa el tipo de interés real para cada periodo. Así, un pago en el año 1 el mercado lo descuenta al 6,038%, un pago en el año 10 el mercado lo descuenta al 8,2% anual.

Tabla 21.5. Cálculo del precio del bono a 10 años con cupón del 8% anual, para R = 8%. El tipo de interés no es 8% para todas las amortizaciones.

t	CF	$1/(1+R)^t$	$[2] \times [3]$	R_t	$1/(1+R_t)^t$	$[2] \times [6]$
	R =	8,00%	8,00%			
[1]	[2]	[3]	[4]	[5]	[6]	[7]
1	800	0,9259	740,74	6,04%	0,9431	754,45
2	800	0,8573	685,87	6,50%	0,8817	705,33
3	800	0,7938	635,07	6,90%	0,8186	654,87
4	800	0,7350	588,02	7,20%	0,7572	605,77
5	800	0,6806	544,47	7,50%	0,6966	557,25
6	800	0,6302	504,14	7,70%	0,6408	512,62
7	800	0,5835	466,79	7,90%	0,5873	469,83
8	800	0,5403	432,22	8,00%	0,5403	432,22
9	800	0,5002	400,20	8,10%	0,4961	396,88
10	10.800	0,4632	5002,49	8,20%	0,4547	4.910,79
SUMA			10.000,00			10.000,00

La columna [6] es el factor de actualización de los flujos futuros contenidos en la columna [2] si los tipos de interés son los indicados en la columna [5]. Finalmente la columna [7] nos muestra el valor actual de los flujos de la columna [2] actualizados con los tipos de interés de la columna [5]. Obsérvese que si los tipos de interés reales fuesen los indicados en la columna [5], un analista que calculase la TIR de este bono cuyo precio (según la columna [7]) es de 10.000 pesetas concluiría que la TIR de este bono es del 8%. Esto no quiere decir que todos los flujos de este bono se actualicen al 8%, sino que cada uno se actualiza con la tasa de descuento indicada en la columna [5]. Obsérvese que el 8% sería una especie de media ponderada de los tipos de interés reales indicados en la columna [5].

La figura 21.2 es la representación gráfica de los tipos de interés que aparecen en la tabla 21.5. La línea horizontal del 8% representaría la TIR, aunque la curva de tipos de interés sería la indicada con puntos negros estó es, R_t. Es importante darse cuenta que la tasa interna de rentabilidad no es más que una media ponderada de los tipos de interés *reales* R_t. Denominamos «normal» a la estructura temporal de tipos de interés en la que el interés es mayor cuanto mayor es el plazo.

Figura 21.2. Estructura temporal de tipos de interés normal.

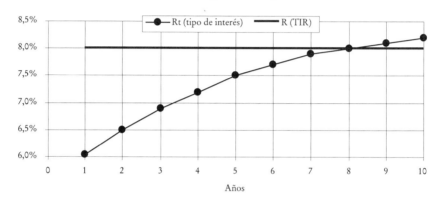

La tabla 21.6 es similar a la tabla 21.5, pero en ella calculamos el valor de un bono con pagos iguales en cada año. Este bono paga a su poseedor una cantidad de 1.490,295 pesetas cada año. Obsérvese que el valor de este bono (columnas [3] y [4]), si todos sus flujos se descuentan al 8%, es de 10.000 pesetas, igual que el del bono con cupón del 8% que aparece en la tabla 21.5. Sin embargo, si aplicamos los tipos de interés de la columna [5] a los flujos de este cupón resulta que su precio es de 10.158,17 pesetas. El precio es superior a 10.000 pesetas porque los tipos de interés más bajos, los de los primeros años, se aplican a mayores cantidades de dinero, ya que el poseedor de este bono recibe durante los 9 primeros años 1.490,295 pesetas en lugar de 800.

La comparación entre la tabla 21.5 y 21.6 permite concluir que a pesar de que se aplique una misma TIR a dos bonos y obtengamos el mismo valor, en este caso de 10.000 pesetas, si aplicamos en realidad la curva de tipos de interés podemos obtener distintos valores para los dos bonos. Otra cosa importante que permiten recalcar estas dos tablas es que la tasa interna de rentabilidad no es más que la media ponderada de las tasas de interés que aparecen en la columna [5] y que la ponderación es –lógicamente– distinta para cada bono.

Si el precio del bono de la tabla 21.6 fuese 10.158,17 pesetas, su TIR sería 7,6535%.

Tabla 21.6. Cálculo del precio del bono a 10 años con cupón uniforme para R = 8%. El tipo de interés no es 8% para todas las amortizaciones

t [1]	CF [2]	R = 8,00% 1 / (1 + R)ᵗ [3]	8,00% [2] × [3] [4]	R_t [5]	1 / (1 + R_t)ᵗ [6]	[2] × [6] [7]
1	1.490,295	0,9259	1.379,90	6,038%	0,9431	1.405,43
2	1.490,295	0,8573	1.277,69	6,500%	0,8817	1.313,93
3	1.490,295	0,7938	1.183,04	6,900%	0,8186	1.219,94
4	1.490,295	0,7350	1.095,41	7,200%	0,7572	1.128,48
5	1.490,295	0,6806	1.014,27	7,500%	0,6966	1.038,08
6	1.490,295	0,6302	939,14	7,700%	0,6408	954,94
7	1.490,295	0,5835	869,57	7,900%	0,5873	875,23
8	1.490,295	0,5403	805,16	8,000%	0,5403	805,16
9	1.490,295	0,5002	745,52	8,100%	0,4961	739,33
10	1.490,295	0,4632	690,29	8,200%	0,4547	677,64
SUMA			10.000,00			10.158,17

En el capítulo 23 veremos cómo calcular la curva de tipos de interés

21.5. Riesgo de tipo de interés de un bono

Entendemos por riesgo de tipo de interés de un bono el cambio en el precio del bono cuando varía el tipo de interés. Como hemos visto en la figura 21.1, el precio de un bono cambia cuando se modifica la TIR (la rentabilidad exigida al bono).

La figura 21.3 muestra como distintos bonos responden de distinta manera a cambios en el tipo de interés. La figura 21.3 muestra 3 bonos: dos bonos a 10 años, uno con cupón anual del 8% y otro con cupón anual del 6%; y otro bono a 4 años con el cupón anual del 8%. A simple vista se observa que un cambio en la rentabilidad exigida a los bonos produce una variación mayor en el precio para el bono a 10 años que para el bono a 4 años. Matemáticamente, esta variación puede calcularse a través de la derivada, respecto a la rentabilidad exigida, del precio del bono. Para una mayor profundización sobre esta cuestión puede consultarse el capítulo 23: duración y convexidad.

Figura 21.3. Variación en el precio de distintos bonos cuando cambia la rentabilidad exigida (R).

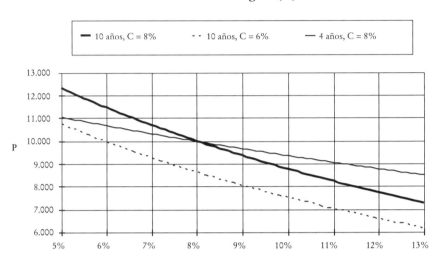

La tabla 21.7 proporciona un resumen de los factores que afectan al valor del bono y que se pueden deducir de bonos estudiados hasta el momento. Al aumentar el tiempo hasta la amortización, el valor del bono aumenta si la TIR es menor que el cupón y disminuye si la TIR que se aplica al bono es mayor que el cupón del mismo. Para todos los casos, cuando aumenta la TIR (R), disminuye el valor del bono; cuanto mayor es el cupón del bono mayor es el valor del mismo y cuanto mayor es la frecuencia con que se produce el pago de cupones es mayor el valor del bono. Hemos visto anteriormente como un bono que paga su cupón semestralmente tiene mayor valor que otro bono igual pero que paga sus cupones anualmente.

Tabla 21.7. Factores que afectan al valor de un bono.

Al aumentar	*el valor del bono*
T	aumenta (si R < C) / disminuye (si R > C)
R	disminuye
C	aumenta
frecuencia del cupón	aumenta

Anexo 21.1. Información en prensa económica, relativa al mercado de deuda en España

			MERCADO CIEGO			
Precios de los bonos al cierre						**14-I-98**
Bono (%)	Vto.	Precio de cierre		Rentab. de cierre (TIR)		
		Compra	Venta	Compra (%)	Venta (%)	
B. 9,40	04/99	–	–	–	–	
O. 12,25	03/00	115,92	116,04	4,40	4,35	
B. 6,75	04/00	104,97	105,02	4,35	4,33	
B. 5,00	01/01	101,45	101,53	4,42	4,39	
B. 10,10	02/01	115,80	115,83	4,53	4,52	
B. 8,40	04/01	111,50	111,68	5,53	5,47	
B. 7,90	02/02	111,55	111,65	4,73	4,71	
B. 5,25	01/03	101,75	101,85	4,81	4,79	
O. 10,50	10/03	127,16	127,30	4,97	4,94	
O. 8,00	05/04	–	–	–	–	
O. 10,15	01/06	–	–	–	–	
O. 8,80	04/06	–	–	–	–	
O. 7,35	03/07	114,42	114,50	5,32	5,31	
O. 6,00	01/08	104,71	104,79	5,35	5,34	
O. 6,15	01/13	–	–	–	–	
O. 6,00	01/29	–	–	–	–	

Resumen del capítulo 21

La valoración de bonos y la valoración de una empresa presentan características comunes ya que en ambos casos se descuentan flujos de fondos a una tasa adecuada al riesgo de los mismos.

Los factores que influyen en la valoración de un bono son la rentabilidad exigida, el valor del cupón, su frecuencia, y el tiempo hasta el vencimiento. Así, al aumentar el cupón y la frecuencia del mismo, *ceteris paribus*, el valor del bono aumenta. Cuando aumenta la rentabilidad exigida al bono, el valor del bono disminuye. Al aumentar el tiempo que falta hasta la amortización, el valor del bono aumenta si la TIR es menor que el cupón y disminuye si la TIR es mayor que el mismo.

Riesgo de tipo de interés de un bono es la variación en el precio del bono cuando cambia el tipo de interés.

Conceptos clave

- Bono
- Precio de un bono (P)
- VAN
- TIR
- Cupón (C)
- Vencimiento
- Estructura temporal de los tipos de interés (*yield curve*)
- Punto básico (PB)
- Precio de un punto básico
- Riesgo de tipo de interés de un bono

Capítulo 22

Ejercicios sobre el valor actual neto (VAN) y la tasa interna de rentabilidad (TIR)

En este capítulo repasaremos los conceptos del VAN, valor actual neto, y de la TIR, tasa interna de rentabilidad. A continuación los aplicaremos a cinco ejemplos con cinco bonos distintos. El cálculo del VAN y la TIR puede aplicarse a bonos o a cualquier otra inversión empresarial.

En este capítulo abordamos únicamente la técnica elemental de calcular el VAN y la TIR de varios bonos. No se consideran otros aspectos inherentes a la valoración de bonos (riesgo, fiscalidad, etc.) que aparecen en otros capítulos.

22.1. Definición de VAN y TIR

El **valor actual neto (VAN)** de un bono es la suma del valor actual de sus flujos de fondos. El valor actual de cada flujo se calcula aplicando una tasa de descuento i, que depende del tipo de interés sin riesgo del mercado y del riesgo del bono.

Calcular el VAN de un bono, o de cualquier otra inversión en la que se den flujos de fondos, consiste en equiparar cantidades de dinero de distintos momentos temporales en un solo momento temporal. Para ello se debe considerar el interés que, para el dinero, se puede obtener en el mercado en bonos de similar riesgo. Por ejemplo, un flujo de 10 euros que se produzca el año que viene, tiene un valor en euros de hoy de 10 / (1 + i). De la misma forma, un flujo de 10 euros que se produzca dentro de dos años, tiene un valor en euros de hoy de 10 / (1 + i)^2. En ambos casos i es la rentabilidad, el tipo de interés que se exige al bono. Si se descuentan a esta tasa todos los flujos producidos por un bono, los cobros y los pagos, y se suman, obtenemos el VAN del bono.

$$VA = \frac{CF_1}{1+i} + \frac{CF_2}{(1+i)^2} + \frac{CF_3}{(1+i)^3} + \ldots + \frac{CF_n}{(1+i)^n}$$

$$VAN = -P + \frac{CF_1}{1+i} + \frac{CF_2}{(1+i)^2} + \frac{CF_3}{(1+i)^3} + \ldots + \frac{CF_n}{(1+i)^n}$$

El VAN representa el resultado neto de todos los flujos de dinero de la inversión en euros de hoy.

Al aumentar la tasa de interés sin riesgo aumenta la tasa exigida al bono y el VAN calculado para tasas de descuento mayores va disminuyendo hasta que llega a hacerse cero. En este caso la inversión es indiferente. Pues bien, la tasa de descuento que hace que el valor del VAN se anule se denomina TIR, tasa interna de rentabilidad.

$$\text{VAN} = 0 = \sum_{i=1}^{n} \frac{CF_i}{(1+\text{TIR})^i} - P$$

El cálculo de la TIR se puede realizar por tanteo, dándole distintos valores en la ecuación anterior, o bien utilizando una calculadora programable.

La TIR representa la rentabilidad del bono. Por lo tanto, cuando la tasa de rentabilidad que ofrece el bono es superior a la que se le exige, el VAN es positivo y la inversión en ese bono, la compra del bono, es atractiva.

22.2. Cinco bonos con distintas características

Se adjuntan cinco bonos distintos. El precio de todos los bonos es 100. Para cada uno de estos bonos, se debe calcular la tasa interna de rentabilidad (TIR), el valor actual neto (VAN) de la compra de los bonos para distintas tasas de descuento y construir la gráfica Tasa de descuento – VAN.

El **bono A** es un bono con vencimiento dentro de cinco años. Su precio es 100 euros (igual a su valor nominal) y paga un 10% anual (10 euros / año). Dentro de 5 años el poseedor del bono recibirá el interés correspondiente (10 euros) más la devolución del nominal (100 euros).

Año	0	1	2	3	4	5
Flujo A	-100	10	10	10	10	110

BONO A

El **bono B** es idéntico al A en todas sus características, salvo en que es un bono con vencimiento dentro de 10 años. Su precio es 100 euros (igual a su valor nominal) y paga un 10% anual (10 euros / año). Dentro de 10 años el poseedor del bono recibirá el interés correspondiente (10 euros) más la devolución del nominal (100 euros).

Año	0	1	2	3	4	5	6	7	8	9	10
Flujo B	-100	10	10	10	10	10	10	10	10	10	110

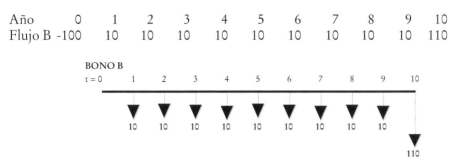

El **bono C** es idéntico al A y al B en todas sus características, salvo en que es un bono perpetuo. Su precio es 100 euros (igual a su valor nominal) y paga un 10% anual (10 euros / año) siempre (no devuelve nunca el nominal).

Año	0	1	2	3	4	5	6...
Flujo C	-100	10	10	10	10	10...	

El bono proporciona un flujo perpetuo de 10 cada año

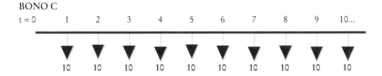

El **bono D** es idéntico al C en todas sus características, salvo en que el interés que paga anualmente se incrementa en un 2% cada año. Su precio es 100 euros (igual a su valor nominal) y paga un 10% (10 euros) el primer año, 10,2 euros el segundo año, 10,4 euros el tercer año y así sucesivamente. Es un bono perpetuo y no devuelve nunca el nominal.

Año	0	1	2	3	4	5	6...
Flujo D	-100	10	10,2	10,4	10,6	10,8	11 + 2%

El bono proporciona un flujo perpetuo que aumenta un 2% cada año

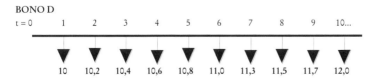

El **bono E** es más extraño. Su precio es 100 euros y paga 180 euros el primer año, sin embargo, su poseedor se compromete a devolver 180 euros dentro de 7 años.

Año	0	1	2	3	4	5	6	7
Flujo E	-100	180	0	0	0	0	0	-180

BONO E

t = 0   1   2   3   4   5   6   7

180   -180

22.3. Solución a los ejercicios

La siguiente tabla muestra los flujos asociados a la compra de los cinco bonos.

BONOS A, B, C, D y E.

Año	0	1	2	3	4	5	6	7	8	9	10
Bono A	– 100	10	10	10	10	110					
Bono B	– 100	10	10	10	10	10	10	10	10	10	110
Bono C	– 100	10	10	10	10	10	10	10	10	10	...
Bono D	– 100	10	10,2	10,40	10,61	10,82	11,04	11,26	11,49	11,72	11,95 ... + 2%
Bono E	– 100	180	0	0	0	0	0	– 180			

$$VAN\,A \; = -100 + \frac{10}{(1+i)} + \frac{10}{(1+i)^2} + \frac{10}{(1+i)^3} + \frac{10}{(1+i)^4} + \frac{110}{(1+i)^5}$$

$$VANB = -100 + \frac{10}{(1+i)} + \frac{10}{(1+i)^2} + \frac{10}{(1+i)^3} + \frac{10}{(1+i)^4} + \frac{10}{(1+i)^5} + \frac{10}{(1+i)^6} + \frac{10}{(1+i)^7} + \frac{10}{(1+i)^8} + \frac{10}{(1+i)^9} + \frac{110}{(1+i)^{10}}$$

$$VAN\,C = -100 + \frac{10}{(1+i)} + \frac{10}{(1+i)^2} + \frac{10}{(1+i)^3} + \frac{10}{(1+i)^4} + \frac{10}{(1+i)^5} + ... = -100 + \frac{10}{i}$$

$$VAND = -100 + \frac{10}{(1+i)} + \frac{10,2}{(1+i)^2} + \frac{10,40}{(1+i)^3} + \frac{10,61}{(1+i)^4} + \frac{10,82}{(1+i)^5} + ... =$$

$$VAND = -100 + \frac{10}{(1+i)} + \frac{10 \times 1,02}{(1+i)^2} + \frac{10 \times 1,02^2}{(1+i)^3} + \frac{10 \times 1,02^3}{(1+i)^4} + \frac{10 \times 1,02^4}{(1+i)^5} + ... =$$

$$VAND = -100 + \frac{10}{(i-0,02)} \; si \; i > 2\%$$

$$= \infty \; si \; i < 2\%$$

$$VANE = -100 + \frac{180}{(1+i)} - \frac{180}{(1+i)^7}$$

La tasa interna de rentabilidad (TIR) de cada bono es, como hemos dicho, la tasa de descuento que hace cero el VAN. El bono E es «peculiar» en el sentido de que tiene dos TIR.

Mediante las tablas 22.1 y 22.2 o mediante las figuras que se adjuntan a continuación es inmediato comprobar que:

TIR A = TIR B = TIR C = 10%
TIR D = 12%
TIR E = 20,14% y 73,37% (es un bono con dos TIR)

Es importante que el lector «pierda» algún tiempo observando las figuras 22.1, 22.2 y 22.3, para familiarizarse con estos conceptos y darse cuenta de las diferencias entre los distintos bonos.

Tabla 22.1. Cálculo del VAN de los bonos A, B, C, D y E.

i	VAN A	VAN B	VAN C	VAN D	VAN E
0%	50,00	100,00	∞	∞	− 100,00
1%	43,68	85,24	900,00	∞	− 89,67
2%	37,71	71,86	400,00	∞	− 80,23
3%	32,06	59,71	233,33	900,00	− 71,60
4%	26,71	48,67	150,00	400,00	− 63,71
5%	21,65	38,61	100,00	233,33	− 56,49
6%	16,85	29,44	66,67	150,00	− 49,90
7%	12,30	21,07	42,86	100,00	− 43,87
8%	7,99	13,42	25,00	66,67	− 38,36
9%	3,89	6,42	11,11	42,86	− 33,33
10%	0,00	0,00	0,00	25,00	− 28,73
11%	− 3,70	− 5,89	− 9,09	11,11	− 24,54
12%	− 7,21	− 11,30	− 16,67	0,00	− 20,71
15%	− 16,76	− 25,09	− 33,33	− 23,08	− 11,15
20%	− 29,91	− 41,92	− 50,00	− 44,44	− 0,23
20,14%	− 30,23	− 42,31	− 50,35	− 44,87	0,00
25%	− 40,34	− 53,56	− 60,00	− 56,52	6,25
30%	− 48,71	− 61,83	− 66,67	− 64,29	9,78
40%	− 61,05	− 72,41	− 75,00	− 73,68	11,50
50%	− 69,47	− 78,61	− 80,00	− 79,17	9,47
60%	− 75,39	− 82,58	− 83,33	− 82,76	5,79
70%	− 79,68	− 85,29	− 85,71	− 85,29	1,50
73,37%	− 80,86	− 86,02	− 86,37	− 85,99	0,00
75%	− 81,39	− 86,34	− 86,67	− 86,30	− 0,72
80%	− 82,87	− 87,25	− 87,50	− 87,18	− 2,94
90%	− 85,30	− 88,74	− 88,89	− 88,64	− 7,28
100%	− 87,19	− 89,91	− 90,00	− 89,80	− 11,41

La TIR de los bonos A, B y C es 10%. La TIR del bono D es 12%. Cuando se utiliza la TIR como tasa de descuento el VAN es cero en todos los casos.

Si la tasa de descuento exigida, calculada en función del tipo de interés sin riesgo y del riesgo del bono, es inferior a la TIR, el VAN es positivo, tanto más cuanto menor sea la tasa utilizada. Por el contrario, utilizando una tasa de descuento superior a la TIR se obtiene un valor del VAN negativo. En el primer caso la inversión en el bono será atractiva, en el segundo no.

El bono E tiene dos TIR: 20,14% y 73,37%. Según la estructura de cobros y pagos del bono, la ecuación con la que obtenemos la TIR puede tener más de una solución. En este caso la TIR no nos da una regla de decisión de inversión clara y deberíamos únicamente considerar el VAN: calcular el VAN para la tasa de descuento exigida en función del riesgo del bono.

Figura 22.1. Curvas Tasa de descuento – VAN de los bonos A, B y C.

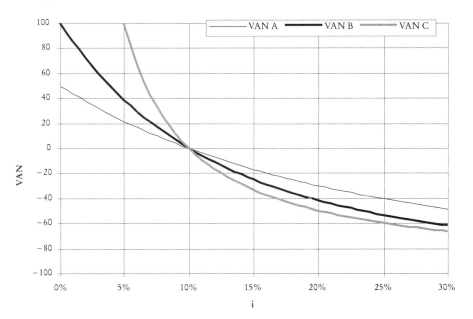

La figura 22.1 permite observar que al aumentar la tasa de interés exigida (i), el VAN va descendiendo hasta que se hace cero (i = TIR = 10% para los tres bonos). Para tasas de descuento superiores el VAN se hace negativo y cada vez más negativo.

Las pendientes de las curvas varían en función del plazo de los bonos: la de mayor pendiente es la del bono C, que es perpetuo, y la de menor pendiente es la del bono A, que es el de menor plazo.

Figura 22.2. Curvas Tasa de descuento – VAN de los bonos C y D.

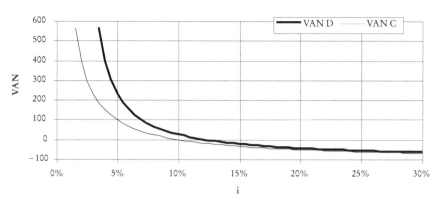

Figura 22.3. Curva Tasa de descuento – VAN del bono E.

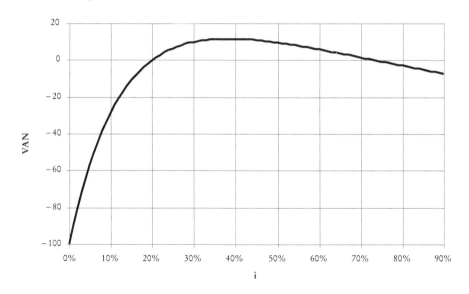

La forma en la que el VAN varía en función de la tasa de descuento exigida, depende de la estructura de los flujos de los bonos.

Resumen

Para valorar un bono o una inversión, se calcula el valor actual neto (VAN) de los flujos de fondos. El VAN representa el resultado neto en dinero de hoy de todos los flujos actualizados. Para obtener en VAN, los cash flows deben ser descontados a la tasa de rentabilidad exigida al bono, que depende del tipo de interés sin riesgo y del riesgo del bono.

La tasa interna de rentabilidad (TIR) es la tasa de descuento que hace que el VAN sea igual a cero. Representa la rentabilidad del bono. Así, cuando la tasa de rentabilidad que ofrece el bono es superior a la rentabilidad exigida, el VAN es positivo.

Conceptos clave

- Bono
- Valor actual neto (VAN)
- Tasa interna de rentabilidad (TIR)
- Rentabilidad exigida al bono
- Precio de un bono (P)
- Valor nominal de un bono (N)

Capítulo 23

Duración y convexidad. Riesgo de tipos de interés

En el capítulo 21 se abordó la valoración de bonos. Allí se definieron los parámetros utilizados para su valoración, y la sensibilidad del precio de un bono con respecto a las oscilaciones de los tipos de interés. También se presentó la curva de tipos de interés, fundamental en el análisis de cualquier parte del mercado de capitales. En este capítulo veremos cómo se calcula la curva de tipos a partir de los precios de bonos existentes en el mercado.

En los apartados 23.3 y 23.4 se definen la duración y la convexidad y se estudia su comportamiento frente a cambios en las características de los bonos (plazos, cupón, nominal, rentabilidad exigida). En el apartado 23.3.5 se analizan los cambios en las unidades temporales de medida de la duración. En los casos en que es posible, se utilizan imágenes analógicas, más o menos intuitivas, para representar los fenómenos que afectan a la duración del bono a lo largo de su vida, tales como el pago de un cupón.

Los conceptos de duración y convexidad permiten caracterizar la volatilidad de un bono, esto es, la sensibilidad de su precio de mercado ante cambios en los tipos de interés. Por ello el conocimiento de su magnitud ayuda a la gestión de una cartera de renta fija.

En el anexo 23.1 se pueden observar, como ejemplo, una tabla del mercado de deuda español, que ha sido obtenido de la prensa económica, que recoge las magnitudes, duración y convexidad, que se estudiarán en este capítulo.

23.1. La estructura temporal de los tipos de interés y el precio de los bonos

En el capítulo 21 (valoración de bonos) hemos supuesto que tanto los cupones como el pago del nominal de un bono se descontaban a la misma tasa. Así, cuando los descontábamos al 8%, el valor de un bono a 10 años y con un cupón del 8% pagadero anualmente era de 10.000 pesetas. Pero, normalmente los tipos de interés no son constantes para todos los plazos, esto es, normalmente se aplica un mayor descuento a aquellos pagos más alejados en el tiempo.

La tabla 23.1 nos muestra en sus 4 primeras columnas el cálculo del precio del bono si la tasa interna de rentabilidad es del 8%. Obsérvese que en estos cálculos actualizamos los pagos de cupones y principal (columna [2]) al 8% anual. Sin embargo, la columna [5] representa el tipo de interés efectivo para cada periodo. Así, un pago en el año 1 el mercado lo descuenta al 6,038%, un pago en el año 10 el mercado lo descuenta al 8,2% anual.

La columna [6] representa la tasa de interés implícita en la columna [5], esto es, a cuánto descuenta cada año el mercado un pago que se producirá en el año siguiente. Así, en el año 0 el mercado descuenta un pago que se realizará en el año 1 al 6,038%. En el año 1 el mercado descuenta un pago que se realizará en el año 2 al 6,964% y en el año 9 el mercado descuenta un pago que se realizará en el año 10 al 9,104%. Obsérvese que la columna [6] (el tipo de interés implícito en la curva de interés) se deduce de la columna [5]. Puede comprobarse que $1,09104 = (1,082)^{10} / (1,081)^9$.

$$1 + R_{[(t-1):t]} = \frac{\left(1 + R_t\right)^t}{\left(1 + R_{t-1}\right)^{t-1}}$$

La columna [7] es el factor de actualización de los flujos futuros contenidos en la columna [2] si los tipos de interés son los indicados en la columna [5]. Finalmente la columna [8] nos muestra el valor actual de los flujos de la columna [2] actualizados con los tipos de interés de la columna [5]. Obsérvese que si los tipos de interés efectivos fuesen los indicados en la columna [5], un analista que calculase la TIR de este bono cuyo precio (según la columna [8]) es de 10.000 pesetas concluiría que la TIR de este bono es del 8%. Esto no quiere decir que todos los flujos de este bono se actualicen al 8%, sino que cada uno se actualiza con la tasa de descuento indicada en la columna [5]. Obsérvese que el 8% sería una especie de media ponderada de los tipos de interés efectivos indicados en la columna [5].

La figura 23.1 es la representación gráfica de los tipos de interés que aparecen en la tabla 23.1. La línea horizontal del 8% representaría la TIR, aunque la curva de tipos de interés sería la indicada con puntos negros esto es, R_t. Por último, hemos señalado también la curva implícita de tipos de interés entre $(t-1)$ y t que aparece en la columna [6] de la tabla 23.1. Es importante darse cuenta que la tasa interna de rentabilidad no es más que una media ponderada de los *tipos de interés efectivos* R_t. Denominamos «normal» a la estructura temporal de tipos de interés en la que el interés es mayor cuanto mayor es el plazo.

La tabla 23.2 es similar a la tabla 23.1, pero en ella calculamos el valor de un bono con pagos iguales en cada año. Este bono paga a su poseedor una cantidad de 1.490,295 pesetas cada año. Nótese que el valor de este bono (columnas [3] y [4]), si todos sus flujos se descuentan al 8%, es de 10.000 pesetas, igual que el del bono con cupón del 8% que aparece en la tabla 23.1. Sin embargo, si aplicamos los tipos de interés de la columna [5] a los flujos de este cupón resulta que su precio es de 10.158,17 pesetas. El precio es superior a 10.000 pesetas porque los tipos de interés más bajos, los de los primeros años, se aplican a mayores cantidades de dinero, ya que el poseedor de este bono recibe durante los 9 primeros años 1.490,295 pesetas en lugar de 800.

Tabla 23.1. Cálculo del precio del bono a 10 años con cupón del 8% anual, para R = 8%. El tipo de interés no es 8% para todas las amortizaciones.

t [1]	CF [2]	R = 8,00% 1 / (1 + R)^t [3]	8,00% [2] × [3] [4]	R_t [5]	$R_{(t-1):t}$ [6]	1 / (1 + R_t)^t [7]	[2] × [7] [8]
1	800	0,9259	740,74	6,038%	6,038%	0,9431	754,45
2	800	0,8573	685,87	6,500%	6,964%	0,8817	705,33
3	800	0,7938	635,07	6,900%	7,705%	0,8186	654,87
4	800	0,7350	588,02	7,200%	8,105%	0,7572	605,77
5	800	0,6806	544,47	7,500%	8,708%	0,6966	557,25
6	800	0,6302	504,14	7,700%	8,706%	0,6408	512,62
7	800	0,5835	466,79	7,900%	9,108%	0,5873	469,83
8	800	0,5403	432,22	8,000%	8,703%	0,5403	432,22
9	800	0,5002	400,20	8,100%	8,903%	0,4961	396,88
10	10.800	0,4632	5.002,49	8,200%	9,104%	0,4547	4.910,79
SUMA			10.000,00				

Figura 23.1. Estructura temporal de tipos de interés normal.

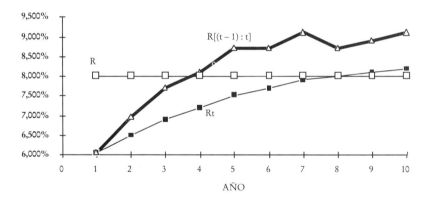

La comparación entre la tabla 23.1 y 23.2 permite concluir que a pesar de que se aplique una misma TIR a dos bonos y obtengamos el mismo valor, en este caso de 10.000 pesetas, si aplicamos en realidad la curva de tipos de interés podemos obtener distintos valores para los dos bonos. Otra cosa importante que permiten recalcar estas dos tablas es que la tasa interna de rentabilidad no es más que la media ponderada de las tasas de interés que aparecen en la columna [5] y que la ponderación es –lógicamente– distinta para cada bono.

Si el precio del bono de la tabla 23.2 fuese 10.158,17 pesetas, su TIR sería 7,6535%.

Tabla 23.2. Cálculo del precio del bono a 10 años con cupón uniforme para R = 8%. El tipo de interés no es 8% para todas las amortizaciones.

t [1]	CF [2]	R = 8,00% 1 / (1 + R)^t [3]	8,00% [2] × [3] [4]	R$_t$ [5]	R$_{(t-1):t}$ [6]	1 / (1 + R$_t$)^t [7]	[2] × [7] [8]
1	1.490,295	0,9259	1.379,90	6,038%	6,038%	0,9431	1.405,43
2	1.490,295	0,8573	1.277,69	6,500%	6,964%	0,8817	1.313,93
3	1.490,295	0,7938	1.183,04	6,900%	7,705%	0,8186	1.219,94
4	1.490,295	0,7350	1.095,41	7,200%	8,105%	0,7572	1.128,48
5	1.490,295	0,6806	1.014,27	7,500%	8,708%	0,6966	1.038,08
6	1.490,295	0,6302	939,14	7,700%	8,706%	0,6408	954,94
7	1.490,295	0,5835	869,57	7,900%	9,108%	0,5873	875,23
8	1.490,295	0,5403	805,16	8,000%	8,703%	0,5403	805,16
9	1.490,295	0,5002	745,52	8,100%	8,903%	0,4961	739,33
10	1.490,295	0,4632	690,29	8,200%	9,104%	0,4547	677,64
SUMA			10.000,00				10.158,17

23.2. Cálculo de la estructura temporal del tipo de interés

La tabla 23.1 nos proporcionaba la estructura temporal de los tipos de interés. En este apartado vamos a ver cómo calcularla a partir de precios de bonos existentes que pagan cupones semestralmente.

La tabla 23.3 nos proporciona, en las 5 primeras columnas, los precios de varios bonos. En la primera fila nos indica que un bono cupón cero que se amortizará dentro de 6 meses tiene un precio hoy de 95,2381 pesetas, con lo que su rentabilidad exigida es del 10%.[1] En la segunda fila podemos ver cómo un bono de cupón 0 que entregará a su poseedor 100 pesetas dentro de 12 meses tiene un precio de mercado hoy de 90,4014 pesetas, y por consiguiente su rentabilidad exigida es de 10,35%.[2] En la última fila podemos ver cómo un bono que se amortizará dentro de 10 años y que paga un cupón semestral del 7% tiene un precio de 100,2654 pesetas, con lo que su TIR anualizada es del 13,95%. Obsérvese como los bonos de las dos primeras filas son bonos cupón cero y todos los siguientes tienen un pago semestral de cupones. La columna 6 representa el precio del último pago, esto es, qué parte del precio total del bono (columna [5]) se debe al precio del último pago. Es evidente que para los dos primeros bonos el precio total del bono se debe al último pago ya que son bonos cupón cero. Para el cálculo del bono con cupón anual del 13%, con amortización dentro de 18 meses, realizamos la siguiente operación: el valor actual del pago del primer cupón será 6,5 / 1,05 = 6,1905 pesetas. El valor actual del pago del segundo cupón será 6,5 / [1 + 0,1035/2]^2 = 6,5 / 1,1062 = 5,8761. Por consiguiente el precio del

---

1. 100 / 95,2381 = 1,05. Expresamos el 5% semestral como 10% anual.
2. 100 / 90,4041 = 1,10618. $\sqrt{1,10618}$ = 1,05175. Expresamos el 5,175% semestral como 10,35% anual.

último pago será 103,1113 − 6,1905 − 5,8791 = 91,0447. El interés anualizado del último pago será por consiguiente 106,5/91,0447 = 1,1698; $(1,1698)^{1/3}$ = 1,05365; con lo que el interés semestral aplicado al último pago es del 5,3654%. Estamos definiendo el interés anualizado como el interés semestral multiplicado por 2, de modo que el interés anualizado aplicado al último pago es del 10,731% como aparece en la columna [7].

Procediendo así con todos los demás bonos se puede construir la columna [7] que es la columna de tipos de interés: el tipo de interés aplicable a un flujo de dinero que se recibirá dentro de los meses que indica la columna [2]. Obsérvese que la columna [4] y la columna [7] difieren.

La figura 23.2 es la representación de las columnas [4] y [7] con la tasa *forward* implícita en la columna [7] de la tabla 23.3. Nótese como al considerar una estructura temporal de tipos de interés normal, esto es, una estructura en la que los tipos de interés a largo plazo son superiores a los tipos de interés a corto plazo, la tasa interna de rentabilidad de los bonos es inferior al interés anualizado del último pago: la TIR está por debajo de la línea que nos marca la tasa de interés aplicable a bonos cupón cero, que es lo que indica la columna [7] de la tabla 23.3.

Tabla 23.3. Construcción de la curva temporal de tipos de interés a partir del precio de mercado de bonos con distintas amortizaciones. Estructura temporal de tipos de interés normal.

Amortización años	meses	Cupón anual	R (Y.T.M.)*	Precio	Precio del último pago	Interés anualizado del último pago*
[1]	[2]	[3]	[4]	[5]	[6]	[7]
0,5	6	0,000%	10,000%	95,2381	95,2381	10,000%
1	12	0,000%	10,350%	90,4014	90,4014	10,350%
1,5	18	13,000%	10,700%	103,1113	91,0447	10,731%
2	24	12,500%	11,050%	102,5398	85,5943	11,106%
2,5	30	14,000%	11,350%	105,6311	81,0130	11,444%
3	36	15,000%	11,650%	108,2820	76,2270	11,794%
3,5	42	12,000%	11,950%	100,1397	70,2412	12,110%
4	48	12,500%	12,200%	100,9278	65,6419	12,409%
4,5	54	13,200%	12,450%	102,5258	61,1864	12,725%
5	60	12,000%	12,700%	97,4662	56,4410	13,011%
5,5	66	11,000%	12,900%	92,6769	52,1420	13,233%
6	72	11,500%	13,100%	93,4906	48,2713	13,507%
6,5	78	14,000%	13,300%	102,9841	44,7392	13,875%
7	84	9,000%	13,450%	80,2163	40,8917	13,863%
7,5	90	9,500%	13,600%	81,0906	37,7225	14,092%
8	96	10,500%	13,700%	84,7340	34,9102	14,281%
8,5	102	11,500%	13,800%	88,6941	32,2180	14,483%
9	108	13,000%	13,850%	95,7016	29,8788	14,633%
9,5	114	12,500%	13,900%	92,7379	27,6932	14,667%
10	120	14,000%	13,950%	100,2654	25,5908	14,830%

(*) R se expresa en términos anuales como: $R_{anual} = R_{semestral} \times 2$

Figura 23.2. Curva temporal de tipos de interés normal y tasa forward.

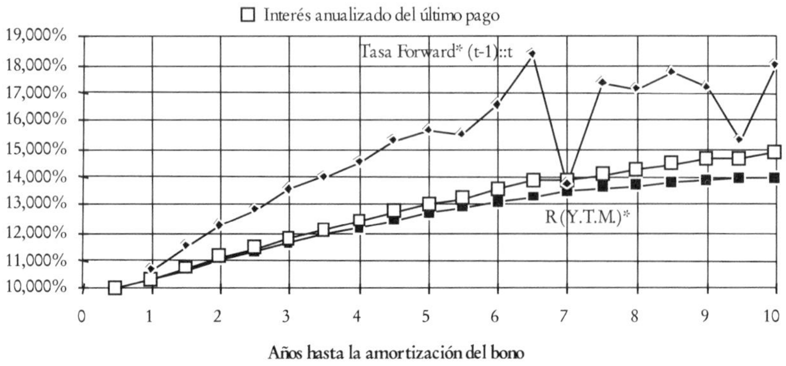

☐ Interés anualizado del último pago

Años hasta la amortización del bono

(*) R se expresa en términos anuales como: $R_{anual} = R_{semestral} \times 2$

Tabla 23.4. Construcción de la curva temporal de tipos de interés a partir del precio de mercado de bonos con distintas amortizaciones. Estructura temporal de los tipos de interés invertida.

Amortización años	meses	Cupón	R (Y.T.M.)*	Precio	Precio del último pago	Interés anualizado del último pago*
[1]	[2]	[3]	[4]	[5]	[6]	[7]
0,5	6	0,000%	14,000%	93,4579	93,4579	14,000%
1	12	0,000%	13,650%	87,6303	87,6303	13,650%
1,5	18	13,000%	13,300%	99,6038	87,8331	13,269%
2	24	12,500%	12,950%	99,2288	82,7562	12,893%
2,5	30	14,000%	12,650%	102,8184	78,9170	12,556%
3	36	15,000%	12,350%	106,4798	75,3396	12,208%
3,5	42	12,000%	12,050%	99,8606	70,7434	11,894%
4	48	12,500%	11,800%	102,1821	67,6805	11,599%
4,5	54	13,200%	11,550%	105,6668	65,0289	11,291%
5	60	12,000%	11,300%	102,6193	62,0156	11,014%
5,5	66	11,000%	11,100%	99,5964	59,1586	10,799%
6	72	11,500%	10,900%	102,5928	57,0926	10,542%
6,5	78	14,000%	10,700%	115,1779	56,0072	10,211%
7	84	9,000%	10,550%	92,4617	52,0679	10,204%
7,5	90	9,500%	10,400%	95,3917	50,3871	10,000%
8	96	10,500%	10,300%	101,0723	48,8050	9,841%
8,5	102	11,500%	10,200%	107,2737	47,3623	9,677%
9	108	13,000%	10,150%	116,5605	45,9234	9,568%
9,5	114	12,500%	10,100%	114,4435	43,8282	9,542%
10	120	14,000%	10,050%	124,5608	42,5841	9,429%

(*) R se expresa en términos anuales como: $R_{anual} = R_{semestral} \times 2$

La tabla 23.4 muestra otro ejemplo de cálculo de la estructura temporal de los tipos de interés a partir del precio de una serie de bonos. La diferencia entre la tabla 23.4 y la tabla 23.3 es que en la tabla 23.4 la estructura de los tipos de interés resulta «invertida», esto es, la TIR que se aplica a bonos con amortización más lejana es inferior a la TIR que se aplica a bonos que se amortizarán a corto plazo. Obsérvese que la columna [7] también resulta decreciente, lo que indica que la tasa para actualizar flujos a corto plazo es superior a la tasa para actualizar flujos a largo plazo.

La figura 23.3 muestra la curva de tipos de interés «invertida»: la TIR [4], el interés anualizado del último pago [7] y la tasa forward implícita en el interés anualizado del último pago de la tabla 23.4.

Figura 23.3. Curva temporal de tipos de interés invertida y tasa forward.

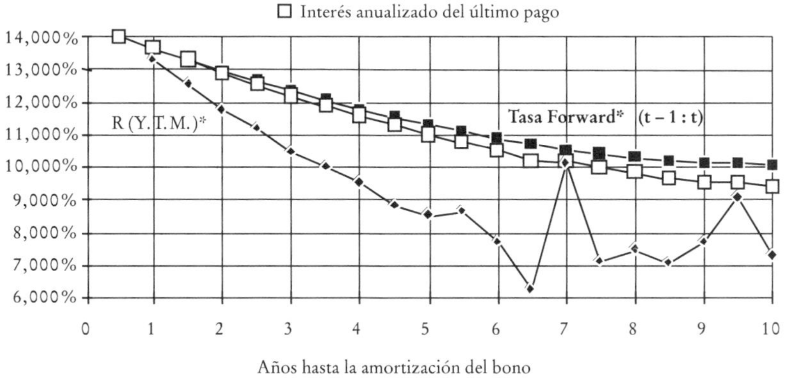

(*) R se expresa en términos anuales como: $R_{anual} = R_{semestral} \times 2$

En casos más normales (cuando los bonos no se solapan perfectamente como en los ejemplos mostrados), la curva cupón cero se calcula con métodos más complejos, como los de McCulloch, Nelson y Siegel o Svensson. Estos métodos consisten en calcular una curva cupón cero que consiga la máxima aproximación al precio de los bonos existentes en el mercado.

23.3. Duración[3]

«Duración» en términos financieros es una medida para conocer la vida media de una inversión, teniendo en cuenta sus cash flow (el pago de cupones y el reintegro del principal) y su variabilidad con los tipos de interés.

Se comprueba que para pequeñas variaciones en la rentabilidad exigida R, la variación del precio del bono es casi la misma si R aumenta que si R disminuye. En el

_____

3. Traducción directa del inglés *duration*.

bono de la tabla 23.5, al pasar R de 8% a 8,25% el precio del bono disminuye en 166 pesetas, y al pasar a 7,75% aumenta en 169 pesetas. Esto permitirá utilizar el concepto de «duración» para caracterizar la volatilidad del bono. Sin embargo, con variaciones mayores de R, se observa que las disminuciones afectan más al precio del bono que los aumentos de R de igual magnitud. Por ejemplo, en la tabla 23.5 al pasar R de 8% a 6% el precio del bono se incrementa en 1.472 pesetas; en cambio, al pasar de 8% a 10% el precio sólo baja en 1.229 pesetas. Esto se debe a que la pendiente de la curva P – R disminuye (en valor absoluto) al aumentar R. Para cuantificar este comportamiento desigual se introducirá el concepto de «convexidad».

Tabla 23.5. Precio del bono a 10 años con cupón del 8% según la rentabilidad exigida.

R (%)	P
3,00%	14.265,10
4,00%	13.244,36
5,00%	12.316,52
6,00%	11.472,02
7,00%	10.702,36
7,75%	10.169,66
8,00%	10.000,00
8,25%	9.834,12
9,00%	9.358,23
10,00%	8.771,09
11,00%	8.233,23
12,00%	7.739,91
13,00%	7.286,88

Hemos visto que cuando el tipo de interés (R) aumenta, el precio del bono disminuye y viceversa. Esto es precisamente lo que pretende cuantificar el valor de un punto básico que vimos en el capítulo 21. Otra manera de cuantificar la variación en el precio del bono cuando cambia la TIR consiste en calcular la duración del bono. **El precio de un bono viene dado por la expresión [23.1].**

[23.1]
$$P = \sum_{t=1}^{T} \frac{C}{(1+R)^t} + \frac{N}{(1+R)^T} = \sum_{t=1}^{T} \frac{CF_t}{(1+R)^t}$$

La derivada del precio del bono con respecto al tipo de interés es:

[23.2]
$$\frac{dP}{dR} = -\frac{1}{(1+R)} \sum_{t=1}^{T} \frac{tCF_t}{(1+R)^t}$$

En rigor, los conceptos de duración y convexidad se relacionan respectivamente con la primera y segunda derivadas del precio del bono respecto a la rentabilidad exigida R. La función «precio del bono» P(R) puede expresarse como una serie de Taylor. Si conocemos el precio del bono (P_0) para una TIR determinada (R_0), el precio P para otra R, puede calcularse a partir del precio P_0 de las sucesivas derivadas en R_0 y del siguiente modo:

[23.3]
$$P = P_0 + \frac{1}{1!}\frac{dP}{dR}(R - R_0) + \frac{1}{2!}\frac{d^2P}{dR^2}(R - R_0)^2 +$$
$$+ \frac{1}{3!}\frac{d^3P}{dR^3}(R - R_0)^3 + \dots + \frac{1}{n!}\frac{d^nP}{dR^n}(R - R_0)^n + \dots$$

Si la diferencia $R - R_0$ es pequeña, pueden despreciarse todos los términos posteriores a la segunda derivada sin cometer un error significativo, y la diferencia $P - P_0$ queda aproximadamente como:

[23.4]
$$P - P_0 \approx \frac{dP}{dR}(R - R_0) + \frac{1}{2}\frac{d^2P}{dR^2}(R - R_0)^2$$

$\frac{dP}{dR}$ se relaciona con la duración del bono; $\frac{d^2P}{dR^2}$ se relaciona con la convexidad del bono.

Para valores muy pequeños de $R - R_0$ el segundo sumando es de escasa cuantía y puede admitirse que:

[23.5]
$$\Delta P = P - P_0 \approx \frac{dP}{dR}(R - R_0)$$

Derivando la expresión (23.2) otra vez con respecto a R se obtiene:

[23.6]
$$\frac{d^2P}{dR^2} = \frac{1}{(1 + R)^2}\sum_{t=1}^{T}\frac{t(t + 1)CF_t}{(1 + R)^t}$$

La exactitud de las aproximaciones propuestas puede verificarse fácilmente con el bono con un cupón del 8% a 10 años (utilizado como ejemplo en el apartado 23.1). R se expresa en tanto por uno (esto es R = 0,08 equivale a un 8%). El lector puede comprobar que para el bono a 10 años con un cupón anual del 8% y una TIR del 8%, se obtiene en R = 0,08 que:

$$\frac{dP}{dR} = -67.100,81 \qquad ; \qquad \frac{d^2P}{dR^2} = 605.313,20$$

Estos cálculos se adjuntan en la tabla 23.6. Se denomina convexidad a la expresión:

$$\text{Convexidad} = C = \frac{1}{P}\frac{d^2P}{dR^2}$$

Si el lector repite el ejercicio para R = 10% comprobará que el precio del bono es 8.771,09; $dP / dR = -56.166,41$ y $d^2P / dR^2 = 492.439,28$. Si el bono tuviera un cupón anual de 600 pesetas, para R=8% resulta que el precio del bono es 8.657,98; $dP / dR = -61.047,68$ y $d^2P / dR^2 = 563.191,18$. Si fuese un bono a cuatro años con un cupón anual de 800 pesetas, para R=8% resulta que el precio del bono es 10.000; $dP/dR = -33.121,27$ y $d^2P / dR^2 = 147.448,51$.

Tabla 23.6. Cálculo de dP / dR y d²P / dR². R = 8,00%

t	CF	t × CF	1 / (1 + R)^t	[2] × [4]	[3] × [4]	t (t + 1) CF	[4] × [7]
[1]	[2]	[3]	[4]	[5]	[6]	[7]	[8]
1	800	800	0,9259	740,74	740,74	1.600	1.481,48
2	800	1.600	0,8573	685,87	1.371,74	4.800	4.115,23
3	800	2.400	0,7938	635,07	1.905,20	9.600	7.620,79
4	800	3.200	0,7350	588,02	2.352,10	16.000	11.760,48
5	800	4.000	0,6806	544,47	2.722,33	24.000	16.334,00
6	800	4.800	0,6302	504,14	3.024,81	33.600	21.173,70
7	800	5.600	0,5835	466,79	3.267,55	44.800	26.140,37
8	800	6.400	0,5403	432,22	3.457,72	57.600	31.119,49
9	800	7.200	0,5002	400,20	3.601,79	72.000	36.017,93
10	10.800	108.000	0,4632	5.002,49	50.024,90	1.188.000	550.273,86
SUMA				10.000,00	72.468,88		706.037,32

$dP / dR = -72.468,88 / 1,08 = -\mathbf{67.100,81}$ $d^2P / dR^2 = 706.037,32 / (1,08)^2 = \mathbf{605.313,20}$

Volviendo a nuestro bono a 10 años, con un cupón anual del 8% y TIR del 8%, si se quiere hallar el precio del bono cuando la rentabilidad requerida es del 8,25%, puede aplicarse la expresión aproximada (23.5) en la que $R - R_o = 0,0025$, y $P_o = 10.000$ pesetas, adoptando como R_o el 8%. Entonces:

$$P = 10.000 - 67.100,81 \times 0,0025 = 9.832,25$$

En la tabla 23.5, que proporciona el precio exacto, se observa que éste es 9.834,12 pesetas, por lo que el resultado precedente es una muy buena aproximación (el error es del 0,02%).

Si se emplea en este mismo caso la expresión (23.4) se obtiene:

$$P = 10.000 - 67.100,81 \times 0,0025 + \frac{1}{2}605.313,2 \times 0,0025^2 = 9.834,14$$

que casi coincide con el precio de la tabla 23.5.

Si se desea hallar el precio del bono cuando R es del 10%, partiendo del precio correspondiente a la R_o del 8%, al usar la expresión [23.5] se obtiene:

$$P = 10.000 - 67.100,81 \times 0,02 = 8.657,98$$

El precio exacto es de 8.771,09 pesetas, según muestra la tabla 23.5. La discrepancia es ahora del 1,29%. En cambio si se utiliza la expresión [23.4], con las dos derivadas, se llega a:

$$P = 10.000 - 67.100,81 \times 0,02 + 0,5 \times 605.313,2 \times 0,02^2 = 8.779,04$$

El error cometido al cortar la serie de la expresión [23.3] y reducirla a la de la [23.4] es de 8 pesetas sobre 8.771, lo que representa un 0,09%.

Se observa, pues, que para diferencias $R - R_o$ muy pequeñas basta el uso de una sola derivada (o de la duración), y que para valores mayores de $R - R_o$ hay que introducir la segunda derivada (o la convexidad), con el fin de calcular el precio del bono cuando se exige la rentabilidad R, partiendo de un precio P_o conocido para la rentabilidad R_o. Seguidamente se definirán los conceptos de duración y convexidad, y se examinarán los factores que les afectan.

La derivada dP / dR es un estimador lineal del cambio en el precio del bono debido a cambios en la rentabilidad exigida. Ello significa que su uso aproximado, tal y como se hace en la expresión [23.5], supone sustituir la curva P – R por la recta tangente a la misma en el punto (R_o, P_o).

23.3.1. Duración de Macaulay

Se define la duración de Macaulay (MacD) como:

[23.7]
$$MacD = -\frac{1+R}{P}\frac{dP}{dR}$$

Al sustituir la expresión [23.2], que da el valor de la derivada, en la expresión anterior, se obtiene:

[23.8]
$$MacD = \frac{1}{P}\sum_{t=1}^{T}\frac{t\,CF_t}{(1+R)^t}$$

Y sustituyendo P por la expresión [23.1], resulta:

[23.9]
$$MacD = \frac{\displaystyle\sum_{t=1}^{T}\frac{t\,CF_t}{(1+R)^t}}{\displaystyle\sum_{t=1}^{T}\frac{CF_t}{(1+R)^t}}$$

Se observa entonces que la duración de Macaulay es una media ponderada de los tiempos transcurridos hasta el pago de cada flujo monetario. En efecto, el tiempo t hasta la recepción de cada flujo se multiplica por el valor actual neto del flujo, $CF_t / (1 + R)^t$. La suma de estos productos se divide finalmente por la suma de los factores de ponderación (que son los valores actuales de los flujos).

La duración de Macaulay caracteriza mejor al bono que el tiempo hasta el vencimiento pues este último sólo tiene en cuenta el momento en el que se realiza el último pago, mientras que la duración de Macaulay contempla los flujos intermedios. La duración de Macaulay indica el instante que puede considerarse como «centro de gravedad» de los instantes de recepción de los flujos, siendo el «peso» de cada instante igual al valor actual del flujo correspondiente.

Nótese que la duración de Macaulay cambia con la rentabilidad exigida R.

Continuando con el bono a 10 años y cupón anual del 8%, su duración de Macaulay para una rentabilidad exigida del 8% es, de acuerdo con [23.7],

$$\text{MacD} = -\frac{1 + 0,08}{10.000} \times \left(- 67.100,8\right) = 7,247 \text{ años}$$

Para representar mejor este tiempo como un «centro de gravedad» puede recurrirse a la siguiente representación analógica. La escala de tiempo se sustituye por una barra horizontal, en los puntos de la barra correspondientes a los instantes en que tienen lugar los flujos de tesorería, se colocan unos «pesos» de valor igual al valor actual de cada flujo. La barra ha de apoyarse en un único punto de modo que se mantenga en equilibrio. ¿Cuál?: esto es lo que indica la duración de Macaulay. Para el bono del ejemplo:

Figura 23.4. La duración es el centro de gravedad de los VAN de los flujos del bono.

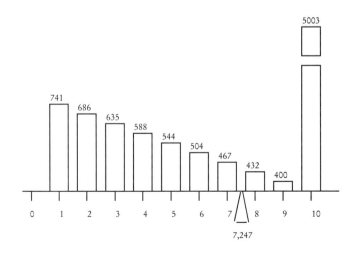

Al colocar el apoyo en el punto asociado a t = 7,247 años, los pesos a su izquierda se equilibran con los pesos a su derecha.

El concepto de duración de Macaulay para un bono se extiende de modo inmediato a una cartera. En efecto, si para un bono basta ponderar los plazos hasta los pagos de los cupones y el nominal con los valores actuales de los flujos monetarios correspondientes, para hallar la duración de Macaulay de una cartera ha de ponderarse la duración de Macaulay de cada bono en función de su precio. El peso de la duración de cada bono es el resultado de dividir su precio por el precio total de la cartera.

El procedimiento indicado es exactamente igual que el usado para un único bono. En ambos casos puede considerarse que se tiene un conjunto de bonos cupón cero por importe igual a cada cupón y/o pago de nominal, y que se pondera su plazo de acuerdo con su valor actual.

Podemos descomponer el bono a 10 años en 2 bonos:

– Bono A. 9 primeros cupones anuales.
– Bono B. Bono cupón cero que paga 10.800 pesetas en el año 10.

Se deja al lector la comprobación de que para R = 8%, el valor del bono A es 4.997,51 pesetas y su duración 4,491 años. El valor del bono B es 5.002,49 pesetas y su duración 10 años.

El valor de la cartera compuesta por el bono A y el bono B será la suma: 4.997,51 + 5.002,49 = 10.000 pesetas. La duración de la cartera será:

$$\frac{4.997,51}{10.000} \times 4,491 + \frac{5.002,49}{10.000} \times 10 = 7,247 \text{ años}$$

La tabla 23.7 muestra el cálculo del precio, de la duración y de la convexidad de un bono a cuatro años con cupón anual del 8% y TIR = 10%. Si la TIR de este bono fuese 8%, su precio sería 100, su duración 3,577 años y la convexidad 14,745.

Tabla 23.7. Duración y convexidad de un bono a 4 años.
Cupón anual del 8%. R =10,00%.

t [1]	Cash flow [2]	Factor descuento [3]	VAN (C.F) [2] × [3] [4]	[4] × [1] [5]	([5] × (t + 1)) / (P × (1 + R)^2) [6]
1	8	0,9090909	7,2727273	7,2727273	0,128347238
2	8	0,8264463	6,6115702	13,22314	0,350037921
3	8	0,7513148	6,0105184	18,031555	0,636432583
4	108	0,6830135	73,765453	295,06181	13,0179392
		Suma	P = 93,660269	333,58924	C = 14,13275694
					Convexidad

Duración = 333,58924 / P = 3,5616942 años

Un bono a cuatro años con cupón uniforme de 29,5471 cada año y TIR 10%, tiene un precio de 93,66, una duración de 2,381 años y una convexidad de 7,678. Si la TIR de este bono fuese 8%, su precio sería 97,864, su duración 2,404 años y la convexidad 8,082.

Un bono a ocho años con cupón anual del 8% y TIR = 10%, tiene un precio de 89,33, una duración de 6,091 años y una convexidad de 41.

Un bono cupón cero a cuatro años con flujo único de 137,128 y TIR 10%, tiene un precio de 93,66, una duración de 4 años y una convexidad de 16,529.

23.3.2. Duración modificada

La duración modificada (ModD) para cada rentabilidad exigida-precio se define mediante la expresión:

[23.10]
$$ModD = -\frac{1}{P}\frac{dP}{dR}$$

La duración modificada es distinta en cada punto de la curva P – R.
La relación entre la duración modificada y la duración es:

[23.11]
$$ModD = \frac{1}{1+R} MacD$$

La duración modificada indica el cambio porcentual en el precio (dP / P) ante un cambio en la rentabilidad exigida (dR). En los bonos libres de opciones, la pendiente de la curva P – R (dP / dR) es negativa, por lo que la duración modificada es positiva. Ello significa que ante un aumento en la rentabilidad exigida (dR > 0) se produce un descenso porcentual en el precio del bono (dP / P < 0).

En el bono tomado como ejemplo, para una R del 8%, aplicando la igualdad [23.11], resulta:

$$ModD = \frac{1}{1 + 0,08} \times 7,247 = 6,710 \text{ años}$$

23.3.3. Duración monetaria

La duración monetaria ($D) mide la volatilidad del precio del bono en unidades monetarias, a diferencia de la duración modificada que se refiere a la variación porcentual del precio.

La duración monetaria para una rentabilidad exigida se define como:

[23.12] $$\$D = -\frac{dP}{dR}$$

Se cumple que:

[23.13] $$\$D = ModD \times P$$

Para el bono del ejemplo, con R del 8%, de acuerdo con la fórmula [23.13]:

$$\$D = 6{,}710 \times 10.000 = 67.100 \text{ pesetas/año}$$

23.3.4. Factores que afectan a la duración

Este apartado ilustra los factores que determinan la duración de un bono. Son seis: el plazo hasta el vencimiento, el interés del cupón, el nivel de rentabilidad del mercado, las provisiones del fondo de amortización, las provisiones *call* y el trancurso del tiempo. A continuación se observa esquemáticamente cómo estos factores afectan a la duración.

Tabla 23.8. Factores que afectan a la duración.

Al aumentar	*la duración*
T	aumenta
frecuencia del cupón	disminuye
intereses pagados (C)	disminuye
nivel de rentabilidad exigida por el mercado (R)	disminuye
adelanto en la devolución del principal	disminuye

Efecto de la rentabilidad exigida

La duración de Macaulay de un bono disminuye cuando aumenta la rentabilidad exigida. Para entender la causa, basta recordar que la duración de Macaulay es un promedio ponderado de los instantes en que se producen los flujos de caja, siendo los pesos los valores actuales de los mismos. Cuando se incrementa R, el valor actual de un flujo alejado en el tiempo desciende proporcionalmente más que el valor actual de un flujo cercano debido a que el exponente al que se eleva $(1 + R)$ es mayor en el primer caso. De este modo, del peso relativo de los flujos cercanos se incrementa, y por tanto el promedio ponderado de tiempos disminuye. Lo contrario ocurre si R disminuye. En conclusión, la duración de Macaulay se mueve en el mismo sentido que el precio del bono cuando varía la rentabilidad exigida R.

Matemáticamente el comportamiento descrito puede justificarse comprobando que la derivada parcial de la duración de Macaulay respecto de la rentabilidad exigida es negativa.

Las variaciones en R afectan a la duración modificada en el mismo sentido que a la duración de Macaulay. Ello se deduce de modo inmediato observando la expresión [23.11]:

$$ModD = \frac{1}{1 + R} MacD$$

Si R crece, MacD disminuye, y también lo hace el factor 1 / (1 + R), con lo que ModD desciende.

El comportamiento de la duración del dólar es similar: al aumentar R, desciende \$D. En efecto, según [23.13]

$$\$D = P\ ModD$$

Al incrementarse R descienden P y ModD, por lo que \$D disminuye.

En conclusión, los tres tipos de duración se mueven en el mismo sentido que el precio al variar la rentabilidad exigida: aumentan si R disminuye, y disminuyen si R aumenta.

Efecto de la cuantía del cupón

Dados dos bonos que sólo difieren en la cuantía del cupón, aquél que pague un cupón mayor, tendrá menor duración de Macaulay o modificada que el otro para cualquier rentabilidad exigida. Sin embargo, la duración monetaria crece con el importe del cupón.

Si el importe de los cupones es pequeño, el pago del nominal representa una fracción mayor de los pagos totales: el valor actual del último pago adquiere creciente importancia al disminuir el importe de los pagos intermedios. El resultado de la ponderación de los tiempos de los flujos monetarios se desplaza hacia valores mayores: la duración de Macaulay se incrementa. Esto puede comprobarse fácilmente con ayuda de la expresión [23.9].

La duración modificada es mayor cuanto menor es el cupón. La fórmula [23.11] permite verificar que la duración modificada se ve afectada en el mismo sentido que la duración de Macaulay por la magnitud del cupón. Ello se debe a que el factor de proporcionalidad entre ambas duraciones, 1 / (1 + R), no depende del cupón.

Para averiguar cómo varía la duración monetaria con el cupón basta derivar la expresión [23.12] respecto al cupón C. Teniendo en cuenta que:

[23.14]
$$\frac{dCF_t}{dC} = 1$$

y haciendo uso de la expresión (23.2) se llega a:

[23.15]
$$\frac{\partial \$D}{\partial C} = \frac{1}{1+R} \sum_t^T \frac{t}{(1+R)^t}$$

Por ser positiva esta derivada, se concluye que $D crece al aumentar el cupón C.

La expresión (23.13) $D = P ModD permite observar que al aumentar el cupón hay dos efectos contrapuestos: ModD desciende, pero P crece. El aumento de precio prevalece sobre la disminución de ModD, según se comprueba al hacer la derivada de $D respecto de C.

Efecto de la cuantía del nominal

El importe del nominal actúa sobre la duración de Macaulay y sobre la modificada de modo inverso a como lo hace el importe de los cupones: cuanto mayor es el nominal, mayores son estas duraciones.

Por el contrario, el nominal afecta a la duración monetaria en el mismo sentido que los cupones: cuanto mayor es el nominal, mayor es la duración monetaria. Esto indica que la duración monetaria está desligada del concepto de «centro de gravedad» de los flujos de dinero.

En el caso de la duración de Macaulay, el mismo razonamiento que se hizo al analizar el efecto de los cupones lleva a concluir que un nominal alto hace aumentar dicha duración: el peso del último flujo es mayor.

La duración modificada se ve afectada, como la de Macaulay, por el importe del nominal, dado que la proporcionalidad entre ambas no depende del nominal.

La duración monetaria también crece con el nominal. En efecto la derivada parcial de $D respecto a N es positiva:

[23.16]
$$\frac{\partial \$D}{\partial N} = \frac{1}{1+R} \frac{T}{(1+R)^T}$$

Efecto del tiempo

En las expresiones de los distintos tipos de duración aparecen dos variables temporales, T y t. La primera indica el tiempo hasta el vencimiento; mientras que la segunda, los tiempos hasta los pagos de los cupones. A medida que transcurre el tiempo, t y T disminuyen. Las diferentes clases de duración se ven afectadas por las variables t y T, y por su progresiva disminución.

La variable t se relaciona con la frecuencia de los pagos de cupones. Supóngase dos bonos idénticos salvo en el instante de pago de cupones: ambos pagan la misma cantidad en total, pero el primero lo hace al final del año, y el segundo la divide en dos partes iguales, una pagada al final y otra en la mitad del año (obviamente, estos bonos tendrán distinto valor de mercado). El segundo bono paga los cupones con mayor frecuencia, y su duración de Macaulay es menor que la del primero. La representación análoga de MacD permite comprender intuitivamente el porqué: fraccionar el cupón y adelantar una parte del pago supone desplazar los pesos hacia la izquierda, y, por tanto, también su centro de gravedad.

La duración modificada varía en el mismo sentido que la de Macaulay frente a la frecuencia de pago de los cupones. El efecto de la duración monetaria depende de los valores concretos de la rentabilidad exigida y del periodo de adelanto de una parte del cupón.

Dados dos bonos con el mismo nominal, y el mismo cupón anual (pagado en el mismo instante), aquél que tenga más alejada su fecha de vencimiento tiene una mayor duración de Macaulay. De nuevo la representación análoga de la duración de Macaulay es útil para entender el efecto del tiempo hasta el vencimiento: cuanto mayor sea éste, más «pesos» se situarán hacia la derecha de la barra horizontal que equivale a la escala de tiempos, y así el centro de gravedad se desplazará hacia la derecha.

Como en los casos anteriores ModD varía en el mismo sentido que MacD. El efecto del tiempo hasta el vencimiento sobre la duración monetaria depende de los valores concretos del cupón, el nominal, la rentabilidad exigida, y el valor inicial del tiempo hasta el vencimiento.

Veamos ahora cómo varía la duración de Macaulay a medida que transcurre el tiempo y se acerca la fecha del vencimiento, bajo la hipótesis de que la rentabilidad requerida R permanece constante. Puede comprobarse que en el periodo entre dos fechas consecutivas en las que se produce el pago de cupones, la duración de Macaulay es lineal: al pasar un día, MacD se reduce en un día. En efecto, supóngase el instante t_0.

Entonces:

$$MacD_0 = \frac{1}{P_0} \sum_i \frac{t_i CF_i}{(1+R)^{t_i}}$$

Si R es el interés diario, al pasar un día, el precio del bono será:

$$P_1 = P_0 (1 + R)$$

El tiempo hasta el flujo i-ésimo será $t_i - 1$, y la duración de Macaulay será:

$$\mathrm{MacD}_1 = \frac{1}{P_1} \sum_i \frac{(t_i - 1)\,CF_i}{(1+R)^{t_i - 1}}$$

Esta expresión puede descomponerse en:

$$\mathrm{MacD}_1 = \frac{1}{P_0(1+R)} \sum_i \frac{t_i CF_i}{(1+R)^{t_i}}(1+R) - \frac{1}{P_0(1+R)} \sum_i \frac{CF_i(1+R)}{(1+R)^{t_i}}$$

El primer término es justamente MacD_0; el sumatorio del segundo término es igual a $P_0(1+R)$. Así se obtiene:

[23.17] $$\mathrm{MacD}_1 = \mathrm{MacD}_0 - 1$$

¿Qué ocurre si t_0 es el instante de pago del cupón? La duración inmediatamente antes del pago del cupón es:

$$\mathrm{MacD}_0 = \frac{1}{P_1} \sum_i \frac{t_i CF_i}{(1+R)^{t_i}}$$

Pero puesto que se está en la fecha de pago del primero de los cupones restantes, se cumple que $t_1 = 0$. Por consiguiente:

[23.18] $$\mathrm{MacD}_0 = \frac{1}{P_0} \sum_{i=2} \frac{t_i CF_i}{(1+R)^{t_i}}$$

Inmediatamente después del pago, el precio del bono será: $P^+_0 = P_0 - CF_1$ y en el sumatorio de la expresión [23.18] habrá de eliminarse CF_1, con lo que:

[23.19] $$\mathrm{MacD}_0^+ = \frac{1}{P_0 - CF_1} \sum_{i=2} \frac{t_i CF_i}{(1+R)^{t_i}}$$

Por consiguiente:

[23.20] $$\mathrm{MacD}_0^+ = \frac{P_0}{P_0 - CF_1}\,\mathrm{MacD}_0$$

Por tanto, el pago del cupón provoca un aumento de la duración de Macaulay. Pese a los aumentos de MacD en los instantes de pago de cupones, en conjunto la duración de Macaulay disminuye a medida que el tiempo transcurre, hasta anularse en la fecha de vencimiento. El decrecimiento es suave inicialmente y se acelera conforme se aproxima el vencimiento.

La representación análoga de la duración de Macaulay permite intuir los resultados precedentes. En efecto, obsérvese la figura 23.5 cuando pasa de t_0 a $t_0 + t$, todos los valores actuales de los flujos incrementan en igual proporción, siendo multiplicados por el factor $(1 + R)^t$. Puesto que todos los «pesos» de la figura 23.6 aumentan proporcionalmente (aunque no en la misma cantidad absoluta), su centro de gravedad se mantiene en el mismo punto. Si en el instante t_0, la duración de Macaulay era $MacD_0$, en el instante $t_0 + t$ es $MacD_0 - t$: el centro de gravedad sigue siendo el mismo, pero el origen de tiempo se ha desplazado hacia la derecha en una cantidad igual a t.

Figura 23.5. Flujos y valores actuales.

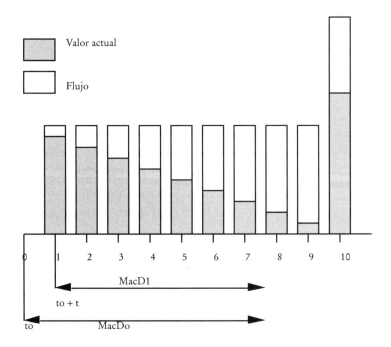

Sin embargo si t_0 es el instante de pago del cupón, justo después de t_0 el cupón pagado ya no interviene en el cálculo de la duración de Macaulay. Ello equivale a suprimir el peso de la barra horizontal. De este modo, el peso total a la derecha del apoyo es superior al de la izquierda, como se representa en la figura 23.6, y la barra se desequilibra.

Para recuperar el equilibrio hay que desplazar el apoyo hacia la derecha, tras retirar el peso. Ello equivale a un incremento brusco de la duración, como muestra la figura 23.6.

Figura 23.6. Representación gráfica del efecto del pago de un cupón en la duración.

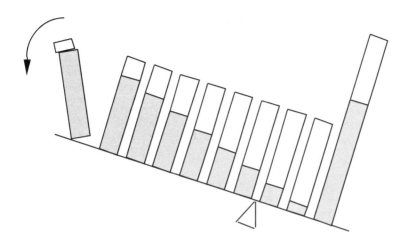

23.3.5. Cambio en las unidades de medida de la duración

Muchas veces los cupones se pagan semianualmente, y su importe en tanto por ciento se expresa en base semianual. También la rentabilidad exigida puede expresarse en base semianual. En el caso del cupón, si es del $C_s\%$ en base semianual ello implica que se paga $C_s\%$ cada semestre. Por otro lado si R es la rentabilidad exigida en base anual, la rentabilidad exigida en base semianual R_s es

[23.21] $$R_s = (1 + R)^{0,5} - 1$$

R_s y R se expresan en tanto por uno. Puesto que R_s y C_s se refieren a un semestre, las duraciones vendrán medidas en semestres.

Supóngase ahora que se conocen los valores de la duración de Macaulay, modificada y monetaria, usando como unidad cierto periodo de tiempo (por ejemplo, un semestre) de los cuales hay m en un año (2, en el caso del semestre). ¿Cuál es el valor de cada tipo de duración expresado en años?

A) *Duración monetaria*

Si R_a es la rentabilidad exigida en un año, y R_m la rentabilidad exigida en un periodo, habrá de cumplirse que:

[23.23] $$1 + R_a = (1 + R_m)^m$$

Usando el año como base de cálculo:

[23.24]
$$\$D_a = -\frac{dP}{dR_a}$$

de acuerdo con [23.12].

Aplicando las reglas de derivación a [23.23] y [23.24]:

$$\$D_a = -\frac{dP}{dR_m}\frac{dR_m}{dR_a} = -\frac{dP}{dR_m}\frac{1}{m}\left(1+R_a\right)^{(1/m)-1}$$

Pero $-\dfrac{dP}{dR_m}$ es la duración monetaria medida en la otra unidad temporal. Así:

[23.25]
$$\$D_a = \$D_m\frac{1}{m}\frac{\left(1+R_a\right)^{\frac{1}{m}}}{\left(1+R_a\right)}$$

En el caso de que la unidad temporal sea un semestre (m = 2):

$$\$D_a = \$D_2\frac{1}{2}\left(1+R_a\right)^{-(1/2)}$$

No se cumple que la duración monetaria en años sea la mitad de la duración monetaria en semestres.

La relación entre duraciones modificadas es idéntica a la relación entre duraciones monetarias, pues ModD se puede calcular dividiendo $D por el precio (independientemente de la unidad temporal de medida). Así:

[23.26]
$$ModD_a = ModD_m\frac{1}{m}\left(1+R_a\right)^{(1/m)-1}$$

B) Duración de Macaulay

La duración de Macaulay medida en periodos de 1/m de año es:

[23.27]
$$MacD_m = -\frac{1+R_m}{P}\frac{dP}{dR_m}$$

Se cumple que:

$$[23.28] \qquad MacD_m = -\frac{1+R_m}{P}\frac{dP}{dR_a}\frac{dR_a}{dR_m}\frac{1+R_a}{1+R_a}$$

y teniendo en cuenta que la duración de Macaulay en años es:

$$[23.29] \qquad MacD_a = -\frac{1+R_a}{P}\frac{dP}{dR_a}$$

y sustituyendo dR_a/dR_m por su valor se llega a:

$$[23.30] \qquad MacD_m = MacD_a\frac{1+R_m}{1+R_a}\frac{m}{\left(1+R_a\right)^{(1/m)-1}}$$

Dado que de acuerdo con [23.23]: $(1 + R_a)^{1/m} = 1 + R_m$, obviamente se obtiene que:

$$[23.31] \qquad \mathbf{MacD_m = m\ MacD_a}$$

Así la duración de Macaulay en semestres es el doble de la duración de Macaulay en años. Se ha comprobado que esto no sucede con los otros tipos de duración.

23.3.6. Inmunización

Los conceptos de duración y convexidad permiten caracterizar la volatilidad de un bono, esto es, la sensibilidad de su precio de mercado ante cambios en los tipos de interés. Por ello el conocimiento de su magnitud ayuda a la gestión de una cartera de renta fija (bonos sin opciones relacionados con acciones). Por ejemplo, puede lograrse la «inmunización» igualando la duración de una cartera de activos con la de los pasivos que la financian.

23.4. Convexidad

La convexidad puede definirse como la diferencia entre el precio actual del bono y el precio predicho por la línea de duración modificada.[4] Es decir, convexidad es el cambio en el precio no atribuible a la duración modificada.

---

4. Aunque sólo es una proximación a esta diferencia.

Si la duración se relaciona directamente con la primera derivada de P(R), precio del bono respecto de R (rentabilidad exigida), la convexidad lo hace con la segunda derivada. Ambos parámetros permiten caracterizar suficientemente bien la sensibilidad del precio de los bonos frente a los cambios de tipos de interés que se dan en la realidad.

23.4.1. Convexidad monetaria

Se define la convexidad monetaria de un bono como:

$$\$C = \frac{1}{2}\frac{d^2P}{dR^2}$$

Obviamente, se trata de una función con un valor distinto en cada punto, según el valor de R para el que se calcula la derivada. Algunos autores no incluyen el factor 1/2 en la definición de $C.

De acuerdo con la expresión [23.6], se tiene:

$$\$C = \frac{1}{2}\frac{1}{(1+R)^2}\sum_{t}^{T}\frac{t(t+1)CF_t}{(1+R)^t}$$

23.4.2. Convexidad

Se define la convexidad C como el cociente que resulta al dividir la convexidad monetaria en cada punto $C (R) por el correspondiente P (R). Así:

$$C = \frac{\$C(R)}{P(R)} = \frac{1}{2}\frac{1}{P}\frac{d^2P}{dR^2}$$

Algunos autores omiten el factor 1/2 en la definición de C. En los bonos sin opciones, C es siempre un número positivo. La convexidad se mide en años «al cuadrado».

A título de ejemplo, considérese el bono que hemos utilizado en el inicio del capítulo, cuyas características eran:

– Cupón anual del 8%.
– Nominal: 10.000 pesetas.
– Vencimiento: 10 años.

Si la rentabilidad exigida en el momento de la emisión es del 10%, su precio será 8.771,087 pesetas, su duración de Macaulay 7,044 años y su convexidad 28,072 años^2.

23.4.3. Precio de un bono en función de la duración y la convexidad

La expresión [23.4] afirmaba:

$$P - P_0 \approx \frac{dP}{dR}(R - R_0) + \frac{1}{2}\frac{d^2P}{dR^2}(R - R_0)^2$$

De acuerdo con las expresiones [23.10], [23.11] y [23.13] que relacionan las diferentes clases de duración entre sí y con dP / dR se cumple:

$$\frac{dP}{dR} = -\$D = -\text{ModD}\,P = -\frac{1}{1+R}\text{MacD} \times P$$

Por consiguiente, el cambio en el precio de un bono ΔP debido a un cambio en la rentabilidad exigida ΔR se puede calcular como:

$$\Delta P = -\$D\,\Delta R + \$C\,\Delta R^2 + \text{efectos residuales}$$

o bien:

[23.33] $$\Delta P = -\frac{P}{1+R}\text{MacD}\,\Delta R + C\,P\,\Delta R^2 + \text{efectos residuales}$$

Dado que la convexidad C es positiva, el sumando $C\,P\,\Delta R^2$ es también positivo. En el otro sumando, P, R y MacD son siempre positivos; en cambio ?R es mayor que cero si R crece y menor si disminuye. Ello implica que los efectos de la convexidad y la duración se suman cuando la rentabilidad exigida disminuye (ambos términos son positivos), y se contrarrestan cuando la rentabilidad aumenta. De esta forma una disminución en la rentabilidad exigida afecta más al precio del bono que un aumento de la misma.

En el bono del ejemplo se calculó que: P (R = 10%) = 8.771,087 pesetas
Análogamente puede calcularse que: P (R = 11%) = 8.233,230 pesetas
Así, al pasar R del 10% al 11% ($\Delta R = 0,01$ en tanto por uno):

$$\Delta P = 8.233,230 - 8.771,087 = -537,857 \text{ pesetas}$$

Empleando la fórmula (23.33) se llega a:

$$\Delta P = -\frac{8.771,087}{1+0,10} \times 7,044 \times 0,01 + 28,072 \times 8.771,087\,(0,01)^2 = -537,046 \text{ pta}$$

La aproximación conseguida es francamente buena (error del 0,15%). Obsérvese que en la expresión [23.33] se han sustituido los valores de P, R, MacD y C correspondientes al punto inicial, que era el correspondiente a la rentabilidad del 10%.

23.4.4. Factores que afectan a la convexidad

Efecto de la rentabilidad requerida. Un aumento en la rentabilidad exigida provoca un descenso en la convexidad. En el bono anterior, al pasar R del 10% al 11%, C pasa de 28,072 años^2 a 27,021 años^2. Asimismo, se recuerda que los distintos tipos de duración también varían en sentido inverso a la rentabilidad exigida: en el ejemplo precedente la duración de Macaulay es de 7,044 años si R = 10%, y de 6,941 si R = 11%.

Dado que, según se ha visto anteriormente, cuando R disminuye los efectos de la duración y la convexidad se suman, se deduce que para rentabilidades bajas (C y MacD altos) un descenso en R causa un incremento en el precio mayor que el que se produciría ante la misma variación de R si la rentabilidad exigida inicialmente fuera menor. Ya que los ΔR negativos causan la misma variación ΔP (en valor absoluto) que los ΔR positivos (si se pasa de R_o a $(R_o - \Delta R)$ el precio sube en ΔP, y si se pasa de $(R_o - \Delta R)$ a R_o el precio baja en ΔP), se concluye que las variaciones de R afectan más al precio cuando se parte de rentabilidades exigidas bajas que cuando éstas son altas.

Efecto de la cuantía del cupón. Cuanto menor es el cupón, mayor es la convexidad del bono, suponiendo que se mantienen constantes la rentabilidad exigida, R, y el plazo hasta el vencimiento, T.

Se puede comprobar que:

$$\frac{\partial C}{\partial C^*} = \frac{1}{2P^2(1+R)^2} \sum_{j=1}^{T} \frac{j(j+1) - T(T+1)}{(1+R)^{j+T}} N < 0$$

donde C^* es la cuantía del cupón. Por tanto, la convexidad decrece con el cupón en este caso. Sin embargo, dados dos bonos con la misma rentabilidad R y la misma duración modificada (lo que no implica que tengan el mismo plazo hasta el vencimiento), cuanto menor es el cupón, menor es también la convexidad. En conclusión, para una duración modificada dada, los bonos cupón cero son los que poseen una menor convexidad.

Efecto de la cuantía del nominal. Dados dos bonos con igual rentabilidad exigida R, plazo T y cupón C, aquél que tiene mayor nominal posee también mayor convexidad. En efecto:

$$\frac{\partial C}{\partial N} = \frac{1}{2(1+R)^2} \sum_{j=1}^{T} \frac{T(T+1) - j(j+1)}{(1+R)^{T+j}} \, CF_j > 0$$

Puesto que la derivada parcial de la convexidad respecto al nominal es siempre positiva, C crece cuando lo hace N.

Efecto de la duración. La convexidad está positivamente relacionada con la duración. Los bonos con una larga duración tienen normalmente una convexidad mayor que los de duración corta.

La convexidad no está sólamente relacionada positivamente con la duración. La relación convexidad-duración no es lineal, es decir que si doblamos la duración de un bono su convexidad será más del doble.

Anexo 23.1. Información en prensa económica, relativa a la duración y convexidad de los bonos del estado españoles

TIPOS DE INTERES

DEUDA ANOTADA		14-01-98	
VALOR	T.I.R.	Dur.(**)	Conv(***)
9.90 10/98	4.44	0.79	0.00284
10.25 11/98	4.41	0.88	0.00356
8.40 04.99	4.37	1.21	0.00621
7.80 10/99	4.34	1.72	0.01090
12.25 03/00	4.44	1.91	0.01362
6.75 04/00	4.35	2.07	0.01522
10.10 02/01	4.56	2.66	0.02410
8.40 04/01	4.55	2.88	0.02739
5.00 01/01	4.40	2.91	0.02643
11.30 01/02	4.74	3.20	0.03470
7.90 02/02	4.75	3.49	0.03911
10.30 06/02	4.79	3.66	0.04281
10.90 08/03	4.96	4.50	0.06292
5.25 01/03	4.81	4.59	0.06086
10.50 10/03	4.94	4.69	0.06727
8.00 05/04	5.05	5.11	0.07991
10.00 02/05	5.15	5.28	0.08887
10.15 01/06	5.23	5.75	0.10602
8.80 04/06	5.26	6.14	0.11696
7.35 03/07	5.34	6.83	0.14281
8.20 02/09	5.46	7.62	0.18330
6.00 01/08	5.37	7.91	0.18004
8.70 02/12	5.60	8.82	0.25331

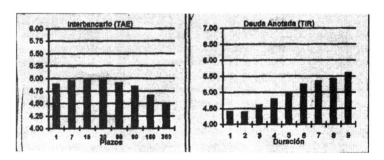

Duración. Estimación de la proporción de ganancias o pérdidas para una misma variación de los tipos de interés, cuando esta variación no es muy elevada.

Convexidad. Proporción adicional de pérdidas o ganancias, sobre la estimación de la duración, cuando la variación de tipos es elevada.

Anexo 23.2. Fórmulas de duración de acciones

$$P_0 = \frac{D_1}{Ke - g}$$

$$\frac{dP_0}{dR} = -\frac{\dfrac{\partial Ke}{\partial R} - \dfrac{\partial g}{\partial R}}{(Ke - g)^2} D_1 = -\frac{\dfrac{\partial Ke}{\partial R} - \dfrac{\partial g}{\partial R}}{Ke - g} P_0$$

$$\frac{dP_0}{P_0} = -\frac{\dfrac{\partial Ke}{\partial R} - \dfrac{\partial g}{\partial R}}{Ke - g} dR$$

$$ModD = \frac{\dfrac{\partial Ke}{\partial R} - \dfrac{\partial g}{\partial R}}{Ke - g} = \left(\frac{\partial Ke}{\partial R} - \frac{\partial g}{\partial R}\right)\frac{P_0}{D_1}$$

$$PER = \frac{p}{Ke - g}$$

$$ModD = \frac{PER}{p}\left(\frac{\partial Ke}{\partial R} - \frac{\partial g}{\partial R}\right)$$

Resumen

Normalmente los tipos de interés no son iguales para todos los plazos sino que, generalmente, se aplica un mayor descuento a aquellos pagos más alejados en el tiempo. Si representamos gráficamente el tipo de interés efectivo respecto al vencimiento, obtenemos la llamada *yield curve* o curva de tipos, que muestra la estructura temporal de los tipos de interés.

La TIR de un bono es el promedio ponderado de los tipos de interés parciales desde el momento actual hasta el plazo de vencimiento de cada flujo de caja.

Los conceptos de duración y convexidad permiten caracterizar la volatilidad de un bono, esto es, la sensibilidad de su precio ante cambios en los tipos de interés.

El conocimiento de la duración y la convexidad ayuda a gestionar una cartera de renta fija.

Conceptos clave

- Duración
- Convexidad
- Estructura temporal de los tipos de interés
- Curva de rentabilidad o *yield curve*
- Tasa forward
- Tipo de interés real
- Tasa interna de rentabilidad (TIR)
- Rentabilidad exigida a un bono (R)
- Inmunización

Capítulo 24

Valoración de bonos con opciones

En este capítulo se analizan algunos instrumentos financieros con opciones incorporadas emitidos en el mercado español. Comenzamos por los llamados bonos bolsa emitidos por el BBV en diciembre de 1993. A continuación describiremos otras emisiones de bonos bolsa y *warrants*.

24.1. Bonos bolsa emitidos por el BBV en 1993

El BBV realizó dos emisiones simultáneas, ambas de 3 años, el 30 de diciembre de 1993, con las siguientes características:

– **Tipo 1.** Bonos de valor nominal 25.000 pesetas (el precio de emisión), que en la fecha de amortización (30 de diciembre de 1996) darán a su titular 25.000 pesetas más el 100% de la revalorización del IBEX 35. Un ejemplo: supongamos que el valor del IBEX 35 del 30 de diciembre de 1993 sea 3.400 puntos. Si el IBEX 35 dentro de tres años (diciembre 96) se sitúa en 4.760 (sube un 40%), el poseedor del bono recibirá 35.000 pesetas (25.000 + 40% de 25.000). Si el IBEX 35 dentro de tres años (diciembre 96) se sitúa por debajo de 3.400 (desciende), el poseedor del bono recibirá 25.000 pesetas (el valor nominal del bono). Estos bonos no proporcionan a su poseedor ningún otro cupón durante los tres años.[1]

– **Tipo 2.** El precio de emisión de estos bonos es también 25.000 pesetas, y el 30 de diciembre de 1996 darán a su titular 25.000 pesetas más el 50% de la revalorización del IBEX 35, y además un cupón del 4% bruto (1.000 pesetas) en diciembre de 1994, 1995 y 1996. Un ejemplo: supongamos que el valor del IBEX 35 del 30 de diciembre de 1993 sea 3.400. Si el IBEX 35 dentro de tres años (diciembre 96) se sitúa en 4.760 (sube un 40%), el poseedor del bono recibirá entonces 30.000 pesetas (25.000 + 20% de 25.000) y 1.000 pesetas en diciembre de 1994, 1995 y 1996. Si el IBEX 35 dentro de tres años (diciembre 96) se sitúa por debajo de

---

1. El folleto de emisión de estos bonos aparece en el libro IBEX 35. *Análisis e Investigaciones*, de P. Fernández y J. Yzaguirre (1995), páginas 201-204.

3.400 (desciende), el poseedor del bono recibirá entonces 25.000 pesetas (el valor nominal del bono), además de 1.000 pesetas en diciembre de 1994, 1995 y 1996.

A continuación procederemos al análisis y a la valoración de cada una de estas emisiones. La rentabilidad de los bonos del Estado a tres años era, en diciembre de 1993, aproximadamente 8%. La figura 24.1 muestra que un bono tipo 1 se puede descomponer en un bono cupón cero que dará a su poseedor 25.000 pesetas dentro de 3 años y en una call europea sobre el IBEX 35 a 3 años.

Figura 24.1. Descomposición del bono bolsa del BBV tipo 1.

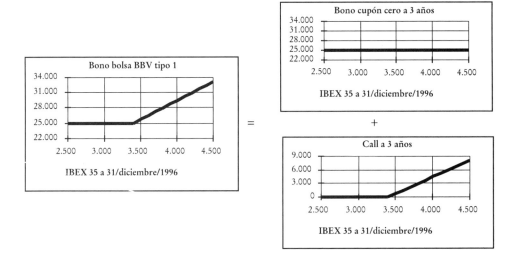

Según la tabla 24.1 el valor actual del bono cupón cero es 19.681 pesetas, con lo que el precio de la opción es de 5.319 pesetas (25.000 − 19.681). El valor del bono cupón cero no plantea ningún problema, pero ¿es 5.319 pesetas un precio adecuado para la opción? La volatilidad implícita de la call resulta ser 27%, superior a la volatilidad histórica que se mantuvo airededor del 20%, como se puede observar en la figura 24.2.

Otro modo de valorar el bono es comenzar valorando la opción con una volatilidad de 20%: así resulta un valor de 4.338 pesetas. Por consiguiente, el BBV nos vende el cupón cero por 20.662 pesetas (25.000 − 4.338), lo que supone una rentabilidad del 6,6%, bastante inferior al 8% de los bonos del Estado. Los cálculos precedentes permiten afirmar que el coste de fabricar cada bono bolsa para el BBV es aproximadamente 24.019 pesetas (19.681 + 4.338), que es como decir que ofrece duros a 5,2 pesetas.

Tabla 24.1. Valoración del bono bolsa del BBV tipo 1.

VALOR DEL BONO	+	VALOR DE LA CALL	=	25.000 pesetas

1. Valoración partiendo del cálculo del VA del bono cupón cero

19.681	+	5.319	=	25.000
$(25.000 / 1,083^3)$		*(Volatilidad implícita resultante = 27%)*		

1. Valoración partiendo del cálculo del VA del bono cupón cero

20.662	+	4.338	=	25.000

TIR resultante $= 6,6\% = (25.000/20.662)^{1/3} - 1$ (Volatilidad implícita = 20%)

3. Coste del bono bolsa tipo1 para el BBV

19.681 + 4.338 = 24.019 pesetas   25.000 / 24.019 = 5,2 pesetas / 1 duro

**El BBV cobra 25.000 pesetas por un activo que cuesta 24.019.
Esta operación equivale a cobrar 5,2 pesetas por un duro.**

En cuanto a los bonos tipo 2, también se pueden descomponer en un bono (que dará a su poseedor 25.000 pesetas dentro de 3 años y además un cupón bruto de 1.000 pesetas en diciembre de 1994, 1995 y 1996) y en media opción call sobre el IBEX 35 a 3 años. El valor actual del bono es de 22.245 pesetas, con lo que el precio de la media opción es de 2.755 pesetas, precio congruente con el de la opción del bono tipo 1. Siguiendo el mismo razonamiento, el banco puede «fabricar» la media opción con futuros y renta fija: el coste de fabricarla (si la volatilidad futura del IBEX 35 se mantiene en los niveles históricos del 20%) es de aproximadamente 2.150 pesetas. En este caso, el banco está vendiendo por 25.000 pesetas, algo que vale 24.395 (22.245 + 2.150).

Figura 24.2. Volatilidad histórica del IBEX 35 (calculada con los datos diarios de los últimos tres años).

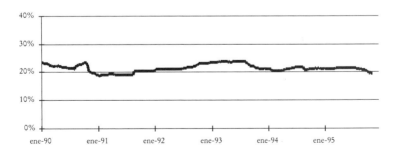

Hasta aquí se ha analizado el coste para el emisor. Pero una pregunta importante es ¿qué inversores particulares estarán interesados en estos bonos? Para ello se tiene que comparar la inversión en bonos bolsa con una inversión en acciones y con una inversión en renta fija a 3 años.

Una alternativa a esta inversión sería la inversión en bonos sin riesgo a 3 años al 8%. Los bonos bolsa serán más interesantes que la renta fija si el IBEX 35 se revaloriza en 3 años más de un 26%.[2] Otra alternativa sería invertir en las acciones que componen el IBEX 35. Si el índice sube, esta elección siempre será mejor que los bonos bolsa porque además de la subida del índice (que proporcionan los bonos bolsa), el inversor obtendría los dividendos de las acciones, que ahora suponen alrededor del 3,5% del valor del IBEX 35. Es importante recordar que el IBEX 35 no se ajusta por dividendos.

Figura 24.3. Bonos bolsa BBV. Dinero que tendrá un inversor el 31 de diciembre de 1996 por cada 25.000 pesetas que invierta en diciembre de 1993 en bonos bolsa, en renta fija y en acciones (las que componen el IBEX 35), en función de la revalorización del IBEX 35.

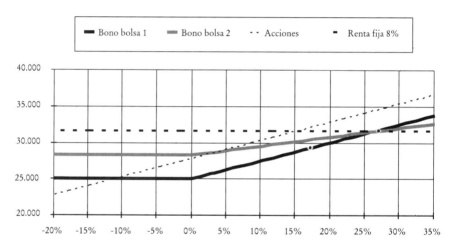

La figura 24.3 permite comparar el dinero que tendrá un inversor el 31 de diciembre de 1996 (en función de la revalorización o descenso del IBEX 35) por cada 25.000 pesetas que invierta en diciembre de 1993 en bonos bolsa, en renta fija y en las acciones (las que componen el IBEX 35). Se supone que el índice a 31 de diciembre de 1993 es 3.400, el dividendo ponderado del IBEX 35 es 3,5%, y que los cupones y dividendos se reinvierten al 8%. Se puede comprobar que el bono bolsa 1 es mejor que la inversión en acciones sólo si el índice desciende más de un 11% y es mejor que la inversión en renta fija si el índice sube más de un 26%. También se puede comprobar que el bono bolsa 2 es mejor que la inversión en acciones sólo si el índice sube menos de un 3% y es mejor que la inversión en renta fija si el índice sube más de un 26%. El bono bolsa 1 es mejor que el bono bolsa 2 sólo si el índice sube más de un 26%. Estos intervalos ayudarán al inversor para decidir (según sus expectativas)

---

2. Este valor se obtiene realizando el siguiente cálculo: $1,08^3 - 1$.

si prefiere invertir en los bonos bolsa del BBV o prefiere realizar inversiones más clásicas en acciones o en renta fija.

Los bonos bolsa tipo 2 serán más interesantes que la inversión en bolsa si el IBEX 35 de 1996 es inferior al de 1993 o se revaloriza menos del 6%. Los bonos bolsa tipo 1 serán más interesantes que la inversión en bolsa si el IBEX 35 desciende más del 11%.

Figura 24.4. Valor de los bonos bolsa del BBV en función de la volatilidad esperada del IBEX 35.

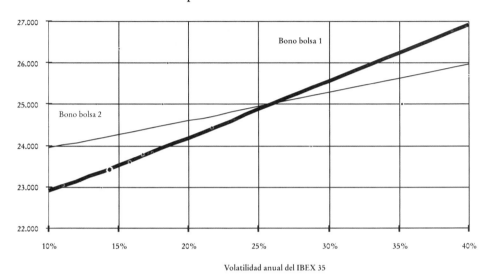

La figura 24.4 muestra la influencia de la volatilidad esperada del IBEX 35 en el valor de los bonos bolsa. Como se puede observar, en el caso de una volatilidad esperada inferior al 27% el bono bolsa tipo 2 tiene más valor que el bono bolsa tipo 1.

24.2. Bonos bolsa emitidos por Argentaria en 1994

Argentaria realizó dos emisiones de bonos bolsa que podían suscribirse hasta el 17 de mayo de 1994:[3]

– La primera emisión tiene un plazo de 18 meses y asegura al inversor, en noviembre de 1995 todo su dinero invertido más el 100% de la revalorización media del IBEX 35 en esos 18 meses. Esta revalorización media se calcula haciendo la media aritmética del valor del IBEX 35 los días 10 de junio de 1994, 10 de julio de 1994, 10 de agosto de 1994, etc., hasta el 10 de noviembre de 1995, y dividiendo esta media

---

3. El folleto de emisión de estos bonos aparece en el libro IBEX 35. *Análisis e Investigaciones*, de P. Fernández y J. Yzaguirre (1995), páginas 205-207.

entre el valor inicial del IBEX 35. Se toma como valor inicial de IBEX 35 la media aritmética de sus valores los cinco últimos días antes del cierre de la emisión.

– La segunda emisión tiene un plazo de 36 meses y asegura al inversor en mayo de 1997 todo su dinero invertido más el 150% de la revalorización media del índice en estos 3 años. Esta revalorización media se calcula del mismo modo que antes: el cociente entre la media de los valores del índice los días 10 de cada mes de estos tres años dividida entre el valor inicial del índice. Por ejemplo, si la media de los valores del IBEX 35 los días 10 de cada mes fuera de 4.200 y el valor inicial del índice fuera 3.500, el inversor que comprara el 17 de mayo de 1994 bonos por valor de 100.000 pesetas, en mayo de 1997 recibiría sus 100.000 pesetas más 30.000 pesetas (el 150% del 20% de 100.000 pesetas ya que la media del índice se habría revalorizado un 20%).

Los bonos bolsa de Argentaria son análogos a los bonos bolsa tipo 1 del BBV emitidos en diciembre de 1993, que aseguraban al cabo de tres años la inversión inicial y el 100% de la revalorización del IBEX 35. Aparentemente la inversión en bonos de Argentaria, al proporcionar un 150% de la revalorización media del índice, parece mejor que la inversión en los bonos del BBV que sólo daban el 100%. Sin embargo esta apariencia es errónea pues el 100% de la revalorización del índice en tres años es en promedio muy superior al 150% de la revalorización media del índice, ya que en la media del índice interviene el valor del índice el primer mes, el segundo mes, etc., que habitualmente será muy inferior al valor del índice dentro de 3 años. Sólo la inversión en los bonos bolsa de Argentaria será mejor que la del BBV cuando el IBEX 35 se revalorice al principio y descienda posteriormente, volviendo a valores semejantes a los actuales o poco superiores. En valor esperado, los bonos de BBV producen durante tres años una rentabilidad un 30% superior a los bonos de Argentaria.

En la tabla 24.2 se presenta la comparación entre el valor esperado de la rentabilidad obtenida por los bonos bolsa emitidos por el BBV ($E(S_t / S_0) - 1$) y el valor esperado de la rentabilidad de los bonos bolsa de Argentaria ($1,5 \times (E(S_{prom} / S_0) - 1)$). Para su cálculo se han utilizado diferentes valores esperados de rentabilidad (μ) y volatilidad (σ) del IBEX 35. Como se puede observar, todos los valores de la tabla son superiores a la unidad, lo que indica que, en términos de valor esperado, la rentabilidad de los bonos bolsa del BBV es superior a la de los bonos bolsa de Argentaria.

Otro modo de comparar ambos tipos de bonos es suponer que en la historia del IBEX 35 se hubiese realizado una emisión mensual de ambos tipos de bonos bolsa a tres años. La rentabilidad media (para los tres años) de todas las emisiones de bonos bolsa de Argentaria a tres años habría sido un 8% (menos de un tres por ciento anual), inferior a la rentabilidad media de todas las emisiones de bonos bolsa del BBV a tres años, que habría sido superior al 9%. Realizando el mismo ejercicio con los bonos bolsa a 18 meses de Argentaria, la rentabilidad anual promedio habría sido un 4%. La figura 24.5 muestra la distinta evolución que habrían seguido ambos bonos si se supone que éstos fueron emitidos 36 meses antes. Al igual que el análisis basado en 18 meses, esta figura muestra que la evolución histórica del IBEX 35 habría sido favorable al bono bolsa del BBV.

Tabla 24.2. Comparación entre la rentabilidad esperada para los bonos bolsa del BBV y Argentaria. Los valores se han calculado según la fórmula

$$x = (E\ (S_t\ /\ S_0) - 1)\ /\ (1,5 \times (E\ (S_{prom}\ /\ S_0) - 1))$$

σ	μ									
	−10%	−5%	0%	5%	10%	15%	20%	25%	30%	35%
5%	1,24	1,27	1,30	1,33	1,36	1,40	1,44	1,48	1,52	1,56
10%	1,24	1,27	1,30	1,33	1,37	1,40	1,44	1,48	1,52	1,56
15%	1,24	1,27	1,30	1,34	1,37	1,41	1,44	1,48	1,52	1,57
20%	1,25	1,28	1,31	1,34	1,38	1,41	1,45	1,49	1,53	1,57
25%	1,26	1,29	1,32	1,35	1,39	1,42	1,46	1,50	1,54	1,58
30%	1,26	1,29	1,33	1,36	1,40	1,43	1,47	1,51	1,55	1,60
35%	1,27	1,30	1,34	1,37	1,41	1,44	1,48	1,52	1,57	1,61
40%	1,28	1,32	1,35	1,38	1,42	1,46	1,50	1,54	1,58	1,63
45%	1,30	1,33	1,36	1,40	1,44	1,48	1,52	1,56	1,60	1,65
50%	1,31	1,35	1,38	1,42	1,46	1,49	1,54	1,58	1,62	1,67

Figura 24.5. Simulación histórica de la rentabilidad de bonos bolsa tipo BBV y tipo Argentaria a 36 meses si hubiesen sido emitidos 36 meses antes.

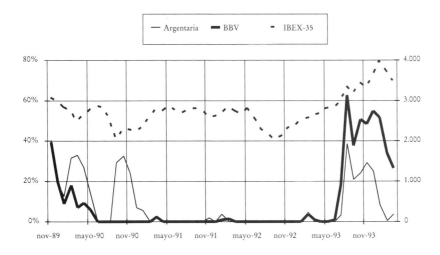

Para comprobar de otro modo las conclusiones que se presentan se ha hecho una simulación de 10.000 posibles movimientos del IBEX 35 durante tres años. La rentabilidad anual simulada del IBEX 35 se ha movido entre el − 17% y el 43%, obteniendo una media del 13%, mientras que la volatilidad anual se ha situado entre el 15% y el 25%, siendo la media 20%. Para cada uno de los posibles movimientos se ha calculado la rentabilidad que habría obtenido el inversor si hubiera invertido en los bonos de Argentaria o en los del BBV. En 5.317 de esas 10.000 posibilidades los bonos del BBV le habrían dado una rentabilidad superior que si hubiese invertido en los de Argentaria, en 2.092 casos los bonos bolsa de Argentaria hubiesen sido mejores que los del BBV y en 2.591 casos ambos instrumentos financieros hubiesen obtenido la misma rentabilidad.

El análisis que se acaba de realizar no quiere decir que la inversión en bonos bolsa de Argentaria será con seguridad una mala inversión: simplemente muestran que los bonos de Argentaria son peores que los del BBV para el inversor (y –por supuesto– más convenientes para el emisor), a pesar de que el 150% de revalorización pueda en un principio hacer suponer que son más rentables que los que emitió el BBV con sólo un 100% de revalorización.

24.3. Bonos bolsa emitidos por la Caixa de Cataluña en 1995

En octubre de 1995, la Caixa de Cataluña emitió otro tipo de bonos bolsa. Un folleto de los mismos proporcionaba la siguiente información.

«A partir de 500.000 pesetas puede suscribir bonos bolsa de Caixa de Cataluña e invertir en bolsa con la garantía de que recuperará la totalidad de su inversión. Los bonos bolsa son una combinación interesante de renta fija y variable. Le aseguran unos intereses fijos anuales del 4,75% TAE que serán abonados al final de cada año (el 11 de diciembre de 1996, 1997 y 1998). Así usted siempre ganará. Pero esto no es todo. Si mantiene los bonos hasta el vencimiento (3 años) le será abonado entonces el 100% del aumento puntual (se entiende por aumento puntual la diferencia entre la media aritmética simple del índice al cierre de las cinco primeras sesiones bursátiles después de la fecha de emisión y la media aritmética simple al cierre de las cinco últimas sesiones anteriores a la fecha de amortización, incluyendo ésta) del IBEX 35, siempre que el valor de cierre del índice no sea, en cualquier día de la vida de la emisión igual o superior al 160% del valor de la referencia inicial. Si sucediese esto, la retribución variable quedará fijada automáticamente en el 20% del nominal.

»Periodo de suscripción: 11 de octubre a 11 de diciembre de 1995.

»Liquidez a través del mercado secundario de Caixa de Cataluña para la recompra de sus títulos.

»Ahorro fiscal porque los rendimientos de la parte variable tributan en 1999 como renta irregular.»

La figura 24.6 muestra el ejemplo que proporcionaba el folleto para calcular la retribución variable de estos bonos. Si los bonos se hubieran emitido el 30 de junio de 1992 (IBEX = 2.553,82 = referencia inicial), y se hubieran amortizado el 30 de junio de 1995 (IBEX = 3.219,05 = referencia final), como el IBEX 35 no sobrepasó la barrera del 160% (4.086,11), el comprador de los bonos habría ganado el 4,75% anual más una revalorización del 26,05% [(3.219,05/2.553,82) − 1]. El folleto proclama que la TAE resultante de la operación habría sido del 12,44%.

Sabiendo que la rentabilidad de los bonos del Estado a 3 años a finales de noviembre de 1995 era aproximadamente 10%, ¿qué le parecen al lector estos bonos bolsa? Para ayudarle, la figura 24.7 muestra la simulación histórica de la retribución variable de los bonos. La media de la retribución variable de los 1.454 bonos (suponiendo que se hubiese emitido uno cada día entre enero de 1987 y octubre de 1992) resulta 10,8%. La figura 24.8 muestra la rentabilidad total anualizada (TAE) que habrían tenido los bonos teniendo en cuenta la retribución variable y los intereses anuales de 4,75%. La media de la TAE de los 1.454 bonos resulta 7,9%.

Figura 24.6. Simulación histórica de la rentabilidad de bonos bolsa de Caixa de Cataluña si hubiesen sido emitidos el 30 de junio de 1992. Fuente: folleto de emisión.

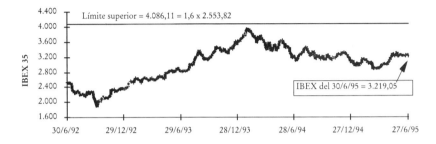

Figura 24.7. Simulación histórica de la rentabilidad variable de los bonos bolsa de Caixa de Cataluña si hubiesen sido emitidos cada día. La figura muestra la rentabilidad variable de un bono emitido 3 años antes.

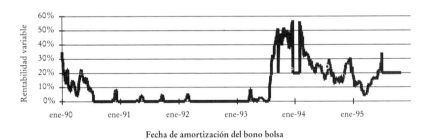

Figura 24.8. Simulación histórica de la rentabilidad total anualizada (TAE) de los bonos bolsa de Caixa de Cataluña si hubiesen sido emitidos cada día. La figura muestra la rentabilidad variable de un bono emitido 3 años antes.

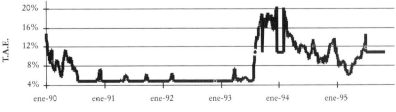

También se ha realizado una simulación con estos bonos. Como precio inicial del IBEX 35 se tomó 3.300, como dividendo anual 123,75 puntos (3,75% del IBEX 35 inicial) y como tasa sin riesgo 10%. La simulación se realizó suponiendo 750 días hábiles en los 3 años y con dos volatilidades: con 20% y con 16%. La media de la rentabilidad variable resultó 14% para 20% de volatilidad y 16% para 16% de volatilidad. La retribución variable resultó ser 20% (debido a la cláusula del 160%) en un 29,6% de los casos (con volatilidad 20%) y en un 22% de los casos (con volatilidad 16%).

24.4. Emisiones anteriores de bonos bolsa

Los bonos bolsa del BBV y de Argentaria tienen antecedentes próximos en el mercado español. Los bonos tipo 1 del BBV son casi idénticos a la emisión de 5.000 millones de pesetas que dirigió JP Morgan en octubre de 1991 de los entonces llamados «bonos protegidos en bolsa» emitidos por el Nordic Investment Bank.[4] Estos bonos también eran a tres años y aseguraban la inversión inicial si el IBEX 35 descendía y daban el 90% de la rentabilidad del IBEX 35 si éste subía. El precio del título en la fecha de emisión (21 de octubre de 1991) fue 100.000 pesetas. El título no repartía ningún cupón y el precio de reembolso del mismo al cabo de tres años era 100.000 pesetas si el IBEX 35 del 21 de octubre de 1994 era igual o inferior al de tres años antes; o 100.000 pesetas más el 90% de la revalorización del índice si éste subía. Por ejemplo, si el índice subía un 50% en estos tres años, el precio de reembolso del bono sería 145.000 pesetas. El IBEX 35 estaba en octubre de 1991 por debajo de 2.800 puntos. La volatilidad implícita de la opción que incorporaban estos bonos (entonces el tipo de interés sin riesgo era el 12%) era del 40%.

En julio de 1992, Citibank dirigió otra emisión de bonos protegidos de 3.000 millones de Endesa. Los bonos eran idénticos a los «bonos protegidos» emitidos por la banca Morgan, pero prometían un 115% de la revalorización del IBEX 35. El índice entonces tenía una tendencia bajista y estaba alrededor de 2.300 puntos. La volatilidad implícita de la opción que incorporaban estos bonos fue del 28%.

En junio de 1987, Telefónica realizó una emisión de bonos bolsa referidos al Índice General de la Bolsa de Madrid (IGBM). La emisión era de 10.000 millones de pesetas, ampliable a 20.000 millones, y estaba compuesta por dos series:

- **Bono directo**. Emisión de 5.000 millones de pesetas, ampliable a 10.000 millones. Su valor de amortización aumentará al subir el IGBM y disminuirá al descender el IGBM.
- **Bono de cobertura**. Emisión de 5.000 millones de pesetas, ampliable a 10.000 millones. Su valor de amortización disminuirá al subir el IGBM y aumentará al descender el IGBM.

---

4. El folleto de emisión de estos bonos aparece en el libro IBEX 35. *Análisis e Investigaciones*, de P. Fernández y J. Yzaguirre (1995), página 208.

Las características principales de los bonos bolsa eran:

- Precio de emisión: a la par, libre de gastos para el suscriptor.
- Nominal de cada bono: 10.000 pesetas.
- Periodo de suscripción: desde el día 25 de junio de 1987 al 15 de julio de 1987.
- Fecha de amortización: a los tres años, el día 15 de julio de 1990.
- Interés: 11% bruto anual pagadero por semestres vencidos, los días 15 de enero y 15 de julio de cada año. El primer cupón se pagará el día 15 de enero de 1988.
- Índice de referencia inicial: IBI (índice de bolsa inicial). Será el IGBM (Base a 31 de diciembre de 1985 = 100) del día 31 de diciembre de 1987.
- Índice de referencia final: IBF (índice de bolsa final). Será el IGBM (Base a 31 de diciembre de 1985 = 100) del día 15 de junio de 1990.
- Precio de amortización de los bonos. El valor de amortización de cada bono será en función de la evolución del IGBM. Tanto para el bono directo, como para el bono de cobertura, la relación establecida entre la evolución del IGBM y el precio de amortización será: cada 2 puntos de variación del índice, se corresponderá con un punto de variación en el precio de amortización con topes máximo y mínimo. A efectos de amortización, los valores del IBF habrán de situarse en la banda de – 50 a +50 puntos respecto al IBI, estando limitada la amortización entre el 75% y el 125% del valor nominal del bono. Si el IBF supera por defecto o por exceso los 50 puntos al IBI, en ningún caso la amortización del bono será inferior al 75% (7.500 pesetas) ni superior al 125% (12.500 pesetas).

El IGBM fue 255,74 el 15 de julio de 1987, y 227,18 el 31 de diciembre de 1987. En julio de 1987 se vendían a la par bonos del Estado a tres años con un interés del 12,85%. Con estos datos, ¿cómo valorar estos bonos el 15 de julio de 1987? ¿Y el 31 de diciembre de 1987?

El bono directo es igual a un bono que paga unos flujos semestrales de 550 pesetas al final de los cinco primeros semestres más un flujo de 8.050 pesetas (7.500 + 550) dentro de tres años unido a dos calls (una comprada y otra vendida) a tres años sobre el índice con precios de ejercicio IBI – 50 y IBI + 50 respectivamente. Valor en pesetas de un bono directo (bull):

$$\text{VAN} (550; 550; 550; 550; 550; 8.050) + 50 [\text{Call} (K = \text{IBI} – 50) – \text{Call} (K = \text{IBI} + 50)]$$

Análogamente, el valor en pesetas de un bono de cobertura (bear) es:

$$\text{VAN} (550; 550; 550; 550; 550; 8.050) + 50 [\text{Put} (K = \text{IBI} + 50) – \text{Put} (K = \text{IBI} – 50)]$$

La compra de medio bono de cobertura y de medio bono directo supone unos flujos semestrales futuros de 550; 550; 550; 550; 550 y 10.550 pesetas. Dado que podemos comprar bonos del Estado con cupón semestral al 12,85%, el valor de esta cartera será como máximo 9.551,2 pesetas.

Para valorar las puts y las calls, hemos de hacer una estimación de cuál será el IBI (el Índice General de la Bolsa de Madrid el 31 de diciembre de 1987). Estamos intentando valorar los bonos el 15 de julio de 1987.

El valor máximo de VAN (550; 550; 550; 550; 550; 8.050) es 7.830,6 pesetas (descontando estos flujos al 12,85% / 2 semestral). Utilizando este valor y para distintos valores de la volatilidad del índice y del IBI, obtenemos los siguientes valores de los bonos en el día 15 de julio de 1987 (en pesetas por bono):

	IBI = 255,74		
	$\sigma = 0,2$	$\sigma = 0,3$	$\sigma = 0,4$
Bono directo	10.616,7	10.161,5	9.823,1
Bono de cobertura	8.485,6	8.940,8	9.279,3

	IBI = 281,31 = 255,74 × 1,1		
	$\sigma = 0,2$	$\sigma = 0,3$	$\sigma = 0,4$
Bono directo	10.348,2	9.931,0	9.636,5
Bono de cobertura	8.754,1	9.171,3	9.465,8

	IBI = 227,18		
	$\sigma = 0,2$	$\sigma = 0,3$	$\sigma = 0,4$
Bono directo	10.869,5	10.419,5	10.046,6
Bono de cobertura	8.232,8	8.682,8	9.055,7

El día 31 de diciembre de 1987, el valor máximo de VAN (550; 550; 550; 550; 550; 8.050) es 8.290,5 pesetas (descontando estos flujos al 12,85 / 2% semestral). En este día ya conocemos el IBI (227,18). Siguiendo el mismo procedimiento, obtenemos los siguientes valores de los bonos en el día 31 de diciembre de 1987 (en pesetas por bono):

	IBI = 227,18		
	$\sigma = 0,2$	$\sigma = 0,3$	$\sigma = 0,4$
Bono directo	11.156,0	10.710,6	10.381,5
Bono de cobertura	9.068,5	9.513,8	9.842,9

La posesión de medio bono de cobertura y de medio bono directo supone unos flujos semestrales futuros de 550; 550; 550; 550; 550 y 10.550 pesetas. El valor de esta cartera será como máximo, el 31 de diciembre de 1987, de 10.112,2 pesetas.

24.5. Call y put warrants referidos al IBEX 35

A continuación se describe con detalle la emisión de 6 millones de warrants realizada por Swiss Bank Corporation en febrero de 1995.

En primer lugar, se ha de señalar que a pesar de que se denomina «warrants» a estos instrumentos, son idénticos a las opciones americanas sobre el IBEX 35 con 18 meses hasta el vencimiento.

Las características de la emisión son las siguientes:

Emisor y director: Swiss Bank Corporation.
Fecha de emisión: 2 de febrero de 1995. (Fecha de pago: 16 de febrero de 1995).
Fecha de vencimiento: 2 de agosto de 1996 (18 meses).
Subyacente: IBEX 35 (3.072 el 1 de febrero de 1995).
Volumen: 1.000.000 warrants de cada uno de los 6 tipos.
Tipo de opción: «Americana», a partir de la fecha de pago.
Conversión: Cada warrant da derecho a comprar (o vender) el índice (en pesetas) pagando (o cobrando) el precio de ejercicio en pesetas.
Precio al contado: 3.072 pesetas (cierre del 1 de febrero de 1995).
Precios: *Precio ejercicio (pesetas)*   *Precio (pesetas)*

Precio ejercicio (pesetas)	Precio (pesetas)
3.100 Call	452
3.300 Call	360
3.500 Call	282
2.900 Put	187
3.100 Put	261
3.300 Put	362

Liquidación: Si el ejercicio es anticipado, el precio de liquidación del IBEX 35 es el precio de cierre del día de ejercicio. Si el warrant se ejerce el 2 de agosto de 1996, el precio de liquidación del IBEX 35 será la media simple de los precios de cierre del 31 de julio, 1 de agosto y 2 de agosto de 1996.
Negociación: Precios disponibles en Reuters página SBCEDE2 durante las horas de negociación en Londres.
Lote: Mínimo 1.000 warrants para poder negociar y ejercerlos.
Posibles compradores: Estos warrants se emiten principalmente para clientes estadounidenses. Los warrants pueden ser distribuidos en España únicamente de acuerdo con las normas de la Ley del Mercado de Valores y del Real Decreto 291/1992.
Legislación aplicable: Inglesa.
Mercado secundario: Se solicitará la negociación en el London Stock Exchange.
Cámara de Compensación: Euroclear, Cedel.

Para valorar bien estos warrants es preciso tener en cuenta que son opciones americanas, esto es, que pueden ejercerse en cualquier fecha anterior al vencimiento y que los dividendos anuales previstos para las acciones que componían el IBEX 35 en febrero de 1995 suponían alrededor del 4% del IBEX 35 en la fecha de emisión (3.072 puntos). Teniendo ambas cosas en cuenta, se puede comprobar que la volatilidad implícita de estas opciones se sitúa en el intervalo 21-24%.

24.6. Análisis de instrumentos financieros

La metodología que debe seguirse para analizar los instrumentos financieros que se han presentado en este capítulo es la siguiente:

1. Descomponer el instrumento financiero en partes. Gran número de los instrumentos que existen actualmente en el mercado son combinaciones de otros más simples. Por ejemplo, hemos visto que los bonos bolsa del BBV tipo 1 eran un cupón cero más una call.
2. Valorar las partes más fáciles que se han obtenido en la descomposición. Por ejemplo, el bono cupón cero.
3. Calcular la volatilidad implícita de las opciones y compararla con la esperada y con la histórica.
4. Cuando no se puede descomponer el instrumento en otros más simples (o no disponemos de fórmula para valorar éstos), comparar el instrumento analizado con otros similares que sí sabemos valorar.
5. Valorar por simulación (teniendo en cuenta que la simulación sólo sirve para instrumentos tipo europeo y no para instrumentos tipo americano).

Otros aspectos que se han de considerar en el análisis son los siguientes:

– ¿Qué aporta el instrumento financiero al emisor y al cliente?
– ¿Es replicable el instrumento, es decir, se puede construir a partir de otros instrumentos ya existentes?
– ¿Se va a replicar para, de esta manera, eliminar el riesgo inherente a la emisión?
– ¿Cuál es la fiabilidad y los riesgos de la replicación? Se debe proceder a realizar:
  * Análisis estadístico.
  * Simulación y simulación histórica.
  * Identificación de situaciones desfavorables y asignación de probabilidades a las mismas.
– ¿Cuál es la relación entre el riesgo de la emisión y la rentabilidad que va a obtener el emisor del instrumento financiero?

Resumen del capítulo 24

La volatilidad es una medida de riesgo correcta para el poseedor de una cartera no diversificada y es, además, imprescindible para valorar opciones, warrants, bonos bolsa, obligaciones convertibles e instrumentos financieros con opciones incorporadas.

Para valorar bonos con opciones incorporadas se puede seguir la siguiente metodología: descomponer el instrumento financiero en otros más simples, valorar el más sencillo, calcular entonces la volatilidad implícita del activo subyacente de la opción incorporada y compararla con la volatilidad histórica y esperada. Si la volatilidad implícita es superior, la opción estará «sobreapreciada», es decir, el precio que nos piden es superior a su valor real.

En los casos en que no se puede descomponer el instrumento en otros más sencillos, se puede comparar el instrumento con otros que sí sabemos valorar o realizar la valoración por simulación.

Conceptos clave

- Bonos con opciones incorporadas
- Bonos bolsa
- Opción financiera
- Opción de compra (call)
- Volatilidad implícita
- Volatilidad histórica
- Volatilidad esperada
- IBEX 35
- Bono cupón cero
- Warrants

Séptima parte

Literatura financiera sobre valoración

Capítulo 25

Revisión de la literatura financiera sobre valoración de empresas por descuento de flujos

Existe una abundante literatura sobre la valoración de empresas por descuento de flujos. Comentamos aquí los artículos más relevantes y hacemos especial hincapié en los que proponen diferentes expresiones para el valor actual de los ahorros de impuestos por pago de intereses (DVTS).

25.1. Breve reseña de los artículos más relevantes

Gordon y E. Shapiro (1956)[1] mostraron que el valor actual neto de un flujo F que crece a la tasa g, descontado a la tasa K es:

$$VAN_0 = F_1 / (K - g)$$

Modigliani y Miller (1958),[2] **(1961)**[3] **y (1963),**[4] estudiaron el efecto del apalancamiento en el valor de la empresa. Publicaron sus famosas proposiciones, que siguen siendo punto de referencia en cualquier trabajo sobre finanzas de la empresa en general y sobre valoración en particular. Su proposición 1 es que en ausencia de impuestos, el valor de la empresa es independiente del endeudamiento, esto es, $E_0 + D_0 = Vu$ si $T = 0$.

Su segunda proposición es que la rentabilidad exigida por los accionistas (Ke) aumenta en proporción directa con el endeudamiento (la proporción D/E) a valor de mercado:

$$Ke = Ku + (D/E) (Ku - Kd)$$

---

1. Gordon, Myron y E. Shapiro, «Capital Equipment Analysis: The Required Rate of Profit», *Management Science*, 3 (oct. 1956), pp. 102-110.

2. Modigliani, F., and M. Miller, 1958, «The Cost of Capital Corporation Finance and the Theory of Investment», *American Economic Review*, 48, pp. 261-297.

3. Miller, M., and F. Modigliani, 1961, «Dividend Policy, Growth and the Valuation of Shares, *Journal of Business*, 34, pp. 411-433.

4. Modigliani, F y M.H. Miller, «Corporate Income Taxes and the Cost of Capital: A Correction», *American Economic Review* (junio 1963), pp. 433-443.

En presencia de impuestos, Ku y Kd constantes, proponen que en el caso de una perpetuidad, el valor de una empresa apalancada es:

$$E_0 + D_0 = Vu + D\,T$$

DT es el aumento de valor debido al apalancamiento.

Sobre los dividendos afirmaron que –a igualdad de impuestos sobre el cobro de dividendos y plusvalías– eran irrelevantes: el accionista es indiferente entre cobrar dividendos o vender acciones para obtener una remuneración prefijada.

Myers (1974)[5] fue el introductor del APV (adjusted present value). Según Myers, el valor de la empresa apalancada es igual al valor de la empresa sin deuda (Vu) más el valor actual del ahorro de impuestos debido al pago de intereses (DVTS). Myers propone calcular el DVTS del siguiente modo:

$$DVTS_t = T\ \left[\frac{Kd\ D_t}{(1+Kd)} + \frac{Kd\ D_{t+1}}{(1+Kd)^2} + \frac{Kd\ D_{t+2}}{(1+Kd)^3} + \ldots\ \right]$$

Y el valor de la empresa es:

$$APV = Eo + Do = Vu + DVTS_t = \sum_{t=1}^{N}\frac{FCF_t}{(1+Ku)^t} + \sum_{t=1}^{N}\frac{Kd\ T\ D_{t-1}}{(1+Kd)^t}$$

Arditti y Levy (1977)[6] sugieren calcular el valor de la empresa descontando el Capital Cash Flow (Flujo disponible para las acciones más flujos para la deuda) en lugar del Free Cash Flow. Los Capital Cash Flow (CCF) se deben descontar al $WACC_{BT}$ (WACC antes de impuestos). Es fácil demostrar que:

$$D_0 + E_0 = \sum_{t=1}^{\infty}\frac{FCF_t}{\prod_{i=i}^{t}(1+WACC_i)} = \sum_{t=1}^{\infty}\frac{CCF_t}{\prod_{i=i}^{t}(1+WACC_{BT_i})}$$

siendo:

$$WACC_{BT_t} = Ke\ \frac{E_{t-1}}{E_{t-1}+D_{t-1}} + Kd\ \frac{D_{t-1}}{E_{t-1}+D_{t-1}}$$

---

5. Myers, S.C., «Interactions of Corporate Financing and Investment Decisions – Implications for Capital Budgeting», *Journal of Finance* (marzo 1974), pp. 1-25.

6. Arditti, F. D. y H. Levy, «The Weighted Average Cost of Capital as a Cutoff Rate: A Critical Examination of the Classical Textbook Weighted Average», *Financial Management* (Fall 1977), pp. 24-34.

Ruback (1995) hace una simplificación y supone que $\beta_L = \beta_U (D + E) / E$ y $\beta_D = 0$. Es fácil comprobar que con estas simplificaciones $WACC_{BT} = Ku$

Miller (1977)[7] introduce impuestos personales además de las impuestos de la empresa. La tasa de impuestos para la empresa es T, la tasa de impuestos personales sobre las acciones son T_{PA} y la tasa de impuestos personales sobre la deuda es T_{PD}.

Según Miller, para una perpetuidad, el valor de la empresa sin deuda después de los impuestos personales es:

$$Vu = FCF (1 - T_{PA}) / Ku$$

Si la empresa tiene deuda de valor nominal N, su valor es:

$$D = N \, Kd \, (1 - T_{PD}) / Kd$$

Y el valor de la empresa apalancada resulta ser:

$$E_0 + D_0 = Vu + D \left[1 - \frac{(1 - T)(1 - T_{PA})}{(1 - T_{PD})} \right]$$

En el caso en que $T_{PA} = T_{PD}$, el valor de la empresa apalancada coincide con el de Modigliani y Miller. En el caso en que $(1 - T_{PA})(1 - T) = (1 - T_{PD})$, el apalancamiento no representa ningún aumento de valor.

Miller continua su artículo diciendo que si $T_{PA} = 0$, la oferta de bonos debe ser tal que ofrezca un interés $R_0 / (1 - T)$, siendo R_0 la tasa que pagan instituciones libres de impuestos. Según Miller, el apalancamiento no representa ningún aumento de valor.

Miller y Scholes (1978)[8] muestran que, incluso si la tasa del impuesto sobre la renta es mayor que la tasa sobre plusvalías, muchos inversores no pagarán más que tasa sobre plusvalías aplicada a los dividendos. Concluyen que los inversores serán indiferentes entre cobrar dividendos o realizar plusvalías si la empresa recompra acciones. Según ellos, el valor de la empresa no dependerá de la política de dividendos ni en presencia de impuestos personales y sobre beneficios.

DeAngelo y Masulis (1980)[9] extienden el trabajo de Miller. Considerando que la tasa marginal de impuestos es diferente para diferentes empresas, predicen que las empresas utilizarán menos deuda cuantas más posibilidades tengan de reducir el pago de impuestos por otros medios: amortización, desgravación por inversiones,...

Miles y Ezzel (1980)[10] sostienen que el APV y el WACC proporcionan distinto

---

7. Miller, M.H., «Debt and Taxes», *Journal of Finance* (Mayo 1977), pp. 261-276.
8. Miller, M., y M. Scholes, 1978, «Dividend and Taxes», *Journal of Financial Economics* (dic. 1978), pp. 333-364.
9. DeAngelo, L. y R. Masulis, 1980, «Optimal Capital Structure under Corporate and Personal Taxation», *Journal of Financial Economics* 8, Marzo 1980, pp. 3-29.
10. Miles, J. y J.R. Ezzell, «The Weighted Average Cost of Capital», Perfect Capital Markets and Project Life: A Clarification, *Journal of Financial and Quantitative Analysis* (Septiembre 1980), pp. 719-730.

valor: «salvo que el endeudamiento y, en consecuencia, Ke sean exógenos (no dependan del valor de la empresa en cada momento) el WACC no es apropiado para valorar empresas». Según ellos, la valoración de una empresa que quiere mantener un ratio D/E constante se debe realizar de distinto modo que si la empresa tiene un volumen prefijado de deuda. En concreto, la fórmula [20] de su artículo dice que para una empresa con un objetivo de endeudamiento [D / (D + E)] fijo, el free cash flow (FCF) se debe descontar a la tasa:

$$WACC^* = Ku - T\,Kd\,\frac{D}{(D+E)}\frac{(1+Ku)}{(1+Kd)}$$

Llegan a esta fórmula partiendo de su fórmula [11], que para una perpetuidad creciente es:

$$E_{t-1} + D_{t-1} = \frac{FCF_t}{(Ku-g)} + \frac{Kd\,T\,L\,(E_{t-1} + D_{t-1})}{(Kd-g)} = \frac{FCF_t}{(Ku-g)} + \frac{Kd\,T\,D_{t-1}}{(Kd-g)}$$

L es el endeudamiento. En su fórmula [11] utilizan la hipótesis de que la tasa correcta para descontar el ahorro de impuestos debido a la deuda ($Kd\,T\,D_{t-1}$) es Kd. La expresión de Ke es su fórmula [22]:

$$Ke = Ku + \frac{D}{E}[Ku - Kd\,(1 + T\frac{Ku-Kd}{(1+Kd)})]$$

Chambers, Harris y Pringle (1982)[11] comparan cuatro métodos de valorar empresas por descuento de flujos: actualizar el flujo disponible para el accionista a la tasa Ke (rentabilidad exigida a las acciones) (CFac), actualizar el Free Cash Flow al WACC (coste ponderado de deuda y acciones) (FCF), actualizar el Capital Cash Flow (flujo disponible para el accionista más flujo para la deuda) al $WACC_{BT}$ (coste ponderado de deuda y acciones antes de impuestos) (CCF), y el APV de Myers (APV). Dicen que el CFac, CCF y FCF proporcionan el mismo valor si el endeudamiento es constante, pero que proporcionan distintos valores si no es constante. También afirman que el APV sólo proporciona el mismo resultado que los otros tres métodos en dos casos: en empresas con sólo un periodo, y en el caso de perpetuidades sin crecimiento.

Harris y Pringle (1985)[12] proponen que el valor actual del ahorro de impuestos debido al pago de intereses (DVTS) se debe calcular descontando el ahorro de im-

---

11. Chambers, D.R., R.S. Harris, y J.J. Pringle, «Treatment of Financing Mix Analyzing Investment Opportunities», *Financial Management* (verano 1982), pp. 24-41.
12. Harris, R.S. y J.J. Pringle, «Risk-Adjusted Discount Rates Extensions form the Average-Risk Case», *Journal of Financial Research* (otoño 1985), pp. 237-244.

puestos debido a la deuda (Kd T D_{t-1}) a la tasa Ku. Harris y Pringle proponen calcular el DVTS del siguiente modo:

$$DVTS_t = T \left[\frac{Kd \ D_t}{(1 + Ku)} + \frac{Kd \ D_{t+1}}{(1 + Ku)^2} + \frac{Kd \ D_{t+2}}{(1 + Ku)^3} + ... \right]$$

Proporcionan un ejemplo interesante. Para una perpetuidad con Ke = 17%, Kd = 11%, T = 46%, y [D / (D + E)] = 30%, el resultado de Ku al que se llega por 4 procedimientos distintos es el siguiente:

a) Según Modigliani y Miller (1963) y Myers (1974):   15,87%.
b) Según Miller (1977):   13,68%.
c) Según Miles y Ezzel (1980):   15,26%.
d) Según Harris y Pringle (1985):   15,20%.

Estos resultados de Ku provienen de utilizar las siguientes fórmulas, siendo We = [E / (D + E)] y Wd = 1 – We:

a) Según Modigliani y Miller (1963) y Myers (1974): Ku = [We Ke + Wd Kd (1 – T)] / (1 – T Wd).
b) Según Miller (1977): Ku = We Ke + Wd Kd (1 – T).
c) Según Miles y Ezzel (1980): Ku = [We Ke + Wd Kd (1 – T) + T Wd Kd / (1 + Kd)] / [1 – T Wd Kd / (1 + Kd)].
d) Según Harris y Pringle (1985): Ku = We Ke + Wd Kd.

Aplicando estas fórmulas a una perpetuidad para distintos endeudamientos, con Ke = 17%, Kd = 11%, y T = 46%, se obtienen los siguientes resultados de Ku:

	Miles-Ezzell	Modigliani-Miller	Miller	Harris y Pringle
Wd = 0%	17,000%	17,000%	17,000%	17,000%
Wd = 10%	16,425%	16,660%	15,894%	16,400%
Wd = 20%	15,844%	16,286%	14,788%	15,800%
Wd = 30%	**15,258%**	**15,872%**	**13,682%**	**15,200%**
Wd = 40%	14,667%	15,412%	12,576%	14,600%
Wd = 50%	14,070%	14,896%	11,470%	14,000%
Wd = 60%	13,467%	14,315%	10,364%	13,400%

Lewellen y Emery (1986)[13] muestran que en el caso de una perpetuidad, el valor de la empresa apalancada de acuerdo a las fórmulas de **Miles y Ezzel (1980)** es el siguiente (ver su fórmula (7)):

---

13. Lewellen, W.G. y D.R. Emery, «Corporate Debt Management and the Value of the Firm», *Journal of Financial Quantitative Analysis* (diciembre 1986), pp. 415-426.

$$E_0 + D_0 = Vu + \frac{Kd\ T\ D + Kd\ T\ D / Ku}{(1 + Kd)}$$

También muestran que en el caso de una perpetuidad, el valor de la empresa apalancada de acuerdo a las fórmulas de **Modigliani y Miller (1963) y Myers (1974)** coinciden y es el siguiente (ver su fórmula (5):

$$E_0 + D_0 = Vu + T\ D$$

Más adelante, muestran que para una perpetuidad creciente a una tasa g, el valor de la empresa apalancada es:

a) Según Modigliani y Miller (1963): $E_0 + D_0 = Vu + D\ T\ Ku / (Ku - g)$.
b) Según el APV de Myers (1974): $E_0 + D_0 = Vu + D\ T\ Kd / (Kd - g)$.
c) Según Miles y Ezzel (1980): $E_0 + D_0 = Vu + D\ T\ Kd\ (1 + Ku) / [(Ku - g)(1 + Kd)]$.

Proporcionan un ejemplo ilustrativo de estas diferencias: una empresa con $FCF_1 = 700$, Ku = 20%, Kd = 10%, T = 50%, [D / (D + E)] = 40% y g = 6%. Vu es 5.000 (700 / [0,2 – 0,06]). El valor de esta empresa es:

a) Según Modigliani y Miller (1963): $E_0 + D_0 = 5.000 + 2.000 = 7.000$. D = 2.800.
b) Según el APV de Myers (1974): $E_0 + D_0 = 5.000 + 5.000 = 10.000$. D = 4.000.
c) Según Miles y Ezzel (1980): $E_0 + D_0 = 5.000 + 923 = 5.923$. D = 2.369.

En el apéndice de su artículo proporcionan el valor adicional de sustituir un dólar de acciones por un dólar de deuda para una empresa con tasa de impuestos 46%, Ku = 20% y Kd = 10%:

	Miles-Ezzell	Modigliani-Miller	Myers APV
g = 0%	0,251	0,460	0,460
g = 1%	0,264	0,484	0,511
g = 2%	0,279	0,511	0,575
g = 3%	0,295	0,541	0,657
g = 4%	0,314	0,575	0,767
g = 5%	0,335	0,613	0,920
g = 6%	0,358	0,657	1,150
g = 7%	0,386	0,708	1,533
g = 8%	0,418	0,767	2,300
g = 9%	0,456	0,836	4,600
g = 10%	0,502	0,920	infinito

Taggart (1991)[14] proporcionó un buen resumen de fórmulas de valoración sin impuestos personales y con impuestos personales. Propone que las fórmulas de Miles y Ezzell (1980) deben de utilizarse cuando la empresa se ajusta a su objetivo de endeudamiento una vez al año y las de Harris y Pringle (1985) cuando la empresa se ajusta continuamente a su objetivo de endeudamiento.

25.2. Fórmulas principales de los artículos más relevantes

25.2.1. Distintas expresiones de Ke

Las distintas expresiones de Ke según los principales artículos ya comentados son:[15]

a) Según Modigliani y Miller (1963): $Ke = Ku + \dfrac{D}{E}(Ku - Kd)(1 - T)$.

b) Según Myers (1974):[16] $Ke = Ku + \dfrac{D - DVTS}{E}(Ku - Kd)$.

Para el caso de una perpetuidad creciente a una tasa g, $DVTS = D\,T\,Kd\,/\,(Kd - g)$ y Ke es:

$$Ke = Ku + \frac{D}{E}\,\frac{Kd(1 - T) - g}{Kd - g}(Ku - Kd)$$

c) Según Miller (1977): $Ke = Ku + \dfrac{D}{E}[Ku - Kd(1 - T)]$.

d) Según Miles y Ezzell (1980): $Ke = Ku + \dfrac{D}{E}[Ku - Kd(1 + T\dfrac{Ku - Kd}{(1 + Kd)})]$.

e) Según Harris y Pringle (1985): $Ke = Ku + \dfrac{D}{E}(Ku - Kd)$.

f) Según Ruback (1995): $Ke = Ku + \dfrac{D}{E}(Ku - R_F)$.

---

14. Taggart, R.A. Jr. «Consistent Valuation and Cost of Capital. Expressions With Corporate and Personal Taxes», *Financial Management* (otoño 1991), pp. 8-20.

15. Éstas son las expresiones que proporcionan una valoración consistente: igual valor utilizando el WACC, el APV y el descuento del flujo disponible para el accionista.

16. Recuerde el lector que según Myers: $DVTS_t = T\,[\dfrac{Kd\,D_t}{(1 + Kd)} + \dfrac{Kd\,D_{t+1}}{(1 + Kd)^2} + \dfrac{Kd\,D_{t+2}}{(1 + Kd)^3} + \dots\,]$

25.2.2. Distintas expresiones del WACC

Las expresiones del WACC correspondientes con sus valores de Ke son:

a) Según Modigliani y Miller (1963): $WACC = Ku\,(1 - \dfrac{T\,D}{E + D})$.

b) Según Myers (1974): $WACC = Ku\,(1 - \dfrac{DVTS}{D + E}) + Kd\,\dfrac{DVTS - T\,D}{D + E}$.

Para el caso de una perpetuidad creciente a una tasa g, $DVTS = D\,T\,Kd\,/\,(Kd - g)$ y WACC es:

$$WACC = Ku - \frac{D}{D + E}\,T\,Kd\,\frac{Ku - g}{Kd - g}$$

c) Según Miller (1977): $WACC = Ku$.

d) Según Miles y Ezzell (1980): $WACC = Ku - Kd\,T\,\dfrac{D}{D + E}\,\dfrac{1 + Ku}{1 + Kd}$.

e) Según Harris y Pringle (1985): $WACC = Ku - \dfrac{T\,D\,Kd}{E + D}$.

f) Según Ruback (1995): $WACC = Ku - \dfrac{T\,D\,Kd - D(Kd - R_F)}{E + D}$.

25.2.3. Distintas expresiones del DVTS

Las expresiones del valor actual del ahorro de impuestos debido al pago de intereses (DVTS) para una perpetuidad creciente a la tasa g son:

a) Según Modigliani y Miller (1963): $DVTS = \dfrac{T\,D\,Ku}{Ku - g}$.

b) Según Myers (1974): $DVTS = \dfrac{T\,D\,Kd}{Kd - g}$.

c) Según Miller (1977): $DVTS = 0$

d) Según Miles y Ezzell (1980): $DVTS = \dfrac{T\,D\,Kd}{1 + Kd}\,\dfrac{1 + Ku}{Ku - g}$.

e) Según Harris y Pringle (1985): $DVTS = \dfrac{T\,D\,Kd}{Ku - g}$.

f) Según Ruback (1995): $DVTS = \dfrac{CCF - FCF}{Ku - g} = \dfrac{T \, D \, Kd}{Ku - g}$.

25.2.4. Distintas expresiones de la beta apalancada

Las distintas expresiones de β_L (beta apalancada) según los distintos artículos son:

a) Según Modigliani y Miller (1963):[17] $\beta_L = \beta_U + \dfrac{D}{E}(\beta_U - \beta_d)(1 - T)$.

b) Según Myers (1974):[18] $\beta_L = \beta_U + \dfrac{D - DVTS}{E}(\beta_U - \beta_d) = \beta_U + \dfrac{V_U - E}{E}(\beta_U - \beta_d)$.

Para el caso de una perpetuidad creciente a una tasa g:

$$\beta_L = \beta_U + \dfrac{D}{E}\,\dfrac{Kd\,(1 - T) - g}{Kd - g}(\beta_U - \beta_d)$$

c) Según Miller (1977): $\beta_L = \beta_U\left(1 + \dfrac{D}{E}\right) - \dfrac{D}{E}\left[\beta_d\,(1 - T) - \dfrac{T \, R_F}{P_M}\right]$.

d) Según Miles y Ezzell (1980):[19] $\beta_L = \beta_U\left(1 + \dfrac{D}{E}\right) - \dfrac{D}{E}\left[\beta_d + T\,\dfrac{\beta_U - \beta_d}{1 + 1 / Kd}\right)\right]$.

e) Según Harris y Pringle (1985):[20] $\beta_L = \beta_U\left(1 + \dfrac{D}{E}\right) - \dfrac{D}{E}\beta_d$.

f) Según Ruback (1995): $\beta_L = \beta_U\left(1 + \dfrac{D}{E}\right)$.

25.3. Diferencias en la valoración según los artículos más relevantes

Aplicando las fórmulas anteriores a una empresa con $FCF_1 = 700$, $Ku = 20\%$, $Kd = 10\%$, $[D / (D + E)] = 30\%$, $T = 46\%$, y $g = 6\%$.

---

17. Esta fórmula coincide con la (2A.6) de Taggart (1991), porque él asume que $\beta_d = 0$.
18. Obsérvese que $D - DVTS = V_U - E$.
19. Esta fórmula coincide con la (2B.6) de Taggart (1991), porque él asume que $\beta_d = 0$.
20. Esta fórmula coincide con la (2C.6) de Taggart (1991), porque él asume que $\beta_d = 0$.

Tabla 25.1. Ejemplo de valoración de una empresa.

$FCF_1 = 700$, $Ku = 20\%$, $Kd = 10\%$, $[D/(D+E)] = 30\%$, $T = 46\%$, y $g = 6\%$.

	Modigliani-Miller	Myers	Miller	Miles-Ezzell	Harris-Pringle
WACC	17,240%	15,170%	20,000%	18,495%	18,620%
Ke	22,314%	19,357%	26,257%	24,106%	24,286%
E + D	6.227,76	7.633,59	5.000,00	5.602,44	5.546,75
Vu	5.000,00	5.000,00	5.000,00	5.000,00	5.000,00
E	4.359,43	5.343,51	3.500,00	3.921,71	3.882,73
D	1.868,33	2.290,08	1.500,00	1.680,73	1.664,03
DVTS	1.227,76	2.633,59	0,00	602,44	546,75
CFac	711,21	713,74	709,00	710,08	709,98

Si introducimos cambios en el crecimiento, las tablas 25.2 y 25.3, y las figuras 25.1 a 25.5 muestran los parámetros fundamentales de la valoración en función del crecimiento g.

Tabla 25.2. Valor de la empresa (Eo + Do) en función del crecimiento g.

g	Mo-Mi	Myers	Miller	Mi-Ez	Ha-Pr
0,0%	4.060,3	4.060,3	3.500,0	3.784,9	3.759,4
1,0%	4.310,3	4.351,4	3.684,2	4.001,3	3.972,8
2,0%	4.593,2	4.699,6	3.888,9	4.243,8	4.211,8
3,0%	4.915,7	5.128,7	4.117,7	4.517,7	4.481,4
4,0%	5.287,0	5.681,8	4.375,0	4.829,4	4.788,0
5,0%	5.719,0	6.445,7	4.666,7	5.187,3	5.139,5
6,0%	6.227,8	7.633,6	5.000,0	5.602,4	5.546,8
7,0%	6.835,9	9.971,5	5.384,6	6.089,8	6.024,1
8,0%	7.575,8	18.817,2	5.833,3	6.670,1	6.591,3
8,5%	8.009,2	76.087,0	6.087,0	7.003,8	6.917,0
9,0%	8.495,2		6.363,6	7.372,7	7.276,5
10,0%	9.668,5		7.000,0	8.240,6	8.120,7

Tabla 25.3. Cash flow disponible para las acciones (CFac) en función del crecimiento g.

g	Modigliani-Miller	Myers	Miller	Miles-Ezzell	Harris-Pringle
0,0%	634,2	634,2	643,3	638,7	639,1
1,0%	643,1	642,6	651,4	647,2	647,6
2,0%	653,2	652,1	660,3	656,7	657,0
3,0%	664,6	663,1	670,4	667,5	667,7
4,0%	677,8	676,1	681,6	679,7	679,9
5,0%	693,1	692,3	694,4	693,8	693,8
6,0%	711,2	713,7	709,0	710,1	710,0
7,0%	732,8	747,9	725,9	729,2	728,9
8,0%	759,1	846,8	745,5	752,0	751,4
8,5%	774,5	1407,6	756,6	765,1	764,3
9,0%	791,8		768,7	779,6	778,6
10,0%	833,4		796,6	813,7	812,1

Figura 25.1. DVTS en función del crecimiento g.

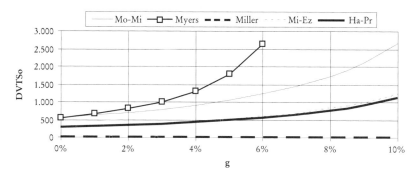

Figura 25.2. Ke en función del crecimiento g.

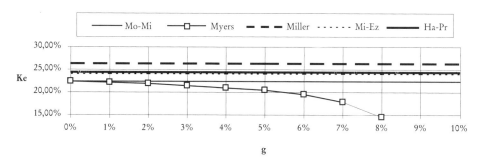

Figura 25.3. WACC en función del crecimiento g.

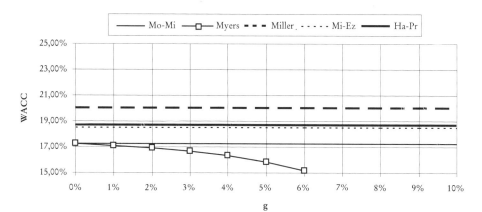

Figura 25.4. Valor de las acciones (Eo) en función del crecimiento g.

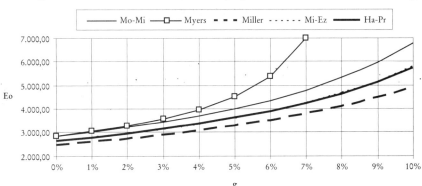

Figura 25.5. Valor de las acciones y la deuda (Do + Eo) en función del crecimiento g.

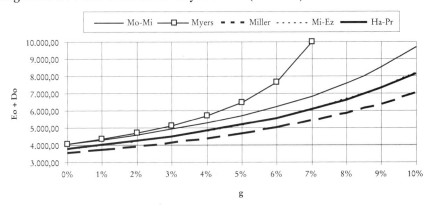

Si permitimos cambiar el endeudamiento, las figuras 25.6 a 25.10 muestran los parámetros fundamentales de la valoración en función del endeudamiento.

Figura 25.6. Valor actual del ahorro de impuestos por pago de intereses (DVTSo) en función del endeudamiento (g = 5%).

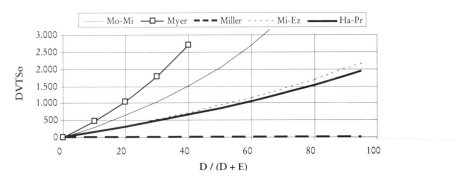

Figura 25.7. Rentabilidad exigida a las acciones (Ke) en función del endeudamiento (g = 5%).

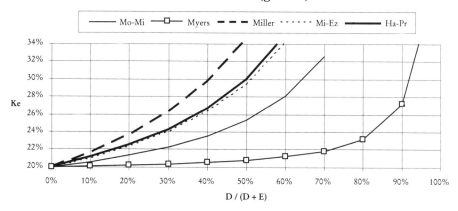

Figura 25.8. Coste ponderado de los recursos (WACC) en función del endeudamiento (g = 5%).

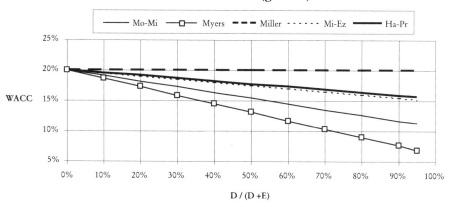

Figura 25.9. Valor de las acciones (Eo) en función del endeudamiento (g = 5%).

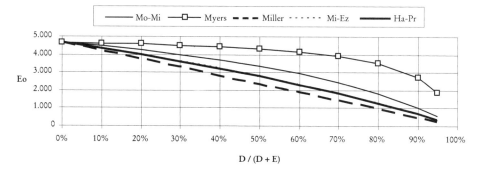

Figura 25.10. Valor de la deuda y las acciones (Eo + Do) en función del endeudamiento (g = 5%).

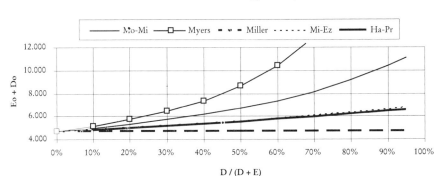

25.4. El problema de fondo: el valor del ahorro de impuestos debido a los intereses (DVTS).

Conviene recalcar las siguientes identidades:

$$V_{Ut} + G_{Ut} = E_t + D_t + G_{Lt}$$
$$V_{Ut}\,Ku_{t+1} + G_{Ut}\,K_{IU\,t+1} = E_t\,Ke_{t+1} + D_t\,Kd_{t+1} + G_{Lt}\,K_{IL\,t+1}$$

El llamado «valor actual neto del ahorro de impuestos debido al pago de intereses» (DVTS) es:

$$DVTS_t = G_{Ut} - G_{Lt}$$

El DVTS es la diferencia de dos valores actuales netos, de dos flujos (el de los impuestos de la empresa sin apalancar y el de los impuestos de la empresa apalancada) que tienen, obviamente, distinto riesgo. En una perpetuidad creciente:

$$DVTS_t = G_{U_t} - G_{L_t} = \frac{IMP_{U_{t+1}}}{(K_{IU} - g)} - \frac{IMP_{L_{t+1}}}{(K_{IL} - g)}$$

Es claro que $IMP_{U_{t+1}} - IMP_{L_{t+1}} = D_t\,Kd\,T$
Por consiguiente:

[25.1] $$V_{Ut} + DVTS_t = E_t + D_t$$

[25.2] $$V_{Ut}\,Ku + DVTS_t\,K_{DVTS} = E_t\,Ke + D_t\,Kd$$

Despejando K_{DVTS} resulta:

[25.3]
$$K_{DVTS} = Ku - \frac{E(Ku - Ke) + D(Ku - Kd)}{DVTS}$$

Concretando la ecuación [25.3] para una perpetuidad creciente a la tasa g, según las distintas teorías resulta:

a) Según Modigliani y Miller (1963):

$$K_{DVTS} = Ku - \frac{DT(Ku - Kd)}{DVTS} = Ku - \frac{(Ku - Kd)(Ku - g)}{Ku}.$$

b) Según Myers (1974): $K_{DVTS} = Kd$.
c) Según Miller (1977): $DVTS = 0$.
d) Según Miles y Ezzell (1980):

$$K_{DVTS} = Ku - \frac{D\,Kd\,T\,(Ku - Kd)}{DVTS\,(1 + Kd)} = Ku - \frac{(Ku - Kd)(Ku - g)}{(1 + Ku)}.$$

e) Según Harris y Pringle (1985): $K_{DVTS} = Ku$.

25.5. Valoración de distintas estrategias financieras

Este apartado es un comentario y una crítica al artículo de los profesores de Wharton Inselbag y Kaufold, titulado «Two DCF Approaches for Valuing Companies under Alternative Financing Strategies (and How to Choose Between Them)», que apareció en el *Journal of Applied Corporate Finance*, primavera 1997, pp. 114-122.

Inselbag y Kaufold utilizan el ejemplo de una empresa, Media Inc., con dos estrategias de financiación alternativas: la primera, fijando la cantidad de deuda prevista, y la segunda, fijando el ratio de endeudamiento.

Según ellos, el valor actual del ahorro de impuestos debido al pago de intereses (DVTS) es mayor si la empresa fija la cantidad de deuda prevista que si fija el ratio de endeudamiento. No estamos de acuerdo con esto por dos razones. La primera es que no vemos que las empresas despidan al director general o al director financiero porque propongan un objetivo de ratio de endeudamiento (en lugar de fijar la cantidad de deuda). La segunda es que, como ya hemos comentado, el DVTS es la diferencia de dos valores actuales: el de los impuestos en la empresa sin apalancar y el de los impuestos en la empresa apalancada. Inselbag y Kaufold argumentan que tener un objetivo de endeudamiento es más arriesgado que fijar la cantidad de deuda. Si así fuera, el valor actual de los impuestos a pagar en la empresa apalancada debería ser superior en la empresa que fija la cantidad de deuda y, por consiguiente, el DVTS menor, justo al revés de lo que ellos proponen.

En las líneas que siguen mostramos un resumen del artículo, mostramos por qué estamos en desacuerdo con sus valoraciones y proponemos una valoración más correcta.

25.5.1. Fijando la cantidad de deuda prevista

Inselbag y Kaufold utilizan el ejemplo de la empresa Media Inc. que aparece en la tabla 25.4. El free cash flow crece 4% después del año 3 y todos los demás flujos crecen al 4% después del año 4. Estos resultados proceden de las tablas 1 y 3 del artículo de Inselbag y Kaufold.

Tabla 25.4. Valoración de la empresa Media Inc. según Inselbag y Kaufold. La deuda está prefijada. T = 35%. Crecimiento = 4% tras año 3.

($ 000's)	0	1	2	3	4
1 Deuda	77.500	69.000	60.500	52.000	54.080
2 Capital (valor contable)	30.000	39.400	48.908	57.784	56.096
3 TOTAL PASIVO NETO	107.500	108.400	109.408	109.784	110.176
Cuenta de resultados (millones)					
4 BAT		11.475	14.810	18.433	21.411
5 Impuestos		4.016	5.183	6.452	7.494
6 BDT		7.459	9.627	11.981	13.917
7 CFacciones = Dividendos	−30.000	−1.941	119	3.105	15.606
8 FCF	−107.500	12.100	13.552	15.931	16.568
9 Ku	18,00%	18,00%	18,00%	18,00%	18,00%
10 Vu = VAN (Ku;FCF)	101.711	107.919	113.792	118.344	123.077
11 **DVTS = VAN (Kd; DTKd)**	30.501	30.872	31.612	32.760	34.070
12 Ke	24,01%	21,82%	20,38%	19,75%	19,75%
13 WACC	14,128%	14,529%	14,876%	14,965%	14,965%
14 **E = VAN (Ke; CFac)**	54.712	69.791	84.904	99.104	103.068

Inselbag y Kaufold utilizan unas fórmulas de valoración discutibles.
La ecuación [6a] que utilizan es:

$$[6a] \qquad V_{U,t}(Ku) + DVTS_t(Kd) = D_t(Kd) + E_t(Ke_t),$$

siendo $V_{U,t}$ el valor de la empresa sin deuda, $DVTS_t$ el valor actual del ahorro de impuestos debido al pago de intereses, Kd el coste de la deuda, D_t el valor de la deuda, y E_t el valor de la empresa.
Combinando [6a] con su fórmula [20] $V_{U,t} + DVTS_t = D_t + E_t$ resulta su fórmula [7]:

$$[7] \qquad Ke_t = Ku + (D_t - DVTS_t)(Ku - Kd) / E_t$$

Inselbag y Kaufold utilizan la fórmula [3] para calcular $DVTS_t$:

[3]
$$DVTS_t = T\left[\frac{Kd\,D_t}{(1+Kd)} + \frac{Kd\,D_{t+1}}{(1+Kd)^2} + \frac{Kd\,D_{t+2}}{(1+Kd)^3} + \ldots\right.$$

Para una perpetuidad creciente a la tasa g la ecuación (7) se puede escribir como:

[7g] $Ke = Ku + (D/E)[Kd(1-T) - g](Ku - Kd)/(Kd - g)$

[7g]   proporciona el extraño resultado de que **Ke < Ku** si **g > Kd (1 – T)**

Aplicando la ecuación (7) a su ejemplo Media Inc. y rehaciendo la valoración para distintas tasas de crecimiento a partir del año 3, se obtienen los siguientes resultados para el precio de las acciones (E_0) y para la rentabilidad exigida a las acciones a partir del año 3 (Ke_{3+}):

g	E_0	Ke_{3+}
3%	45.722	20,60%
4%	54.712	19,75%
5%	66.467	18,85%
6%	83.176	17,84%
7%	111.088	16,52%

Es evidente que para un crecimiento superior a 5,85% [$0,09 \times (1 - 0,35)$], resulta que $Ke_{3+} < 18\% = Ku$, lo que no tiene ningún sentido.

Otra propuesta de valoración

Proponemos que la ecuación [6a] se transforme en [6a*]

[6a*] $V_{U,t}(Ku) + DVTS_t(K_{DVTS}) = D_t(Kd) + E_t(Ke_t)$, donde

[21] $K_{DVTS} = Ku - D_t\,T\,(Ku - Kd)/DVTS_t$

También proponemos utilizar la ecuación (3*) en lugar de la (3):

[3*]
$$DVTS_t = T\left[\frac{Ku\,D_t}{(1+Ku)} + \frac{Ku\,D_{t+1}}{(1+Ku)^2} + \frac{Ku\,D_{t+2}}{(1+Ku)^3} + \ldots\right]$$

Combinando [6a*] con [20] $V_{U,t} + DVTS_t = D_t + E_t$ despejamos (Ke_t):

[7*] $Ke_t = Ku + D_t(1-T)(Ku - Kd)/E_t$

que proporciona el resultado consistente de que **Ke > Ku** porque **Ku > Kd**

Tabla 25.5. Valoración correcta (según Modigliani y Miller) de la empresa Media Inc. T = 35%. Crecimiento = 4% tras año 3.

	0	1	2	3	4
CF acciones = Dividendos	– 30.000	– 1.941	119	3.105	15.606
FCF		– 107.500	12.100	13.552	15.931	16.568
Kd	*11,00%*	*11,00%*	*11,00%*	*9,00%*	*9,00%*
DVTS = VAN·(Ku; DTKu)	23.821	23.227	23.061	23.400	24.336
Ke	25,34%	23,05%	21,61%	21,39%	21,39%
WACC	14,111%	14,685%	15,215%	15,689%	15,689%
E = VAN (Ke; CFac)	48.032	62.145	76.353	89.744	93.333

25.5.2. Fijando el ratio de endeudamiento

Inselbag y Kaufold continúan con la misma empresa, pero con una estrategia financiera diferente: fijando el ratio de endeudamiento en el 40% (deuda/acciones = 66,67%).

La tabla 25.6 muestra los resultados principales de su valoración. Comparando las tablas 25.4 y 25.6 resulta que $DVTS_3$ es mayor en la empresa con menor deuda: $DVTS_3$ es 12.775 en la tabla 25.6 (con deuda 52.447 creciendo al 4%) y $DVTS_3$ es 32.760 en la tabla 25.4 (con deuda 52.000 creciendo al 4%), lo que no tiene mucho sentido.

Tabla 25.6. Valoración de la empresa Media Inc. según Inselbag y Kaufold.

Endeudamiento = 40%. T = 35%. Crecimiento = 4% tras año 3.

		0	1	2	3	4
1	Deuda	45.205	47.885	50.430	52.447	54.546
2	Capital (valor contable)	62.295	60.515	58.978	57.337	55.630
3	TOTAL PASIVO	107.500	108.400	109.408	109.784	110.176
4	NOF	7.500	8.400	9.408	9.784	10.176
	Cuenta de resultados (millones)					
5	BDT		10.356	11.759	13.357	13.891
6	CF acciones = Dividendos		12.136	13.296	14.998	15.598
7	FCF		12.100	13.552	15.931	16.568
8	Ku	18,00%	18,00%	18,00%	18,00%	18,00%
9	Vu = VAN (Ku; FCF)	101.711	107.919	113.792	118.344	123.077
10	DVTS	11.301	11.794	12.284	12.775	13.286
11	Ke	23,83%	23,83%	23,83%	23,83%	23,83%
12	E = VAN(Ke; CFac)	67.807	71.827	75.645	78.671	81.818
13	WACC	16,636%	16,636%	16,636%	16,636%	16,636%

Otra propuesta de valoración

La tabla 25.7 contiene una propuesta de valoración alternativa a la tabla 25.6, que sigue el procedimiento utilizado en la tabla 25.5.

Tabla 25.7. Valoración correcta (según Modigliani y Miller) de la empresa Media Inc. con ratio de endeudamiento previsto = 40%.

		0	*1*	*2*	*3*	*4*
1	Deuda	49.880	52.762	55.508	57.7288	60.038
2	Capital (valor contable)	57619,85	55.638	53.900	52.056	50.138
3	**TOTAL PASIVO**	107.500	108.400	109.408	109.784	110.176
	Cuenta de resultados (millones)					
4	BAT		15.511	17.651	20.092	20.896
5	Impuestos		5.429	6.178	7.032	7.314
6	BDT		10.082	11.473	13.060	13.582
7	CF acciones = Dividendos		12.063	13.212	14.904	15.500
8	FCF		12.100	13.552	15.931	16.568
9	Ku	18,00%	18,00%	18,00%	18,00%	18,00%
10	Vu = VAN (Ku; FCF)	101.711	107.919	113.792	118.344	123.077
11	DVTS =VA(Ku; DTKu)	22.990	23.985	24.979	25.978	27.017
12	Ke	21,90%	21,90%	21,90%	21,90%	21,90%
13	E = VAN(Ke; CFac)	74.820	79.142	83.262	86.593	90.057
14	WACC	15,480%	15,480%	15,480%	15,480%	15,480%

Capítulo 26

Valoración de empresas a partir de la teoría de opciones

26.1. Opciones reales

La valoración de una empresa o un proyecto que proporciona algún tipo de flexibilidad futura –**opciones reales**– no puede realizarse correctamente con las técnicas tradicionales de actualización de flujos futuros (VAN o TIR). Existen muchos tipos de opciones reales: opciones de explotar concesiones mineras o petrolíferas, opciones de aplazar la inversión, opciones de ampliar negocios, opciones de abandonar negocios, opciones de cambio de utilización de unos activos...

Una opción real está presente en un proyecto de inversión cuando existe alguna posibilidad futura de actuación al conocerse la resolución de alguna incertidumbre actual. Un ejemplo típico son las concesiones petrolíferas. El pozo de petróleo se explotará o no dependiendo del precio futuro de mercado del petróleo. El diseño de un nuevo producto es también una opción real: la empresa tiene la opción de ampliar instalaciones productivas o de cancelar la distribución en función del crecimiento futuro del mercado. Las inversiones en investigación y desarrollo también se deben analizar utilizando la teoría de opciones.[1]

Los estrategas y profesores de política de empresa han achacado reiteradamente a las finanzas –y a los analistas financieros– su falta de herramientas para valorar las **implicaciones estratégicas** de los proyectos de inversión. Antes de utilizarse la teoría de opciones, la gran mayoría de nuevas inversiones se ha realizado basándose únicamente en criterios cualitativos de política de empresa. Los números –si acaso– se hacían después para que diesen el resultado que deseaba el estratega para apoyar su decisión. La teoría de opciones parece que permite la valoración de las oportunidades estratégicas de los proyectos: el análisis cuantitativo de las opciones junto con

---

1. Véase, por ejemplo Grenadier, S. y A. Weiss (1997), «Investment in technological innovations: An option pricing approach», *Journal of Financial Economics* 44, pp. 397-416.

el análisis cualitativo y estratégico de la política de empresa permiten tomar decisiones más correctas y racionales sobre el futuro de la empresa.

En este capítulo vamos a resolver un sencillo ejemplo que nos permitirá comprobar fácilmente cómo la no consideración de las opciones que contiene un proyecto puede llevarnos a infravalorarlo y, en general, a desechar proyectos que deberíamos acometer[2]. También analizaremos algunas opciones reales presentes en muchos proyectos de inversión: la opción de ampliar el proyecto, la de aplazar la inversión y la de utilizar la inversión para usos alternativos. También veremos que, desgraciadamente, la valoración de opciones reales utilizando las fórmulas desarrolladas para valorar opciones financieras (u otras derivadas de modo análogo) tiene sentido muy pocas veces, es preciso utilizar fórmulas alternativas a las desarrolladas para opciones financieras.

26.2. Explotación de reservas petrolíferas

Supongamos que nos ofrecen los derechos de explotación durante un año sobre un pozo de petróleo ya desarrollado y con unas reservas de 100.000 barriles. Los costes de extracción son estrictamente variables (toda la inversión en costes fijos ha sido ya realizada) y serán de 2.000 pesetas por barril extraído. Estos costes se mantendrán constantes a lo largo del próximo año. El precio del barril de petróleo es hoy 1.800 pesetas.[3] El tipo de interés sin riesgo a un año es el 5%. Nos ofrecen dos tipos de contrato:

a) Con obligación de extraer el petróleo en algún momento a lo largo del año.
b) Con la opción de extraerlo o no.

¿Cuánto estaríamos dispuestos a pagar por estos dos contratos alternativos?

26.2.1. Con obligación de extraer

Si adquirimos la obligación de extraer los 100.000 barriles de petróleo a lo largo del próximo año, la técnica apropiada para valorar el contrato es la del valor actual neto (VAN).

La tabla 26.1 muestra los cálculos necesarios para valorar el contrato. Lo único que necesitamos determinar es si debemos extraer hoy mismo el petróleo o esperar.

---

2. Análogamente, si los proyectos que consideramos contienen opciones que podrán ejercer terceros (la flexibilidad futura juega en contra nuestra), la no consideración de las opciones que contienen los proyectos nos llevará a realizar inversiones en proyectos que deberíamos rechazar.

3. Obsérvese que estamos suponiendo que no existe ninguna incertidumbre en lo relativo a los costes de extracción, ni a la cantidad ni calidad del petróleo: la única incertidumbre procede del precio futuro del petróleo.

La comparación entre extraer el petróleo dentro de un año (VAN = – 10,5 millones de pesetas) o extraerlo ahora (VAN = – 20 millones de pesetas) parece aconsejar que es mejor esperar. La intuición detrás de este resultado es muy sencilla: dado que el coste de extracción es constante, será mejor realizarlo lo más tarde posible.

No creemos que el lector tenga ningún problema para calcular el valor actual neto del coste de extraer un barril. Pero tal vez lo tenga con el cálculo del valor actual neto de los ingresos (del precio futuro[4] del petróleo). El VAN de cualquier activo es el valor esperado del activo en el futuro descontado a la tasa de descuento apropiada (aquélla que incorpora el riesgo del activo). Pero igualmente, el precio de un activo que se negocia en un mercado es el valor esperado del activo en el futuro descontado a la tasa de descuento que los inversores consideran apropiada. Por consiguiente –y salvo que dispongamos de información privilegiada o creamos que el mercado se equivoca en sus estimaciones de valor esperado o de riesgo– hemos de concluir que el VAN del precio del petróleo en el futuro es su precio de mercado hoy.

Por consiguiente, no sólo nos opondríamos a pagar algo por este contrato, sino que exigiríamos que nos compensasen en 10,5 millones de pesetas o más por aceptarlo.[5]

26.2.2. Con la opción de extraer

Si el contrato nos proporciona la opción de extraer los 100.000 barriles de petróleo a lo largo del próximo año, el valor actual neto no nos sirve porque supone que estamos obligados a extraer el petróleo. En este caso hemos de utilizar la teoría de opciones. Es evidente que en este caso, sí que estaremos dispuestos –como mínimo– a quedarnos con el contrato gratis. La razón es que el próximo año podemos ganar algo (extraeremos el petróleo si su precio es superior a 2.000 pesetas/barril) y no perderemos nada (no extraeremos el petróleo si su precio es inferior a 2.000 pesetas/barril).

La sencillez de este ejemplo permite valorar el contrato mediante la fórmula más sencilla que existe para valorar opciones: la fórmula de Black y Scholes[6] para una opción compradora (call) sobre una acción que no distribuye dividendos.

La tabla 26.1 muestra el valor del contrato en función de la volatilidad esperada del petróleo. Se adjuntan varios valores para que el lector pueda observar que la variable determinante en el cálculo del valor de una opción es la volatilidad. Afortunadamente, podemos estimar –siempre que el periodo futuro considerado no sea muy largo– la volatilidad con cierta precisión.

---

4. No confundir con el precio de un contrato de futuros. Aunque en una primera lectura puede no resultar intuitivo, el precio de un contrato de futuros resulta de una fórmula de arbitraje, y nada tiene que ver con las expectativas del mercado acerca del precio en la fecha futura en que se ejercerá el contrato. Las expectativas del mercado acerca de la evolución futura del precio van incorporadas en la cotización actual.

5. Salvo que dispongamos de información privilegiada o creamos que el mercado se equivoca hoy en su valoración del petróleo y que no continuará equivocándose en el futuro.

6. Para situaciones reales y contratos más complejos deberemos utilizar la fórmula binomial.

Una volatilidad igual a cero significa que creemos que el precio del barril de petróleo se revalorizará sin oscilaciones y de modo constante al 5%, lo que implica que su valor dentro de un año será de 1.800 x 1,05 = 1.890 pesetas. Lógicamente, en este caso, el valor del contrato es cero, puesto que nunca extraeremos petróleo ya que el coste de extracción es superior al precio de venta. Obsérvese que cuanto mayor es la volatilidad esperada, mayor es el valor del contrato, como puede verse en la tabla 26.1.

Tabla 26.1. Concesión para explotación de pozo de petróleo por un año.

100.000 barriles. Coste de extracción (variable) = 2.000 pesetas/barril.
Precio actual del petróleo = 1.800 pesetas/barril. Tasa de interés anual sin riesgo = 5,00%

A/ OBLIGACIÓN DE EXTRAER

A.1/ *Extraer dentro de un año*
VAN (coste) = –2.000 / 1,05 = – 1.904,76 pesetas / barril. VAN (ingresos) = 1.800 pesetas / barri
VAN contrato = (– 1.904,76 + 1.800) × 100.000 = **–10.476.190 pesetas**

A.2/ *Extraer ahora*
VAN (coste) = – 2.000 pesetas/barril. VAN (ingresos) = 1.800 pesetas/barril
VAN contrato = (– 2.000 + 1.800) × 100.000 = **– 20.000.000 pesetas**

B/ OPCIÓN DE EXTRAER[7]
Call (S = 1.800, K = 2.000, t = 1 año, r = 1,05)

Volatilidad	Valor (pesetas)
2%	2.559
5%	596.703
10%	3.298.856
20%	10.101.360
30%	17.237.282

La conclusión más importante que se debe obtener de la tabla 26.1 es que el no considerar la opción que incorpora el contrato, nos conduciría a un resultado erróneo y a tomar una decisión equivocada.

El empleo del VAN es sólo adecuado para aquellos proyectos en los que los flujos futuros de dinero se producirán con seguridad (como en el primer contrato, con *obligación* de extraer). Si existe algún tipo de flexibilidad futura en un proyecto (como en el segundo contrato, con el que extraeremos o no dependiendo de cuál sea el precio del petróleo en el futuro), hemos de utilizar necesariamente la teoría de op-

---

7. La valoración de la opción de extraer se ha calculado utilizando la fórmula de Black y Scholes, cuya demostración figura en el anexo 26.1. En el apartado 26.3 se explican los cálculos para una volatilidad del 30%.

ciones: el empleo tradicional del VAN, sin tener en cuenta la posibilidad de no ejercer la opción, nos conduciría a resultados erróneos y decisiones equivocadas.

Este sencillo ejemplo muestra la valoración de una opción real muy simple. La valoración de otro tipo de opciones reales (opción de ampliar capacidad, opción de emplear distintas materias primas, opción de producir diferentes productos, opción de emplear distintos procesos productivos, etc.) requerirá normalmente el empleo de técnicas de valoración algo más complejas.

26.3. La fórmula de Black y Scholes[8] para valorar opciones financieras

El valor de una opción de compra (call) sobre una acción, con precio de ejercicio K y que se podrá ejercer en t es el valor actual de su valor en t, que es MAX $(S_t - K, 0)$, siendo S_t el precio de la acción en t. Por consiguiente:

$$\text{Call} = \text{VAN}[\text{MAX}(S_t - K, 0)] = \text{VAN}[S_t / S_t > K]\,P[S_t > K] - \text{VAN}[K / S_t > K]\,P[S_t > K]$$

Es fácil demostrar que si el precio del activo con riesgo S sigue una trayectoria de la forma $S_t = S_0\, e^{(\mu t + \sigma \varepsilon \sqrt{t})}$ y suponemos que[9] $\mu = \ln(r) - \sigma^2 / 2$, entonces:

$$\text{VAN}[S_t / S_t > K]\,P[S_t > K] = S\,N(x)$$

$$\text{VAN}[K / S_t > K] = r^{-t}\,E[K / S_t > K] = K\,r^{-t}$$

$$P[S_t > K] = N(x - \sigma \sqrt{t}), \text{ siendo}^{10}\ x = \ln(S / Kr^{-t}) / (\sigma \sqrt{t}) + \sigma \sqrt{t} / 2.$$

Por consiguiente, la fórmula de Black y Scholes es:

$$\text{Call} = S\,N(x) - K\,r^{-t}\,N(x - \sigma \sqrt{t}),$$

$$\text{siendo } x = \ln(S / Kr^{-t}) / (\sigma \sqrt{t}) + \sigma \sqrt{t} / 2.$$

$N(x - \sigma \sqrt{t})$ es la probabilidad de que la opción se ejerza, esto es, $P[S_t > K]$.

---

8. El lector interesado en la derivación de la fórmula puede consultar el anexo 26.1.

9. Esto sólo se puede suponer si la opción es replicable. Esta imposición se basa en que cuando un instrumento financiero se puede valorar por arbitraje (es replicable a partir de otros ya existentes), las relaciones entre los precios se mueven en un espacio de probabilidad sin riesgo. En ese espacio de probabilidad, el valor esperado del precio de una acción (cuyo precio hoy es S pesetas) es igual al valor esperado de invertir esas pesetas a la tasa sin riesgo:

$$E(S_t) = Se^{(\mu + \sigma^2 / 2)t} = Sr^t \qquad [26.4]$$

10. Es importante darse cuenta que $P[St > K] = N(x - \sigma \sqrt{t})$ sólo si $\mu = \ln r - \sigma^2/2$. Esta última condición viene impuesta por el hecho de que la opción se puede replicar con acciones y bonos.

Es importante recalcar que esta fórmula supone que la opción se puede replicar, y por eso:

1. considera que $\mu = \ln (r) - \sigma^2 / 2$
2. calcula el valor actual utilizando la tasa sin riesgo.

Aplicando la fórmula de Black y Scholes a la opción de compra sobre 100.000 acciones, siendo el precio de cada acción 1.800 pesetas, el precio de ejercicio 2.000 pesetas por acción, volatilidad 30%, tiempo un año, tipo de interés 5% (análoga a la opción sobre el petróleo), resulta:

$$x = -0,038568. \quad N(x) = 0,4846. \quad N(x - \sigma\sqrt{t}) = 0,35$$

$S N (x) = 87,23$ millones de pesetas. $K r^{-t} N (x - \sigma \sqrt{t}) = 69,99$ millones de pesetas.

Y por consiguiente, el valor de la call es:

$$Call = 17,24 \text{ millones de pesetas} = 87,23 - 69,99.$$

La tabla 26.2 muestra un análisis de sensibilidad del valor de esta opción de compra.

Tabla 26.2. Valor de la opción y análisis de cómo afectan los cambios en los parámetros al valor de la opción.

Precio de la acción	Precio de ejercicio	Interés sin riesgo	Volatilidad	Tiempo hasta el ejercicio	Dividendos	CALL
180 .	200	5%	30%	1 año	0	17,24
200						28,35
	180					25,51
		6%				17,91
			33%			19,39
				1,1 año		18,63
					20	9,05

26.4. Factores que determinan el valor de una opción financiera

Recordamos brevemente las definiciones de call y put. Una opción de compra (*call*) es un contrato que proporciona a su poseedor (el comprador) el derecho (no la obligación) a comprar un número determinado de acciones, a un precio establecido, en cualquier momento antes de una fecha determinada (opción americana) o bien únicamente en esa fecha (opción europea). El comprador tiene la alternativa de poder ejercer o no su derecho, mientras que el vendedor está obligado a satisfacer el requerimiento del comprador.

Una opción de venta (put) es un contrato que proporciona a su poseedor (el comprador) el derecho (no la obligación) a vender un número determinado de acciones, a un precio establecido, en cualquier momento antes de una fecha determinada (opción americana), o bien únicamente en esa fecha (opción europea).

Las seis variables fundamentales que influyen en el precio de la opción son:

El precio de la acción a que se refiere la opción (S).
El precio de ejercicio de la opción (K).
La volatilidad de la acción.
El tipo de interés sin riesgo.
Los dividendos que recibirá la acción antes de la fecha de ejercicio.
El tiempo que resta hasta la última fecha de ejercicio.

El precio de la acción a que se refiere la opción (S)

El valor de una call aumenta con el precio de la acción, mientras que el valor de la put disminuye. En el caso de una opción europea esto es evidente. En el instante del ejercicio, el poseedor de la call puede optar por pagar el ejercicio (K) y recibir una acción de valor S: sus ganancias son (S–K), por lo que le interesa que S sea grande.

En el momento del ejercicio, el poseedor de una put realiza una ganancia (K–S) ya que cobra K a cambio de entregar una acción: su beneficio es mayor cuanto menor sea el precio de la acción.

El precio de ejercicio de la opción (K)

Un aumento en el precio de ejercicio (K) disminuye el valor de una call y aumenta el valor de una put. Al ejercer una call, su poseedor gana (S–K). Así pues le interesa que el pago que ha de efectuar sea pequeño. Lo contrario le ocurre al poseedor de una put. Si la ejerce, ganará (K–S). El precio de ejercicio es el cobro que recibirá, por lo que le conviene que sea elevado.

La volatilidad de la acción

Tanto si la opción es de compra o de venta, su valor es mayor cuanto mayor es la volatilidad prevista para el futuro de la acción a la que se refiere. Esto es así porque el poseedor de una opción se beneficia de las oscilaciones del precio de la acción en un sentido (al alza si la opción es una call y a la baja si es una put), mientras que está protegido contra los movimientos en sentido contrario.

El tipo de interés sin riesgo

El tipo de interés afecta al valor de una opción porque el valor actual neto del precio de ejercicio de la opción depende de los tipos de interés. Así pues, una call tiene más valor cuanto mayor es el tipo de interés, porque el VAN del precio de ejercicio es menor cuanto mayor sea la tasa de descuento, esto es, el tipo de interés.

En el caso de una put, ocurre lo contrario: su valor disminuye al aumentar el tipo de interés.

Los dividendos que recibirá la acción antes de la fecha de ejercicio

Los dividendos afectan a la opción porque cuando una acción paga un dividendo, el precio de mercado de la misma se ajusta para reflejar el dividendo pagado (disminuye). Así, el poseedor de una call preferirá que la acción no pague dividendos o que pague los menos posible. El poseedor de una opción de venta preferirá que la acción pague el mayor dividendo posible porque de este modo el precio de la acción en la fecha de ejercicio será menor.

El tiempo que resta hasta la última fecha de ejercicio

El tiempo hasta el ejercicio afecta al valor de la opción a través de tres variables mencionadas anteriormente:

Volatilidad: cuanto mayor es el tiempo hasta la fecha de ejercicio, mayor es la posibilidad de que el precio de la acción aumente o disminuya.

Precio de ejercicio: cuanto mayor es el tiempo hasta la fecha de ejercicio, menor es el VAN del precio de ejercicio.

Dividendos: cuanto mayor es el tiempo hasta la fecha de ejercicio, mayores son los dividendos que pagará la empresa.

No obstante, no todas estas variables afectan del mismo modo. El efecto total dependerá de la suma de los efectos parciales de cada una de estas tres variables.

En general, en el caso de opciones americanas, tanto call como put, aumentan de valor cuanto mayor es el tiempo hasta la fecha de ejercicio. Si se trata de opciones europeas, es necesario estudiar cada caso en particular.

26.5. Replicación de la call

Supongamos que el precio de las acciones del ejemplo anterior puede seguir dos trayectorias distintas, tal y como se indica en la figura 26.1. Una trayectoria (alcista) alcanza un precio dentro de un año de 254,66 millones de pesetas y la otra (bajista) de 135 millones de pesetas. Una aproximación intuitiva a la valoración concluiría que un inversor con expectativas alcistas estaría dispuesto a pagar más por la opción que el inversor con expectativas bajistas. Sin embargo este razonamiento es un error. Ambos estarán de acuerdo (si la volatilidad esperada por ambos es 30%) en valorar la opción en 17,24 millones de pesetas. La razón de esto es que comprando hoy 87,23 millones de pesetas de acciones y tomando prestados 69,99 millones de pesetas (desembolso neto: 17,24 millones de pesetas), dentro de un año tendrán la misma posición que comprando la opción, sea cual sea el recorrido futuro del precio de la acción.

Figura 26.1. Dos posibles trayectorias del precio de las 100.000 acciones durante el próximo año. El precio hoy es 180 millones. El precio dentro de un año según la trayectoria al alcista será 254,6 millones y 135 millones según la trayectoria bajista.

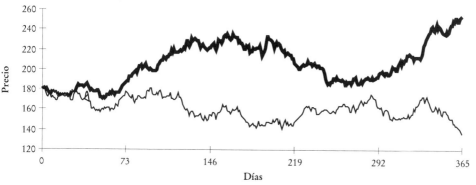

La figura 26.2 muestra la réplica de la opción si el precio de la acción sigue la trayectoria bajista. Inicialmente, (día 0) se han de comprar 87,231 millones de pesetas en acciones (48.461 acciones) y tomar prestados 69,994 millones de pesetas.

A lo largo del año próximo esta cartera se ha de ir modificando según indica la fórmula de Black y Scholes calculada cada día. El día 1 la cotización de la acción fue 1.805 pesetas. Calculando el valor de la call en el día 1 resulta 17,44 millones (88,07 − 70,63). Esto significa que la cartera en el día 1 debe tener 88,07 millones de pesetas invertidas en acciones (si el precio de la acción es 1.805 pesetas, se han de tener 48.792 acciones). Como el día 0 se tenían 48.461 acciones, el día 1 se han de comprar 331 acciones, lo que supone un desembolso de 0,6 millones de pesetas. Pero esta compra de acciones se financia totalmente con deuda. El día 1, el préstamo total será el préstamo del día 0 más los intereses de un día más el nuevo préstamo para comprar las 331 acciones:

$$69{,}994 \times 1{,}05^{1/365} + 0{,}6 = 70{,}6 \text{ millones}$$

Variando la cartera réplica de este modo a lo largo del año, (si la cotización sube, se compran acciones con dinero prestado y si la cotización baja, se venden acciones y se devuelve parte del préstamo), la figura 26.2 muestra cómo habría que ir variando la composición de la cartera réplica de la opción. Cada día del año, el valor de la call es idéntico al de la cartera réplica. Al final (día 364) la opción no vale nada porque el precio final de la acción es 1.350 pesetas. La cartera réplica en el día 365 tampoco vale nada porque no tiene acciones ni deuda.

Análogamente, la figura 26.3 muestra la cartera de réplica de la opción si la acción sigue una trayectoria alcista. En el día 365 la opción vale 54,66 millones, lo mismo que la cartera réplica, que tendrá 254,66 millones en acciones y 200 millones de deuda.

Figura 26.2. Réplica de la call si la acción sigue la trayectoria bajista. Dentro de un año la operación valdrá cero y la cartera réplica valdrá cero (no habrá acciones ni deuda).

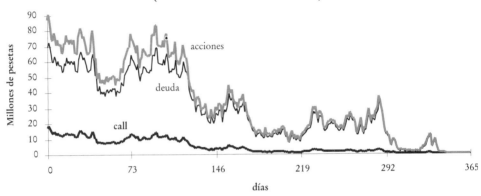

Figura 26.3. Réplica de la acción según la trayectoria alcista. Dentro de un año la call valdrá 54,66 millones. La cartera réplica estará compuesta por 254,66 millones de pesetas en acciones y una deuda de 200 millones.

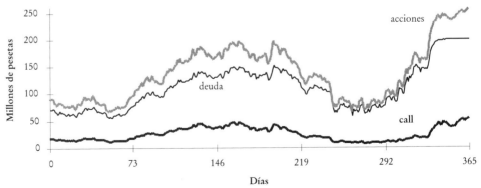

26.6. Las expectativas de revalorización del precio de la acción no influyen en el valor de una call que se puede replicar

En el apartado anterior hemos visto que las expectativas de revalorización del precio de la acción no influyen en el valor de la call. Un inversor alcista y un inversor bajista estarán de acuerdo en el valor de la call porque formando hoy una cartera con 87,23 millones de pesetas en acciones y tomando prestados 69,99 millones de pesetas se consigue dentro de un año la misma posición que con la call, sea cual sea la evolución del precio futuro de la acción.

Las expectativas de revalorización del precio de la acción se pueden incluir en la fórmula [26.1] en el parámetro μ. La figura 26.4 muestra la distribución de la rentabilidad esperada para el precio de la acción de tres inversores que tienen detrás idénticas expectativas de volatilidad (30%) pero distinta expectativa de rentabilidad μ: uno tiene $\mu = -5\%$, otro $\mu = 0,379\%$ y otro $\mu = 10\%$.

La figura 26.5 muestra la distribución del precio de la acción dentro de un año de los tres inversores. Haciendo uso de la ecuación [26.4], el valor esperado del precio de la acción es 1.791 para el inversor con $\mu = -5$ %; 1.890 para el inversor con $\mu = 0,379\%$ y 2.080,87 para el inversor con $\mu = 10\%$. Nótese que $1.890 = 1800 \times 1,05$. Luego el inversor con $\mu = 0,379\%$ espera una rentabilidad del precio de la acción igual a 5 %, que es el tipo de interés sin riesgo. Esto es así porque $\mu = 0,379$ % cumple la ecuación [26.5]. Anexo de sus diferentes expectativas, los tres inversores coincidirán en que el valor de la opción es 17,24 millones de pesetas.

Es fundamental darse cuenta de que la fórmula de Black y Scholes interpretada como valor actual neto considera $\mu = 0,379\% = \ln(r) - \sigma^2/2$ y realiza la actualización del valor esperado de la opción E [Max (S − K,0)] con la tasa sin riesgo r. Esto se debe a que la opción es replicable: el resultado económico de poseer la opción es idéntico a comprar hoy 87,23 millones de pesetas en acciones y tomar prestados 69,99 millones de pesetas.

Figura 26.4. Distribución de la rentabilidad de la acción en un año según 3 expectativas distintas.

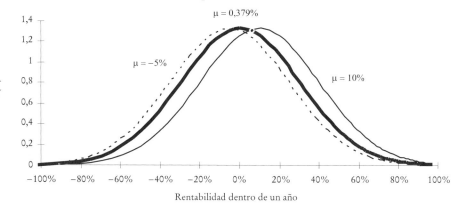

Figura 26.5. Distribución del precio de la acción dentro de un año según 3 expectativas distintas.

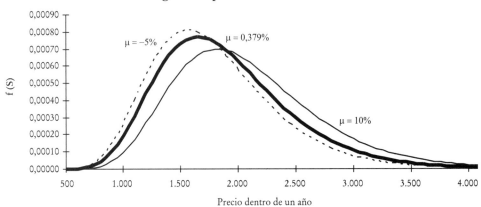

Es importante recalcar de nuevo que esta fórmula supone que la opción se puede replicar, y por eso:

$$\text{considera que } \mu = \ln(r) - \sigma^2 / 2$$

calcula el valor actual utilizando la tasa sin riesgo.

26.7. Valor de una call si no se puede replicar

En el caso de que la opción no se pueda replicar, el valor de la call no se basa en el arbitraje sino en las expectativas del valorador: expectativas de revalorización del activo subyacente y expectativas de riesgo de la inversión. En esta situación:

$$P\,[S_t > K] = N\,[y - \sigma \sqrt{t}].$$

$$\text{VAN}\,[K / S_t > K]\,P\,[S_t > K] = K\,r_K^{-t}\,N\,(y - \sigma \sqrt{t})$$

$$\text{VAN}\,[S_t / S_t > K]\,P[S_t > K] = S\,e^{(\mu + \sigma^2 / 2)\,t}\,r_K^{-t}\,N\,(y)$$

$$y = [\ln(S / K) + t\,\mu + t\,\sigma^2]\,/\,[\sigma \sqrt{t}]$$

$$\text{Call no replicable} = S\,e^{(\mu + \sigma^2 / 2)\,t}\,r_K^{-t}\,N\,(y) - K\,r_K^{-t}\,N\,(y - \sigma \sqrt{t}) \qquad [26.6]$$

El primer término puede interpretarse como el valor actual de los flujos que se espera obtener si se ejerce la opción. El segundo término es el valor actual de la inversión necesaria para ejercer la opción. $N\,(y - \sigma \sqrt{t})$ es la probabilidad de ejercer la opción.

La tabla 26.3 muestra el valor de la opción de extraer petróleo dentro de un año en función de μ y r_K. Nótese que para μ = 0,379 y r_K = 1,05 se obtiene el mismo valor que con Black y Scholes. Ese valor sólo tiene sentido si la opción es replicable. Si no lo es, el valor de la opción depende también de la rentabilidad esperada μ y de la tasa de descuento r_K que resulte apropiada para el proyecto.

Tabla 26.3. Valor de la opción de extraer en función de las expectativas de μ y r_K (millones de pesetas). Volatilidad = 30%.

μ

r_K	-5,0%	-2,0%	0,0%	0,379%	1,0%	2,0%	3,0%	4,0%	5,0%	10,0%
1,05	13,00	15,25	16,91	**17,24**	17,79	18,69	19,64	20,61	21,63	27,22
1,06	12,88	15,11	16,75	17,07	17,62	18,52	19,45	20,42	21,42	26,97
1,07	12,76	14,97	16,59	16,92	17,45	18,35	19,27	20,23	21,22	26,71
1,08	12,64	14,83	16,44	16,76	17,29	18,18	19,09	20,04	21,03	26,47
1,09	12,52	14,69	16,29	16,60	17,13	18,01	18,92	19,86	20,83	26,22
1,10	12,41	14,56	16,14	16,45	16,98	17,84	18,74	19,68	20,64	25,98
1,11	12,30	14,43	16,00	16,31	16,82	17,68	18,58	19,50	20,46	25,75

26.8. Diferencias entre una opción financiera y una opción real

Los factores que determinan el valor de una opción financiera son distintos a los que afectan a una opción real. Estas diferencias en los parámetros aparecen en la tabla 26.4.

Tabla 26.4. Parámetros que influyen en el valor de una opción financiera y de una opción real.

OPCIÓN CALL FINANCIERA	OPCIÓN CALL REAL
Precio de la acción Precio del ejercicio Interés sin riesgo Volatilidad de la acción Tiempo hasta el ejercicio Dividendos	Valor esperado de los flujos Coste de la inversión Tasa de descuento Volatilidad de los flujos esperados Tempo hasta el ejercicio Mantenimiento e la opción
Su valor no depende de la revalorización esperada de la acción	Su valor *depende* de la revalorización esperada de los flujos

La ecuación [26.6] se puede reescribir como:

Call no replicable = VAN (flujos esperados si se ejerce la opción)
    – VAN (inversión necesaria para ejercer la opción)   [26.7]

Si el proyecto está compuesto únicamente por una call, acometeremos el proyecto si «call no replicable» > 0. Si hay que realizar alguna inversión inicial para acometer el proyecto, entonces acometeremos el proyecto si «call no replicable» > inversión inicial:

Acometer el proyecto si:

Call no replicable – inversión inicial > VAN (flujos esperados si se ejerce la opción) – VAN (inversión necesaria para ejercer la opción).

Siguiendo el procedimiento apuntado por Luehrman (1995), podemos definir:

VAN_{call} = VAN (flujos esperados si se ejerce la opción) /
    [VAN (inversión necesaria) + inversión inicial]   [26.8]

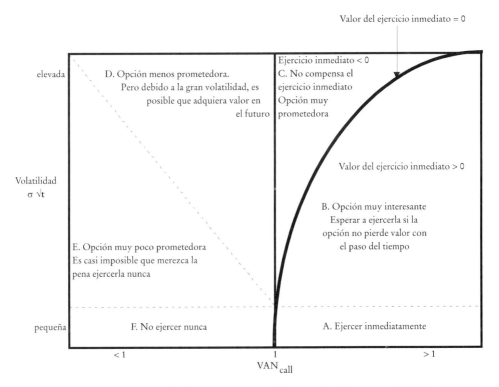

La línea curva corresponde a las opciones en las que el valor actual del ejercicio inmediato es cero. Esto se corresponde a las opciones con valor cero para t = 0. A partir de [26.6], si t = 0: y = ∞; 0 = S – K.

Lógicamente, interesa acometer el proyecto si $VAN_{call} > 1$.

Esta descomposición permite realizar el gráfico anterior que ayuda a visualizar el valor de las opciones y a dividirlas el seis tipos:

Tipo A: muy poca volatilidad, VAN_{call} superior a 1 y valor del ejercicio inmediato positivo. Son opciones que interesa ejercerlas inmediatamente. El esperar no les añade valor debido a la baja volatilidad.

Tipo B: VAN_{call} superior a 1, mayor volatilidad y valor del ejercicio inmediato positivo. Son opciones que compensa ejercerlas inmediatamente, pero esperar les añade valor debido a la mayor volatilidad.

Tipo C: VAN_{call} superior a 1, valor del ejercicio inmediato negativo y volatilidad elevada. Son opciones que no compensa ejercerlas inmediatamente, pero esperar les añade valor debido a la volatilidad. Son opciones muy prometedoras pues las expectativas de volatilidad hacen que $VAN_{call} > 1$.

Tipo D: VAN_{call} menor que 1, valor del ejercicio inmediato negativo y volatilidad elevada. Son opciones que no compensa ejercerlas inmediatamente, pero esperar les añade valor debido a la volatilidad. Con las expectativas actuales de volatilidad no compensará ejercerlas nunca pues $VAN_{call} < 1$, pero es posible que si aumenta la volatilidad o se logra mejorar la opción tenga valor en el futuro.

Tipo E: VAN_{call} menor que 1, valor del ejercicio inmediato negativo y volatilidad elevada. Son opciones que no compensa ejercerlas inmediatamente y con las expectativas actuales de volatilidad no compensará ejercerlas nunca pues $VAN_{call} < 1$. Es prácticamente imposible que la opción tenga valor en el futuro.

Tipo F: VAN_{call} menor que 1, valor del ejercicio inmediato negativo y muy poca volatilidad. Son opciones que no compensa ejercerlas nunca.

Figura 26.6. Diagrama VAN_{call}-volatilidad para la opción de la tabla 26.1 suponiendo que no se puede replicar para tres niveles iniciales del precio del petróleo. Inversión inicial = 16 millones. μ = 1%. t = 1 año.

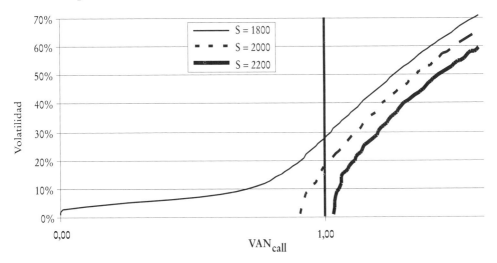

La figura 26.6 muestra el diagrama VAN_{call}-volatilidad para la opción de la tabla 26.1 (suponiendo que no se puede replicar) para tres niveles iniciales del precio del petróleo: 1.800, 2.000 y 2.200 pesetas/barril. Se supone que la inversión inicial para comprar la opción es de 16 millones de pesetas.

26.9. Cómo aplicar la teoría de opciones en una empresa

Si no se pueden replicar las opciones reales, es absolutamente inapropiado el utilizar las fórmulas de opciones financieras para valorar opciones reales, porque todas las fórmulas se basan en la existencia de una cartera réplica.[11]

A continuación incluimos algunas consideraciones sobre la aplicación práctica de la teoría de opciones al análisis de proyectos de inversión.

1. Tipos de interés elevados suponen elevados tipos de descuento, reduciendo el valor actual de los futuros flujos. Claramente, ello debería disminuir el valor de la opción de emprender un proyecto. Sin embargo, los tipos de descuento elevados también reducen el valor actual del precio de ejercicio de la opción. Este efecto compensador ayuda a mantener a flote el valor de la opción a medida que los tipos de interés aumentan, lo cual puede proporcionar a ciertas clases de proyectos –especialmente a las opciones de crecimiento– un enorme valor a tener en cuenta en el análisis inversiones.

2. Kester[12] sugiere una característica de las opciones que se debe considerar: el grado de exclusividad del derecho del propietario de una opción a ejercerla. A diferencia de las opciones sobre acciones, existen dos tipos de opciones de crecimiento: exclusivas y compartidas. Las primeras son las más valiosas porque proporcionan a su poseedor el derecho exclusivo de ejercerlas. Éstas resultan de patentes, del conocimiento exclusivo del mercado por parte de la empresa o de una tecnología que la competencia no puede imitar.

Las opciones de crecimiento compartidas son menos valiosas. Representan oportunidades «colectivas» del sector, como, por ejemplo, la posibilidad de introducirse en un mercado no protegido por elevadas barreras o de construir una nueva fábrica para abastecer un particular segmento geográfico del mercado. Los proyectos de reducción de costes son normalmente opciones compartidas, porque normalmente la competencia también puede acometerlos.

3. Kester también sugiere que las empresas, al realizar el análisis de proyectos de

---

11. La lógica de la teoría de opciones se basa en el arbitraje: como es posible formar una cartera réplica que tendrá idéntica rentabilidad a la opción que tratamos de valorar, entonces (para evitar arbitraje) la opción ha de tener el mismo valor que la cartera réplica. Si no se puede formar la cartera réplica, el anterior razonamiento no tiene ningún sustento.

12. Véase Kester, W. Carl, (1984) «Today's Options for Tomorrow's Growth», *Harvard Business Review*, marzo-abril, pp. 153-160.

inversión, deberían clasificar los proyectos de acuerdo a las opciones que incluyen. La clasificación según los criterios tradicionales de reposición, reducción de costes, incremento de capacidad, e introducción de nuevos productos, resulta de poca utilidad. Una clasificación más apropiada sería distinguir entre proyectos cuyos beneficios futuros se generan principalmente a través de flujos de caja (opciones simples) y aquéllos cuyos beneficios futuros incluyen opciones de posteriores inversiones (opciones compuestas). Opciones de crecimiento sencillas –como reducciones de costes rutinarias y proyectos de mantenimiento y reposición– crean valor sólo a través de los flujos de caja provenientes de los activos subyacentes.

Las opciones de crecimiento compuestas –como proyectos de investigación y desarrollo, una expansión importante en un mercado existente, la entrada en un nuevo mercado, y las adquisiciones (de nuevos negocios o empresas)– conducen a nuevas oportunidades de inversión y afectan al valor de las opciones de crecimiento existentes. La complejidad de las opciones compuestas, su papel en dar forma a la estrategia de la empresa e, incluso, su impacto en la supervivencia de la organización, todo ello pide un análisis más amplio. Una empresa debe considerar estos proyectos como parte de un grupo mayor de proyectos o como un conjunto de decisiones de inversión que se extiende a lo largo del tiempo. Dada la estrategia de la empresa, los ejecutivos deberían preguntarse si una opción en particular proporcionará las oportunidades de inversión convenientes en los mercados apropiados, dentro de un marco temporal adecuado, a las necesidades de su empresa.

4. La empresa debe separar los proyectos que requieren una decisión inmediata sobre la totalidad del proyecto de aquéllos en los que tiene flexibilidad para decidir en el futuro. Finalmente, la empresa debe preguntarse si puede conseguir totalmente los beneficios de la opción o si éstos estarán también disponibles para otros competidores.

5. Al considerar las oportunidades de inversión desde el punto de vista de la valoración de opciones, será más fácil que los directivos reconozcan que: a) el VAN convencional puede infravalorar determinados proyectos al suprimir el valor de las opciones presentes en el proyecto; b) se pueden aceptar proyectos con VAN negativo si el valor de la opción asociada a la flexibilidad futura supera el VAN de los cash flows esperados del proyecto; y c) la magnitud de la infravaloración y la medida en que los directivos podrían invertir justificadamente más de lo que dictan las reglas convencionales del VAN se pueden cuantificar mediante la teoría de opciones.

6. El marco de las opciones indica que el valor de la flexibilidad futura de la dirección es mayor en entornos más inciertos. Este valor es mayor en periodos con tipos de interés altos y cuanto mayor duración tienen las oportunidades de inversión. Por consiguiente, a diferencia de lo que se cree generalmente, mayor incertidumbre, tipos de interés altos y horizontes de inversión más lejanos (cuando se puede aplazar una parte de la inversión) no son necesariamente perjudiciales para el valor de una oportunidad de inversión. A pesar de que estas variables reducen el VAN estático de un proyecto, también pueden provocar un aumento del valor de las opciones del proyecto (valor de la flexibilidad de la dirección) que puede contrarrestar el efecto negativo anterior.

26.10. Uso del método binomial para valorar las opciones reales

26.10.1 Valoración de un proyecto

Una empresa tiene la oportunidad de acometer un proyecto de inversión que requiere una inversión inicial de 60 millones de pesetas. El proyecto consiste en el desarrollo de un nuevo producto. Existe una gran incertidumbre acerca de la aceptación de dicho producto por el mercado. Pero dentro de un año se habrá disipado esta incertidumbre y se sabrá si dicho producto es aceptado por el mercado o no. Para simplificar, se supone que sólo hay dos posibles escenarios futuros:

- El nuevo producto es bien aceptado. En este caso, el valor del proyecto dentro de un año se estima en 200 millones (valor de los flujos futuros descontados).
- El nuevo producto es mal aceptado. En este caso, el valor del proyecto dentro de un año se estima en 50 millones (valor de los flujos futuros descontados).

La tasa anual de interés sin riesgo es 10%.

La empresa CCC, cotizada en bolsa, se dedica exclusivamente al desarrollo de un producto idéntico al nuestro. El mercado espera que dentro de un año el valor de estas acciones sea 40.000 pesetas/acción si el producto es un éxito, y 10.000 pesetas/acción en caso contrario. La rentabilidad exigida a estas acciones es el 30%. Las acciones de dicha empresa se cotizan a 10.000 pesetas por acción porque el mercado es poco optimista acerca del éxito del nuevo producto. Obsérvese que la cotización nos indica que las probabilidades de éxito se estiman en un 10% y las de fracaso en un 90%. El valor de la acción hoy (So) es, por consiguiente:

$$\text{So} = \frac{E(S_1)}{(1 + \text{rentabilidad exigida})} = \frac{40.000 \times 0{,}1 + 10.000 \times 0{,}9}{1{,}3} = 10.000 \text{ pesetas}$$

La cuestión que se plantea es: ¿debemos aceptar el proyecto de inversión?

Hoy	Dentro de 1 año	
	200 millones	con probabilidad 10%
V		
	50 millones	con probabilidad 90%

Si utilizamos el valor actual neto para tomar la decisión, haremos la siguiente operación:

$$VAN = \frac{E(V_1)}{(1 + \text{rentabilidad exigida})} - \text{coste} = \frac{200 \times 0,1 + 50 \times 0,9}{1,3} - 60 = -10 \text{ millones}$$

Por consiguiente, si nos guiamos por el VAN, no deberíamos realizar este proyecto porque el coste de emprenderlo (60 millones) es superior al valor esperado de lo que podemos obtener de él (50 millones).

Si utilizamos la teoría de opciones, en este caso obtenemos el mismo resultado porque *este proyecto no es una opción*. El movimiento previsto para las acciones de la empresa CCC es:

Hoy	Dentro de 1 año	
	40.000 pesetas	con probabilidad 10%
10.000 pesetas		
	10.000 pesetas	con probabilidad 90%

Por consiguiente,[13] u = 4; d = 1; r = 1,1. p = 0,0333. El valor del proyecto (V), de acuerdo a la teoría de opciones es:

$$V = \frac{pV_u + (1-p)V_d}{r} - \text{coste} = \frac{200 \times 0,03333 + 50 \times 0,9666}{1,1} - 60 = -10 \text{ millones}$$

El valor del proyecto resulta – 10 millones de pesetas porque podemos replicar lo que suceda dentro de un año comprando 5.000 acciones de la empresa CCC:

$$\Delta = \frac{V_u - V_d}{(u-d)S} = \frac{200 - 50}{(4-1) \times 10.000} = 5.000 \text{ acciones}$$

$$B = \frac{uV_d - dV_u}{(u-d)r} = \frac{4 \times 50 - 1 \times 200}{(4-1) \times 1,1} = 0 \text{ pesetas}$$

Así, si el producto resulta un éxito, las 5.000 acciones valdrán 200 millones y si el producto resulta un fracaso valdrán 50 millones. Por consiguiente, el valor de este proyecto es: 5.000 acciones × 10.000 pesetas / acción – 60 millones = – 10 millones.

Dicho de otro modo, no acometeríamos el proyecto porque obtener 200 millones si el producto resulta o 50 si no resulta, es más barato comprando acciones de la empresa CCC (50 millones) que realizando la inversión (60 millones).

---

13. p = (r – d)/(u – d). El lector interesado en profundizar en el método binomial puede consultar el capítulo 12 del libro *Opciones, futuros e instrumentos derivados*, de Pablo Fernández (1996).

26.10.2 Valoración de la opción de ampliar el proyecto

Supongamos el mismo proyecto del apartado anterior, pero con una característica adicional: dentro de un año, la empresa podrá ampliar el proyecto un 100% invirtiendo de nuevo 60 millones de pesetas adicionales. Es evidente que dentro de un año la empresa sólo ampliará instalaciones en el caso de que el producto resulte un éxito.

El proyecto se puede representar ahora como:

Hoy	Dentro de 1 año	
V	200 + (200 − 60) millones	con probabilidad 10%
	50 millones	con probabilidad 90%

Si utilizamos el valor actual neto para tomar la decisión, realizaremos la siguiente operación:

$$\text{VAN} = \frac{E(V_1)}{(1 + \text{rentabilidad exigida})} - \text{coste} = \frac{340 \times 0,1 + 50 \times 0,9}{1,3} - 60 = 769.231 \text{ pesetas}$$

Por consiguiente, si nos guiamos por el VAN, deberíamos realizar este proyecto porque el coste de emprenderlo hoy (60 millones) es inferior a lo que esperamos obtener de él (60,769 millones).

Si utilizamos la teoría de opciones, obtenemos el resultado opuesto. En este caso, el proyecto sí es una opción: en el año 1, después de conocerse si el producto es un éxito o un fracaso, la empresa tiene la posibilidad de ampliar el proyecto un 100%, invirtiendo 60 millones de pesetas adicionales. El valor del proyecto (V), de acuerdo a la teoría de opciones es:

$$V = \frac{pV_u + (1-p)V_d}{r} - \text{coste} = \frac{340 \times 0,03333 + 50 \times 0,9666}{1,1} - 60 = -5,7575 \text{ millones}$$

El valor del proyecto resulta − 5,7575 millones de pesetas porque podemos replicar lo que suceda dentro de un año comprando 9.667 acciones de la empresa CCC y tomando prestados 42,4242 millones de pesetas al 10%, como puede comprobarse a continuación:

$$\Delta = \frac{V_u - V_d}{(u-d)S} = \frac{340 - 50}{(4-1) \times 10.000} = 9.666,66 \text{ acciones}$$

$$B = \frac{uV_d - dV_u}{(u-d)r} = \frac{4 \times 50 - 1 \times 340}{(4-1) \times 1,1} = -42,4242 \text{ millones}$$

Así, si el producto resulta un éxito, las 9.667 acciones valdrán 386,67 millones y deberemos devolver 46,67 millones (42,4242 x 1,1) del crédito. Si el producto resulta un fracaso las acciones valdrán 96,67 millones y tendremos que devolver 46,67 millones del crédito. Por consiguiente, el valor de este proyecto es:

$$9.667 \text{ acciones} \times 10.000 \text{ pesetas/acción} - 42,4242 \text{ millones} - 60 \text{ millones} = -5,7575 \text{ millones}$$

Dicho de otro modo, no acometeríamos el proyecto porque obtener 340 millones si el producto resulta o 50 si no resulta, es más barato comprando 9.667 acciones de la empresa CCC y tomando 42,4242 millones de pesetas prestados (esto nos cuesta hoy 54,25 millones), que realizando la inversión (60 millones).

Podemos calcular fácilmente el valor de la opción de ampliar:

Valor de la opción de ampliar = Valor proyecto con opción de ampliar – valor del proyecto sin opción de ampliar

Valor de la opción de ampliar = – 5,7575 – (–10) = 4,2424 millones de pesetas.

Otro modo de calcular el valor de la opción de ampliar es:

$$\text{Valor de la opción de ampliar} = \frac{140 \times 0,03333 + 0 \times 0,96666}{1,1} = 4,2424 \text{ millones}$$

26.10.3. Valoración de la opción de aplazar la inversión

Supongamos el mismo proyecto del apartado 26.10.1, pero con una característica adicional: la empresa puede aplazar el comienzo del proyecto hasta dentro de un año. La inversión requerida dentro de un año será 80 millones de pesetas. Es evidente que dentro de un año la empresa sólo acometerá el proyecto en el caso de que el producto resulte un éxito para la empresa CCC.

El proyecto se puede representar ahora como:

Hoy	Dentro de 1 año	
	(200 – 80) millones	con probabilidad 10%
V		
	0 millones	con probabilidad 90%

Si utilizamos el valor actual neto para tomar la decisión, haremos la siguiente operación:

$$\text{VAN} = \frac{E(V_1)}{(1 + \text{rentabilidad exigida})} = \frac{120 \times 0,1 + 50 \times 0,9}{1,3} = 9,2308 \text{ millones}$$

Por consiguiente, si nos guiamos por el VAN, deberíamos mantener este proyecto y esperar hasta dentro de un año para decidir si invertir o no.

Si utilizamos la teoría de opciones, obtenemos un resultado distinto. El valor del proyecto (V), de acuerdo a la teoría de opciones es:

$$V = \frac{pV_u + (1-p)V_d}{r} - coste = \frac{120 \times 0,03333 + 0 \times 0,9666}{1,1} = 3,6363 \text{ millones}$$

El valor del proyecto resulta 3,6363 millones de pesetas porque podemos replicar lo que suceda dentro de un año comprando 4.000 acciones de la empresa CCC y tomando prestados 36,3636 millones de pesetas al 10%, como puede verse a continuación:

$$\Delta = \frac{V_u - V_d}{(u-d)S} = \frac{120-0}{(4-1) \times 10.000} = 4.000 \text{ acciones}$$

$$B = \frac{uV_d - dV_u}{(u-d)r} = \frac{4 \times 0 - 1 \times 120}{(4-1) \times 1,1} = -36,3636 \text{ millones}$$

Así, si el producto resulta un éxito, las 4.000 acciones valdrán 160 millones y deberemos devolver 40 millones (36,3636 x 1,1) del crédito. Si el producto resulta un fracaso las acciones valdrán 40 millones y deberemos devolver 40 millones del crédito. Por consiguiente, el valor de este proyecto es:

4.000 acciones x 10.000 pesetas/acción – 36,3636 millones = 3,6363 millones

El valor de la opción de aplazar la inversión es por tanto: 3,6363 – (–10) = 13,6363 millones.

Otro modo de calcular el valor de la opción de aplazar la inversión es:[14]

$$\text{Valor de la opción de aplazar la inversión} = \frac{-80 \times 0,03333 - 50 \times 0,96666}{1,1} + 60 = 13,6363 \text{ millones}$$

26.10.4. Valoración de la opción de utilizar la inversión para usos alternativos

Supongamos el mismo proyecto del apartado 26.10.1, pero con una característica adicional: dentro de un año, la empresa podrá vender sus instalaciones por 62 millo-

---

14. El artículo de McDonald R., y D. Siegal (1986) «The Value of Waiting to Invest», *Quantitative Journal of Economics,* 101, pp. 707-727, proporciona un tratamiento más riguroso de estas opciones.

nes de pesetas. Es evidente que dentro de un año la empresa venderá sus instalaciones en el caso de que el producto resulte un fracaso.

El proyecto se puede representar ahora como:

Hoy	Dentro de 1 año	
	200 millones	con probabilidad 10%
V		
	62 millones	con probabilidad 90%

Si utilizamos el valor actual neto para tomar la decisión, haremos la siguiente operación:

$$VAN = \frac{E(V_1)}{(1 + \text{rentabilidad exigida})} = \frac{200 \times 0,1 + 62 \times 0,9}{1,3} - 60 = -1.692.308 \text{ pesetas}$$

Por consiguiente, si nos guiamos por el VAN, no deberíamos aceptar este proyecto.

Si utilizamos la teoría de opciones, obtenemos un resultado distinto. El valor del proyecto (V), de acuerdo a la teoría de opciones es:

$$V = \frac{pV_u + (1 - p)V_d}{r} = \frac{200 \times 0,03333 + 62 \times 0,9666}{1,1} - 60 = 545,454 \text{ millones}$$

El valor del proyecto resulta 545.454 pesetas porque podemos replicar lo que suceda dentro de un año comprando 4.600 acciones de la empresa CCC e invirtiendo 14,5454 millones de pesetas al 10%, como puede comprobarse a continuación:

$$\Delta = \frac{V_u - V_d}{(u - d)S} = \frac{200 - 62}{(4 - 1) \times 10.000} = 4.600 \text{ acciones}$$

$$B = \frac{uV_d - dV_u}{(u - d)r} = \frac{4 \times 62 - 1 \times 200}{(4 - 1) \times 1,1} = -14,5454 \text{ millones}$$

Así, si el producto resulta un éxito, las 4.600 acciones valdrán 184 millones y nuestra inversión en renta fija 16 millones (14,5454 x 1,1). Si el producto resulta un fracaso las acciones valdrán 46 millones y nuestra inversión en renta fija 16 millones. Por consiguiente, el valor de este proyecto es:

4.600 acciones x 10.000 pesetas/acción + 14,5454 millones
– 60 millones = 545.454 pesetas

El valor de la opción de utilizar la inversión para usos alternativos es por tanto:

0,545454 − (−10) = 10,545454 millones

Otro modo de calcular el valor de la opción de utilizar la inversión para usos alternativos es:

$$\text{Valor de la opción de utilizar la inversión para usos alternativos} = \frac{0 \times 0,03333 + 12 \times 0,96666}{1,1} = 10,5454 \text{ millones}$$

Otro ejemplo de opción real se da cuando una empresa eléctrica se plantea la construcción de una central térmica que pueda utilizar tanto derivados del petróleo como carbón, en el proceso de generación de electricidad.[15] Lógicamente, se debe construir una planta de estas características en lugar de una planta que utilice sólo derivados del petróleo (aunque el coste de la primera sea superior) cuando el exceso de coste sea inferior al valor de la opción de utilizar carbón cuando el precio del petróleo sea suficientemente mayor que el del carbón.

---

15. El artículo de Margrabe, William, «The Value of an Option to Exchange One Asset For Another», J.F., marzo 1978, pp. 177-198, ilustra este aspecto.

Anexo 26.1. Una derivación de la fórmula de Black y Scholes.[16] Valoración de una opción de compra

En el desarrollo de este anexo demostraremos la fórmula de Black y Scholes para la valoración de una opción de compra. Suponemos que la rentabilidad de la acción sigue un proceso normal y que el precio de la acción sigue una trayectoria de la forma:

$$S_t = S \, e^{(\mu t + \sigma \varepsilon \sqrt{t})} \qquad [26.1]$$

El valor esperado de la acción viene dado por la ecuación:

$$E(S_t) = S \, e^{(\mu + \sigma^2 / 2)t} \qquad [26.2]$$

Donde: μ = rentabilidad esperada por el inversor por unidad de tiempo. $\mu t = E [\ln (S_t / S)]$
σ = volatilidad anual de la acción en tanto por uno
ε = variable aleatoria normal de media cero y varianza igual a la unidad

El valor de la opción de compra en el momento actual ($t = 0$) ha de ser, por definición, el valor actual neto de los flujos futuros derivados de ella. Conocemos el flujo de dinero que recibirá el poseedor de la opción en la fecha de ejercicio, esto es, el máximo de los valores ($S_t - K$) y 0: Max ($S_t - K$, 0). Por consiguiente:

$$C = VAN[Max(S_t - K, 0)] = VAN[(S_t - K)/S_t > K]\,P[S_t > K] + VAN[0]\,P[S_t > K] =$$
$$= VAN[S_t / S_t > K]\,P[S_t > K] - VAN[K / S_t > K]\,P[S_t > K] \qquad [26.3]$$

Antes de pasar al cálculo de la ecuación [26.3] conviene precisar una cuestión importante. Si dos inversores calculasen el VAN de la opción utilizando distintas expectativas sobre el valor futuro de la acción (con distintas μ), obtendrían distintos resultados. Pero dos inversores, si coinciden en su expectativa de volatilidad, han de estar de acuerdo en el precio de la opción porque la opción puede replicarse con acciones y bonos. Esta cuestión se profundiza en el apartado 26.6.

Por consiguiente –y esto es una regla general para valorar instrumentos financieros que pueden construirse a partir de otros (instrumentos replicables)– no se puede calcular el VAN utilizando las expectativas de rentabilidad que el inversor tenga, sino que se debe utilizar una expectativa de rentabilidad que ha de estar fijada, de modo que todos los inversores utilicen la misma aunque tengan distintas expectativas.

Cuando un instrumento financiero se puede valorar por arbitraje –es replicable a partir de otros ya existentes–, las relaciones entre los precios se mueven en un espa-

---

16. La fórmula apareció publicada por primera vez en F. Black y M. Scholes: «The Pricing of Options and Corporate Liabilities», *The Journal of Political Economy*, mayo-junio de 1973, pp. 637-654.

cio de probabilidad sin riesgo. En este espacio de probabilidad sin riesgo, el valor esperado del precio de una acción (cuyo precio hoy es S pesetas) es igual al valor esperado de invertir esas pesetas a la tasa sin riesgo:

$$E\,(S_t) = S\,e^{(\mu + \sigma^2/2)t} = Sr^t \qquad\qquad [26.4]$$

porque, siendo r = 1+ tasa sin riesgo:

$$\mu = \ln(r) - \sigma^2/2 \qquad\qquad [26.5]$$

Cálculo de VAN [K / S_t > K] P[S_t > K]

El valor actual de K, si S_t > K, será igual a su valor esperado actualizado a la tasa de descuento r. Este valor es K, que es un dato que conocemos. Así:

$$\text{VAN}\,[K\,/\,S_t > K] = r^{-t}\,E\,[K\,/\,S_t > K] = K\,r^{-t} \qquad\qquad [26.6]$$

Para calcular la **probabilidad** de que la opción se ejerza, esto es, la probabilidad de que el valor de la acción sea superior al precio de ejercicio en la fecha de ejercicio, tendremos en cuenta la ecuación [26.1]. De esta forma:

$$P[S_t > K] = P\!\left[Se^{(\mu t + \sigma\varepsilon\sqrt{t})} > K\right] = P\!\left[\mu t + \sigma\varepsilon\sqrt{t} > \ln(K/S)\right] =$$

$$= P\!\left[\sigma\varepsilon\sqrt{t} > \ln(K/S) - \mu t\right] = P\!\left[\varepsilon > \frac{\ln\!\left(\dfrac{S}{K}\right) + \mu t}{\sigma\sqrt{t}}\right]$$

ε es una variable aleatoria normal de media cero y varianza igual a la unidad. En una distribución normal se cumple: P[$\varepsilon > -H$] = P[$\varepsilon < H$]

Por consiguiente:

$$P[S_t > K] = P\!\left[\varepsilon < \frac{\ln\!\left(\dfrac{S}{K}\right) + \mu t}{\sigma\sqrt{t}}\right]$$

Considerando [26.5] y sustituyendo en la ecuación anterior, obtenemos:

$$P[S_t > K] = P\!\left[\varepsilon < \frac{\ln\!\left(\dfrac{S}{K}\right) + \ln(r^t) - t\dfrac{\sigma^2}{2}}{\sigma\sqrt{t}}\right]$$

Como ε es una distribución normal (0,1), se cumple:

$$P[S_t > K] = N\left[\varepsilon < \frac{\ln\left(\dfrac{S}{Kr^{-t}}\right) - t\dfrac{\sigma^2}{2}}{\sigma\sqrt{t}}\right] \quad \text{Definiendo x como:} \quad x = \frac{\ln\left(\dfrac{S}{Kr^{-t}}\right) + t\dfrac{\sigma^2}{2}}{\sigma\sqrt{t}}$$

obtenemos la expresión:[17] $P[S_t > K] = N(x - \sigma\sqrt{t})$. Teniendo en cuenta la ecuación [26.6]:

$$VAN\,[K / S_t > K]\,P[S_t > K] = K\,r^{-t}\,N(\,x - \sigma\sqrt{t}\,) \qquad [26.7]$$

Cálculo de VAN $[S_t / S_t > K]\,P[S_t > K]$

El valor actual de S_t es igual a su valor esperado actualizado a la tasa de descuento r:

$$VAN\,[S_t / S_t > K]\,P\,[S_t > K] = r^{-t}\,E\,[S_t / S_t > K]\,P[S_t > K]$$

$$E[S_t/S_t > K]P[S_t > K] = \int_{-x+\sigma\sqrt{t}}^{\infty} Se^{(\mu t + \sigma\varepsilon\sqrt{t})}(2\pi)^{-1/2}e^{-\varepsilon^2/2}d\varepsilon =$$

$$= Se^{\mu t}\int_{-x+\sigma\sqrt{t}}^{\infty} e^{(\sigma\varepsilon\sqrt{t} - \varepsilon^2/2)}(2\pi)^{-1/2}d\varepsilon = Se^{\left(\mu + \frac{\sigma^2}{2}\right)t}\int_{-x+\sigma\sqrt{t}}^{\infty} e^{-\left(\frac{\sigma\sqrt{t}-\varepsilon}{2}\right)^2}(2\pi)^{-1/2}d\varepsilon$$

Para resolver esta integral, realizamos un cambio de variable: $v = \sigma\sqrt{t} - \varepsilon$; $dv = -d\varepsilon$.
Entonces: para $S_t = K$; $\varepsilon = -x + \sigma\sqrt{t}$; $v = x$. Para $S_t = \infty$; $\varepsilon = \infty$; $v = -\infty$.
Con estos resultados: $E\,[S_t / S_t > K]\,P\,[S_t > K] = S\,e^{(\mu + \sigma^2/2)t}\,N(x)$.
Por otro lado, teniendo en cuenta [26.4], se cumple que: $e^{(\mu + \sigma^2/2)t} = r^t$.
Por lo tanto: $E\,[S_t / S_t > K]\,P[S_t > K] = Sr^t\,N(x)$. Por consiguiente:

$$VAN\,[S_t / S_t > K]\,P\,[S_t > K] = r^{-t}\,E\,[S_t / S_t > K]\,P\,[S_t > K] = S\,N(x) \qquad [26.8]$$

Sustituyendo [26.7] y [26.8] en [26.3], obtenemos la fórmula de Black y Scholes para una call:

$$Call = S\,N\,(x) - K\,r^{-t}\,N\,(x - \sigma\sqrt{t})$$

$$\text{siendo: } x = \frac{\ln\left(\dfrac{S}{Kr^{-t}}\right) + t\dfrac{\sigma^2}{2}}{\sigma\sqrt{t}}$$

---

17. Es importante darse cuenta que $P\,[S_t > K] = N\,(x - \sigma\sqrt{t})$ sólo si $\mu = \ln r - \sigma^2/2$. Esta última condición viene impuesta por el hecho de que la opción se puede replicar con acciones y bonos.

Todas las operaciones incluidas en la fórmula de Black y Scholes son muy fáciles de realizar. $N(x)$ es una integral que no tiene una solución explícita. Sin embargo, la mayoría de los libros de estadística contienen tablas con la función de probabilidad acumulada de una distribución normal y muchas hojas de cálculo ya contienen la función $N(x)$.

Resumen

La valoración de una empresa o un proyecto que proporciona algún tipo de flexibilidad futura –opciones reales– no puede realizarse correctamente con las técnicas tradicionales de descuento de cash flow futuros. El empleo del VAN, sin tener en cuenta la posibilidad de no ejercer la opción, conduciría a resultados erróneos y decisiones equivocadas.

Utilizar las fórmulas de valoración de opciones financieras para valorar opciones reales sólo es posible si éstas se pueden replicar, ya que las fórmulas de valoración de opciones financieras se basan en la existencia de una cartera réplica.

La variable determinante en el cálculo del valor de una opción es la volatilidad. Cuanto mayor es la volatilidad esperada mayor es el valor de la opción.

Conceptos clave

- Opción financiera
- Opción real
- Opción de compra (call)
- Opción de venta (put)
- Cartera réplica de una opción
- Arbitraje
- Valor actual neto (VAN)
- Tasa interna de rentabilidad (TIR)
- Volatilidad
- Fórmula de Black y Scholes.

Abreviaturas utilizadas en esta obra

ADR *(adjusted discount rate)*. Otro modo de denominar al WACC.

AE (amortización económica). Anualidad que capitalizada al coste de los recursos (WACC) acumulará el valor de los activos al final de la vida útil de los mismos.

AFN (activos fijos netos). Activos fijos brutos menos amortización acumulada.

AM (amortización contable). Amortización que aparece en la cuenta de resultados y permite pagar menos impuestos.

APV *(adjusted present value)..* Método de valorar empresas a partir del valor de la empresa sin deuda, sumándole el valor actual del ahorro de impuestos por la utilización de deuda.

BAIDT: Beneficio antes de intereses y después de impuestos. En inglés, NO-PAT o NOPLAT.

BAIT: Beneficio antes de intereses e impuestos. En inglés, EBIT.

BAT: Beneficio antes de impuestos.

BDT: Beneficio después de impuestos.

BE (beneficio económico): Beneficio contable menos el valor contable de las acciones multiplicado por la rentabilidad exigida a las acciones.

BFO: Beneficio del periodo.

BPA: Beneficio por acción.

βd: Beta de la deuda.

βu: Beta de las acciones de la empresa sin apalancar.

β_L: Beta de las acciones de la empresa apalancada.

C: Convexidad.

CAPM: *capital asset pricing model.*

CCF *(capital cash flow)*: Cash flow disponible para los tenedores de acciones y de deuda.

CF: (cash flow). Flujo disponible en un periodo determinado.

CFac: (cash flow) disponible para las acciones.

CFROI: *(cash flow return on investment)* Rentabilidad interna de la inversión sin tener en cuenta la inflación.

CVA *(cash value added)*: Beneficio antes de intereses más la amortización menos la amortización económica menos el coste de los recursos utilizados.

D_t: Valor de la deuda en t.

DIV: Dividendos pagados por la empresa

DPA: Dividendo por acción pagado por la empresa.

DVTS *(discounted value of tax shields)*: Valor actual del ahorro de impuestos debidos a la deuda.

E_0: Valor de mercado de las acciones en t = 0 (ahora).

E_t: Valor de las acciones en t.

Evc_t: Valor contable de las acciones en t.

EBIT *(Earnings before interest and taxex)*: Beneficio antes de intereses e impuestos. En castellano, BAIT.

EVA *(Economic Value Added)*. Beneficio antes de intereses menos el valor contable de la empresa multiplicado por el coste promedio de los recursos.

EVA *(Spread)*: Diferencia entre el ROA y el WACC.

FCF *(Free cash flow)*: Cash flow disponible para las acciones si la empresa no tuviera deuda.

FE: Frontera eficiente.

FF *(Franchise factor)*: Mide la contribución del crecimiento de la empresa al PER.

g *(growth)*: Crecimiento.

G (Factor crecimiento): Es uno de los factores que componen el PER. Depende del crecimiento de la empresa.

G_L: Valor actual de los impuestos de la empresa apalancada.

Gu: Valor actual de los impuestos de la empresa sin deuda.

GW: Goodwill.

I: Intereses debidos a la deuda.

IBEX 35: Índice bursátil español compuesto por las 35 empresas con mayor liquidez.

IGBM: Índice General de la Bolsa de Madrid.

ITBM: Índice Total de la Bolsa de Madrid.

IMP: Impuestos pagados por la empresa.

IMP_L: Impuestos cuando la empresa está apalancada.

IMPu: Impuestos cuando la empresa no esta apalancada.

IPC: Índice de precios al consumo.

Kd: Rentabilidad exigida a la deuda.

Ke: Rentabilidad exigida a las acciones de la empresa apalancada.

K_{Iu}: Tasa de descuento de los impuestos pagados por la empresa sin apalancar.

K_{IL}: Tasa de descuento de los impuestos pagados por la empresa apalancada

Ku: Rentabilidad exigida a las acciones de la empresa sin apalancar.

M: Cartera compuesta por todos los títulos que se cotizan en el mercado. Muchas veces es una cartera suficientemente diversificada, por ejemplo, un índice bursátil representativo del mercado.

Mac D: Duración de Macaulay.

Mod D: Duración modificada.

MVA *(Market value added)*: Diferencia entre el valor de las acciones de la empresa y el valor contable de las mismas (o inversión inicial).

N_t: Valor nominal de la deuda en el año t.

NA: Número de acciones de la empresa.

NAE *(Net assets employed)*: Suma AFN + NOF.

NOF (necesidades operativas de fondos): También se denomina circulante neto. En inglés suele denominarse *working capital requirements.*

NOPAT *(net operating profit after taxes):* Beneficio de la empresa sin apalancar (sin deuda). También se llama BAIDT (Beneficio antes de intereses después de impuestos).

NOPLAT *(net operating profit less adjusted taxes)*: Es idéntico al NOPAT.

P: Precio de la acción.

p *(pay out ratio)*: Dividendo repartido por la empresa dividido por el beneficio.

P_M: Prima de mercado = E (R_M) – R_F = Valor esperado de la rentabilidad del mercado por encima de la tasa sin riesgo = rentabilidad exigida al mercado por encima de la tasa sin riesgo.

PER *(price earnings ratio)*: Resulta de dividir el precio de las acciones entre el beneficio de la empresa. Indica, por tanto, el múltiplo sobre el beneficio al que el mercado valora las acciones.

r: Interés explícito (coste) de la deuda

R_F: Tasa de interés sin riesgo

RAROC *(risk adjusted return on capital):* En general, modo abreviado de denominar al RARORAC.

RARORAC *(Risk Adjusted Return on Risk Adjusted Capital):* Medida ajustada del ROE. El beneficio se ajusta con las pérdidas esperadas debidas a incobrables y en lugar del valor contable de las acciones se considera el capital económico (capital necesario para financiar el activo teniendo en cuenta el riesgo del mismo).

Ratio Creación de Valor = E_0 / Evc_0.

ROA *(return on assets)*: Beneficio antes de intereses dividido por los recursos (deuda y acciones) utilizados por la empresa a valor contable. ROA = $NOPAT_t$ / $(D_{t-1}$ + + $Evc_{t-1})$. También se denomina *ROI (return on investments),* ROCE *(return on capital employed)*, ROC *(Return on capital)* y *RONA (Return on net assets).* ROA = ROI = ROCE = ROC = RONA.

ROI *(Return on Investments):* Es igual que el ROA.

ROCE *(Return on Capital Employed):* Es igual que el ROA.

ROC *(Return on Capital):* Es igual que el ROA.

ROE *(Return on Equity):* Beneficio dividido por el valor contable de las acciones. ROE = BFO / Evc.

ROGI *(Return on Gross Investment):* NOPAT dividido por la inversión inicial (activo fijo bruto).

RONA *(Return on net assets):* Es igual que el ROA.

RORAC *(Return on risk adjusted capital)*. En general, modo abreviado de denominar al RARORAC.

S&P 500:   Índice Standard and Poor´s 500.

T: Tasa del impuesto sobre el beneficio.

T_{PA}:   Tasa de impuestos personales sobre las acciones.

T_{PD}:   Tasa de impuestos personales sobre la deuda (sobre el cobro de intereses)

TBR: *(Total business return)*. Rentabilidad del accionista (hipotética) en empresas que no cotizan en bolsa y en divisiones de empresas.

TIR: Tasa interna de rentabilidad.

TSR *(Total shareholder return)*: Rentabilidad del accionista, que se compone de los dividendos que recibe y de la apreciación de las acciones.

VAG (Valor anual generado): Concepto idéntico al EVA. Es utilizado, por ejemplo, por Alpha Corporate.

VAN (Valor actual neto).

V_L: Valor de la empresa: suma del valor de la deuda y del valor de las acciones. $V_L = E + D$.

Vu: Valor de las acciones de la empresa sin deuda

WACC *(Weighted average cost of capital):* Coste promedio ponderado de los recursos (deuda y acciones), utilizando en la ponderación el valor de mercado de la deuda y las acciones.

$WACC_{BT}$ *(Weighted average cost of capital before taxes):* Coste promedio ponderado de los recursos sin tener en cuenta los impuestos.

$WACC_{vc}$:   Coste promedio ponderado de los recursos, utilizando en la ponderación el valor contable de la deuda y las acciones.

$WACC_R$:   Coste promedio ponderado *real* de deuda y recursos propios WACC sin inflación $= (1 + WACC) / (1 + inflación) - 1$.

Glosario de términos utilizados en el libro

Acciones preferentes. Son acciones que tienen prioridad sobre las ordinarias para cobrar el dividendo y, por tanto, tienen menor riesgo que las ordinarias.

Adjusted present value **(APV)**. Modelo de valoración introducido por S.C. Myers en 1974 por el que el valor de la empresa apalancada es igual al valor de la empresa sin deuda (Vu) más el valor actual del ahorro de impuestos debido al pago de intereses (DVTS) menos el valor actual de los costes del apalancamiento.

Alfa (α). Parámetro que mide la diferencia entre la rentabilidad obtenida por un activo y la rentabilidad esperada de ese activo según su beta.

Apalancamiento financiero. Endeudamiento de la empresa.

Arbitraje. Posibilidad de formar una cartera (cartera réplica) totalmente equivalente a un instrumento financiero. Para que no exista posibilidad de arbitraje, el instrumento financiero ha de tener el mismo valor que la cartera réplica. Se suele denominar «hacer arbitraje» a obtener un beneficio inmediato utilizando las anomalías existentes entre los precios de los instrumentos del mercado: comprando el barato y vendiendo el caro.

Aversión al riesgo. Percepción del riesgo por la cual un inversor averso al riesgo valora más una cartera con menos riesgo que otra con más riesgo, a igualdad de rentabilidad esperada.

Beta de una acción (β). Parámetro que mide el riesgo incremental que aporta una acción a una cartera de valores diversificada. Mide el riesgo sistemático, no diversificable o riesgo de mercado. Es la sensibilidad de la rentabilidad de una acción a los movimientos del mercado. Existen los siguientes tipos de beta: beta apalancada, beta sin apalancar (beta de los activos), beta de la deuda, beta completa y beta simplificada.

Bono. Título que es una parte alícuota de un empréstito de una empresa privada. Bono es también un título de deuda pública emitida por el Estado.

Bono cupón cero. Es un bono que proporciona a su poseedor un único flujo. Un cupón cero no tiene pagos intermedios de intereses, sino que éstos son percibidos en su totalidad en el momento de la amortización del bono.

Bonos bolsa. Son bonos que llevan incorporada una opción sobre un activo que es normalmente una acción o un índice bursátil o combinaciones de acciones e índices bursátiles.

Bonos convertibles. Títulos que tienen la posibilidad de convertirse en acciones.

Break up value. Es la valoración de una empresa como suma de sus distintas unidades de negocio.

Calificación. Es un clasificación para calificar emisiones de deuda de las empresas en función del riesgo de las mismas. Las realizan fundamentalmente dos agencias de *rating*: Moody´s y Standard and Poor´s. En el caso de Moody´s, la nomenclatura de mejor calidad a peor es Aaa, Aa, A1, A2, A3..., y para S&P es AAA, AA, A... También existe una clasificación para emisiones de acciones preferentes.

Capital cash flow (CCF). Es la suma del cash flow disponible para las acciones y del cash flow para la deuda.

Capital market line (CML). Línea en coordenadas rentabilidad esperada-volatilidad esperada que contiene todas las carteras de todos los inversores si éstos tienen expectativas homogéneas.

Cartera de mercado (M). Cartera compuesta por todas las acciones del mercado, cuando todos los inversores se plantean el mismo horizonte temporal y además tienen idénticas expectativas de rentabilidad y riesgo.

Cartera eficiente. Aquella cartera que, para una rentabilidad esperada determinada, tiene el mínimo riesgo.

Cartera réplica de una opción. Es una combinación de acciones y dinero que tiene el mismo comportamiento que la opción correspondiente.

Cash flow para los accionistas (CFac). Flujo disponible para las acciones en un periodo determinado. Es igual a todas las entradas de dinero menos todas las salidas de dinero en ese periodo. Es el dinero que queda disponible para los accionistas y que se destinará a dividendos o a recompra de acciones. Una forma de calcularlo es restar al FCF los intereses de la deuda y los pagos de principal.

Cash flow para los poseedores de deuda (CFd). Es la suma de los intereses y de la devolución de principal.

Contrato de futuros: Es muy similar a un contrato *forward*. Las diferencias fundamentales entre ellos es que el contrato de futuros requiere pagos periódicos diarios (liquidación diaria) según la fluctuación del precio del activo y el establecimiento de una garantía al formalizar el contrato. Así, comprador y vendedor realizan pagos diarios de manera que el precio de su contrato sea cero cada día.

Contrato forward: Es un contrato que obliga a su poseedor (el comprador) a comprar una determinada cantidad de cierto activo, en una fecha futura especificada, pagando una cantidad prefijada. El vendedor del *forward* queda obligado a vender el activo con las condiciones indicadas en el contrato.

Convexidad de un bono. Es una medida de la curvatura del gráfico precio del bono-TIR. Utilizando la duración junto a la convexidad, se obtiene una aproximación más exacta a la variación en el precio del bono cuando cambian los tipos de interés que teniendo sólo en cuenta la duración.

Coste de la deuda (r). Tipo de interés al que una empresa contrata su deuda.

Costes del apalancamiento. Son una serie de elementos, según diversos autores, que engloban entre otros, el coste de quiebra, la mayor probabilidad de quiebra o supensión de pagos, costes de agencia, problemas de información, reputación, dificultad para aprovechar oportunidades de crecimiento, etc. Los costes del apalancamiento aumentan con el nivel de endeudamiento.

Creación de valor. Es el incremento en el valor de las acciones de una empresa. Se crea valor al acometer proyectos de inversión con rentabilidad esperada superior al coste de los recursos empleados. También se crea valor si se da un cambio de estrategia en la empresa y es valorado positivamente por el mercado, haciendo que la cotización de la acción suba. El valor siempre depende de expectativas.

Crecimiento sostenible. Es el crecimiento que puede tener una empresa en función de su rentabilidad, endeudamiento y reparto de dividendos. En el caso de que sea una perpetuidad creciente, $g = ROE (1 - p)$

Cupón (C). Es la renta periódica que genera un bono, con frecuencia anual, semestral o trimestral. Inicialmente los cupones eran documentos de pequeño tamaño y rectangulares, que estaban unidos al título. Actualmente no aparecen físicamente, sino como una anotación contable.

Curva de rentabilidad (en inglés, *yield curve*). Es la representación gráfica de la estructura temporal de los tipos de interés.

Desviación estándar o desviación típica (σ). Medida estadística de la variabilidad de una magnitud. Es igual a la raíz cuadrada de la varianza.

Duración de Macaulay (MacD). Es una medida ponderada de los tiempos transcurridos hasta el pago de cada flujo monetario. Indica el momento que puede considerarse como «centro de gravedad» de los instantes de recepción de los flujos, siendo el «peso» de cada instante igual al valor actual del flujo correspondiente. $MacD = -(1 + R) / P \times dP / dR$

Duración modificada (ModD). Indica el cambio porcentual en el precio del bono ante un cambio en la rentabilidad exigida de 1%. $ModD = -1 / P \times dP / dR$

Duración monetaria ($D). Indica el cambio en el precio del bono del bono ante un cambio en la rentabilidad exigida de 1%. $\$D = -dP/dR$

Duración de un bono (en inglés, *duration*). Es una medida para conocer la vida media de un bono, teniendo en cuenta sus cash flow futuros (pago de cupones y reintegro de principal) y su variabilidad en relación a los tipos de interés. Es, también, la pendiente del gráfico precio del bono-TIR y, por consiguiente, se relaciona con la derivada del precio del bono con respecto a la rentabilidad exigida.

Duración de una acción. Parámetro financiero que mide la sensibilidad del precio de dicha acción a las pequeñas variaciones en los tipos de interés.

Estructura óptima de capital. Es aquélla que simultáneamente maximiza el valor de la empresa y minimiza el coste promedio ponderado de los recursos (WACC) de la empresa. En el caso de que el coste de la deuda sea igual a la rentabilidad exigida a la misma, entonces la estructura de capital que hace mínimo al WACC, también maximiza la cotización de las acciones.

Estructura temporal de los tipos de interés. Conjunto de los tipos de interés efectivos a distintos plazos. Su representación gráfica, llamada *yield curve* o curva de rentabilidad, muestra la estructura temporal de los tipos de interés.

Estructura temporal de los tipos de interés invertida. Estructura temporal de tipos de interés en la que el interés es menor cuanto mayor es el plazo.

Estructura temporal de los tipos de interés normal. Estructura temporal de tipos de interés en la que el interés es mayor cuanto mayor es el plazo.

Factor crecimiento (G). Es uno de los factores que componen el PER. Depende del crecimiento de la empresa.

Factor interés. Es uno de los factores en que se descompone el PER. Es el PER que tendría la empresa si no creciera y si no tuviera riesgo. Es –aproximadamente– el PER de un bono del Estado a largo plazo.

Factor riesgo. Es uno de los factores que componen el PER y contribuye de forma negativa debido al riesgo de la empresa, que se concreta en la rentabilidad exigida a las acciones. Depende de la diferencia entre la rentabilidad exigida a las acciones y el tipo de interés sin riesgo, cifra que da idea del riesgo de la empresa percibido por el mercado.

Fecha de ejercicio de una opción. Es la fecha hasta la que dicha opción tiene validez.

Fondo de comercio (en inglés, *goodwill*). Es el valor de los elementos intangibles de la empresa, que no están reflejados en el balance de la empresa, pero añaden valor a la misma.

Fondo de maniobra. Diferencia contable entre la financiación a largo plazo de la empresa (deuda y acciones) y sus activos fijos.

Franchise factor **(FF)**. Es uno de los factores que componen el PER. Mide lo que se podría llamar «calidad» del crecimiento de una empresa, entendiendo por calidad, la diferencia entre la rentabilidad de las inversiones y el coste de los recursos empleados.

Franchise value. Valor actual de los proyectos que generarán una rentabilidad superior al coste de los recursos.

Free cash flow (FCF). Es el flujo de fondos libre. Es el flujo de fondos generado por las operaciones, sin tener en cuenta la deuda financiera, después de impuestos. Es el dinero que quedaría disponible en la empresa después de haber cubierto las necesidades de reinversión en activos fijos y en NOF, suponiendo que no existe deuda y que, por lo tanto, no hay cargas financieras.

Frontera eficiente (FE). Es el conjunto de todas las carteras eficientes, es decir, las carteras que para una rentabilidad esperada determinada tienen el mínimo riesgo.

Generación temporal del valor de las acciones. Es el valor actual de los dividendos repartidos por una empresa, hasta un año determinado.

Goodwill. Véase Fondo de comercio.

IBEX 35. Es el índice oficial del mercado continuo de la bolsa española. Es un índice ponderado por capitalización, compuesto por las 35 empresas más líquidas entre las que cotizan en el mercado continuo de las cuatro bolsas españolas. La Sociedad de Bolsas lo calcula, publica y difunde en tiempo real. Cada seis meses, los valores que lo componen son revisados para comprobar que han sido los 35 más contratados del mercado continuo.

Índice General de la Bolsa de Madrid. Tiene base 100 en el 31 de diciembre de 1985 y es publicado diariamente por el *Boletín Oficial de Cotización...* Representa más del 80% de la capitalización bursátil. Anualmente se revisan los aproximadamente 100 valores que lo forman. La selección se realiza combinando varios criterios: capitalización bursátil, volumen y frecuencia de contratación. No se trata de una selección automática sino que tiene un cierto componente discrecional.

Índice S & P 500. Índice bursátil formado por las cotizaciones de las 500 empresas más importantes que cotizan en la Bolsa de Nueva York y que representan más de las 3/4 partes de la capitalización bursátil de dicho mercado.

Índice Total de la Bolsa de Madrid. Es el Índice General de la Bolsa de Madrid corregido por dividendos.

Índices Dow Jones. Son índices bursátiles de la Bolsa de Nueva York publicados por el *Wall Street Journal*. Son tres: industrial, de transportes y de servicios, en función de los sectores de los valores que los componen.

Inflación. Incremento medio del nivel de precios manteniendo constante la calidad de los bienes. En España la tasa de inflación se mide utilizando el IPC (índice de precios al consumo), que se publica cada mes.

Inmunización. Eliminación del riesgo de tipos de interés de una cartera.

Ku (también llamada *tasa unlevered*). Es la rentabilidad exigida a las acciones en la empresa no apalancada. Ku es menor que Ke ya que en el caso de que la empresa no tenga deuda en su estructura de capital, el riesgo financiero que soportan los accionistas es menor.

Media aritmética. Es el resultado de dividir la suma de todos los valores de una distribución entre el número total de datos.

Media geométrica. Es igual a la raíz N-ésima (siendo N el número total de datos) del producto de los N valores de la distribución.

MIBOR (*Madrid interbank offered rate*). Tipo de interés interbancario de Madrid.

Modelo de equilibrio de activos financieros (en inglés, *capital asset pricing model*, CAPM). Modelo de valoración de activos que relaciona el riesgo con la rentabilidad esperada de acuerdo con la expresión: $E(R_i) = R_F + \beta_i [E(R_M) - R_F]$.

Moneda constante o real. Es el valor que se obtiene realizando a la moneda corriente el ajuste por el efecto de la inflación. Si la tasa de inflación es del 25%, la conversión es: moneda constante = moneda corriente/1,25

NOF (en inglés, *working capital requeriments*). Necesidades operativas de fondos. Representan el volumen de financiación que, debido al funcionamiento operativo de la empresa, es necesario para sostener las operaciones. Se calcula restando al activo circulante la financiación espontánea derivada de las operaciones (proveedores, etc.).

NOPAT (*net operating profit after taxes*). Beneficio de la empresa sin apalancar. También se denomina beneficio antes de intereses después de impuestos (BAIDT).

Obligaciones convertibles. Obligaciones que se emiten con la posibilidad de, en cierto momento, convertirse en acciones.

Opción americana. Opción que puede ejercerse en cualquier momento anterior a la fecha de ejercicio.

Opción de compra (en inglés, *call*). Es un contrato que proporciona a su poseedor (el comprador) el derecho (no la obligación) a comprar una cantidad de activos, a un precio establecido, en una fecha determinada (opción europea) o en cualquier momento anterior a dicha fecha (opción americana).

Opción de venta (en inglés, *put*). Es un contrato que proporciona a su poseedor (el comprador) el derecho (no la obligación) a vender una cantidad de activos, a un precio establecido, en una fecha determinada (opción europea) o en cualquier momento anterior a dicha fecha (opción americana).

Opción europea. Opción que sólo puede ejercerse en la fecha de ejercicio.

Opción. Es un contrato que proporciona a su poseedor (el comprador) el derecho (no la obligación) a comprar (si se trata de una opción de compra) o vender (opción de venta) una cantidad de activos, a un precio establecido, en una fecha determinada (opción europea) o en cualquier momento anterior a dicha fecha (opción americana).
Existen muchos mercados de opciones en el mundo. Los activos a los que éstas se refieren pueden ser acciones, divisas, instrumentos de renta fija y tipos de interés, contratos de futuros, metales y materias primas e, incluso, índices financieros.

Opción real. Una opción real está presente en un proyecto de inversión cuando existe alguna posibilidad futura de actuación al conocerse la resolución de alguna incertidumbre actual.

***Pay-in-kind*.** Instrumentos financieros que pagan los intereses o dividendos con nuevos instrumentos financieros del mismo tipo, en lugar de pagarlos en efectivo.

PER (*price earnings ratio*). Ratio precio/beneficio. Es la relación entre el precio de las acciones de una empresa, o capitalización bursátil, y su beneficio después de impuestos. Indica, por lo tanto, el múltiplo sobre el beneficio al que en mercado valora las acciones de una empresa.

PER relativo. Es el PER de la empresa dividido por el PER del país.

Precio de ejercicio de una opción (K). Es el precio al que el poseedor de la opción puede ejercer el contrato.

Precio de un bono (P). Cuantía a la que se cotiza un bono.

Precio de un punto básico. Es la variación que se produce en el precio de un bono cuando la rentabilidad exigida varía un 0,01%.

Premium **sobre la renta fija.** Rentabilidad histórica de las acciones menos la rentabilidad histórica de la renta fija sin riesgo.

Premium **sobre la inflación.** Rentabilidad histórica de las acciones acciones menos la inflación.

Prima de riesgo (en inglés, *risk premium*). Es la rentabilidad adicional que los inversores esperan de las acciones por encima de la rentabilidad de la renta fija sin riesgo. Es una magnitud muy importante para calcular el valor de la rentabilidad exigida a las acciones (Ke).

Punto básico (PB). Se denomina de esta forma a un cienavo por ciento, es decir, un 0,01%. Así, un 1% se compone de 100 puntos básicos.

Rentabilidad contable de las acciones. ROE (*return on equity*). Se calcula dividiendo el beneficio después de impuestos por el valor contable de las acciones de la empresa.

Rentabilidad exigida a la deuda (Kd). Rentabilidad «razonable» que los bonistas o el banco deben (o deberían) exigir a una empresa para invertir sus fondos en renta fija, de acuerdo al riesgo de la empresa y a la magnitud de la deuda.

Rentabilidad exigida al riesgo. Es la rentabilidad adicional exigida a un valor por encima de la rentabilidad de la renta fija, dividida por la volatilidad del valor.

Rentabilidad por dividendos (en inglés, *divident yield*). Es el cociente dividendos/cotización.

Revalorización de activos. Es el aumento de valor que experimentan los activos, normalmente activos fijos y stocks, en relación con el precio al que se encuentran valorados en el balance, como consecuencia de efectos inflacionistas o desvalorizaciones monetarias. Una revalorización (o regularización) de activos debe ser permitida por la autoridad tributaria y tiene favorables consecuencias fiscales para las empresas que se acojan a ella.

Riesgo de tipo de interés de un bono. Es la variación en el precio del bono cuando cambia el tipo de interés.

Riesgo de una cartera de valores. Posibilidad de que en el futuro ocurran situaciones diferentes a las que un inversor espera para su cartera. Se suele cuantificar como la volatilidad de la rentabilidad de la cartera.

Riesgo no sistemático. También llamado diversificable. Es el riesgo que puede eliminarse diversificando una cartera de valores. Tiene su origen en circunstancias o factores que afectan a una determinada empresa o sector.

Riesgo sistemático. También llamado no diversificable o de mercado. Es el riesgo propio del mercado, derivado de circunstancias del conjunto de la economía que afectan a todos los negocios, y no se elimina diversificando la cartera de valores de un inversor.

Risk premium. Véase Prima de riesgo.

ROA (*return on assets*). Rentabilidad de los activos. Es el beneficio antes de intereses después de impuestos (NOPAT o BAIDT) dividido por los recursos utilizados por la empresa a valor contable. ROA = NOPAT / (Evc + Dvc)

R_F. Tipo de interés sin riesgo. Es el tipo de interés de un bono del Estado, es decir, un activo financiero sin riesgo.

Security market line (**SML**). Es la recta formada por todas las carteras eficientes en coordenadas rentabilidad esperada-beta esperada si todos los inversores tienen expectativas homogéneas.

Split. División de una acción en varias. Aumento en el número de acciones sin aumentar el capital.

Spread. Margen, diferencia.

Tangible value. Valor de la empresa prescindiendo de sus oportunidades de crecimeiento.

Tasa forward. Es el tipo de interés vigente en el mercado entre un tiempo t y un momento posterior ($t + t_0$). La tasa forward se puede deducir a partir de los tipos de interés vigentes en el mercado.

Tipo de interés efectivo para cada plazo. Es la tasa de descuento a la que el mercado actualiza un flujo que se producirá en su plazo de vencimiento correspondiente. Esta tasa varía según el vencimiento de cada flujo. El conjunto de los tipos de interés efectivos para cada plazo forman la llamada *yield curve* , que es la estructura temporal de los tipos de interés.

TIR (tasa interna de rentabilidad). En inglés, IRR: *internal rate of return*. También se denomina en ocasiones *yield to maturity*. Es la tasa de descuento que iguala el valor actual de los flujos a cobrar y a pagar resultantes de una inversión en la fecha inicial de la misma, es decir, es la tasa que hace que el valor actual neto de los flujos sea igual a cero.

Valor actual, (VA). Es el valor hoy de los flujos que se cobrarán o se pagarán en periodos futuros, descontados a una tasa de descuento apropiada.

Valor actual neto, (VAN). Es la diferencia entre el valor actualizado de los cobros menos el valor hoy de los pagos esperados de un proyecto de inversión.

Valor contable de las acciones de una empresa (VC). Cuando se constituye una empresa, el valor contable de las acciones es la aportación que realizan los socios. En los ejercicios posteriores, para calcularlo, hay que sumar al valor contable inicial, las ampliaciones de capital, los beneficios retenidos y las revalorizaciones de activos.

Valor de mercado de las acciones de una empresa (VM), también llamado capitalización. Se calcula multiplicando el precio de una acción por el número de acciones de una empresa.

Valor nominal de un bono (N). Es el valor que aparece, en una emisión de deuda, como principal de cada título y sobre el que se calcula el cupón que pagará el bono.

Value drivers. Parámetros clave que afectan al valor de la empresa.

Varianza (σ^2). Medida estadística de la variabilidad de una magnitud. Matemáticamente, la varianza de la rentabilidad de una acción es el valor esperado del cuadrado de la desviación respecto a la rentabilidad esperada.

Volatilidad de una acción (σ). Parámetro que mide el riesgo total de una acción, esto es, el riesgo diversificable y el riesgo de mercado. Proporciona una medida de la dispersión o variabilidad de la rentabilidad de dicha acción. Matemáticamente es la desviación estándar de la rentabilidad de las acciones de una empresa.

Volatilidad de una opción. Hace referencia a la volatilidad del activo subyacente al que se refiere la opción.

Volatilidad implícita. Es la volatilidad que, de acuerdo con las características de la opción, se ha de introducir en la fórmula de valoración para obtener el precio al que cotiza la opción.

WACC (en inglés, *weighted average cost of capital*). Coste promedio ponderado de los recursos. Es el coste promedio de la deuda y de las acciones ponderado en función de sus pesos correspondientes. $WACC = [EKe + DKd(1-T)] / (E + D)$. Es la tasa de descuento relevante para actualizar el free cash flow.

WACC$_{BT}$. Coste promedio ponderado de los recursos antes de impuestos. $WACC_{BT} = (EKe + DKd) / (E + D)$. Es la tasa de descuento relevante para actualizar el capital cash flow.

Warrant. Es un contrato que compromete, a la empresa que lo emite, a entregar una acción nueva al poseedor del mismo a cambio de una cantidad prevista en el contrato (el precio de ejercicio). El inversor poseedor del *warrant* tiene la flexibilidad de ejercerlo o no.

Bibliografía citada y recomendada

ABARBANELL, Jeffery S. y Victor L. Bernard (1995), «Is the US Market Myopic?» Working Paper, University of Michigan.

ABARBANELL, Jeffery S. y Brian J. Bushee (1997), «Fundamental Analysis, Future Earnings, and Stock Prices». Journal of Accounting Research 351-24.

ABARBANELL, Jeffery S. and Brian J. Bushee (1998), «Abnormal Returns to a Fundamental Analysis Strategy, *Accounting Review* 73(1):19-45.

ADSERÁ, Xavier, y Pere Viñolas (1997), *Valoración de empresas*. Editorial Deusto.

ARDITTI, F.D. y H. Levy (1977), «The Weighted Average Cost of Capital as a Cutoff Rate: A Critical Examination of the Classical Textbook Weighted Average», *Financial Management* (Fall), pp. 24-34.

ARIÑO, Miguel A. y Pablo Fernández (1992), «Valoración de activos financieros por el método de las martingalas», Investigaciones Económicas, Volumen XVI, n. 1, pp. 89-97.

ASHTON, D.J. y D.R. Atking (1978), «Interactions in Corporate Financing and Investment Decisions: A Further Comment», *Journal of Finance* (diciembre) pp. 1447-1453.

ASQUITH, P. y D.W. Mullins, Jr. (1983), «The impact of Initiating Dividend Payments on Shareholder Wealth, «Journal of Business 56, 77-96.

BADENES, Cristina, José M.ª Santos y Pablo Fernández (1998), Introducción a la valoración de empresas por el método de los múltiplos. Nota técnica del IESE.

BAR-YOSEF, Sasson, Jeffrey L. Callen, and Joshua Livnat (1997), «Modelling Dividends, Earnings and Bookk Value Equity: Investigation of the Ohlson Model», *Working Paper,* New York University.

BERNARD, Victor L. (1994), «Accounting Based Valuation Methods, Determinants of Market to Book Value and Implications for Empiricists», *Working Paper,* University of Michigan.

BERNARD, Victor L. (1995), «The Feltham-Ohlson Framework: Implications for Empiricists», Contemporary Accounting Research 11733-47

BLACK, F. y M. Scholes (1973), «The Pricing of Options and Corporate Liabilities», *The Journal of Political Economy*, mayo-junio, pp. 637-654.

BLACK, Fisher, (1972), «Capital Market Equilibrium with Restricted Borrowing», *Journal of Business,* (julio), 444-455.

BODIE, Zvi, y Robert Merton (1998), *Finance.* Prentice Hall, Nueva Jersey.

BOSTON CONSULTING GROUP (1996), *Shareholder Value Metrics.*

BREALEY, R.A. y S.C. Myers (1991), *Principles of Corporate Finance*, Nueva York, McGraw-Hill, cuarta edición.

BRENNAN, M. J., y E.S. Schwartz (1980), «Analysing convertible bonds», *Journal of Financial and Quantitative Analysis,* 15:907-929.

BRENNAN, M. J., y E. S. Schwartz (1985), «Evaluating natural resource investments». *Journal of Business,* 58:135-158.

BRENNAN, M.J., y E.S. Schwartz (1986), *A new Approach to Evaluating Natural Resource Investments. The revolution in corporate finance.* Blackell, pp. 78-88.

CHAMBERS, D.R., R.S. Harris y J.J. Pringle (1982), «Treatment of Financing Mix Analyzing Investment Opportunities», *Financial Management* (verano), pp. 24-41.

CONINE, T.E. Jr. (1980), «Corporate Debt and Corporate Taxes: An Extension». *Journal of Finance* (septiembre), pp. 1033-1037.

CONRAD, J (1989), «The price effect of option introduction». *Journal of Finance* 44:487-498

COPELAND, T.E.; T. Koller y J. Murrin (1990), *Valuation: Measuring and Managing the Value of Companies.* Nueva York: Wiley.

DEANGELO, L. (1990), «Equity valuation and Corporate Control», *The Accounting Review,* 65, pp. 93-112.

DEANGELO, L. y R. Masulis (1980), «Optimal Capital Structure under Corporate and Personal Taxation», *Journal of Financial Economics,* 8, (marzo), pp. 3-29.

DAMODARAN, A. (1994), *Damodaran on Valuation,* John Wiley and Sons, Nueva York.

DAMODARAN, A. (1996*), Investment Valuation,* John Wiley and Sons, Nueva York.

DAMODARAN, A. (1997), *Corporate Finance,* John Wiley and Sons, Nueva York.

DENIS, D. y D. Denis (1993), «Managerial Discretion, Organizational Structure, and Corporate performance: A Study of Leveraged Recapitalizations», *Journal of Accounting and Economics,* 16, pp. 209-236.

DEBONDT, W.F.M., y R. Thler (1985), Does the stock market overreact? *Jounal of Finance,* 40:793-805.

DECHOW, Patricia M., Amy P. Hutton, y Richard P. Sloan (1998), «An Empirical Assesment of the Residual Income Valuation Model», *Working Paper,* University of Michigan.

DIXIT, A.K. y R.S. Pindyck (1995), «The Options Approach to Capital Investment», *Harvard Business Review,* mayo-junio, pp. 105-115.

DUBOFSKY, P., y P. R. Varadarajan (1987), «Diversification and Measures of Performance: Additional Empirical Evidence», *Academy of Management Journal,* 12, pp. 597-608.

ESTY, Benjamin C. (1997), «Note on Value Drivers», *Harvard Business School,* 9-297-082.

EZZELL, J.R. Jr. (1984), «An APV Analysis of Capital Budgeting Under Inflation», Financial Management (otoño) pp. 49-54.

FAMA, E. (1977), «Risk-Adjusted Discount Rates and Capital Budgeting Under Uncertainty», *Journal of Financial Economics* (agosto), pp. 3-24.

FAMA, E.F., y K.R. French (1992), «The cross-section of expected returns», *Journal of Finance,* 47:427-466.

FAMA, E.F., y K.R. French (1998), «Value versus growth: The International Evidence», *Journal of Finance,* junio.

FELTHAM, Gerald A. y James A. Ohlson (1995), «Valuation and Clean Surplus Accounting for Operating and Financial Activities», Contemporary Accounting Research 11689-731.

FRANCIS, Jennifer, Per Olsson, y Oswald (1998), «Comparing the Accuracy and Explainability of Dividend, Free Cash Flow and Abnormal Earnings in Valuation», *Working Paper,* University of Chicago.

FRANKEL, Richard and Charles M. C. Lee (1997), «Accounting, Valuation, Market Expectation and the Book to Market Effect». *Working Paper,* University of Michigan.

FAUS, Josep (1997), *Políticas y Decisiones Financieras.* Estudios y ediciones IESE.

FERNÁNDEZ, Pablo (1995), «Equivalencia y significado de las fórmulas para valorar empresas por descuento de flujos». Nota técnica del IESE FN-310.

FERNÁNDEZ, Pablo (1996), *Opciones, Futuros e Instrumentos Derivados.* Ediciones Deusto.

FERNÁNDEZ, Pablo (1997), «Volatilidades, betas y alfas de empresas españolas. Periodos 1990-1996 y 1986-1989». Documento de investigación del IESE n. 350. 121 páginas.

FRUHAN, W.E. (1979), *Financial strategy: Studies in the creation, transfer and destrucion of shareholder value.* Homewood, Ill.: Irwin.

FRUHAN, W.E.; W.C. Kester; S.P. Mason; T.R. Piper; y R.S. Ruback (1992), Case Problems in Finance. Homewood, Ill.: Irwin.

FULLER, R.J. y C. Hsia (1984), «A Simplified Common Stock Valuation Model», *Financial Analysts Journal,* n. 40, pp. 49-56.

GOLDMAN SACHS, (1997). EVA Applied to European Markets. 5 de noviembre.

GORDON, M. (1962). *The investment, financing and valuation of the corporation.* Homewood, Ill.: Irwin.

GORDON, Myron (1959), «Dividends, Earnings, and Stock Prices», *Review of Economics and Statistics.*

GORDON, Myron y E. Shapiro (1956), «Capital Equipment Analysis: The Required Rate of Profit», *Management Science,* 3 (octubre), 102-110.

GRENADIER, S. y A. Weiss (1997), «Investment in technological innovations: An option pricing approach», *Journal of Financial Economics,* 44, pp. 397-416.

HAMADA Y MYRON S. SCHOLES (1985), «Taxes and Corporate Financial Management», en *Recent Advances in Corporate Finance,* E.I. Alman y M.G. Subrahmanyam (eds.), Homewood, IL. Richard D. Irwin.

HARRIS, R.S. y J.J. Pringle (1985), «Risk-Adjusted Discount Rates Extensions form the Average-Risk Case», *Journal of Financial Research* (Fall), pp. 237-244.

HAWKINS, E. H., S.C. Chamberlin y W. E. Daniel (1984), «Earnings expectations and security prices». *Financial Analysts Journal,* 40:24-27, 30-38, 74.

HEALY, P. M., K.G. Palepu, y R.S. Ruback, (1989), «Do Mergers Improve Corporate Performance?», Working Paper, Harvard Business School.

HURLEY, W.J. y L.D. Johnson (1994), «A Realistic Dividend Valuation Model», *Financial Analysts Journal,* (julio/agosto), pp. 50-54.

IBBOTSON, R.G., y G.P. Brinson (1993), *Global investing.* Nueva York: McGraw Hill.

INDRO, D.C. y W.Y. Lee (1997), «Biases in Aritmetic and Geometric Averages as Estimates of Long-Run Expected Returns and Risk Premia», *Financial Management,* Invierno, pp. 81-90.

INSELBAG, I. y H. Kaufold. (1989) «How to Value Recapitalizations and Leveraged Buyouts», *Journal of Applied Corporate Finance* (verano), pp. 87-96.

INSELBAG, I. y H. Kaufold (1990), «A Comparison of Alternative Discounted Cash Flow Approaches to Firm Valuation», *Working Paper*, Wharton School, (junio).

INSELBAG, I. y H. Kaufold (1997), «Two DCF Approaches for Valuing Companies under Alternative Financing Strategies (and How to Choose Between Them)», *Journal of Applied Corporate Finance* (primavera), pp. 114-122.

JENSEN, M.C. (1986), «Agency costs of free cashflow, corporate finance and takeovers». *American Economic Review*, 76:323-329.

KAPLAN, S (1989), «The Effects of Management Buyouts on Operations and Value», *Journal of Financial Economics*, 24, pp. 217-254.

KAPLAN, S. y J. Sterin (1990), «How Risky is the Debt in Highly Leveraged Transactions?», *Journal of Financial Economics*, 27, 215-246.

KESTER, W. Carl (1984), «Today's Options for Tomorrow's Growth», *Harvard Business Review*, marzo-abril, pp. 153-160.

LEE, Charles M.C., James Myers, and Bhaskaran Swaminathan (1997), «What Is The Intrinsic Value of the Dow?» *Working Paper*, Cornell University.

LEIBOWITZ, M.L., y S. Kogelman (1993), «Resolving the Equity Duration Paradox», Financial Analysts Journal, enero-febrero.

LEIBOWITZ, M.L., y S. Kogelman (1990), «Inside the P/E Ratio: The Franchise Factor», Salomon Brothers.

LEIBOWITZ, M.L., and S. Kogelman (1992), «Franchise Value and the Growth Process», *Financial Analysts Journal*, 48, 53-62.

LESLIE, K.J. y M.P. Michaels (1997), «The Real Power of Real Options», *The McKinsey Quarterly*, n. 3, pp. 5-22.

LEV, Baruch, James A. Ohlson, y William H. Beaver (1982), «Market-Based Empirical Research in Accounting: a Review, Interpretation, and Extension/Discussion», *Journal of Accounting Research*, 20 Suppleme, pp. 249-331.

LEWELLEN, W.G. y D.R. Emery (1986), «Corporate Debt Management and the Value of the Firm», *Journal of Financial Quantitative Analysis*, (diciembre), pp. 415-426.

LITZENBERGER, R.H., y K. Ramaswamy (1979), «The effect of personal taxes and dividends on capital asset prices: theory and empirical evidence», *Journal of Financial Economics*, 7:163-196.

LUEHRMAN, Timothy A., (1995), «Capital Projects as Real Options: An Introduction», *Harvard Business School*, 9-295-074.

LUEHRMAN, Timothy A. (1998), «Investment Oportunities as Real Options: Getting Started on the Numbers», *Harvard Business Review*, (julio-agosto), pp. 51-67.

LUEHRMAN, Timothy A., (1997), «What's Worth: A General Manager's Guide to Valuation», *Harvard Business Review*, (mayo-junio), pp. 132-144.

LUEHRMAN, Timothy A., (1997), «Using APV: A Better Tool for Valuing Operations», *Harvard Business Review*, (mayo-junio), pp. 145-154.

LUEHRMAN, T. y L. Hirt (1991), «Highly Levered Transactions and Fraudulent Conveyance Law», *Working paper*, Harvard Business School, Boston, MA.

LUNDHOLM, Russell J. (1995), «A Tutorial on the Ohlson and Feltham/Ohlson Models: Answers to Some Frequently Asked Questions.» *Contemporary Accounting Research*, 11(2):749-61

MARGRABE, William (1978), «The Value of an Option to Exchange One Asset For Another», *Journal of Finance* 33, pp. 177-198.

MASULIS, R.W (1983), «The Impact of Capital Structure Change on Firm Value: Some Estimates», *Journal of Finance*, (marzo), pp. 107-126.

McCONNELL, J.J., y C.J. Muscarella (1985), «Corporate capital expenditure decisions and the market value of the firm», *Journal of Financial Economics*, 14:399-422.

McDONALD R., y D. Siegal (1986), «The Value of Waiting to Invest», *Quantitative Journal of Economics*, 101, pp. 707-727.

McTAGGART, J.M., P.W. Kontes y M.C. Mankins (1994), *The Value Imperative*, Free Press.

MERRILL LYNCH, (1977), An Analysis of EVA. 19 de diciembre.

MERTON, Robert C. (1973), «An Intertemporal Capital Asset Pricing Model», *Econometrica*, vol. 41 n. 5, pp. 867-887.

MERTON, Robert C. (1977), «On the Pricing of Contingent Claims and the Modigliani-Miller Theorem», J.F.E., (noviembre), pp. 241-249.

MERTON, Robert C. (1978), Myron S. Scholes y Matthew I., Gladstein, «A Simulation of the Returns and Risk of Alternative Option Portfolio Investment Strategies», J.O.B., (abril), pp. 183-242.

MERTON, Robert C. (1980), «On Estimating the Expected Return on the Market-An Exploratory Investigation», J.F.E., vol. 8, pp. 323-361.

MERTON, Robert C. (1982), Myron S. Scholes y Matthew L. Gladstein, «The Returns and Risks of Alternative Put-Option Portfolio Investment Strategies», J.O.B., (enero), pp. 1-55.

MERTON, Robert C. (1990), *Continuous-Time Finance*. Basil Blackwell.

MICHEL, A., y I. Shaked (1984), «Does Business Diversification Affect Performance?, *Financial Management*, 13, 5-14.

MICHEL, Allen e Israel Shaked (1991), «RJR Nabisco: A Case Study of a Complex Leveraged Buyout», *Financial Analysts Journal*, septiembre-octubre.

MILES, J. y J.R. Ezzell (1980), «The Weighted Average Cost of Capital», Perfect Capital Markets and Project Life: A Clarification», *Journal of Financial and Quantitative Analysis*, (septiembre), pp. 719-730.

MILES, J. y J.R. Ezzell (1985), «Reformulating Tax Shield Valuation: A Note», *Journal of Finance* (diciembre), pp. 1485-1492.

MILLER, M.H (1977), «Debt and Taxes», *Journal of Finance* (mayo), pp. 261-276.

MILLER, M., and F. Modigliani (1961), «Dividend Policy, Growth and the Valuation of Shares», *Journal of Business*, 34, 411-433.

MILLER, M., y M. Scholes (1978), «Dividend and Taxes», *Journal of Financial Economics* (diciembre), pp. 333-364.

MODIGLIANI, F., y M. Miller (1958), «The Cost of Capital Corporation Finance and the Theory of Investment», *American Economic Review*, 48, 261-297.

MODIGLIANI, F y M.H. Miller (1963), «Corporate Income Taxes and the Cost of Capital: A Correction», *American Economic Review*, (junio), pp. 433-443.

MOEL, Alberto y Peter Tufano (1998), «When are real options exercised? An empirical study of mine closings». *Working Paper*. Harvard Business School.

MYERS, S.C (1974), «Interactions of Corporate Financing and Investment Decisions – Implications for Capital Budgeting», *Journal of Finance* (marzo), pp. 1-25.

MYERS, S.C. y R.S. Ruback (1988), «Discounting Rules for Risky Assets», *Harvard Business School Working Paper*, (noviembre).

MYERS, S.C. y S.M. Turnbull (1977), «Capital Budgeting and the Capital Asset Pricing Model: Good News and Bad News», *Journal of Finance* (mayo), pp. 321-332.

OHLSON, James A. (1995), «Earnings, Book Values, and Dividends in Equity Valuation». *Contemporary Accounting Research*, 11661-87.

OHLSON, James A. y Xiao-Jung Zhang (1998), «Accrual Accounting And Equity Valuation.» *Working Paper*, Columbia University.

OU, Jane A. (1990), «The Information Content of Nonearnings Accounting Numbers As Earnings Predictors», *Journal of Accounting Research*, 28(1):144-63.

PEASNELL, Kenneth V. (1996), «Using Accounting Data to Measure the Economic Performance of Firms», *Journal of Accounting & Public Policy*, 15(4):291-303.

PENMAN, Stephen H. (1992), «Return to Fundamentals», *Journal of Accounting, Auditing & Finance*, 7465-83.

PENMAN, Stephen H. (1994), «Accounting and the Valuation of Going Concerns Over Finite Horizons.» *Working Paper*, University of California at Berkeley.

PENMAN, Stephen H. (1995), «A Synthesis of Equity Valuation Techniques and Terminal Values», *Working Paper*, University of California at Berkeley.

PENMAN, Stephen H. (1996), «Combining Earnings and Book Value in Equity Valuation», *Working Paper*, University of California at Berkeley.

PENMAN, Stephen H (1996), «The Articulation of Price-Earnings Ratios and Market-to-Book Ratios and the Evaluation of Growth.» *Journal of Accounting Research*, 34235-59.

PENMAN, Stephen H. y Theodore Sougiannis (1994), «A Comparison of Dividend, Cashflow and Earnings Approaches to Equity Valuation.» *Working Paper*, University of California at Berkeley.

PORTER, M.E. (1980), *Competitive strategy: Techniques for analyzing industries and competitors.* Nueva York: Free Press.

ROLL, R. (1977), «A Critique of the Asset Pricing Theory's Tests: Part I: On Past and Potential Testability of Theory», *Journal of Financial Economics*, 4:129-176.

RAPPAPORT, Alfred, (1986). *Creating Shareholder Value.* The Free Press.

RUBACK, Richard S. (1995), «A Note on Capital Cash Flow Valuation», *Harvard Business School*, 9-295-069.

RUBACK, Richard S. (1995), «An Introduction to Cash Flow Valuation Methods», *Harvard Business School*, 9-295-155.

RUBACK, Richard S. (1986), «Calculating the Market Value of Risk-Free Cash Flows», *Journal of Financial Economics* (marzo), pp. 323-339.

RUBINSTEIN, M.E. (1973), «A Mean-Variance Synthesis of Corporate Financial Theory», *Journal of Finance* (marzo), pp. 167-182.

SANTOMÁ, J. y A. Sebastián (1997), «Duración y Estrategias de inversión en renta variable», Revista de la Bolsa de Madrid, n. 52, febrero.

SANTOMÁ, J.A. Sebastián y A. Beltrán (1997), «La duración aplicada a activos de renta variable: un análisis de la Bolsa española». *Análisis Financiero*, n. 71. Primer Cuatrimestre.

SEBASTIÁN, Altina y José Luis Suárez (1992), *Análisis de la Rentabilidad histórica de la Inversión en Acciones, deuda Pública y Renta Fija Privada en el Mercado de Capitales Español*, Bolsa de Madrid.

SENCHACK, A.J., Jr., y J.D. Martin (1987), «The relative performance of the PSR and PER investment strategies», *Financial Analysts Journal,* 43:46-56.

SICK, G.A. (1990), «Tax-Adjusted Discount Rates», *Management Science* (diciembre), pp. 1432-1450.

SICK, G.A. (1986), «A Certainty-Equivalent Approach to Capital Budgeting», *Financial Management* (invierno), pp. 23-32.

SORENSEN, E. H., y D.A. Williamson (1985), «Some evidence on the value of the dividend discount model», *Financial Analysts Journal,* 41:60-69.

SIEGEL, D.; J. Smith; y J. Paddock (1993), Valuing offshore oil properties with option pricing models, in *The new corporate finance*, de. D.H. Chew, Jr. Nueva York. McGraw-Hill.

STERN STEWART & CO. (1991), *The Quest for Value. The EVA Management Guide.* Harper Business.

STEVENS, R (1993), «New Methods in testing Asset Pricing Models», *Working paper,* University of Chicago, Chicago, IL.

TAGGART, R.A. Jr. (1977), «Capital Budgeting and the Financing Decision: An Exposition», *Financial Management* (verano), pp. 59-64.

TAGGART, R.A. Jr. (1991), «Consistent Valuation and Cost of Capital. Expressions With Corporate and Personal Taxes», *Financial Management* (otoño), pp. 8-20.

TERMES, Rafael (1988), *Inversión y Coste de Capital*, McGraw Hill, Madrid.

WESTON, J.F. y T.E. Copeland (1988), *Financial Theory and Corporate Policy,* Addison Wesley, Tercera edición.

YAO, Yulin (1997), «A Trinomial Dividend Valuation Model», *The Journal of Portfolio Management,* vol. 23, n. 4, (verano), pp. 99-103.

CUADRO DE MANDO INTEGRAL (The Balanced Sorecard)

Autores: Robert Kaplan - David Norton   **Formato:** 16x23   **Páginas:** 330   **ISBN:** 8480881755

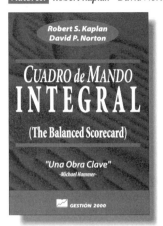

Este libro muestra la forma en que los directivos pueden utilizar esta herramienta revolucionaria para movilizar a su gente a fin de que cumplan la misión de la empresa. El Cuadro de Mando Integral, más que un sistema de medición, es un sistema de gestión que puede canalizar las energías, habilidades y conocimientos específicos del personal de toda la organización hacia la consecución de objetivos estratégicos a largo plazo.

Kaplan y Norton demuestran la forma en que la alta dirección está utilizando el Cuadro de Mando Integral, tanto para guiar la gestión actual, como para marcar los objetivos de la actuación futura. Nos muestran la forma de utilizar indicadores en cuatro categorías –actuación financiera, conocimiento del cliente, procesos internos y aprendizaje y crecimiento– para alinear las iniciativas individuales, de la organización e interdepartamentales, e identificar unos procesos completamente nuevos para satisfacer los objetivos de los clientes y los accionistas.

WARREN BUFFET. Estrategias del inversor que convirtió 100 dólares en 14 billones de dólares

Autor: Robert Hagstrom   **Formato:** 16,5x23   **Páginas:** 304   **ISBN:** 8480882476

Esta obra explica los secretos de las estrategias de inversión de Warren Buffett con las que se ha convertido en el financiero más rico del mundo. De Warren Buffett se ha dicho que «es el hombre más inteligente de Wall Street», así como que es «el mejor inversor de todos los tiempos» según Peter Lynch. Cuando termine de leerlo, usted estará de acuerdo en que «Sin duda, es el mejor libro sobre la inversión en bolsa que se ha escrito hasta hoy».